MÜNCHENER UNIVERSITÄTS-SCHRIFTEN
KATHOLISCH-THEOLOGISCHE FAKULTÄT

MÜNCHENER THEOLOGISCHE STUDIEN

IM AUFTRAG DER
KATHOLISCH-THEOLOGISCHEN FAKULTÄT
HERAUSGEGEBEN VON
WALTER DÜRIG, GEORG SCHWAIGER,
WINFRIED AYMANS

II. SYSTEMATISCHE ABTEILUNG

46. BAND

AUFBRUCH ZUM GEHEIMNIS DER KIRCHE JESU CHRISTI

ASPEKTE DER KATHOLISCHEN EKKLESIOLOGIE
DES DEUTSCHEN SPRACHRAUMES
VON 1918 BIS 1943

EOS VERLAG ERZABTEI ST. OTTILIEN

AUFBRUCH ZUM GEHEIMNIS DER KIRCHE JESU CHRISTI

ASPEKTE DER KATHOLISCHEN EKKLESIOLOGIE DES DEUTSCHEN SPRACHRAUMES VON 1918 BIS 1943

VON

RUDOLF MICHAEL SCHMITZ

1991

EOS VERLAG ERZABTEI ST. OTTILIEN

CIP-Titelaufnahme der Deutschen Bibliothek
Schmitz, Rudolf Michael:
Aufbruch zum Geheimnis der Kirche Jesu Christi: Aspekte der katholischen Ekklesiologie des deutschen Sprachraumes von 1918 bis 1943 / von Rudolf Michael Schmitz. — Sankt Ottilien: EOS Verlag, 1991.
(Münchener theologische Studien: 2. Systematische Abteilung, Bd. 46)
Zugl.: Rom, Päpstliche Univ., Diss., 1988
ISBN 3-88096-246-4
NE: Münchener theologische Studien / 02

Gesamtherstellung: EOS Druck, D-8917 St. Ottilien.

Meinen Eltern

VORWORT

Die vorliegende Studie, mit der der Verfasser im Mai 1988 an der Päpstlichen Universität Gregoriana den theologischen Doktorgrad erwoben hat, möchte einen Beitrag zur Aufarbeitung des ekklesiologischen Aufbruchs in der deutschsprachigen katholischen Theologie zwischen 1918 und 1943 und damit auch zum Verständnis heutiger Ekklesiologie leisten. Durch die zwischenzeitliche Tätigkeit des Verfassers als Kaplan kommt es erst jetzt zur Veröffentlichung, die bis auf eine Kürzung des Titels sowie wenige stilistische und bibliographische Einzelheiten den Text der zur Promotion vorgelegten These unverändert wiedergibt.

Die Möglichkeit zu dieser Arbeit verdankt der Verfasser S. Em. Joseph Kardinal Höffner, der ihn zur Promotion ermutigt und alle Wege dorthin eröffnet hat. Genauso wichtig für das Zustandekommen dieser Studie war jedoch die Hilfsbereitschaft des verehrten Lehrers Prof. Dr. Angel Antón SJ, der den Fortschritt der These stets mit großem Interesse und wertvollen Ratschlägen begleitet hat. Ebenso gilt herzlicher Dank Prof. Dr. Francis A. Sullivan SJ für die Mühe des Koreferates. Auch jene, die durch ihre aufrichtige Freundschaft das Umfeld zu fruchtbarem Arbeiten geschaffen oder zur Lösung praktischer Probleme ihre Zeit geopfert haben, seien hier erinnert. Unter ihnen gebührt besonderer Dank Apost. Protonotar Prof. Dr. Antonio Piolanti, Msgr. Prof. DDDr. Roland Minnerath, Msgr. Dr. Wilhelm Imkamp, H. H. Dr. iur. can. Sebastian Cüppers, H. H. Univ.-Ass. Georg Gänswein, H. H. Dr. theol. Marjan Turnšek, H. H. Dr. theol. Winfried Weihrauch, Herrn Diakon Josef Schemmerer, Elisabeth Freiin von Gagern und Herrn Bibliothekar Marjan Rebernik. Schließlich ist die Veröffentlichung der Arbeit durch das Verständnis und die materielle Hilfe von Seiten des Ordinarius des Verfassers, S. Em. Joachim Kardinal Meissner, und die Unterstützung durch private Spenden erleichtert worden. Auch dafür sei vielmals gedankt. Für die Aufnahme in die »Münchener theologischen Studien« bin ich den Herausgebern sehr verbunden.

Nächst Gott sind es aber die Eltern des Verfassers, die ihm in allem am meisten geholfen haben. Sie waren und sind immer für ihn da. Ihnen sei daher dieses Buch als bescheidenes Zeichen der Dankbarkeit gewidmet.

München, am Fest des hl. Joseph 1991

INHALTSVERZEICHNIS

ABKÜRZUNGEN

A I	J. A. MÖHLER, *Athanasius der Große und die Kirche seiner Zeit I,* 2. Aufl., Mainz 1844
DOG I	M. J. SCHEEBEN, *Handbuch der katholischen Dogmatik I. Theologische Erkenntnislehre,* 2. Aufl. hrsg. u. eingel. v. M. Grabmann, m. e. Vorwort v. J. Höfer (Gesammelte Schriften III), Freiburg i. B. 1948
DOG III/4	M. J. SCHEEBEN, *Handbuch der katholischen Dogmatik III u. IV. Schöpfungslehre Sündenlehre,* 3. Aufl. hrsg. v. W. Breuning u. Franz Lakner (Gesammelte Schriften V), Freiburg–Basel–Wien 1961
DOG V/1 u. 2	M. J. SCHEEBEN, *Handbuch der katholischen Dogmatik V. Erlösungslehre 1 u. 2,* 2. Aufl. hrsg. v. C. Feckes (Gesammelte Schriften VI, 1 u. 2), Freiburg i. B. 1954
E	J. A. MÖHLER, *Die Einheit in der Kirche oder das Prinzip des Katholizismus.* Hrsg., eingel. u. komm. von J. R. Geiselmann, Köln–Olten 1956
HG	M. J. SCHEEBEN, *Die Herrlichkeiten der göttlichen Gnade,* 17. Aufl. hrsg. v. R. Grosche (Gesammelte Schriften I), Freiburg i. B. 1949
HL	Hochland
NG	M. J. SCHEEBEN, *Natur und Gnade,* 4. Aufl. hrsg. v. M. Grabmann (Gesammelte Schriften I), Freiburg i. B. 1949
MC	M. J. SCHEEBEN, *Die Mysterien des Christentums,* Ausgabe letzter Hand, 2. Aufl. hrsg. v. J. Höfer (Gesammelte Schriften II), Freiburg i. B. 1951
PUG	Päpstliche Universität Gregoriana, Rom
S I u. II	J. A. MÖHLER, *Symbolik oder Darstellung der dogmatischen Gegensätze der Katholiken und Protestanten nach ihren öffentlichen Bekenntnisschriften,* hrsg., eingel. u. komm. v. J. R. Geiselmann, 2 Bde., Köln–Olten 1958 u. 1960
ScG	THOMAS VON AQUIN, *Summa contra Gentiles*
STh	THOMAS VON AQUIN, *Summa Theologiae*
TPQS	Theologisch-praktische Quartalschrift, Linz

Alle anderen Abkürzungen nach:

S. SCHWERTNER, *IATG. Internationales Abkürzungsverzeichnis für Theologie und Grenzgebiete,* Berlin–New York 1974

BIBLIOGRAPHIE IN AUSWAHL

ACERBI A., *Due Ecclesiologie. Ecclesiologia giuridica ed Ecclesiologia di communione nella ›Lumen gentium‹*, Bologna 1975

ADAM K., *Glaube und Glaubenswissenschaft im Katholizismus. Akad. Antrittsrede:* ThQ 101 (1920) 131–155

ADAM K., *Pascals Intuition und der theologische Glaube:* HL 19/I (1921/22) 168–175

ADAM K., *Der Gewißheitsgrund des göttlichen Glaubens und Stuflers Kritik:* ThQ 105 (1924) 60–79

ADAM K., *Kirche und Seele:* ThQ 106 (1925) 231–239

ADAM K., *Christus unser Bruder* (Seele Bücherei. Zur Auferbauung gesunden Christenlebens 6), Regensburg 1926

ADAM K., *Rez. zu: R.Paulus, Das Christusproblem der Gegenwart,* Tübingen 1922: ThQ 108 (1927) 172–173

ADAM K., *Rez. zu: J.Ranft, Die Stellung der Lehre von der Kirche:* ThQ 108 (1927) 374–377

ADAM K., *Glaube und Liebe,* Regensburg 1927 (2)

ADAM K., *Jesus Christus,* Augsburg 1933

ADAM K., *Deutsches Volkstum und katholisches Christentum:* ThQ 114 (1933) 40–63

ADAM K., *Rez. zu: B. Poschmann, Ecclesia principalis, ein kritischer Beitrag zur Frage des Primats bei Cyprian, Breslau 1933:* ThQ 114 (1933) 439–442

ADAM K., *Die Theologie der Krisis,* in: K. Adam, Gesammelte Aufsätze, Augsburg 1936, 319–338

ADAM K., *Gesammelte Aufsätze zur Dogmengeschichte und Theologie der Gegenwart,* hrsg. v. F.Hofmann, Augsburg 1936

ADAM K., *Die katholische Tübinger Schule,* in: Ders., Gesammelte Aufsätze, Augsburg 1936, 389–412 [zuerst 1926/27]

ADAM K., *Karl Heim und das Wesen des Katholizismus,* in: Ders., Gesammelte Aufsätze, Augsburg 1936, 338–388 [zuerst 1925/26]

ADAM K., *Das Wesen des Katholizismus,* Düsseldorf 1937 (7)

ADAM K., *Rez. zu: D. Feuling, Katholische Glaubenslehre. Einführung in das theologische Leben für weitere Kreise, Salzburg–Innsbruck–Leipzig 1937, u. zu: M.Schmaus, Katholische Dogmatik I, München 1938:* ThQ 119 (1938) 388–391

ADAM K., *Kirchenmüdigkeit? Vom Ärgernis zum sieghaften Glauben,* Paderborn 1939

ADAM K., *Rez. zu: R.Grosche, Pilgernde Kirche, Freiburg 1936:* ThQ 120 (1939) 479–481

ADAM K., *Das Geheimnis der Inkarnation Christi und seines mystischen Leibes,* in: Die eine Kirche. Zum Gedenken J.A. Möhlers 1838–1938, hrsg. v. H. Tüchle, Paderborn 1939, 33–54

ADAM K., *Ekklesiologie im Werden? Kritische Bemerkungen zu M.D. Kosters Kritik an den ekklesiologischen Versuchen der Gegenwart:* ThQ 122 (1941) 145–166

ADAM K., *Die natürliche Gotteserkenntnis:* ThQ 126 (1946) 145–166

ADAM K., *Das Problem des Geschichtlichen im Leben der Kirche:* ThQ 128 (1948) 257–300

ADAM K., *Warum ich an Christus glaube:* HL 41 (1948/49) 409–419

AKADEMISCHE BONIFATIUS-EINIGUNG (Hrsg.), *Ich lebe und ihr lebet. Vom Strom des Lebens in der Kirche,* Paderborn 1936

ALFARO J., *Lo Natural y lo Sobrenatural. Estudio histórico desde Santo Tomás hasta Cayetano (1274–1534),* Madrid 1952

ALFARO J., *Cristo, Sacramento de Dios Padre: La Iglesia, Sacramento de Cristo Glorificado:* Greg 48 (1967) 5–27

ALGERMISSEN K., *Christliche Sekten und Kirche Christi. »Ut omnes unum sint« Joh 12,21,* Hannover 1925 (2+3)

ALGERMISSEN K., *Konfessionskunde. Ein Handbuch der christlichen Kirchen- und Sektenkunde der Gegenwart,* Hannover 1930

ALGERMISSEN K., *Konfessionskunde,* Hannover 1939 (2)

ALGERMISSEN K., *Konfessionskunde,* Celle 1950 (6)

ANDRÉ A., *Die Organismusidee im Lichte biologischer Betrachtung:* HL 18/I (1920/21) 649–656

ANGER J., *La doctrine du corps mystique de Jésus Christ d'après les principes de la théologie de Saint Thomas,* Paris 1929 (2)

ANTON A., *El tratado »De Ecclesia« nuevo centro de perspectiva en la enseñanza de la teología:* Greg 50 (1969) 651–687

ANTON A., *Hacia una síntesis de las nociones »cuerpo de Cristo« y »pueblo de Dios« en la eclesiología:* EstEcl 44 (1969) 161–203

ANTON A., *La Iglesia de Cristo. El Israel de la Vieja y de la Nueva Alianza,* (BAC Maior 15), Madrid 1977

ANTON A., *El Misterio de la Iglesia. Evolución historica de las ideas eclesiológicas II* (BAC maior 30), Madrid–Toledo 1987

ARNOLD F.X., *Das Prinzip des Gottmenschlichen und seine Bedeutung für die Seelsorge*: ThQ 123 (1942) 145–176

ARNOLD F.X., *Das gott-menschliche Prinzip der Seelsorge in pastoralgeschichtlicher Entfaltung*: ThQ 124 (1943) 99–133, 125 (1944) 47–80, 126 (1946) 43–85

AUER A., *Karl Adam:* ThQ 150 (1970) 131–143

AYMANS W., *Die Communio Ecclesiarum als Gestaltgesetz der einen Kirche:* AfkKR 139 (1970) 69–90

AYMANS W., *›Volk Gottes‹ und ›Leib Christi‹ in der Communio-Struktur der Kirche:* TTZ 81 (1972) 321–334

BAADER F.v., *Grundzüge der Sozietätsphilosophie,* hrsg. v. A. Schmid, Hellerau 1917

BACKES J., *Die Christologie des heiligen Thomas und die griechischen Kirchenväter,* Paderborn 1931

BALTHASAR H.U.v., *Augustinus. Das Antlitz der Kirche,* Einsiedeln–Köln 1942

BALTHASAR H.U.v., *Erich Przywara,* in: Mysterium Salutis XIII, Suppl.: Lessico dei teologi del secolo XX, Brescia 1978, 347–354

BARTMANN B., *Lehrbuch der Dogmatik II,* Freiburg i.B. 1921 (4+5)

BARTMANN B., *Die Lehre von der Kirche,* in: Ders., Lehrbuch der Dogmatik II, Freiburg i.B. 1921 (4+5), 127–213

BARTMANN B., *Jesus Christus unser Heiland und König* (Katholische Lebenswerte. Monographien über die Bedeutung des Katholizismus für Welt und Leben 10), Paderborn 1926 (1+2)

BARTMANN B., *Der Felsenbau Jesu (Matth. 16,18 in der neuesten Literatur der Gegner):* ThGl 20 (1928) 1–17

BARTMANN B., *Zweierlei Mystik:* ThGl 21 (1929) 92–96

BARTMANN B., *Katholische Bewegungen mit Hemmungen:* ThGl 28 (1936) 19–28

BARTZ W., *Verkündigung und Sakrament im Kirchenbegriff Scheebens:* ThSE (1944) 178–184

BARTZ W., *Die lehrende Kirche. Bei Beitrag zur Ekklesiologie M.J. Scheebens,* (TThST 9), Trier 1959

BAUHOFER O., *Das Geheimnis der Zeiten. Christliche Sinndeutung der Geschichte,* München 1935

BAUHOFER O., *Ich glaube an die heilige katholische Kirche, Gemeinschaft der Heiligen,* in: Ich glaube. Eine Auslegung des katholischen Glaubensbekenntnisses, hrsg. v. R. Grosche, Paderborn 1936, 167–182

BAUMGARTNER A., *Sehnsucht nach Gemeinschaft. Ideen und Strömungen im Sozialkatholizismus der Weimarer Republik,* (Beiträge zur Katholizismusforschung B), München–Paderborn–Wien 1977

BAUMGARTNER H.M., *Lebensphilosophie,* in: Bilanz der Theologie im 20. Jahrhundert I, hrsg. v. H. Vorgrimler–R. Vander Gucht, Freiburg–Basel–Wien 1970 (2), 290–296

BECHER H., *Das Volkhafte in der Romantik und in der Gegenwart:* StZ (1934) 90–102

BECKER W., *Kirche lebendig im Heiligen Geist:* Die Schildgenossen 19 (1940) 177–185

BEHN S., *Echte und falsche Mystik:* Hl 18/II (1921) 309–324

BERNARDS M., *Zur Lehre von der Kirche als Sakrament. Beobachtungen aus der Theologie des 19. und 20.Jahrhunderts:* MThZ 20 (1969) 29–54

BERNHART J., *Die Kirche Christi als Kirche der Völker:* HL 33/I (1935/36) 452–461

BERNHART J., *Göttliches und Menschliches in der Kirche,* in: Die Kirche in der Zeitenwende, hrsg. v. E. Kleineidam–O. Kuss, Salzburg–Leipzig 1936 (2), 238–265

BERRESHEIM H., *Christus als Haupt der Kirche nach dem heiligen Bonaventura. Ein Beitrag zur Theologie der Kirche,* Bonn 1939 [photom. Abdr. Münster 1983]

BEUMER J., *Gratia supponit naturam. Zur Geschichte eines theologischen Prinzips:* Greg 20 (1939) 381–406, 535–552

BEUMER J., *Apologetik oder Dogmatik der Kirche?:* ThGl 31 (1939) 379–391

BEUMER J., *Kirchenaustritt dogmatisch gesehen:* TPQS 93 (1940) 10–20

BEUMER J., *Die Idee einer vorchristlichen Kirche bei Augustinus:* MThZ 2 (1952) 161–175

BIRNBAUM W., *Die katholische liturgische Bewegung. Darstellung und Kritik,* (Beitrag zur Förderung der christlichen Theologie XXX, 1), Gütersloh 1926

BISER E., *Romano Guardini — Versuch einer Spiegelung:* ThGl 69 (1979) 431–446

BISER E., *Interpretation und Veränderung. Werk und Wirkung Romano Guardinis,* Paderborn 1979

BISER E., *Gottsucher oder Antichrist? Nietzsches provokative Kritik des Christentums,* Salzburg 1982

BISER E., *Erkundung des Menschlichen. Romano Guardinis Anthropologie im Umriß,* in: Wege zur Wahrheit. Die bleibende Bedeutung Romano Guardinis, hrsg. v. J. Card. Ratzinger, (Schriften der katholischen Akademie Bayerns 117), Düsseldorf 1985, 70–95

BLEIENSTEIN H., *Der mystische Christus in der Heiligen Schrift:* ZAM 9 (1934) 193–209

BLUETT J., *The Mystical Body: A Bibliography 1890–1940:* TS 3 (1942) 261–289

BODE F.J., *Gemeinschaft mit dem lebendigen Gott. Die Lehre von der Eucharistie bei Matthias Joseph Scheeben* (PThSt 16), Paderborn–München–Wien–Zürich 1986

BOFF L., *Die Kirche als Sakrament im Horizont der Welterfahrung. Versuch einer Legitimation und einer struktur-funktionalistischen Grundlegung der Kirche im Anschluß an das II. Vatikanische Konzil,* (Konfessionskundl. u. kontroverstheol. Studien XXVIII), Paderborn 1972

BOGLIOLO L., *La Filosofia Cristiana. Il problema, la storia, la struttura* (Studi Tomistici 28), Città del Vaticano 1986

BOUYER L., *Où en est dans la théologie du Corps mystique?*: RevSR 22 (1948) 313–333

BOUYER L., *L'Eglise de Dieu. Corps du Christ et temple de l'Esprit,* Paris 1970

BRAUER Th., *Der Katholik im neuen Reich. Seine Aufgaben und sein Anteil,* München 1933

BREUNING K., *Die Vision des Reiches. Deutscher Katholizismus zwischen Demokratie und Diktatur (1929–1934),* München 1969

BRINKTRINE J., *Von der Struktur und dem Wesen der Kirche*: ThGl 26 (1934) 21–29

BRINKTRINE J., *Was ist die Kirche*: ThGl 28 (1936) 190–196

BRINKTRINE J., *Zur Definition der Kirche*: ThGl 33 (1941) 225–227

BRUELL A., *Die wahre Kirche Christi,* Freiburg 1903

BRUNNER G. (Hrsg.), *Christus und der Christ. Aufsätze aus der Zeitschrift ›Das innere Leben‹,* Berlin 1941

BRUNNER H., *Der organologische Kirchenbegriff in seiner Bedeutung für das ekklesiologische Denken des 19.Jahrhunderts* (Europäische Hochschulschriften XXIII, 118), Frankfurt a.M–Bern–Las Vegas 1979

BRUNSMANN J., *Lehrbuch der Apologetik II. Kirche und Gottesglaube,* St.Gabriel bei Wien 1930 (2),

BUGNINI A., *La riforma liturgica,* Roma 1983

CASEL O., *Die Liturgie als Mysterienfeier,* (Ecclesia orans 9), Freiburg i.B. 1923 (3–5)

CASEL O., *Liturgische Bewegung in der katholischen Kirche,* in: Die Religion in Geschichte und Gegenwart. Handwörterbuch für Geschichte und Religionswissenschaft III, hrsg.v. H. Gunkel u. L.Zscharnack, Tübingen 1929(2), 1698–1701

CASEL O., *Das christliche Kultmysterium,* Regensburg 1932

CASEL O., *Neue Zeugnisse für das Kultmysterium:* JLW 13 (1935) 99–171

CASEL O., *Mysterium der Ekklesia. Von der Gemeinschaft aller Erlösten in Christus Jesus. Aus Schriften und Vorträgen,* hrsg.v. Th.Schneider, Mainz 1961

CASEL O., *Der Eine Christus,* in: Ders., Mysterium der Ekklesia, Mainz 1961, 125–129

CASPER B., *Die Einheit aller Wirklichkeit — Friedrich Pilgram und seine Theologische Philosophie,* Freiburg–Basel–Wien 1961

CHAILLOT P., *Das mystische Prinzip der Einheit,* in: Die eine Kirche. Zum Gedenken J.A. Möhlers 1838–1938, hrsg.v. H. Tüchle, Paderborn 1939, 210–240

CLEMENS G., *Martin Spahn und der Rechtskatholizismus in der Weimarer Republik* (Veröffentlichungen der Kommission für Zeitgeschichte, B 37), Mainz 1983

COHAUSZ O., *Wendungen im katholisch-theologischen Geistesleben*: TPQS 90 (1937) 193–210

COHAUSZ O., *Das gottmenschliche Reich*: TPQS 90 (1937) 385–405, 577–598

COMMER E., *Die Kirche in ihrem Wesen und Leben dargestellt. I. Vom Wesen der Kirche*, Wien 1904

COMMISSIO THEOLOGICA INTERNATIONALIS, *Themata selecta de Ecclesiologia occasione XX aniversarii conclusionis concilii oecumenici Vaticani II*, (Documenta 13), Vatikan 1985

CONGAR Y., *Der mystische Leib und seine sichtbare Manifestation*, in: Die Kirche Christi. Grundfragen der Menschenbildung und Weltgestaltung, hrsg. v. O. Iserland, Einsiedeln–Köln o.J., 13–59

CONGAR Y., *Chrétiens désunis. Principes d'un »Oecuménisme« catholique*, (Unam Sanctam 1), Paris 1937

CONGAR Y., *Ecclesia ab Abel*, in: Abhandlungen über Theologie und Kirche. Festschrift für Karl Adam, Düsseldorf 1952, 79–108

CONGAR Y., *Esquisses du mystère de l'Eglise*, Paris 1953 (2)

CONGAR Y., *L'écclésiologie de la Révolution française au Concil du Vatican, sous le signe de l'affirmation de l'autorité*, in: L'Ecclésiologie du XIXe siècle (Unam Sanctam 34), Paris 1960, 77–114

CONGAR Y., *Dogme christologique et ecclésiologique. Vérité et limites d'une parallèle*, in: Ders., Saint Eglise, Paris 1963, 69–104

CONGAR Y., *Traditio thomistica in materia ecclesiologica:* Ang 43 (1966) 405–428

CONGAR Y., *Die Lehre von der Kirche. Vom Abendländischen Schisma bis zur Gegenwart*, (HDG III/3d), Freiburg–Basel–Wien 1971

CONGAR Y., *La personne »Eglise«:* RThom 79 = 71 (1971) 613–640

CONGAR Y., *Vision de l'Eglise chez Thomas d'Aquin:* RSPhTh 62 (1978) 523–542

CORDES C., *Der Gemeinschaftsbegriff im deutschen Katholizismus und Protestantismus der Gegenwart*, Leipzig 1931

DANDER F., *Christus alles und in allen. (Col 3,11). Gedanken zum Aufbau einer Seelsorgsdogmatik*, Leipzig 1939

DAUSEND H., *Die liturgische Bewegung unter den deutschen Katholiken*: TPQS 83 (1930) 47–59

DAUSEND H., *Die Gemeinschaft der Kirche. Dogmatisch-liturgische Vorträge*, Paderborn 1934

DEIMEL L., *Leib Christi. Sinn und Grenzen einer Deutung des innerkirchlichen Lebens*, Freiburg i.B. 1940

DEL NEGRO W., *Die Philosophie der Gegenwart in Deutschland*, Leipzig 1942

DEMPF A., *Das Dritte Reich. Schicksale einer Idee*: HL 29/I (1931) 36–49, 158–171

DEMPF A., *Schelers System christlicher Geistphilosophie als Grundlage einer religiösen Erneuerung*, in: Max Scheler im Gegenwartsgeschehen der Philosophie, hrsg. v. P. Good, Bern–München 1975, 39–44

D'HERBIGNY M., *Theologica de Ecclesia. I. De Deo universos evocante ad sui regni vitam seu de institutione Ecclesiae primaeva*, Paris 1927 (3)

D'HERBIGNY M., *Theologica de Ecclesia. II. De Deo catholicam Ecclesiam organice vivificante seu de hodierna Ecclesiae agnitione*, Paris 1928 (3)

DIEKMANN H., *De Ecclesia. Tractatus historico-dogmatici I–II*, Freiburg i.B. 1925

DÖRING H., *Grundriß der Ekklesiologie. Zentrale Aspekte des katholischen Selbstverständnisses und ihre ökumenische Relevanz*, Darmstadt 1986

DORSCH E., *De Ecclesia Christi. Institutiones theologiae fundamentalis II*, Oeniponte 1928 (2)

DROBNER H.R., *Person-Exegese und Christologie bei Augustinus. Zur Herkunft der Formel Una Persona* (Philosophia Patrum. Interpretations of Patristic Texts VIII), Leiden 1986

DUNIN-BORKOWSKI S.v., *Christi Fortleben in der Kirche*: StZ 101 (1921) 392–398

DUNIN BORKOWSKI S. v., *Der Gemeinschaftsgedanke (philosophisch und theologisch beleuchtet)*: StZ 103 (1922) 170–182

DUNIN-BORKOWSKI S.v., *Ein Gesetz der Lebensfülle*: StZ 121 (1931) 196–209

DUTARI-TERAN J., *Christentum und Metaphysik. Das Verhältnis beider nach der Analogielehre E.Przywaras*, München 1973

EGGERSDORFER F.X., *F.W. Foerster und die katholische Jugendbewegung*: HL 21/II (1924) 356–373

ESCHWEILER K., *Religion und Metaphysik. Zu Max Schelers ›Vom Ewigen im Menschen‹*: HL 19/I (1921/22) 303–313, 470–489

ESCHWEILER K., *Die zwei Wege der neueren Theologie. Georg Hermes — Matthias Joseph Scheeben. Eine kritische Untersuchung des Problems der theologischen Erkenntnis*, Augsburg 1926

ESCHWEILER K., *Johann Adam Möhlers Kirchenbegriff. Das Hauptstück der katholischen Auseinandersetzung mit dem Idealismus*, Braunsberg 1930

EVERHARD W., *Bauschäden im Hause Gottes. Die irdischen Gebrechen der Kirche*, Wiesbaden 1937 (2)

FECKES C., *Das Mysterium der heiligen Kirche. Dogmatische Untersuchungen zum Wesen der Kirche*, Paderborn 1934

FELDER H., *Apologetica seu Theologia fundamentalis in usum scholarum II. Demonstratio catholica: De Ecclesia*, Paderborn 1924 (2)

FELS H. (Hrsg.), *Arnold Rademacher. Seine Reden und Aufsätze*, Bonn 1940

FENDT L., *Katholische Theologie der Gegenwart: Der Kirchengedanke im modernen Katholizismus:* ZThK 36 [= NS 8] (1928) 432–451

FEUERER G., *Begnadetes Leben*, Regensburg o.J. [1940 (2)]

FEUERER G., *Der Kirchenbegriff der dialektischen Theologie* (FThSt 36), Freiburg i.B. 1933

FEUERER G., *Unsere Kirche im Kommen. Begegnung von Jetztzeit und Endzeit*, Freiburg i.B. 1937

FITTKAU G., *Der Begriff des Mysteriums bei Johannes Chrysostomus. Eine Auseinandersetzung mit dem Begriff des »Kultmysteriums« in der Lehre Odo Casels* (Theophaneia 9), Bonn 1953

FLEISCHMANN J., *Das Antlitz der Kirche*, Kolmar o.J. [1943]

FOLGADO FLOREZ S., *Principios de eclesiología agustiniana*: Aug 10 (1970) 285–324

FRAIGNEAU-JULIEN B., *Le Mystère de l'Eucharistie et l'incorporation du Christ selon M.J. Scheeben*: RevSR 31 (1957) 249–274

FRANZELIN J.B., *Theses de Ecclesia. Opus posthumum*, Rom 1907 (2)

FRIES H., *Die katholische Religionsphilosophie der Gegenwart. Der Einfluß Max Schelers auf ihre Formen und Gestalten. Eine problemgeschichtliche Studie*, Heidelberg 1949

FRISQUE J., *Die Ekklesiologie im 20. Jahrhundert*, in: Bilanz der Theologie im 20. Jahrhundert III, hrsg. v. H. Vorgrimler u. R. Vander Gucht, Freiburg–Basel–Wien 1970, 192–243

GALOT J., *La persona di Cristo*, Assisi 1970

GALOT J., *Chi sei tu, o Cristo?* (Nuova Collana di Teologia Cattolica 11), Firenze 1977

GEIGER S., *Die religiöse Bewegung unter den Akademikern. Ihr Sinn, ihr Wollen, ihr Erfolg*: ThGl 16 (1924) 491–501

GEISELMANN J.R., *Christus und die Kirche nach Thomas von Aquin*: ThQ 107 (1926) 198–222, 108 (1927) 233–255

GEISELMANN J.R., *Joh. Ad. Möhler und die Entwicklung seines Kirchenbegriffs*: ThQ 112 (1931) 1–91

GEISELMANN J.R., *Einheit und Liebe. Ihr Gestaltwandel in Möhlers Theologie der Kirche,* in: Die eine Kirche. Zum Gedenken J.A. Möhlers 1838–1938, hrsg. v. H. Tüchle, Paderborn 1939, 135–209

GEISELMANN J.R., *Der Einfluß der Christologie des Konzils von Chalcedon auf die Theologie Johann Adam Möhlers,* in: Das Konzil von Chalcedon III, hrsg. v. A. Grillmeier u. H. Bacht, Würzburg 1954, 341–420

GEISELMANN J.R., *Die theologische Anthropologie Johann Adam Möhlers. Ihr geschichtlicher Wandel,* Freiburg i.B. 1955

GEISELMANN J.R., *Les variations de la definition de l'Eglise chez Joh. Adam Möhler particulièrement en ce qui concerne les relations entre l'Episcopat et le Primat*: RevSR 34 (1960) 141–195

GEISELMANN J.R., *Die katholische Tübinger Schule. Ihre theologische Eigenart,* Freiburg 1964

GEISSER H., *Glaubenseinheit und Lehrentwicklung bei Johann Adam Möhler* (Kirche und Konfession 18), Göttingen 1971

GERL H.B., *»Durchblick aufs Ganze«. Romano Guardinis Werk in seiner Entfaltung,* in: Wege zur Wahrheit. Die bleibende Bedeutung von Romano Guardini, hrsg. v. J. Card. Ratzinger (Schriften der Katholischen Akademie in Bayern 117), Düsseldorf 1985, 32–69

GERL H.B., *Leben in ausgehaltener Spannung. Romano Guardinis Lehre vom Gegensatz — Versuche zu einer Philosophie des Lebendig-Konkreten,* in: »Christliche Weltanschauung«. Wiederbegegnung mit Romano Guardini, hrsg. v. W. Seidel, Würzburg 1985, 59–79

GERL H.-B., *Romano Guardini. 1885–1968. Leben und Werk,* Mainz 1985 (2)

GERTZ B., *Glaubenswelt als Analogie. Die theologische Analogie-Lehre Erich Przywaras und ihr Ort in der Auseinandersetzung um die Analogia fidei,* (Themen und Thesen der Theologie 2), Düsseldorf 1969

GERTZ B., *Kreuz-Struktur. Zur theologischen Methode Erich Przywaras:* ThPh 45 (1970) 557–561

GETZENY H., *Die moderne Religionswissenschaft und die Philosophie der Werte*: HL 18/II (1920) 178–192

GETZENEY H., *Vom Wesen zum Sein. Der Weg der deutschen Philosophie der Gegenwart*: HL 34/II (1937) 46–62

GHERARDINI B., *La Chiesa è sacramento. Saggio di teologia positiva* (Teologia 2), Rom 1976

GIERARTHS P.G., *Der Kirchenbegriff im Wandel der Jahrhunderte. Ein historischer Beitrag zur Ekklesiologie*: Ang 56 (1979) 467–514

GIERENS M., *Die Idee vom Corpus Christi mysticum als katholische Einheitsidee*: ZAM 5 (1930) 312–323

GIERENS M., *Eucharistie und Corpus Christi mysticum:* TPQS 86 (1933) 536–550

GOEBEL B., *Katholische Apologetik,* Freiburg i.B. 1930

GRABMANN M., *Die Lehre des heiligen Thomas von Aquin von der Kirche als Gotteswerk. Ihre Stellung im thomistischen System und in der Geschichte der mittelalterlichen Theologie,* Regensburg 1903

GRABMANN M., *Die Idee des Lebens in der Theologie des hl. Thomas von Aquin,* Paderborn 1922

GRABOWSKI ST. J., *The Church. An Introduction to the Theology of St. Augustin,* St. Louis–London 1957

GRÖBER K. (Hrsg.), *Handbuch der religiösen Gegenwartsfragen.* Mit Empfehlung des deutschen Gesamtepiskopates, Freiburg i. B. 1937

GROSCHE R., *Die neue Demokratie*: HL 17/I (1919/20) 1–8

GROSCHE R., *Das Opfer der Kirche,* in: Ich lebe und ihr lebet, hrsg. v. der Akademischen Bonifatius-Einigung, Paderborn 1936, 85–100

GROSCHE R., *Der Wandel der Christusfrömmigkeit,* in: DERS., Et intra et extra. Theologische Aufsätze, Düsseldorf 1958, 37–47

GROSCHE R., *Et intra et extra. Theologische Aufsätze,* Düsseldorf 1958

GROSCHE R., *Pilgernde Kirche,* Mit einer Einführung von Heinrich Fries, Freiburg–Basel–Wien 1969 (2) [zuerst 1938]

GROSCHE R., *Pilgernde Kirche,* in: Ders., Pilgernde Kirche, Freiburg–Basel–Wien 1969 (2), 23–76

GUARDINI R., *Anfang. Eine Interpretation der fünf ersten Kapitel von Augustinus Bekenntnissen,* Kolmar o. J.

GUARDINI R., *Vom Geist der Liturgie,* (Ecclesia orans I), Freiburg i. B. 1920 (4+5)

GUARDINI R., *Vom Sinn des Gehorchens*: Die Schildgenossen 1 (1921) 33–41

GUARDINI R., *Quickborn. Tatsachen und Grundsätze,* Burg Rothenfels a. M. 1922

GUARDINI R., *Vom Sinn der Kirche. Fünf Vorträge,* Mainz 1923

GUARDINI R., *Liturgische Bildung. Versuche,* Burg Rothenfels a. M. 1923

GUARDINI R., *Vom Wesen katholischer Weltanschauung:* Die Schildgenossen 4 (1923/24) 66–79

GUARDINI R., *Neue Jugend und katholischer Geist,* Mainz 1924

GUARDINI R., *Vom liturgischen Mysterium:* Die Schildgenossen 5 (1924/25) 385–414

GUARDINI R., *Der Gegensatz. Versuche zu einer Philosophie des Lebendig-Konkreten,* Leipzig 1925

GUARDINI R., *Mögliche Gemeinschaft:* Die Schildgenossen 8 (1928) 377–386

GUARDINI R., *Das Wesen des Christentums:* Die Schildgenossen 9 (1929) 129–152

GUARDINI R., *Der Glaube und die Kirche:* Die Schildgenossen 13 (1933/34) 429–439

GUARDINI R., *Die Bekehrung des heiligen Augustinus. Der innere Vorgang in seinen Bekenntnissen,* Leipzig 1935

GUARDINI R., *Christliches Bewußtsein. Versuche über Pascal,* Leipzig 1935

GUARDINI R., *Vom Leben des Glaubens,* Mainz 1935

GUARDINI R., *Besinnung vor der Feier der Heiligen Messe I. Die Haltung,* Mainz 1939 (2)

GUARDINI R., *Die Offenbarung. Ihr Wesen und ihre Formen,* Würzburg 1940

GUARDINI R., *Das Christusbild der paulinischen und johanneischen Schriften,* Würzburg 1961 (2) [zuerst 1940]

GUARDINI R., *Welt und Person. Versuche zur christlichen Lehre vom Menschen,* Würzburg 1962 (5)

GUARDINI R., *Systembildende Elemente in der Theologie Bonaventuras. Die Lehren vom Lumen Mentis, von der Gradatio Entium und der Influentia sensus et motus,* (Studia et Documenta Franciscana III), hrsg. v. W. Dettloff, Leiden 1964

GUARDINI R., *Der Herr. Betrachtungen über die Person und das Leben Jesu Christi,* Würzburg 1964 (13)

GUARDINI R., *Die Kirche des Herrn. Meditationen über Wesen und Auftrag der Kirche,* Würzburg 1965

HAINZ J., *Artikel »koinonia«,* in: Exegetisches Wörterbuch zum Neuen Testament II, hrsg. v. H. Balz–G. Schneider, Stuttgart–Berlin–Köln–Mainz 1981, 749–755

HAMER J., *L'Eglise est une communion,* Paris 1962

HASENFUSS J., *Die Ekklesiologie Hermann Schells*: MThZ 7 (1956) 29–44

HASHAGEN J., *Katholische Verdienste und das neuere deutsche Geistesleben*: ThQ 122 (1941) 167–175.

HAUGG D., *Wir sind dein Leib,* München 1937

HAUSER A., *Die Erlösungslehre in der katholischen deutschen Dogmatik von B.P. Zimmer bis M. Schmaus,* Essen 1963

HAUßLER B., *Johann Adam Möhler — Theologe der Kirche*: HL 35/II (1938) 17–26

HEER F., *Werthers Weg in den Untergrund. Die Geschichte der Jugendbewegung,* München 1973

HEER F., *Weimar — ein religiöser und weltanschaulicher Leerraum,* in: Religions- und Geistesgeschichte in der Weimarer Republik (Patmos Paperback), hrsg. v. H. Cancik, Düsseldorf 1982, 31–48

HEHL U. v., *Kirche, Katholizismus und das nationalsozialistische Deutschland. Ein Forschungsüberblick,* in: Katholische Kirche im Dritten Reich. Eine Aufsatzsammlung, hrsg. v. D. Albrecht (Topos-Taschenbücher 45), Mainz 1976, 219–251

HEILER F., *Zum Tod von Karl Adam:* ThQ 146 (1966) 257–261

HERWEGEN I., *Das Kunstprinzip der Liturgie,* Paderborn 1916

HERWEGEN I., *Weltarbeit und klösterliches Ideal,* in: Deutschland und der Katholizismus. Gedanken zur Neugestaltung des deutschen Geistes- und Gesellschaftslebens I. Das Geistesleben, hrsg. v. M. Meinertz–H. Sacher, Freiburg i. B. 1918, 133–146

HERWEGEN I., *Der Verklärungsgedanke in der Liturgie,* in: DERS., Alte Quellen neuer Kraft. Gesammelte Aufsätze, Düsseldorf 1922 (2), 22–48

HERWEGEN I., *Kirche und Seele — Eine Entgegnung:* ThQ 106 (1925) 239–248

HERWEGEN I., *Kirche und Seele. Die Grundhaltung des Mysterienkultes und ihr Wandel im Mittelalter,* Münster 1928 (3+4)

HERWEGEN I., *Von christlichem Sein und Leben. Gesammelte Vorträge,* Berlin 1931

HERWEGEN I., *Die Formung des Geistes durch den Geist Christi,* in: DERS., Von christlichem Sein und Leben. Gesammelte Vorträge, Berlin 1931, 7–28

HERWEGEN I., *Das katholische Bildungsideal,* in: Ders., Von christlichem Sein und Leben, Berlin 1931, 50–90

HERWEGEN I., *Sinn, Geist und Ziel der liturgischen Erneuerung*: BiLi 12 (1937/38) 386–396

HESSEN J., *Die Geistesströmungen der Gegenwart,* Freiburg i. B. 1937

HESSEN J., *Wertphilosophie,* Paderborn 1937

HESSEN J., *Die Werte des Heiligen*, Regensburg 1938

HILDEBRAND D. v., *Max Schelers Stellung zur katholischen Gedankenwelt*: KathGed 1 (1928) 445–459

HOFFMANN T., *Kirche im Sterben — Katholizismus im Werden*: StZ 133 (1938) 388–395

HOFFMANN TH., *Kirche zwischen den Zeiten*: StZ 136 (1939) 255–259

HOFFMANN N., *Natur und Gnade. Die Theologie der Gottesschau als vollendeter Vergöttlichung des Geistgeschöpfs bei M.J. Scheeben* (Analecta Gregoriana 160), Rom 1967

HÖFFNER J., *Christliche Gesellschaftslehre. Studienausgabe*, Köln 1975

HÖFFNER J., *Matthias Joseph Scheebens gelebte Dogmatik. Sein pastorales Wirken im Erzbistum Köln*, in: AA.VV. M.J. Scheeben teologo cattolico d'ispirazione tomista (Studi tomistici 1933), Vatikan 1988, 445–468

HOFMANN A., *Christus et Ecclesia est una persona mystica*: Ang 19 (1942) 213–219

HOFMANN F., *Der Kirchenbegriff des hl. Augustinus in seinen Grundlagen und in seiner Entwicklung*, München 1933

HOLBÖCK F. , *Das Mysterium der Kirche in dogmatischer Sicht*, in: Mysterium Kirche in der Sicht der theologische Disziplinen I, hrsg. v. F. Holböck u. F. Sartory, Salzburg 1962, 201–346

HOLZER O., *›Christus in uns‹. Ein kritisches Wort zur neueren Corpus-Christi-Mysticum-Literatur*: WW 8 (1941) 24–35, 64–70, 93–105, 130–136

HORST U., *Umstrittene Fragen der Ekklesiologie*, Regensburg 1971

HORST U., *Papst — Konzil — Unfehlbarkeit. Die Ekklesiologie der Summenkommentare von Cajetan bis Billuart* (Walberberger Studien. Theologische Reihe 10), Mainz 1978

HÜRTEN H., *Geschichte des deutschen Katholizismus 1800–1960*, Mainz 1986

HURTER H., *Dissertatio de Ecclesia corpore Christi mystico*, Innsbruck 1874.

HÜRTH F., *Erlöserkirche:* StZ 104 (1923) 332–345

ISERLOH E., *Innerkirchliche Bewegungen und ihre Spiritualität*, in: HKG(J) VII, Freiburg–Basel–Wien 1979, 301–337

JAKI S., *Les tendances nouvelles de l'Ecclésiologie*, Rom 1957

JAKOBS P., *Ihr seid Christi Leib. Ein Buch von unserer Erlösung*, Leutesdorf o.J. [1933]

JANSEN B., *Das gegenwärtige philosophische Deutschland*: StZ 95 (1918) 132–142

JASPERS K., *Nietzsche und das Christentum*, Hameln o.J. [1938]

JONKER W.D., *Mistieke Liggaam en Kerk in de nuwe Rooms-Katolieke Theologie*, Kampen Kok 1955

JUNGLAS J.P., *Die Lehre von der Kirche. Eine Laiendogmatik*, Mit einem Nachtrag von Universitäts-Dozent Dr. Adolf Kolping, Bonn 1949 (5) [zuerst 1936]

JUNGMANN J.A., *Die Kirche im religiösen Leben der Gegenwart*, in: Die eine Kirche. Zum Gedenken J.A. Möhlers 1838–1938, hrsg. v. H. Tüchle, Paderborn 1939, 373–390

JÜRGENSMEIER K.F., *Der mystische Leib Christi als Grundprinzip der Aszetik. Aufbau des religiösen Lebens und Strebens aus dem Corpus Christi mysticum*, Paderborn 1933 (2)

JÜSSEN K., *Sanctorum Communio:* ThSe (August 1943) 36–40

KAISER PH., *Die gottmenschliche Einigung in Christus als Problem der spekulativen Theologie seit der Scholastik*, München 1968

KÄPPELI M., *Zur Lehre des hl.Thomas von Aquin vom Corpus Christi Mysticum. Mit einem kurzen Überblick über die wichtigsten Vertreter dieser Lehre vor Thomas von Aquin,* Freiburg 1931

KARRER O., *Das Religiöse in der Menschheit und das Christentum,* Freiburg i.B. 1934 (2)

KÄSEMANN E., *Leib und Leib Christi,* Tübingen 1933

KASPER J. (Hrsg.), *Um die Einheit der Kirche. Gespräche und Stimmen getrennter christlicher Brüder,* Wien 1940

KASPER W., *Die Lehre von der Tradition in der römischen Schule,* Freiburg 1962

KASPER W., *Karl Adam. Zu seinem 100. Geburtstag und 10. Todestag*: ThQ 156 (1976) 251–258

KASSIEPE M., *Irrwege und Umwege im Frömmigkeitsleben der Gegenwart,* Würzburg o.J. [1940 (2)]

KASTNER F., *Marianische Christusgestaltung der Welt?,* Paderborn 1936 (2)

KAUFMANN W., *Nietzsche, Philosoph — Psychologe — Antichrist,* Darmstadt 1982

KEHL M., *Kirche als Institution. Zur theologischen Begründung des institutionellen Charakters der Kirche in der deutschsprachigen Ekklesiologie* (Frankfurter Theologische Studien 22), Frankfurt 1976

KELLER E., *Conrad Gröber (1872–1948). Erzbischof in schwerer Zeit,* Freiburg 1981

KELLER H., *Zur Soziologie der Kirche*: Schol 8 (1933) 243–249

KELLER H., *Die Kirche als Kultgemeinschaft:* BenM 16 (1934) 25–38, 17 (1935) 183–195, 277–286, 347–361

KELLER M., *Volk Gottes als Kirchenbegriff. Eine Untersuchung zum neueren Verständnis,* Zürich-Einsiedeln 1970

KERKVOORDE A., *La théologie du »Corps mystique« au dix-neuvième siècle*: NRTh 67 (1945) 417–430

KERKVOORDE A.-ROUSSEAU O., *Le mouvement théologique dans le monde contemporain. Liturgie — Dogme — Philosophie — Exégèse* (Histoire du Christianisme), Paris 1969

KINDT W. (Hrsg.), *Dokumentation der Jugendbewegung I–III,* Düsseldorf-Köln 1963–1974

KLAUS A., *Die Idee des Corpus Christi mysticum bei den Synoptikern*: ThGl 28 (1936) 407–417

KLEIBER H., *Glaube und religiöse Erfahrung bei Romano Guardini,* Freiburg-Basel-Wien 1985

KOESTER W., *Die Idee der Kirche beim Apostel Paulus,* (Neutestamentliche Abhandlungen XIV, 1), Münster 1928

KÖHLER O., *Artikel »Jugendbewegung«,* in: LThK V, 1181–1182

KOLBE F., *Die Liturgische Bewegung,* Aschaffenburg 1964

KOLPING A., *Katholische Theologie gestern und heute. Thematik und Entfaltung deutscher katholischer Theologie vom I. Vatikanum bis zur Gegenwart,* Bremen 1964

KOLPING A., *In Memoriam Arnold Rademacher. Eine Theologie der Einheit,* Bonn 1969

KÖNIG R., *Der Begriff Gemeinschaft und Gesellschaft bei Ferdinand Tönnies*: KölnerZSS 7 (1955) 348–420

KOSTER M.D., *Natur und Übernatur. Die christliche Gesamtordnung:* Cath 5 (1936) 15–29

KOSTER M.D., *Rez.zu L. Charlier, Essai sur le Problème théologique*: ThRev 38 (1939) 42–48

KOSTER M.D., *Wesen und Natur der Kirche. Eine systematische Studie nach den ekklesiologischen Grundsätzen des hl.Thomas von Aquin,* Bonn 1939 [Teildruck Diss. Bonn 1937]

KOSTER M.D., *Ekklesiologie im Werden,* Paderborn 1940; von uns zitiert nach: DERS., *Volk Gottes im Werden. Gesammelte Studien,* hrsg. v. H.-D. Langer und O.H. Pesch (Walberberger Studien. Theologische Reihe 7), Mainz 1971, 195–272 [zuerst Paderborn 1940]

KÖSTERS L., *Artikel »Kirche«,* in: LThK V, Freiburg 1933, 968–981

KÖSTERS L., *Die Kirche unseres Glaubens. Eine theologische Grundlegung katholischer Weltanschauung,* Freiburg i.B. 1935

KÖSTERS L., *Unser Christusglaube. Das Heilandsbild der katholischen Theologie,* Freiburg i.B. 1937

KÖSTERS L., *Wer ist Jesus Christus? Das Ergebnis der wissenschaftlichen Erforschung des Christusproblems,* Dülmen 1938

KÖSTERS L., *Was ist die Kirche Christi?,* Dülmen 1939 (3+4)

KREBS E., *Vom Segen des Krieges:* ThGl 7 (1915) 21–26

KREBS E., *Die Wertprobleme und ihre Behandlung in der katholischen Dogmatik* (Akademische Antrittsrede, gehalten am 8. Juni 1917 in der Universitätsaula zu Freiburg i.B. Sonderabdruck aus der Zeitschrift »Oberrheinisches Pastoralblatt« Heft 8/9, Freiburg 1917), Freiburg 1917

KREBS E., *Der Weltkrieg und die Grundlagen unserer geistig-sittlichen Kultur,* in: Deutschland und der Katholizismus. Gedanken zur Neugestaltung des deutschen Geistes- und Gesellschaftslebens I. Das Geistesleben, hrsg. v. M. Meinertz u. H. Sacher, Freiburg i.B. 1918, 1–28.

KREBS E., *Die Bedeutung der Kirche für den Glauben:* ThGl 15 (1923) 74–86

KREBS E., *Die Kirche und das neue Europa,* Freiburg i.B. 1924

KREBS E., *Dogma und Leben. Die kirchliche Glaubenslehre als Wertquelle für das Geistesleben II,* Paderborn 1925

KREBS E., *Joseph Wittigs Weg aus der kirchlichen Gemeinschaft,* (Sonderdruck aus »Der katholische Gedanke« 1. Jhg. Heft 3), München 1928

KREBS E., *Möhlers Athanasius. Eingeleitet und ausgewählt von Engelbert Krebs:* HL 32/II (1935) 385–398

KREIDER TH., *Unsere Vereinigung mit Christus dogmatisch gesehen,* Fribourg 1941

KREIDLER H., *Eine Theologie des Lebens. Grundzüge im theologischen Denken Karl Adams* (TTS 29), Mainz 1988

KRIEG R.A., *Kardinal Ratzinger, Max Scheler und eine Grundfrage der Christologie:* ThQ 160 (1980) 106–122

KÜHN H., *Natur und Gnade. Untersuchungen zur deutschen katholischen Theologie der Gegenwart,* (Arbeiten zur Geschichte und Theologie des Luthertums II), Berlin 1961

KUHN H., *Romano Guardini. Der Mensch und sein Werk,* München 1971

KUHN K., *Die wahre Kirche,* Rottenburg 1919

KUSCH H., *Gemeinschaft:* Die Schildgenossen 1(1921) 89–100

KUSS O., *Der Christ in der religiösen Situation der Gegenwart,* in: Die Kirche in der Zeitenwende, hrsg. v. E. Kleineidam u. O. Kuss, Salzburg–Leipzig 1936 (2), 9–26

LAMIRANDE E., *L'Eglise céleste selon saint Augustin,* Paris 1963

LANDMESSER F.X., *Die religiöse Formkraft des Katholizismus in der Zeit,* Augsburg 1934 (2)

LANGBEHN J., *Rembrandt als Erzieher,* Leipzig 1890 (31)

LANGBEHN J., *Der Rembrandtdeutsche,* Dresden 1892

LANGBEHN J., *Der Geist des Ganzen,* hrsg. v. B. Momme Nissen, Freiburg 1937

LANG H., *Der mystische Leib Christi,* München 1929

LANG H., *Christus in unserer Mitte,* Regensburg 1936

LANG H., *Heilige Schrift und Tradition und die Einheit der Kirche:* ThGl 34 (1942) 308–316

LAPORTA J., *La destinée de la nature humaine selon Thomas d'Aquin,* (Etudes de philosophie médiévale 55), Paris 1965

LAQUEUR W.Z., *Die deutsche Jugendbewegung — eine historische Studie,* Köln 1962 [Nachdruck 1978]

LAROS M., *Laie und Lehramt in der Kirche*: HL 37 (1939/40) 45–54

LAROS M., *Die Menschen in der Kirche,* in: Um die Einheit der Kirche. Gespräche und Stimmen getrennter christlicher Brüder, hrsg. v. J. Casper, Wien 1940, 25–31

LEDURE Y., *Lectures chrétiennes de Nietzsche: Maurras, Papini, Scheler, de Lubac, Marcel, Mounier,* Paris 1984.

LENGSFELD P., *Adam und Christus. Die Adam-Christus-Typologie im Neuen Testament und ihre dogmatische Verwendung bei M.J. Scheeben und K. Barth* (Koinonia 9), Essen 1965

LENNERZ P.H., *Schelers Konformitätssystem und die Lehre der katholischen Kirche* (Aschendorffs zeitgemäße Flugschriften 4/5), Münster 1924

LEO XIII., *Litt. Encycl. »Satis cognitum« (29.6.1896):* ASS 28 (1895/96) 708–739

LEO XIII., *Litt. Encycl. »Divinum illud munus« (9.5.1897):* ASS 29 (1896/97) 644–658

LERCHER L., *Institutiones Theologiae dogmaticae I. De vera religione. De Ecclesia Christi. De Traditione et Scriptura,* Oeniponte 1934 (2)

LICCARO E., *La chiesa nel pensiero di Romano Guardini:* Humanitas 15 (1960) 801–814

LINDEMANN F., *Friedrich Nietzsche in unserer Zeit. Zu Nietzsches 25. Todestag*: HL 22/II (1925) 645–660

LIPPERT P., *Dogma und Leben*: StaML 85 (1913) 233–241

LIPPERT P., *Die alleinseligmachende Kirche*: StaML 84 (1913) 1–14

LIPPERT P., *Der Erlöser* (Credo. Darstellungen aus dem Gebiet der christlichen Glaubenslehre 4), Freiburg i. B. 1919 (1+2)

LIPPERT P., *An den Pforten der Kirche:* StZ 98 (1920) 161–171

LIPPERT P., *Gott* (Credo. Darstellungen aus dem Gebiet der christlichen Glaubenslehre 1), Freiburg i. B. 1922 (7+8)

LIPPERT P., *Die Gnaden Gottes* (Credo. Darstellungen aus dem Gebiet der christlichen Glaubenslehre 5), Freiburg i. B. 1923 (3+4)

LIPPERT P., *Die Sakramente Christi* (Credo. Darstellungen aus dem Gebiet der christlichen Glaubenslehre 6), Freiburg i. B. 1923 (1–3)

LIPPERT P., *Die Kirche Christi,* Freiburg i. B. 1931

LIPPERT P., *Die Gemeinschaft der Heiligen*: StZ 124 (1933) 73–82

LIPPERT P., *Der große Mensch im kleinen All*: StZ 127 (1934) 289–298

LIPPERT P., *Der Gemeinschaftsmensch:* StZ 128 (1935) 361–370

LOHMEYER E., *Vom Begriff der religiösen Gemeinschaft. Eine problemgeschichtliche Untersuchung über die Grundlage des Christentums* (Wiss. Grundfragen. Philosophische Abhandlungen III), Leipzig–Berlin 1925

LOPEZ-QUINTAS A., *Pensadores cristianos contemporaneos I. Haecker, Ebner, Wust, Przywara, Zubiri* (BAC 274), Madrid 1968

LUBAC H. de, *Katholizismus als Gemeinschaft*, übers. v. H.U. v. Balthasar, Einsiedeln–Köln 1943

LUBAC H. de, *Surnaturel. Études historiques*, Paris 1946

LUTZ H., *Demokratie im Zwielicht. Der Weg der deutschen Katholiken aus dem Kaiserreich in die Republik. 1914–1925*, München 1963

LUTZ O., *Die Lehre Scheebens vom mystischen Leibe Christi*: ThQ 126 (1946) 86–109

MAAS-EWERD TH., *Die Krise der Liturgischen Bewegung in Deutschland und Österreich. Zu den Auseinandersetzungen um die »liturgische Frage« in den Jahren 1939 bis 1944* (SEPL 3), Regensburg 1981

MAAS-EWERD E., *Odo Casel OSB und Karl Rahner SJ: Disput über das Wiener Memorandum »Theologische und Philosophische Zeitfragen im katholischen deutschen Raum«. Zwei unveröffentlichte Dokumente aus dem Jahre 1943*: ALW 28 (1986) 193–234

MAAß F.-D., *Mystik im Gespräch. Materialien zur Mystik-Diskussion in der katholischen und evangelischen Theologie nach dem ersten Weltkrieg*, Würzburg 1972.

MALMBERG F., *Ein Leib — Ein Geist. Vom Mysterium der Kirche*, Freiburg–Basel–Wien 1960

MALTHA A.H., *Die neue Theologie*, München 1960

MARON G., *Die Römisch-katholische Kirche von 1870–1970*, in: Die Kirche in ihrer Geschichte IV, hrsg. v. K.D. Schmidt u. E. Wolf, Göttingen 1972, N 197–N 328

MARTIN A. v., *Romantischer ›Katholizismus‹ und katholische Romantik*: HL 23/I (1925/26) 315–337

MARTIN-PALMA J., *Gnadenlehre. Von der Reformation bis zur Gegenwart*, (HDG III/5b), Freiburg–Basel–Wien 1980

MAUSBACH J., *Die Kirche und die moderne Kultur* (Religion — Christentum — Kirche. Eine Apologetik für wissenschaftlich Gebildete), Kempten o. J.

MAYER A., *Zur Wesensbestimmung der Mystik*: BenM 1 (1919) 129–143

MAYER A.L., *Das Kirchenbild des späten Mittelalters und seine Beziehungen zur Liturgiegeschichte*, in: Vom christlichen Mysterium. Gesammelte Arbeiten zum Gedächtnis von Odo Casel, hrsg. v. A. Mayer–J. Quasten–B. Neunheuser, Düsseldorf 1951, 274–294

MAYER A.L., *Die geistesgeschichtliche Situation der Liturgischen Erneuerung in der Gegenwart*: ALW 4 (1955) 1–51

MAYER-PFANNHOLZ A., *Der Wandel des Kirchenbildes in der Geschichte*: ThGl 33 (1941) 22–34

MAYER-PFANNHOLZ A., *Das Laientum im werdenden Kirchenbild*: ThGl 33 (1941) 88–97

MAYER-TASCH P.C., *Korporativismus und Autoritarismus. Eine Studie zu Theorie und Praxis der berufsständischen Rechts- und Staatsidee*, Frankfurt a.M. 1971

MEIER K., *Volkskirche 1918–1945. Ekklesiologie und Zeitgeschichte* (Theologische Existenz heute 213), München 1982

MENGE G., *Die Herrlichkeiten der katholischen Kirche in ihrer Lehre*, Hildesheim 1921 (2)

MENGE G., *Die Kirche, der Fels im Meer*, Hildesheim 1938

MENSCHING G. v. (Hrsg.), *Der Katholizismus. Sein Stirb und Werde. Von katholischen Theologen und Laien*, Leipzig 1937

MENTZ K., *Gottes Reich, Wesen und Weg der Kirche*, Speyer 1940

MERSCH E., *Le corps mystique du Christ. Etudes de théologie historique I,* Brüssel 1936 (2)

MERSCH E., *La théologie du Corps mystique,* 2 Bde., Bruxelles–Paris 1944

METTNITZER A., *Wesen und Leben der Kirche bei Ernst Commer (1847–1928). Ein Beitrag zur Geschichte der Ekklesiologie* (Exzerptdruck Diss. PUG), Rom 1986

METZGER M.J., *Einheit der Kirche?,* in: Um die Einheit der Kirche, hrsg. v. J. Casper, Wien 1940, 48–52

METZGER M.J., *Aufbruch zur Una Sancta*: ThGl 33 (1941) 16–22

MICHEL E., *Kirche und Wirklichkeit. Offene Antwort an Prof. Dr. Siegfried Behn*: HL 21/I (1923/24) 652–657

MICHELITSCH A., *Elementa Apologeticae sive Theologia fundamentalis,* Graz–Wien 1925 (3)

MICHELS Th., *Das Heilswerk der Kirche. Ein Beitrag zur Theologie der Geschichte,* Salzburg 1935

MINZ K.H., *Pleroma Trinitatis. Die Trinitätstheologie bei Matthias Joseph Scheeben* (Disputationes Theologicae 10), Frankfurt a.M. 1982

MÖHLER J.A., *Rez. zu: T. Katerkamp, Des ersten Zeitalters der Kirchengeschichte erste Abteilung: die Zeit der Verfolgungen, Münster 1823*: ThQ 5 (1823) 484–532

MÖHLER J.A., *Rez. zu: A. Gengler, Ueber das Verhältniß der Theologie zur Philosophie, Landshut 1826*: ThQ 9 (1827) 498–522

MÖHLER J.A., *Anselm, Erzbischof von Canterbury. Ein Beitrag zur Kenntniß des religiös-sittlichen, öffentlich-rechtlichen und wissenschaftlichen Lebens im eilften und zwölften Jahrhundert*: ThQ 9 (1827) 435–497, 585–664

MÖHLER J.A., *Die Einheit der Kirche oder das Prinzip des Katholizismus. Dargestellt im Geist der Kirchenväter der ersten drei Jahrhunderte,* hrsg., eingel. u. komm. v. J.R. Geiselmann, Köln–Olten 1956

MÖHLER J.A., *Symbolik oder Darstellung der dogmatischen Gegensätze der Katholiken und Protestanten nach ihren öffentlichen Bekenntnissen I u. II,* hrsg., eingel. und komm. v. J.R. Geiselmann, Köln–Olten 1958–1960

MOMME NISSEN B., *Die eine Kirche,* Einsiedeln 1943

MONZEL N., *Struktursoziologie und Kirchenbegriff* (Grenzfragen zwischen Theologie und Philosophie 10), Bonn 1939

MOOCK W., *Der Einzelne und die Gemeinschaft*: HL 32/I (1934/35) 193–203

MOONS A., *Die Heiligkeit der Kirche nach J.A. Möhler* (Universitas Catholica Lovaniensis. Sylloge Excerptorum e dissertationibus ad gradum doctoris in Sacra Theologia vel in Iure canonico consequendum conscriptis Tom. XXIX, Fasc. I), Louvain 1955

MUCKERMANN H., *Von den sieben Sakramenten. Grundsätzliches zu den religiösen Fragen der Gegenwart im Anschluß an neue Kanzelvorträge in der St. Matthias-Kirche zu Berlin und in anderen Heiligtümern des deutschen Volkes. Mit einem Geleitwort von Konrad Graf v. Preysing,* Freiburg i.B. 1936

MÜHLEN H., *Der Heilige Geist als Person. Beitrag zur Frage nach der dem Heiligen Geiste eigentümlichen Funktion in der Trinität, bei der Inkarnation und im Gnadenbund* (MBTh 26), Münster 1967 (2)

MÜHLEN H., *Una mystica Persona. Die Kirche als Mysterium der heilsgeschichtlichen Identität des Heiligen in Christus und den Christen: Eine Person in vielen Personen,* Paderborn 1968 (3)

MÜLLER H., *De analogia Verbum Incarnatum inter et Ecclesiam (LG 8a)*: PRMCL 66 (1977) 499–512

MÜLLER J.B., *St.Augustinus der geniale Kronzeuge der Kirche Christi*, Paderborn 1937

MÜLLER-SCHMID P.P., *Phänomenologie und Existentialismus im Kontext des christlichen Denkens*, in: Katholizismus und philosophische Strömungen in Deutschland (Beiträge zur Katholizismusforschung, B), hrsg. v. A. Langner, Paderborn– München– Wien– Zürich 1982, 119–165

NEUFELD K.H., *Anfänge katholischer Ökumene — Max Pribilla (1874–1956)*: Cath 29 (1975) 1–19

NEUNDÖRFER K., *Die Kirche als gesellschaftliche Notwendigkeit*: HL 20/I (1922/23) 225–238

NEUNDÖRFER K., *Bücher über die Kirche:* Die Schildgenossen 5 (1924/25) 203–207

NEUNDÖRFER K., *Zwischen Kirche und Welt. Ausgewählte Aufsätze aus seinem Nachlass*, hrsg. v. L. Neundörfer u. W. Dirks, Frankfurt a. M. 1927

NEUNHEUSER B., *Der Beitrag der Liturgie zur theologischen Erneuerung*: Greg 50 (1969) 589–615

NICOLAS J.H., *Le sens et la valeur en ecclésiologie du parallélisme de structure entre le Christ et l'Eglise:* Ang 63 (1966) 353–358

NIEMANN F.-J., *Jesus als Glaubensgrund in der Fundamentaltheologie der Neuzeit. Zur Genealogie eines Traktates*, (IThSt 12), Innsbruck–Wien 1983

PALMIERI D., *De Romano Pontifice*, Romae 1877

PANFOEDER CH., *Die Kirche als liturgische Gemeinschaft* (Liturgia I/2), Mainz 1924

PARSCH P., *Volksliturgie*, Wien 1940

PAUL E., *Denkweg und Denkform der Theologie von Matthias Joseph Scheeben* (MThSt 40), München 1970

PAUL E., *Matthias Scheeben* (Wegbereiter heutiger Theologie), Graz–Wien–Köln 1976

PELZ O., *Der Christ als Christus. Der Weg meines Forschens*, Berlin o.J. [als Manuskript; 1939]

PESCH Ch., *Compendium Theologiae Dogmaticae. Tomus I: De Christo Legato Divino — De Ecclesia Christi — De Fontibus Theologicis*, Freiburg i. B. 1913.

PETERS F.J., *Die Lehre der katholischen Kirche gebildeten Kreisen dargeboten*, Bonn 1923

PFEILSCHIFTER G., *Die kirchlichen Wiedervereinigungsbestrebungen der Nachkriegszeit*, München 1923

PFLEGER K., *Die christozentrische Sehnsucht*, Kolmar o. J.

PIEPER K., *Jesus und die Kirche*, Paderborn 1932

PILGRAM F., *Physiologie der Kirche. Forschungen über die geistigen Gesetze, in denen die Kirche nach ihrer natürlichen Seite besteht*, (Deutsche Klassiker der katholischen Theologie aus neuerer Zeit III), Mainz 1931

PINSK H., *Aus Gott geboren*, in: Ich lebe und ihr lebet, hrsg. von der Akademischen Bonifatius-Einigung, Paderborn 1936, 1–28

PINSK H., *Die Kirche Christi als Kirche der Völker*, Paderborn 1935

PINSK J., *Die sakramentale Welt*, Regensburg 1938

PIOLANTI A., *Dio-Uomo*, Roma 1964

PIUS XII., *Litt.Encycl. »Mystici corporis« (29.6.1943):* AAS 35 (1943) 193–248

m 1900: HL 34/I (1936/37) 324–337, 434–448

ft. Kritik des sozialen Radikalismus, Bonn 1924

shaltung der katholischen Frömmigkeit (Der katholi-
Wien 1925

ation. Das Problem der ausgebliebenen Vermittlung
80) 277–294

lesiologie des Zweiten Vaticanums — Ursache nach-
272–283

ismus: StZ 107 (1924) 259–278

ockholm — Lausanne — Rom. Geschichtlich-theolo-
ngsbestrebungen, Freiburg i.B. 1929

StZ 117 (1929) 241–254

e Geschichte der deutschen Jugendverbände, Bern–

StZ 104 (1923) 445–454

ber uns? (Immanenz und Transzendenz im heutigen
2

nsauffassung: ZKTh 47 (1923) 24–49

ax Scheler–J.H. Newman, Freiburg i.B. 1923

bernatur?: StZ 105 (1923) 428–440

PRZYWARA E., *Kirche als Lebensform:* StZ 105 (1923) 314–317

PRZYWARA E., *Tragische Seele? Eine Betrachtung zum Thomasjubiläum*: StZ 106 (1924) 33–45

PRZYWARA E., *Kantischer und katholischer Geistestypus. Eine Betrachtung zum Kant-Jubiläum*: StZ 107 (1924) 161–174

PRZYWARA E., *Ein Gang durch die Zeit*: StZ 107 (1924) 52–60

PRZYWARA E., *Custos, quid de nocte? Eine Gewissenserforschung*: StZ 107 (1924) 301–306

PRZYWARA E., *Katholizismus:* HL 21/II (1924) 566–574

PRZYWARA E., *Neue Religiösität:* StZ 109 (1925) 18–35

PRZYWARA E., *Kantentfaltung oder Kantverleugnung. Zu den Reden und Veröffentlichungen des Kantjubiläums*: StZ 108 (1925) 90–108.

PRZYWARA E., *Wesen des Katholizismus:* StZ 108 (1925) 47–62

PRZYWARA E., *Tragische Welt?*: StZ 111 (1926) 183–191

PRZYWARA E., *Wohin? Zur Wegwende der katholischen Bewegungen*: StZ 111 (1926) 1–9

PRZYWARA E., *Neue Theologie? Das Problem protestantischer Theologie*: StZ 111 (1926) 348–360

PRZYWARA E., *Katholizismus der Kirche und Katholizismus der Stunde*: StZ 110 (1926) 260–270

PRZYWARA E., *Vom philosophischen Ansatz*: StZ 112 (1927) 229–234

PRZYWARA E., *Drei Richtungen der Phänomenologie*: StZ 115 (1928) 252–264

PRZYWARA E., *Das neue Denken*: StZ 117 (1929) 414–424

PRZYWARA E., *Papst-König:* StZ 117 (1929) 1–11

PRZYWARA E., *Ringen der Gegenwart. Gesammelte Aufsätze 1922–1927*, 2 Bde., Augsburg 1929

PRZYWARA E., *Wende zum Menschen*: StZ 119 (1930) 1–10

PRZYWARA E., *Situation und Aufgabe im deutschen Gegenwartskatholizismus. Ein Referat vor der »alten« und »neuen« Generation*: StZ 120 (1931) 161–172

PRZYWARA E., *Thomismus und Molinismus:* StZ 124 (1933) 26–35

PRZYWARA E., *Deutscher Aufbruch*: StZ 124 (1933) 82–93

PRZYWARA E., *Deutsche Front:* StZ 124 (1933) 153–167

PRZYWARA E., *Deutsches Schicksal:* StZ 124 (1933) 217–226

PRZYWARA E., *Heroisch,* Paderborn 1936

PRZYWARA E., *Die Reichweite der Analogie als katholischer Grundform*: Schol 15 (1940) 339–362, 508–532

PRZYWARA E., *Der Grundsatz »Gratia non destruit, sed supponit et perficit naturam«. Eine ideengeschichtliche Interpretation:* Schol 17 (1942) 178–186

PRZYWARA E., *Gott in der Kirche:* ZAM 19 (1944) 78–87

PRZYWARA E., *Was ist Gott? Summula,* Nürnberg 1953

PRZYWARA E., *Mystik und Distanz,* in: Ders., Religionsphilosophische Schriften (Schriften II), Einsiedeln 1962, 66–90 [zuerst 1926]

PRZYWARA E., *Gott. Fünf Vorträge über das religionsphilosophische Problem,* in: Ders., Religionsphilosophische Schriften (Schriften II), Einsiedeln 1962, 243–372 [zuerst 1926]

PRZYWARA E., *Religionsphilosophie katholischer Theologie,* in: Ders., Religionsphilosophische Schriften (Schriften II), Einsiedeln 1962, 376–511 [zuerst 1927]

PRZYWARA E., *Himmelreich. Die Gleichnisse des Herrn,* in: Ders., Frühe religiöse Schriften (Schriften I), Einsiedeln 1962, 25–272 [zuerst 1922/23]

PRZYWARA E., *Wandlung. Ein Christenweg,* in: Ders., Frühe religiöse Schriften (Schriften I), Einsiedeln 1962, 379–472 [zuerst 1925]

PRZYWARA E., *Majestas Divina. Ignatianische Frömmigkeit,* in: Ders., Frühe religiöse Schriften (Schriften I), Einsiedeln 1962, 473–518 [zuerst 1925]

PRZYWARA E., *Deus semper Maior. Theologie der Exerzitien I–III,* Wien 1964 (2)

PRZYWARA E., *Katholische Krise,* hrsg. v. B. Gertz, Düsseldorf 1967

PRZYWARA E., *›Die fünf Wenden‹ — Eine Grundlegung,* in: Ders., Katholische Krise, Düsseldorf 1967, 106–122 [zuerst 1930]

PRZYWARA E., *Katholische Bewegung und katholische Aktion,* in: Ders., Katholische Krise, Düsseldorf 1967, 54–70 [zuerst 1929]

PRZYWARA E., *Alter und neuer Katholizismus,* in: Ders., Katholische Krise, Düsseldorf 1967, 167–190 [zuerst 1941]

PRZYWARA E., *Der Ruf von heute,* in: Ders., Katholische Krise, Düsseldorf 1967, 89–105 [zuerst 1930]

PRZYWARA E., *Verklärung oder Polarität,* in: Ders., Katholische Krise, Düsseldorf 1967, 9–19 [zuerst 1924]

PRZYWARA E., *Das Dogma von der Kirche. Ein Aufbau,* in: Ders., Katholische Krise, Düsseldorf 1967, 191–195 [zuerst 1944]

PRZYWARA E., *Liturgische Erneuerung,* in: Ders., Katholische Krise, Düsseldorf 1967, 71–88 [zuerst 1930]

PRZYWARA E., *Katholizität,* in: Ders., Katholische Krise, Düsseldorf 1967, 20–40 [zuerst 1925]

PRZYWARA E., *Evangelische Katholizität — katholische Evangelizität,* in: Ders., Katholische Krise, Düsseldorf 1967, 199–210 [zuerst 1960]

PRZYWARA E., *Corpus Christi mysticum — Eine Bilanz,* in: Ders., Katholische Krise, Düsseldorf 1967, 123–152 [zuerst 1940]

PRZYWARA E., *Theologie der Kirche — Ekklesiologie,* in: Ders., Katholische Krise, Düsseldorf 1967, 153–166 [zuerst 1941]

RÄBER H., *Othmar Spanns Philosophie des Universalismus. Darstellung und Kritik,* Jena 1937

RADEMACHER A., *Gnade und Natur. Ihre innere Harmonie im Weltlauf und Menschheitsleben,* (Apologetische Tagesfragen 7), Mönchen-Gladbach 1914 (2)

RADEMACHER A., *Der Einheitsgedanke in der Theologie. Ein Beitrag zur Methodenlehre der katholischen Theologie,* als Manuskript gedruckt, Bonn 1921

RADEMACHER A., *Die Gottessehnsucht der Seele,* (Der katholische Gedanke), München 1922

RADEMACHER A., *Vernünftiger Glaube,* Freiburg i.B. 1923

RADEMACHER A., *Religion und Leben. Ein Beitrag zur Lösung des christlichen Kulturproblems,* Freiburg 1925 (1929 [2])

RADEMACHER A., *Zur Frage Kirche und Gesellschaft*: ThRev 27 (1928) 1–11

RADEMACHER A., *Die Kirche als Gemeinschaft und Gesellschaft. Eine Studie zur Soziologie der Kirche,* Augsburg 1931

RADEMACHER A., *Religion und Bildung. Eine kulturphilosophische Betrachtung,* Bonn 1935

RADEMACHER A., *Der Glaube als einheitliche Lebensform,* Bonn 1937

RADEMACHER A., *Die Wiedervereinigung der christlichen Kirchen,* Bonn 1937

RADEMACHER A., *Die innere Einheit des Glaubens. Ein theologisches Prolegomenon zur Frage der Kirchenunion,* Bonn 1937

RADEMACHER A., *Der religiöse Sinn der Zeit und der ökumenische Gedanke,* Bonn 1939

RADEMACHER A., *Um Erscheinung und Wesen der Kirche,* in: Arnold Rademacher. Seine Reden und Aufsätze, hrsg. v. H. Fels, Bonn 1940, 149–165 [zuerst 1930]

RANFT F., *Die ökumenische Aufgabe und der Laie,* in: Um die Einheit der Kirche, hrsg. v. J. Casper, Wien 1940, 296–304

RANFT J., *Die Stellung der Lehre von der Kirche im dogmatischen System,* Aschaffenburg 1927

RATZINGER J., *Volk und Haus Gottes in Augustins Lehre von der Kirche* (MThSt 7), München 1954

RATZINGER J., *Von der Liturgie zur Christologie. Romano Guardinis theologischer Grundansatz und seine Aussagekraft,* in: Wege zur Wahrheit, 121–144

RATZINGER J., *Die Ekklesiologie des Zweiten Vatikanums:* IKZCommunio 15 (1986) 41–52

REICHGAUER E., *Einigung mit Gott. Schematisch-konstruktive Darstellung des Corpus Christi Mysticum I,* Konstanz 1934

RIEBER A., *Vom Positivismus zum Universalismus. Untersuchungen zu Entwicklung und Kritik des Ganzheitsbegriffs von Othmar Spann,* Berlin 1971

RIES J., *Arnold Rademacher 1873–1939*, in: Bonner Gelehrte. Beiträge zur Geschichte der Wissenschaften in Bonn. Katholische Theologie, hrsg. v. der Rhein. Friedrich-Wilhelms-Universität zu Bonn, Bonn 1968, 78–93

RIES J., *Arnold Rademacher. Eine Theologie der Einheit*, in: A. Kolping, In Memoriam Arnold Rademacher. Eine Theologie der Einheit, Bonn 1969, 9–62

RIESTRA J. A., *Cristo y la plenitud del Cuerpo Místico. Estudio sobre la cristología de santo Tomás de Aquino* (Colección teológica 44), Pamplona 1985

RINTELEN F. M., *Vorwort*, in: Ich lebe und ihr lebet. Vom Strom des Lebens in der Kirche, hrsg. v. der Akademischen Bonifatius-Einigung, Paderborn 1936, o. S.

ROSENSTOCK E.–WITTIG J., *Das Alter der Kirche. Kapitel und Akten I–III*, Berlin 1927/28

ROTHACKER E., *Logik und Systematik der Geisteswissenschaften*, München 1965 [unv. repr. Nachdruck aus: Hdb. d. Phil. Abt. II Beitr. C, München 1927, 1–171]

ROTH K., *Die Seele der Weltkirche:* ThGl 26 (1934) 397–403

ROUSSEAU O., *Histoire du mouvement liturgique depuis le début du XIXe siècle jusqu'au pontificat de Pie X*, (Lex orandi 3), Paris 1945

SACROSANCTUM OECUMENICUM CONCILIUM VATICANUM II, *Constitutiones Decreta Declarationes*, cura et studio secretariae generalis Concilii oecumenici Vaticani II, Vatikan 1966

SATTERFIELD C.E., *Two Actual Currents in Thomistic Analysis of Faith*, Baltimore 1975 [Diss. PUG]

SCHAEFFLER R., *Die Wechselbeziehungen zwischen Philosophie und katholischer Theologie* (Die philosophischen Bemühungen des 20. Jahrhunderts. Untersuchungen über die wechselseitigen Beziehungen zwischen einzelnen wissenschaftlichen Disziplinen), Darmstadt 1980

SCHEEBEN M. J., *Natur und Gnade. Versuch einer systematischen, wissenschaftlichen Darstellung der natürlichen, wissenschaftlichen Darstellung der natürlichen und der übernatürlichen Lebensordnung*, Vierte Auflage, hrsg. v. M. Grabmann (Gesammelte Schriften I), Freiburg i. B. 1949

SCHEEBEN M. J., *Die Herrlichkeiten der göttlichen Gnade. Nach P. Eusebius Nieremberg frei bearbeitet*, Siebzehnte Aufl., hrsg. v. R. Grosche (Gesammelte Schriften I), Freiburg i. B. 1949

SCHEEBEN M. J., *Die Mysterien des Christentums. Wesen, Bedeutung und Zusammenhang derselben nach der in ihrem übernatürlichen Charakter gegebenen Perspektive dargestellt*, Ausgabe letzter Hand (Gesammelte Schriften II), hrsg. v. J. Höfer, Freiburg i. B. 1951 (2)

SCHEEBEN M. J., *Handbuch der katholischen Dogmatik I. Theologische Erkenntnislehre*, 2. Aufl. hrsg. u. eingel. v. M. Grabmann, m. e. Vorwort von J. Höfer (Gesammelte Schriften III), Freiburg i. B. 1948

SCHEEBEN M. J., *Handbuch der katholischen Dogmatik III u. IV. Schöpfungslehre Sündenlehre*, 3. Aufl. hrsg. v. W. Breuning u. F. Lakner (Gesammelte Schriften V), Freiburg–Basel–Wien 1961

SCHEEBEN M. J., *Handbuch der katholischen Dogmatik V. Erlösungslehre 1–2*, 2. Aufl., hrsg. v. C. Feckes (Gesammelte Schriften VI/1–2), Freiburg i. B. 1954

SCHEELE P. W., *Einheit und Glaube. Johann Adam Möhlers Lehre von der Einheit der Kirche und ihre Bedeutung für die Glaubensbegründung*, München–Paderborn–Wien 1964

SCHEELE P. W., *Johann Adam Möhler* (Wegbereiter heutiger Theologie), Graz–Wien–Köln 1969

SCHEFFCZYK L., *Grundzüge der Entwicklung der Theologie zwischen dem Ersten Weltkrieg und dem Zweiten Vatikanischen Konzil,* in: HKG VII, Freiburg– Basel– Wien 1979, 263–301

SCHELER M., *Soziologische Neuorientierung und die Aufgaben der deutschen Katholiken nach dem Krieg*: HL 13/I (1915/16) 385–406, 682–700, 13/II (1916) 188–204, 257–294

SCHELER M., *Der Friede unter den Konfessionen*: HL 18/I (1920/21) 140–147, 464–486

SCHELER M., *Warum keine neue Religion?*, in: Ders., Vom Ewigen im Menschen, Bern 1954 (4), 328–354

SCHELER M., *Der Formalismus in der Ethik und die materiale Wertethik. Neuer Versuch der Grundlegung eines ethischen Personalismus,* (Gesammelte Werke 2), Bern 1954 (4)

SCHELER M., *Das Verhältnis der christlichen Gemeinschaftsidee zum gegenwärtigen Zeitalter,* in: Ders., Vom Ewigen im Menschen , Bern 1954 (4), 377–401

SCHELER M., *Vom Ewigen im Menschen,* (Gesammelte Werke 5), Bern 1954 (4)

SCHELER M., *Religion und Philosophie,* in: Ders., Vom Ewigen im Menschen, Bern 1954 (4), 124–157

SCHELER M., *Die Wesensphänomenologie der Religion,* in: Ders., Vom Ewigen im Menschen, Bern 1954 (4), 157–328

SCHELER M., *Die Christliche Liebesidee und die gegenwärtige Welt,* in: Ders., Vom Ewigen im Menschen, Bern 1954 (4), 357–401

SCHELER M., *Das Konformitätssystem,* in: Ders., Vom Ewigen im Menschen, Bern 1954 (4), 141–157

SCHELER M., *Die christliche Gemeinschaftsidee,* in: Ders., Vom Ewigen im Menschen, Bern 1954 (4), 371–377

SCHELER M., *Die geistigen Formungsmächte eines Wiederaufbaus Europas,* in: Ders., Vom Ewigen im Menschen, Bern 1954 (4), 422–447

SCHELER M., *Arbeit und Weltanschauung,* in: Ders., Schriften zur Soziologie und Weltanschauungslehre, Bern–München 1963 (2), 273–289

SCHELER M., *Schriften zur Soziologie und Weltanschauungslehre,* (Gesammelte Werke 6), Bern–München 1963 (2)

SCHELER M., *Christentum und Gesellschaft,* in: Ders., Schriften zur Soziologie, Bern–München 1963 (2), 223–324

SCHELER M., *Die deutsche Philosophie der Gegenwart,* in: Ders., Wesen und Formen der Sympathie, Bern–München 1973, 261–326

SCHELER M., *Wesen und Formen der Sympathie / Die deutsche Philosophie der Gegenwart,* (Gesammelte Werke 7), Bern–München 1973

SCHELLENBERGER B., *Katholische Jugend und Drittes Reich. Eine Geschichte des katholischen Jungmännerverbandes 1933–1939 unter besonderer Berücksichtigung der Rheinprovinz* (Veröffentl. der Komm. f. Zeitgeschichte, B 17), Mainz 1975

SCHILSON A., *Theologie als Sakramententheologie. Die Mysterientheologie Odo Casels* (TTS 18), Mainz 1982

SCHILSON A., *Perspektiven theologischer Erneuerung. Studien zum Werk Romano Guardinis,* Düsseldorf 1986

SCHLETTE H.R., *Guardini-Literatur im Jubiläumsjahr:* ThRev 81 (1985) 441–450

SCHLIER H., *Christus und die Kirche im Epheserbrief,* Tübingen 1930

SCHMAUS M., *Die Selbständigkeit der Christen*: ThGl 32 (1940) 75–83

SCHMAUS M., *Katholische Dogmatik III/1. Kirche und Göttliches Leben im Menschen,* München 1940

SCHMAUS M., *Ein Wort zur Verkündigungstheologie:* ThGl 33 (1941) 312–322

SCHMAUS M., *Katholische Dogmatik III/1. Die Lehre von der Kirche,* München 1958 (3–5)

SCHMAUS M., *Das gegenseitige Verhältnis von Leib Christi und Volk Gottes im Kirchenverständnis,* in: Volk Gottes. Festschrift für J. Höfer, hrsg. v. R. Bäumer–H. Dolch, Freiburg–Basel–Wien 1967, 13–27

SCHMIDT T., *Der Leib Christi. Eine Untersuchung zum urchristlichen Gemeindegedanken,* Leipzig 1919

SCHMITT C., *Römischer Katholizismus und politische Form,* Hellerau 1923

SCHMITT C., *Romantik*: HL 22/I (1924/25) 157–171

SCHMITT C., *Politische Romantik,* München–Leipzig 1925 (2)

SCHMITZ J., *Die Fundamentaltheologie im 20. Jahrhundert,* in: Bilanz der Theologie im 10. Jahrhundert II, hrsg. v. H. Vorgrimler–R. Vander Gucht, Freiburg i. B. 1970 (2), 197–245

SCHMITZ R.M., *La Relazione tra Vescovo e Presbitero sullo sfondo del Primato universale del Papa. La dottrina di S. Tommaso d'Aquino nel Cap. 4 del ›Contra impugnantes Dei cultum et religionem‹*: DoC 35 (1982) 160–184

SCHMITZ R.M., *Christus als Träger der Kirche. Reflexionen über die ›Persönlichkeit‹ der Kirche nach P. Humbert Clérissac OP*: MThZ 34 (1983) 169–634

SCHMITZ R.M., *Christus comprehensor. Die »visio beatifica Christi viatoris« bei M.J. Scheeben*: DoC 26 (1983) 347–359

SCHMITZ R.M., *Die Beziehung Papst— Bischof— Priester im Opusculum ›Contra Impugnantes‹ des hl. Thomas von Aquin*: ThGl 74 (1984) 204–221

SCHMITZ R.M., *Il Sacro Cuore centro dell'opera salvifica della SS. Trinità secondo la mente di M.J. Scheeben,* in: AA.VV., M.J. Scheeben teologo cattolico d'ispirazione tomista (Studi tomistici 33), Vatikan 1988, 273–285

SCHNABEL F., *Deutsche Geschichte im neunzehnten Jahrhundert,* Freiburg i. B. 1948 (4)

SCHNACKENBURG R., *Die Einheit der Kirche unter dem Koinonia-Gedanken,* in: F. Hahn–K. Kertelge–R. Schnackenburg, Einheit der Kirche, Freiburg i. B. 1979, 53–93

SCHNEIDER M., *»Unterscheidung der Geister«. Die ignatianischen Exerzitien in der Deutung von E. Przywara, K. Rahner und G. Fessard,* (IThSt 11), Innsbruck–Wien 1983

SCHÖNBORN Ch. v., *Il mistero della Chiesa. Venti anni dalla Lumen Gentium:* Communio (Ital) 70 (1983) 96–106

SCHOOF M., *Der Durchbruch der neuen katholischen Theologie. Ursprünge, Wege, Strukturen,* Wien–Freiburg–Basel 1969

SCHOTTROFF L., *Artikel »zoe«,* in: Exegetisches Wörterbuch zum Neuen Testament, hrsg. v. H. Balz u. G. Schneider, Bd. II, Stuttgart–Berlin–Köln–Mainz 1981, 261–271

SCHROEDER O., *Aufbruch und Mißverständnis. Zur Geschichte der reformkatholischen Bewegung,* Graz–Wien–Köln 1969

SEMMELROTH O., *Die Kirche als Ursakrament,* Frankfurt a. M. 1953

SIMON P., *Kirche und Konfession*: HL 23/I (1925/26) 641–659

SIMON P., *Das Menschliche in der Kirche Christi,* Freiburg i. B. 1936

SIMON P., *Was ist Katholizität?*: HL 35/II (1938) 429–444

SLADEK F.P., *Göttliches und Menschliches in der Kirche*: ThQ 122 (1941) 175–190

SÖHNGEN G., *Der theologische Sinn der liturgischen Erneuerung*: Cath 5 (1936) 145–171

SÖHNGEN G., *Der Wesensaufbau des Mysteriums*, (Grenzfragen zwischen Theologie und Philosophie VI), Bonn 1938

SÖHNGEN G., *Symbol und Wirklichkeit im Kultmysterium* (Grenzfragen zwischen Theologie und Philosophie IV), Bonn 1940 (2)

SOIRON TH., *Das Gesellschaftsproblem im Lichte paulinischer Theologie*: Der katholische Gedanke 6 (1933) 36–47

SOIRON TH., *Die Kirche Jesu Christi. Zeitgemäße Predigten* (Neutestamentliche Predigten 23), Paderborn 1935

SPAEL W., *Das katholische Deutschland im 20.Jahrhundert. Seine Pionier- und Krisenzeiten 1890–1945*, Würzburg 1964

SPANN O., *Gesellschaftslehre*, Leipzig 1930 (3)

SPENGLER O., *Der Untergang des Abendlandes. Umrisse einer Morphologie der Weltgeschichte*, München 1980 (6)

SPLETT J., *Zum Person-Begriff Romano Guardinis. Ein ›Versuch‹ christlich-philosophischen Nach-denkens:* ThPh 54 (1979) 80–93

STABL J., *Das Geheimnis der Kirche — Christus in uns!*, in: Um die Einheit der Kirche, hrsg. v. J.Casper, Wien 1940, 11–17

STEINBÜCHEL Th., *Der Sozialismus als sittliche Idee. Ein Beitrag zur christlichen Sozialethik* (Abhandlungen aus Ethik und Moral 1), Düsseldorf 1921

STEINBÜCHEL Th., *Friedrich Nietzsche in der geistigen Lage der Gegenwart*: Bonner Zeitschrift für Theologie und Seelsorge 7 (1930) 281–296, 8 (1931) 11–33

STEINBÜCHEL Th., *Die Philosophie Friedrich Nietzsches, ihre zeitgeschichtliche Situation, ihr Sinn und ihre Wirkung*: Zeitschrift für deutsche Geistesgeschichte 3 (1937) 61–67, 134–172, 251–285.

STEINBÜCHEL Th., *Religiöse Grundfragen um Friedrich Nietzsche*: ThQ 123 (1942) 98–130.

STIMPFLE J., *Redenzione come compimento dell'ordine soprannaturale. A proposito di un aspetto centrale della soteriologia di M.J. Scheeben*, in: AA.VV., M.J. Scheeben teologo cattolico d'ispirazione tomista (Studi tomistici 33), Vatikan 1988, 21–36

STOLZ A., *Neuere Literatur zur Lehre von der Kirche:* DT 12 (1934) 350–358

STOLZ A., *M.J. Scheeben und das Mysterium der Kirche*: KathGed 8 (1935) 116–124

STOLZ A., *M.J. Scheeben und die neue Theologie*, Dülmen 1938 [als Manuskript]

STOLZ A., *De Ecclesia* (A. Stolz–H. Keller, Manuale Theologiae dogmaticae VII), Freiburg i.B. 1939

STONNER A., *Kirche und Gemeinschaft. Vorträge gehalten auf der Innsbrucker Akademikertagung 1925* (Der katholische Gedanke 19), Köln–München–Wien 1927

STRAUB A., *De Ecclesia Christi*, Oeniponte 1912

STROM Th., *Theologie im Schatten politischer Romantik*, München 1970

SULLIVAN F.A., *De Ecclesia. Tractatus dogmaticus*, ad usum privatum auditorium, Romae 1962

SULLIVAN F.A., *Baptism in the Holy Spirit. A Catholic Interpretation of the Pentecostal Experience:* Greg 55 (1974) 49–68

SULLIVAN F.A., *Magisterium Teaching Authority in the Catholic Church*, Dublin 1983

SYNODUS 1985, *Ecclesia sub Verbo Dei mysteria Christi celebrans pro salute mundi: Relatio finalis,* Vatikan 1985

SYNODUS 1985, *Ecclesia sub Verbo Dei mysteria Christi celebrans pro mundi salute: Nuntius ad christifideles,* Vatikan 1985

TERNUS J., *Vom Gemeinschaftsglauben der Kirche. Ein Beitrag zur Soziologie des gesamtkirchlichen Lebens*: Schol 10 (1935) 1–30

TERNUS J., *›Natur–Übernatur‹ in der vortridentinischen Theologie seit Thomas von Aquin:* Schol 28 (1953) 399–404

TERESIA BENEDICTA A CRUCE [Edith Stein], *Das Gebet der Kirche,* in: Ich lebe und ihr lebet, 69–84

THILS H., *Histoire doctrinale du Mouvement oecuménique* (Bibliotheca Ephemeridum Theologicarum Lovaniensium VIII), Louvain 1955

THOMAS VON AQUIN, Die Menschwerdung Christi (Die deutsche Thomas-Ausgabe, hrsg. vom Kath. Akademikerverband 25), Salzburg–Leipzig 1935

THOMAS VON AQUIN, Die Sakramente. Taufe und Firmung (Die deutsche Thomas-Ausgabe, hrsg. v. Kath. Akademikerverband 29), Salzburg–Leipzig 1935

THOMAS VON AQUIN, *Liber de Veritate Catholicae Fidei contra errores Infidelium qui dicitur »Summa contra Gentiles«,* hrsg. v. C. Pera u. a., Bde. II+III, Turin 1961

THOMAS VON AQUIN, *Summa Theologiae,* hrsg. v. Editiones Paulinae, Rom 1962

THOMAS VON AQUIN, *Compendium Theologiae. Grundriß der Glaubenslehre deutsch-lateinisch,* übers. v. H.L. Fäh, hrsg. v. R. Tannhoff, Heidelberg 1963

THOMÉ J., *Im Ringen um die Kirche,* Habelschwerdt o. J. [1929]

THROPOS A.N. [Albert Nobel], *Die Substanz der Kirche,* Berlin 1931

TIMPE N., *Das kanonistische Kirchenbild vom Codex Iuris Canonici bis zum Beginn des Vaticanum Secundum* (Erfurter Theologische Studien 36), Leipzig 1978

TÖNNIES F., *Das Wesen der Soziologie,* in: Ders., Soziologische Studien und Kritiken I, Jena 1925, 350–368

TÖNNIES F., *Die Entstehung meiner Begriffe Gemeinschaft und Gesellschaft*: KölnerZSS 7 (1955) 463–467.

TÖNNIES F., *Gemeinschaft und Gesellschaft. Grundbegriffe der reinen Soziologie,* Darmstadt 1979 [Neudr. d. 8. Aufl. v. 1935]

TRAPP W., *Vorgeschichte und Ursprung der liturgischen Bewegung vorwiegend in Hinsicht auf das deutsche Sprachgebiet,* Regensburg 1940 [Nachdruck Münster 1979]

TROMP S., *Corpus Christi quod est Ecclesia,* Rom 1946 (2)

TSCHIPKE TH., *Die Menschheit Christi als Heilsorgan der Gottheit unter besonderer Berücksichtigung der Lehre des heiligen Thomas von Aquin,* Freiburg i. B. 1940

TYCIAK J., *Gottesgeheimnis der Gnade,* Regensburg 1935

TYCIAK J., *Christus und die Kirche,* Regensburg 1936

TYCIAK J., *Erlöste Schöpfung,* Regensburg 1938

TYCIAK J., *Der dogmatische Schriftbeweis bei M.J. Scheeben. Bedeutung und Methoden,* Dülmen 1948

ÜBERWEG F., *Grundriss der Geschichte der Philosophie IV. Die deutsche Philosophie des XIX. Jahrhunderts und der Gegenwart,* völlig neu bearbeitet von T.K. Österreich, Berlin 1923 (12)

UNTERBERGER H., *Geist Christi. Die Pneumatologische Ekklesiologie Johann Adam Möhlers* [Exzerptdruck Diss. PUG], Wien 1972

USEROS CARRETERO M., *›Statuta Ecclesiae‹ y ›Sacramenta Ecclesiae‹ en la Eclesiología de St. Tomás* (Analecta Gregoriana 119), Rom 1962

VALESKE U., *Votum Ecclesiae,* München 1962

VAN BAVEL T.J.– BRUNING B., *Die Einheit des »Totus Christus« bei Augustinus,* in: Scientia Augustiniana. Studien über Augustinus, den Augustinismus und den Augustinerorden (Festschr. A. Zumkeller), hrsg. v. C.P. Mayr u. W.E. Kermann (Cassiciacum 30), Würzburg 1975, 43–75

VETTER J., *Der heilige Augustinus und das Geheimnis des Leibes Christi* (Religiöse Geister. Texte und Studien zur Vertiefung und Verinnerlichung religiöser Kultur 27), Mainz 1929

VIERING F., *Evangelische und katholische Schriftauslegung als Frage nach dem Verhältnis von Christus und Kirche,* Berlin 1938

VIERING F., *Christus und die Kirche in römisch-katholischer Sicht. Ekklesiologische Probleme zwischen dem ersten und zweiten Vatikanischen Konzil* (Kirche und Konfession 1), Göttingen 1962

VITTI A., *Rassegna di Teologia Biblica: l'Ecclesiologia*: Greg 24 (1933) 588–603

VONIER A., *Das Geheimnis des eucharistischen Opfers,* Berlin 1929

VONIER A., *Das Mysterium der Kirche,* Salzburg 1934

VONIER A., *Das Christusbild in der Kirche:* Die Schildgenossen 15 (1935/36) 111–116

VONIER A., *Klassischer Katholizismus,* Freiburg i. B. 1936 (2)

VOSPOHL W., *Die Lebensformung und die Lebensäußerungen des Getauften (Glaube, Hoffnung und Liebe),* in: Ich lebe und ihr lebet, hrsg. v. der Akademischen Bonifatius-Einigung, Paderborn 1936, 53–68

WAGNER W., *Die Kirche als corpus Christi mysticum beim jungen Luther*: ZKTh 61 (1937) 29–98

WAGNER W., *Die eine Kirche und die vielen Kirchen. Ekklesiologie und Symbolik beim jungen Möhler* (Beitr. z. ökum. Theologie 16), München–Paderborn–Wien 1977

WALF K., *Die katholische Kirche — eine »societas perfecta«?:* ThQ 157 (1977) 107–118

WALZ J.B., *Die Sichtbarkeit der Kirche. Ein Beitrag zur Grundfrage des Katholizismus,* Würzburg 1924

WEBER S., *Christliche Apologetik in Grundzügen für Studierende,* Freiburg i. B. 1907 [1925 (2)]

WEIGL P., *Scheebens »Mysterien des Christentums« und die liturgische Theologie*: LiLe 5 (1938) 273–288

WEISSGERBER H., *Die Frage nach der wahren Kirche. Eine Untersuchung zu den ekklesiologischen Problemen der ökumenischen Bewegung* (Koinonia. Beiträge zur ökumenischen Spiritualität und Theologie 2), Essen 1963

WEISWEILER H., *Natur und Übernatur in Glaube und Theologie:* Schol 14 (1939) 346–372

WIKENHAUSER A., *Zur paulinischen Lehre vom ›Leibe Christi:* ThRev 33 (1934) 265–273

WILMERS G., *De Christi Ecclesia,* Regensburg 1897.

WINTERSWYL L.A., *Romano Guardini, Eigenart und Ertrag seines theologischen Werkes:* HL 34/II (1937) 363–383

WITTE W., *Der Gnadenstand bei Michael Schmaus,* Erlangen 1952 [Diss.]

WITTIG J., *Die Kirche als Sebstverwirklichung der christlichen Seele,* in: E. ROSENSTOCK–J. WITTIG, Das Alter der Kirche. Kapitel und Akten I, Berlin 1927, 45–78

WITTIG J., *Der Leib Christi,* in: E. ROSENSTOCK–J. WITTIG, Das Alter der Kirche II, Berlin 1928, 901–907

WOITYŁA K., *Max Scheler y la Etica cristiana* (BAC Minor 64), Madrid 1982

WOLFF P., *Einführung,* in: Christliche Philosophie in Deutschland. 1920 bis 1945. Ausgewählte Texte, mit einer Einführung von P. Wolff, Regensburg 1949, 9–28

WUNDERLE G., *Zur Biologie des kirchlichen Lebens. Gedanken über seine Entwicklung und Erstarrung* (Zur religiösen Lage der Gegenwart 16), München 1927

WUST P., *Die Auferstehung der Metaphysik,* Leipzig 1920

WUST P., *Die Rückkehr der Philosophie zum Objekt*: HL 19/II (1922) 679–693

WUST P., *Vom Wesen der historischen Entwicklung*: HL 20/II (1923) 19–39, 179–202

WUST P., *Der Doppelaffekt von Staunen und Ehrfurcht als Faktor der Kulturentwicklung*: HL 21/II (1924) 388–402, 515–521

WUST P., *Naivität und Pietät,* Tübingen 1925

WUST P., *Die Dialektik des Geistes,* Augsburg 1928

WUST P., *Ungewißheit und Wagnis,* München 1940 (2)

WUST P., *Im Sinnkreis des Ewigen,* Graz–Wien–Köln 1954

ZANGERLE I., *Die Kirche in dieser Zeit,* Salzburg–Leipzig 1936

ZANGERLE I., *Zur Situation der Kirche, Aufsätze 1933–1963,* Salzburg 1963

ZEIT J., *Spirituality and Analogia entis according to E. Przywara,* Washington 1982

ZIEGENFUSS W.–JUNG G., *Philosophen-Lexikon. Handwörterbuch der Philosophie nach Personen,* I, Berlin 1950

ZIMARA C., *Rufe nach »wissenschaftlicher Ekklesiologie«:* DT 21 (1943) 98–112

ZIMNY Y., *Erich Przywara — Sein Schrifttum 1912–1962.* Mit einer Einführung von Hans Urs von Balthasar, Einsiedeln 1963

VORBEMERKUNGEN

Wer beginnt, sich mit dem ekklesiologischen Aufbruch nach dem ersten Weltkrieg zu beschäftigen, wird bald erstaunt sein von der Fülle der darin einfließenden zeitgeschichtlichen, kulturellen, philosophischen und theologischen Impulse. Gleichzeitig wird ihm bei fortschreitender Lektüre der äußerst umfangreichen Literatur zum Thema »Kirche« in dieser Zeit klar werden, daß diese in bestimmte Strömungen verzweigt ist, die letztlich alle um verschiedene Auffassungen der Grundbeziehung Christi zur Kirche kreisen, welche selbst wiederum in Beziehung zu bestimmten Konzeptionen der theologischen Anthropologie stehen. Vergleiche zur heutigen ekklesiologischen Entwicklung drängen sich auf. Sollte nicht eine Erforschung der geistesgeschichtlich-theologischen Zusammenhänge des ekklesiologischen Aufbruchs nach 1918 mit all seiner bedeutsamen Dynamik, aber auch mit seinen offensichtlichen Grenzen die heutige theologische Denkarbeit über die Kirche befruchten können?

Sehr rasch wird es nötig werden, will man ein solches Vorhaben nicht auf eine monographische Untersuchung eines bestimmten Autors beschränken, sondern es tatsächlich unternehmen, Zusammenhänge weiterer Art aufzudecken und zu analysieren, sich nicht nur über den genauen Umfang der zu erforschenden Periode, sondern auch über die Methode und den Fortgang der Arbeit klarzuwerden. Das ist umso schwieriger, als der *Forschungsstand* sich mehr oder minder auf die Situierung des Werkes einzelner berühmterer Autoren wie z. B. Romano Guardinis oder — aber bereits erheblich weniger umfangreich — Erich Przywaras und Karl Adams, auf zeitgeschichtliche Analysen, die aber vor allem die Beziehung der Kirche zum Nationalsozialismus betreffen, und darüber hinaus auf monographische, meist kleinere Arbeiten zu Einzelfragen bei einigen Ekklesiologen beschränkt. Natürlich gibt es eine Reihe von sehr guten Gesamtüberblicken, die aber kaum zu ekklesiologisch relevanten Detailfragen Stellung nehmen können. Sehr hilfreich war das immer noch wertvolle Werk von ULRICH VALESKE »Votum Ecclesiae«[1], das die gesamte Literatur unserer Periode sichtet und bespricht, allerdings in mehr referierender und nicht durchweg treffender Weise, so daß die vorliegende Studie sowohl methodisch als auch inhaltlich anders vorgehen muß. Neuerdings hat der Doktorvater des Verfassers, P. ANGEL ANTON SJ, mit dem zweiten Band seiner Geschichte der Ekklesiologie »El Misterio de la Iglesia« die Entwicklung der Lehre

[1] Vgl. U. VALESKE, *Votum Ecclesiae,* München 1962.

von der Kirche in unserem Jahrhundert historisch-systematisch erforscht[2]. Wichtige Anstösse daraus haben zu unserer Darstellung des ekklesiologischen Aufbruchs im deutschen Sprachraum beigetragen. Daß unsere Arbeit trotzdem auf Neuland vorstoßen mußte, versteht sich aus ihrer zeitlich und thematisch viel beschränkteren Fragestellung von selbst.

Den Beginn des *behandelten Zeitabschnittes* bei 1918 anzusetzen, ist relativ leicht zu rechtfertigen, da die katholische ekklesiologische nichtkanonistische Literatur des deutschen Sprachraumes, mit der wir uns so gut wie ausschließlich befassen werden[3], danach enorm anschwillt, und das Ende des Ersten Weltkrieges auch andere Umwälzungen ekklesiologisch relevanter Art mit sich bringt. Wenn wir trotzdem immer wieder in die Zeit vor 1918 zurückgehen müssen, liegt das daran, daß geistesgeschichtliche Wenden nie völlig wurzellos sind, sondern ein breites historisches Umfeld haben. Für den Abschluß unserer Arbeit mit dem Jahre 1943 gibt es ebenfalls mehrere Gründe. Zuerst ließen die Vorboten des »totalen Krieges« die theologische Produktion in Deutschland stark zusammenschmelzen, sodann hatte sich schon seit etwa 1940 ein gewisser Bruch in der ekklesiologischen Entwicklung angekündigt, der unter anderem durch mystifizierende Übertreibungen im Kirchenbild hervorgerufen wurde. Diese waren es schließlich auch, die Papst Pius XII. am 29. Juni 1943 zur Veröffentlichung der Enzyklika »Mystici corporis« über die Kirche bestimmten[4]. Das päpstliche Lehrschreiben aber bedeutete einen so tiefen Einschnitt in die damalige Ekklesiologie[5], daß unsere Untersuchung vorher enden wird, um nicht durch die Aufnahme einer neuen Problematik in einer neuen geistesgeschichtlichen Epoche zu umfangreich und unübersichtlich zu werden.

Dadurch daß aber doch der gesamte ein Vierteljahrhundert umfassende Zeitabschnitt zwischen 1918 und 1943 auf seine ekklesiologischen Impulse und Hauptströmungen untersucht werden sollte, ergab sich eine nicht unwe-

---

[2] Vgl. A. ANTON, *El Misterio de la Iglesia. Evolución histórica del las ideas eclesiológicas I–II* (BAC Maior 26 u. 30), Madrid 1987.

[3] Zum kanonistischen Kirchenbild vgl. N. TIMPE, *Das kanonistische Kirchenbild vom Codex Iuris Canonici bis zum Beginn des Vaticanum Secundum* (Erfurter Theologische Studien 36), Leipzig 1978. Mancher Leser könnte vielleicht eine ausführlichere Beschäftigung mit A. VONIER OSB und S. TROMP SJ vermissen: Mit Vonier haben wir uns nur kurz befaßt, weil er trotz seiner deutschen Herkunft durch sein Wirken als Abt von Buckfast in England doch nicht mehr dem deutschen Sprachraum zugehört und weil seine deutschen ekklesiologischen Veröffentlichungen durch ihren mehr spirituell-aszetischen Charakter auf die eigentlich dogmatische Ekklesiologie keine so entscheidende Wirkung hatten, mit Tromp kaum, da er erstens eher der Periode nach der Enzyklika »Mystici corporis« zugehört, zweitens Niederländer ist und fast nur in lateinischer Sprache veröffentlicht hat.

[4] Vgl. AAS 35 (1943) 193–248.

[5] Vgl. U. VALESKE, *Votum*, 217–250.

sentliche *Methodenfrage*. Sowohl eine rein chronologische Abhandlung wie auch ein ausschließliches Vorgehen nach einzelnen Autoren war durch die Menge des Stoffes und die Notwendigkeit, ohne endlose Wiederholungen Zusammenhänge herauszuarbeiten, von vornherein ausgeschlossen. Um sowohl den positiven Daten wie auch den übergreifenden Linien gerecht zu werden, haben wir uns deswegen zu einem diachronisch-systematischen Vorgehen entschlossen, das einerseits die zeit- und geistesgeschichtliche sowie die damit verknüpfte ekklesiologische Entwicklung nachzeichnen will, anderseits aber auch bestimmte Konstanten, Grundfiguren und Verbindungen zusammenzuschauen unternimmt. Bei der damit notwendigen systematischen Ordnung der Darstellung haben wir uns außer von historischen und theologiegeschichtlichen Kriterien soweit wie möglich von Anstössen aus der Zeit selbst (besonders im ersten Teil) und von den theologischen Erfordernissen der vorgegeben Inhalte (wie vor allem im zweiten Teil und dritten Teil) leiten lassen. Um dem bei einer solchen Methode leicht erhobenen Vorwurf der willkürlichen Parallelisierung und Systematisierung zu entgehen, haben wir uns bemüht, unsere Aussagen mit vielen Zitaten im Text oder in dem deshalb besonders umfangreichen Anmerkungsapparat zu belegen. Wenn die herangezogenen Autoren dabei auch sehr zahlreich sind, also durchaus keine Auswahl darstellen, haben wir doch aufgrund des Umfanges des (oft auch drittrangigen) geistesgeschichtlichen oder ekklesiologischen Stoffes mehr Wert auf Repräsentativität als auf absolute materiale Vollständigkeit gelegt. Im ganzen scheint uns die angewandte Methode ungleich mehr zum genauen Verständnis und zu einer adäquaten Gesamtsicht des behandelten ekklesiologischen Problemkreises beigetragen zu haben, als eine nur chronologische Abhandlung es hätte erreichen können.

Fortgang und Inhalt der Arbeit stehen in engem Zusammenhang. Von Anfang an wird die Arbeit um jene beiden Pole kreisen, die nach Durchsicht auch nur der wesentlichsten Autoren die Elemente der ekklesiologischen Hauptfrage unserer Epoche bilden, nämlich Christus und die Kirche, um deren gegenseitige Beziehung sich der damalige ekklesiologische Aufbruch dreht. Die bald festgestellte Verquickung dieses Aufbruchs im deutschen Sprachraum mit bestimmten zeit- und geistesgeschichtlichen Phänomenen (vor allem der Katastrophe des ersten Weltkrieges und den teils noch vorher sich ankündigenden »Wenden« zum Objekt, zum Leben und zur Gemeinschaft mit ihren Auswirkungen in den verschiedenen »Bewegungen«) oder mit das Denken der Zeit besonders beeinflussenden Persönlichkeiten (wie etwa Max Scheler) machte es unumgänglich, in einem ersten Teil recht ausführlich darauf und auf die daraus erwachsenden ekklesiologischen Konsequenzen im Hinblick auf das Band zwischen Christus und der Kirche einzugehen, wobei sich der Autor bewußt ist, trotz aller erstrebten Genauigkeit oft nicht mehr als einen Überblick bieten zu können, der aber in jedem Fall zum Verständnis des Ganzen unverzichtbar erscheint. Wenn am Ende des ersten Teiles bestimmte theologiegeschichtliche Einflüsse aufgezeigt werden, so wurde die Darstellung des Verhältnisses zwischen Christus und der Kirche bei den wichtigsten Autoren (Augustinus, Thomas von Aquin, J. A. Möhler und M. J. Scheeben) deswegen etwas ausführlicher gehalten, weil deren Ergebnisse, — auch ohne immer ausdrücklich namhaft gemacht zu werden —, nicht nur einen Hintergrund des diesbezüglichen ekklesiologischen Denkens von 1918 bis 1943 bilden, sondern auch im dritten Teil, der einige systematische Reflexionen des Autors enthält, ständig präsent sind.

Der zweite Teil enthält dann die Darstellung von fünf Hauptströmungen, die die Beziehung Christi zur Kirche je verschieden bestimmen. Zuerst begegnen wir einer Gruppe, die, meist die Kirche apologetisch-fundamentaltheologisch betrachtend, in Christus zuerst den Stifter sieht, der, seiner Kirche äußerlich bleibend, diese mit den für die »societas perfecta« bzw. »das Reich Gottes auf Erden« notwendigen Vollmachten ausstattet. Der Gedanke vom »Leib Christi« bleibt dabei nur ein Anhängsel. Diese eher juridische Sicht bereits verlassend in Richtung einer mehr dogmatischen Sicht der Kirche, gelingt es den ersten Vertretern der nächsten Hauptströmung, die von der polaren Spannung zwischen Göttlichem und Menschlichem in der Kirche ausgeht, noch nicht, Apologetik und Dogmatik der Kirche, die sie oft als »außen und innen« fassen, zusammenzuschauen. Überdeutlich im Ansatz beim »Doppelwesen« Kirche ARNOLD RADEMACHERS, der Christus fast nur in Beziehung zur »Gemeinschaft«, nicht aber zur Gesellschaft der Kirche bringt, wird diese Spannung erst durch die Einführung der »analogia entis« ins Kirchenbild von E. PRZYWARA oder durch die Aufhebung im personalen Dialog mit Christus bei R. GUARDINI in Richtung auf ein je verschiedenes Gleichgewicht des Zusammenwirkens von Christus und der Kirche geregelt. War schon bei diesen Konzeptionen die Bedeutung der Inkarnation für die Ekklesiologie unterstrichen worden, so wird das noch klarer bei den ganz um den »corpus Christi mysticum« zentrierten Entwürfen einer dritten Strömung. Damit wächst aber nicht nur die Innigkeit der Christusbeziehung, sondern auch die Heraushebung der Kirche aus der Geschichte. Selbst KARL ADAM hat trotz seiner von uns hervorgehobenen geschichtlichen Sensibilität diesem Eigengewicht eines ekklesiologischen Einheitsdenkens nicht ganz ausweichen können. War hier aber noch die Sorge um das Zusammenwirken von Christus und der Kirche in unvermischter Einheit vorherrschend gewesen, so treffen wir in der nächsten Gruppe auf eine zunehmende »Verklärungsekklesiologie«, die das menschliche Element zugunsten einer immer mehr akzentuierten geistigen Nähe zu Christus unterzubewerten droht. Ihren Endpunkt findet diese Entwicklung schließlich in der fünften Hauptrichtung, die die Einheit der Kirche und des einzelnen Christen mit Christus in einer Art Dialektik bis zur Identität steigert. Diesen fünf Großgruppen, deren Spektrum vom Christo-extrinsezismus bis zum Christo-monismus reicht, entsprechen wiederum drei jeweils zu differenzierende Auffassungen der theologischen Anthropologie, die wir im folgenden bezüglich des Zusammenwirkens von Natur und Gnade in den Figuren von »Dualität«, »Einheit« und »Identität« zu erfassen suchen. Es wird in diesem zweiten Teil jedenfalls deutlich, daß, getragen von der allgemeinen Wende zum objektiven Gemeinschaftsleben, ekklesiologisch die Begründung der objektiven Gemeinschaft mit Christus durch sein göttliches Leben nicht nur zu einem theologisch bedeutsamen eher ausgewogenen dogmatischen Kirchenbild, sondern auch zu einer ungeschichtlich-verklärenden Betrachtung der Kirche führen konnte.

Als immer klarer aufscheinender Grundgedanke wird in unserer Arbeit die Beziehung von Schöpfer und Geschöpf exemplifiziert, und zwar vor allem in dem Verhältnis von Natur und Gnade, das sich in der Beziehung Christus- Kirche widerspiegelt. Im dritten und letzten Teil versuchen wir deswegen, ausgehend von einer Analogie zwischen der Begnadung der Menschheit Christi und der Menschlichkeit der Kirche im Hl. Geist, die Kirche als jenes christologisch-pneumatologische »Sakrament des Heiles« zu erweisen, in dem heilsgeschichtlich nicht nur das Zusammenwirken von Natur und Gnade, sondern auch von Schöpfer und Geschöpf in der personalen Relation der drei göttlichen Personen in ihrer Einheit und der menschlichen Personen in ihrer Vielheit am dichtesten erscheint.

Im Grunde aber will diese Arbeit nichts anderes sein, als ein beginnendes Erforschen einer wichtigen, aber leider oft vergessenen ekklesiologischen Periode. Sollten dadurch nur einige Anregungen gegeben worden sein, hier weiterzuarbeiten und die sicher nicht abschließenden Ergebnisse unserer Studie zu vertiefen, wäre schon weit mehr erreicht, als der Autor erwarten darf.

I. TEIL

DAS INTERESSE AM VERHÄLTNIS CHRISTI ZUR KIRCHE UND SEINE GEISTESGESCHICHTLICH-THEOLOGISCHEN WURZELN

EINLEITUNG

Die Frage nach dem Verhältnis Christi zur Wirklichkeit der Kirche kann in dem untersuchten Zeitraum nicht gestellt werden, ohne die Wurzeln dieses neuerwachten Interesses aufzuspüren und freizulegen. Obwohl immer wieder auf die Wichtigkeit der geistesgeschichtlichen Situation dieser Epoche auch für die Entwicklung der Theologie hingewiesen worden ist, was zu einer ganzen Anzahl guter Überblicke über die verschiedenen an diesem Aufbruch beteiligten Strömungen geführt hat, scheint doch eine genauere ekklesiologische Auswertung zumindest für unsere Problemstellung noch nicht unternommen worden zu sein[1]. Zwar gibt es aus der Zeit selbst

[1] Für die folgenden Ausführungen vor allem: A. ANTON, *El Misterio de la Iglesia. Evolución historica de las ideas eclesiológicas II* (BAC maior 30), Madrid–Toledo 1987, 507-562, 563-675; H. DÖRING, Grundriß der Ekklesiologie. Zentrale Aspekte des katholischen Selbstverständnisses und ihre ökumenische Relevanz, Darmstadt 1986, 52–57; J. FRISQUE, *Die Ekklesiologie im 20. Jahrhundert,* in: Bilanz der Theologie im 20. Jahrhundert III, hrsg. v. H. Vorgrimler u. R. Vander Gucht, Freiburg–Basel–Wien 1970, 192–243; P.G. GIERARTHS, *Der Kirchenbegriff im Wandel der Jahrhunderte. Ein historischer Beitrag zur Ekklesiologie*: Ang 56 (1979) 467–514, bes. 503–509; F. HOLBÖCK, *Das Mysterium der Kirche in dogmatischer Sicht,* in: Mysterium Kirche in der Sicht der theologische Disziplinen I, hrsg. v. F. Holböck u. F. Sartory, Salzburg 1962, 201–346, bes. 201–210; H. HÜRTEN, *Geschichte des deutschen Katholizismus 1800–1960,* Mainz 1986, bes. 183–208; DERS., *Waldemar Gurian. Ein Zeuge der Krise unserer Welt in der ersten Hälfte des 20. Jahrhunderts* (Veröffentlichungen der Kommission für Zeitgeschichte B, 11), Mainz 1972, bes. 1–20; E. ISERLOH, *Innerkirchliche Bewegungen und ihre Spiritualität,* in: HKG(J) VII, Freiburg–Basel–Wien 1979, 301–337; S. JAKI, *Les tendances nouvelles de l'Ecclésiologie,* Rom 1957, bes. 21–79; A. KOLPING, *Katholische Theologie gestern und heute. Thematik und Entfaltung deutscher katholischer Theologie vom I. Vatikanum bis zur Gegenwart,* Bremen 1964, bes. 62–191; F. MALMBERG, *Ein Leib — Ein Geist. Vom Mysterium der Kirche,* Freiburg–Basel–Wien 1960, bes. 24–43; A.H. MALTHA, *Die neue Theologie,* München 1960; G. MARON, *Die Römisch-katholische Kirche von 1870–1970,* in: Die Kirche in ihrer Geschichte IV, hrsg. v. K.D. Schmidt u. E. Wolf, Göttingen 1972, N197–N328, bes. N284–N326; K. MEIER, *Volkskirche 1918–1945. Ekklesiologie und Zeitgeschichte* (Theologische Existenz heute 213), München 1982; L. SCHEFFCZYK, *Grundzüge der Entwicklung der Theologie zwischen dem Ersten Weltkrieg und dem Zweiten Vatikanischen Konzil,* in: HKG VII, Freiburg–Basel–Wien 1979, 263–301; A. SCHILSON, *Perspektiven theologischer Erneuerung. Studien zum Werk Romano Guardinis,* Düsseldorf

verschiedene Studien zur Rolle der zeitgeschichtlichen Situation im ekklesiologischen Neubeginn[2], aber es ist doch erst jetzt möglich, aus einer Fülle verschiedenster Einzelinformationen ein einigermaßen zuverlässiges Gesamtbild vom Zeiteinfluß auf die Lehre von der Kirche zusammenzufügen. Dabei wollen wir am Anfang schlaglichtartig die Situation skizzieren, um dann drei für das neue Interesse an der Beziehung Christus-Kirche besonders wichtige Komponenten dieser Lage herauszugreifen und auf ihre Bedeutung zu analysieren. Schließlich sollen noch die Einwirkungen bestimmter Strömungen der kirchlichen Praxis sowie einiger theologischer Autoren auf die Ekklesiologie unserer Epoche untersucht werden.

1986, 51–60; DERS., *Theologie als Sakramententheologie. Die Mysterientheologie Odo Casels* (TTS 18), Mainz 1982, 50–57; M. SCHOOF, *Der Durchbruch der neuen katholischen Theologie. Ursprünge, Wege, Strukturen,* Wien–Freiburg–Basel 1969, bes. 105–128; O. SCHROEDER, *Aufbruch und Mißverständnis. Zur Geschichte der reformkatholischen Bewegung,* Graz–Wien–Köln 1969, bes. 369–494; F. VIERING, *Christus und die Kirche in römisch-katholischer Sicht. Ekklesiologische Probleme zwischen dem ersten und zweiten Vatikanischen Konzil* (Kirche und Konfession 1), Göttingen 1962, bes. 11–32.

[2] Z.B. J. HESSEN, *Die Geistesströmungen der Gegenwart,* Freiburg i.B. 1937, bes. 167–181; A. MAYER-PFANNHOLZ, *Der Wandel des Kirchenbildes in der Geschichte*: ThGl 33 (1941) 22–34; O. COHAUSZ, *Wendungen im katholisch-theologischen Geistesleben*: TPQS 90 (1937) 193–210; auch die zeitgenössischen ekklesiologischen Aufsätze in E. PRZYWARA, *Katholische Krise,* hrsg. v. B. Gertz, Düsseldorf 1967.

1. KAPITEL

MYSTIK, POLITISCHE »ROMANTIK«, TRAGISCHES LEBENSGEFÜHL ALS GRUNDZÜGE EINER ZEIT KATHOLISCHER NEOROMANTIK?

ELEMENTE EINES EKKLESIOLOGISCHEN AUFBRUCHS

A. Neue Mystik

Nicht nur einmal hat man die Zeit nach 1918 mit der »Romantik« des 19. Jahrhunderts verglichen[3] und nicht von ungefähr sind damals eine Reihe von Studien über diese Periode erschienen[4]. Eine Flucht in romantisches Gedankengut legte sich tatsächlich für die Katholiken ebenso nahe wie für ihre übrigen Zeitgenossen, denn von der allgemeinen Siegeseuphorie des Ersten Weltkrieges mit ihrer auch auf katholischer Seite hier und da vorhandenen naiven Kriegsbegeisterung[5] war nur noch ein in Mitleidenschaft gezogenes Selbstbewußtsein und eine große innere Leere übrig[6].

Sicherlich weniger erschüttert als protestantische Kreise, aber dennoch wie alle anderen »tief verunsichert«[7], suchten auch Katholiken Zuflucht bei einer neuen Mystik, die aus einem neoromantischen Lebensgefühl erwachsen war und mit ihrer Emotionalität auf weitere Bevölkerungsschichten

---

[3] Vgl. A. VON MARTIN, *Romantischer ›Katholizismus‹ und katholische Romantik*: HL 23/I (1925/26) 315–337; H. BECHER, *Das Volkhafte in der Romantik und in der Gegenwart*: StZ 127 (1934) 90–102; A. BAUMGARTNER, *Sehnsucht nach Gemeinschaft. Ideen und Strömungen im Sozialkatholizismus der Weimarer Republik* (Beiträge zur Katholizismusforschung, B), München–Paderborn–Wien 1977, 18–38.

[4] Vgl. z.B. J. BAXA, *Einführung in die romantische Staatswissenschaft,* Jena 1931², 281–288: Literatur!; G. VON BELOW, *Wesen und Ausbreitung der Romantik,* in: DERS., Über historische Periodisierungen mit besonderem Blick auf die Grenze zwischen Mittelalter und Neuzeit, Berlin 1925, 87–108; C. SCHMITT, *Politische Romantik,* München–Leipzig 1925², bes. 3–27; A. STOCKMANN, *Die deutsche Romantik in geistesgeschichtlicher Beleuchtung*: StZ 106 (1924) 216–229.

[5] Vgl. H. HÜRTEN, *Geschichte,* 183; H. LUTZ, *Demokratie im Zwielicht. Der Weg der deutschen Katholiken aus dem Kaiserreich in die Republik. 1914–1925,* München 1963, 22–25, 42–43.

[6] Vgl. F. HEER, *Weimar — ein religiöser und weltanschaulicher Leerraum,* in: Religions- und Geistesgeschichte in der Weimarer Republik (Patmos Paperback), hrsg. v. H. Cancik, Düsseldorf 1982, 31–48.

[7] Ebd., 32.

übergriff. Diese »mystische Welle« hat ihren Ursprung vermutlich schon um die Jahrhundertwende[8], im außerkirchlichen Raum oft verbunden mit einer Vorliebe für Okkultes und Parapsychologisches[9]. Ihr Eindringen in die katholische Welt war wohl aufgrund ihrer Intensität unvermeidlich[10], wenn man auch versuchte, einem falschen Überschwang durch ernsthafte Erforschung wirklicher Mystik zu steuern[11]. Das Interesse an mystischen Erfahrungen war ein deutliches Symptom für die Abkehr vom nur Rationalen, dessen unumstrittene Vorherrschaft mit dem Ausgang des Ersten Weltkrieges endgültig vorüber schien. Hatte noch in den ersten Jahren des 20. Jahrhunderts ein pragmatischer Positivismus in vielen Lebensbereichen eine Vorrangstellung eingenommen, so war man jetzt bereit, dem Gefühl, dem rational nicht Erfaßbaren, dem Irrationalen einen Platz einzuräumen, ja es unter Umständen zu einem zentralen Element philosophischen, politischen und religiösen Denkens zu erheben. Wurde kurz vorher alle Wirklichkeit in einer »mechanischen Weltansicht«[12] zusammengefaßt, so konnte jetzt festgestellt werden: »Mystik wird Mode«[13]. Die Bedeutung von Intuition und Gefühl wurde sowohl im Erkenntnisprozeß philosophisch aufgearbeitet als auch als wichtiges Element in den Vollzügen des menschlichen Lebens ernstgenommen. Teilweise scharfe Kritik an dieser Entwicklung auch aus

---

[8] Vgl. H. PLATZ, *Vom Erwachen der ›Mystik‹ um 1900*: HL 34/I (1936/37) 324–337, 434–448, bes. 333: »Das ist der tiefste Grund, warum überhaupt diese Mystikbewegung entstehen konnte. Sie mag Mode gewesen sein und eitles Getue. Bei anderen war es erwachende Unruhe, Lebensangst, Gottessehnsucht, die oft auf den weitesten Umwegen sich aufmachten ...« Auch 448: »Mystik, wie sie uns seit 1900 in einem beständigen Auf und Ab begegnet, ist der Versuch einer religiösen Erneuerung, aber insofern er im Umkreis unseres Volkes sich vollzieht, uns alle angeht und aufruft, insofern er aber Verkennung Gottes, Verkennung der christlichen Wahrheit ist, von uns nicht ernst genug genommen werden kann.«

[9] Ebd., 325–327; auch S. BEHN, *Echte und falsche Mystik*: HL 18/II (1921) 309–324, hier 309: »Aber was heißt denn heute noch alles *mystisch*! Geisterklopftöne, fliegende Kohlentrümmer, Lichtbilder von Nachtmahren, tanzende Tische unter hysterischen Fingerspitzen, dies alles soll mystisches Ereignis sein.«

[10] Vgl. H. GETZENY, *Die moderne Religionswissenschaft und die Philosophie der Werte*: HL 18/II (1920) 178–192, bes. 183–185.

[11] Vgl. J. ZAHN, *Zur christlichen Mystik und ihrer Geschichte*: ThRev 22 (1923) 41–46; E. PRZYWARA, *Religiöse Bewegungen*: StZ 104 (1923) 445–454, bes. 445; DERS., *Mystik und Distanz*, in: Ders., Religionsphilosophische Schriften, Einsiedeln 1962, 66–90; A. MAYER, *Zur Wesensbestimmung der Mystik*: BenM 1 (1919) 129–143; vor allem zur protestantischen Theologie vgl. F.-D. MAAß, *Mystik im Gespräch. Materialien zur Mystik-Diskussion in der katholischen und evangelischen Theologie nach dem ersten Weltkrieg*, Würzburg 1972.

[12] F. ÜBERWEG, *Grundriss der Geschichte der Philosophie IV. Die deutsche Philosophie des XIX. Jahrhunderts und der Gegenwart*, völlig neu bearbeitet von T.K. Österreich, Berlin 1923[12], 314.

[13] S. BEHN, *Echte und falsche Mystik*, 309; auch B. BARTMANN, *Briefe des hl. Franz von Sales*: ThGl 20 (1928) 385–390, bes. 385, wo er vom »mystischen Zug unserer Zeit« spricht.

katholischem Mund fehlte nicht[14], konnte aber die aus einem religiösen Bedürfnis und der Abkehr von einem zerbrochenen positivistischen Weltbild entstandene Suche nach einem neuen Lebenssinn oft nicht wirklich verstehen und lenken.

B. Politische »Romantik«

Die auf einer tiefgehenden Enttäuschung aufbauende Grundstimmung bildete wohl auch einen Ausgangspunkt für eine politische Umorientierung innerhalb des deutschen Volkes. War den einen die Verbindung von Thron und Altar durch den Untergang der Monarchie endgültig zerbrochen, so hatten die anderen ihre dauernden Kämpfe um die politische Gleichberechtigung im Kaiserreich nicht mehr nötig: Man stand vielmehr gemeinsam vor den Trümmern der Vergangenheit und damit an einem ganz neuen Anfang[15]. Die Bewältigung dieses Neubeginns war auch im politischen Bereich von den »romantisch«-irrationalen Erscheinungen begleitet, die das Leben im Nachkriegsdeutschland mitbestimmten. Eine Art politischer »Romantik« war oft die Folge solcher Einflüsse. So entwickelte man etwa aus einer biologistisch fehlinterpretierten romantisierenden Organismusbegrifflichkeit[16] eine auf dem Gedanken von der »Ganzheit« aufruhende »Reichsidee«[17], die bereits Züge totaler Staatlichkeit zum Ausdruck brachte[18]. In

---

[14] Z.B. B. BARTMANN, *Zweierlei Mystik*: ThGl 21 (1929) 92–96, hier 92: »Eine Hochflut von mystischen Schriften überschwemmt seit dem Kriege den deutschen Büchermarkt. Warum besonders den deutschen? Man antwortet, daß Mystik gerade ›dem Germanen liege‹, daß sie ›Wesen der germanischen Frömmigkeit‹ ausmache. Wir wissen, wie das gemeint ist. Im Sinne der modernen Erlebnisfrömmigkeit, der neuprotestantischen Erfahrungstheologie.«

[15] Vgl. H. HÜRTEN, *Geschichte*, 162–165, 184–188.

[16] Vgl. E. ROTHACKER, *Logik und Systematik der Geisteswissenschaften*, München 1965 (unveränd. repr. Nachdruck aus: Hdb. d. Phil. Abt. II, Beitrag C, 1–171, München 1927), 85–91, bes. 89, der im Gegensatz dazu auf einen ganz anderen Grundzug der genuin romantischen Begrifflichkeit hinweist: »Bei all diesen Analogien ist zu beachten, daß die traditionelle Einstellung, es handle sich hier um die Heranziehung biologischer Analogien zum Verständnis geistiger und gesellschaftlicher Phänomene gar nicht selbstverständlich ist. Grundsätzlich könnte oft genau so gut das Umgekehrte der Fall gewesen sein und ist es gewesen... Und in diesem Sinne kann die organische Analogie auch die Immanenz der Entwicklung im Gegensatz zu jeder Abhängigkeit von außen besagen usf. Daß alle diese Begriffe einen ausgesprochenermaßen *objektiv idealistischen* Grundzug haben, bedarf kaum besonderer Erwähnung.«

[17] Vgl. L. VOLK, *Der Traum vom Reich*: StZ 185 (1970) 208–212.

[18] Vgl. z.B. die Ideologie des ›Tat‹-Kreises: F. MURALT, *Der ›Tat‹-Kreis der Dichter und Denker*: HL 30/I (1932/33) 50–64, bes. 50 Anm. zu Beziehungen zur NSDAP; K. FRITZ-

katholischer Umgebung wurden solche Bestrebungen noch durch die Ansicht gefördert, die Romantik und besonders ihr organologisches Ganzheitsdenken seie eine spezifisch katholische Geistesrichtung. Die von CARL SCHMITT unternommene Zurückweisung solcher Behauptungen und seine Definition romantischen Denkens als »subjektiver Occasionalismus«[19] boten keine wirkliche Alternative zu solcher Staatsromantik[20]. Ob hierarchischer Ständestaat, ob theokratieähnlicher Staatsorganismus, ob politischer Universalismus oder Reichsidee, all diese Gedankengebilde waren zumindest anfällig für die nationalsozialistische Ideologie, denn der Schritt von der »Ganzheit« zur »Totalität« war sicherlich im Gärungsprozeß der Weimarer Zeit nur gering[21]. So erstaunt es kaum, im Kreis um MARTIN SPAHN eine katholische Gruppe zu finden[22], deren Vorstellungen zumindest ihren Protagonisten in die Arme des Nationalsozialismus trieb[23]. Dabei darf allerdings nicht übersehen werden, daß diese Gruppe dem sogenannten Reformkatholizismus mit seinen teils nationalkirchlichen und anti-

---

SCHE, *Politische Romantik und Gegenrevolution. Fluchtwege in der Krise der bürgerlichen Gesellschaft: Das Beispiel des ›Tat‹-Kreises,* Frankfurt a.M. 1976.

[19] Vgl. C. SCHMITT, *Romantik*: HL 22/I (1924/25) 157–171, bes. 170: »Die Romantik ist subjektiver Occasionalismus, weil ihr eine occasionelle Beziehung zur Welt wesentlich ist, statt Gottes aber nunmehr das romantische Subjekt die zentrale Stelle einnimmt und aus der Welt und allem, was in ihr geschieht, einen bloßen Anlaß macht.« Ebenso DERS., *Politische Romantik,* München–Leipzig 1925²; vgl. TH. STROM, *Theologie im Schatten politischer Romantik,* München 1970, 39.

[20] Das wird z.B. deutlich bei der Beurteilung durch H. BALL, *Carl Schmitts politische Theologie*: HL 21/II (1924) 263–286; kritisch zu Schmitt auch: I. ZANGERLE, *Zur Situation der Kirche* [1933], in: DERS., Zur Situation der Kirche, Aufsätze 1933–1963, Salzburg 1963, 7–42, bes. 16–17.

[21] Vgl. z.B. C. SCHMITT, *Römischer Katholizismus und politische Form,* Hellerau 1923; O. SPANN, *Gesellschaftslehre,* Leipzig 1930³; DERS., *Vom Wesen des Volkstums. Was ist deutsch?,* Berlin 1929; dazu E. PRZYWARA, *Deutscher Aufbruch*: StZ 124 (1933) 82–93; DERS., *Deutsche Front*: ebd., 153–167; DERS., *Deutsches Schicksal*: ebd., 217–226; K.J. SIEGFRIED, *Universalismus und Faschismus. Das Geschichtsbild Othmar Spanns. Zur politischen Funktion seiner Gesellschaftslehre und Ständestaatskonzeption,* Wien 1974.

[22] Mit der zeitweise auch Theologen wie R. Grosche sympathisierten: vgl. R. GROSCHE, *Die neue Demokratie*: HL 17/I (1919/20) 1–8, bes. 8: »Der Geist christlicher Solidarität und Liebe, der Abglanz der geistigen *communio sanctorum* durchflute alle Gemeinschaften irdischen Zusammenlebens und erfülle sie mit seiner Glut. Noch fehlt vielen der Mut zu solch konservativem Denken. Nur Martin Spahn, Theodor Brauer und wenige andere gingen noch die Wege der Schlegel, Baader, Ad. Müller, Radowitz, Frantz und Jörg ....«

[23] Vgl. G. CLEMENS, *Martin Spahn und der Rechtskatholizismus in der Weimarer Republik* (Veröffentlichungen der Kommission für Zeitgeschichte, B 37), Mainz 1983, 98–144, 193–206; DIES., *Rechtskatholizismus zwischen den Weltkriegen,* in: Katholizismus, nationaler Gedanke und Europa seit 1800 (Beiträge zur Katholizismusforschung B), hrsg. v. A. Langner, Paderborn– München– Wien– Zürich 1985, 111–130, bes. 118–122, 127–130; auch M. SPAHN, *Für den Reichsgedanken. Historisch-politische Aufsätze 1915–1934,* hrsg. vom Schüler- und Freundeskreis Martin Spahns, Berlin–Bonn 1936 (mit Bibliographie).

hierarischen Vorstellungen verbunden war[24] und so nicht als repräsentativ für den gesamten Weimarer Katholizismus angesehen werden darf[25]. Trotzdem konnte die von ihr vertretene nationale Reichsidee, wiewohl es ihr an Kritikern nicht fehlte[26], in der katholischen Theologie einigen Einfluß gewinnen[27]. All diesen politischen Überlegungen haftete jedoch ein gewisser Mangel an Realitätsbewußtsein an, mit hervorgerufen durch eine Flucht in die Welt der »Ideale«, die aber nur den Boden für neue Enttäuschungen bereitete.

C. Tragisches Lebensgefühl

Deswegen traf sich die von einem irrationalen Grundzug getragene Mystik und die mit der Wirklichkeit der Weimarer Republik so wenig übereinstimmende Sehnsucht nach organischer Ganzheit im Staatswesen fast zwangsläufig mit einem Gefühl des Tragisch-Unerreichbaren. Daß hier der Einfluß FRIEDRICH NIETZSCHES, von dem noch die Rede sein wird, eine nicht geringe Rolle spielt, wird im Sich-Aufbäumen gegen diese immer wieder beschworene Tragik deutlich[28]. Man wiederholte gerne die aus dem

---

24 Vgl. CH. WEBER, *Der ›Fall Spahn‹, die ›Weltgeschichte in Charakterbildern‹ und die Görresgesellschaft*: I RQ 73 (1978) 47–100 u. II RQ 74 (1979) 186–268; DERS., *Der ›Fall Spahn‹. Ein Beitrag zur Wissenschafts- und Kulturdiskussion im ausgehenden 19. Jahrhundert*, Rom 1980; O. SCHROEDER, *Aufbruch*, 369–431; G. CLEMENS, *Martin Spahn*, 9–48. Vgl. auch z.B. den vieldiskutierten Band *Der Katholizismus. Sein Stirb und Werde. Von katholischen Theologen und Laien*, hrsg. v. G. Mensching, Leipzig 1937, bes. 197–207, wo die Verquickung reformkatholischen Gedankengutes mit der nationalsozialistischen Ideenwelt spürbar wird.

25 Vgl. zur Erforschung dieses Problemkreises z.B. U. VON HEHL, *Kirche, Katholizismus und das nationalsozialistische Deutschland. Ein Forschungsüberblick*, in: Katholische Kirche im Dritten Reich. Eine Aufsatzsammlung, hrsg. v. D. Albrecht (Topos-Taschenbücher 45), Mainz 1976, 219–251; DERS., *Die Kirche und das Dritte Reich*: ThRev 74 (1978) 89–95; *Die Katholiken und das Dritte Reich*, hrsg. v. K. Gotto u. K. Repgen, Mainz 1983[2].

26 Vgl. z.B. A. DEMPF, *Das Dritte Reich. Schicksale einer Idee*: HL 29/I (1931) 36–49, 158–171.

27 Vgl. K. BREUNING, *Die Vision des Reiches. Deutscher Katholizismus zwischen Demokratie und Diktatur (1929–1934)*, München 1969, 66ff.; F. HEER, *Weimar*, 37: »Gerade sehr wache und kluge Theologen versuchten, da sie selbst die großen Leerräume, die emotionalen, die geistigen, die seelischen Leerräume in ihrer kirchlichen Jugend kannten, diese zu befriedigen, zu erfüllen, aufzufangen durch diese Verbindung mit dem heißen Glauben: dem Glauben an Deutschland.«

28 Vgl. F. LINDEMANN, *Friedrich Nietzsche in unserer Zeit. Zu Nietzsches 25. Todestag*: HL 22/II (1925) 645–660, bes. 655–660; E. PRZYWARA, *Heroisch*, Paderborn 1936, 26–44; DERS., *Tragische Welt?*: StZ 111 (1926) 183–191, bes. 184–185; DERS., *Tragische Seele?*

gleichnamigen Buch von OSWALD SPENGLER entliehene These vom »Untergang des Abendlandes«[29], da dessen Geschichtsphilosophie mit ihrer aus einer »Morphologie der. Weltgeschichte« abgelesenen Vorhersage des unausweichlichen Niedergangs der abendländischen Kultur mit dem tragischen Lebensgefühl der Zeit zu vereinbaren schien. Mit Spengler war für viele Zeitgenossen der Untergang des Abendlandes »ein in Hinsicht auf Form und Dauer streng begrenztes und unausweichlich bestimmtes Einzelereignis der Historie vom Umfange weniger Jahrhunderte, das ... in wesentlichen Zügen berechnet werden kann.«[30] Eine letzte Skepsis, die sich mit Spenglers organischer Geschichtsbetrachtung verband[31], unterstrich die Tragik dieser »Weltanschauung« noch.

Katholiken schienen dem Einfluß solch resignativer Strömungen weniger ausgesetzt, da sie an eine ungebrochene Tradition anknüpfen konnten, die die Wirren des Umbruchs mehr oder weniger unversehrt überstanden hatte. Wie schon häufiger in politischen und weltanschaulichen Krisensituationen schien sich auch jetzt wieder das nicht in erster Linie im Subjektiv-Individuellen liegende Fundament katholischen Selbstverständnisses als ein bleibendes Element in wachsender Unsicherheit zu erweisen[32]. Wenn auch das katholische Selbstbewußtsein unter dem Kriegsereignis gelitten hatte, so war man doch bereit, in der unzerstörten Überlieferung kirchlichen Glaubens einen Neuanfang zu sehen und ihn auch anderen anzubieten. Die Situation war für alle Deutschen ähnlich, doch schienen sich die Katholiken rasch darüber klar zu werden, daß die Antworten, die zum Neuen führten,

---

Eine Betrachtung zum Thomasjubiläum: StZ 106 (1924) 33–45, bes. 39–40; auch G. DELEUZE, *Nietzsche et la philosophie* (Bibliothèque de la philosophie contemporaine. Histoire de la philosophie et philosophie générale), Paris 1962, bes. 1–43; W. KAUFMANN, *Nietzsche, Philosoph — Psychologe — Antichrist,* Darmstadt 1982, bes. 112–138.

29 O. SPENGLER, *Der Untergang des Abendlandes. Umrisse einer Morphologie der Weltgeschichte,* 1. Aufl.: München 1918.

30 O. SPENGLER, *Der Untergang,* zit.nach DTV-München 1980⁶, 54.

31 Ebd., 64: »*Wir* nehmen demgegenüber die *Geschichte der Philosophie* als letztes ernsthaftes Thema der Philosophie an. Das *ist* Skepsis. Man verzichtet auf absolute Standpunkte, der Grieche, indem er über die Vergangenheit seines Denkens lächelt, wir, indem wir sie als Organismus begreifen.«

32 Vgl. E. CURTIUS, *Tragische Religiösität*: HL 17/I (1919/1920) 140–146, hier 146: »Es will uns scheinen als nähere sich die Zeit ihrem Ende, in der die Zeugnisse subjektiver Stellungnahme zur Religion die religiöse Kultur wesentlich fördern konnten. Was uns jetzt nottut, dürfte eine von den Zufälligkeiten der isolierten Persönlichkeiten sich lösende, auf die Wesens-Objektivitäten der religiösen Sphäre gerichtete Erkenntnisarbeit sein.« Auch M. PRIBILLA, *Kulturwende und Katholizismus*: StZ 107 (1924) 259–278, hier 259: »So kann man in Religion und Philosophie einerseits von einer ›katholisierenden Bewegung‹ sprechen, andererseits aber auch von einem radikalen Unglauben, der sich auf sittlichem Gebiet bis zu dämonischer Verherrlichung des Lasters steigert.«

für sie nahezu unverändert geblieben waren[33]. Daraus entstand der Wunsch nach einer Besinnung auf das Eigentliche, das Wesentliche ihres Glaubens und ihrer Kirche. Nachdem MAX SCHELER schon während des Krieges zur »Neuorientierung ... über den Sinn und das Wesen der Grundarten menschlicher Gemeinschaft überhaupt« aufgerufen hatte[34], kam es nach dem Zusammenbruch inmitten der geschilderten Unsicherheit dann wirklich zu einer »Besinnung auf das Wesen«[35]. Als ein deutlicher Anstoß in dieser Richtung kann der Erfolg des durch B. MOMME NISSEN 1922 wieder herausgegebenen Buches »Rembrandt als Erzieher« des Rembrandtdeutschen JULIUS LANGBEHN gelten[36], das starken Anteil an der Wiederentdeckung des »Echten«, »Wesenhaften« und »Organischen« hatte[37]. Wenn Langbehn auch eine »Erziehung zum Individualismus« forderte[38], die mit dem Zeitgeist nicht mehr übereinstimmte, so wurde sein Aufruf zu »Einheit und Feinheit«, zu »Innigkeit und Innerlichkeit«[39] — von Momme Nissen im Sinne des »Geistes des Ganzen« uminterpretiert[40] — doch zum Ausgangspunkt für viele, die nun auch zu einem »innerlichen« Verständnis der Kirche durchdringen wollten[41].

---

33 Vgl. E. KREBS, *Der Weltkrieg und die Grundlagen unserer geistig-sittlichen Kultur,* in: Deutschland und der Katholizismus. Gedanken zur Neugestaltung des deutschen Geistes- und Gesellschaftslebens I. Das Geistesleben, hrsg. v. M. Meinertz u. H. Sacher, Freiburg i. B. 1918, 1–28.

34 M. SCHELER, *Soziologische Neuorientierung und die Aufgaben der deutschen Katholiken nach dem Krieg*: HL 13/I (1915/16) 385–406, 682–700, 13/II (1916) 188–204, 257–294, hier 13/I (1915/16) 386: »... Was ist Volk, Nation, Staat, Kirche, und was sollen sie? Wie stehen sie zu Gott und wie zu Sinn, Wert und Ziel des Menschenlebens?«

35 Vgl. H. GETZENEY, *Vom Wesen zum Sein. Der Weg der deutschen Philosophie der Gegenwart*: HL 34/II (1937) 46–62, hier 46: »Der Weg führt von einem Verharren bei den bloßen Bewußtseinsvorgängen über die Erfassung der *Wesenheiten* zur Neugewinnung des *Seins.*«

36 J. LANGBEHN, *Rembrandt als Erzieher,* Leipzig 1890 (in Bearbeitung v. B. Momme Nissen: Leipzig 1922); DERS., *Der Rembrandtdeutsche,* Dresden 1892.

37 Vgl. L. SCHEFFCZYK, *Grundzüge,* 265, wo auch auf die mögliche nationalsozialistische Interpretation Langbehns hingewiesen wird.

38 J. LANGBEHN, *Rembrandt als Erzieher,* Leipzig 1891^{32}, 4.

39 Ebd., 3.

40 Vgl. J. LANGBEHN, *Der Geist des Ganzen,* hrsg. v. B. Momme Nissen, Freiburg 1937; dazu O. KÖHLER, *Der Rembrandtdeutsche Julius Langbehn*: Der christliche Sonntag 9 (1957) 133–134.

41 Vgl. P. LIPPERT, *Das Geheimnis des Rembrandtdeutschen*: StZ 111 (1926) 336–347; CH. SCHULTE, *Wie stellen wir Priester uns zur Mission des Rembrandtdeutschen?*: ThGl 19 (1927) 84–102, bes. 99: »Hier haben wir es zu tun *mit einer gewaltig wirkenden Apologie der katholischen Kirche, die von denen verstanden wird, die unsere dogmatischen Gedanken sowie unsere Theologensprache so ohne weiteres nicht mehr verstehen, sondern erst dafür vorbereitet werden müssen.*«

D. Katholische Neoromantik?

Diese Entwicklung scheint uns mit einem Phänomen zu konfrontieren, das A. BAUMGARTNER als typisch für romantische Strömungen definiert hat:

> »Romantik stellt sich als ein geistiger Prozeß dar, in dessen Verlauf das Ideal der schöpferisch freien, weder an Institution noch an Konvention gebundenen Persönlichkeit seine letzte Steigerung erfährt, in der letzten Steigerung aber notwendigerweise in seinem Widerspruch zur Wesensnatur des Menschen und zu seiner tagtäglichen Erfahrung erkannt wird, und von da an einer bewußten Hinwendung zu objektiver Bindung und Gemeinschaft zu weichen beginnt.«[42]

Hatte der Erste Weltkrieg als Katalysator der ungebundenen Persönlichkeit gewirkt und viele der vormals geltenden Institutionen und Konventionen in Frage gestellt, so konnte dieses ungewollte Loslösungsgeschehen neue »Mystik«, politische »Romantik« und ein tragisches Lebensgefühl als Früchte letzter Steigerung des Subjekts hervorbringen. Diese »formzersprengende Romantik«[43] blieb eine in jener Epoche immer vorhandene Richtung, die viele Menschen von der bewußten Hinwendung zu objektiver Bindung und Gemeinschaft ausschloß[44] und ihr Interesse etwa am Religiösen bestenfalls »eine Funktion des kulturellen Zusammenbruchs« bleiben ließ[45]. Daneben aber vollzog sich tatsächlich ein grundsätzlicher Umschwung, in dem man versuchte, das »Wesen« von Mensch und Welt, von Religion und Kirche wirklich zu erkennen. Hier sahen auch katholische Kreise ihre Aufgabe: Sie wollten statt des Mystizismus den objektiven Glauben, statt der politischen Heimatlosigkeit die Volksgemeinschaft, statt des tragischen Lebensgefühls einen Lebenssinn aus der Verankerung in einem neuen kirchlichen Bewußtsein schaffen. Dieser große, als Wende definierte Umschwung, der noch weiter differenziert werden könnte[46], erfaßte fast das ganze damalige Deutschland, war aber in dieser Form bei der katholischen Bevölkerung besonders spürbar. Kann man deswegen behaupten,

---

[42] A. BAUMGARTNER, *Sehnsucht*, 24.

[43] A. VON MARTIN, *Romantischer ›Katholizismus‹*, 337.

[44] Vgl. z.B. G. ESSER, *Glaubenskraft und Abwehr des Unglaubens*, in: Deutschland I, 73–91.

[45] E. PRZYWARA, *Neue Religiösität*: StZ 109 (1925) 18–35, hier 18: »Man beginnt sich die ernste Frage zu stellen, ob nicht die gesamte neuere religiöse Bewegtheit nur so etwas sei wie eine Funktion des kulturellen Zusammenbruchs, also selber zum mindesten in bedenklicher Nachbarschaft zu sog. ›Verfallserscheinungen‹.«

[46] E. PRZYWARA, *›Die fünf Wenden‹ — Eine Grundlegung*, in: DERS., Katholische Krise, 106–122.

daß es sich hier um eine romantische Bewegung katholischer Prägung gehandelt habe? War der Umschlag »vom Subjektivismus zum Objektivismus«[47] eine Art katholischer Neoromantik?

Ohne in die Diskussion um das Wesen der Romantik eintreten zu wollen[48], kann man tatsächlich Elemente eines »romantischen« Denkprozesses in der Nachkriegswende feststellen. Aber allein die Tatsache, daß sich diese Wende auch im nichtkatholischen Geistesleben deutlich manifestierte, schließt ihre Definition als »typisch katholisch« wohl aus. Ebenso vorsichtig gilt es mit dem Etikett der »Neoromantik« zu sein, denn die Wende überdauerte — wenigstens im philosophisch-theologischen Raum des Katholizismus — die eher romantisierende Welle der unmittelbaren Nachkriegszeit und brachte wissenschaftlich-religiöse Ergebnisse, die weit über eine sogenannte »Neoromantik« hinaus bis heute nachwirken. Vielmehr scheint die »romantische« Spannung nach dem Ersten Weltkrieg eine ähnliche Funktion für das katholische Geistesleben gehabt zu haben, wie der durch den Krieg herbeigeführte Zusammenbruch für das Entstehen einer »neoromantischen« Atmosphäre selbst: nämlich die Funktion eines Katalysators. Tatsächlich ist die Wende von einer Art neoromantischen Stimmung mitausgelöst und mitgetragen worden. Nach 1925 bzw. 1926 scheint diese Stimmung aber im katholischen Bereich stark an Gewicht verloren zu haben[49]. Selbstverständlich blieben gewisse romantisierende Elemente auch nach diesem Abflauen der eigentlich romantischen Welle gegenwärtig, aber das reicht nicht aus, um die ganze philosophisch-theologisch-religiöse Wende und ihre Auswirkungen von 1918 bis 1943 oder auch nur bis 1933 als »Romantik« oder »Neoromantik« zu bezeichnen. Für uns ist das deswegen von Wichtigkeit, weil auch die Neubesinnung auf die Wesensbeziehung Christi zur Kirche trotz manch vorhandener »Kirchenromantik«[50] nicht einfach durch Rückführung auf eine »neoromantische« Grundlinie zu erklären ist. Um aber die Verquickung der ekklesiologischen Entwicklung mit dem Zeitgeist und ihre Unterscheidung von ihm klarzustellen, werden wir im

---

[47] Ebd., 110: »Die grundlegende Wende heißt darum: *vom Subjektivismus zum Objektivismus.*«

[48] Vgl. A. BAUMGARTNER, *Sehnsucht,* 19–30; F. SCHNABEL, *Deutsche Geschichte im neunzehnten Jahrhundert,* Freiburg i.B. 1948^4, Bd.I, 263f., 271f., 301ff.; O. KÖHLER, *Romantik,* in: StL VI (1961^6), 944–954.

[49] Vgl. E. PRZYWARA, *Neue Religiösität,* 18; DERS., *Wohin? Zur Wegwende der katholischen Bewegungen*: StZ 111 (1926) 1–9, bes. 1; J. HASHAGEN, *Katholische Verdienste und das neuere deutsche Geistesleben*: ThQ 122 (1941) 167–175.

[50] J. GEISELMANN, *Joh. Ad. Möhler und die Entwicklung seines Kirchenbegriffs*: ThQ 112 (1931) 1–91, hier 9; auch H. FRICK, *Romantik und Realismus im Kirchenbegriff,* Tübingen 1929; E. WOLFF, *Romantisierung des Kirchenbegriffs*: ThBl 21 (1942) 12–25.

folgenden drei Hauptpunkte der »Wende«, die von besonderer ekklesiologischer Relevanz sind, auf ihren Stellenwert für das Verständnis der Beziehung zwischen Christus und der Kirche untersuchen. Jetzt schon dürfte allerdings klar geworden sein, wieso die Epoche nach dem Ersten Weltkrieg für die Neubelebung der Ekklesiologie ausgesprochen günstig war. Die Kirche schien Antwort zu sein auf Fragen und Probleme der damaligen Zeit, sie entsprach den drei Zentralforderungen der grundlegenden Wende nach Objektivität, organischem Leben und Gemeinschaft.

2. KAPITEL

DREI KOMPONENTEN EINER EKKLESIOLOGISCHEN WENDE: OBJEKTIVITÄT, LEBEN UND GEMEINSCHAFT

Die vom ersten Weltkrieg und seinen verwirrenden Folgeerscheinungen ausgelöste Wende mit ihren für die Ekklesiologie wichtigsten drei Komponenten der Suche nach dem Objektiven, der Entdeckung des organischen Lebens und der Sehnsucht nach Gemeinschaft trat nicht etwa plötzlich und unvorhergesehen auf. Die Rückkehr von einem stark subjektiv geprägten Denken zu größerem Realismus hatte sich bereits in der Philosophie angekündigt, wo nach einer Periode des Positivismus nun das »Wiedererstehen der Metaphysik«[51] angekündigt wurde und wo man, auch unter französischem Einfluß, den Abschied von Kant begehen zu können glaubte[52]. Man schenkte dem Phänomen »Leben«, das in Frankreich durch HENRI BERGSON und dessen Idee vom »élan vital« schon länger im Mittelpunkt philosophischen Interesses stand[53], nun unter dem Einfluß der sogenannten »Lebensphilosophie« etwa HANS DRIESCHS auch bei uns mehr Beachtung[54]. Der Neuaufbau des sozialen Lebens aber führte auch zu einer Neubewertung der Soziologie als Wissenschaft, deren Wiederbegründer FERDINAND TÖNNIES durch sein bezeichnenderweise erst um 1918 wirklich bekanntgewordenes Werk »Gemeinschaft und Gesellschaft« werden sollte[55].

Zum Einfluß »romantischen« Denkens auf diese drei für die Ekklesiologie besonders wichtigen Gebiete und ihre wiedererkannte Bedeutung nach

---

[51] F. ÜBERWEG, *Grundriss,* 314: »Von gleicher Bedeutung ist das *Wiedererstehen der Metaphysik.* Dieselbe ist jetzt auf dem besten Wege, wieder zum Zentrum der Philosophie zu werden.«

[52] Vgl. A. KERKVOORDE– O. ROUSSEAU, *Le mouvement théologique dans le monde contemporain. Liturgie — Dogme — Philosophie — Exégèse* (Histoire du Christianisme), Paris 1969, 185.

[53] Zur damaligen Bedeutung H. Bergsons vgl. z. B. L. DAURIAC, *Le mouvement bergsonien*: RPFE 75 (1913) 400–414.

[54] Vgl. *Hans Driesch, Persönlichkeit und Bedeutung für Biologie und Philosophie von heute,* München– Basel 1951, mit Driesch-Bibliographie; F. ÜBERWEG, *Grundriss,* 592–597; W. DEL NEGRO, *Die Philosophie der Gegenwart in Deutschland,* Leipzig 1942, 58–59 [stark nationalsozialistisch geprägte Sicht].

[55] F. TÖNNIES, *Gemeinschaft und Gesellschaft. Grundbegriffe der reinen Soziologie,* Darmstadt 1979 (Diesem Neudr. liegt d. 8. Aufl. von 1935 zugrunde): Erste Aufl. 1887.

dem Krieg gilt das bereits oben Gesagte: Sicher hat eine »neoromantische« Strömung die Betonung des Objektiven, des Lebens und der Gemeinschaft zunächst gefördert, aber es wäre eine Engführung, wollte man diese Entwicklung allein darauf zurückführen oder sie sogar als eine Art Wiederholung der Romantik des 19. im 20. Jahrhundert beschreiben. Wir werden vielmehr versuchen, die angegebenen Hauptpunkte mittels einer zeitgeschichtlichen Skizze und dem jeweils folgenden Umriß ihrer ekklesiologischen Bedeutung in ihrer komplexen Genesis und differenzierten Auswirkung in unser Gesamtthema einzuordnen. Da die Wichtigkeit dieser Strömungen für die katholische Ekklesiologie angefragt ist, werden wir natürlich vor allem Stimmen aus katholischem Umfeld heranziehen.

A. Die Wende zum Objekt

a) Geistesgeschichtliche Haupt- und Nebenlinien

1. Die Philosophie des Objekts

Ein neues Interesse an philosophischen Fragestellungen konnte wohl schon seit etwa 1870 festgestellt werden[56], im katholischen Raum vor allem in Gestalt einer Wiederbelebung der thomistischen Philosophie[57]. Erst um die Jahrhundertwende jedoch erwachte trotz einer andauernden antimetaphysischen Haltung — vor allem von Seiten der Verfechter des Kantischen Kritizismus[58] — eine Richtung, die vom Historismus zu einer immer mehr

[56] Vgl. F. ÜBERWEG, *Grundriss*, 309–314; B. JANSEN, *Die jüngste Geschichte der neuesten deutschen Philosophie*: StZ 94 (1918) 359–373; DERS., *Zur geschichtlichen Darstellung der neuesten Philosophie*: ebd. 291–301.

[57] Vgl. L. BOGLIOLO, *La Filosofia Cristiana. Il problema, la storia, la struttura* (Studi Tomistici 28), Città del Vaticano 1986, 121–127; R. SCHAEFFLER, *Die Wechselbeziehungen zwischen Philosophie und katholischer Theologie* (Die philosophischen Bemühungen des 20. Jahrhunderts. Untersuchungen über die wechselseitigen Beziehungen zwischen einzelnen wissenschaftlichen Disziplinen), Darmstadt 1980, 17–30.

[58] Vgl. K. KEMPF, *Der Bankrott der modernen Erkenntniskritik*: StaML 79 (1910) 146–156, hier 155–156: »So geht es noch bis zur Stunde. Immer wieder wird uns vorgepredigt, Metaphysik sei ein leerer Wahn, ein eitles Hirngespinst.« DERS., *Die Ratlosigkeit in der modernen Philosophie*: ebd. 21–31; B. JANSEN, *Das gegenwärtige philosophische Deutschland*: StZ 95 (1918) 132–142, bes. 135; V. CATHREIN, *Das Studium der Philosophie einst und jetzt*: StaML 64 (1903) 481–524; E. PRZYWARA, *Kantischer und katholischer Geistestypus. Eine Betrachtung zum Kant-Jubiläum*: StZ 107 (1924) 161–174, bes. 161–171; DERS., *Kantentfaltung oder Kantverleugnung. Zu den Reden und Veröffentlichungen des Kantjubiläums*: StZ 108 (1925) 90–108.

realistisch-metaphysischen Haltung führte[59]. Auch durch die Fortschritte der Naturwissenschaften, vor allem der Biologie, machte sich eine größere Anteilnahme an der Gesamtwirklichkeit bemerkbar, die schon als Errungenschaft einer zunehmenden Orientierung am Objektiven bezeichnet werden kann[60]. So ist es verständlich, warum das Wort EDUARD HUSSERLS »Zu den Sachen selbst!«[61] auf ein beachtliches Echo stieß und auch im katholischen Raum zu einem neuen Interesse am Wesen der Dinge selbst führte[62].

2. Katholische Phänomenologie?

Es war vor allem MAX SCHELER, der in seiner »katholischen Periode« unter den Katholiken eine philosophische Richtung bestimmte, die geradezu als »phänomenologische Bewegung« definiert worden ist[63]. Plötzlich schien sich katholischen Philosophen ein Weg aufzutun, auch außerhalb des offiziell vorgegebenen Rahmens des Thomismus[64] den wesentlich ontologischen Zug ihres Denkens zu verwirklichen. Man glaubte weithin, endlich gleichberechtigt in einen Dialog mit den modernen philosophischen Zeitströmungen einzutreten und war sogar überzeugt, die herkömmlichen kritizistischen und relativistischen Ansätze neuzeitlicher Philosophie überwinden zu können[65]. Trotz der Ernüchterung, die auf Schelers Abwendung vom Katholizismus folgte und die ihm und seiner Philosophie zahlreiche Kritik

---

59 Vgl. B. JANSEN, *Das gegenwärtige philosophische Deutschland,* 141; DERS., *Das zukünftige philosophische Deutschland*: StZ 95 (1918) 268–280, bes. 272; auch A. VON GLEICHEN-RUßWURM, *Der Leuchter. Weltanschauung und Lebensgestaltung,* Darmstadt 1919, bes. 222; H. PLATZ, *Wesensuche und Formwille*: HL 18/II (1921) 356–363.

60 Vgl. R. SCHAEFFLER, *Die Wechselbeziehungen,* 143–144.

61 E. HUSSERL, *Philosophie als strenge Wissenschaft*: Logos (1911) 339–340.

62 Vgl. P.P. MÜLLER-SCHMID, *Phänomenologie und Existentialismus im Kontext des christlichen Denkens,* in: Katholizismus und philosophische Strömungen in Deutschland (Beiträge zur Katholizismusforschung, B), hrsg. v. A. Langner, Paderborn–München–Wien–Zürich 1982, 119–165, bes. 120–126; R. SCHAEFFLER, *Die Wechselbeziehungen,* 30–42, 144–148; J. HASHAGEN, *Katholische Verdienste,* 170; J. HESSEN, *Die Geistesströmungen der Gegenwart,* 85–114; O. GRÜNDLER, *Die Bedeutung der Phänomenologie für das Geistesleben*: HL 19/I (1921/22) 73–84, bes. 74; E. PRZYWARA, *Drei Richtungen der Phänomenologie*: StZ 115 (1928) 252–264, bes. 253–256; DERS., *Wende zum Menschen*: StZ 119 (1930) 1–10, bes. 1–4.

63 E. PRZYWARA, *Ein Gang durch die Zeit*: StZ 107 (1924) 52–60, hier 53.

64 Vgl. L. SCHEFFCZYK, *Grundzüge,* 264–265; F. ÜBERWEG, *Grundriss,* 628–629.

65 Vgl. M. SCHELER, *Die deutsche Philosophie der Gegenwart,* in: DERS., Wesen und Formen der Sympathie/Die deutsche Philosophie der Gegenwart (Gesammelte Werke 7), Bern–München 1973, 261–326, hier 261: »Der Subjektivismus, erkenntnistheoretische Idealismus, Relativismus, Sensualismus, Empirismus und Naturalismus wird im Aufbau dieser Philosophie langsam *überwunden* ...«

eintrug[66], bleibt unleugbar, daß ohne Scheler weder die Wende zum Objektiven noch überhaupt die religiöse Erneuerung im katholischen Nachkriegsdeutschland so machtvoll sichtbar geworden wäre[67]. Dazu trug auch seine platonisch-augustinische Orientierung bei, die seiner philosophischen Grundrichtung — vielleicht als Gegengewicht zu dem im kirchlichen Raum noch an Bedeutung gewinnenden thomistischen Denken[68] — weitere Freunde verschaffte. Die bedeutensten unter ihnen waren wohl THEODOR HAECKER, JOHANNES HESSEN, PETER WUST und ROMANO GUARDINI[69], die alle ebenso wie Scheler eine dem Augustinismus verwandte philosophisch-theologische Prägung besaßen. Die allgemeine Augustinusrenaissance der damaligen Zeit[70] gab diesen sogenannten »christlichen Existentialisten« weiteren Auftrieb, wenn es auch Stimmen gab, die die Verbindung der Phänomenologie mit Augustinus für künstlich hielten[71]. Trotzdem wird gerade über diese Schiene die Wirkung der Phänomenologie auf die Wende der katholischen Ekklesiologie verständlich. So hat Schelers Nähe zu Augustinus[72] wohl Theologen wie Guardini[73], KARL ADAM,

---

66 Vgl. T. HAECKER, *Geist und Leben. Zum Problem Max Scheler*: HL 23/II (1926) 129–155, bes. 135ff; D. VON HILDEBRAND, *Max Scheler als Persönlichkeit*: HL 26/I (1928/29) 70–80; dazu kritisch: H. LÜTZELER, *Zu Max Schelers Persönlichkeit*: HL 26/I (1928/29) 413–418; P.H. LENNERZ, *Schelers Konformitätssystem und die Lehre der katholischen Kirche* (Aschendorffs zeitgemäße Flugschriften 4/5), Münster 1924, III: »Über Scheler und seine Lehre ist, besonders von katholischer Seite, verhältnismäßig viel geschrieben worden. Die meisten der bisherigen Veröffentlichungen setzen sich mit Schelers Aufstellungen auseinander vom philosophischen Standpunkt aus. Im allgemeinen war das Ergebnis negativ, d.h. Schelers Lehre ablehnend.« Der letzte Satz scheint allerdings zu summarisch.

67 Vgl. A. DEMPF, *Schelers System christlicher Geistphilosophie als Grundlage einer religiösen Erneuerung,* in: Max Scheler im Gegenwartsgeschehen der Philosophie, hrsg. v. P. Good, Bern–München 1975, 39–44.

68 Vgl. A. KOLPING, *Katholische Theologie,* 94–97; E. PRZYWARA, *Katholische Bewegung und katholische Aktion,* in: Ders., Katholische Krise, 59; DERS., *Vom philosophischen Ansatz*: StZ 112 (1927) 229–234, bes. 233.

69 Vgl. P.P. MÜLLER-SCHMID, *Phänomenologie,* 155–168; M. SCHELER, *Die deutsche Philosophie,* 318–319; A. LOPEZ-QUINTAS, *Pensadores cristianos contemporaneos I. Haecker, Ebner, Wust, Przywara, Zubiri* (BAC 274), Madrid 1968, 3–39, 40–114, 292–293.

70 Vgl. J. FRISQUE, *Die Ekklesiologie,* 198; B. JANSEN, *Augustinus ein moderner Denker*: StZ 98 (1920) 29–40; DERS., *Das Zeitgemäße in Augustins Philosophie*: ebd. 189–303; E. KREBS, *Neuere Augustinusliteratur*: ThRev 31 (1932) 49–53, 97–106, 137–143 [bes. z. Augustinusjubiläum 1930].

71 Vgl. J. GEYSER, *Augustin und die phänomenologische Religionsphilosophie der Gegenwart mit besonderer Berücksichtigung Max Schelers* (Veröffentlichungen des Katholischen Instituts für Philosophie, Albertus Magnus Akademie zu Köln, I/3), Münster 1923.

72 Vgl. z.B. J. GROOTEN, *L'Augustinisme de Max Scheler,* in: Augustinus Magister. Etudes Augustiniennes II, Paris 1954, 1111–1120; H. FRIES, *Die katholische Religionsphilosophie der Gegenwart. Der Einfluß Max Schelers auf ihre Formen und Gestalten. Eine problemgeschichtliche Studie,* Heidelberg 1949, 303–305; E. PRZYWARA, *Zum Problem Max Scheler*: StZ 108 (1925) 78–80, bes. 79 Anm. 1 und 80.

ARNOLD RADEMACHER[74] oder KARL ESCHWEILER[75] auch zu einem intensiveren Kennenlernen der Phänomenologie verholfen.

Ein Augustinus ebenfalls verbundener Philosoph, der neben Scheler die objektive Wende auch in der Theologie mitgetragen hat, ist der bereits erwähnte PETER WUST[76]. Für ihn ist Kultur »durch den Kampf zwischen Subjekt und Objekt bedingt«[77], wobei allerdings »alles produktive geistige Schaffen Ausdruck höchster Objektivität« ist. Das Wissen wird, »wenn es wirklich ehrfurchtsvoll ist, niemals aus dem Rahmen dieser Objektivität herausfallen«[78]. Wenn Wust die »Einbettung alles endlich Subjektiven in einen alles umspannenden Bereich metaphysischer Objektivität«[79] als Ideal ansieht, so spiegelt sich darin beispielhaft der Drang seiner Epoche zum Objekt wieder. Wust aber hatte die ekklesiologische Bedeutsamkeit dieses Dranges begriffen: In seinem Denken lösen sich »die Gegensätze von Objektivismus und Subjektivismus, von Intellektualismus und Voluntarismus in der gelebten Einheit des *Corpus Christi Mysticum*. Der *›ordo amoris‹* des hl. Augustinus erhebt den in sich gespaltenen Menschen zur Einheit in sich selbst und in der irdischen und ewigen Ordnung des Lebens.«[80] So verbin-

---

73 Vgl. z.B. seine Interpretation Augustinischer Erkenntnisweise in: R. GUARDINI, *Anfang. Eine Interpretation der fünf ersten Kapitel von Augustinus Bekenntnissen*, Kolmar o.J., 33–34, bes. 34: [Der Geist] »wird veranlaßt, die direkten Aussagen fallen zu lassen und aus seiner lebendigen Mitte heraus den Blick auf das Wesen zu richten. Besonders wichtig ist diese Erkenntnisform für die Phänomene der Existenz, deren Anfangen, Sich-Entscheiden und Enden.« Auch DERS., *Der Gegensatz. Versuche zu einer Philosophie des Lebendig-Konkreten*, Leipzig 1925, 197ff; DERS., *Die Bekehrung des heiligen Augustinus. Der innere Vorgang in seinen Bekenntnissen*, Leipzig 1935; zu M. Schelers Einfluß auf Guardini vgl. H.-B. GERL, *Romano Guardini. 1885–1968. Leben und Werk*, Mainz 1985², 144–148.

74 Vgl. H. KREIDLER, *Eine Theologie des Lebens. Grundzüge im theologischen Denken Karl Adams* (TTS 29), Mainz 1988, 76–88; A. RADEMACHER, *Religion und Bildung. Eine kulturphilosophische Betrachtung*, Bonn 1935, 18, 35, 97, 115, 116–117, 123, 139, 141, 169, 195.

75 K. ESCHWEILER, *Religion und Metaphysik. Zu Max Schelers ›Vom Ewigen im Menschen‹*: HL 19/I (1921/22) 303–313, 470–489, bes. 470–479.

76 Vgl. z.B. P. WUST, *Die Auferstehung der Metaphysik*, Leipzig 1920; DERS., *Im Sinnkreis des Ewigen*, Graz-Wien-Köln 1954, 42, 235–236, 259; A. LOPEZ-QUINTAS, *Pensadores*, 114 kann sogar schreiben: »En un momento en que la *ingenuidad* del auténtico objetivismo … es mal interpretada como *espontaneidad a-crítica e infrafilosófica*, el pensamiento de Peter Wust puede contribuir a develar equívocos y poner en claro al hombre desarraigado de hoy que la única vía fecunda para el despliegue de las posibilidades humanas es el arraigo en los planos más profundos y ›comprometedores‹ de lo real.«

77 P. WUST, *Die Rückkehr der Philosophie zum Objekt*: HL 19/II (1922) 679–693, hier 682.

78 P. WUST, *Der Doppelaffekt von Staunen und Ehrfurcht als Faktor der Kulturentwicklung*: HL 21/II (1924) 388–402, 515–521, hier 520.

79 Ebd., 396.

80 F. BRAIG, *Peter Wust und seine Philosophie*: HL 28/II (1931) 523–536, hier 536.

det er in seinem »metaphysischen Optimismus«[81] Anthropologie und Ekklesiologie und scheint damit eine Beobachtung ERICH PRZYWARAS zu bestätigen, der in der »Wende zum Objekt« letztlich eine »Wende zum Menschen« feststellen wollte[82]. Das stimmt überein mit einer grundsätzlichen Gegebenheit der Ekklesiologie: Das »Wesen der Kirche« bleibt ohne das »Wesen des Menschen« nur fragmentarisch bestimmbar[83].

3. Die katholische Religionsphilosophie

Beim Menschen setzte damals auch die Neubesinnung auf das Religiöse schlechthin ein, was einen religionsphilosophischen Aufbruch zur Folge hatte, der das Eigentliche dieser Wissenschaft in der Beschäftigung mit dem »Phänomen« der Religion innerhalb der »menschlichen Existenz« sah[84]. Trotz der wichtigen Impulse eines RUDOLF OTTO[85] und unter Berücksichtigung der Leistung von HEINRICH SCHOLZ[86] muß man mit HEINRICH FRIES[87] auch auf diesem Gebiet MAX SCHELER als den Schrittmacher vor allem der katholischen Entwicklung nach dem Kriege bezeichnen:

> »Eine lebendige und wesenhafte Begegnung des philosophischen und theologischen Geistes wurde, geschichtlich gesehen, erst möglich durch die in der Phänomenologie sich vollziehende Neuorientierung am Wesenhaften, am Objektiven, am Sein. Damit wurde eine Linie gefunden, die katholisches Denken nie aufgegeben hatte, zu der der Geist der Philosophie aber erst nach langem Suchen wieder heimfand. Von der Phänomenologie aus, von ihrer Einstellung und Grundtendenz her war der Weg freigelegt für eine katholische Religionsphilosophie im eigentlichen Sinne. Wiederum knüpft sich diese Verbindung an den Namen, den wir schon genannt haben: an Max Scheler. Er ist tatsächlich zum Aus-

---

81 Vgl. P. WUST, *Naivität und Pietät,* Tübingen 1925, 59; DERS., *Vom Wesen der historischen Entwicklung*: HL 20/II (1923) 19–39, 179–202, bes. 20, wo er vom »Mut zur Metaphysik« spricht; A. LOPEZ-QUINTAS, *Pensadores,* 106–107.

82 Vgl. z.B. E. PRZYWARA, *Gott in uns oder Gott über uns? (Immanenz und Transzendenz im heutigen Geistesleben)*: StZ 105 (1923) 343–362; DERS., *Das neue Denken*: StZ 117 (1929) 414–424, bes. 415; DERS., *Alter und neuer Katholizismus,* in: DERS., Katholische Krise, 167–190, hier 176: »Der neue Katholizismus erscheint in seiner Funktion als subjektive Religion.«

83 Vgl. A. ANTON, *El tratado »De Ecclesia« nuevo centro de perspectiva en la enseñanza de la teología*: Greg 50 (1969) 651–687, hier 661: »La gloria de Dios y la salvación de los hombres son dos polos de la existencia de la Iglesia. La eclesiología … es pues eminentemente *teológica* y antropológica.«

84 Vgl. H. FRIES, *Die katholische Religionsphilosophie,* 13–19.

85 R. OTTO, *Das Heilige. Über das Irrationale in der Idee des Göttlichen und sein Verhältnis zum Rationalen,* Breslau 1922[7].

86 Vgl. H. SCHOLZ, *Religionsphilosophie,* Berlin 1921; G. WUNDERLE, *Zur Religionsphilosophie von Heinr. Scholz*: HL 21/II (1924) 205–210.

87 H. FRIES, *Die katholische Religionsphilosophie,* 23, zu Scheler im Ganzen: 31–156; auch K. ADAM, *Glaube und Glaubenswissenschaft im Katholizismus*: ThQ 101 (1920) 131–155; vgl. Anm. 72.

gangspunkt der modernen katholischen Religionsphilosophie geworden. In seinem reichen, wenn auch fragmentarischen Werk finden sich einem Strahlenbündel gleich alle Ansätze, die in der katholischen Religionsphilosophie der Gegenwart lebendig sind.«

Hier genügt zu sagen, daß die »Schau des Wesens«, also eines Objektiven, auch den Kern der Schelerschen Religionsphilosophie bildet. Das Wesen der Religion erschließt sich aus der Welt der »objektiven Werte«, die auf einen höchsten Wert ausgerichtet ist, dem das Seiende und Heilige entspricht, dessen Wesen wiederum objektiv mit dem Wesen Gottes, das wir aus der Offenbarung kennen, übereinstimmt. Die Wesenserfassung ist in doppelter Hinsicht auf ein real existierendes Objektives ausgerichtet, das je nach dem von einem subjektiven (im religiösen Akt) oder objektiven (in der Wesensontologie) Ausgangspunkt untersucht wird[88]. »Nach der Grundlehre der Phänomenologie vom Primat des Objekts vor dem Subjekt stellt die Religionsphilosophie Schelers der Untersuchung des religiösen Aktes die Phänomenologie und Wesensontologie des Göttlichen als des religiösen Gegenstandes voran.«[89] Damit wird klar, warum Scheler auch eine (von uns später noch darzustellende) »Wesensontologie« der Kirche in Angriff nehmen konnte, die die Theologie der Zeit in ihrem ekklesiologischen Verständnis ebenfalls bewegt hat. Daß seine gesamte Religionsphilosophie zur Konzentration auf das »Wesen« in der theologischen und ekklesiologischen Literatur beigetragen hat, wird offensichtlich, wenn man die Werke zeitgenössischer Philosophen und Theologen wie KARL ADAM[90], JOHANNES HESSEN[91], PETER WUST[92], OSKAR BAUHOFER[93], ROMANO GUARDINI[94], ARNOLD RADEMACHER[95], ERICH PRZYWARA[96] und andere[97] untersucht, die sich alle in irgendeiner Weise auf Schelers Ansatz beziehen.

---

88 H. FRIES., *Die katholische Religionsphilosophie*, 63–65, auch 45–51.

89 Ebd., 65.

90 Vgl. z. B. K. ADAM, *Jesus Christus*, Augsburg 1933, bes. 34–45; DERS., *Die natürliche Gotteserkenntnis*: ThQ 126 (1946) 1–18, bes. 9–12.

91 Vgl. J. HESSEN, *Die Werte des Heiligen*, Regensburg 1938, bes. 45–50, 259–274; DERS., *Wertphilosophie*, Paderborn 1937, bes. 84 ff.

92 Vgl. P. WUST, *Ungewißheit und Wagnis*, München 1940^2, bes. 161–177; DERS., *Naivität und Pietät*, 110–114; DERS., *Die Dialektik des Geistes*, Augsburg 1928, bes. 92–102.

93 Vgl. O. BAUHOFER, *Das Metareligiöse. Eine kritische Religionsphilosophie*, Leipzig 1930.

94 Vgl. R. GUARDINI, *Der Gegensatz*, 147–148; DERS., *Die Offenbarung. Ihr Wesen und ihre Formen*, Würzburg 1940, 25–36.

95 Vgl. z. B. A. RADEMACHER, *Religion und Leben. Ein Beitrag zur Lösung des christlichen Kulturproblems*, Freiburg 1925.

96 Vgl. E. PRZYWARA, *Religionsbegründung. Max Scheler — J.H. Newman*, Freiburg 1923; DERS., *Gott. Fünf Vorträge über das religionsphilosophische Problem*, München 1926; DERS., *Religionsphilosophie katholischer Theologie* (Handbuch der Philosophie), München–Berlin 1927.

4. Phänomenologie und Thomismus

Die bisher gezeichnete Wende zum Objekt traf sich in ihrem Versuch der Neubegründung einer Wesensontologie in bestimmter Weise mit den Zielen der kirchlichen Neuscholastik. Man stellte fest, daß es noch nie eine neuzeitliche Philosophie gegeben habe, die der Scholastik so nahe gekommen sei wie die Phänomenologie[98]. Der damals wieder in Bewegung geratene Thomismus[99] konnte sich daher trotz aller vorhandenen Reserven mit der Phänomenologie und dem von ihr befruchteten »christlichen Existentialismus« zu einer »Bewegung zum Objektiven« innerhalb des katholischen Denkens verbinden[100]. Zwar zeigte sich, daß ein völliger Ausgleich zwischen den beiden Ansätzen aufgrund der epistemologischen[101] und inhaltlichen Unterschiede[102] letztlich nicht möglich war[103], doch ändert das nichts an ihrer gemeinsamen Bedeutung für das wachsende Interesse am »Wesentlichen« in der katholischen Philosophie und Theologie[104]. Dabei bleibt

---

[97] Vgl. H. FRIES, *Die katholische Religionsphilosophie,* 161–373; P. WOLFF, *Einführung,* in: Christliche Philosophie in Deutschland. 1920 bis 1945. Ausgewählte Texte, mit einer Einführung von P. Wolff, Regensburg 1949, 9–28.

[98] K. ESCHWEILER, *Religion und Metaphysik,* 304: »Denn die neuzeitliche Philosophie ist in ihrer dreihundertjährigen Entwicklung nirgendwo — auch bei Leibniz nicht! — der gegenständlichen Denkweise der scholastischen Philosophie und Theologie so nahe gekommen.«

[99] Vgl. dazu von augustinischem Standpunkt J. HESSEN, *Die Geistesströmungen der Gegenwart,* 167–173.

[100] Vgl. E. PRZYWARA, *Katholische Bewegung und katholische Aktion,* in: DERS., Katholische Krise, bes. 59; DERS., *Der Ruf von heute,* in: ebd. 89–105, bes. 96–97.

[101] Vgl. C. FABRO, *Partecipazione Agostiniana e Partecipazione Tomistica*: DC 39 (1986) 282–291; S. GEIGER, *Der Intuitionsbegriff in der katholischen Religionsphilosophie der Gegenwart* (FThSt 30), Freiburg 1930; E. PRZYWARA, *Religionsbegründung,* 225–287; J. GEYSER, *Augustin und die Religionsphilosophie der Gegenwart,* Münster 1923, 39–71, 105–110.

[102] Vgl. A.M. ROHNER, *Thomas von Aquin oder Max Scheler I. Ethik Vorbilder*: DTh 1 (1923) 250–274; DERS., *II. Das Ebenbild Gottes*: ebd. 328–355; DERS., *III. Die Wertethik und die Seinsphilosophie*: DTh 2 (1924) 55–83, 257–269; DERS., *IV. Individuum und Gemeinschaft*: DTh 3 (1925) 129–144, 282–298; DERS., *Das Grundproblem der Metaphysik,* in: Philosophia perennis. Festgabe für Josef Geyser, Regensburg 1930, 1073–1088; DERS., *Natur und Person in der Ethik*: DTh 11 (1933) 52–62.

[103] Vgl z.B. den Wandel in der Haltung E. Przywaras von versuchter Harmonie zur vollen Anerkennung der Schelerschen Problematik: E. PRZYWARA, *Zu Max Schelers Religionsauffassung*: ZKTh 47 (1923) 24–49 und DERS., *Zum Problem Max Scheler*: StZ 108 (1925) 78–80; auch K. ESCHWEILER, *Religion und Metaphysik*: »Den Punkt, wo Schelers Religionsphilosophie sich am weitesten vom Thomismus entfernt, bildet die Auffassung, daß Gottes Dasein und formalstes Wesen im religiösen Akte als ursprüngliche Urgegebenheit in der Weise einer unmittelbaren und rein hinzunehmenden Offenbarung erlebt werde.«; J. GEYSER, *Max Schelers Phänomenologie der Religion. Nach ihren wesentlichsten Lehren allgemeinverständlich dargestellt und beurteilt,* Freiburg i.B. 1924, bes. 1–15; dazu kritisch: H. FRIES, *Die katholische Religionsphilosophie,* 347–356.

[104] Vgl. K. ESCHWEILER, *Religion und Metaphysik,* 476; E. PRZYWARA, *Zu Max Schelers Religionauffassung,* 25; A. DEMPF, *Schelers System,* 39–44.

Scheler, dessen grundsätzliche Beurteilung vom katholischen Standpunkt aus hier nicht zur Debatte steht[105], zweifelsohne ein bestimmender Faktor, da sein beinahe »naiver Realismus«[106] einer noch immer eher scholastisch geprägten Theologie Ansätze zu einer theologischen Rezeption bieten konnte und geboten hat. Trotzdem wäre es falsch, das Interesse am Objektiven auf Scheler allein zurückzuführen, denn sein eigenes Entdecken des Wesens der Dinge war schließlich selbst nur auf dem geschilderten zeitgeschichtlichen Hintergrund möglich, der einen allgemeinen Drang zum Objekt ausgelöst hatte[107]. Das bisher dargelegte geistesgeschichtliche Gesamtgeschehen hilft jedenfalls zu verstehen, warum in der katholischen Theologie das Objekt Kirche als religiöses Wesensphänomen wieder in den Vordergrund treten konnte.

b) Ekklesiologische Auswirkungen der Wende zum Objekt

1. Die ekklesiologische Gesamtsituation

Der im philosophischen und religiösen Umfeld erhobene Ruf nach Besinnung auf das Eigentliche und Wesentliche traf in der Ekklesiologie auf eine dieser Forderung recht wenig entsprechende Lage. Waren in der Vergangenheit des öfteren Versuche unternommen worden, das Kirchenbild mehr von seinem Geheimnischarakter aus zu bestimmen und das Augenmerk auf die »innere« Dimension der Kirche zu richten[108], so hatte sich nach dem I. Vatikanischen Konzil doch eher ein meist als »gegenreformatorisch« oder

---

[105] Vgl. dazu D. VON HILDEBRAND, *Max Schelers Stellung zur katholischen Gedankenwelt*: KathGed 1 (1928) 445–459; P.H. LENNERZ, *Schelers Konformitätssystem*, 97–98; H. EKLUND, *Evangelisches und Katholisches in Max Schelers Ethik*: STK 8 (1931) 395–402; J. COLLINS, *Catholic Estimates of Scheler's Catholic Period*: TN 19 (1944) n.75, 671–704; H. FRIES, *Die katholische Religionsphilosophie*, 35–36; K. WOITYŁA, *Max Scheler y la Etica cristiana* (BAC Minor 64), Madrid 1982, 206–207, 214.

[106] E. PRZYWARA, *Zu Max Schelers Religionsauffassung*, 25.

[107] Vgl. PH. FUNK, *Der Gang des geistigen Lebens im katholischen Deutschland unserer Generation*, in: Wiederbegegnung von Kirche und Kultur in Deutschland. Eine Gabe für Karl Muth, München 1927, 77–126.

[108] Vgl. U. VALESKE, *Votum Ecclesiae*, München 1962, 9–21; H. BRUNNER, *Der organologische Kirchenbegriff in seiner Bedeutung für das ekklesiologische Denken des 19. Jahrhunderts* (Europäische Hochschulschriften XXIII, 118), Frankfurt a.M–Bern–Las Vegas 1979, bes. 296–299; A. ANTON, *Lo sviluppo della dottrina sulla Chiesa nella teologia dal Vaticano I al Vaticano II*, in: L'Ecclesiologia dal Vaticano I al Vaticano II, Brescia 1973, 27–86, bes. 41–45.

»juridisch« bezeichnetes horizontales Kirchenverständnis durchgesetzt[109]. Da man die Kirche vor allem in ihrem göttlichen Ursprung und in ihrem hierarchischen Aufbau gegen Angriffe[110] verteidigen wollte, trat dieser Aspekt in den damals veröffentlichten Traktaten »De Ecclesia« stark hervor[111]. Häufig wurde die Kirche daher auch in der Apologetik oder Fundamentaltheologie behandelt[112], wo man die dogmatische Fragestellung nach dem wesentlichen Verhältnis Christi zur Kirche meist überging. Die fast zu ausführliche Darlegung positiver Daten[113] stand einer Beschäftigung mit solchen dogmatischen Fragen ebenso im Wege wie eine manchmal zu ausschießliche Konzentration auf die Hierarchie[114], die sich zwar aus den Bedürfnissen einer stark auf die Autorität bezogenen Zeit erklären läßt[115], aber trotzdem einer gewissen damaligen Ekklesiologie die Bezeichnung »Hierarchiologie« eingetragen hat[116]. Tatsächlich wurde die Kirche vielfach nach dem Beispiel des Staates behandelt und einseitig als »societas perfecta« angesehen[117]. Es ging um die Strukturen der Kirche, ihren »äußeren« Aufbau und ihre Verfassung, zu deren Erklärung oft kanonistische Kategorien

---

[109] Vgl. B. BARTMANN, *Lehrbuch der Dogmatik II*, Freiburg i.B. 1921^4+5^, 142; C. FECKES, *Aus dem Ringen um das Kirchenbild*: ThZt 2/3 (1936) 156; Y. CONGAR, *L'écclésiologie de la Révolution française au Concil du Vatican, sous le signe de l'affirmation de l'autorité*, in: L'Ecclésiologie du XIXe siècle (Unam Sanctam 34), Paris 1960, 77–114, bes. 90–91; A. ANTON, *El Misterio de la Iglesia II*, 406–423, bes. 408: »El desarrollo de la doctrina posconciliar sobre la Iglesia presenta un *otro aspecto* inseparable del tema de la autoridad, porque es su fundamento, a saber, una eclesiología de enfoque prevalentemente *horizontal*.«; F. VIERING, *Christus und die Kirche*, 14–18; H. SCHLÖGEL, *Kirche und sittliches Handeln. Zur Ekklesiologie in der Grundlagendiskussion der deutschsprachigen katholischen Moraltheologie seit der Jahrhundertwende* (Walberberger Studien der Albertus Magnus Akademie. Theologische Reihe 11), Mainz 1981, 35.

[110] Z.B. J. VON DÖLLINGER, *Das Papsttum*, hrsg. v. J. Friedrich, München 1892²; J. FRIEDRICH, *Zur ältesten Geschichte des Primates in der Kirche*, Bonn 1879; A. VON HARNACK, *Entstehung und Entwicklung der Kirchenverfassung und des Kirchenrechts in den ersten zwei Jahrhunderten*, Leipzig 1910; DERS., *Das Wesen des Christentums*, Leipzig 1913.

[111] Z.B. A. BRUELL, *Die wahre Kirche Christi*, Freiburg 1903; A. STRAUB, *De Ecclesia Christi*, Oeniponte 1912; CH. PESCH, *Compendium Theologiae Dogmaticae. Tomus I: De Christo Legato Divino — De Ecclesia Christi — De Fontibus Theologicis*, Friburgi Brisgoviae 1913. Vgl. A. ANTON, *El Misterio de la Iglesia II*, 411–416, 421–423.

[112] Vgl. U. VALESKE, *Votum*, 22–25.

[113] Vgl. das äußerst gelehrte Werk von M. D'HERBIGNY, *Theologica de Ecclesia. I. De Deo universos evocante ad sui regni vitam seu de institutione Ecclesiae primaeva*, Paris 1927³; DERS., *II. De Deo catholicam Ecclesiam organice vivificante seu de hodierna Ecclesiae agnitione*, Paris 1928³, das trotz seines originellen Titels die Kirche größtenteils unter apologetischer Rücksicht behandelt.

[114] Z.B. D. PALMIERI, *De Romano Pontifice*, Romae 1877.

[115] Vgl. A. ANTON, *Lo sviluppo*, 50–62.

[116] Y. CONGAR, *Bulletin d'Ecclésiologie*: RSPT 31 (1947) 78.

[117] Vgl. N. TIMPE, *Das kanonistische Kirchenbild vom Codex Iuris Canonici bis zum Beginn des Vaticanum Secundum* (Erfurter Theologische Studien 36), Leipzig 1978, 16–19.

herangezogen wurden[118]. Die »societas«-Lehre fand ihre letzte Überhöhung in einer These, die beweisen sollte, daß die Kirche als »monarchia« zu betrachten seie[119]. So wurden richtige Aspekte verabsolutiert oder isoliert und in ihrem nicht univoken, sondern analogen Sinn für das Kirchenverständnis verkannt[120]. Man versuchte — vermeintlich im Sinne der später von diesem selbst ergänzten Definition Kardinal BELLARMINS[121] — eine erschöpfende Definition der Kirche mittels ausschließlich »äußerer« Kriterien zu finden. Dabei geriet natürlich der Charakter der Kirche als »Mysterium« leicht aus dem Blickfeld und es wurde übersehen, daß die Kirche ihrem Wesen und ihrer Bedeutung nach als durch göttliche Offenbarung erkannte gnadenhafte Wirklichkeit eigentlich in die Nähe der sogenannten »mysteria stricte dicta« rückt[122]. Die Kirche schien juridisch und apologetisch so eindeutig faßbar, daß die Gefahr, sie durch eine Beurteilung nach rein menschlichen Maßstäben mit einem versteckten Naturalismus und Subjektivismus in Verbindung zu bringen, nicht erkannt wurde. Zwar beschränkten sich manche Autoren nicht auf die beschriebene Betrachtungsweise, sondern mühten sich auch um ein Verstehen der biblischen »Bilder« für die Kirche[123] oder versuchten, den »societas perfecta«-Gedanken mit einem mehr organischen Kirchenbild in Verbindung zu bringen, wie etwa G. WILMERS[124], H. HURTER[125] und E. COMMER[126]. Da diese Versuche sich aber nicht durchsetzten oder fragmentarisch blieben, kann man jedoch bis zum

---

118 Ebd., 72–119.

119 Vgl. z.B. CH. PESCH, *Compendium*, 145–146, hier 146, der noch differenziert: »Nihilominus *non est societas a Christo instituta monarchia absoluta, sed admixtum habet elementum aristocraticum* ... Unde secundum constitutionem suam ecclesia est monarchia temperata. Si quis vero mavult eam vocare monarchiam simplicem, non est de nomine disputandum, dummodo ipsa res conceditur.«

120 Vgl. A. ANTON, *Lo sviluppo*, 51–52.

121 Vgl. R. BELLARMIN, *De Conciliis* 1.3, c.2: »Ecclesia est coetus hominum ejusdem Christianae fidei professione et eorundem sacramentorum communione colligatus sub regimine legitimorum pastorum et praecipue unius Christi in terris vicarii, Romani Pontificis.« Dazu F.X. ARNOLD, *Das gott-menschliche Prinzip der Seelsorge in pastoralgeschichtlicher Entfaltung*: ThQ 124 (1943) 99–133, 125 (1944) 47–80, 126 (1946) 43–85, hier 119–120; U. VALESKE, *Votum*, 11–13.

122 Vgl. I. VATICANUM, *Const. dogm. »Dei Filius«*, Cap. 4: DS 3015–3017.

123 Vgl. Y. CONGAR, *Die Lehre von der Kirche*, 116.

124 Vgl. G. WILMERS, *De Christi Ecclesia*, Regensburg 1897.

125 Vgl. H. HURTER, *Dissertatio de Ecclesia corpore Christi mystico*, Innsbruck 1874.

126 Vgl. E. COMMER, *Die Kirche in ihrem Wesen und Leben dargestellt. I. Vom Wesen der Kirche*, Wien 1904; dazu auch A. METTNITZER, *Wesen und Leben der Kirche bei Ernst Commer (1847–1928). Ein Beitrag zur Geschichte der Ekklesiologie* (Exzerptdruck Diss. PUG), Rom 1986, 13–72; zum Ganzen A. KERKVOORDE, *La théologie du »Corps mystique« au dix-neuvième siècle*: NRTh 67 (1945) 417–430; H. BRUNNER, *Der organologische Kirchenbegriff*, 297.

Ersten Weltkrieg durchaus von einer Vorherrschaft der »societas perfecta«-Lehre in der Ekklesiologie sprechen, hervorgerufen durch die Verteidigung[127] vor allem der »äußeren« Strukturen[128] und die Unterstreichung der Sichtbarkeit der Kirche.

2. *Phänomenologie der Kirche*

Plötzlich ist nun die Umgebung, in der man über die Kirche nachdenkt und schreibt, gänzlich verändert:

> »Nun ist der Weltkrieg vorüber. Unübersehbare Veränderungen, Umsturz im volksgeschichtlichen und staatlichen, im politischen und wirtschaftlichen Leben, ja den Untergang vieler Monarchien, den Ruin so mancher Staaten hat er gebracht; doch die Kirche, der sichtbare Gottesstaat auf Erden, ist aus all diesen Kämpfen unversehrt hervorgegangen und steht heute noch in derselben Frische und Kraft, wie ehedem ihr göttlicher Stifter sie gegründet hat.«

Ist dieses Zitat von J. B. WALZ[129] auch noch deutlich von der vorausgehenden Ekklesiologie gezeichnet, so bestätigt es doch die bereits angesprochenen Gründe, aus denen die Katholiken gerade nach dem Krieg die Kirche wieder entdecken konnten. Dabei waren es genau die von der »Wende zum Objekt« angestoßenen Punkte, für die man sich jetzt in der Ekklesiologie zu interessieren begann und die die ganze für uns in Frage kommende Periode bestimmen sollten: In einer Art »ekklesiologischer Phänomenologie« wollte man das »Wesen« der Kirche, ihren objektiven Grund und damit ihre Beziehung zu Christus erforschen. Beispielhaft finden wir diesen neuen Zugang zur Kirche etwa bei GEORG FEUERER[130] beschrieben:

> »In der Betrachtung der Kirche geht es uns wie bei einem Kunstwerk. Das Sehen eines solchen hat eine innere Geschichte. Es fängt bei einem äußeren, allgemeinen Eindruck vom Ganzen an; wir mühen uns dann um verschiedene Blickrichtungen, um einzelne Schönheiten und Feinheiten an diesem Kunstwerk. An irgend einer Stelle bekommt plötzlich das Ganze ein neues Gesicht. Wir sehen es von einem lebendigen Grunde her, werden gerade von dieser Stelle aus in unserem Herzen betroffen, kommen in Berührung mit dem lebendigen Gehalt, der in dem Kunstwerk vor uns steht. Von da aus beginnt ein tieferes Verstehen des einzelnen an diesem Kunstwerk; ein neues Gesamtbild ersteht vor uns. —

---

127 Vgl. A. KERKVOORDE– O. ROUSSEAU, *Le mouvement,* 74: »Toutes les oeuvres théologiques de cette époque, mêmes les plus constructives comme celles de Moehler ou de Kleutgen avaient une allure nettement apologétique, étaient dirigées explicitement contre le protestantisme, le rationalisme ou le liberalisme.«

128 Vgl. etwa J. HASENFUSS, *Die Ekklesiologie Hermann Schells*: MThZ 7 (1956) 29–44, bes. 32–33.

129 J. B. WALZ, *Die Sichtbarkeit der Kirche. Ein Beitrag zur Grundfrage des Katholizismus,* Würzburg 1924, 1.

130 G. FEUERER, *Unsere Kirche im Kommen. Begegnung von Jetztzeit und Endzeit,* Freiburg i. B. 1937, 201–202.

Ebenso mag es uns bei der Kirche gehen. Auch hier tragen wir von irgendwo her ein bestimmtes Bild von der Kirche in uns, durch Erfahrungen, Erlebnisse noch deutlicher gezeichnet. Dieses Bild kann fraglich werden durch einzelne Einrichtungen, durch bestimmte geschichtliche Perioden, durch einzelne Menschen. Wir erleben vielleicht eine Krisis unserer Vorstellungen von der Kirche. Nun kommt es darauf an, aus den einzelnen Teilen das Ganze neu zu gewinnen, hineinzusehen in die Geschichte und das Leben der Kirche, durch all das hindurch ihr Eigentliches in den Blick zu nehmen. — Da die Kirche unser Schicksal bedeutet, können wir nicht, wie bei einem Kunstwerk, mit einem ästhetischen Interesse ihr begegnen. Wir fragen nach der Wahrheit der Kirche; wir sind mit unserem innersten Sein ihr gegenübergestellt. Aber trotzdem gilt auch hier wie bei einem Kunstwerk: Die Helligkeit, die an einer Stelle aufbricht, macht das Ganze klar. Von Christus ist uns die heilige Kirche innerlich verständlich geworden, und zwar so, daß Christus und die Kirche ganz verflochten sind. Christus stellt die eigentliche Einheit von Idee und Wirklichkeit der Kirche dar.«

Die Hauptelemente dieser »phänomenologischen« Schau der Kirche, also das »Ganze« und das »Eigentliche«, die »Wahrheit« und »Christus«, begegnen in der ekklesiologischen Literatur der Zeit immer wieder, wenn auch unter den verschiedensten Benennungen. Wenn MAX SCHELER während des Krieges von der »Idee«, dem »Ganzen« der Kirche spricht, dem »wahren Sinne« nach von der »Idee des in Christo heilssolidarischen Reiches«[131], so hat er damit schon diese Hauptthemen vorformuliert und in die Diskussion gebracht. Durch seine Beschäftigung mit der »Wesensidee der Kirche«[132] hat er mitgeholfen, das vielzitierte Wort ROMANO GUARDINIS vom Erwachen der Kirche in den Seelen[133] auch zu einer theologischen Tatsache werden zu lassen und dieses Erwachen in eine bestimmte Richtung zu lenken, nämlich auf die »wesensgesetzlichen Merkmale« der Kirche[134]. Wenn man aber das Wesen und die der Kirche eigene Objektivität richtig auffaßt, so hatte schon Scheler von seinem philosophischen Ausgangspunkt aus erkannt, entdeckt man hinter beidem die Beziehung der Kirche zu Christus.

3. Das »Wesen« der Kirche

Daß die »eigentliche Natur« der Kirche statt der Beschäftigung mit ihren Strukturen nun im Mittelpunkt ekklesiologischer Fragen stand, zeigen schon die vielen Formulierungen, die immer wieder dieses Eigentliche ansprechen, sei es als »Wesenheit«[135], als »Wesensgehalt«, als »Kern«[136], als

---

131 M. SCHELER, *Soziologische Neuorientierung*: HL 13/I (1915/16) 390–391.

132 M. SCHELER, *Warum keine neue Religion?*, in: DERS., Vom Ewigen im Menschen (Gesammelte Werke 5), Bern 1954⁴, 328–354, hier 341.

133 Vgl. R. GUARDINI, *Vom Sinn der Kirche. Fünf Vorträge*, Mainz 1923, 1: »Ein religiöser Vorgang von unabsehbarer Tragweite hat eingesetzt: Die Kirche erwacht in den Seelen.«

134 M. SCHELER, *Warum keine neue Religion?*, 341.

135 J. TYCIAK, *Christus und die Kirche*, Regensburg 1936, 129.

»Wesensgestalt«[137], als das »Wesentliche«[138], als »Wesenstypus«[139], als das »Ganze«, »die ganze Wirklichkeit«[140], oder eben ganz einfach als das »Wesen der Kirche«, der beliebtesten und immer wiederholten Ausdrucksweise[141]. Dieser Zug zum Ontischen, den wir in der gesamten Geistesgeschichte der damaligen Zeit bemerkt haben und der in der Theologie allgemein eine »Wende zur Dogmatik« bewirkt hatte[142], führte in der Ekklesiologie nicht zu einem Bruch, sondern mehr zu einem Versuch der Wiederentdeckung des »Wesens der Kirche« im überlieferten Kirchenbild. Wieder tritt die »katalysatorische Funktion« dieser zeitgeschichtlichen Strömung zutage, die zum »auslösenden Moment«[143] einer ekklesiologischen Rück- und Neubesinnung wird. Gerade weil man der Überzeugung war, daß sich das unveränderliche Wesen der Kirche im Wandel der Geschichte erhalten habe[144], besann man sich wieder auf Kirchenbilder der kirchlichen Tradition, von denen man glaubte, daß sie dieses Wesen am vollsten zum Aus-

---

136 *Christus und der Christ. Aufsätze aus der Zeitschrift ›Das innere Leben‹*, hrsg. v. G. Brunner, Berlin 1941, 54.

137 K. ADAM, *Kirchenmüdigkeit? Vom Ärgernis zum sieghaften Glauben*, Paderborn 1939, 22.

138 F. JÜRGENSMEIER, *Der mystische Leib Christi als Grundprinzip der Aszetik. Aufbau des religiösen Lebens und Strebens aus dem Corpus Christi mysticum*, Paderborn 1933², 11.

139 J. MAUSBACH, *Die Kirche und die moderne Kultur* (Religion — Christentum — Kirche. Eine Apologetik für wissenschaftlich Gebildete), Kempten o.J., 3.

140 P. LIPPERT, *Die Kirche Christi*, Freiburg i.B. 1931, 8–10.

141 Vgl. z.B. A. RADEMACHER, *Um Erscheinung und Wesen der Kirche*, in: Arnold Rademacher. Seine Reden und Aufsätze, hrsg. v. H. Fels, Bonn 1940, 149–165, bes. 161; A. WIKENHAUSER, *Die Kirche als der mystische Leib Christi nach dem Apostel Paulus*, Münster i.W. 1937, 1; K. ADAM, *Kirchenmüdigkeit?*, 9; P. SIMON, *Das Menschliche in der Kirche Christi*, Freiburg i.B. 1936, 50; G. FEUERER, *Unsere Kirche im Kommen*, 207; J. BRINKTRINE, *Von der Struktur und dem Wesen der Kirche*: ThGl 26 (1934) 21–29, bes. 21; R. GUARDINI, *Vom Sinn der Kirche*, 39; L. KÖSTERS, *Die Kirche unseres Glaubens. Eine theologische Grundlegung katholischer Weltanschauung*, Freiburg i.B. 1935, 147; A. MAYER-PFANNHOLZ, *Der Wandel des Kirchenbildes*, 22; DERS., *Das Laientum im werdenden Kirchenbild*: ThGl 33 (1941) 88–97, bes. 88.

142 O. COHAUSZ, *Wendungen im katholisch-theologischen Geistesleben*, 193.

143 Vgl. K. ADAM, *Die Theologie der Krisis*, in: Ders., Gesammelte Aufsätze, 219–337, hier 319 zu ähnlichen Entwicklungen in der protestantischen Theologie: »Gewiß steht dieser Drang zum ›Objektiven‹ mit jenen Strömungen der modernen Geistigkeit, die man bis zum Überdruß als ›Durchbruch zum Objekt‹ zu charakterisieren pflegt, in innerem Zusammenhang. Gewiß ist auch, daß ihn die nach unserem politischen, kulturellen und wirtschaftlichen Zusammenbruch aufkeimenden apokalyptischen Stimmungen der Gegenwart begünstigten. Allein das waren doch nur auslösende Momente.«

144 Vgl. A. MAYER-PFANNHOLZ, *Der Wandel des Kirchenbildes*, 22: »Das *Wesen* der Kirche ist vom Anfang bis zum heutigen Tag das gleiche; die heilige Substanz und die hl. Kräfte, die bei ihrer Stiftung in sie hineingelegt worden sind, lebten und wirkten von ihrer Geburtsstunde bis heute in der Kirche unverändert und in ihrem realen Umfang unvermindert weiter.«

druck zu bringen vermöchten. Diese »dogmatische Wesensschau der Kirche«[145] war auf objektive Wahrheit gerichtet. Hier wollte man alle Mystik, alles Geheimnis und alles Subjektive Wurzel fassen lassen, um so wieder zurückzufinden zum Ideal des objektiven Denkens kirchlicher Frühzeit, in dessen Mittelpunkt die Kirche stand[146]. Die Objektivität der Kirche sollte aber keine nur sachliche, starre oder tote Objektivität sein, sondern eine Objektivität voller Leben, die auf ein Ziel hin ausgerichtet ist[147]. Eine der Versuchungen dieser neuen Objektivität war allerdings, über dem Unveränderlichen und Wesenhaften das Zeitliche und Kontingente der Kirche zu isolieren oder zu übersehen[148]. Die Kirche war dann nur noch »verklärter, verherrlichter Wesenheit«[149]. So drohte das Objektive, mit dem »Göttlichen« in der Kirche schlechthin identifiziert, die Betrachtung des Geheimnisses der Kirche oftmals in die Nähe jenes Mystizismus zu bringen, den man durch die Betonung der Objektivität gerade vermeiden wollte. Auch die Verankerung der Religiösität im Objektiven begann so wieder eine subjektive Färbung anzunehmen[150]. Kirche ist nicht mehr bloß Realität, sondern wird »mystische Realität«[151], zu der ein besonderer subjektiver Zugang nötig ist. Nicht das tatsächliche, sondern ein innerlich-ideales Wesen der Kirche kann so hier und da in den Vordergrund treten.

4. Christus als Grund kirchlicher Objektivität

Diese Möglichkeit liegt selbstverständlich nicht in der Absicht der »Wesensekklesiologie«. Ihre eigentliche Intention enthüllt sich erst durch die Frage nach dem letzten Grund kirchlicher Objektivität. Die Antwort auf diese Frage scheint trotz großer Unterschiede in ihrer Erklärung einstim-

---

145 So die Überschrift des Schlußkapitels von L. KÖSTERS, *Die Kirche unseres Glaubens,* 141–160.

146 Vgl. etwa O. CASEL, *Die Kirche als Braut Christi nach Schrift, Väterlehre und Liturgie*: Theologie der Zeit 2/3 (1936) 91–111, von uns zitiert nach DERS., *Mysterium der Ekklesia. Von der Gemeinschaft aller Erlösten in Christus Jesus. Aus Schriften und Vorträgen,* hrsg. v. Th. Schneider, Mainz 1961, bes. 60.

147 Vgl. G. FEUERER, *Unsere Kirche im Kommen,* 211–212: »Diese Objektivität der Kirche ist mehr als eine sachliche, starre Objektivität eines sonstigen öffentlichen Instituts, in ihr hält sich die Christustatsache verborgen. Die Kirche ist nicht nur eine objektive Welt, sondern sie schafft zugleich von einem geheimen Grunde her auf eine Erfüllung hin, die mehr ist als Gesetz. Darin wird ihre neue Objektivität spürbar.«

148 Vgl. dazu W. EVERHARD, *Bauschäden im Hause Gottes. Die irdischen Gebrechen der Kirche,* Wiesbaden 1937², bes. 7–8.

149 J. TYCIAK, *Christus und die Kirche,* 129.

150 Vgl. E. PRZYWARA, *Die Reichweite der Analogie als katholischer Grundform*: Schol 15 (1940) 339–362, 508–532, bes. 511.

151 O. BAUHOFER, *Das Geheimnis der Zeiten. Christliche Sinndeutung der Geschichte,* München 1935, 73.

mig: Es ist die Beziehung der Kirche zu Christus! »Gerade die deutsche Theologie der Kirche hat mit ihrem besonderen Sinn für innere Zusammenhänge die Lehre von der Kirche mit der Menschwerdung in Verbindung gebracht und damit eine rein äußere, juridische, vor allem antireformatorisch bestimmte Betrachtungsweise der Kirche überwunden.«[152]

Wenn man sich auch nicht über eine Definition der Kirche einigen konnte, ja überhaupt daran zweifelte, ob es möglich seie, eine solche Definition zu finden[153], war man doch einig darin, daß die Beziehung der Kirche zu Christus in einem wie auch immer gearteten Kirchenbild eine entscheidende Rolle zu spielen habe. Jesus Christus erfüllt in seinem gott-menschlichen Wesen die Voraussetzungen, die der letzte Grund des objektiven Wesens der Kirche besitzen muß: Durch seine Gottheit hat er Anteil am göttlichen Wesen, das höchste Objektivität beinhaltet[154], und durch seine Menschheit kann er diese Objektivität weitergeben und sie zum Wesen der Kirche machen[155]. Ohne diesen »Christusgrund«[156] könnte es in der Kirche keine Objektivität geben, sondern nur menschliche Subjektivität. Diese Subjektivität ist auch so nicht ausgeschlossen, sondern mithineingenommen in die Kirche in Gebundenheit an die Objektivität Christi[157]. »Christus ist der Seinsgrund der Kirche. Aus diesem inneren Seinsgrund wächst ihre Teilnahme an der Wahrheit Christi, an seinem Gnadentum, an seiner Autorität.«[158] Die Wirklichkeit, das Eigentliche der Kirche ist also Christus[159]. Für die meisten Theologen in dem von uns zu behandelnden Zeitabschnitt »vollendet sich die Sinndeutung einer heiligen Kirche« »in dem Verhältnisse der Kirche zu Christus«[160]. Seine Menschwerdung wird zum Schlüssel für das Verständnis der Kirche[161], denn darin wurde sie als »organische

---

152 F.P. SLADEK, *Göttliches und Menschliches in der Kirche*: ThQ 122 (1941) 175–190, hier 180; auch TH. KREIDER, *Unsere Vereinigung mit Christus dogmatisch gesehen*, Fribourg 1941.

153 Vgl. J. BRINKTRINE, *Was ist die Kirche*: ThGl 28 (1936) 190–196, bes. 190; L. KÖSTERS, *Die Kirche unseres Glaubens*, 233 Anm. 118; C. FECKES, *Das Mysterium der heiligen Kirche. Dogmatische Untersuchungen zum Wesen der Kirche*, Paderborn 1934, 145–149; auch U. VALESKE, *Votum*, 26–29.

154 Vgl. E. PRZYWARA, *Was ist Gott? Summula*, Nürnberg 1953 [Vorträge aus den letzten Kriegjahren nach 1941], 23, 37–43.

155 Ebd., 59–60.

156 G. FEUERER, *Unsere Kirche im Kommen*, 212.

157 Ebd., 211–213.

158 Ebd., 210.

159 Vgl. O. BAUHOFER, *Das Geheimnis der Zeiten*, 73–74.

160 C. FECKES, *Das Mysterium der heiligen Kirche*, 141.

161 Vgl. R. GROSCHE, *Der katholische Begriff der Kirche*, in: DERS., Pilgernde Kirche. Mit einer Einführung von Heinrich Fries, Freiburg–Basel–Wien 1969² [1938¹], 28–30.

Gemeinschaft« grundgelegt[162]. Christus ist das Fundament ihres Handelns und Tuns[163]. Von ihm aus versucht man sie deswegen zu bestimmen und beginnt, Christologie und Ekklesiologie enger zusammenzurücken sowie beide in der wissenschaftlichen Behandlung miteinander zu verbinden, was unter anderem zu neuen Vorschlägen für die Stellung des ekklesiologischen Traktates selbst führte[164]. Diese Entwicklung löste die Kritik M. DOMINIKUS KOSTERS aus[165], der aber bei aller Distanz zu solcher Vermischung von Christologie und Ekklesiologie den zentralen Platz Christi im Geheimnis des Wesens der Kirche weiterbestehen läßt[166]. Auch ihm war es um die Objektivität im Wesen der Kirche durch die Verbindung mit Christus zu tun, vielleicht in bestimmter Hinsicht noch mehr als manchem anderen. An seinem Beispiel wird aber bereits das damals ungeklärt gebliebene Problem nach der genauen Bestimmung des Verhältnisses von Christus und Kirche sichtbar, das wir mit unserer Arbeit ein wenig aufhellen möchten.

Wie wirkt Christus als Fundament objektiv im Wesen der Kirche? Die Antwort oszillierte damals zwischen Christus als »causa efficiens«, was als ausschließlich stiftende Beziehung zur perfekt ausgestatteten Gesellschaft mit ihren vom Stifter herrührenden Vollmachten verstanden wurde[167], und Christus als »identischem Sein«, also in völliger Einheit mit der Kirche als deren ontologisches Selbst[168]. Vielfach unternahm man jedoch — etwa in

---

162 K. ADAM, *Das Wesen des Katholizismus,* Düsseldorf 1934⁷, 49: »Im Geheimnis der Menschwerdung wurde bereits die Kirche als organische Gemeinschaft grundgelegt.«

163 Vgl. B. BARTMANN, *Jesus Christus unser Heiland und König* (Katholische Lebenswerte. Monographien über die Bedeutung des Katholizismus für Welt und Leben 10), Paderborn 1926[1+2], 629–630.

164 Vgl. J. RANFT, *Die Stellung der Lehre von der Kirche im dogmatischen System,* Aschaffenburg 1927; U. VALESKE, *Votum,* 24–25; A. ANTON, *El tratado ›De Ecclesia‹,* 670–674.

165 Vgl. M.D. KOSTER, *Ekklesiologie im Werden,* Paderborn 1940; von uns zitiert nach: DERS., *Volk Gottes im Werden. Gesammelte Studien,* hrsg. v. H.-D. Langer und O.H. Pesch (Walberberger Studien. Theologische Reihe 7), Mainz 1971, Anhang: Ekklesiologie im Werden, 195–272; zur vielfältigen Reaktion auf dieses Werk vgl. z.B. K. ADAM, *Ekklesiologie im Werden? Kritische Bemerkungen zu M.D. Kosters Kritik an den ekklesiologischen Versuchen der Gegenwart*: ThQ 122 (1941) 145–166; U. VALESKE, *Votum,* 198–207.

166 Vgl. M.D. KOSTER, *Ekklesiologie im Werden,* 268: »Die Kirche steht mit Christus nur in dieser völlig andersgearteten ›Lebensgemeinschaft‹, aber nicht wie ein bloßes, wenn auch belebtes Werkzeug, sondern wie eine aus Personen übernatürlich bewirkte und bestehende Körperschaft.«

167 Vgl. M. KEHL, *Kirche als Institution. Zur theologischen Begründung des institutionellen Charakters der Kirche in der deutschsprachigen Ekklesiologie* (Frankfurter Theologische Studien 22), Frankfurt 1976, 68–76.

168 Besonders deutlich bei dem später indizierten O. PELZ, *Der Christ als Christus. Der Weg meines Forschens,* Berlin o.J. [als Manuskript; 1939], etwa 115: »Christus und die Kirche sind viel realer ein Fleisch als Eheleute, da der ganze Christus in der Kirche und die ganze Kirche in Christus ist.«

den Kreisen der liturgischen Bewegung — den Versuch, die Christusverbundenheit mehr nach der zweiten Richtung zu verstehen, wie man meinte »wesenhaft, ontisch, seinsmäßig, physisch«[169], denn »Christus ist eine ganz *gegenwärtige* Größe, eine unmittelbar uns gegenwärtige, in uns wohnende, uns beseelende Gotteskraft«[170]. »Es ist also eine ganz objektive Welt, in die wir durch Christus eintreten.«[171] Wie bereits in diesen Aussagen nicht mehr ganz klar wird, ob die Beziehung Christi zur Einzelperson oder zur Kirche vorrangig ist, mußte man bald zugeben, daß eine solche Verhältnisbestimmung, die man oft mit der sehr unterschiedlich verstandenen Lehre vom *»corpus Christi mysticum«* zu erfassen suchte, »dem theologischen Denken einige Schwierigkeit« bot[172]. Die Aussagen zu dem genauen Verhältnis blieben daher trotz allem vage: »Bei der Einheit zwischen Christus und seinen Gliedern handelt es sich natürlich nicht um eine hypostatische Einigung, aber auch nicht um eine bloß symbolische, moralische oder fiktive. Es besteht vielmehr zwischen Christus und denen, die zu ihm gehören, ein reales übernatürliches Zueinander, ein gnadenhaftes, rational nicht voll erfaßbares Verhältnis ...«[173]. War schon die Scheidung zwischen »denen, die zu ihm gehören« und der sichtbaren Kirche verschwommen[174], so wurde die Suche nach dem objektiven Wesen der Kirche aus Christus noch mehr durch eine häufig unpräzise Sprache erschwert[175]. Dadurch konnte mehr als einmal das Ziel der Erfassung des Objektiven nicht erreicht werden, was man gerne mit einer sehr großzügigen und unklaren Verwendung des Wortes »mystisch« zu überspielen suchte, ohne damit aber der objektiven Beziehung Christi zur Kirche wirklich gerecht zu werden[176].

> »Einerseits bezeichnend für die verwirrte theologische Situation..., und anderseits dieser Verwirrung beträchtlich Vorschub leistend, war die auseinandergehende Bedeutung, die man der Bezeichnung ›mystischer Leib Christi‹ gerade durch das beigefügte Eigenschaftswort ›mystisch‹ gab. Viele Verfasser verwenden diesen Ausdruck ständig ohne ir-

---

[169] I. HERWEGEN, *Die Formung des Geistes durch den Geist Christi,* in: DERS., Von christlichem Sein und Leben. Gesammelte Vorträge, Berlin 1931, 14.

[170] Ebd., 15.

[171] Ebd., 16.

[172] H. BERRESHEIM, *Christus als Haupt der Kirche nach dem heiligen Bonaventura. Ein Beitrag zur Theologie der Kirche* (Grenzfragen zwischen Theologie und Philosophie), Bonn 1939 [zit. nach photom. Abdr. Münster 1983], 2.

[173] Ebd., 3.

[174] Vgl. M.D. KOSTER, *Ekklesiologie im Werden,* 225–226.

[175] Vgl. L. DEIMEL, *Leib Christi. Sinn und Grenzen einer Deutung des innerkirchlichen Lebens,* Freiburg i.B. 1940, VII; A.H. MALTHA, *Die neue Theologie,* 26–29.

[176] Vgl. O. HOLZER, *›Christus in uns‹. Ein kritisches Wort zur neueren Corpus-Christi-Mysticum-Literatur*: WW 8 (1941) 24–35, 64–70, 93–105, 130–136, hier 103–105.

gendwelche nähere Erklärung; oder doch nur mit einer unbestimmten und negativen, daß der ›mystische‹ Leib im Gegensatz zum ›physischen‹ Leibe Christi stehe oder dgl.«[177]

Durch einen solchen Sprachgebrauch kam auch hier wieder eine Tendenz zur Subjektivierung des »Wesens der Kirche« zum Vorschein, die in einem gegen Ende unserer Periode philosophisch bereits erfolgten Umschlag vom ontischen zum existentialistischen Denken eine gewisse Parallele findet. Die Beschäftigung mit dem »Sein« der Kirche aus Christus beginnt zurückzutreten hinter einem Interesse für das »Da-Sein« ihrer Glieder in Christus[178]. Es scheint, als finde der ekklesiologische Umbruch in einer »Wende zum Menschen«[179] seine Erfüllung.

5. *Objektivität und Subjektivität*

Sollte das zutreffen, wäre eines der Ziele der ekklesiologischen Bewegung, nämlich für das religiöse Empfinden des Menschen eine objektive Basis zu finden, nicht ganz erreicht worden. Denn nur eine Auffassung der Kirche als *»sichtbare Erscheinung Christi auf Erden«*[180] schien doch die überragende Bedeutung der Kirche als Fundament des religiösen Lebens rechtfertigen zu können. »Einzig durch Christus, so lautet das Grundgesetz der christlichen Heilsordnung, können wir zu Gott gelangen. Christus aber lebt fort in der Kirche, die sein mystischer Leib ist.«[181] Wenn aber die Kirche als der mystische Leib, die Kirche als die Erscheinung Christi nicht mehr umschrieben ist, sondern verschwimmt, dann scheint dem Religiösen die objektive Basis genommen. In dieser möglichen Interpretation der Beziehung Christi zur Kirche ist in letzter Konsequenz nicht »Seele« Ausdruck von »Kirche«, sondern »Kirche« Ausdruck von »Seele«[182]. Hatte man

---

177 F. MALMBERG, *Ein Leib — Ein Geist*, 38, auch 38–41.

178 Man könnte bei dieser immer vorhandenen, aber stärker werdenen ekklesiologischen Strömung einen Zusammenhang mit dem Aufgehen der ontologischen Richtung der Phänomenologie in den Heideggerschen Existentialismus sehen. Vgl. R. SCHAEFFLER, *Die Wechselbeziehungen*, 236: »Heidegger hat … die ›Analytik des Daseins‹ … als die Grundlegung aller Ontologie, als ›Fundamentalontologie‹ ausgewiesen.« Auch E. PRZYWARA, *Drei Richtungen der Phänomenologie*, 252–264. Von einer eigentlichen Heidegger-Rezeption in der katholischen Theologie kann man aber erst nach unserer Periode sprechen: R. SCHAEFFLER, *Frömmigkeit des Denkens? Martin Heidegger und die katholische Theologie*, Darmstadt 1979; P.P. MÜLLER-SCHMID, *Phänomenologie*, 131–135.

179 Vgl. Anm. 82.

180 B. POSCHMANN, *Grundlagen u. Geisteshaltung der katholischen Frömmigkeit* (Der katholische Gedanke XV), Köln–München–Wien 1925, 58.

181 Ebd., 58, auch 57–74.

182 Vgl. J. WITTIG, *Die Kirche als Sebstverwirklichung der christlichen Seele*, in: E. ROSENSTOCK–J. WITTIG, Das Alter der Kirche. Kapitel und Akten I, Berlin 1927, 45–78, bes. 60: »Die Seele ist das innere Maß der Kirche.«

in der Wesensschau des Religiösen die Notwendigkeit eines objektiven Fundamentes bis zu einer philosophischen Wesensontologie der Kirche nachweisen wollen, so wies in der Ekklesiologie die Lehre vom »*corpus Christi mysticum*« nicht unbedingt in die gleiche Richtung, sondern offenbarte eine nicht immer bemerkte Ambivalenz.

Die »Bewußtseinswandlungen«[183] der Nachkriegszeit führten damit bei solchen Autoren, die sich nicht über diese in ihnen liegende Richtung klar wurden, von einer vordergründigen »Wende zum objektiven Wesen der Kirche aus Christus« zu einer Art »Umschlag zur subjektiven Existenz in Christus« bzw. zu einer Reduktion der Ekklesiologie auf die Soteriologie. Beide Wirklichkeiten haben ihre Berechtigung und sind miteinander verbunden, doch ihre unbedachte Vermischung wurde keiner von beiden gerecht. Das dreifache Ziel des ontischen Zuges in der damaligen Ekklesiologie, objektive Kirche durch objektives Verhältnis der Kirche zu Christus als Begründung objektiver Religiösität, konnte nicht erreicht werden, da durch eine ungenügende Klärung der Beziehung dieser drei Elemente untereinander und zu ihrer jeweils subjektiven Seite der Weg zu einer nüchternen Erforschung der ekklesiologischen Grundlagen in Schrift und Tradition immer mehr verstellt wurde. Vielleicht hatte KOSTER nicht ganz unrecht, wenn er diesen Zustand der Ekklesiologie im Jahre 1940 »vortheologisch« nannte[184]. Zu dieser Lage trug ebenfalls die Rezeption der sogenannten »Lebensphilosophie« bei, mit der wir uns im folgenden beschäftigen wollen.

---

[183] J. FRISQUE, *Ekklesiologie*, 194: »Bei der Verfolgung dieser genetischen Perspektiven konnte ich zu meinem Erstaunen feststellen, wie sehr die Bewegung der ekklesiologischen Ideen des 20. Jahrhunderts durch die beiden Weltkriege und die von ihnen ausgelösten Bewußtseinswandlungen geprägt worden ist. Die Zeit zwischen den Kriegen ist die Periode, in der die Bewegung in gang kommt …«

[184] M.D. KOSTER, *Ekklesiologie im Werden*, 201: »*Die Ekklesiologie unserer Tage befindet sich noch im vortheologischen Zustand.*«

B. Die Wende zum Leben

a) In Philosophie und Religionsphilosophie

1. Der Einfluß Friedrich Nietzsches

Eine der Hauptrichtungen der Philosophie der Weimarer Zeit war jene, die man gerne als »Lebensphilosophie« anspricht[185]. Ebenso wie die Philosophie des Objekts hatte sie ihre Wurzeln bereits im philosophischen Neubeginn des letzten Drittels des 19. Jahrhunderts, wobei es hier fast unmöglich ist, etwa eine genaue »Genealogie« aufzustellen. Trotzdem kann wohl mit einiger Vorsicht FRIEDRICH NIETZSCHE als einer der Philosophen bezeichnet werden, die mit an ihrem Ursprung standen. Die Wirkung Nietzsches war »außerordentlich« gewesen[186] und dauerte sowohl während der Weimarer Republik[187] als auch im Dritten Reich[188] noch an[189]. »Es hat vermutlich so gut wie keinen gebildeten Deutschen nach 1900 gegeben, der nicht irgendwie von Nietzsche ›beeinflußt‹ war.«[190] Nun stellt aber Nietzsches »dionysische« Bejahung des Lebens zusammen mit seiner Kulturphilosophie einen Höhepunkt seines Denkens dar[191]. Trotzdem ist für ihn das Leben nie der höchste Wert gewesen, wie er denn auch in seinem »Also sprach Zarathustra« sagt: »...nicht Wille zum Leben, sondern Wille zur Macht! Vieles ist dem Leben höher geschätzt als das Leben selber.«[192] Des-

---

[185] Vgl. H.M. BAUMGARTNER, *Lebensphilosophie*, in: Bilanz der Theologie I, 290–296; H. FAHRENBACH, *Die Weimarer Zeit im Spiegel ihrer Philosophie. Philosophie, Zeitanalyse und Politik insbesondere bei Spengler, Heidegger, Bloch*, in: Religions- und Geistesgeschichte, 230–258, bes. 233.

[186] F. ÜBERWEG, *Grundriss*, 549: »Die Wirkung Nietzsches ist eine außerordentliche gewesen und dauert noch an. Es liegt im Wesen seiner Philosophie, daß es sich dabei nicht um die Bildung einer eigentlichen Schule, als vielmehr um die allgemeine Beeinflussung der Lebensgesinnung und der modernen Ethik überhaupt handelt.«

[187] Vgl. E. PRZYWARA, *Um das Erbe Friedrich Nietzsches*, in: Ders. Ringen der Gegenwart. Gesammelte Aufsätze 1922–1927 I, Augsburg 1929, 169–179; H. FAHRENBACH, *Die Weimarer Zeit*, 230–232.

[188] Vgl. H. HÄRTLE, *Nietzsche und der Nationalsozialismus*, München 1937; A. LUDOVICI, *Hitler and Nietzsche*: The English Review 64 (1937) 44–52, 192–202; A. ROSENBERG, *Friedrich Nietzsche. Ansprache bei einer Gedenkstunde anläßlich des 100. Geburtstages Friedrich Nietzsches am 15. Oktober 1944 in Weimar*, München 1944; G. LUKACZ, *Die Lebensphilosophie im imperialistischen Deutschland*, in: Die Zerstörung der Vernunft. Der Weg des Irrationalismus von Schelling zu Hegel, Berlin 1955, 318–431.

[189] Vgl. J. HESSEN, *Die Geistesströmungen der Gegenwart*, 85–102.

[190] W. KAUFMANN, *Nietzsche*, 486.

[191] Ebd., 484.

[192] F. NIETZSCHE, *Also sprach Zarathustra II* (Nietzsche Werke. Kritische Gesamtausgabe, hrsg. v. G. Colli und M. Montinari, VI/1) Berlin 1968, 145.

wegen darf man Nietzsche nicht einfach — wie oft im Nationalsozialismus geschehen — zum »Ahnherrn«[193] der Lebensphilosophie stempeln, sondern muß sich darüber klar sein, daß seine Bedeutung für diese Richtung im philosophischen Deutschland ungleich differenzierter und oft nur indirekt auf dem Wege teils eigenwilliger Interpretationen zu erfassen ist.

2. Spengler und Langbehn

Eine dieser Interpretationen stammt von dem bereits erwähnten OSWALD SPENGLER, dessen Breitenwirkung enorm war. Für ihn ist die menschliche Geschichte »der Inbegriff von ungeheuren Lebensläufen«[194], deren »organische Logik« er entwickeln will[195]. »*Das* Leben« stellt für Spengler ein Ganzes dar[196], das eben dieser organischen Logik, der »instinkthafte[n], traumsichere[n] Logik allen Daseins« folgt[197]. Er lehrt, daß dieses Leben, das er Gestalt nennt, »in welcher die Verwirklichung des Möglichen sich vollzieht, als gerichtet, als unwiderruflich in jedem Zuge, als *schicksalhaft* hingenommen werden muß«[198]. Damit stimmt er in etwa überein mit einer »Bewußtseinshaltung, die der von Nietzsche gemeinten Kultur entspricht«, dem »›dionysische[n] Glaube[n]‹ des *amor fati*«, mit der W. KAUFMANN einen Grundzug Nietzscheschen Denkens charakterisiert[199]. So wird es schwer, Spengler zu widersprechen, wenn er im Vorwort zur Neubearbeitung seines Werkes formuliert: »Zum Schlusse drängt es mich, noch einmal die Namen zu nennen, denen ich so gut wie alles verdanke: Goethe und Nietzsche. Von Goethe habe ich die Methode, von Nietzsche die Fragestellungen ...«[200] Eine dieser Fragestellungen, die Spenglers Zeitgenossen mit am meisten beindruckt hat, ist eben die nach der Bedeutung des Lebens in seiner ›ganzheitlichen, organischen‹ Fülle.

Eine andere Gestalt aus dem Umfeld Nietzsches[201], der Rembrandtdeutsche JULIUS LANGBEHN, hat diese Fragestellung ebenso aufgegriffen

---

193 Vgl. W. DEL NEGRO, *Die Philosophie*, 41.

194 O. SPENGLER, *Der Untergang*, 3.

195 Ebd., 35.

196 Ebd., 581: »... nicht ein Leben, sondern *das* Leben entsteht und vergeht ...«.

197 Ebd., 153.

198 Ebd., 153.

199 W. KAUFMANN, *Nietzsche*, 484; dazu bildet allerdings der »Wille zur Macht« eine wesentliche Ergänzung: ebd., 488–489, bes. auch 245: »Wille zur Macht ist der zentrale Begriff von Nietzsches späterem Denken.«

200 O. SPENGLER, *Der Untergang*, IX.

201 Vgl. E. F. PODACH, *Gestalten um Nietzsche, mit unveröffentlichten Dokumenten zur Geschichte seines Lebens und seines Werks*, Weimar 1932.

und mit der erwähnten Neuauflage seines Werkes durch Momme Nissen in die Zeit zwischen den Weltkriegen getragen. Langbehn beurteilt »das Lebendige, welches inmitten liegt«, als das, »auf welches es allein ankommt«[202]. In einer Art Verballhornung Nietzschescher Gedanken versteht er »eine gesunde und vollsaftige Lebenslust« als Vorbedingung »eines wahrhaft deutschen Lebens« [203]. Ein solches Verständnis des »dionysischen Lebensgefühls« mag zwar als Interpretation verfehlt sein, ist aber wohl nur auf dem Hintergrund der Ideenwelt Friedrich Nietzsches denkbar und trägt dazu bei, diese Ideenwelt auch im katholischen Raum zu vulgarisieren.

3. Katholische Nietzscherezeption

Nietzsche, der in Sokrates den »Lebensphilosophen« bewunderte, weil bei diesem endlich das Denken dem Leben diene[204], sieht im Leben als ewiger Wiederkunft des Gleichen den Prüfstein des Übermenschen. Katholischerseits wurde schon früh versucht, gerade bei dieser Lehre vom Übermenschen anzusetzen und sie mit dem christlichen Leben zu verbinden[205], da doch das Christentum »zur edelsten Menschengröße« führe, indem es zu einem »Idealismus der Tat« erziehe[206]. An Nietzsche und wohl auch an den in Deutschland eher spät populär gewordenen HENRI BERGSON anknüpfend[207], sahen Verfechter solch »christlichen Übermenschentums« nur den als wahren Denker an, der erfüllt war »von glühendem Verlangen nach Erhöhung des Lebens, nach Einklang zwischen Leben und Denken.«[208] »Was nicht in die eigentliche Mitte des Lebens führt, nicht neues Leben weckt und nicht begeistert, verdient nicht, Liebe zur Weisheit genannt zu werden.«[209] Solche Übertreibungen, gegen die sich u. a. von einem lebensfreundlichen, aber moderaten Standpunkt THEODOR HAECKER wandte[210], zeigen mit welcher Schwärmerei man sich in bestimmten katho-

---

202 J. LANGBEHN, *Rembrandt*, 74.

203 Ebd., 38–39.

204 Vgl. W. KAUFMANN, *Nietzsche*, 460–467.

205 Vgl. z. B. F. SAWICKI, *Das Problem der Persönlichkeit und des Übermenschen* (Studien zur Philosophie und Religion 4), Paderborn 1909.

206 E. [anonymus], *Katholischer Idealismus der Tat*: HL 7/I (1909/1910) 226–229, bes. 226.

207 Vgl. F. SCHNABEL, *Die Absage an das 19. Jahrhundert*, in: Die letzten hundert Jahre. Gestalten, Ideen, Ereignisse, hrsg. v. K. Seeberger, München 1961, 191–205, bes. 196; F. KLIMKE, *Henri Bergson, der Philosoph des Lebens*: StZ 89 (1915) 223–236.

208 R. SAITSCHICK, *Lebenswahrheit und formales Denken*: HL 28/I (1930/31) 153–163, hier 153–154.

209 Ebd., 154.

210 Vgl. TH. HAECKER, *Wahrheit und Leben. Ein Vortrag*: HL 27/II (1930) 1–26, bes. 4: »Wer also gegen die Wahrheit ist und sie gering schätzt, der ist gegen den Geist, ihre Heimat, oder schätzt den Geist gering, und das tun die Lebensphilosophen oder Sophisten, denen zu ih-

lischen Kreisen für das »Leben« begeistern konnte. Einmal dahingestellt, ob ein solches Verständnis etwas mit dem wirklichen Nietzsche zu tun hat, sah man doch damals Nietzsche als den Auslöser einer solchen Lebenseuphorie an. So schrieb O. KUSS in einem Aufsatz »Der Christ in der religiösen Situation der Gegenwart«[211]:

> »Aber als der Mensch sich eines Tages bewußt wurde, daß er mit seiner Verstandeswelt am wirklichen Leben vorbeilebte, da warf er sich ungeschützt, ohne ein ordnendes Zentrum, ohne Maß ebenso hemmungslos auf das chaotische Leben … und machte Dionysos zur Gottheit, der er sich bedingungslos auslieferte in der bald enttäuschten Hoffnung auf eine unerhörte Lebensfülle.«

Im Bewußtsein der Zeit war also das Gewicht Nietzsches für die »Wende zum Leben« deutlich akzentuiert, gerade wohl auch, weil man meinte, in ihm den tragischen Menschen schlechthin sehen zu dürfen, der an seiner Forderung nach echtem, wahrem Leben zerbricht. Nietzsche als Symbol des Zusammenbruchs solchen Strebens mit Hinweis auf den einzigen Ausweg des Christentums[212] wurde im Zeichen »heroisch-tragischer Humanität« als Auslöser eines »echte[n] Sinn[es] für die ›Glorie‹ und das ›Huldigen‹« verstanden[213]. In dieser tragischen Funktion glaubte man seinen Wert für das Christentum zu entdecken: »Daß sein Genius den Weg ins Licht nicht fand, ist Schuld und Tragik zugleich; auch der Christ aber wird dem Manne danken, der einem schwachen Geschlecht unerbittlich den Spiegel vorhielt und, was Lüge war, auch Lüge nannte.«[214] Jetzt war es die Aufgabe des Christentums, den »Edelmenschen«[215], den »Übermenschen«[216] zu formen und das »Leben der Glorie«[217] zu bringen.

---

rem Erfolg und Einfluß eine Neigung dieser Zeit hilft, die Neigung zum Leben in Bildern mit dem geringsten Aufwand an Denken.«

211 O. KUSS, *Der Christ in der religiösen Situation der Gegenwart,* in: Die Kirche in der Zeitenwende, hrsg. v. E. Kleineidam u. O. Kuss, Salzburg–Leipzig 1936², 9–26, hier 10.

212 Vgl. F. LINDEMANN, *Friedrich Nietzsche,* 660: »*Daß Europa keine Zukunft mehr hat, es sei denn eine christliche* — das ist die große Lehre, die uns der ›Mörder Gottes‹ mit seinem Werk und Mythos hinterlassen; darin, wenn irgendwo, liegt die strenge Sinnhaftigkeit seiner Gestalt, darin besteht Nietzsches wahrhaft *abendländische Sendung.*« Auch A. RADEMACHER, *Religion und Leben. Ein Beitrag zur Lösung des christlichen Kulturproblems,* Freiburg 1929², 113.

213 E. PRZYWARA, *Heroisch,* 39–40.

214 O. KUSS, *Der Christ in der religiösen Situation der Gegenwart,* 15, auch 15–17.

215 A. RADEMACHER, *Religion und Leben,* 188–189.

216 Vgl. F. KASTNER, *Marianische Christusgestaltung der Welt,* Paderborn–Wien–Zürich 1937⁴, bes. 93–100; E. ARNOLD, *Urchristliches und Antichristliches im Werdegang F. Nietzsches,* Eilenburg 1910, 97–100.

217 J. TYCIAK, *Gottesgeheimnisse der Gnade,* Regensburg 1935, 42–43.

Auch der die katholische Welt Deutschlands damals so stark prägende MAX SCHELER ist in gewisser Weise von Nietzsche beinflußt, zumal in seinen Erörterungen zum »Übermenschen«[218]. Scheler, den ERNST TROELTSCH sogar den »katholischen Nietzsche« nannte[219], hatte sich jedoch während seiner katholischen Phase gegen »eine Erhebung des Lebens zum höchsten Wert und Gut« gestellt, so daß er als »Antipode jener Lebensphilosophen, angefangen von den aristokratischeren und mystischeren der Nietzsche und Bergson bis zu den mehr bürgerlichen und praktischeren des Pragmatismus« gelten konnte. Erst später habe er »den Geist verraten an Natur und Leben«[220]. Trotzdem hat Scheler durchaus eine Affinität zur Nietzsche-geprägten Lebensphilosophie[221] und es ist nicht unwahrscheinlich, daß auch über ihn dem »Lebensgefühl« Nietzsches entlehntes Gedankengut in die katholische Theologie übernommen wurde. Darüber hinaus gab es auch direkte Auseinandersetzungen katholischer Autoren mit verschiedenen Aspekten der Philosophie Friedrich Nietzsches, wie vor allem die Bemühungen F. SAWICKIS und THEODOR STEINBÜCHELS zeigen[222]. Ob der Zugang zu Nietzsche jeweils den Intentionen des Philosophen gerecht wurde oder nicht, wollen wir nicht beurteilen[223]. Jedenfalls war Nietzsches Bedeutung im Umfeld katholischer Prägung groß[224], nicht nur hinsichtlich der »Wende zum Leben«, sondern im Zusammenhang damit auch für den damaligen religiösen Aufbruch überhaupt[225].

---

[218] Vgl. R.A. KRIEG, *Kardinal Ratzinger, Max Scheler und eine Grundfrage der Christologie*: ThQ 160 (1980) 106–122, bes. 114–115; Y. LEDURE, *Lectures chrétiennes de Nietzsche: Maurras, Papini, Scheler, de Lubac, Marcel, Mounier*, Paris 1984.

[219] Vgl. P. WOLFF, *Einführung*, 12.

[220] TH. HAECKER, *Geist und Leben. Zum Problem Max Scheler*: HL 23/II (1926) 129–155, hier 134, zur Lebensphilosophie: 129–134.

[221] Vgl. M. SCHELER, *Versuche einer Philosophie des Lebens. Nietzsche — Dilthey — Bergson*, in: Ders., Vom Umsturz der Werte. Abhandlungen und Aufsätze (Gesammelte Werke 3), Bern 1955^4, 311–339.

[222] Vgl. F. SAWICKI, *Der Sinn des Lebens. Eine katholische Lebensphilosophie*, Paderborn 1916^2, bes. 30–39, 153–154, 163–164, 255–256 und passim; DERS., *Lebensanschauungen moderner Denker. Vorträge über Kant, Schopenauer, Nietzsche, Haeckel und Euken*, Paderborn 1920; TH. STEINBÜCHEL, *Die Philosophie Friedrich Nietzsches, ihre zeitgeschichtliche Situation, ihr Sinn und ihre Wirkung*: Zeitschrift für deutsche Geistesgeschichte 3 (1937) 61–67, 134–172, 251–285.

[223] Vgl. zur christlichen Problematik in Nietzsche z.B. K. JASPERS, *Nietzsche und das Christentum*, Hameln o.J. [1938]; J. LOTZ, *Zwischen Seligkeit und Verdammnis. Ein Beitrag zum Thema: Nietzsche und das Christentum*, Frankfurt a.M. 1953; E. BISER, *Gottsucher oder Antichrist? Nietzsches provokative Kritik des Christentums*, Salzburg 1982.

[224] Vgl. TH. STEINBÜCHEL, *Friedrich Nietzsche in der geistigen Lage der Gegenwart*: Bonner Zeitschrift für Theologie und Seelsorge 7 (1930) 281–296, 8 (1931) 11–33; DERS., *Friedrich Nietzsche. Eine christliche Besinnung*, Bonn 1947.

4. *Vitalismus und Universalismus*

Natürlich ist dieser Impuls Nietzsches nicht der einzige, der den Begriff »Leben« auch für Theologie und Ekklesiologie nach 1918 so aktuell werden ließ. Der seinerseits wieder von Nietzsche und vor allem Bergson beeinflußte Vitalismus eines HANS DRIESCH und seiner Schule war ein weiterer bemerkenswerter Faktor[226]. Für uns ist vor allem seine Aufmerksamkeit für das »Ganze«, das »Organische« wichtig, die von seiner Auffassung der Erklärbarkeit des Lebens und seiner Erscheinungen aus einem selbstständigen, ganzheitlichen Prinzip — der »Entelechie« — bestimmt wurde[227]. Nach 1918 wurde die Rezeption seiner Ideen noch von einer gleichgerichteten »neoromantischen« Strömung erleichtert[228]. Jetzt wurde — ähnlich der Romantik — das »Ganze« »in seiner Irrationalität« »in erster Linie in den *organischen* Gebilden der Gemeinschaft, den *unbewußt* gestaltenden Kräften des Mythus, der Kunst und der Religion aufgesucht.«[229]. Dieses Interesse am »Ganzen« vermischte sich mit einer der Biologie entlehnten Organismus-Begrifflichkeit, deren sich der Vitalismus mit Vorliebe bediente[230]. Der Mensch, der »kein fauler Träumer oder lebensverneinender Phantast« sein wollte, sondern ein »Kulturgestalter, der dem Leben dient und es bejaht«, wurde inmitten eines »organologischen Weltbildes« gesehen[231], das man sogar der Theologie als »willkommene Begründung christlicher Grundanschauungen« glaubte empfehlen zu können[232].

Der sogenannte »Universalismus« der Soziologie OTHMAR SPANNS, der damals auch politisch besonderen Einfluß hatte[233], ging in die gleiche Richtung[234]. So wie er das ganze Leben organisch verstand, konnte Spann

225 R. LINDEMANN, *Friedrich Nietzsche,* 650: »Was uns heute beschäftigt, ist weniger der zornesgewaltige Umwerter aller Werte als das religiöse Problem in Nietzsche, die Krise des religiösen Bewußtseins, die sich bei ihm vorbildlich vollzieht ...«; TH. STEINBÜCHEL, *Religiöse Grundfragen um Friedrich Nietzsche*: ThQ 123 (1942) 98–130.

226 Vgl. oben Anm. 54.

227 Vgl. W. ZIEGENFUSS – G. JUNG, *Philosophen-Lexikon. Handwörterbuch der Philosophie nach Personen,* I, Berlin 1950, 256–259, hier 257.

228 Vgl. E. ROTHACKER, *Logik und Systematik,* 85–91.

229 Ebd., 91.

230 Vgl. H. LILJE, *Weltbild und Zeitgeist,* in: Die letzten hundert Jahre. Gestalten, Ideen, Ereignisse, hrsg. v. K. Seeberger, München 1961, 37–50.

231 O. FEYERABEND, *Das organologische Weltbild,* Berlin 1939, 197.

232 A. BETZ, *Das organologische Weltbild*: HL 37 (1939/40) 42–44, hier 44.

233 Vgl. M. SCHNELLER, *Romantik und Faschismus. Der Beitrag Othmar Spanns zum Konservatisvismus der Weimarer Republik,* Berlin 1970.

234 Vgl. H. RÄBER, *Othmar Spanns Philosophie des Universalismus. Darstellung und Kritik,* Jena 1937, 11: »Abschließend muß noch erwähnt werden, daß Spann durch seine Schriften und vor allem als *Lehrer* eine große *Schülergemeinde* heranbildete. Es ist die *neuromantische*

auch behaupten: »Das Soziale ist stets ein Ganzes aus Teilen.«[235] Die Gesellschaft, aber auch jede Gemeinschaft und jede Person ist organisch zu verstehen. Im Universalismus, der zuerst »eine Lehre vom Menschen« ist[236], geht es damit immer um das organische »Ganze«, womit ein beherrschender Zug der Lebensphilosophie aufgegriffen wurde, der im damaligen Lebensgefühl auf Widerhall stieß. Dieses zeittypische Merkmal ist auch »Gesetz der Ganzheit« benannt worden[237]:

> »Ohne den Anspruch zu erheben, das Lebensgefühl der Gegenwart in eine einzige, allmächtige und allwissende Formel zu bannen, möchten wir doch versuchen, die Lebensfülle unserer Zeit, wenigstens in einer Reihe ihrer bedeutsamsten Äußerungen, der führenden Macht eines umfassenden Gesetzes anzuvertrauen. Es handelt sich um *das Gesetz der Ganzheit*. Die Ganzheitsforschung ist ja in vollem Gange.«

Nach diesem Gesetz des ganzheitlichen, organischen Lebens wurde die gesamte Wirklichkeit beurteilt. Diese Sicht sollte auch Auswirkungen auf die nationalsozialistische Ideologie haben, in deren Schriften die Schlagworte »Organismus« und »Leben« einen bevorzugten Platz einnahmen[238]. WALTER DEL NEGRO meinte seinerzeit apodiktisch in seiner nationalsozialistischen »Philosophiegeschichte der Gegenwart«: »Im Mittelpunkt des Nationalsozialismus steht aber das Leben selbst.«[239] Ein Konglomerat aus eigenwilligen Interpretationen Darwins, Nietzsches, Drieschs, Spanns und anderen führte zu einer »Mystik« des »All-Lebens«, die vor allem von E. KRIEK endgültig übersteigert wurde[240].

5. Romano Guardini

Dieses ideologische Gedankengut hatte jedoch für die Rezeption einiger lebensphilosophischer Inhalte in der katholischen Theologie keinen solchen Stellenwert wie die Übertragung des Begriffs »Leben« auf das Religiöse schlechthin. In einer Zeit, in der die Grundfrage Friedrich Nietzsches als

---

Wienerschule.« Auch P.C. MAYER-TASCH, *Korporativismus und Autoritarismus. Eine Studie zu Theorie und Praxis der berufsständischen Rechts- und Staatsidee*, Frankfurt a.M. 1971, bes. 27–35; A. RIEBER, *Vom Positivismus zum Universalismus. Untersuchungen zu Entwicklung und Kritik des Ganzheitsbegriffs von Othmar Spann*, Berlin 1971; H. DUNKMANN, *Der Kampf um Othmar Spann*, Leipzig 1928.

235 O. SPANN, *Untersuchungen über die uneheliche Bevölkerung in Frankfurt a.M.*, Dresden 1905, 1912², 3; auch A. BAUMGARTNER, *Sehnsucht*, 30–38.

236 H. RÄBER, *Othmar Spanns Philosophie*, 18.

237 S. VON DUNIN-BORKOWSKI, *Ein Gesetz der Lebensfülle*: StZ 121 (1931) 196–209, hier 196.

238 Vgl. J. HESSEN, *Die Geistesströmungen der Gegenwart*, 97–102.

239 W. DEL NEGRO, *Die Philosophie der Gegenwart*, 84–85.

240 Ebd., 63–120, bes. 78–85.

eine religiöse definiert wird[241] und im Zusammenhang damit seine Betonung des Lebens als Beweis für den »Primat des Mythos über den Logos« in seinem Denken gesehen werden kann[242], wundert es nicht, wenn versucht wird, »bedeutsame religiöse Bewegungen« aus dem »Gesetz der Lebensfülle«, dem »Ganzheitsgesetz« abzuleiten[243].

Im Hintergrund solcher Versuche mögen auch die lebensphilosophischen Grundlagen der Religionsphilosophie MAX SCHELERS eine wenigstens indirekte Rolle gespielt haben[244]. Klarer tritt Schelers Einfluß bei ähnlichen Bemühungen ROMANO GUARDINIS zutage, dem es dabei um die »Phänomenologie und Metaphysik des Lebendig-Konkreten und um seine Erfassung geht«[245]. Guardini, an der Dialektik SÖREN KIERKEGAARDS orientiert[246], sieht im Lebendig-Konkreten die Einheit von Gegensätzen, die in Polarität aufeinander hingeordnet sind[247]. Leben ist also das »Gleichgewicht beider Gegensatzseiten«[248]. Daher kann das Lebendige nur in einem gleichermaßen einheitlichen, rationalen wie außerrationalen, lebendigen Totalakt der Anschauung erfaßt werden[249]. Nun gilt jedoch, daß Gott »im Absoluten« das ist, »was im Endlichen das Leben wäre«, falls ein ständiges Gleichgewicht der Gegensätze denkbar wäre[250]. Folgerichtig ist wirkliche Begegnung mit Gott nur im lebendigen Akt möglich, nur mit der Mitte des lebendigen Geistes, dem Herzen[251]. Daraus erwächst für Guardini, der direkt als »Lebensphilosoph« bezeichnet worden ist[252], ein »verdichtetes Wahr-

---

241 Vgl. TH. STEINBÜCHEL, *Religiöse Grundfragen um Friedrich Nietzsche*, 99.

242 Ebd., 107: »›Leben‹ — das wird seit Nietzsche und schon seit des jungen Nietzsche Frage nach dem ›Nutzen und Nachteil der Historie für das Leben‹ das Leitwort für die Abkehr vom Wissensideal zum Tatideal, das in Einheit steht mit der immer in Bewegung befindlichen Wirklichkeit. Leben — das bedeutet Nietzsche gelebte und lebendige Existenz und Menschformung, und es bedeutet nicht zuletzt auch den Gegensatz gegen das rational Begreifbare, die Entscheidung für die irrationalen Lebensmächte...Schon Nietzsches erste und wohl schönste Schrift ›Die Geburt der Tragödie aus dem Geiste der Musik‹ greift den Mythos von Dionysos auf, vom sieghaft kämpfenden Leben, dem Geist und Geistigkeit erst entsteigen. Von allem Anfang an behauptet sich also bei Nietzsche der *Primat des Mythos über den Logos*.«

243 S. VON DUNIN-BORKOWSKI, *Ein Gesetz der Lebensfülle*, 206.

244 Vgl. H. FRIES, *Die katholische Religionsphilosophie*, 271.

245 Ebd., 272.

246 Vgl. R. GUARDINI, *Der Gegensatz*, 17 Anm. 4 u. 41.

247 Ebd., 179–180.

248 R. GUARDINI, *Der Gegensatz*, 125.

249 Ebd., 208–209.

250 Ebd., 148.

251 Vgl. R. GUARDINI, *Christliches Bewußtsein. Versuche über Pascal*, Leipzig 1935, 176–180.

252 H. KUHN, *Romano Guardini. Der Mensch und sein Werk*, München 1971, 57: »Guardini ist ein Lebensphilosoph.«

nehmen des Geistigen, fern von dem ›Stigma der Abstraktion‹, das Erkennen der Unzulänglichkeit des Rationalen, aber auch des bloß Fühlend-Intuitiven, und schließlich eine Wendung zum ›Ganzen‹...«[253]. Dieser philosophische Ansatz Guardinis ist damals weniger beachtet worden, konnte aber durch seine Werke trotzdem in die Theologie eindringen[254].

Guardinis »*Philosophie und Theologie des Herzens*«[255], die auch eine Philosophie und Theologie des Lebens war, ließ zusammen mit den bisher genannten Impulsen, das »Leben« zu einem bestimmenden theologischen Begriff werden. Religion wird nun als religiöses Leben gesehen[256]. Nur religiöses Leben kann die Tragik des »Lebensrausch[es] Nietzsches« überwinden, denn es allein findet zu Gott, der »das Leben« ist[257]. Nur der Christ aber »kann dieses Lebens innewerden«[258]. Man entdeckte auch in der Hl. Schrift das ›göttliche Leben‹ und den ›lebendigen Gott‹ wieder und versuchte so, die Lebensbegeisterung der damaligen Zeit religiös abzufangen und zu untermauern. Dabei ist die apologetische Absicht oft unverkennbar:

> »Wir Moderne glauben, daß wir das Leben entdeckt hätten, das Leben mit all seiner Süßigkeit und Schrecklichkeit, mit seiner Tiefe und seinen frohlockenden Höhen, das Leben mit all seiner bunten, vielgestaltigen Pracht und seinen unaussprechlichen Geheimnissen. Und Leben! Leben! Das ist uns der Sinn alles Wirklichen, der Inhalt unseres Wesens und der Kern unseres Wirkens. Das ist uns die Entschädigung für alles Leid, und die Liebe und der Mut zum Leben deucht uns ein Widerruf und eine Sühne für jegliche Schuld. Es ist aber nicht wahr, daß erst wir das Leben entdeckt haben. Die Heilige Schrift hat Gott

---

253 H.B. GERL, *»Durchblick aufs Ganze«. Romano Guardinis Werk in seiner Entfaltung,* in: Wege zur Wahrheit. Die bleibende Bedeutung von Romano Guardini, hrsg. v. J. Card. Ratzinger (Schriften der Katholischen Akademie in Bayern 117), Düsseldorf 1985, 32–69, hier 69.

254 Insgesamt vgl. vgl. H.B. GERL, *Leben in ausgehaltener Spannung. Romano Guardinis Lehre vom Gegensatz — Versuche zu einer Philosophie des Lebendig-Konkreten,* in: »Christliche Weltanschauung«. Wiederbegegnung mit Romano Guardini, hrsg. v. W. Seidel, Würzburg 1985, 59–79; H. FRIES, *Die katholische Religionsphilosophie,* 272–282.

255 H.B. GERL, *»Durchblick aufs Ganze«,* 69.

256 Vgl. TH. STEINBÜCHEL, *Der Umbruch des Denkens. Die Frage nach der christlichen Existenz erläutert an Ferdinand Ebners Menschdeutung,* Regensburg 1936, 179, 270–273.

257 Vgl. F.M. RINTELEN, *Vorwort,* in: Ich lebe und ihr lebet. Vom Strom des Lebens in der Kirche, hrsg. v. der Akademischen Bonifatius-Einigung, Paderborn 1936, o.S.: »Nietzsche hat in eine Zeit des nackten Rationalismus mit aller Leidenschaft das Wort ›Leben‹ hineingerufen. So erfüllt ward die Welt von diesem Lebensruf, daß sie ihn bis heute nicht vergessen hat. Seit Nietzsche ringen die Weltweisen um eine Lebensphilosophie. Aber weil man grundsätzlich von dem absah und absieht, der sich ›d a s Leben‹ nennen kann (Jo 11,25), endet diese Philosophie, die mit dem Lebensrausch Nietzsches begann, in unseren Tagen in der tragischen Einsicht, daß alles Leben Sein zum Tode ist (Heidegger).«

258 Ebd., o.S.: »Wir Christen wissen um ein Leben, das sich wirklich ›Leben‹ nennen kann ... Nur der Christ kann dieses Lebens innewerden.«

kein zärtlicheres Wort gegeben, als da sie ihn den Lebendigen und das ewige Leben nannte.«[259]

Die »Lebensphilosophie« ist im katholischen Bereich mit einiger Sympathie aufgenommen worden, vielleicht weniger kritisch als anderswo[260]. Ihre direkten und indirekten Wirkungen auf die theologische Verwendung des Begriffs »Leben« werden wir nun in der Ekklesiologie deutlich zu machen versuchen.

b) Die Wende zum Leben in der Ekklesiologie

1. »Biologie« der Kirche

Auch hier ist die damals in der Ekklesiologie benutzte Begrifflichkeit wieder sehr aufschlußreich. Man entdeckt, um mit dem Titel eines 1936 erschienen Sammelbandes zu sprechen, einen »Strom des Lebens in der Kirche«[261]. Damit schlug sich auch in der Ekklesiologie die »Mode« nieder, alle theologischen Fragen mit dem Begriff »Leben« zu verbinden. Angefangen von allgemeinen Themen wie »Religion und Leben«[262] über schon speziellere Fragen etwa nach der Bedeutung des Dogmas für das Leben, »Dogma und Leben«[263], oder der Auswirkung der Gnade auf das Leben, »Gnade und Leben«[264], bis hin zu der Verknüpfung von »Kirche und Le-

---

259 P. LIPPERT, *Gott* (Credo. Darstellungen aus dem Gebiet der christlichen Glaubenslehre 1), Freiburg i.B. 1922^{7+8}, 118–119.

260 Vgl z.B. die Rezension zum kritischen Werk P. RICKERTs, *Philosophie des Lebens,* Tübingen 1922^{2} von H. GETZENY, *Philosophie des Lebens*: HL 19/II (1922) 603–606; aber bei positivem Grundton auch derselbe kritisch zur Nietzscherezeption und zum »gegenwärtigen Panbiologismus«: H. GETZENY, *Biozentrische Metaphysik — die Weltanschauung unserer Zeit*: Die Schildgenossen 6 (1925/26) 436–449, bes. 448.

261 Vgl. oben Anm. 257; auch z.B. M. SCHMAUS, *Die Selbständigkeit der Christen*: ThGl 32 (1940) 75–83, hier 79: »Der Getaufte ist ja von dem Leben erfüllt, das die Kirche durchströmt ...«

262 A. RADEMACHER, *Religion und Leben,* bes. 102–118.

263 P. LIPPERT, *Dogma und Leben*: StaML 85 (1913) 233–241; auch K. ADAM, *Christus unser Bruder* (Seele Bücherei. Zur Auferbauung gesunden Christenlebens 6), Regensburg 1926, 100–102, bes. 100: »Ihr Dogma will nichts anderes sein als die Botschaft von all der köstlichen Wirklichkeit, von all dem flutenden Leben, das mit dem unerschaffenen Wort in die raumzeitliche Welt eingetreten ist.«

264 Vgl. F. DANDER, *Christus alles und in allen. (Col 3,11). Gedanken zum Aufbau einer Seelsorgsdogmatik,* Leipzig 1939, 90–103, bes. 91: »In einem lebendigen Organismus finden wir, von außen nach innen gehend: Lebensäußerungen, Bewegungen, Leistungen — Lebenskräfte, die dauernd bereitstehen — ein Lebensprinzip, von dem Kräfte und Leistungen ausstrahlen. Ähnlich ist es im Gnadenleben.« Auch I. HERWEGEN, *Die Formung des Geistes,* 16–22.

ben«[265], wurden alle religiösen Bereiche und die Glaubensartikel auf ihren »Lebenswert« hin untersucht. Ausgehend sogar von theologiegeschichtlichen Untersuchungen zum Begriff »Leben«[266] wurde an die Theologie als Idealforderung gestellt, eine »Theologie des Lebens« zu werden[267]. Was nicht »Lebenswahrheit« oder »Lebenswert« genannt werden konnte, schien nur mehr untergeordnete Bedeutung zu haben. In offensichtlichem Zusammenhang mit MAX SCHELERS »Wertphilosophie« sollte der Glaubensinhalt mit der existentiellen Größe des Lebens zu einem »Lebenswert« gestaltet werden[268]. Gleichzeitig werden häufig die »biologischen Lebensgesetze« ohne weiteres auf die Kirche übertragen[269], die der Zugang zum wahren, göttlichen Leben ist: »Darum ist aber auch das, was uns im Grunde zur Kirche führt und uns im Grunde an sie bindet für immer und ewig, nichts anderes als der leidenschaftliche Wille zum Leben in seiner letzten, wahren, das heißt ewigen Form.«[270] Die Gnade, die eben »Leben und Lebensfülle«

---

265 Vgl. H. PINSK, *Aus Gott geboren,* in: Ich lebe und ihr lebet, 1–28, bes. 9–10: »Man wird die Kirche nie ganz verstehen, wenn man nicht erfaßt, daß es in allem, was sie tut, redet und verordnet, um das Leben geht.«

266 Vgl. z.B. M. GRABMANN, *Die Idee des Lebens in der Theologie des hl. Thomas von Aquin,* Paderborn 1922; K. ADAM, *Die katholische Tübinger Schule,* in: K. ADAM, Gesammelte Aufsätze zur Dogmengeschichte und Theologie der Gegenwart, hrsg. v. F. Hofmann, Augsburg 1936, 389–412, bes. 395: »Ihre Theologie war eine *Theologie des Lebens,* nicht bloß insofern sie, wie jede katholische Theologie, Lebenswahrheiten tradierte, sondern insofern sie das quellende, innere Leben dieser Wahrheiten sowohl in ihrem Werden wie in ihrem organischen Aufeinanderwirken und in ihrer Verbundenheit mit den höchsten, letzten Offenbarungskräften bloßzulegen suchte.«

267 Vgl. M. GRABMANN, *Die Idee des Lebens,* 5–6: »Die Theologie wird um so höheren Lebenswert besitzen, wird um so fruchtbarer für das Leben sein, je mehr ihr Inhalt sich uns als Leben enthüllt und so in uns wieder Leben entfacht. Und in der Tat, die spekulative Theologie hat zum Inhalt das Leben.«

268 Vgl. E. KREBS, *Die Wertprobleme und ihre Behandlung in der katholischen Dogmatik* (Akademische Antrittsrede, gehalten am 8. Juni 1917 in der Universitätsaula zu Freiburg i.B. Sonderabdruck aus der Zeitschrift »Oberrheinisches Pastoralblatt« Heft 8/9, Freiburg 1917), Freiburg 1917, 50–51: »Es sind *theoretische* Erkenntnisse über die im Dogma liegenden *Wertbegründungen* und *Lebenskräfte,* um die es sich hier handelt. Und darum gehört die Erarbeitung dieser Erkenntnisse zum Arbeitsgebiet des *theoretischen* Forschers auf dem Glaubensgebiet, das ist des *Dogmatikers* ... Zugleich wird diese Forschung und Darlegung den stärksten Schutzwall bilden gegen die vom *Nominalismus* und *Modernismus* heraufgeführte sachliche Trennung der religiösen Werte vom Dogmenglauben und so erwächst aus der *methodologischen* Neueinstellung eine Festigung und Stärkung der altkirchlichen und urtheologischen Überzeugung, daß *Dogma und Leben innerlich* eine untrennbare Einheit bilden müssen, wenn das religiöse Leben seine Echtheit und Vollkommenheit wahren will.« Auch K. ESCHWEILER, *Die zwei Wege der neueren Theologie. Georg Hermes — Matth. Jos. Scheeben. Eine kritische Untersuchung des Problems der religiösen Erkenntnis,* Augsburg 1926, 218–260.

269 Vgl. M. LAROS, *Laie und Lehramt in der Kirche*: HL 37 (1939) 45–54, bes. 46.

270 J. PINSK, *Aus Gott geboren,* 12.

ist[271], wird uns in der Kirche zuteil, denn in den Sakramenten der Kirche strömt dieses Leben auf die Gläubigen über, die dadurch am Leben Christi teilhaben[272]. Die Mitteilung dieses Lebens ist der Sinn des Erlösertodes Christi und der Sakramente[273]. So wird »*Opferhandlung, Opfermahl* und *Gotteslob*« zum Mittel der Lebensübermittlung an die Einzelseele in der Kirche, die dadurch zum »lebendigen Baustein der Gottesstadt« wird[274]. Wenn bei solchen Überlegungen ein biblisches Fundament auch noch deutlich auszumachen ist und man sich für den Sprachgebrauch immer wieder auf die Hl. Schrift beruft[275], scheint doch diese Art der Exegese — neben anderen zeitbedingten Mängeln — häufig unter dem Eindruck der gewollten Betonung des »Lebens« zu stehen. Das wird besonders offensichtlich, wenn Bilder aus der Biologie herangezogen werden oder das »natürliche« zum »übernatürlichen« Leben mehr oder weniger in Parallele gesetzt wird wie etwa von HERMANN MUCKERMANN[276]:

> »Meine Darlegungen seien genetisch. Die Biologie oder die Lehre vom natürlichen Leben mögen mir ihre Vergleiche leihen. So hat es auch der Heiland gehalten, der immer wieder vom Leben und von den Gesetzen des Lebens spricht, um das Verständnis für die Geheimnisse der Übernatur zu erleichtern.«

Beliebt waren solche biologischen »Vergleiche« auch in Bezug auf Christus als das Haupt seines Leibes: »Wie von unserem Haupte das ganze Le-

---

271 P. LIPPERT, *Die Gnaden Gottes* (Credo. Darstellungen aus dem Gebiet der christlichen Glaubenslehre 5), Freiburg i.B. 1923^{3+4}, 7: »Wir begreifen die Gnade in diesem Sinne mit Vorliebe als Leben und Lebensfülle, als von Gott in uns gezeugtes Leben.«

272 *Christus und der Christ,* 30–31: »... das ist für uns *der unsichtbare Christus in der Kirche,* in den Sakramenten, den wir gläubig aufnehmen müssen, um in Ihm, mit Ihm und für Ihn zu leben.«

273 Vgl. P. LIPPERT, *Die Sakramente Christi* (Credo. Darstellungen aus dem Gebiet der christlichen Glaubenslehre 6), Freiburg i.B. 1923^{1-3}, 10: »Die Erlösungstat Christi hat nur das eine Ziel: sein eigenes Leben, das Leben des Sohnes Gottes zu spenden, einzupflanzen und die Seelen immer tiefer einzusenken in den Weinstock seines Lebens und Wesens, also die Gnade der Kindschaft Gottes mitzuteilen und überfließend mitzuteilen. Das ist demnach auch der Zweck und die Kraft aller sieben Sakramente.«

274 TERESIA BENEDICTA A CRUCE [Edith Stein], *Das Gebet der Kirche,* in: Ich lebe und ihr lebet, 69–84, hier 74–75.

275 Vgl. P. LIPPERT, *Der Erlöser* (Credo. Darstellungen aus dem Gebiet der christlichen Glaubenslehre 4), Freiburg i.B. 1919^{1+2}, 74–77; *Christus und der Christ,* 31; J. PINSK, *Aus Gott geboren,* 1–28; M. GRABMANN, *Die Idee des Lebens,* 23; O. CASEL, *Das christliche Kultmysterium,* Regensburg 1932, 107–108; K. ADAM, *Christus unser Bruder,* 7–15; I. HERWEGEN, *Vom christlichen Sein und Leben,* 2; B. BARTMANN, *Jesus Christus unser Heiland und König,* 612–614.

276 H. MUCKERMANN, *Von den sieben Sakramenten. Grundsätzliches zu den religiösen Fragen der Gegenwart im Anschluß an neue Kanzelvorträge in der St. Matthias-Kirche zu Berlin und in anderen Heiligtümern des deutschen Volkes. Mit einem Geleitwort von Konrad Graf v. Preysing,* Freiburg i.B. 1936, 4.

ben unseres Körpers geleitet und beherrscht wird, ... so ist es auch in der Kirche.«[277] Das »Organische« am Leib Christi wird stark betont, was teilweise zu den absonderlichsten Interpretationen führt, die alle Analogie sprengen und etwa den »Blutkreislauf der Kirche«[278] oder andere biologische Einzelheiten in manchmal gewagtester Spekulation zu ihrem Gegenstand erheben[279]. Daß damit der Boden auch einer großzügigen Exegese verlassen wurde, bemerkte bereits zeitgenössische Kritiker, die schon damals sehr eindringlich auf die Grenzen des paulinischen Leib-Bildes hinwiesen[280] und überhaupt solchen »Biologismus« ablehnten[281]. ALFRED WIKENHAUSER untersuchte die genaue Bedeutung des Organismusgedankens bei Paulus und zeigte, wie weit entfernt der Apostel trotz der Verwendung popularphilosophischer Vorstellungen seiner Zeit von biologistischem Denken war[282].

---

277 TH. SOIRON, *Die Kirche Jesu Christi. Zeitgemäße Predigten* (Neutestamentliche Predigten 23), Paderborn 1935, 40.

278 Vgl. E. REICHGAUER, *Einigung mit Gott. Schematisch-konstruktive Darstellung des Corpus Christi Mysticum I,* Konstanz 1934, 39 (zu den Sakramenten als Blutkreislauf der Kirche), auch 27: »*Das Blut baut den Leib auf.* So will auch Jesus Christus seinen neuen, geheimnisvollen Leib durch sein Blut aufbauen, durch sein Blut weiterbauen.«

279 Vgl. als besonders eindringliches Beispiel: A. ANDRÉ, *Die Organismusidee im Lichte biologischer Betrachtung*: HL 18/I (1920/21) 649–656, bes. 655: »Die Entelechie der erlösten Menschheit ist die Idee des Göttlichen, das Divinitätsideal, das durch die Offenbarung des menschgewordenen Logos und durch die geheimnisvolle übernatürliche Lebensgemeinschaft mit ihm in dem sichtbaren Organismus der Kirche in das Geistesleben eingegangen ist, um es in universalem Anschluß an die Nährgrundlage seiner Vollendung entgegenzuführen. Christus, der Logos spermatikos, ist die Keimkraft des mystischen Senfkörnleins, das zum riesigen Baum wächst; er ist der Weinstock, der die süßen, saftgeschwellten Reben trägt; er ist das Haupt des mystischen Leibes, die Entelechie der Kirche. Wie ein vom beseelten Organismus losgelöstes Nierenstückchen auf entsprechendem Nährsubstrat weiterwuchern kann...so das Geistesleben, das durch die Absage von der Kirche von dem lebendigen Christus getrennt ...« Auch DERS., *Die Kirche als Keimzelle der Weltvergöttlichung,* Leipzig 1920; ähnlich G. WUNDERLE, *Zur Biologie des kirchlichen Lebens. Gedanken über seine Entwicklung und Erstarrung* (Zur religiösen Lage der Gegenwart 16), München 1927.

280 Vgl. L. DEIMEL, *Leib Christi,* 3: »Ein zweites Mißverständnis setzt irrtümlich voraus, als ob Paulus den menschlichen Leib, mit dem er die Kirche vergleicht, so gekannt habe, wie wir ihn kennen. Das ist jedoch keineswegs der Fall.« ; auch ebd., 23–26, 52–53, 162–164.

281 Vgl. M.D. KOSTER, *Ekklesiologie im Werden,* 240: »Sie spüren den bedauerlichsten Punkt sehr vieler Darstellungen über das Corpus Christi, in denen von ›organischer Bindung‹, ›organischem Ganzen‹, ›Ganglien des Leibes Christi‹, von ›lebendigem Organismus‹, von ›organischer Einheit‹, vom ›Blutkreislauf‹, von ›organischen Verhältnissen‹, ›organischer Gliederung‹, von ›belebtem Leibe‹ und ähnlichem zu ausschließlich und zu einseitig gesprochen wird. Das muß tatsächlich zu dem Eindruck führen, als handele es sich hier um einen entpersonalisierten Christismus, Papismus und übernatürlichen Biologismus.«

282 Vgl. A. WIKENHAUSER, *Die Kirche als der mystische Leib Christi,* 143–152.

Trotzdem blieb die vorherrschende ekklesiologische Sprache bei vielen Autoren zumindest bis zur Enzyklika »Mystici corporis« die des nicht genügend in seinem nur analogen Wert gesehenen »Organisch-Physischen«[283]. Die Kirche wurde als organisch gegliederte Ganzheit aufgefaßt, von der sich sogar das »Wesen des Gliedes« herleitet, weil es »das Wesen des Gliedes ist, nicht nur Glied ›des‹ Leibes zu sein, sondern ›der‹ Leib, insofern im Glied die Ganzheit des Leibes gliedhaft ist.«[284] Man wird nicht von ungefähr an den Universalismus OTHMAR SPANNS erinnert, wenn selbst der kritische LUDWIG DEIMEL im Zusammenhang mit der »Kirche als Ganzheit« definiert[285]:

»Ganzheit ist jene Vollkommenheit der Einheit eines aus nebeneinanderbestehenden Teilen zusammengesetzten Seins, die darin besteht, daß die Teile notwendig zusammengehören, weil sie die Entfaltung eines notwendig ausreichend und notwendig sich in Teilen entfaltenden oder verwirklichenden Einheitsgrundes sind, der auf jeder Stufe seiner Entfaltung oder Verwirklichung die wesenhafte Vollständigkeit der Teile mit innerer Notwendigkeit bewirkt.«

Wenn Deimel Christus als diesen ganzheitsstiftenden Einheitsgrund sieht[286], dann führt uns das zum Ursprung des organischen und ganzheitlichen Lebens der Kirche, wie ihn die damalige Ekklesiologie verstand. Hier tut sich noch klarer die Wichtigkeit des Einflußes der zeitgenössischen Lebensbegeisterung für unsere Frage nach der Beziehung Christi zur Kirche dar, denn alle Autoren sehen den »Lebensquell« der Kirche im lebendigen Sein des Gottessohnes: »Ihm verbindet uns die Kirche zu einem Leibe durch den Strom göttlichen Lebens, das im Taufbrunnen aufquillt. Das ist unser *Sein* mit und in Christus. In ihm wurzelnd muß unser Handeln zu tätigem christlichen *Leben* werden.«[287] Christus nimmt als »Ganzheitsgröße«[288] in dieser von der Kategorie »Leben« geprägten Sicht den zentralen Platz ein.

---

283 Vgl. D. HAUGG, *Wir sind dein Leib. Die urchristliche Botschaft vom Corpus Christi mysticum in ihrer Wesensfülle und Bedeutung*, München 1937, 62–63; A. VON MARTIN, *Civitas Dei oder von der Leibwerdung des Geistes*: HL 24/II (1927) 87–92; dazu auch A. ANTON, *El Misterio de la Iglesia II*, 544: »Mientras interpretan la teología paulina del cuerpo de Cristo y de los Padres griegos en el sentido de un *organismo* y de relaciones *vitales* entre los miembros entre sí y con la cabeza, es fácil descubrir en estos escritos una propensión a admitir elementos místicos y hasta biológicos y a equiparar el cuerpo eclesial a un organismo natural, olvidando que se trata de una analogía.«

284 E. PRZYWARA, *Die fünf Wenden*, 117.

285 L. DEIMEL, *Leib Christi*, 60.

286 Ebd., 61.

287 I. HERWEGEN, *Von christlichem Sein und Leben*, 5.

288 S. VON DUNIN-BORKOWSKI, *Ein Gestz der Lebensfülle*, 207.

2. Christus und das Leben

Christus, Kirche und Leben werden in engstem Kontakt zueinander gesehen, so daß die Inkarnationslehre verstanden werden kann als die »Theologie von der Wiederherstellung dieses göttlichen Lebens durch den Gottmenschen Jesus Christus, der in der Kirche, seinem lebendigen mystischen Leibe, zur Teilnahme am göttlichen Leben beruft.«[289] Damit begegnet uns auch in dieser das »Leben« besonders hervorhebenden Richtung ein Charakteristikum der gesamten Leib-Christi-Ekklesiologie, nämlich eine Verquickung von Christologie, Ekklesiologie und Anthropologie, die, wie im zweiten Teil unserer Arbeit noch zu besprechen, mit bestimmten Ansichten über das Verhältnis von Natur und Gnade verbunden ist. Das »Leben« dient dabei als Verbindungsglied, das aus Gott von Christus auf dessen Leib übergeht, und so zum bestimmenden Element der Erlösungsordnung wird[290]. Konsequenterweise werden auch die lebensspendenden Funktionen Jesu Christi »biologisiert« und Christus als »belebender Saft«[291] zur »Nahrung des Prinzips der Übernatur«[292].

Das »Leben« der Kirche ist aber auch bei weniger naturalistischen Ansätzen als vom »Leben« Christi ausgehend definiert worden. Zum Beispiel beurteilt man »unser Leben in der Kirche« als ein »geheimnisvolles Mit-leben des mystischen Lebens Christi«[293]. Christus ist »einzige Lebensquelle«[294] und beruft den Getauften als »Glied eines Ganzen, der Kirche«[295] zur An-

---

[289] M. GRABMANN, *Die Idee des Lebens*, 6.

[290] Vgl. auch M. D'HERBIGNY, *L'étude théologique de la vie divine*: RSR 11 (1920) 137–169.

[291] M. GIERENS, *Die Idee vom Corpus Christi mysticum als katholische Einheitsidee*: ZAM 5 (1930) 312–323, hier 313.

[292] H. MUCKERMANN, *Von den Sieben Sakramenten*, 26: »Durch die Assimilation geeigneter Nahrung sollte das neue Prinzip des übernatürlichen Lebens vor Siechtum bewahrt und zu Leistungen der Übernatur befähigt werden. Jesus Christus selbst soll die Nahrung des Prinzips der Übernatur sein. Aber auch die Funktionen der Vererbung und Entwicklung sollen in der Übernatur ihre sinngemäße Entwicklung finden. Wiedergeboren aus dem Blutstrom Christi, sollen wir nie vergessen, daß wir aus Gottes Geschlecht sind. Alle Anlagen, die wir aus diesem Blutstrom besitzen, sollen behütet und erhalten werden. Ja, es soll eine Entwicklung zu höheren Formen unter der Einwirkung des Geistes aus innerer Kraft das Ziel unseres Strebens sein.«; ähnlich F. JÜRGENSMEIER, *Der mystische Leib Christi*, 87: »In dem Leben des mystischen Leibes kommt das Assimilationsgesetz jedes organischen Lebens zum Ausdruck.«

[293] O. BAUHOFER, *Ich glaube an die heilige katholische Kirche, Gemeinschaft der Heiligen*, in: Ich glaube. Eine Auslegung des apostolischen Glaubensbekenntnisses, hrsg. v. R. Grosche, Paderborn 1936, 176.

[294] C. FECKES, *Das Mysterium der heiligen Kirche*, 89.

[295] R. GUARDINI, *Vom Leben des Glaubens*, Mainz 1935, 169.

teilnahme an seinem »gottmenschlichen Leben«[296]. Gerade das *gottmenschliche* Leben, das auf ganz besondere Weise Anteil am trinitarischen Leben verleiht[297], wird als Bestimmung des Christen gesehen [298]. Daran erkennen wir die wichtige Rolle, die in der damaligen Theologie und Ekklesiologie im Gefolge einer Rezeption der griechischen Väter über THOMAS VON AQUIN und MATTHIAS JOSEPH SCHEEBEN der *Menschheit* Christi als Vermittlerin übernatürlichen Lebens zugewiesen wurde, was uns am Ende dieses und im dritten Teil unserer Arbeit noch näher beschäftigen wird.

Nach der sich allmählich immer mehr durchsetzenden Ansicht ist es jedenfalls der Sinn der Kirche, »der in die volle, lebenerfüllte Wirklichkeit übergeführte mystische Leib Christi zu sein.«[299] Die Kirche ist also nicht nur ein Leib, der Christus zugehört, sondern tatsächlich der Leib *Christi,* und zwar im Sinne einer auch biblisch begründeten Anteilnahme am wirklichen, wenn auch pneumatischen Leib Christi[300]. Damit wird die Kirche im wahrsten Sinne des Wortes »Organ der Wirksamkeit Christi«[301], also Organ seiner gesamten *gottmenschlichen* Wirksamkeit[302]. Hierhin gehört auch die beliebte Übernahme des klassischen Terminus von der Kirche als dem »fortlebenden Christus«[303], wobei dieses Fortleben mitunter auf alle ausgedehnt wird, die in der Kindschaftsgnade stehen und so am Leben Christi ir-

---

[296] Ebd., 169: »Die Wurzel des Lebens selbst, die Mitte des Daseins wird da erfaßt und gleichsam in den göttlichen Schoß gezogen, um daraus in neuer Lebendigkeit hervorzugehen. In Christus geschieht das. In Ihm wird der Mensch wiedergeboren, durch den Heiligen Geist, zur Teilnahme an Christi gottmenschlichem Leben.«

[297] Vgl. W. VOSPOHL, *Die Lebensformung und die Lebensäußerungen des Getauften (Glaube, Hoffnung und Liebe),* in: Ich lebe und ihr lebet, 53–68, bes. 53: »Die tiefste Fortführung ist die Mitteilung des göttlichen Lebens in eine menschliche Natur. In der Menschwerdung entfaltet sich die erste Mitteilung vom Vater zum Sohne in die Schöpfung hinein. Der Zielpunkt der Mitteilung ist durch Christus in die Schöpfung hineingelegt, wodurch eine neue, übernatürliche Ordnung nach trinitarischen Gesetzen begründet wird. In der Wiedergeburt wird der Mensch eins mit Christus, wird hineingezogen in die Lebensvorgänge in Gott, wird eingeordnet in die Familiengemeinschaft Gottes.«

[298] Ebd., 57.

[299] C. FECKES, *Das Mysterium der heiligen Kirche,* 122.

[300] Vgl. A. WIKENHAUSER, *Die Kirche als der mystische Leib Christi,* 112–113.

[301] C. FECKES, *Das Mysterium der heiligen Kirche,* 123.

[302] O. CASEL, *Una Sancta Catholica et Apostolica,* in: DERS., Mysterium der Ekklesia, 112: »Die Kirche ist das Fleisch des Herrn … In ihren heiligen Mysterien fließt das Blut Christi …«

[303] Vgl. z.B. R. GUARDINI, *Vom Sinn der Kirche,* 40; I. HERWEGEN, *Das Kunstprinzip der Liturgie,* Paderborn 1916, 10–11; E. PRZYWARA, *Verklärung oder Polarität,* in: DERS., Katholische Krise, 15–16; S. VON DUNIN-BORKOWSKI, *Christi Fortleben in der Kirche*: StZ 101 (1921) 392–398; TH. HOFFMANN, *Kirche zwischen den Zeiten*: StZ 136 (1939) 255–259, bes. 256.

gendwie teilhaben[304]. Die Unklarheit darüber, ob die Teilhabe am Leben Christi durch die (sichtbare) Kirche erfolgt oder ob man auch durch Christus direkt an dem göttlichen Leben in der (unsichtbaren) Kirche partizipieren kann, bleibt ein häufig nicht einmal angesprochenes Problem. Auch ROMANO GUARDINI umgeht diese Frage, wenn er einerseits sagt, daß das »Gesamtleben« der Kirche dem Einzelnen gegenübersteht, es anderseits aber auch in ihm findet, weil das Sein des Einzelnen eben durch seine Teilhabe in Christus an dem in der Kirche wirkenden göttlichen Leben »ins Ganze« gewendet ist[305]. Die viel betonte Lebens-und Leidensgemeinschaft mit Christus[306], die »innere Lebenseinheit«, die »innigste Lebensverbundenheit« des mystischen Leibes mit Christus, für die man sich gerne auf Paulus beruft[307], sind sogar eher von einer unsichtbaren Gemeinschaft der Heiligen auszusagen. Wenn auch die meisten Autoren wohl die sichtbare Kirche bei ihren Aussagen mitmeinen, ist der Bezug darauf doch nicht immer eindeutig, was durch den komplexen Gebrauch des Begriffes »Leben« sicherlich noch begünstigt wird. Es bleibt jedoch kein Zweifel daran, daß in jedem Fall Christus als Ursprung des in der Kirche verborgenen »Lebens der Übernatur« beurteilt wird[308]: »Wie im Himmel der verklärte Herr der Inbegriff des ewigen Lebens für alle Heiligen ist, so ist auf Erden das *Mysterium Christi* Lebensquell der Kirche.«[309]

3. Lebensekklesiologie und Zeitgeist

Natürlich ist der Begriff »Leben« schon im NT vor allem bei Paulus und im ›corpus johanneum‹ von größter Wichtigkeit. Daß der dort interessanterweise besonders in christologischem und soteriologischem Zusammenhang[310] verwendete Terminus in unserer Periode fast unterschiedslos auf Christus *und* die Kirche (sowie viele andere theologische Inhalte) angewendet werden kann, ist nicht nur weiteres Anzeichen für eine exegetisch nicht genügend fundierte Verquickung zwischen Soteriologie und Ekklesiologie, sondern zeigt wohl ebenso, daß es weniger um die Aufarbeitung biblischer Inhalte als um die theologische Verwendung einer damals populären gei-

---

304 Vgl. H. LANG, *Christus in unserer Mitte,* Regensburg 1936, 112–113, bes. 113: »Alle, die im Adel der Kindschaftsgnade stehen, leben ja in der Tat Christi eigenes Leben fort.«

305 Vgl. R. GUARDINI, *Vom Leben des Glaubens,* 170–171.

306 Vgl. F. DANDER, *Christus alles und in allen,* 79–80.

307 Vgl. F. JÜRGENSMEIER, *Der mystische Leib Christi,* 26–31.

308 Vgl. K. ADAM, *Kirchenmüdigkeit?,* 28–29.

309 O. CASEL, *Das christliche Kultmysterium,* 119.

310 Vgl. L. SCHOTTROFF, *Artikel »zoe«,* in: Exegetisches Wörterbuch zum Neuen Testament, hrsg. v. H. Balz u. G. Schneider, Bd. II, Stuttgart–Berlin–Köln–Mainz 1981, 261–271, bes. 263 u. 269.

stesgeschichtlichen Strömung ging. Dafür spricht gleichfalls die ständige Wiederholung des »Lebensvokabulars« in populären Wendungen wie »Ganzheit«, »organischer Einheit«, »Organismus« , »Biologie« und dergleichen mehr. Der aufrichtige und dringende Wunsch, »einen Strom quellendenden Lebens« in der Kirche zu entdecken, lief dabei erklärlicherweise manches Mal einer sorgfältigen biblischen Begründung dieses Lebens den Rang ab, zumal eine eher großzügige oder psychologisierende Schriftauslegung durchaus nicht verpönt war. Das konnte dazu führen, eigenes Empfinden oder die Bedürfnisse der Zeit in die Hl. Schrift hineinzulesen. Die Antwort KARL ADAMS auf diesbezügliche kritische Anmerkungen M. DOMINIKUS KOSTERS ist höchst aufschlußreich[311]. Dem damals für weite theologische Kreise ausschlaggebenden Tübinger Dogmatiker zufolge sind die paulinischen Formulierungen ›Christus ist das Haupt der Kirche, die Kirche sein Leib‹ »als Ausdruck eines *Erlebnisganzen* zu werten und dürfen darum nicht anders als in ihrer psychologischen Einheit erfaßt werden, wenn man nicht an dem lebendigen Paulus vorbeisehen und eine bloße Buchstabenexegese betreiben will.«[312] Ob man mit einer solchen hermeneutischen Einstellung allerdings dem Schriftbefund wirklich gerecht werden konnte, bleibt doch fraglich.

Daß gerade die christozentrische Sicht der Kirche als »Leib Christi« zur Aktualisierung durch lebensphilosophische Kategorien verwendet wurde, liegt auch an einem einseitig biologischen, unbiblischen Leib-Verständnis. Mit dieser Konzentration auf das Leben des Leibes aus Christus war gleichzeitig die Tendenz verbunden, die Aufgabe des Heiligen Geistes als Lebensspender und Bringer trinitarischen Lebens unterzubewerten. In eher gelegentlicher und unsystematischer Erwähnung wird der Heilige Geist zwar als »Prinzip der Lebenszuversicht«, als »Prinzip der wahren Freiheit« in der Kirche gesehen[313], und man weiß auch, daß wir »durch den Heiligen Geist mit Christus eins« werden[314], aber der Reichtum der Tradition über den Heiligen Geist als Seele der Kirche, auf den MARTIN GRABMANN schon 1903 hingewiesen hatte[315], wird, von manchen meist christologisch eingebundenen Bemerkungen abgesehen[316], selten wirklich ausgeschöpft. In einer

---

311 Zum Streit zwischen Adam und Koster vgl. F. VIERING, *Christus und die Kirche*, 25–28.

312 K. ADAM, *Ekklesiologie im Werden?*, 152.

313 A. RADEMACHER, *Geist und Amt*, in: Arnold Rademacher, 28–29.

314 O. BAUHOFER, *Ich glaube*, 176.

315 Vgl. M. GRABMANN, *Die Lehre*, 184–193.

316 Vgl. z.B. M. GIERENS, *Die Idee vom Corpus Christi mysticum*, 312: »Die christliche Lehre von der innigsten Gnadenverbundenheit aller Getauften mit Christus nahm in seinem [Paulus] hochgradig gesteigerten religiösen Empfinden so lebendige Form an, daß er die Ge-

Zeit, die ganz von »Christusfrömmigkeit« geprägt war[317], wird auch unsere Teilhabe am trinitarischen Leben aus der Teilhabe am »Christusleben« verstanden[318]. Bei K. PELZ führt eine einseitige »Christologisierung« unserer Beziehung zur Trinität schließlich sogar zu der Annahme, daß der »Christ als Leib der zweiten Person Gottes zur Heiligsten Dreifaltigkeit« gehöre[319]. ROMANO GUARDINI, der nichts von solchen Übertreibungen spüren läßt, sagt dagegen: »Unser Leben, des Einzelnen, wie der Kirche, ist ›in Christus, durch den heiligen Geist, zum Vater‹.«[320] Trotzdem ist auch für ihn die Funktion des Geistes, mit dem wir »in der Kirche...eins« werden, ausschließlich christologisch bestimmt: Er, »Jesu Geist«, »vereinigt uns mit dem Sohn«, »spendet Christi Gnade, lehrt Christi Wahrheit, macht Christi Ordnung wirksam.«[321] Diese Verbindung zwischen Christus und dem Heiligen Geist in der Kirche, die sicher ihre Berechtigung hat, wird bei anderen Autoren zuungunsten der Pneumatologie entschieden. Wenn es auch für sie im Christentum um die »göttliche Lebensfülle« geht[322], so scheint es sich doch eher um eine »vom Gottmenschen begründete Wirklichkeit«[323] zu handeln, damit wir »das gleiche Leben haben wie Christus«[324]. Man darf annehmen, daß der Anteil des Heiligen Geistes am »Leben Christi« sehr wohl bekannt war. Diesen Anteil aber ekklesiologisch fruchtbar zu machen, wurde meist ebensowenig unternommen wie eine wirkliche Aufarbeitung einer Pneumatologie der Kirche, deren Notwendigkeit auch von einem Theologen wie ERICH PRZYWARA offenbar nicht gesehen worden ist[325].

---

meinschaft der Gläubigen wie einen lebendigen Organismus vor sich sah: Das Haupt ist Christus, der Gottmensch; die Glieder sind die Getauften, die Gotteskinder; das innere Leben ist das Leben Christi, des Mittlers bei Gott und des Gnadenspenders; die Seele ist das Pneuma Christi, der mit der Gnade in allen wohnende Gottesgeist. Der Gottesgeist selbst ist da und schenkt uns von seinem Geiste.«

317 Vgl. R. GROSCHE, *Der Wandel der Christusfrömmigkeit,* in: DERS., Et intra et extra. Theologische Aufsätze, Düsseldorf 1958, 37–47.

318 J. PINSK, *Die sakramentale Welt,* Regensburg 1938, 46: »Und indem wir dieses Christusleben aufnehmen, treten wir auch in das Sohnschaftsverhältnis mit ein...das Verhältnis zwischen der Ersten und Zweiten göttlichen Person.«

319 K. PELZ, *Der Christ als Christus,* 141: »Dadurch aber, daß die zweite Person Mensch ward und uns zu wahren Gliedern seines einzigen Leibes macht, hat die Weisheit und Liebe Gottes das scheinbar Unmögliche möglich gemacht. Der Christ gehört als Leib der zweiten Person Gottes zur Heiligsten Dreifaltigkeit.«; ebenso 145.

320 R. GUARDINI, *Vom Sinn der Kirche,* 12.

321 Ebd., 12.

322 Vgl. P. LIPPERT, *Die alleinseligmachende Kirche*: StaML 84 (1913) 3; W. VOSPOHL, *Die Lebensformung,* 53.

323 P. LIPPERT, *Die alleinseligmachende Kirche,* 2.

324 J. PINSK, *Die sakramentale Welt,* 48.

325 Vgl. E. PRZYWARA, *Das Dogma von der Kirche. Ein Aufbau,* in: Ders., Katholische Krise, 191–195, bes. 194, wo der Autor zwar eine Theologie, eine Christologie, eine Ekklesio-

Die Ausnutzung des ekklesiologischen Leib-Gedankens zur Aktualisierung durch die Lebensphilosophie, deren »Wirkungsgeschichte« insgesamt »äußerst komplex und nuancenreich« ist[326], ist nicht nur auf indirektem Wege auszumachen, sondern trat auch ganz offen zutage. So wird etwa Nietzsches Übermensch herangezogen, um das Ergebnis des Lebens in Christus auf den Menschen zu charakterisieren. Wir begegnen in Jesus dem »Vorbild des vollkommenen Menschen«[327]. Nun »ist der, der Christus vollkommen gleicht«, »der wahre Übermensch, der die Welt aus den Angeln hebt.«[328] Da geistiger Einfluß auch auf dem Weg der Ablehnung einer Idee zustande kommen kann, ist es bezeichnend, daß gleichzeitig vor dem Übermenschentum gewarnt werden konnte[329] und in dem von Erzbischof KONRAD GRÖBER 1937 »mit Empfehlung des deutschen Gesamtepiskopates« herausgegebenen »Handbuch der religiösen Gegenwartsfragen« nicht nur Nietzsche ein eigener Artikel gewidmet, sondern dort geradezu (sicher auch mit Blick auf den Nationalsozialismus) bemerkt wurde: »In der Tat stößt man in der derzeitigen Geistesbewegung Schritt für Schritt auf seine naturalistischen Ideen.«[330] Daß die ekklesiologische Verwendung des Lebensbegriffes ebenfalls solche naturalistischen Züge trug, scheint uns außer Diskussion. Mag die Übernahme lebensphilosophischer Kategorien in die neuaufbrechende Beschäftigung mit der Lehre von der Kirche nun aus apologetischen Gründen[331], aus persönlichem Interesse der jeweiligen Autoren oder als bloße Verbeugung vor einer herrschenden Mode geschehen sein: In jedem Fall sind die Theologen und Ekklesiologen unserer Periode ohne den lebensphilosophischen Hintergrund nicht völlig zu verstehen[332]. Was WALTER KASPER[333] zur Beschreibung der theologischen Intentionen KARL ADAMS anführt, trifft ohne Zweifel auf viele theologische Autoren seiner Zeit in ähnlicher Form zu:

> »Was die Tübinger Theologen des 19. Jahrhunderts für ihre Zeit leisteten, das wollte er für seine Zeit tun: eine Theologie des Lebens, die das Christentum nicht als System starrer Formeln, Maximen und Einrichtungen, sondern als flutendes Leben versteht, eine Theolo-

---

logie und eine Christianologie der Kirche, aber keine eigene Pneumatologie zum Desiderat erklärt.

326 H. M. BAUMGARTNER, *Lebensphilosophie*, 292.

327 H. LANG, *Christus in unserer Mitte*, VIII.

328 H. MUCKERMANN, *Von den Sieben Sakramenten*, 26.

329 W. VOSPOHL, *Die Lebensformung*, 54.

330 *Handbuch der religiösen Gegenwartsfragen*, hrsg. v. Erzbischof Dr. Conrad Gröber. Mit Empfehlung des deutschen Gesamtepiskopates, Freiburg i. B. 1937, 466–469, hier 469.

331 Vgl. z. B. K. ADAM, *Glaube und Liebe*, Regensburg 1927², 30.

332 Vgl. A. SCHILSON, *Theologie als Sakramententheologie*, 52.

333 W. KASPER, *Karl Adam. Zu seinem 100. Geburtstag und 10. Todestag*: ThQ 156 (1976) 251–258, hier 252.

gie, die einzelne Wahrheiten des Glaubens in ihrem geschichtlichen Werden wie in ihrem organischen Zusammenhang begreift.«

Ob dabei das Verständnis für das *geschichtliche* Werden nicht manchmal vor dem Wunsch nach Schaffung eines organischen Zusammenhangs zurückgetreten ist, darf zumindest angefragt werden. Leben wurde ja in erster Linie als zusammenhängendes Werden, als organische innerliche Einheit begriffen. Daher scheint es nur natürlich, wenn eine Lebenstheologie mehr auf den Gesamtorganismus der lebendigen Glaubensgeheimnisse als auf die geschichtliche Einzelentwicklung unterschiedener Lehrstücke achtet. Ist die in unserem Falle daraus erfolgte manchmal theologisch unklare Verbindung oder eher Vermischung von Christologie und Ekklesiologie auch nicht immer glücklich, so erscheint sie doch als die Konsequenz einer Haltung, die etwa folgendermaßen zusammengefaßt werden könnte: »Das Christentum ist seinem Wesensgrunde nach nicht Lehre, sondern Leben Christi in den Getauften.« Bei allen Reserven war es aber gerade diese Haltung, die auch mit der Übernahme lebensphilosophischer Impulse entscheidend zum Aufbruch der Ekklesiologie beigetragen hat und durch die die »lebendige« und dogmatisch so bedeutsame Beziehung zwischen Christus und der Kirche erst neu entdeckt werden konnte.

C. Die Wende zur Gemeinschaft

a) Gemeinschaft in Philosophie und Soziologie

1. Individualismus und Gemeinschaft

Die Epoche zwischen den Weltkriegen kannte außer der Ausrichtung auf das Objekt und das Leben eine dritte Orientierung, die fast als Verbindung der beiden ersten nicht immer homogenen Strömungen angesehen werden kann, nämlich den Drang nach Gemeinschaft. Besonders im katholischen Raum wurde die jüngere Vergangenheit als eine vom Individualismus geprägte Zeit beurteilt und als solche abgelehnt[334]. Die Ursprünge des Indivi-

[334] Vgl. z.B. L.A. VEIT, *Die Kirche im Zeitalter des Individualismus. 1648 bis zur Gegenwart. 2. Hälfte: Im Zeichen des herrschenden Individualismus. 1800 bis zur Gegenwart* (Kirchengeschichte, hrsg. v. J.P. Kirsch, IV/2), Freiburg i.B. 1933, VII–VIII: »Nach dem *Fall des*

dualismus fand man im Spätmittelalter, wo auch die Frömmigkeit »immer mehr aus der Objektivität des Mysteriums heraustrat und zur Flucht des Einsamen zum Einsamen, zum subjektiven Erleben« wurde[335]. Durch die zunehmende Abkehr von den objektiven Gegebenheiten des Glaubens und der Kirche und deren ordnender Harmonie[336] setzte sich dieser Ansicht zufolge die individualistische Geisteshaltung immer mehr durch, um schließlich im 19. und beginnenden 20. Jahrhundert ihren beklagenswerten Höhepunkt zu finden. Jetzt wurde die »Vereinzelung« des Menschen als fundamentales Problem gesehen und in diesem Sinn etwa von PETER WUST thematisiert[337]. Die Zersplitterung von philosophischen Überzeugungen[338], der »tiefgehende Zerfallsprozess der deutschen Gesamtseele und des deutschen Gesamtwillens« im religiösen Bereich[339], das völlige Versagen des Individualismus im Ersten Weltkrieg führte schon vor Kriegsende zu dem bereits erwähnten berühmten Ruf MAX SCHELERS nach »soziologischer Neuorientierung« verbunden mit einer Besinnung auf das »Wesen menschlicher Gemeinschaft«[340]. Unter den Katholiken war dieser neue Sinn für Gemeinschaft in Staat und Kirche besonders stark ausgeprägt[341], woran Scheler, wie noch zu zeigen sein wird, keinen geringen Anteil hatte. Ebenso wie das Interesse am »objektiven Wesen« und »organischen Leben« fand jedoch auch die neuerwachte »Gemeinschaftsidee« eine gewisse Verwurzelung in einer an die Romantik des 19. Jahrhunderts anknüpfenden »neoromantischen« Strömung, auf die A. BAUMGARTNER in seiner aufschlußreichen Studie zur »Sehnsucht nach Gemeinschaft« im Sozialkatholizismus der Weimarer Republik ausführlich hingewiesen hat[342]. Gerade die Entgegensetzung einer Ansammlung von Individuen und »organischer«

Glaubensstaates entwickelte sich in unaufhaltsamem Wachstum eine *wirkliche Blüte individualistischer Kultur*. Der Individualismus wird vorherrschend mit all seinen Unarten, die er mit sich führt. Gewiß trifft zu, daß auch während dieser Herrschaft des Individualismus starke Tendenzen der Bindung zum Durchbruch gekommen sind; aber sie konnten gegen ihn als beherrschendes Prinzip nicht aufkommen.«

335 A.L. MAYER, *Das Kirchenbild des späten Mittelalters und seine Beziehungen zur Liturgiegeschichte*, in: Vom christlichen Mysterium. Gesammelte Arbeiten zum Gedächtnis von Odo Casel, hrsg. v. A. Mayer–J. Quasten–B. Neunheuser, Düsseldorf 1951, 274–294, hier 280; zu einer ähnlichen Beurteilung bei I. Herwegen und O. Casel vgl. A. SCHILSON, *Theologie als Sakramententheologie*, bes. 44–49, 59–81.

336 Vgl. E. KREBS, *Die Kirche und das neue Europa*, Freiburg 1924, 36.

337 Vgl. P. WUST, *Naivität und Pietät*, VI–VII; A. LOPEZ-QUINTAS, *Pensadores*, 64–71.

338 Vgl. B. JANSEN, *Das gegenwärtige philosophische Deutschland*, 135.

339 M. SCHELER, *Der Friede unter den Konfessionen*: HL 18/I (1920/21) 140–147, 464–486, hier 467.

340 Vgl. oben Anm. 34.

341 Vgl. H. HÜRTEN, *Geschichte*, 190.

342 Vgl. A. BAUMGARTNER, *Sehnsucht*, 18–38.

Gemeinschaft, von Individualismus und harmonischer Gesellschaftsordnung trägt eine eindeutig »romantische« Prägung[343], vor allem in ihrem Wunsch nach Aufhebung der Gegensätze in einem »höheren Dritten«, also hier der Gemeinschaft[344]. Dazu passt gleichfalls das »antik gerichtete Denken« Abt ILDEFONS HERWEGENS und seines Kreises, mit dessen »Objektivität« der damals sehr einflußreiche Benediktiner »dem schrankenlosen Individualismus steuern« wollte[345]. Seine romantisch-antikisierende Denkstruktur trug zu seinem Einsatz für die Gemeinschaftsidee innerhalb der liturgischen Bewegung sicherlich bei[346].

In dieser Überwindung des Individualismus spielt der »Universalismus« OTHMAR SPANNS von neuem eine nicht unbedeutende Rolle. H. RÄBER weist darauf hin, daß seine Gesellschaftsauffassung streng antiindividualistisch zu verstehen ist[347]:

> »Und in diesem Lichte betrachtet, ist die Gesellschaft nicht mehr eine Summe vieler Einzelner, sondern eine Einheit vieler Glieder. Nicht das Individuum begründet die Gesellschaft, sondern die Gesellschaft, als das logisch Erste, begründet das Individuum: Die Gesellschaft ist damit eine lebendige geistige Einheit. Das ist die Antwort des Universalismus.«

Daß dieser Universalismus der Ganzheit letztlich in Gott begründet werden muß, ist Spann selbst bewußt[348]:

> »Wie das Glied auf die Ganzheit, so weist die Ganzheit wieder auf eine höhere Ganzheit hin. Mit diesem Drang des jeweiligen Ganzen, sich einer höheren Ganzheit anzuschließen, sind die philosophischen Tendenzen des Universalismus am tiefsten bezeichnet. Der Inbegriff der höchsten Ganzheit weist auf Gott. Er hat damit zuletzt einen metaphysischen Zug, statt des empiristischen und atomistischen des Individuums.«

Dieser metaphysisch-religiöse Akzent der Spannschen Soziologie konnte der Gemeinschaft eine »gegenständliche Substantialität« verleihen[349] und sie sogar bis zur »communio sanctorum« philosophisch vervollständigen. Daß er dabei dem theologischen Sachverhalt nicht immer völlig gerecht

---

343 Ebd., 25–27; H. FREYER, *Die Romantiker,* in: Gründer der Soziologie.Eine Vortragsreihe, Jena 1932, 79–85, bes. 82–83.

344 A. BAUMGARTNER, *Sehnsucht,* 27; C. SCHMITT, *Politische Romantik,* 127.

345 I. HERWEGEN, *Weltarbeit und klösterliches Ideal,* in: Deutschland und der Katholizismus, 133–146, hier 139.

346 Vgl. A. SCHILSON, *Theologie als Sakramententheologie,* 63.

347 H. RÄBER, *Othmar Spanns Philosophie,* 13.

348 O. SPANN, *Gesellschaftslehre*, 180.

349 Ebd., 143: »Die Vorgänge, welche in den schöpferischen Wirkungen geistiger Gegenseitigkeit beschlossen liegen, bilden die gegenständliche Substantialität der Gemeinschaft.«

wurde, liegt auf der Hand[350]. Spanns »organisches Weltbild« und sein Kampf gegen den Individualismus stellte trotzdem damals einen wichtigen Beitrag für die soziologische Wiedereinordnung des Individuums in die Gemeinschaft dar[351].

Auch MAX SCHELER versuchte, den einseitigen Individualismus endgültig zu widerlegen, allerdings weniger mit einer romantisierenden Ganzheitsphilosophie, die er »aufs schroffste« ablehnt, als mit dem Unternehmen eines Ausgleichs zwischen Person und Gemeinschaft[352]. Scheler, der das Wesen des Individuums als Person betont, hält dem apersonalen Individualismus einen gemeinschaftsorientierten Personalismus entgegen, in dem die Gemeinschaft der Person dient. Diese vielbeachtete Position[353] stellte einen weiteren Schritt in der einhelligen Ablehnung der Vereinzelung durch das Lebensgefühl der Menschen der Nachkriegszeit dar, das auch unter den Katholiken so vehement nach Gemeinschaft rief[354], daß P. VON DUNIN-BORKOWSKI SJ in den »Stimmen der Zeit« schreiben konnte: »Zu den höchsten Aufgaben in der Aufwärtsbewegung des Menschengeschlechtes gehört also die Erziehung zu diesem Gemeinschaftsgeist.«[355]

2. *Soziologie, Gemeinschaft und Gesellschaft*

Das soziologische Element, das schon die Ablehnung des Individualismus mitverursachte, ist noch weit deutlicher in der Interpretation der Gesellschaft als Gemeinschaft präsent. Den Anstoß zu dieser soziologischen Um-

---

350 Vgl. H. RÄBER, *Othmar Spanns Philosophie*, 24, auch 106–153.

351 Vgl. A. BAUMGARTNER, *Sehnsucht*, 30–38.

352 Vgl. M. SCHELER, *Der Formalismus in der Ethik und die materiale Wertethik. Neuer Versuch der Grundlegung eines ethischen Personalismus* (Gesammelte Werke 2), Bern 1954[4], 15–16: »Aber gerade weil die Lehre des Verfassers alle Sorge für die Gemeinschaft und ihre Formen in das lebendige *Zentrum der individuellen Person* eines jeden selbst mithineinversetzt, darf er aufs schärfste, ja schroffste jede Richtung des Ethos verneinen, die den Wert der Person ursprünglich und wesentlich von ihrer Beziehung auf eine unabhängig von ihr vorhandene Gemeinschaft und Güterwelt *abhängig* setzt, oder gar ihren Wert in diesen ›Beziehungen‹ aufgehen läßt.«

353 Vgl. F. SAWICKI, *Personalismus und Individualismus*: HL 17/1 (1929/20) 472–474, bes. 472.

354 Vgl. P. JOSTOCK, *Der Deutsche Katholizismus und die Überwindung des Kapitalismus. Eine ideengeschichtliche Skizze*, Regensburg o. J. [1932], 172–182.

355 S. VON DUNIN BORKOWSKI, *Der Gemeinschaftsgedanke (philosophisch und theologisch beleuchtet)*: StZ 103 (1922) 170–182, hier 177; auch 170: »... der Gemeinschaftsgeist, über den heute so viel gesprochen und geschrieben wird, ... bedeutet eine Rückwirkung, einen Gegenstoß. Die Zerrissenheit hat ihn erzeugt. Die gegenseitige Entfremdung der Völker, auch die der Menschen innerhalb desselben Volkskörpers, rief in edlen Seelen das Völkische und das allgemein Menschliche wach ...«.

wertung gab das Werk von FERDINAND TÖNNIES »Gemeinschaft und Gesellschaft. Grundbegriffe der reinen Soziologie«, das bereits 1887 erschienen war, aber außer der zweiten Auflage von 1912 erst nach seiner ›Entdeckung‹ zwischen 1922 und 1935 noch sechs weitere Auflagen erlebte[356]. Die Breitenwirkung des darin vorgetragenen »Begriffsdualismus« Gemeinschaft und Gesellschaft war so enorm, daß sie »anonym und beinahe unterirdisch« um sich griff[357]. »Gerade in jenen Kreisen, die zu den Hauptträgern des aufbrechenden Gemeinschaftsüberschwangs gezählt werden müssen, wurde der Tönnies'sche Begriffsdualismus bereitwillig aufgegriffen und zur ideologischen Grundlage ihres leidenschaftlichen Eintretens für Gemeinschaft und gegen Gesellschaft umgedeutet.«[358] In der Vorrede zur sechsten und siebten Auflage von 1925 hebt Tönnies selbst hervor, daß der »Begriff der Gemeinschaft...neuerdings...tief ins ins allgemeine Bewußtsein eingedrungen...und Mittelpunkt der Gefühle geworden« seie[359]. Die Verwendung Tönnies'scher Gedanken bei MARTIN BUBER und ERNST TROELTSCH[360] kann ebenso wie ihre Beachtung durch MAX SCHELER und die selige EDITH STEIN[361] als Anzeichen für ihre allgemein anerkannte Wichtigkeit gedeutet werden.

Die soziologischen Ausführungen Ferdinand Tönnies offenbaren, warum seine Theorien so gerne aufgenommen und verallgemeinert worden sind. Sein Werk nimmt nämlich nicht nur den damals verbreiteten Kulturpessimismus gewissermaßen vorweg[362], sondern bedient sich auch der beliebten organischen und biologischen Kategorien: Gemeinschaft ist für ihn »lebendiger Organismus«, Gesellschaft »mechanisches Artefakt«, denn »alles Wirkliche ist organisch«[363]. Tönnies, der seine Soziologie zwar auf der Erkenntnis von Gemeinschaft und Gesellschaft als ideele Setzungen des menschlichen *Willens* aufbaut[364], geht es trotzdem um Grundbegriffe, die

356 Vgl. Anm. 53; A. BAUMGARTNER, *Sehnsucht*, 39–54.

357 H. FREYER, *Soziologie als Wirklichkeitswissenschaft*, Leipzig 1930, 185, zit. nach A. BAUMGARTNER, *Sehnsucht*, 41.

358 A. BAUMGARTNER, *Sehnsucht*, 41.

359 F. TÖNNIES, *Gemeinschaft und Gesellschaft*, XLIII.

360 Ebd., XXXVIII.

361 Ebd., XLIII Anm. 3.

362 Vgl. F. TÖNNIES, *Gemeinschaft und Gesellschaft*, XXXVII; A. BAUMGARTNER, *Sehnsucht*, 54.

363 F. TÖNNIES, *Gemeinschaft und Gesellschaft*, 4.

364 Ebd., XXXII: »Denn diese Erkenntnis behaupte ich als die fundamentale soziologische Erkenntnis, daß es außer den etwanigen realen Einheiten und Zusammenhängen der Menschen solche gibt, die wesentlich durch ihren eigenen *Willen* gesetzt und bedingt, also wesentlich ideellen Charakters sind.«; auch F. TÖNNIES, *Die Entstehung meiner Begriffe Gemeinschaft und Gesellschaft*: KölnerZSS 7 (1955) 463–467.

das *Wesen* menschlichen Zusammenlebens betreffen[365]. Damit kommt er dem Interesse an Objektivität auch soziologisch entgegen. Schließlich findet die religiöse Komponente Eingang in seine Überlegungen, was dem beschriebenen Drang der Nachkriegszeit nach religiöser Neubesinnung entsprechen mußte[366]. Trotz seines Versuches, die Gemeinschaft so im Unterschied zur auf dem rationalen »Kürwillen« aufbauenden Gesellschaft im zur wesenhaften Natur des Menschen gehörenden »Wesenwillen« zu fundieren[367], muß gesagt werden, daß Tönnies zur eigentlichen ontischen Struktur des Menschen und der Dinge aufgrund seines voluntaristisch-subjektiven Ansatzes keinen Zugang gefunden hat. Seine Auffassung von Gemeinschaft bleibt unmetaphysisch und gleichzeitig nicht genügend mit der Wirklichkeit verbunden[368]. Seine ungeschichtliche und letztlich unphilosophische Sicht der Gemeinschaft hat die wissenschaftlich nicht begründete Gemeinschaftseuphorie der Zwischenkriegsjahre nicht gelenkt, sondern eher stimuliert, so daß später gesagt werden konnte, es sei von seinen Thesen nur eine einzige große Unklarheit übriggeblieben[369]. Trotzdem wirken sie auch heute noch in der soziologischen Diskussion nach[370].

Die eigentliche Reflexion Tönnies' ist im Katholizismus wenig übernommen worden, wohl jedoch seine Begrifflichkeit[371]. Über die Unterscheidung und den Zusammenhang zwischen Einzelnem und Gemeinschaft, Gemeinschaft und Gesellschaft entstand vor allem im sogenannten »Sozialkatholizismus« eine Flut von Literatur[372]. Man hat damals den Gegensatz zwischen Gesellschaft und Gemeinschaft, der sich nur noch vage auf Tönnies stützen konnte, sogar als »die Frage der Gegenwart« schlechthin bezeich-

---

[365] F. TÖNNIES, *Das Wesen der Soziologie,* in: Soziologische Studien und Kritiken I, Jena 1925, 350–368, bes. 353; A. BAUMGARTNER, *Sehnsucht,* 48.

[366] Vgl. F. TÖNNIES, *Gemeinschaft und Gesellschaft,* 4–5, 31, 200–202, 208, 210, 215.

[367] Ebd., 154–155.

[368] Vgl. J. HÖFFNER, *Christliche Gesellschaftslehre. Studienausgabe,* Köln 1975, 39.

[369] Vgl. R. KÖNIG, *Der Begriff Gemeinschaft und Gesellschaft bei Ferdinand Tönnies*: KölnerZSS 7 (1955) 348–420, bes. 375–376.

[370] Vgl. J. HÖFFNER, *Christliche Gesellschaftslehre,* 38–39, bes. 39: »Damit soll nicht geleugnet werden, daß — die philosophische Begründung der Gemeinschaft vorausgesetzt — der Unterscheidung zwischen mehr personal geprägter Gemeinschaft und vorwiegend zweckhaft organisierter Gesellschaft ein gewisser Erkenntniswert zukommt.«

[371] Vgl. H. HÜRTEN, *Geschichte,* 191.

[372] Vgl. A. BAUMGARTNER, *Sehnsucht,* 87–170; C. CORDES, *Der Gemeinschaftsbegriff im deutschen Katholizismus und Protestantismus der Gegenwart,* Leipzig 1931; auch R. VON DÜLMEN, *Katholischer Konservatismus oder »soziologische« Neuorientierung. Das »Hochland« in der Weimarer Zeit*: ZBLG 31 (1973) 254–301.

net[373]. Soziologische Probleme traten in den Vordergrund und »soziologisch« war »geradezu ein Modewort geworden«[374]. Da man sich jedoch kaum um klare Analysen bemühte, fiel selten auf, daß »Gemeinschaft ohne Gesellschaft genausowenig bestehen kann wie Gesellschaft ohne Gemeinschaft«[375], daß also deren einfache Gegenüberstellung, von Tönnies im übrigen so nicht beabsichtigt[376], sehr unrealistisch war[377]. Eine exaktere Überlegung zu den soziologischen Gegebenheiten war das Ziel MAX SCHELERS, der — ausgehend von einem völlig andern Personbegriff als Tönnies und von einer ganz phänomenologischen Sicht — die Tönnies'sche Begrifflichkeit »in einen neuen Bezugsrahmen stellte« und von dort aus »zur Annahme von vier Grundformen menschlicher Sozialverbindung« gelangte: Masse, Lebensgemeinschaft, Gesellschaft und Gesamtperson[378]. Die Gesamtperson hat er in seiner katholischen Phase in der Kirche am reinsten verwirklicht gesehen, wie wir anläßlich seines Kirchenbildes noch zeigen werden. Die Änderung seiner Glaubensüberzeugungen hatte dann später auch Auswirkungen auf seine Soziologie[379]. Neben Tönnies war auch Schelers Einfluß auf die Übernahme soziologischer Kategorien in die katholische Theologie nicht gering, wahrscheinlich direkt sogar größer[380]. THEODOR STEINBÜCHEL[381] und der junge NIKOLAUS MONZEL[382] haben gleichfalls soziologische Inhalte an die katholische Theologie und insbesondere an die Ekklesiologie herangetragen. Die Wiederentdeckung der Werke FRANZ VON BAADERS[383] und FRIEDRICH PILGRAMS[384] gaben der Gemeinschaftsströmung ebenfalls neue Impulse.

---

373 J. RÜTHER, *Gesellschaft oder Gemeinschaft? Die Frage der Gegenwart*: HL 20/I (1922/23) 16–30.

374 N. MONZEL, *Die Soziologie und die Theologen*: HL 41 (1948/49) 259–272, hier 259.

375 R. KÖNIG, *Der Begriff Gemeinschaft*, 410.

376 Vgl. F. TÖNNIES, *Das Wesen der Soziologie*, 353; A. BAUMGARTNER, *Sehnsucht*, 48: »Der reine Typus bleibt nur als absolute Grenzmöglichkeit denkbar.«

377 Vgl. O. KÖNIG, *Der Begriff Gemeinschaft*, 410.

378 A. BAUMGARTNER, *Sehnsucht*, 70–71; zur Gesamtperson auch 68–86.

379 Vgl. H. GETZENY, *Zur Soziologie der Religion*: HL 22/II (1925) 519–529, bes. 521–529.

380 Vgl. H. GETZENY, *Recht und Grenzen der Soziologie*: HL 26/II (1929) 299–311; D. VON HILDEBRAND, *Max Schelers Stellung zur katholischen Gedankenwelt*, 445–459; H. LUTZ, *Demokratie im Zwielicht*, 22–23.

381 Vgl. TH. STEINBÜCHEL, *Der Sozialismus als sittliche Idee. Ein Beitrag zur christlichen Sozialethik* (Abhandlungen aus Ethik und Moral 1), Düsseldorf 1921, bes. 220–235.

382 Vgl. N. MONZEL, *Struktursoziologie und Kirchenbegriff* (Grenzfragen zwischen Theologie und Philosophie 10), Bonn 1939.

383 Vgl. F. VON BAADER, *Grundzüge der Sozietätsphilosophie*, hrsg. v. A. Schmid, Hellerau 1917; zur damaligen Baader-Renaissance: O. GRÜNDLER, *Franz von Baader*: HL 21/I (1923/24) 147–162, bes. 149: »Kein Geist läßt sich denken, der besser in unsere chaotische, gä-

Durch die Popularisierung dieser Strömung, etwa in der Jugendbewegung oder in der liturgischen Bewegung[385], aber auch durch die Arbeit des »Volksvereins für das katholische Deutschland«, des »Katholischen Akademikerverbandes« und ähnlicher Organisationen[386], entstand vielfach eine regelrechte Gemeinschaftsbegeisterung, die nicht selten zu Schwärmerei ausartete. Die Gemeinschaft wurde zum »Idol des Zeitalters«, oft in der Gefahr, ins rein Emotionale und Süßliche abzusinken[387]. Der Gemeinschaftsgedanke schien alle Lebensbereiche der Weimarer Republik erfaßt zu haben[388] und wirkte später weiter. Die »Menschheitsgemeinschaft« wurde ebenso beschworen[389] wie die »Volksgemeinschaft«[390], die man gerne ähnlich wie Tönnies mit »Blut und Boden« in Verbindung brachte[391]. Daß hier der Nationalsozialismus nur allzu leicht anknüpfen konnte, scheint offensichtlich, muß uns jedoch trotzdem gegenüber jeder ›prophetia ex eventu‹ vorsichtig machen[392]. Wenn der dem »neuen Reich« anfangs sehr zugewandte Kölner Soziologe THEODOR BRAUER 1933 schrieb: »Das Katholische ist Gemeinschaftsbewußtsein und Gemeinschaftshaltung.«[393], und davon ein Engagement des Katholizismus im Dritten Reich erhoffte[394], zeigt das nur, wohin die Gemeinschaftsidee führen konnte, wenn sie mit einem aus naivem Fortschrittsglauben erwachsenden humanistisch-naturalistischen

---

rende und ringende Zeit paßte. Fast alle Tendenzen … finden bei ihm Anhaltspunkte. Mystizismus, Theosophie und Spiritismus können sich an einzelnen Stellen berauschen …«

384 Vgl. z.B. W. BECKER, *Friedrich Pilgram,* in: Katholisch-konservatives Erbgut, hrsg. v. E. Ritter, Freiburg i.B. 1934, 268–309.

385 Vgl. O. KÖHLER, *Jugendbewegung,* in: LThK V, 1181–1182; W. TRAPP, *Vorgeschichte und Ursprung der liturgischen Bewegung vorwiegend in Hinsicht auf das deutsche Sprachgebiet,* Regensburg 1940 [Nachdruck Münster 1979], 2.

386 Vgl. W. SPAEL, *Das katholische Deutschland,* 15–13; J. HÖFFNER, *Christliche Gesellschaftslehre,* 38; A. BAUMGARTNER, *Sehnsucht,* 87–117.

387 Vgl. H. PLESSNER, *Grenzen der Gemeinschaft. Kritik des sozialen Radikalismus,* Bonn 1924, 26.

388 Vgl. A. BAUMGARTNER, *Sehnsucht,* 10; H. HÜRTEN, *Geschichte,* 190–191.

389 S. VON DUNIN-BORKOWSKI, *Der Gemeinschaftsgedanke,* 172: »Zur richtigen Einschätzung und vollkommmenen Ausübung echten Gemeinschaftsgeistes gehört vor allem der Gedanke der *Menschheitsgemeinschaft.*«

390 Vgl. W. MOOCK, *Der Einzelne und die Gemeinschaft*: HL 32/I (1934/35) 193–203, der daran Kritik übt.

391 Vgl. z.B. TH. BRAUER, *Der Katholik im neuen Reich. Seine Aufgaben und sein Anteil,* München 1933, 37–39, 54–55; auch F. TÖNNIES, *Gemeinschaft und Gesellschaft,* bes. 12–14.

392 Vgl. A. BAUMGARTNER, *Sehnsucht,* 15.

393 TH. BRAUER, *Der Katholik im neuen Reich,* 22.

394 Ebd., 78: »Und darum kann in einer Zeit, der Gemeinschaft das Höchste ist, der Überreichtum des Katholizismus an Gemeinschaftstrieben auf die Länge der Zeit gar nicht entbehrt werden. *Einmal* kommt bestimmt der Zeitpunkt, wo man sich seiner erinnert! Es ist unsere heiligste Überzeugung: Die Gesamtgestalt des neuen Deutschland ist ohne das Katholische nicht zu vollenden.«

Verständnis des »Katholischen« verbunden wurde[395]. »Seine ungebrochene Bejahung der natürlichen Werte des Volkstums«[396] verleitete selbst KARL ADAM dazu, Katholizismus und Nationalsozialismus versöhnen zu wollen[397]. Auch Abt ILDEFONS HERWEGEN[398] und andere bereiteten indirekt einem solchen Mißgriff den Weg, wobei besonders die Ekklesiologie den Anhaltspunkt bot[399]. Natürlich gab es auch Kritiker dieser Art von Gemeinschaftsideologie wie DIETRICH VON HILDEBRAND und GUSTAV GUNDLACH[400], die auf ihre theologischen und ekklesiologischen Mängel hinwiesen. Wir werden noch sehen, ob und wie weit jene »ruhiger Denkenden und weiter Schauenden«, die vor dem »Gemeinschaftsradikalismus« warnten, im Recht waren, wenn sie meinten, daß er auf einem »Spiritualismus« beruhe, der »ebenso lebensfremd wie unchristlich« seie, und um die »Wesensbestandteile der Kirche« fürchteten[401].

3. Gemeinschaft im ›Corpus Christi mysticum‹

Doch auch »ruhiger Denkende und weiter Schauende« übertrugen den soziologisch entwickelten Gemeinschaftsgedanken auf die Kirche, vor allem verstanden als ›Corpus Christi mysticum‹. DIETRICH VON HILDEBRAND etwa, der den Wert der Einzelperson hervorhob und folgerichtig im Gegensatz zum Spannschen Universalismus die *natürliche* Gemeinschaft der Person nachordnete, meinte gerade deswegen feststellen zu können: »Nur einzig und allein in der *übernatürlichen* Gemeinschaft des corpus Christi mysticum ist das Gliedsein dem Einzelpersonsein ontologisch ebenbürtig.«[402] Insgesamt bemächtigte sich die katholische Soziologie und Gesellschaftslehre mit Vorliebe des Leib-Christi-Gedankens, was OSWALD

---

395 Ebd., 17–22: »Das Katholische, so wie es uns hier interessiert, ist zunächst und vor allem: *Sinn für die Wirklichkeit und Weltbejahung … Fortschrittsglaube und Spannungsbewußtsein … Das Katholische ist allumfassend, universal … Sinn für das Maß aus der klaren und unbeirrbaren Sicht einer grundsätzlich gesicherten Rangordung der Werte … Ehrfurcht vor den Lehren der Geschichte …«*

396 W. KASPER, *Karl Adam,* 256.

397 Vgl. K. ADAM, *Deutsches Volkstum und katholisches Christentum*: ThQ 114 (1933) 40–63.

398 Vgl. I. HERWEGEN, *Die Weihe der Volksgemeinschaft in der Kirche*: Der katholische Gedanke 1 (1928) 17–26.

399 Vgl. z.B. F.X. LANDMESSER, *Die religiöse Formkraft des Katholizismus in der Zeit,* Augsburg 1934[2], 33–41; A. BAUMGARTNER, *Sehnsucht,* 153–170.

400 Ebd., 169–170.

401 N. MONZEL, *Kirche als Gemeinschaft,* in: DERS., Solidarität und Selbstverantwortung. Beiträge zur christlichen Soziallehre, München 1959, 349–360, hier 351.

402 D. VON HILDEBRAND, *Die korporative Idee und die natürlichen Gemeinschaften*: Der katholische Gedanke 6 (1933) 48–58, hier 53 [Unterstreichung von uns!]; der Einfluß Schelers ist hier deutlich zu bemerken.

VON NELL-BREUNING noch 1946 in ein erstaunliches Wort fassen kann: »Die allgemeine Gesellschaftslehre ist die Propädeutik für den wissenschaftlichen Ausbau der Lehre vom Corpus-Christi-mysticum.«[403] Mit dem Sinn für Gemeinschaft überhaupt war auch »der Sinn für kirchliche Gemeinschaft« wieder geweckt worden[404], selbst in der Gesellschaftslehre verstanden als erlösende Gemeinschaft des Hauptes Christus mit seinen Gliedern[405]. Ausgehend von einer vereinfachenden Sicht des Axioms *»gratia supponit naturam«*[406], wurden die Gesetze menschlicher Gemeinschaft dabei oft undifferenziert auf die »Erlösungsgemeinschaft« der Kirche übertragen. Die Grenzen zwischen Kirche und Menschheit verwischend, näherte man sich im Gefolge eines soziologischen Solidaritätsdenkens manchmal einer Quasi-Identifikation des ›Corpus Christi mysticum‹ mit dem Menschengeschlecht[407]. »Kein Mensch und keine menschliche Gemeinschaft« steht nach einer solchen Auffassung »außerhalb des mystischen Leibes«[408]. Ohne auf das Problem der Ursünde einzugehen[409], wurden oft Kirche und Gesellschaft, ›Corpus mysticum‹ und Menschengeschlecht verquickt, um schließlich zu dem Schluß zu kommen: *»Sozialreform vollzieht sich als Sozialerlösung.«*[410] So verformten jene Autoren, die unter Berufung auf das oben genannte theologische Axiom kurzerhand aus soziologischen auf theologische Sachverhalte schlossen, ihre soziologischen Ausführungen zu einer Art Pseudoekklesiologie. Ohne ausreichend über das Verhältnis von Natur und Gnade reflektiert zu haben, vielleicht sogar ohne sich der Bedeutung dieses Verhältnisses für ihr Denken gänzlich bewußt zu sein, begründeten manche in einer beinahe ›mystischen Dialektik‹ den Leib Christi mit soziologischen Kategorien, die jedoch ihrerseits erst im Leib Christi sinnvoll sein sollten: In einer »petitio principii« erklärte man also die Natur mit der Gnade, nachdem man vorher von der Natur auf die Gnade geschlossen hatte. Die Konsequenz aus einer solchen ›Logik‹ beschreibt A. BAUM-

---

403 O. VON NELL-BREUNING, *Wesenbild und Ordnungsbild der menschlichen Gesellschaft,* in: Der Mensch in seinen sozialen Gebundenheiten, Köln 1946, 33.

404 M. PRIBILLA, *Vom Ringen um die Kirche*: StZ 124 (1933) 289–303, hier 290.

405 Vgl. W. SCHWER, *Katholische Gesellschaftslehre,* Paderborn 1928, 57: »Durch diese Gemeinschaft, und nur durch sie, wird der einzelne als Glied mit Christus, dem Haupte, verbunden, nur mit ihr und durch sie wird er der Erlösung teilhaftig.«

406 Vgl. H. GETZENY, *Soziologie der Religion,* 519.

407 Vgl. S. VON DUNIN-BORKOWSKI, *Der Gemeinschaftsgedanke,* 181: »Der Erlösungstod Christi … besagt vielmehr eine Solidarität des Weltheilandes mit dem ganzen Menschengeschlecht; wie dieses gesamthaftbar war, so ist es auch mitbürgend und mitmächtig, soweit es mit Christus, seinem Haupt, verbunden ist.«

408 F. X. LANDMESSER, *Die religiöse Formkraft des Katholizismus in der Zeit,* 33.

409 Dagegen W. MOOCK, *Der Einzelne und die Gemeinschaft,* 197.

410 A. BAUMGARTNER, *Sehnsucht,* 161.

GARTNER[411] in einem Satz, dessen ekklesiologische Bedeutsamkeit in Hinsicht auf die in unserer Periode ständig zunehmende Annäherung soteriologischer und ekklesiologischer Inhalte in der Theologie kaum überschätzt werden kann:

> »Die Zuordnung von Kirche und Gesellschaft erschöpfte sich nach dieser Sozialtheologie, die gelegentlich mehr den Eindruck des Visionären und mystisch Geschauten als des begrifflich-theologischen Argumentierens vermittelt, nicht in einem Vorbild-Nachbild Schema, sondern wurde als inneres, auf Einheit und Verschmelzung tendierendes Abhängigkeitsverhältnis begriffen.«

Diese »Sozialtheologie« hat ihre ersten Wurzeln bereits bei FERDINAND TÖNNIES. Ihm ist das »eigentliche Subjekt« der Religion die Kirche[412]. Sie ist die höchste Form der Gemeinschaft, denn sie ist eine »die gesamte Menschheit umfassende Gemeinschaft« oder versteht sich zumindest so[413]. Angesichts der späteren Bedeutung Ferdinand Tönnies' klingen seine Worte über diese kirchliche Menschheitsgemeinschaft fast prophetisch: »Und dies ist die Idee der Kirche und des geistlich-weltlichen Universalreiches gewesen; eine Idee, die als solche ewig, auf Grund eines erhöhten und durch Erkenntnis gereinigten Bewußtseins wieder aufleben und als bleibende sich gestalten könnte — vielleicht auch wird.«[414] Der Universalismus OTHMAR SPANNS, für den das ›Corpus Christi mysticum‹ zum »religiösen a-priori« seiner gesamten Gesellschaftlehre wurde[415], führte diese Tradition, in der die Gemeinschaft schließlich zum Heilsbringer für das Individuum wird[416], in gewissem Sinne weiter, wie er ja auch die Kirche konsequent als die organische Gemeinschaft schlechthin betrachtet[417]. Auch MAX SCHELER sieht trotz des Vorranges, den er der Person vor der Gemeinschaft einräumt, in der solidarischen Heilsgemeinschaft der Kirche die höchste Form der »Korporation«[418]. Ähnlich der bisher beschriebenen Verwendungen des Begriffes vom mystischen Leib in der katholischen Gesellschaftslehre scheint Scheler ebenfalls zu einer undifferenzierten Vermi-

---

411 Ebd., 160.

412 F. TÖNNIES, *Gemeinschaft und Gesellschaft*, 216: »A) Gemeinschaft. 1. Familienleben = Eintracht. Hierin ist der Mensch mit seiner ganzen Gesinnung. Ihr eigentliches Subjekt ist das *Volk*. 2. Dorfleben = Sitte. Hierin ist der Mensch mit seinem ganzen Gemüte. Ihr eigentliches Subjekt ist das *Gemeinwesen*. 3. Städtisches Leben = Religion. Hierin ist der Mensch mit seinem ganzen Gewissen. Ihr eigentliches Subjekt ist die *Kirche*.« [Kursiv von uns!].

413 Ebd., 4.

414 Ebd., 196.

415 E. PRZYWARA, *Deutsche Front*, 156.

416 DERS., *Liturgische Erneuerung*, in: DERS., Katholische Krise, 71–88, bes. 72.

417 Vgl. O. SPANN, *Gesellschaftslehre*, 419–420.

418 M. SCHELER, *Das Verhältnis der christlichen Gemeinschaftsidee zum gegenwärtigen Zeitalter*, in: DERS., Vom Ewigen im Menschen (Gesammelte Werke 5), Bern 1954⁴, 381.

schung von Menschheit, Corpus Christi und Kirche zu neigen[419]. Da seine diesbezüglichen Ansichten zu den einflußreichsten zählen und seine Stimme für unsere Periode ohnehin oft den Auslöser neuer Impulse darstellt, ist es angebracht, seinem Kirchenbild, dessen zeitgeschichtlichen Hintergrund wir nun schon kennen, einen eigenen Abschnitt zu widmen.

b) Zum Kirchenverständnis Max Schelers

Wenn Scheler sich in seiner Philosophie immer wieder dem Phänomen der Kirche zuwendet, so tut er es wie viele andere unter dem Eindruck des allgemeinen Zusammenbruchs menschlicher Kräfte, aus Enttäuschung über ihr Versagen im »Naturexperiment des Krieges«[420]. Auch durch das Versagen der *»politische[n] Demokratie«* und der *»weltliche[n] Kulturgemeinschaft* in Wissenschaft und Kunst«[421] ist die »Leerstelle einer anerkannten spirituell-moralischen Autorität in Europa« allgemein bewußt geworden[422]. Die gleichzeitige Überwindung der sogenannten »Kulturkampfmentalität«[423] gibt dabei Scheler zufolge auch dem Katholiken einen neuen Zugang zur Religion, weg von jeder Verflachung »ins Bequeme und Leichte« hin zur Verwirklichung einer »Hochspannung des christlichen Lebensideals« zwischen Selbstverantwortung und Gliedschaft, die sich in der Kirche als Leib Christi verwirklicht[424]. Hier liegen für Scheler bezeichnenderweise auch Ansätze zu einem Frieden unter den Konfessionen mit nicht bloß einer negativen Basis wie bisher[425]. Um Schelers auf diesen zeitgebundenen Erkenntnissen beruhendem Kirchenverständnis aber gerecht zu werden, sind im folgenden die damit in Zusammenhang stehenden philosophischen und »christologischen« Überzeugungen Schelers ebenfalls zu berücksichtigen.

---

419 Ebd., 381: »Diesen umfassenden Gesamtleib, dessen ›Glieder‹ alle Kinder Adams sind, lehrt uns die göttliche Offenbarung kennen als corpus Christi, als die alle Menschen (Lebendige wie Tote) und alle Engel *umfassende Kirche* …«.

420 M. SCHELER, *Soziologische Neuorientierung*, 682–688.

421 Ebd. 688.

422 Ebd., 698.

423 Ebd., 196–198.

424 Ebd., 264.

425 Ebd., 202–204; DERS., *Der Friede unter den Konfessionen*, 142: »Der wahre konfessionelle Friede geht vielmehr aus dem positiven *Wesen* und *Inhalt* des christlichen Glaubens selbst hervor, im scharfen Gegensatz zu diesen Vortäuschungen und Ersatzmitteln konfessionellen Friedens, die nur den Schwächen des menschlichen Herzens entstammen und nur auf Kosten des echten Glaubens zustande kommen. Diese positiven Fundamente ruhen in der Ethik und im Dogma des Christentums selbst.«

Dabei werden wir uns hauptsächlich der Werke seiner katholischen Phase bedienen, allerdings ohne anderes Schrifttum völlig auszuschließen.

1. Kirche und Person

Die Lehre Schelers von der Unabhängigkeit, aber Konformität metaphysischer und religiöser Erkenntnis beinhaltet die Möglichkeit, zu allen religiösen Phänomenen auf verschiedene Weise Zugang zu finden. Außer der nicht zur Diskussion stehenden positiv- theologischen Lehre von der Kirche gibt es daher für Scheler ein »Naturrecht der Kirche«, das er aus der Rangordnung der Werte und den ihnen jeweils zugehörigen Gemeinschaftsformen ableitet[426]. Weiter existiert eine religionsphilosophische Sicht der Kirche, die dem religiösen Akt und seinen Eigenschaften zu entnehmen ist. Beide verhalten sich konform zueinander und werden von der positiven Offenbarungslehre bestätigt bzw. erhellt.

Daß Personwert höher steht als Gemeinschaftswert, ist Scheler »strahlend klare Evidenz«[427]. Nun ist aber dieser Personwert nie individualistisch zu verstehen, denn auch »für die *intime Person*« gilt »das Prinzip der ursprünglichen Solidarität«, »da es für die Geistperson überhaupt gilt«[428]. So sind alle geistigen Personen miteinander verknüpft. Wie aber die Person *»konkrete, selbstwesenhafte Seinseinheit von Akten verschiedenartigen Wesens«* ist, die allen Unterschieden dieser Akte vorausgeht[429], so ist die Verknüpfung geistiger Personen in einem *»Zentrum des Er-lebens«*[430], in der »Einheit eines *geistigen* Aktzentrums« eine »Gesamtperson«[431]. Dabei gehört es zur *Gesamtperson,* »daß sie allen partikularen, d. h. nur auf *eine* Wertart gerichteten sozialen Einheiten, sowohl solchen der Gesellschaft als der Lebensgemeinschaft gegenüber jene Selbstständigkeit des Seins und jene Überordnung des Wollens besitzt, die Souveränität genannt wird.«[432] Die wenigen rein geistigen Gesamtpersonen, die alle auf der ursprünglichen Solidarität der Geistpersonen gründen, unterscheiden sich nach ihrer Bezogenheit auf verschiedene, dem Personwert dieser Gesamtpersonen dienende Werte: Die Kulturgesamtperson (Nation und Kulturkreis) dient dem *Ge-*

---

[426] DERS., *Der Friede unter den Konfessionen,* 473.

[427] DERS., *Der Formalismus in der Ethik,* 16 [Vorwort zur 2. Aufl.]: »... die ... strahlend klare Evidenz des Satzes, daß *Personwert* höher ist als aller Sach-Organisations-Gemeinschaftswert ...«.

[428] Ebd., 517.

[429] Ebd., 393.

[430] Ebd., 524.

[431] Ebd., 546.

[432] Ebd., 546.

*samt*wert der Kultur, die Kirche dem *Gesamt*heil[433]. Von der nicht rein geistigen Gesamtperson des Staates »scheidet sich die Kirche an erster Stelle dadurch, daß sie auf die Realisierung eines anderen Grundwertes bezogen ist, nämlich den des Gesamt-*Heiles,* auf alle anderen Werte aber nur so weit, als … die Realisierung dieser Wertarten die Verwirklichung des Gesamtheiles *bedingt.*«[434] Die Kirche bildet die höchste Gesamtperson, da die Solidarität, auf der sie aufbaut, die der Menschheit als *»Reich endlicher Personen* überhaupt« ist. Dieses Reich formt das »unmittelbare Substrat für das, was der Wesensidee nach Kirche ist.«[435] Das »dunkle Gefühl der Solidarität unseres Menschenschicksals«, das »uns alle zusammen zu *einer* großen irdischen Schicksalsgemeinschaft« webt[436], findet bei Scheler seine Entsprechung in einer wirklichen Solidarität und Mitverantwortung aller geistigen Personen. Dem entspricht wiederum die Idee der Kirche als jener von Umwelt und Territorium gänzlich unabhängigen[437] vollkommensten Gesamtperson, die den höchsten Gesamtwert, also das Gesamtheil, zum Ziel hat.

2. *Kirche und Gemeinschaft*

Dem Gesamtheil konform ist der in der Schelerschen Religionsphilosophie zentrale Wert des »Heiligen«. Dieser Wert verwirklicht sich auf einzigartige Weise in der Person *des* »Heiligen« schlechthin, d. h. in Gott. Da Religion »zuvörderst ein Heilsweg« ist, findet sich der religiöse Akt nun auf Gott als den Heiligen, als das ›summum bonum‹ gerichtet[438]: »Das Ziel der Religion ist nicht rationale Erkenntnis des Weltgrundes, sondern das *Heil des Menschen* durch Lebensgemeinschaft des Menschen mit Gott — Vergottung.« Deswegen ist der religiöse Akt ebenfalls nicht individualistisch zu denken (in Konformität zur Unmöglichkeit individualistischer Verwirklichung des Personwertes), sondern schließt das »Miteinander der Gruppe, in letzter Linie der Menschheit« mit ein[439]. Damit ist auch der religiöse Akt in

---

433 Ebd., 547–548: »Wohl aber entsprechen den früher geschiedenen geistigen Kulturwerten in ihrer besonderen Abart als *Gesamt*werten und dem Wert des Heiligen als *Gesamt*heil, als zu realisierenden Grundwerten, zunächst zwei verschiedene Arten von Gesamtpersonen: Den ersteren die *Kulturgesamtperson,* die de facto *Nation* und *Kulturkreis* sein kann, dem letzteren die Gesamtperson der *Kirche.* Nur diese beiden Arten von Gesamtpersonen dürfen rein geistige Gesamtpersonen heißen.«

434 Ebd., 549–550.

435 Ebd., 550.

436 DERS., *Der Friede unter den Konfessionen,* 143.

437 DERS., *Der Formalismus in der Ethik,* 560.

438 DERS., *Religion und Philosophie,* in: Vom Ewigen im Menschen, 134.

439 Ebd., 130.

die Heilssolidarität eingebunden, was in der christlichen Gemeinschaftsidee seinen Niederschlag findet: »*unus christianus, nullus christianus*«[440]. So führt der Gottesgedanke »immer notwendig auf den Gemeinschaftsgedanken«[441]. Gotteserkenntnis, Gottesanbetung und -verehrung muß »gemeinschaftlich-kooperativ« sein[442]. Daher ist die »Form der *Liebes- und Heilsgemeinschaft*« für die religiöse Erkenntnis konstitutiv. Aus diesem Grunde gehört »zu jeder positiven Religion auch eine positive, mit der Idee ihres höchsten Gegenstandes *notwendig* zusammenhängende Gemeinschaftsidee«; dieses Axiom besitzt nach Scheler für das historische Studium der Religionen sogar »a priorischen Charakter«[443]. Der Primat der Liebe vor der Erkenntnis, den Scheler energisch vertritt, läßt für ihn keine wahre Gotteserkenntnis zustandekommen ohne die »*Wechselliebe*« der Gotterkennenden untereinander. Aus diesem Prinzip aber »ergibt sich notwenig die Idee des Heils*gutes*, das die Kirche als *Kirche*, d. h. als Anstalt, nicht im Sinne einer Summe einzelner Gläubiger, zu wahren und zu verwalten und den Seelen zuzuwenden hat.«[444]

Damit hat Scheler die Kirche als *Idee* aus dem gemeinschaftlichen Charakter des religiösen Aktes als Erschließung des Heiligen ebenso begründet wie vorher aus seinem Personalismus und der daraus gefolgerten Notwendigkeit von Einzelpersonen, sich wegen ihrer grundlegenden Solidarität zur Erlangung des Gesamtheils zu einer Gesamtperson zusammenzuschließen. Beide im übrigen eng verbundenen Zugänge zur »Wesensidee« der Kirche verhalten sich nicht allein konform zueinander, sondern werden auch von der durch H. FRIES formulierten Schelerschen Überzeugung bestätigt, daß »die *Begründung* der Gemeinschaft« schlechthin »eine *religiöse*« ist: »Gemeinschaft des Menschen und der Menschen ist in *Gott* fundiert.«[445] Deswegen ist die höchste Gottesidee für Scheler mit der höchsten Gemeinschaftsidee verbunden[446]. Diese höchste Gemeinschaftsidee aber verwirk-

---

440 DERS., *Der Friede unter den Konfessionen*, 479.

441 DERS., *Die Wesensphänomenologie der Religion*, in: Vom Ewigen im Menschen, 260: »Endlich ist jeder religiöse Akt gleichzeitig *individueller* und *sozialer* Art. Unus christianus — nullus christianus gilt im erweiterten Sinn für alle Religion. Es ist wesensgesetzlich ausgeschlossen, *Gott* zu denken, ohne Gott gleichsinnig auf alle Menschen bezogen zu denken wie auf sich selbst. Der Gottesgedanke führt immer notwendig auf den Gemeinschaftsgedanken — auch noch im einsamsten Anachoreten in der Wüste.«

442 Ebd., 158.

443 Ebd., 261.

444 DERS., *Warum keine neue Religion?*, in: Vom Ewigen im Menschen, 342.

445 H. FRIES, *Die katholische Religionsphilosophie*, 91.

446 M. SCHELER, *Warum keine neue Religion*, 341: »Wer nicht *absolut* glaubt, der glaubt auch nicht an das *absolute* Sein. Wer nicht an die Idee der allumfassenden Heilsanstalt und ih-

licht sich in der Kirche. Die Kirche ist somit Vorbild und Gipfel nicht nur christlicher Gemeinschaft, sondern auch aller weltlichen Gemeinschaft überhaupt[447].

3. Die Wesensmerkmale der Kirche

Nach dieser doppelten Begründung der »Wesensidee« der Kirche im Rahmen seines phänomenologischen Ansatzes, geht es uns nun um die genauere Verfaßtheit der Kirche bei Scheler. Dabei fällt sofort auf, wie eng er die Idee der Kirche nicht nur mit der Idee Gottes, sondern vor allem auch mit der Idee des »ursprünglich Heiligen«, des Heiligen »der höchsten möglichen Wesens*art,* nach welcher Selbstmitteilung Gottes erfolgen kann«, in Zusammenhang bringt[448]. Diese Idee findet ihre Entsprechung — besonders während der katholischen Zeit Schelers — in Jesus Christus. Folgerichtig besitzt die sittliche und solidare Körperschaft der Kirche als ihr »höchstes unsichtbares ›Haupt‹ Christus«[449]. Gerade unter diesem Aspekt ist sie das »Vorbild aller echten christlichen Gemeinschaft überhaupt«[450]. So nennt Scheler die Kirche zu wiederholten Malen »Leib Christi« oder »corpus Christi«[451] Er ist der Meinung, daß sich darin für den christlichen Glauben die Solidarität des Menschengeschlechtes erfüllt[452]. Im Leib Christi gelangen die »wesensontischen Bestimmungen« der Kirche schlechthin zu ihrer Vollendung.

Angesichts der »wesensmäßig sozialen Natur aller Religion« können diese wesensontischen Bestimmungen bei Gemeinschaften, »an welche Offenbarung als Gesamtoffenbarung (im Unterschied zu individueller Er-

---

ren dauernden Wahrheitsbesitz glaubt, der glaubt auch nicht ernsthaft an die *Allgüte Gottes.* Wer seine Religion nicht für die absolut wahre hält, sondern nur für die relativ vollkommenste (bisheriger Geschichte), kann auch nicht glauben, es sei das, woran er glaubt, *ein* Gott und ein personaler *Gott* usw.. Einheit und Einzigkeit, Allgültigkeit und absolute Autorität der Kirche (schon als Wesens*idee* von der Kirche) sind also wesensgesetzliche Merkmale der Idee ›Kirche‹, … der Kirche *eines* persönlichen allgütigen Gottes.«

447 DERS., *Das Verhältnis der christlichen Gemeinschaftsidee,* 381–382, bes. 381: »Ein wenn auch noch so schwaches *Nachbild* dieser *höchsten Korporation,* der wir angehören, muß aber auch jede außerkirchliche weltliche Korporation und Verbandsform sein.«; DERS., *Die christliche Liebesidee und die gegenwärtige Welt,* in: Vom Ewigen im Menschen, 401.

448 DERS., *Warum keine neue Religion?,* 339.

449 DERS., *Soziologische Neuorientierung,* 264.

450 Ebd., 263.

451 Vgl. z.B. DERS., *Der Friede unter den Konfessionen,* 143; DERS., *Das Verhältnis der christlichen Gemeinschaftsidee,* 381 u. 388; DERS., *Arbeit und Weltanschauung,* in: DERS., Schriften zur Soziologie und Weltanschauungslehre (Gesammelte Werke 6), Bern–München 1963², 285.

452 DERS., *Der Friede unter den Konfessionen,* 143.

leuchtung und zur Gnade) vermittels eines ›Repräsentanten‹ ergeht«, aus der »*Wesenslehre von den soziologischen Strukturformen*« hergeleitet werden[453]. Die von Scheler mit besonderer Aufmerksamkeit bedachten wesensontischen Bestimmungen der Gesamtperson Kirche sind ihre Universalität, Einzigkeit und Unfehlbarkeit. Ihre Universalität erstreckt sich, wie bereits angedeutet, auf das heilssolidarische Reich »aller endlichen und auf das höchste Gut in einträchtiger Gottes- und Nächstenliebe bezogener Personen, der Lebendigen und der Toten, der Menschen und der Engel«[454], ja sogar auf das Reich »aller faktischen und möglichen endlichen geistigen Personen«. Zum einen besteht diese Allumfassentheit der Kirche schon als Anspruch der »*einen wahren Kirche Gottes*« überhaupt, zum anderen ist sie im Glaubensanspruch konkreten kirchlichen Anstalten gegeben[455]. Doch das »Ewigkeitsgeschöpf«[456] Kirche ist ohnehin als Idee »allen...immanent«, und schafft daher unter den geistigen Personen keine »*künstliche* Vertragseinheit«, sondern eine *reale* Einheit[457]. Diese Einheit und Einzigkeit der Kirche, »die unabhängig von positiver Offenbarung und kirchlicher Satzung allein schon aus dem Theismus und der natürlichen Wertlehre und Ethik hervorfließt«, baut in erster Linie auf dem unteilbaren »höchsten Wert des Heiligen und des Gesamtsheils der solidarischen Menschengemeinschaft« auf: »Viele Kirchen können viele nur mit schlechtem Gewissen sein.«[458] Das ist im Wesen Gottes selbst begründet, denn alles »religiöse Wissen um Gott« ist »ein Wissen auch *durch Gott im Sinne der Empfängnis dieses Wissens selber*«. Das gibt nicht nur »der Religion jene letzte *Einheit,* der sie bedarf«[459], sondern begründet auch »die Wesensnotwenigkeit einer objektiv allumfassenden *Heilsanstalt mit höchster unfehlbarer Autorität.*« Denn weil wir Gott als »leibfreie geistige Person qua Person« Scheler zufolge nur durch freie Offenbarung erkennen können, kann »kein allgütiger personaler Gott Offenbarung unterlassen«. Deswegen ist Gott *»ausschließlich* kraft seiner *heiligen Person selbst* absolute *Glaubens- und Heils›autorität‹«*[460]. Nun hat uns aber der Repräsentant Gottes, der Offenbarungsträger, der Einzige und Heilige die »totale, vollendete, unvermehrbare und un-

---

453 DERS., *Die Wesensphänomenologie der Religion,* 158–159.

454 DERS., *Soziologische Neuorientierung,* 390–391; DERS., *Der Formalismus in der Ethik,* 550, 560.

455 DERS., *Soziologische Neuorientierung,* 394.

456 Ebd., 394.

457 Ebd., 391.

458 DERS., *Der Friede unter den Konfessionen,* 473.

459 DERS., *Das Konformitätssystem,* 143.

460 DERS., *Warum keine neue Religion?,* 339.

verminderbare« Wahrheit Gottes gebracht[461]. Für Scheler ist die Konsequenz daraus eindeutig[462]:

> »Mußte dann der ursprünglich Heilige, dem Gott ›sich‹ selbst gab, nicht auch eine Veranstaltung treffen, diese Erkenntnis so zu formulieren und zu bewahren und auszuspenden für alle mögliche Folgezeit, daß sie unverletzlich durch alle Geistesströmungen der Geschichte und durch die Anmaßung der Vernunft partikularer Kreise, z.B. der Gebildeten, der Gelehrten hindurchgerettet wurde? Die *Unfehlbarkeit* einer allumfassenden ›Kirche‹ qua Kirche in Heilsdingen ist also eine Folge davon, daß nicht primär eine All*weisheit,* nicht primär eine All*macht,* nicht primär eine gerechte Ordnung, sondern eine *personhafte Alliebe* zu allen Menschen im Zentrum der Dinge und im Regiment der Welt gedacht werden muß.«

Aus diesem Grunde kann auch die Wahrheit der kirchlichen Lehre nie niedrigeren Werten, etwa dem der ›Allgemeingeltbarkeit‹ geopfert werden[463]. Die Kirche darf sich nicht der allgemeinmenschlichen Natur anpassen, sondern muß diese zu sich erheben[464], um sie durch den höchsten Wert des Heiligen am Gesamtheil teilhaben zu lassen. Im Dienst des solidarischen Gesamtheils aller endlichen Personen stehen auch Herrschaftsverhältnisse, die die Kirche »*in sich* ausbildet«[465] und die sich, ebenso wie alle Erkenntnisquellen in Schrift, Tradition und Lehramt, immer auf den »ursprünglich Heiligen« als Stifter und Ursprung zurückbeziehen müssen[466]. Ihre Autorität und Würde besitzt die Kirche eben nur »vermöge ihres Ursprungs als Stiftung, und damit all ihrer ›Ämter‹, durch den Heiligen Gottes.«[467]

Diese Wesensmerkmale der Idee Kirche — Universalität, Einzigkeit, Unfehlbarkeit —, ihr eingestiftet durch die Verbindung mit dem einzigen Offenbarungsträger und Repräsentanten des allgütigen Gottes, der als *»in Persona«* »fleischgewordene Wahrheit« »das unsichtbare Oberhaupt« seiner Kirche bleibt und der in ihr »auf mystische Weise gegenwärtig ist«[468], verwirklichen sich natürlich alle im ›Corpus Christi‹. Denn: »wie sehr stimmen die christlichen Glaubensgeheimnisse überein mit dem, was schon unsere Vernunft von der tiefsten Erschließung Gottes über sein Wesen er-

---

461 Ebd., 339–340.
462 Ebd., 341.
463 DERS., *Soziologische Neuorientierung,* 295.
464 DERS., *Der Formalismus in der Ethik,* 560–561.
465 Ebd., 550.
466 DERS., *Warum keine neue Religion?,* 339.
467 Ebd., 342.
468 Ebd., 342.

warten mußte.«[469] Zwar spricht sich Scheler in der Vorrede zur zweiten Auflage seines Werkes »Vom Ewigen im Menschen« von 1922, also nach seiner Glaubenskrise, energisch gegen den Vorwurf aus, er habe die »Unfehlbarkeit des römischen Papstes« beweisen oder »die philosophische Methode zur Magd der Apologetik einer positiven Kirche und ihrer Dogmatik« machen wollen[470], aber in dem ebenfalls nach seinem Glaubensverlust verfassten Aufsatz »Christentum und Gesellschaft« bekennt er dennoch, »der christlichen Kirche in der Form, die sie im römischen Katholizismus angenommen hat«, »am meisten wertvolle praktische und erzieherische *Kraft und Heilsamkeit* zugleich« zuzuschreiben[471]. Noch nicht durch sein persönliches Schicksal ungünstig beeinflußt, hatte er vorher jedoch im Licht der Offenbarung den solidarischen Gesamtleib der gesamten Menschheit ohne weiteres mit der römisch-katholischen Kirche identifiziert: als das Corpus Christi, mit dem »unsichtbaren mystischen Haupte Christus und dem sichtbaren Haupte, dem Nachfolger Petri.«[472]

4. Schwächen des Kirchenverständnisses bei Scheler

Zum Schelerschen Kirchenverständnis kann generell mit seinen eigenen Worten gesagt werden, daß er die von ihm angenommenen »vier Erkenntnisformen der deskriptiven Phänomenologie, der Wesensphänomenologie, der metaphysischen Erörterung und dessen, was er als Glaubenssubjekt da und dort...bejaht..., im Laufe der Erörterung nicht immer ganz deutlich getrennt« hat[473]. Obwohl man Schelers Absicht, keine Apologetik der katholischen Kirche zu treiben, sehr ernst nehmen muß, scheint es doch bemerkenswert, daß die ontischen Wesensbestimmungen, die er der »Idee der Kirche« zuschreibt, so genau auf die »römische Kirche« passen. Das fällt umso mehr auf, als er diese Wesensbestimmungen ja gerade unter dem Eindruck seiner Konversion zum katholischen Glauben erarbeitet hat. Es ist nicht immer leicht auszumachen, ob Schelers »Idee der Kirche« zum ›Corpus Christi‹ führt, oder ob ihn der Corpus-Christi-Gedanke zu seiner »Idee der Kirche« geführt hat. Die Grenzen können umso eher fließend erscheinen, als Scheler eben nicht nur seine Zeit stark beeinflußt hat, sondern natürlich auch von seiner Zeit beeinflußt worden ist. Hier sind in seiner katholischen Phase wohl vor allem die ›liturgische Bewegung‹ und ihre Prota-

---

469 Ebd., 335.

470 DERS., *Vom Ewigen im Menschen,* 13.

471 DERS., *Christentum und Gesellschaft,* in: Schriften zur Soziologie, 225.

472 DERS., *Das Verhältnis der christlichen Gemeinschaftsidee,* 381.

473 DERS., *Vom Ewigen im Menschen,* 14.

gonisten zu nennen, deren Kirchenbild ebenfalls unter dem Eindruck der Leib-Christi-Ekklesiologie stand[474].

Daß die Idee der Kirche vom Gemeinschaftscharakter des Glaubensaktes gleichsam als gefordert angesehen werden kann, hat Scheler mit guten Gründen dargelegt. Auch kommt er mit seinen Ausführungen über die grundsätzliche Solidarität des Menschengeschlechtes durchaus klassischen Überlegungen entgegen, besonders dort, wo er diese Solidarität in Zusammenhang mit der Erbsünde und der daraus hervorgegangenen Erlösungsbedürftigkeit der Menschen stellt[475]. Die Begründung dieser Solidarität jedoch, die er getreu seinem Personalismus in die »geistige Person« und die »rein geistige Gesamtperson« verlegt, rückt sein Kirchenverständnis in die Nähe eines gewissen Spiritualismus. In konsequenter Fortsetzung dieser Auffassung konzentriert Scheler die Aufgabe Christi für seine Kirche auf die des »ursprünglich Heiligen«, des Offenbarers und des Stifters, während er beispielsweise seinen Erlösungstod am Kreuz kaum erwähnt. ›Erlösung‹ scheint für Scheler eher die Einheit aller geistigen Personen mit der höchsten geistigen Person zu sein, die durch die Geistperson des ursprünglich Heiligen Christus in der Offenbarung von geistiger Wahrheit vermittelt wird. Dazu passt seine Behauptung, daß »das faktische Maß, in dem eine Kirche die Menschheit umfaßt...für die Frage, wieweit das Wesen der Kirche in ihr möglichst rein exemplifiziert werde...gar nichts« besagt[476]. Wenn dann noch im Zusammenhang mit der christlichen Gemeinschaftsidee von der »Mitverantwortlichkeit aller dieser Seelen« und von einem diese *Seelen* umfassenden ›Körper‹ spricht, der dem »Ursprung und der Ganzheit« nach unsichtbar ist[477], wird eine Spiritualisierungstendenz ziemlich deutlich. Die sichtbare Wirklichkeit tritt hinter der Welt der geistigen Wesensideen und

---

474 DERS., *Die deutsche Philosophie der Gegenwart,* 317–318; Scheler stand in Beziehung mit Abt I. Herwegen von Maria Laach und hat z.B. 1919 über Maria Laach R. Guardini einen Dankesbrief für sein Werk »Vom Geist der Liturgie« zukommen lassen, indem es u.a. heißt: »Der Geist dieser Schrift ist mir so *nahe,* wie (ich muß es leider sagen) das Meiste unserer deutschen religiösen Litteratur [!] der Gegenwart fremd.« Zit. nach H.B. GERL, *Romano Guardini,* 109, auch 108–110 u. 144–148.

475 DERS., *Die christliche Gemeinschaftsidee,* in: Vom Ewigen im Menschen, 376: »Aber auch die zentralsten Grundgedanken des christlichen Glaubens setzen dieses schon der natürlichen Vernunft angehörige Prinzip [der Solidarität] voraus, so der Gedanke einer allverbindlichen, katholischen, einheitlichen, christlichen Kirchenanstalt, der Gedanke, daß alle Menschen zusammen ›in‹ Adam sündigten und fielen und alle zusammen in Christo auferstanden; daß es wahre Erb*schuld,* nicht nur schlechte untüchtige Erbanlagen gibt, die Corpus-Christi-Lehre, ein Grundpfeiler der hl. Messe wie die Lehre von der Kirche, das stellvertretende Opferleiden, die Fürbitte, der Ablaß und noch sehr viel anderes.«

476 DERS., *Der Formalismus in der Ethik,* 561 Anm. 1.

477 DERS., *Das Verhältnis der christlichen Gemeinschaftsidee,* 381.

der Geistpersonen offensichtlich zurück und verliert an Bedeutung. Zwar gibt Scheler zu, daß der die Seelen umfassende unsichtbare Körper »in die Sichtbarkeit kraftvoll« hineinragt und hineinwirkt[478] und daß dem »Geist der abendländischen Kirche« eine »Doppelbewegung« eigen ist, »d.h. *auch* die Bewegung zum Einbau des Gottesreiches in die sichtbare und öffentlich-rechtliche Welt«[479]. Ebenso nennt er die Kirche »*über*zeitlich und *inner*zeitlich«[480]. Aber das solidarische Gesamtheil, das als Wert die Existenz der Kirche begründet, meint doch »nicht primär die sog. Menschheit als Naturgattung«, sondern das Gesamtheil aller endlichen *geistigen* Personen. Daher ist die Kirche eine »von den Einzelsubjekten unabhängige kontinuierliche Gesamtrealität«[481] und hat wesentlich »ewige« Dauer[482], ist eben ein »Ewigkeitsgeschöpf«. So beziehen sich die Ausdrücke »Reich« oder »Heilsanstalt«, die Scheler hier und da für die Kirche verwendet, doch zuerst immer auf die Geistpersonen, die das Reich bilden oder um deren geistiges Gesamtheil es geht. Seiner Lehre vom Primat der Liebe folgend, ist für Scheler die Kirche nicht Rechtsgemeinschaft, sondern die »technische Form« der *reinen* Liebesgemeinschaft[483]. Folgerichtig sieht er in der rein geistigen Gesamtperson der Kirche geradezu »das direkte *Gegenteil*« einer äußerlichen Gesellschaft[484].

Diese dem Kirchenverständnis Schelers eigene Tendenz zur Betonung der unsichtbar-geistigen Dimension ist auch in seinem Gemeinschafts- bzw. Gesellschaftsbegriff mehrfach festgestellt worden[485]. Sie hat vermutlich vor allem drei Gründe: Erstens die Herleitung der »Kirchenidee« aus seiner Auffassung von Person und damit Gesamtperson »als eines rein geistigen Phänomens«[486]; zweitens — zusammenhängend mit seinem Personbegriff und der daraus folgenden Herleitung der christlichen Gemeinschaftsidee aus dem religiösen Akt als notwendigem Miteinander geistiger Personen zur Er-

---

[478] Ebd., 381.

[479] DERS., *Die geistigen Formungsmächte eines Wiederaufbaus Europas,* in: Vom Ewigen im Menschen, 441–442.

[480] DERS., *Der Formalismus in der Ethik,* 562.

[481] DERS., *Soziologische Neuorientierung,* 391.

[482] DERS., *Der Formalismus in der Ethik,* 562.

[483] Ebd., 129–130.

[484] DERS., *Soziologische Neuorientierung,* 391: »Wer sähe nicht, daß ›Gesellschaft‹ in *diesem* Sinne, gerade in den wesentlichsten Zügen das direkte *Gegenteil* der Kirche darstellt? Hier die Idee einer *künstlichen* Vertragseinheit, dort die einer *realen* Einheit.«

[485] Vgl. A. BAUMGARTNER, *Sehnsucht,* 86; G. GUNDLACH, *Zur Geistesgeschichte der Begriffe Stand — Klasse,* in: DERS., Die Ordnung der menschlichen Gesellschaft II, Köln 1964, 191–204, bes. 199–204; DERS., *Solidarismus,* in: DERS., Die Ordnung der menschlichen Gesellschaft I, Köln 1964, 172–178, bes. 175.

[486] A. BAUMGARTNER, *Sehnsucht,* 86.

reichung des höchsten Wertes des Heiligen — die Auffassung religiöser Gemeinschaft als »rein geistiger Liebesgemeinschaft«; drittens schließlich Schelers augustinisierende Grundrichtung[487], die sich besonders dort bemerkbar zu machen scheint, wo der Übergang zwischen Kirche und Menschheit, zwischen ›Corpus Christi‹ und dem »Reich aller endlichen geistigen Personen« fließend wird. Es ist kaum möglich, den Einfluß augustinischer Gedanken auf Schelers Kirchenverständnis im einzelnen nachzuweisen. Und obwohl er z. B. zu I. HERWEGEN, R. GUARDINI und auch KARL ADAM unter Umständen einen besonderen Zugang gehabt hat[488], wird ebensowenig mit Genauigkeit auszumachen sein, wie groß die Bedeutung solcher Augustínus nahestehender Theologen für sein eigene theologische Ideenwelt gewesen ist. Seine (gegen den ›Thomismus‹ gerichtete) Verteidigung des Primates der Liebe in der Erkenntnis wie auch seine gesamte Erkenntnistheorie[489] und ebenso seine hier und da durchscheinende Aufassung von der *»Form* der Scheidung von *Vernunft und Gnade, natürlicher und Offenbarungsordnung«*, die allerdings öfters oszilliert[490], sind jedoch von einer bestimmten Art der Augustinusinterpretation geprägt. Daß auch sein ›vergeistigtes‹ Kirchenbild Züge dieser Interpretation trägt, wird bei der Darstellung der Bedeutung des großen Kirchenlehrers für die gesamte Ekklesiologie unserer Periode noch offensichtlicher werden. Für die Kirche und ihre Idee bei Scheler gilt inzwischen, was Scheler selbst grundsätzlich zur Wesensphänomenologie der Religion feststellt: »Somit ist eine evidente Einsicht in alles, was apriori-wesenhaft ist (seien es einzelne Wesenheiten, Wesenszusammenhänge oder Wesensstrukturen) durch (induktive) Erfahrung des zufällig Tatsächlichen weder beweisbar, noch zerstörbar oder widerlegbar.«[491] So scheint Scheler auch die apriorisch-wesenhafte

---

487 Vgl. Anm. 72.

488 Vgl. z. B. M. SCHELER, *Die deutsche Philosophie der Gegenwart,* 318–319; auch oben Anm. 474.

489 Vgl. M. SCHELER, *Die Wesensphänomenologie der Religion,* 279.

490 Ebd., 275; vgl. ST. JAKI, *Les tendances nouvelles,* 51: »... en ce qui concerne la distinction entre l'ordre naturel et surnaturel, Scheler ne donne point une solution nette. Bien que le P. Przywara soit d'avis que Scheler, malgré le flottement de ses expressions, ne supprime pas la distinction entre les deux ordres, il ne reste pas moins vrai que pour Scheler c'est l'expérience naturelle de l'individu en son profond engagement dans le collectif, qui constitue la base de l'idée de l'Eglise.«; E. PRZYWARA, *Religionsbegründung. Max Scheler–J.H. Newman,* Freiburg i. B. 1923, 183.

491 M. SCHELER, *Die Wesensphänomenologie der Religion,* 197: »Das *Wissen um* einen apriorischen Gegebenheitsgehalt ist nun weder eingeboren, noch auch seinem Gehalt nach ein pures Erzeugnis des Geistes, sondern es ist an sich genau so ›receptio‹ wie jedes Wissen eines Gegebenen. Das Wissen um das Apriori ist also selbst keineswegs auch *apriorisches Wissen.* Wohl aber ist es ein Wissen, das, obzwar aposteriori, aber darum nicht induktiv gewonnen, apriori für alle Gegenstände in *Geltung* steht (auch für die mir jetzt oder auf irgendeiner Stufe

Idee der Kirche als einer allumfassenden rein geistigen Gesamtperson und Liebesgemeinschaft unabhängig von der Erfahrung der ›zufällig tatsächlichen‹ Wirklichkeit der geschichtlichen Kirche kohärent zu seinen philosophischen Grundüberzeugungen entwickelt zu haben.

Der Kirchenbegriff Schelers ist nicht vollständig und will es wohl auch nicht sein. Trotzdem ist auffällig, daß jene ›nota Ecclesiae‹, die ihn in erster Linie interessieren — also Universalität, Einheit (Einzigkeit) und Unfehlbarkeit — ebenfalls eher geistige Eigenschaften sind, zumal nach Scheler Universalität als geistige Ausdehnung in der ideelen Umfassung aller endlichen Geistpersonen zu verstehen ist. Apostolizität (und Sichtbarkeit) werden dagegen entweder gar nicht oder nur am Rande erwähnt. So wird klar, daß es in keiner Weise in Schelers Absicht lag, etwa einen philosophisch begründeten umfassenden Traktat ›De Ecclesia‹ oder auch nur seine Grundzüge zu liefern. Phänomenologie der Kirche bzw. Wesensontologie ihrer Idee, apologetische Elemente und der der Dogmatik entlehnte Corpus-Christi-Gedanke als theologische Entsprechung der Schelerschen Gemeinschaftsauffassung stehen nicht immer in geschlossenem Zusammenhang und sind insgesamt eher ausgezogene Linien einer bestimmten Periode der Philosophie Schelers — begriffen unter dem Eindruck persönlicher Glaubensüberzeugungen — als systematische Ausführungen zur philosophischen Ergänzung der Ekklesiologie[492]. Scheler will nicht in erster Linie über die Kirche sprechen, sondern über den Menschen und seine religiösen Vollzüge. Der von ihm dabei gewählte Weg über die Wertordnung und den Personbegriff führte ihn dazu, Entsprechungen zwischen den von ihm festgestellten phänomenologisch-wesensontologischen Strukturen sozial-religiöser Art und der katholischen Offenbarungsreligion zu sehen, die er eher assoziativ niedergelegt hat. Da er kein Fachtheologe war, ließ er sich dabei weniger von biblischem, historisch-geschichtlichem und dogmatischem Denken leiten, sondern wohl eher von Eindrücken und persönlichen oder zeitbedingten Überzeugungen seiner katholischen Phase. Obwohl bezweifelt werden kann, ob es Scheler tatsächlich um eine »Phänomenologie der übernatürlichen Gegebenheiten« zu tun war[493], glauben wir doch mit eini-

---

meines Erfahrungswissens unbekannten, ja eventuell unerkennbaren), sofern sie nur *Gegenstände solchen Wesens* sind … [weiter im Text].«

492 Vgl. ST. JAKI, *Les tendances nouvelles,* 50: »Il faut noter enfin que Scheler reste avant tout un philosophe, les questions théologiques, voire écclésiologiques n'entrent dans ses développements que secondairement.«

493 Es scheint sich doch vielmehr um eine Phänomenologie der geistigen Person, ihrer Wertwelt und ihrer religiösen Vollzüge zu handeln, bei der eben Entsprechungen zu den durch positive Offenbarung erkannten »übernatürlichen Gegebenheiten« festgestellt wurden.

gen Einschränkungen ERICH PRZYWARA zustimmen zu dürfen, der für den Religionsphänomenologen »große Vertrautheit mit der Fachtheologie« als »methodische Notwendigkeit und Voraussetzung« annimmt[494]. Die angesprochenen Schwächen des Schelerschen Kirchenverständnisses, seine Partialität, seine Ungeschichtlichkeit und seine Tendenz zur Vergeistigung, erklären sich neben den anderen von uns erwähnten Gründen ebenfalls aus seinem verständlichen Mangel an solcher Vertrautheit. Im letzten ist sein trotz allem genialer und wertvoller Versuch der phänomenologisch bestimmten Ausarbeitung einer Wesensidee der Kirche aber an einer jeder rein philosophischen Methode unerschließbaren und nur dem Glauben zugänglichen Wirklichkeit gescheitert: dem *Geheimnis* der Kirche.

c) Die Wende zur Gemeinschaft in der Ekklesiologie

1. Kirche als Gemeinschaft

Der Gedanke der Kirche als Gemeinschaft war ohne Zweifel das Element des wiedererwachten Interesses an der Kirche, das — auch durch MAX SCHELER[495] — den stärksten und nachhaltigsten Einfluß auf die Ekklesiologie ausgeübt hat. Die Wende zum Objektiven und die Idee des Lebens fanden hier ihre Ergänzung und Vollendung in einem Verständnis der Kirche nicht nur als Gemeinschaft, sondern eben als objektiver Lebensgemeinschaft. In der theologischen Literatur taucht der Begriff der Gemeinschaft ständig mit dem Hintergrund dieser oder einer ähnlichen Bedeutung im Zusammenhang der Ekklesiologie auf. Die Kirche ist »Persönlichkeits-Gemeinschaft«[496], »Christusgemeinschaft«[497], »Gemeinschaft in Christus«[498], »Gemeinschaft mit Christus«[499], »Leidensgemeinschaft«, »Schicksalsge-

---

[494] E. PRZYWARA, *Religionsbegründung,* 222: »Die dogmatische Korrektheit ist wesenhafte methodische Voraussetzung einer Phänomenologie der übernatürlichen Gegebenheiten, die aber Gegebenheiten des Glaubens sind und darum nur gegeben sind in der autoritativen Lehre. Darum aber ist für den Religionsphänomenologen…große Vertrautheit mit der Fachtheologie einfach methodische Notwendigkeit und Voraussetzung. Wir glauben wohl sagen zu müssen, daß, solange diese methodische Forderung in Schelers Werken nicht zur Genüge erfüllt ist, man wohl kaum von einer wirklichen Phänomenologie der Offenbarungslehre schlechthin sprechen könne.«

[495] Vgl. ST. JAKI, *Les tendances nouvelles,* 49.

[496] R. GUARDINI, *Vom Sinn der Kirche,* 78.

[497] C. FECKES, *Das Mysterium der heiligen Kirche,* 122–123; M. SCHMAUS, *Die Selbstständigkeit der Christen,* 79.

[498] M. GIERENS, *Die Idee vom Corpus Christi mysticum als katholische Einheitsidee,* 314–315.

[499] L. DEIMEL, *Leib Christi,* 85–89.

meinschaft«[500], »religiöse Gemeinschaft«[501], »Seinsgemeinschaft«[502], »Gnadengemeinschaft«[503], »übernatürliche Gemeinschaft«[504], »Kultgemeinschaft«[505], »liturgische Gemeinschaft«[506], »Glaubensgemeinschaft«[507], »Gemeinschaft der Heiligen«[508], »Gemeinschaft der Erlösung«[509], »Gemeinschaft des Lebens«[510] oder einfach »Kirchengemeinschaft«[511] bzw. »Gemeinschaft« schlechthin[512]. Trotz dieser bemerkenswerten Differenzierung des kirchlichen Gemeinschaftsbegriffs bleibt doch der oben erwähnte gemeinsame Hintergrund bestehen. Für die Aufhellung des sich damals entwickelnden Kirchenbildes ist es daher von entscheidender Bedeutung, diese Grundzüge und ihren Zusammenhang mit der Beziehung Christi zur Kirche kennenzulernen, damit die zwischen den Kriegen allgemein angestrebte Vertiefung der kirchlichen Gemeinschaft, die auf ganz besondere Weise ein eher juridisches Kirchenbild überwinden half, in ihrer ganzen Tragweite bewußt werden kann.

Es ist offensichtlich, daß die ekklesiologische Verwendung des Gemeinschaftsgedankens biblische Wurzeln besitzt[513], auf die schon damals gerne verwiesen wurde. Man stellte fest, daß auch die erste Christenheit »ein stark

---

500 F. DANDER, *Christus alles und in allen,* 80.

501 O. COHAUSZ, *Wandlungen im katholisch-theologischen Geistesleben,* 202.

502 DERS., *Das gottmenschliche Reich*: TPQS 90 (1937) 385–405, 577–598, hier 579.

503 J. BEUMER, *Kirchenaustritt dogmatisch gesehen*: TPQS 93 (1940) 10–20, hier 19.

504 P. LIPPERT, *Die Gemeinschaft der Heiligen*: StZ 124 (1933) 73–82, hier 73.

505 A. STOLZ, *De Ecclesia* (A. Stolz – H. Keller, Manuale Theologiae dogmaticae VII), Freiburg i. B. 1939, 13.

506 CH. PANFOEDER, *Die Kirche als liturgische Gemeinschaft* (Liturgia I/2), Mainz 1924.

507 J. TERNUS, *Vom Gemeinschaftsglauben der Kirche. Ein Beitrag zur Soziologie des gesamtkirchlichen Lebens*: Schol 10 (1935) 1–30, hier 2.

508 B. BARTMANN, *Die Lehre von der Kirche,* in: DERS., Lehrbuch der Dogmatik II, Paderborn 1921^{4+5}, 129; H. KUSCH, *Gemeinschaft*: Die Schildgenossen 1(1921) 89–100, bes. 99.

509 R. GROSCHE, *Pilgernde Kirche,* in: DERS., Pilgernde Kirche, 29.

510 L. KÖSTERS, *Die Kirche unseres Glaubens,* 155.

511 O. KARRER, *Das Religiöse in der Menschheit und das Christentum,* Freiburg i. B. 1934^{2}, 231; A. RADEMACHER, *Der Glaube als einheitliche Lebensform,* Bonn 1937, 105.

512 Vgl. z. B. E. KREBS, *Vom inneren Baugesetz und Wesen der Kirche*: ThGl 20 (1928) 797–812, hier 799; K. NEUNDÖRFER, *Die Kirche als gesellschaftliche Notwendigkeit*: HL 20/I (1922/23) 225–238, hier 235; L. KÖSTERS, *Artikel »Kirche«,* in: LThK V, Freiburg 1933, 968–981, hier 977; E. PRZYWARA, *Liturgische Erneuerung,* in: DERS., Katholische Krise, 71; I. HERWEGEN, *Das katholische Bildungsideal,* in: DERS, Von christlichem Sein und Leben, 51; *Artikel »Gemeinschaft«,* in: Handbuch der religiösen Gegenwartsfragen, 191–194, hier 192.

513 Vgl. P.C. BORI, KOINΩNIA. *L'idea della comunione nell'ecclesiologia recente e nel Nuovo Testamento,* Brescia 1972; R. SCHNACKENBURG, *Die Einheit der Kirche unter dem Koinonia-Gedanken,* in: F. Hahn – K. Kertelge – R. Schnackenburg, Einheit der Kirche, Freiburg 1979, 53–93; J. HAINZ, *Artikel »koinonia«,* in: Exegetisches Wörterbuch zum Neuen Testament II, 749–755, bes. 754f.

ausgeprägtes Gemeinschaftsbewußtsein« besaß[514] und sich als »eine von den anderen gesonderte *Gemeinschaft«* betrachtete[515]. Die Interpretation des biblischen KOINΩNIA-Gedankens als geistgewirkte Christusgemeinschaft, die auch Ergebnisse protestantischer Forschungen mitberücksichtigte[516], hat zweifellos ihre Berechtigung[517], doch verließ die Ekklesiologie in dem Bemühen um die Aufarbeitung vor allem des soziologischen Inhaltes von Gemeinschaft immer wieder die Grundlage der biblischen Gemeinschaftsidee. Dadurch entstand bald eine Diskussion um die Angebrachtheit der Übernahme soziologischer Begriffe in die Lehre von der Kirche[518]. Trotzdem wurde kirchliche Gemeinschaft in unserer Periode oft weiter eher soziologisch als biblisch begründet. Nicht nur die bereits genannten Soziologen NIKOLAUS MONZEL[519] und FRANZ-XAVER LANDMESSER[520] etwa förderten die Verwendung philosophisch-soziologischer Kategorien in der Ekklesiologie, sondern auch Theologen wie ROMANO GUARDINI[521] oder ARNOLD RADEMACHER[522] zeigten sich mit je verschiedenem Akzent dieser Art von Gemeinschaftsverständnis aufgeschlossen. Die Unterscheidung zwischen Gemeinschaft und Gesellschaft von FERDINAND TÖNNIES wurde besonders durch RADEMACHER aufgenommen, der die Kirche als eine »Gemeinschaft in der Erscheinung der Gesellschaft« sah, wobei er die Gemeinschaft als die Innenseite, die Gesellschaft aber als die Außenseite der Kirche auffasste[523]. »Wie die Kirche ihren Gegenpol hat an der

---

514 A. WIKENHAUSER, *Die Kirche als der mystische Leib Christi,* 60.

515 L. KÖSTERS, *Die Kirche unseres Glaubens,* 108.

516 Vgl. z.B. T. SCHMIDT, *Der Leib Christi. Eine Untersuchung zum urchristlichen Gemeindegedanken,* Leipzig 1919, 135; E. LOHMEYER, *Vom Begriff der religiösen Gemeinschaft. Eine problemgeschichtliche Untersuchung über die Grundlage des Christentums* (Wiss. Grundfragen. Philosophische Abhandlungen III), Leipzig–Berlin 1925, 4–21; H. SEESEMANN, *Der Begriff* KOINΩONIA *im NT,* Gießen 1933.

517 Vgl. J. HAINZ, *Artikel »koinonia«,* 753–754.

518 Vgl. U. VALESKE, *Votum,* 119.

519 Vgl. N. MONZEL, *Struktursoziologie und Kirchenbegriff,* bes. 238–291 zur Soziologie der Kirche.

520 Vgl. F.X. LANDMESSER, *Die religiöse Formkraft des Katholizismus in der Zeit,* 33–41; A. BAUMGARTNER, *Sehnsucht,* 155–163.

521 Vgl. R. GUARDINI, *Vom Sinn der Kirche,* 10–13, bes. 10: »Eine Biologie, und darüber hinaus eine Wesenslehre der Gemeinschaft erschließen sich: die Gesetze des leiblich-seelischen Seins, Rhythmus und organische Wachstumsbedingungen, Übung und Bildung; die Seinsbedeutung der sittlichen Tatsachen; das Wesen von Familie, Gemeinde, Staat, Gesetz, Gut und vieles noch. * Derart tiefe Umformungen müssen auch in der religiösen Gemeinschaft zur Geltung kommen.«; auch 74–79; DERS., *Mögliche Gemeinschaft*: Die Schildgenossen 8 (1928) 377–386, bes. 378.

522 Vgl. A. RADEMACHER, *Die Kirche als Gemeinschaft und Gesellschaft. Eine Studie zur Soziologie der Kirche,* Augsburg 1931.

523 A. RADEMACHER, *Die Kirche als Gemeinschaft und Gesellschaft,* 28.

Welt«, so haben nach Rademacher »ja beide in sich selbst wieder eine Gegensatzspannung als *Gemeinschaft und Gesellschaft«*[524].

Man war sich gleichzeitig der möglichen Übertreibungen des Gemeinschaftsgedankens bewußt[525] und wandte sich wohl auch gegen eine »weitverbreitete Mystik der Gemeinschaft«[526] oder bemerkte, daß »das Wort Gemeinschaft...zu einem seelenlosen Schlagwort gemacht und auf Verhältnisse angewendet werden« kann, die »den Begriff nicht erfüllen«[527]. Trotzdem wurde der Begriff weiter bis an die Grenze des Sinnvollen interpretiert, was durch Deutung der Kirche als ›Kollektivperson‹ erleichtert wurde: »Kirche ist das ›Wir‹ im Glauben, die Gemeinschaft der Glaubenden; mehr: Kirche ist die glaubende Ganzheit. Nicht nur das christliche Gebet ist angewiesen, ›Wir‹ zu sprechen, sondern auch der Glauben. Auch er steht im ›Wir‹, ja im Gesamt.«[528] Gemeinschaft verwirklicht sich ideal im ›Ich der Kirche‹, das kein »Privatich«, sondern das »Wir der Kirche« als Glaubensgemeinschaft ist[529]. Solche Gemeinschaft ist »schwingendes Zusammensein«[530], »Lebensgemeinsamkeit«[531] und »Ganzheit«[532]. Die Vermischung des Gemeinschaftsgedankens mit dem »Lebendigen« und »Organischen«, dem »Gesamt« und dem »Ganzen« darf sicherlich u. a. der Einwirkung des ›Universalismus‹ zugeschrieben werden, doch sind auch die von den Aufassungen FRIEDRICH PILGRAMS ausgehenden Impulse nicht zu unterschätzen[533]. Organische und lebendige Gemeinschaft wird dadurch gleichsam zur ekklesiologischen Formel, so häufig ist davon die Rede[534]. Eine »Biologie ... der Gemeinschaft«[535], auch der kirchlichen Gemein-

---

524 A. RADEMACHER, *Zur Frage Kirche und Gesellschaft*: ThRev 27 (1928) 1–11, hier 1.

525 Vgl. A. STONNER, *Kirche und Gemeinschaft. Vorträge gehalten auf der Innsbrucker Akademikertagung 1925* (Der katholische Gedanke 19), Köln–München–Wien 1927, 3–11.

526 E. MICHEL, *Kirche und Wirklichkeit. Offene Antwort an Prof. Dr. Siegfried Behn*: HL 21/I (1923/24) 652–657, hier 655.

527 A. RADEMACHER, *Zur Frage Kirche und Gesellschaft,* 1.

528 R. GUARDINI, *Der Glaube und die Kirche*: Die Schildgenossen 13 (1934) 431.

529 O. BAUHOFER, *Ich glaube an die heilige katholische Kirche,* 167: »Das eigentliche theologische ›Subjekt‹ des Glaubensbekenntnisses ist das Wir der Kirche ... Das ›Ich‹ der Glaubensformel des Credo ist nicht ein Privatich, ein Einzelmensch, sondern ist die immer eine und gleiche Gemeinschaft, die hier *ihren* Glauben ausspricht.«

530 P. LIPPERT, *Gemeinschaft der Heiligen,* 72.

531 R. GUARDINI, *Vom Sinn der Kirche,* 12.

532 J. TERNUS, *Vom Gemeinschaftsglauben der Kirche,* 4.

533 Vgl. H. KELLER, *Zur Soziologie der Kirche*: Schol 8 (1933) 243–249; auch B. CASPER, *Die Einheit aller Wirklichkeit — Friedrich Pilgram und seine Theologische Philosophie,* Freiburg–Basel–Wien 1961, 22–23, 94, 120, 184–185, 187–198.

534 Vgl. U. VALESKE, *Votum,* 129.

535 R. GUARDINI, *Vom Sinn der Kirche,* 10; DERS., *Liturgische Bildung. Versuche,* Burg Rothenfels a. M. 1923, 59: »So lang er [»der kirchenrechtliche Begriff einer geordneten ›Ge-

schaft, dieser ersten »Lebenswurzel« des Gläubigen[536], erschließt sich, so daß man sogar glaubt, biologische Sachverhalte wie Entwicklung und Erstarrung »in ihrer Anwendung auf das religiöse Gemeinschaftsleben, vornehmlich auf das Gemeinschaftsleben der Kirche« prüfen zu sollen[537].

Die Überlegungen MAX SCHELERS zur kirchlichen Gemeinschaft werden im Zusammenhang lebensphilosophisch-soziologischer Gemeinschaftsauffassung ebenfalls in die Ekklesiologie integriert. Die Kirche als »Ganzes, die Kirche als Gesamtperson« verschafft nach L. DEIMEL den Christen den Zugang zu Christus, der den Christen sogar ein »Gesamtbewußtsein« verleiht[538]. Die Kirche ist so das Hineingenommensein in die »Gesamtpersönlichkeit Christi«[539] und umfaßt als solche »die zum Gottesreich wiedergeborene Menschengemeinschaft«, denn Gott ergreift die Menschen, »insofern sie in einer überpersönlichen Einheit stehen«[540]. Ähnlich wie im Staat — »freilich in einer wesentlich anders gearteten Ordnung, der übernatürlichen« — fühlen sich die Christen als »Glieder eines übergreifenden, lebenden Einheitswesens«[541]. »Und weil die Persönlichkeiten einen in sich ruhenden Wert haben, kann auch ihr Zusammensein einen solch eigenen Wert besitzen. Nur darum sind sie auch imstande, eine Gemeinschaft, das heißt ein in sich selbst schwingendes und kreisendes Lebensgebilde zu schaffen.«[542] Solche Gemeinschaft geht »von Person zu Person«, beruht »auf Liebe« und besteht »in Liebe«[543]. E. PRZYWARA sieht die von Scheler mitverursachte Betonung des Korporativen in der kirchlichen Gemeinschaft geradezu als »Wende vom *Intellekt zur Natur*«, von der Aufklä-

---

sellschaft‹«] vorherrscht, fehlt im Kirchenbewußtsein gerade jenes Lebendige, das liturgisches Verhalten trägt. Anzeichen sind aber da, daß auch diese zeitweise zurückgedrängte Vorstellungsreihe samt dem zu ihr gehörenden Lebensgefühl wiedererwacht. Die aufs Lebendige und Organische gestellte Geistesrichtung unserer Zeit und ihr starkes Gemeinschaftsbewußtsein deuten darauf hin. Und Bücher wie Andrés ›Kirche als Keimzelle der Weltvergöttlichung‹ verheißen Großes.«

536 K. ADAM, *Das Wesen des Katholizismus,* Düsseldorf 1934[7], 17.

537 G. WUNDERLE, *Zur Biologie des kirchlichen Lebens,* 15; ähnlich H. KUSCH, *Gemeinschaft,* 95.

538 L. DEIMEL, *Leib Christi,* 99–100.

539 D. HAUGG, *Wir sind dein Leib,* 123.

540 R. GUARDINI, *Vom Sinn der Kirche,* 22.

541 DERS., *Vom Geist der Liturgie* (Ecclesia orans I), Freiburg i. B. 1920[4+5], 26.

542 P. LIPPERT, *Die Gemeinschaft der Heiligen,* 74.

543 Ebd., 75; auch Guardini versucht angesichts der »Krise der Gemeinschaft« die Gemeinschaft in der Person zu gründen: R. GUARDINI, *Mögliche Gemeinschaft,* 382–386, bes. 386: »Alle Gemeinschaftbeziehung von Person zu Person ist etwas Über-Naturhaftes (Im Christlichen etwas Über-Natürliches).«

rung zum »eigentlich katholischen Denken«[544]. Sicherlich hat er damit die Absicht des katholischen Scheler besser erfaßt als J. TERNUS, der im Zusammenhang mit der Lehre von der Gesamtperson vor der Absorbierung der »personalen Selbstständigkeit« durch solche »platonisierenden Soziallehren« warnt[545]. Wenn diese Gefahr in der Rezeption Schelers durch andere katholische Autoren auch tatsächlich vorhanden war, so hatte er selbst doch zu sehr den Wert der einzelnen Geistperson betont, als daß deren personaler Selbstand bedroht gewesen wäre. Das Verhältnis von Einzel-und Gesamtperson hatte er als eine Art gegenseitiger Durchdringung verstanden. Trotz seiner Warnung ist es aber Ternus, der das Glaubensleben der quasi-Person Kirche auch zur »ontischen und intentionalen Voraussetzung« des Glaubens des Einzelnen erhebt. Damit scheint er selbst nicht allzu weit von einer Übertreibung Schelerscher Positionen zu sein, in der »in einem absoluten Primat der Gemeinschaft Gemeinschaft als ›das‹ Heil erscheint, ... sie mithin gegenüber dem heilsbedürftigen Individuum die Züge eines Gotterlösers annimmt«[546]. Daß die Tendenz Schelers zur Spiritualisierung der Gemeinschaft und zur ungeschichtlichen Betrachtung der Kirche solche und ähnliche Interpretationen seiner »Wesensidee« kirchlicher Gemeinschaft förderte, ist trotz seiner Ablehnung des ›Universalismus‹ eines O. SPANN offensichtlich. Die ›Wende zum eigentlich katholischen Denken‹ in der Ekklesiologie bleibt eben immer dann unvollkommen, wenn eine Dimension des Geheimnisses der Kirche zu ausschließlich in den Vordergrund gerückt wird.

2. *Grundrichtungen der Gemeinschaftsekklesiologie*

Die differenzierte Begrifflichkeit und die unterschiedliche Aufnahme von Impulsen aus Philosophie und Soziologie sind Zeichen für die Existenz mehrerer Grundrichtungen in der allgemeinen Gemeinschaftsbegeisterung. Das erklärt sich zum größten Teil aus der verschiedenen ekklesiologischen Position und der unterschiedlichen Auffassung vom Verhältnis Christi zur Kirche der Autoren, die den Begriff ›Gemeinschaft‹ im Zusammenhang mit der Kirche verwenden.

Zuerst möchten wir mit E. PRZYWARA zwei eher mentalitätsmäßige Grundströmungen nennen, deren eine Gemeinschaft mehr im Sinne subjek-

---

544 E. PRZYWARA, *Die fünf Wenden*, 113–115.
545 J. TERNUS, *Vom Gemeinschaftsglauben der Kirche*, 10.
546 E. PRZYWARA, *Liturgische Erneuerung*, 72.

tiver Verbundenheit interpretiert, während die andere die objektive Bindung unterstreicht[547]:

> »Wenn wir hineinschauen in einen Katholizismus des freien, schöpferischen Lebens, so leuchtet uns ein Gemeinschaftsideal auf, das wir nennen könnten: Die Einheit in der Freiheit. — Von der anderen Seite aber aus, von jenem rückblickenden Katholizismus einer idealen oder vielleicht idealisierten Vergangenheit ergeben sich uns als Gemeinschaftsideale: Einheit in der Bindung, Einheit im Gesetz.«

Zur ersten Gemeinschaftsauffassung, die mit jener subjektiv-personalen, fast mystischen Christusbeziehung des Einzelnen in Zusammenhang steht, die M. D. KOSTER als »Heilspersonalismus« bezeichnet hat[548], liefert P. LIPPERT uns die Schilderung des Christen als ›Gemeinschaftsmenschen‹: »So ist also der Gemeinschaftsmensch: er hat sein Herz weit geöffnet für alles, was da ist, er breitet seine Arme aus und redet alle an: kommet alle zu mir, die ihr mühselig und beladen seid. Er gibt sein Herz hin und sein Herzblut, ohne zu sparen: Nehmet mich hin und esset und trinket alle daraus.«[549] Bezeichnenderweise führt die Gemeinschaftsauffassung dieses ›mystischen Heilspersonalismus‹ durch Interpretation der persönlichen Christusbeziehung als geistige Gemeinschaft doch zu einer derartigen Unterstreichung des Gemeinschaftlichen, daß davor der Einzelne eben nur einen Wert als ›Gemeinschaftsmensch‹ besitzt, denn Gemeinschaft ist »Einswerden«[550], bedeutet das Zurücktreten aller »irdischen« Bindungen, auch der Kirche, vor der »Gemeinschaft im absoluten Sinne« in Gott[551], die eschatologisch verstanden wird. Dieser Gemeinschaftsbegriff trifft sich so gewissermaßen mit der im Ansatz eher verschiedenen Gemeinschaftsauffassung von O. SPANN, dessen organologische Gesellschaftslehre Gemeinschaft ebenfalls als eine »höhere Ganzheit« ansah[552]. Diese Richtung glaubte, daß die von ihr gezeichnete und ab und an bis ins Irreale gesteigerte Gemeinschaft[553] ihren »erhabensten Ausdruck in der Lehre von der *communio sanctorum* und dem *corpus Christi mysticum*« habe[554], wobei die häufig zu findende Annä-

---

547 DERS., *Katholizität*, in: DERS., Katholische Krise, 21.

548 Vgl. M.D. KOSTER, *Ekklesiologie im Werden*, 219: »Der *Heilspersonalismus* besteht demgegenüber in der bewußten Hervorhebung des Einzelnen als Erlösten, und zwar des Einzelnen als Eigenperson …«

549 P. LIPPERT, *Der Gemeinschaftsmensch*: StZ 128 (1935) 361–370, hier 370.

550 Ebd., 370.

551 P. LIPPERT, *Der große Mensch im kleinen All*: StZ 127 (1934) 289–298, hier 297: »… eine Gemeinschaft im absoluten Sinne, eine Gemeinschaft, die mit keiner der irdischen Gruppen und Verbände zusammenfällt, der alle sonstigen Verbundenheiten der Menschen untereinander, die des Volkes, des Staates, der Familie, ja auch der Kirche dienen müssen.«

552 Vgl. O. SPANN, *Gesellschaftslehre*, 180; DERS., *Kategorienlehre*, Jena 1924, 338.

553 Vgl. z.B. A. PIEPER, *Gemeinschaftsgeist im Wiederaufbau*, Freiburg i.B. 1920, 3.

554 J. RÜTHER, *Gesellschaft und Gemeinschaft*, 22.

herung dieser beiden Wirklichkeiten ein Indiz für eine Eschatologisierung der Gemeinschaft sein kann.

Auch die andere Richtung kennt natürlich in der kirchlichen Gemeinschaft das geistige, übernatürliche und jenseitige Element[555], aber sie hält daran fest, daß die Kirche »zunächst eine *Heilsanstalt* und erst dann die *Gemeinschaft der Gläubigen*« ist: »Als Heilsanstalt geht sie der Gemeinschaft *vorher, begründet,* und *bewahrt* sie.«[556] So spricht das »Handbuch der religiösen Gegenwartsfragen« zwar auch von »organischen Einheiten oder Ganzheiten« und erkennt die Existenz eines »Gemeinschaftsganzen« an, betont aber deutlich die Analogie in einer solchen Ausdrucksweise[557] und lehnt die Idee der Gesamtperson ab. Die Kirche ist dieser mehr die institutionell-kirchliche Beziehung des Einzelnen zu Christus unterstreichenden Auffassung zufolge keinesfalls eine rein geistige Liebesgemeinschaft. Die »Grenze zur Gesellschaft« ist im Gegenteil »oft schwimmend.«[558] Daß beide Gemeinschaftsauffassungen selten rein verwirklicht waren, zeigt beispielhaft der Versuch A. RADEMACHERS, institutionelle Gesellschaft und geistige Gemeinschaft als Außen und Innen der Kirche miteinander zu verbinden, was aber den unterschwelligen Dualismus, der beiden Ansichten über kirchliche Gemeinschaft im letzten eigen war, nur noch deutlicher hervortreten ließ.

Eine solche Tendenz schlägt sich auch in der unterschiedlichen Beurteilung der Gemeinschaft als in erster Linie entweder unsichtbarer oder sichtbarer nieder. Im Gefolge Schelers neigten viele Autoren dazu, die Sichtbarkeit der Kirche als etwas Sekundäres zu betrachten und kirchliche Gemeinschaft zuerst als »Gnadengemeinschaft« aufzufassen, deren Universalität eben eine rein geistige ist. Solche Gemeinschaft »geht über alle Schranken des Ortes hinweg, sie kennt keine Entfernung. Alle Länder, alle Völker umfaßt sie«[559] und übersteigt an »Intensität himmelweit alles nur Gesellschaftliche und Vereinsmäßige«[560]. Wo die gemeinschaftliche Dimension der Kirche auf diese Weise verinnerlicht wird, wird »die Lehre von einer *unsichtbaren Kirche* der Guten und Begnadeten *auch jenseits der sichtbaren Kir-*

---

555 Vgl. B. BARTMANN, *Die Lehre von der Kirche,* 149.

556 Ebd., 148.

557 Vgl. *Artikel »Gemeinschaft«,* in: Handbuch der religiösen Gegenwartsfragen, 192: »Nur die Idee der übernatürlichen Gemeinschaft kann mit einem Organismus wesensmäßig verglichen (nicht gleichgesetzt) werden.«

558 Ebd., 192.

559 R. GUARDINI, *Vom Sinn der Kirche,* 84.

560 A. MAYER-PFANNHOLZ, *Der Wandel des Kirchenbildes in der Geschichte,* 32.

chengemeinschaft«[561] zu einem Zentralpunkt der Ekklesiologie, die in soteriologischer Interpretation als Kirche vor allem die ›erlöste Menschheitsgemeinschaft‹ anerkennt. Die darin liegende Trennung von sichtbar-uneigentlicher und unsichtbar-eigentlicher Kirche findet häufig eine Parallele in der erwähnten Zuteilung der äußeren Struktur an die Kirchen›gesellschaft‹ und der mystisch-inneren Gnadengaben an die Kirchen›gemeinschaft‹, deren innere Verbindung nicht recht zum Tragen kommt. Auf der anderen Seite können wir bei jenen Autoren, die das sichtbare Element der Kirche zum ersten Gegenstand der Ekklesiologie erheben, eine einfache Identifikation der Kirche mit der *sichtbaren* Gemeinschaft finden, die in Entsprechung zu anderen menschlichen Gesellschaften aufgebaut ist: »Wie aber in den rein menschlichen Gesellschaften die natürlichen Güter in sichtbarer Gemeinschaftsordnung am besten vermittelt werden, so entspricht das auch für die geistigen Güter der menschlichen Natur am besten.«[562] Es geht in dieser sichtbaren Kirchengemeinschaft dann auch nicht um das Gesamtheil aller endlichen *Geist*personen, sondern um die Vermittlung der geistigen Güter an *sichtbare Menschen*[563]. Manchmal geht die Betonung dieser Sichtbarkeit aber so weit, daß nicht nur die geistige Dimension der Gemeinschaft, sondern Gemeinschaft überhaupt als eine nicht sonderlich relevante Größe behandelt und in der Darlegung des Wesens der Kirche weggelassen wird[564].

Diese verschiedenen Auffassungen von der Verfaßtheit und der Funktion kirchlicher Gemeinschaft, die nicht unbedingt mit der Annahme oder Ablehnung einer bestimmten soziologischen Begrifflichkeit identisch sein müssen, überschneiden sich ständig und offenbaren damit die Ungeklärtheit der Verwendung des Gemeinschaftsgedankens in der damaligen Ekklesiologie überhaupt. Die immer wieder erörterte und ebensowenig geklärte Frage, in welchem Verhältnis die kirchliche Gemeinschaft zum einzelnen Begnadeten stehe, wurde ebenfalls nicht immer kohärent zur jeweilig vertretenen Gemeinschaftsauffassung beantwortet. E. PRZYWARA versuchte, ähnlich wie Rademacher und Guardini, die verschiedenen Richtungen in einer gegenseitigen Zuordnung sich bedingender Spannungsgegensätze aufzufangen und so Gemeinschaft und Individuum miteinander zu versöh-

---

561 O. KARRER, *Das Religiöse in der Menschheit und im Christentum,* 231.

562 J.B. WALZ, *Die Sichtbarkeit der Kirche,* 317.

563 Ebd., 318: »Wie soll die Kirche, die doch als eine Gemeinschaft von Menschen und für Menschen gegründet ist, unter sichtbaren Menschen ihren Zweck und ihre Aufgaben leichter erfüllen können als eben in einer sichtbaren Gemeinschaft ...«

564 Vgl. z.B. J. BRINKTRINE, *Was ist die Kirche?*: ThGl 28 (1936) 190–196, der das jurisdiktionelle Element stark betont.

nen[565]. Daß die Fronten zwischen Gemeinschaft und Gesellschaft, zwischen Gliedperson und Individuum und damit eben auch zwischen »Heilspersonalismus« und »Heilskollektivismus« im übrigen weit weniger eindeutig waren, als M. D. KOSTER es behauptete, lag im Grunde an der ungeklärten Beziehung Christi zur Kirche, die zu einer Konfusion soteriologischer und ekklesiologischer Inhalte beitrug. Geht die Beziehung des Herrn zur Kirche über den einzelnen? Ist die Kirche die Gemeinschaft aller Erlösten, also unmittelbare Christusgemeinschaft, oder der sichtbare Leib des fortlebenden Christus, ohne den es keine Erlösungsgemeinschaft geben kann? Hat Christus als der verklärte Herr nur eine geistig-moralische Beziehung zur kirchlichen Gemeinschaft oder ist auch seine Menschheit mit der Kirche verbunden? Hat also die Kirche Anteil an der Leiblichkeit Christi oder nur an seinem Pneuma, ist sie wesentlich sichtbar und nur sekundär unsichtbar oder umgekehrt? Da all diese Fragen zwar die Ekklesiologie bestimmten, aber nirgendwo wirklich aufgearbeitet waren, war es z. B. möglich, daß der von Koster sogenannte ›Heilspersonalismus‹ sowohl mit einer organologischen Ganzheitsgemeinschaft[566], einer geistigen Liebesgemeinschaft[567] und einem soziologischen Gesellschafts-Gemeinschafts-Dualismus[568], deren Ausformungen wiederum untereinander oszillierten, verbunden werden konnte. Deswegen ist die Unterscheidung Kosters zwischen einer »neuplatonisch-augustinisch-personalistischen« und einer »biblisch-kollektiv-sozial-kirchlichen« Grundrichtung in der Ekklesiologie[569] nicht ohne weiteres aufrechtzuerhalten, sowohl wegen verschiedener Überschneidungen, als auch wegen der bereits bemerkten durchgehenden Tendenz zum Dualismus. Koster selbst scheint im übrigen mit seiner Betonung des sozial-sichtbaren Elementes in der Kirche als ›Volk Gottes‹ die Überwindung des latenten Dualismus durch ein letztes Durchdringen zu Grundproblematik Christus-Kirche wohl ebenfalls nicht gelungen zu sein[570].

---

565 Vgl. E. PRZYWARA, *Custos, quid de nocte? Eine Gewissenserforschung*: StZ 107 (1924) 301–306, hier 305: »Denn Katholizismus ist Leben in ›Gott, der aufgeleuchtet ist im Antlitz Jesu Christi, dessen Leib die Kirche ist‹, und Gott ist der Gott der Einzelseele wie der Gemeinschaft, der Gott der Persönlichkeit wie des Gesetzes. Ihm allein steht die ›gradlinige Richtung‹ zu, weil in ihm allein Identität ist, was im Geschöpf in Dualität sich auseinanderspannt. Der Weg des Geschöpfes aber ist ewig Spannung von Gegensätzen, ewig Ausgleich von zwei Richtungen, die beide gut sind.«

566 S. VON DUNIN-BORKOWSKI, *Ein Gesetz der Lebensfülle*, 207.

567 Vgl. TH. BRAUER, *Der Katholik im neuen Reich*, 73–76.

568 Vgl. C. FECKES, *Das Mysterium der heiligen Kirche*, 123.

569 M. D. KOSTER, *Ekklesiologie im Werden*, 263.

570 Vgl. M. KELLER, *Volk Gottes als Kirchenbegriff. Eine Untersuchung zum neueren Verständnis*, Zürich–Einsiedeln 1970, 133–135, bes. 135: »Die Kritik verfällt selbst ihrem Urteil: ›Volk Gottes‹ sagt nicht das postulierte ›kollektive Heil‹ aus, sondern konkrete Rechtsordnungen. Also setzt sich das institutionelle Interesse noch einmal durch.«

3. Jesus Christus in Gemeinschaft

Wie die kirchliche Gemeinschaft aber auch immer aufgefaßt werden mag, man gibt ihr doch ähnlich wie der Objektivität und dem Leben in der Kirche eine zentrale Basis: Jesus Christus. So nimmt letztlich alle Gemeinschaft, unabhängig von ihrer geistigen oder sichtbaren, übernatürlichen oder soziologischen Verfassung ihren Ausgangspunkt bei Christus. Dem »neuen Kirchenbild« geht es darum, »verwirklichte Christusgemeinschaft« zu zeigen, es »drängt nach einem organischen und physischen Zusammengeschlossensein der kirchlichen Gemeinschaft im menschgewordenen Gottessohn«[571]. Das »gemeinschaftliche Leben« der Gläubigen »ist der wirkliche Christus« als »wirkliche, gemeinsame Lebensursache«[572]. Folgerichtig ist es die »Idee vom mystischen Leib Christi«, die sich »im einzelnen und in der Gemeinschaft« verwirklichen will[573]. In dieser Idee wird der »Gemeinschaftsgedanke bis zu seiner ganzen mystischen Tiefe« geführt[574]. Das »kirchliche Gesamt-ich«[575] bleibt also ohne die Bindung an Christus undenkbar: Kirche wird gemeinhin als ›Wir‹ in Christus verstanden[576]. Wie der Gebrauch des Begriffes ›Corpus mysticum‹ scheint jedoch auch die ›Christusgemeinschaft‹ nicht auf die sichtbare Kirche beschränkt zu sein, denn die Beziehung zu Christus wird manchmal sogar ohne Schwierigkeiten von der kirchlichen Gemeinschaft auf die Menschheit übertragen: »Das fleischgewordene Wort repräsentiert in erster Linie die gesamte Menschengemeinschaft.«[577] Das Hauptsein Christi bringt *jeder* Gemeinschaft eine neue Würde[578] und ein neues Ziel im ›Corpus mysticum‹[579], sie so in die eben »*unendliche* Lebensgemeinschaft des Corpus Christi mysticum und das *allumspannende* Ordnungsgefüge der Hierarch*ien*«[580] einverleibend. Doch nicht nur die Beziehung zwischen Christus, der Menschheitsgemeinschaft und der kirchlichen Gemeinschaft bleibt unklar, auch die Frage nach der Einfügung des einzelnen in dieses Gemeinschaftsgefüge wird nicht gelöst. Es wird zwar darauf hingewiesen, daß es sowohl »Gemeinschaft jedes

---

571 A. MAYER-PFANNHOLZ, *Der Wandel des Kirchenbildes in der Geschichte*, 32–33.

572 R. GUARDINI, *Vom Geist der Liturgie*, 26.

573 M. GIERENS, *Die Idee vom Corpus Christi mysticum als katholische Einheitsidee*, 315.

574 TH. BRAUER, *Der Katholik im neuen Reich*, 22.

575 R. GUARDINI, *Liturgische Bildung*, 59.

576 Vgl. E. ISERLOH, *Innerkirchliche Bewegungen und ihre Spiritualität*, 309.

577 S. VON DUNIN-BORKOWSKI, *Der Gemeinschaftsgedanke*, 181.

578 Ebd., 180.

579 Vgl. TH. SOIRON, *Das Gesellschaftsproblem im Lichte paulinischer Theologie*: Der katholische Gedanke 6 (1933) 36–47, bes. 44.

580 R. GUARDINI, *Liturgische Bildung*, 59 [Unterstreichungen von uns!]; ebd., 79: »Getragen wird alles durch das Vertrauen zur Kirche. Dies Vertrauen sieht in ihr die wiedergeborene Menschheit; den objektiven Inbegriff der in Christus auf Gott bezogenen Schöpfung.«

einzelnen Gliedes mit Christus wie auch eine Gemeinschaft der Gesamtperson ›Kirche‹ mit Christus« gibt[581] und daß Christus auch die Gemeinschaft der Glieder untereinander bewirkt[582]. Konsequent dazu können TH. SOIRON und F. JÜRGENSMEIER Glaubenseinheit, Moralgesetz und Frömmigkeitshaltung der Christen von der Gemeinschaft der Kirche in Christus aus bestimmen[583]. Doch bleibt auch hier der spezifisch übernatürliche Charakter der Stellung des einzelnen zur Gemeinschaft oft im Dunkeln, da man bei aller Berufung auf die Hl. Schrift meist unausgesprochen der Überzeugung zu sein scheint, daß »unser natürliches Wissen um das Wesen der Gemeinschaft genüge, das Geheimnis des Leib-Christi-Seins der Kirche zu klären«[584].

Diese Hinweise mögen genügen, um zu zeigen, daß »Gemeinschaft mit Christus« ebenso vielschichtig verwendet wird wie der Begriff »Gemeinschaft« selbst. Die bereits bekannten Fragen stellen sich von Neuem: Geht die Gemeinschaft des Einzelnen mit Christus der gemeinschaftlichen Christusbeziehung vor oder umgekehrt? Schafft die Gemeinschaft durch Christus den ›Corpus mysticum‹ oder schafft dieser in Christus die Gemeinschaft? Wie ist das genaue Verhältnis Christi zur Menschheitsgemeinschaft? Wie ist sein Verhältnis zur sichtbaren Kirchengemeinschaft? Ist Gemeinschaft mit Christus zuerst »Eins-Sein«[585], Unterschiedenheit[586], Spannungseinheit[587] oder unergründliches Geheimnis[588]? Die stark zeitgeschichtlich beeinflußte Übernahme des Gemeinschaftsgedankens in die Ekklesiologie hat jedoch das große Verdienst, diese Probleme wieder wenigstens implizit zum Gegenstand der Untersuchung gemacht zu haben. Bleiben auch viele Fragen offen, so öffnet sich doch hier ein neuer Weg zu

---

581 L. DEIMEL, *Leib Christi*, 85.

582 Ebd., 100; E. PRZYWARA, *Katholizität*, 37.

583 Vgl. TH. SOIRON, *Die Kirche Jesu Christi*, 41: »Wißt ihr jetzt, warum wir in der Einheit des Glaubens leben, warum wir zur Einheit der Liebe und des Friedens berufen und verpflichtet sind? Es geschieht deswegen, weil wir in der Kirche in dem einen Haupte, Christus, denken und weil wir in der Kirche die Einheit und Gemeinschaft der Glieder eines Leibes Christi sind, von dem Christus das Haupt ist.«; F. JÜRGENSMEIER, *Der mystische Leib Christi*, 137–139.

584 L. DEIMEL, *Leib Christi*, 5.

585 F. KASTNER, *Marianische Christusgestaltung der Welt?*, Paderborn 1936², 45–46.

586 Vgl. M.D. KOSTER, *Rez.zu L. Charlier, Essai sur le Problème théologique*: ThRev 38 (1939) 42–48, bes. 48: »Die Kirche ist keineswegs die ›erweiterte Persönlichkeit des Christus‹, vor allem nicht in der Gnadenordnung, sondern das Personenganze oder die Gemeinschaft, die durchaus von ihm unterschieden ist ...«

587 Vgl. E. PRZYWARA, *Custos, quid de nocte?*, 305.

588 Vgl. F. DANDER, *Christus alles und in allen*, 79: »Welcher Art nun die Einheit zwischen Haupt und Gliedern im großen, ganzen Christus ist, das wird uns im letzten Grunde ein Geheimnis bleiben ...«

möglichen Lösungen, denn im Grunde dreht sich alles um die fundamentale Suche nach dem eigentlichen Verhältnis Christi zur Kirche. Diese Frage überhaupt als durch ausschließlich strukturelle Antworten unlösbar aufgezeigt zu haben, macht den besonderen Wert der ekklesiologischen Gemeinschaftsströmung aus. Daß ein letztes Gleichgewicht trotzdem nicht gefunden werden konnte, hängt mit zwei Folgen der unmittelbar vorhergehenden Ekklesiogie zusammen: Zum einen standen die Autoren noch sehr unter dem Eindruck des oft zu ausschließlichen soziologischen Paralleldenkens zwischen ›societas‹ und ›societas perfecta‹, um nicht ihrerseits die Übernahme neuer soziologischer Thesen recht bedenkenlos zu praktizieren; zum anderen schien gerade die nicht ›juridisch-exakte‹, sondern ›organische‹ Tendenz dieser Thesen als fast zu ideale Wende aus der unmittelbaren ekklesiologischen Vergangenheit, um nicht im Gegenstoß dazu eine ungenaue, oft übertriebene »Gemeinschaftsorganologie« entstehen zu lassen. Beides verhinderte zusammen mit dem aus ähnlichen Gründen ekklesiologisch so erfolgreichen Drang zum Objektiven und Lebendigen die Entstehung einer ausgewogenen dogmatischen Betrachtung der kirchlichen Gemeinschaft, die die Probleme der ›Corpus mysticum‹-Ekklesiologie, die weitgehend offen blieben und zur Enzyklika »Mystici Corporis« führten, einer Lösung hätte zuleiten können. Vielleicht werden aber diese Unvollkommenheiten weit aufgewogen durch die Sensibilität für das »Geheimnis«, das unsere Epoche in der kirchlichen Gemeinschaft wiederfand.

3. KAPITEL

DREI BEWEGUNGEN UND IHRE EKKLESIOLOGISCHE BEDEUTUNG

Die von uns bisher gezeichneten Grundtendenzen zum Objektiven, Lebendigen und Gemeinschaftlichen, gewachsen auf dem geistesgeschichtlichen Hintergrund der Zeit, waren nicht die einzigen auslösenden Momente des verstärkten Interesses an der Kirche und ihrer Beziehung zu Christus. Vielmehr fanden diese Grundtendenzen ihr Echo in den sogenannten »katholischen Bewegungen«, die aus der christlichen Lebenspraxis zu einem wesentlichen Impuls auch für die ekklesiologische Literatur wurden und von dieser ihrerseits wieder Anregungen empfingen. Wenn im folgenden auf die Rolle der »Bewegungen« hingewiesen werden soll, geht es nicht darum, etwa eine theologische Wirkungsgeschichte dieser sehr differenzierten und historisch in ihrer Komplexität kaum erfaßbaren Erscheinungen des katholischen Nachkriegsdeutschland zu liefern. Wir beschränken uns lediglich darauf, den ekklesiologischen Aspekt dreier »Bewegungen« am Beispiel verschiedener Theologen skizzenhaft deutlich zu machen. Daß dabei nicht von einer unilateralen Kausalität die Rede sein kann, sondern sich Glaubenspraxis und Glaubenslehre gerade im einzelnen Theologen gegenseitig bereichern und durchdringen, bedarf kaum der Erwähnung. In der Auswahl der Bewegungen glauben wir im übrigen, dem Kriterium der jeweils größeren ekklesiologischen Relevanz gefolgt zu sein, was nicht heißen soll, daß das hier und da auch als »Bewegung« bezeichnete theologisch-mystische, biblische oder patristische Interesse für die Lehre von der Kirche keine Bedeutung gehabt habe[589]. Es scheint uns jedoch, auf diese Elemente, die damals noch eine vergleichsweise geringere Breitenwirkung und Eigenständigkeit entwickelten, an ihrem Ort bereits genügend hingewiesen zu haben.

---

589 Vgl. zur biblischen Bewegung J. HESSEN, *Die Geistesströmungen der Gegenwart*, 176–181; A. ANTON, *El Misterio de la Iglesia II*, 514–515, weist hier auch auf die Wiederentdeckung der Bedeutung der Laien in der Kirche hin, die vor allem in der noch zu schildernden Liturgischen Bewegung zum Tragen kam: vgl. z.B. M. LAROS, *Laie und Lehramt in der Kirche*: HL 37 (1939/40) 45–54; Bibl. bei U. VALESKE, *Votum*, 153–162.

A. Die Katholische Jugendbewegung

Bereits vor dem Ersten Weltkrieg war unter der Jugend Deutschlands ein Aufbruch festzustellen, der gegen die Konventionen der ›bürgerlichen Gesellschaft‹ gerichtet war. Diese Bewegung könnte mit zwei E. PRZYWARA entliehenen Schlüsselworten durch einen Zug zu »Dynamismus und Primitivität«[590] charakterisiert werden. Nach dem Zusammenbruch des Kaiserreiches gelangte das neue Lebensgefühl in der Jugend zu einer Ausdehnung, die breiteste Kreise erfaßte[591]. Auf katholischer Seite versuchte man diese Strömung in einer »katholischen Jugendbewegung« unter kirchlicher Leitung zu kanalisieren, da man nicht zu Unrecht fürchtete, sonst in der Jugendarbeit den damals immer wieder beschworenen Gefahren einer naturalistischen Freiheits- und Freizeitideologie zu erliegen[592]. Deswegen wurden Verbände gegründet, die bei aller Betonung der jugendlichen Selbstverwaltung doch unter direkter oder indirekter geistlicher Führung standen. Zu den einflußreichsten gehörten »Quickborn«, »Neudeutschland«, »Hochland«, der Jungmännerverband und die »Sturmschar«[593]. Bei all diesen

---

590 Vgl. E. PRZYWARA, *Situation und Aufgabe im deutschen Gegenwartskatholizismus. Ein Referat vor der »alten« und »neuen« Generation*: StZ 120 (1931) 161–172, hier 161.

591 Vgl. zur Geschichte der Jugendbewegung: W.Z. LAQUEUR, *Die deutsche Jugendbewegung — eine historische Studie*, Köln 1962 [Nachdruck 1978]; H. PROSS, *Jugend — Eros — Politik. Die Geschichte der deutschen Jugendverbände*, Bern–München–Wien 1964; *Dokumentation der Jugendbewegung. Bd.I: Grundschriften der deutschen Jugendbewegung, Bd.II: Die Wandervogelzeit, Bd.III: Die deutsche Jugendbewegung 1920–1933. Die Bündische Zeit*, hrsg. v. W. Kindt, Düsseldorf–Köln 1963–1974; F. HEER, *Werthers Weg in den Untergrund. Die Geschichte der Jugendbewegung*, München 1973; G. RUPPERT, *Burg Rothenfels. Ein Beitrag zur Geschichte der Jugendbewegung und ihres Einflusses auf die katholische Kirche* (Rothenfelser Schriften V), Rothenfels 1979.

592 Vgl. z.B. F. OBERNEDER, *Viele Bedenken und etliche Gedanken zur Jugendbewegung*: HL 20/I (1922/23) 407–413, bes. 411: »Was bleibt dem kritischen Auge in der modernen, naturstrebigen Jugendwanderbewegung am Ende übrig? Nichts Imponierendes. Ein Naturwille, den man sich sehr leicht gemacht, nämlich nur auf das natürlich Reizende abgerichtet hat, auf Freiheit und Selbstregierung, auf Wandern und Geselligkeit, auf Spiel und Sport des Leibes, in den tiefsthängenden Zweigen auf Sinnlichkeit und Erotik.«; F.X. EGGERSDORFER, *F.W. Foerster und die katholische Jugendbewegung*: HL 21/II (1924) 356–373, bes. 358: »Es sind ja so kompromitierende Tatsachen in der Jugendbewegung zu überwinden, wie *Wynekens* ›Jugendkultur‹, *H. Blühers* homosexuelle Deutung und Zielsetzung der Bewegung, die freidenkerische *Sexualreform* auf die freie Liebe hin, die Leugnung der *objektiven Autorität* in ihr, die pantheistische Verschwommenheit und der heidnische Naturkult ihrer *religiösen* Einstellung, schließlich die — trotz alles betonten jugendlichen Idealismus — klassenegoistische und *marxistisch-revolutionäre* Haltung der proletarischen Jugend.«; günstiger urteilt O. GRÜNDLER, *Die seelischen Triebkräfte der Jugendbewegung*: HL 20/I (1922/23) 443–445.

593 Vgl. W. SPAEL, *Das katholische Deutschland*, 216–223; B. SCHELLENBERGER, *Katholische Jugend und Drittes Reich. Eine Geschichte des katholischen Jungmännerverbandes 1933–1939 unter besonderer Berücksichtigung der Rheinprovinz* (Veröffentl. der Komm.

Gruppierungen stand das Streben nach dem ›Wesentlichen und Echten‹, nach ›pulsierendem Leben‹ und ihre »Sehnsucht nach Gemeinschaft« auch religiös im Vordergrund[594]. Die erste der genannten Gründungen, der »Quickborn«, konnte deswegen von katholischer Seite sogar als »Wille der neuen Jugend« angesprochen werden, zumal seine Mitglieder bereit waren, auch kirchliche Autorität zu akzeptieren[595]. Dadurch und aus eigenem religiösem Interesse der Jugend kristallisierten sich zwei Angelpunkte ihres Lebensgefühls heraus, in denen der Wunsch nach Wesentlichem, Lebendigem und Gemeinschaft sein Echo aus dem Glauben fand: Christus und die Kirche. In einer als »Konzentration auf den wesentlichen Glaubensgehalt« verstandenen Haltung entdeckten die Jugendlichen die Person Christi, und zwar mit solcher Einheitlichkeit, daß die Spiritualität der Bewegung mit dem Begriff »Christozentrik« zusammengefaßt werden kann[596]. Daß gleichzeitig — natürlich auch unter dem Einfluß geistlicher Anleitung — die Kirche auf neue Weise in den Blick geriet, war der Betonung kirchlicher Christusgemeinschaft zu verdanken. »Der tiefste Sinn der katholischen Jugendbewegung« wurde folgerichtig von P. DUNIN-BORKOWSKI SJ darin gesehen, daß die Kirche »in all ihren Gliederungen und Tätigkeiten, individuellen und sozialen, einen zweiten Christus darstellen« soll[597]. Besonders ROMANO GUARDINI aber lenkte diesen Willen einer »kirchenfreudigen« »Jugend mit neuem Lied und neuem Lebensstil«[598] auf ein tieferes Kirchenverständnis hin. Nicht von ungefähr steht als Widmung in seinem Büchlein »Vom Sinn der Kirche«: »Der katholischen Jugend zu eigen«. Sein Versuch, die Jugendbewegung, in der er die »Quellen einer neuen Zeit« sieht[599], auf die Verbindung von Christus und Kirche festzule-

---

f. Zeitgeschichte, B 17), Mainz 1975, 1–32; O. KÖHLER, *Artikel »Jugendbewegung«*, in: LThK V, 1181–1182; E. ISERLOH, *Innerkirchliche Bewegungen und ihre Spiritualität,* 304.

594 E. ISERLOH, *Innerkirchliche Bewegungen und ihre Spiritualität,* 304; auch A. SCHILSON, *Perspektiven theologischer Erneuerung,* 53.

595 Vgl. H. PLATZ, *Der Wille der neuen Jugend: Der Quickborn*: HL 18/II (1921) 213–216; H. HOFFMANN, *Quickborn*: HL 17/II (1920) 247–250, bes. 249: »Somit wäre Quickborn der katholische Wandervogel. Ja und nein; denn Quickborn ist mehr. Was ihn von Wandervogel und Freideutschen unterscheidet ist die Stellung zur Autorität.«; R. GUARDINI, *Vom Sinn des Gehorchens*: Die Schildgenossen 1 (1921) 33–41, [und Antwort auf die Kritik K. G. W. Kleibers, ebd. 113–115:] 115–118; A. KOLPING, *Katholische Theologie,* 74; F.X. EGGERSDORFER, *F.W. Foerster,* 359.

596 E. KÖHLER, *Artikel »Jugendbewegung«,* 1182; A. KOLPING, *Katholische Theologie,* 74.

597 S. VON DUNIN-BORKOWSKI, *Unter der Burglinde im deutschen Quickbornhaus*: StZ 102 (1922) 256–268, hier 257.

598 So der Erzbischof von München und Freising, Michael Kard. Faulhaber, in seiner Silvesterpredigt 1923, zitiert nach: W. SPAEL, *Das katholische Deutschland,* 220.

599 R. GUARDINI, *Vom Sinn der Kirche,* 11.

gen, darf als exemplarisch gelten. So antwortet er auf die Fragen der Jugend ›Wo finde ich Gott?‹, ›Wie komme ich zu ihm?‹, ›Wie soll ich beten?‹[600]:

> »Es gibt religiöse Gemeinschaft .... Das Bild von der Kirche als des ›Corpus Christi mysticum‹ ... gewinnt ganz neue Kraft. Unter dem Haupte Christus faßt die Kirche ›alles zusammen, was im Himmel und auf Erden und unter der Erde ist‹ ... Diese Einheit ist aber kein chaotisches Erlebnis, kein bloßes strömendes Gefühl. Es handelt sich um geformte, durch Kirchenrecht und Ritus geformte Gemeinschaft. Nicht Gemeinschaft bloß, sondern Gemeinde; nicht religiöse Bewegung, sondern kirchliches Leben; keine geistliche Romantik, sondern kirchliches Sein.«[601]

Guardini wurde nicht müde, diese grundsätzliche Bedeutung Christi und der Kirche für die Jugendbewegung hervorzuheben[602], so daß sein Denken hier wie insgesamt eine nachhaltige Wirkung bei der damaligen Jugend hinterlassen hat[603]. Mit ihm wurde der Quickbornsitz Burg Rothenfels zu einem Zentrum »neuer Religiösität innerhalb der Kirche«[604], wo Guardini es unternahm, das »Gefühl der Zusammengehörigkeit, das einen förmlich überfluten konnte«[605], so zu läutern, daß die Jugendlichen begannen, in der Kirche jene objektive Institution zu sehen, die »alle Vorläufigkeit des ›Erlebens‹« durch die »freimachende Form« übersteigt und damit die »verschwommene Religiösität« nichtkatholischer Jugendbewegung erst gar nicht aufkommen läßt[606]. Durch diesen Einfluß Romano Guardinis und anderer, wie des ›neudeutschen‹ Jesuiten LUDWIG ESCH[607] oder des Leiters des katholischen Jungmännerverbandes LUDWIG WOLKER[608], wurde die katholische Jugendbewegung nicht zu einem »Ausstand aus der Gesell-

---

600 Ebd., 11.

601 Ebd., 11–12.

602 Vgl. R. GUARDINI, *Neue Jugend und katholischer Geist,* Mainz 1924, 78–80.

603 Vgl. H. HÜRTEN, *Geschichte,* 191–194; B. SCHELLENBERGER, *Katholische Jugend,* 3; W. SPAEL, *Das katholische Deutschland,* 217–223; H.B. GERL, *Romano Guardini,* 154–249.

604 H.B. GERL, *Romano Guardini,* 176.

605 R. GUARDINI, *Quickborn. Tatsachen und Grundsätze,* Burg Rothenfels a.M. 1922, 17–18.

606 H.B. GERL, *Romano Guardini,* 176, auch 177–178; vgl. R. GUARDINI, *Liturgische Bildung,* 72: »Dahin geht der Rhythmus der Jugendbewegung: Erst brach eine neue Lebendigkeit auf. Im Willen zur Wahrhaftigkeit machte sie sich vom erstarrten Alten frei für sich selbst. Dann wurde sie inne, daß der tiefste Sinn dieser Lebendigkeit nicht Willkür ist, sondern Zucht. Nicht um eine neue Romantik des Erlebens und Fühlens handelt es sich, sondern um ein Sein aus Wahrheit und Wirklichkeit.«

607 Vgl. A. KOLPING, *Katholische Theologie,* 74; W. SPAEL, *Das katholische Deutschland,* 220.

608 Vgl. A. KOLPING, *Katholische Theologie,* 75.

schaft«[609], sondern führte im Gegenteil die Jugend u.a. zu dem für sie neuen christozentrischen Kirchenbild.

Rückschauend ist kaum mehr auszumachen, welche genauen Wirkungen dabei die verschiedenen mit der Jugend befaßten Geistlichen ausgeübt haben und ob deren Arbeit im einzelnen mehr geformt wurde oder formte, mehr Richtung wies oder in eine bestimmte Richtung gewiesen wurde[610]. Die von der katholischen Jugendbewegung mitgetragene liturgische Bewegung[611] mit ihrer engen Bindung an kirchliches Gemeinschaftsdenken ist ein sprechendes Beispiel solch gegenseitiger Beeinflussung: »In der Liturgie fand diese Jugend eine Erfüllung ihrer Sehnsucht nach Gemeinschaft, nach wesentlicher und echter Form und nach Verleiblichung der Religion in ›heiligen Zeichen‹. Ihrerseits verhalf sie der liturgischen Bewegung mit ihrem unbekümmerten vitalen Schwung zum Sieg gegen Widerstände und Mißbrauch wie gegen theologische Bedenken.«[612] Ein weiteres deutliches Zeichen gegenseitiger Befruchtung gelebter Glaubenshaltung und theologischer Glaubensdurchdringung innerhalb der Jugendbewegung bildete als publizistisches Organ des »Quickborn« und des Studentenbundes »Hochland« die Zeitschrift »Die Schildgenossen«[613], wo Priester und Laien, Theologen, Historiker, Dichter ihre Gedanken zum katholischen Aufbruch der Zeit in jugendgemäßer Form zum Ausdruck brachten[614]. Wenn wir unter den Autoren außer natürlich Guardini Namen wie K. ADAM, R. GROSCHE, TH. SOIRON oder L. A. WINTERSWYL finden, weist uns das von selbst auf die Bedeutung hin, die ekklesiologische Autoren der Jugendbewegung beigemessen haben, die sich nach Guardini auch in den »Schildgenossen« an der Kirche orientieren wollte: »Die Schildgenossen sind eine Zeitschrift junger katholischer Christen, die sich verbindlicher Gegenwartsarbeit verpflichtet wissen. Wir glauben an die innere Allumfassung der ka-

---

[609] F. MESSERSCHMIDT, *Katholische Jugendbewegung,* in: Dokumentation der Jugendbewegung III, 680.

[610] Vgl. zum Einfluß der Jugendtage in Burg Rothenfels auf Guardini: H.B. GERL, *Romano Guardini,* 169: »Weder die Aussagen über die Liturgie noch über die Kirche wären ohne die Burg so vertieft und zugleich einfach zustande gekommen.«

[611] Vgl. H.HÜRTEN, *Geschichte,* 192.

[612] E. ISERLOH, *Innerkirchliche Bewegungen,* 304; vgl. H.B. GERL, *Romano Guardini,* 204–211.

[613] 18.Jahrgänge (1920–1939).

[614] Vgl. W.SPAEL, *Das katholische Deutschland,* 222–223; H.B. GERL, *Romano Guardini,* 193–204.

tholischen Kirche. Wir suchen rein, ohne Zweck und Absicht, aus der lebendigen Wahrheit dieser Kirche zu sprechen ...«[615]

Mit dieser kurzen Skizze wird klar, daß die Jugendbewegung als katholisches Echo auf die von uns geschilderten geistesgeschichtlichen Tendenzen der Zwischenkriegszeit auch ein gewisses Gewicht für die Beschäftigung mit der Beziehung Christi zur Kirche gehabt hat. Gerade die Betonung der Liebes- und Lebensgemeinschaft mit Christus als Zentrum der Ekklesiologie ist von hier aus gefördert worden. Daß das zur Vertiefung der eigentlich wissenschaftlichen Ekklesiologie beigetragen hat, wird zwar unwahrscheinlich sein; die einzelnen Theologen werden jedoch in ihren ekklesiologischen Bemühungen ebenso von der Welle der jugendlichen Gemeinschafts- und Kirchenbegeisterung angeregt worden sein, wie diese Begeisterung von ihnen mitentfacht und gelenkt worden ist.

B. Die Liturgische Bewegung

Die mit der Katholischen Jugendbewegung, wie gesagt, eng verbundene Liturgische Bewegung wird von einer überdeutlichen christozentrischen und ekklesiozentrischen Tendenz geprägt[616]. Die komplexe Geschichte der Liturgischen Bewegung, deren Erforschung noch lange nicht abgeschlossen ist[617], kreist von Anfang an um diese beiden Pole. Die Christozentrik und

---

615 R. GUARDINI, Archiv Burg Rothenfels, zitiert nach: H.B. GERL, *Romano Guardini*, 195.

616 Vgl. B. NEUNHEUSER, *Der Beitrag der Liturgie zur theologischen Erneuerung*: Greg 50 (1969) 589–615, bes. 597–598: »Liturgische Erneuerung hat von Anfang an als erstes und höchstes Ziel erstrebt: die Mitfeier der Liturgie durch die gläubige Gemeinde. Das besagt aber, und besagte es von Anfang an schon: ›Liturgie‹ ist heilige Handlung, Handlung der Kirche, und zwar der Kirche, die hier als Volk Gottes, als Leib Christi, unter Christus als ihrem Haupt, im Heiligen Geist, im Geiste Christi versammelt ist.«; auch ebd., 602; J. HESSEN, *Die Geistesströmungen der Gegenwart,* 173–176; A. ANTON, *El Misterio de la Iglesia II,* 515–516.

617 Vgl. für Deutschland z.B.: W. BIRNBAUM, *Die katholische liturgische Bewegung. Darstellung und Kritik* (Beitrag zur Förderung der christlichen Theologie XXX, 1), Gütersloh 1926, bes. zur Kritik 122–174; A. BUGNINI, *La riforma liturgica,* Roma 1983, bes. 18–20; O. CASEL, *Liturgische Bewegung in der katholischen Kirche,* in: Die Religion in Geschichte und Gegenwart. Handwörterbuch für Geschichte und Religionswissenschaft III, hrsg. v. H. Gunkel u. L. Zscharnack, Tübingen 1929², 1698–1701, bes. 1699–1700; W. GRUBER, *Der Beitrag der Dogmatik zur Liturgischen Bewegung,* Graz 1959; R.A. GRAHAM, *Pio XII e la crisi liturgica in Germania durante la guerra*: CivCatt 136 (1985) 534–549; F. KOLBE. *Die Liturgische Bewegung,* Aschaffenburg 1964; TH. MAAS-EWERD, *Die Krise der Liturgischen Bewegung in*

die daraus erwachsende Ekklesiozentrik der neuen Auffassung der Liturgie waren damals allerdings manchmal verbunden mit einer »Verklärungstheologie«, die sich vor allem im benediktinischen Umfeld der Bewegung und in ihrer Verquickung mit der »Mysterientheologie« ODO CASELS OSB bemerkbar machte[618]. Anregungen aus der ›mystischen‹ Strömung der Zeit aufnehmend[619], zeigte die Liturgische Bewegung einen gewissen Hang zu einer Art ›Eschatologismus‹[620], der sich aus einer Überbetonung des ›Verklärungsgedankens‹ ergab[621] und hier und da zu einem ›Halbquietismus‹ führen mochte, der heftig kritisiert wurde[622]. Weil aber alle zeitgenössischen Desiderate wie Gemeinschaft, Objektivität, Leben, religiöse Neuorientierung, Mystik und wohl auch bestimmte politische Elemente in der Bewegung und der damit verbundenen Theologie zusammenflossen, gelang es ihren Förderern trotz kritischer Anfragen mit verschiedenstem Akzent u.a. von Erzbischof C. GRÖBER[623], K. RAHNER[624], M. KASSIEPE[625] und E.

Deutschland und Österreich. Zu den Auseinandersetzungen um die »liturgische Frage« in den Jahren 1939 bis 1944 (SEPL 3), Regensburg 1981; A.L. MAYER, *Die Liturgie in der europäischen Geistesgeschichte. Gesammelte Aufsätze,* hrsg. u. eingel. v. E. von Severus, Darmstadt 1971; B. NEUNHEUSER, *Il movimento liturgico: panorama storico e lineamenti teologici,* in: Anamnesis. Introduzione storico-teologica alla liturgia I, Torino 1974, 9–30; O. ROUSSEAU, *Histoire du mouvement liturgique. Esquisse historique depuis le début du XIXe siècle jusqu'au pontificat de Pie X* (Lex orandi 3), Paris 1945, bes. 67–91; O. ROUSSEAU, *Le mouvement liturgique du XIXe siècle,* in: A. Kerkvoorde–O. Rousseau, Le mouvement, 9–30, bes. 13–17; A. SCHILSON, *Theologie als Sakramententheologie,* 58–98; W. TRAPP, *Vorgeschichte und Ursprung,* bes. 350–361; W. WAGNER, *Artikel »Liturgische Bewegung«,* in: LThK VI, 1097–1100.

618 Vgl. zu I. Herwegen und O. Casel: A. SCHILSON, *Theologie als Sakramententheologie,* 65: »Die Verklärungstheologie bzw. -christologie sowie die Ekklesiozentrik unter weitgehender Vernachlässigung einer positiven ›Kosmologie‹ haben bereits hier ihren Ursprung.«; in einem gewissen Gegensatz dazu: B. NEUNHEUSER, *Der Beitrag der Liturgie,* 602: »Hier aber ist eine Christozentrik gegeben von ausgesprochen dynamischer, heilsgeschichtlich bestimmter Eigenart.«

619 Vgl. B. BARTMANN, *Katholische Bewegungen mit Hemmungen*: ThGl 28 (1936) 22; auch A. MAYER, *Zur Wesensbestimmung der Mystik*: BenM 1 (1919) 129–143.

620 Vgl. E. PRZYWARA, *Neue Religiösität*: StZ 109 (1925) 18–35, bes. 23–24.

621 Vgl. I. HERWEGEN, *Der Verklärungsgedanke in der Liturgie,* in: DERS., Alte Quellen neuer Kraft. Gesammelte Aufsätze, Düsseldorf 1922[2], 22–48; F.X. MÜNCH, *Abt Ildefons Herwegen von Maria Laach*: HL 10/II (1913) 755–758, bes. 757.

622 Vgl. M. KASSIEPE, *Irrwege und Umwege im Frömmigkeitsleben der Gegenwart,* Würzburg o.J. [1940][2], 106–127.

623 Vgl. vor allem das sog. ›Freiburger Memorandum‹: E. MAAS-EWERD, *Die Krise,* 540–569 [Wortlaut des Memorandum], 259–285, 294–395; DERS., *Odo Casel OSB und Karl Rahner SJ: Disput über das Wiener Memorandum »Theologische und Philosophische Zeitfragen im katholischen deutschen Raum«. Zwei unveröffentlichte Dokumente aus dem Jahre 1943*: ALW 28 (1986) 193–234, bes. 194 Anm. 6; E. KELLER, *Conrad Gröber (1872–1948). Erzbischof in schwerer Zeit,* Freiburg 1981, 318–333.

624 Vgl. TH. MAAS-EWERD, *Odo Casel OSB,* 210–230; DERS., *Die Krise,* 605.

625 Vgl. M. KASSIEPE, *Irrwege,* bes. 22–58.

PRZYWARA[626] ihre hauptsächlichen Ideen durchzusetzen. Dieser Erfolg wurde ebenfalls Wirklichkeit, weil das Interesse an einer liturgischen Erneuerung durch die Jugendbewegung, liturgische Einkehrtage, gezielte Akademikerarbeit[627], sowie durch Predigt und Katechese relativ rasch zu einer immer größeren Zahl von Gläubigen getragen wurde. Das aber wäre unmöglich gewesen, wenn die Liturgische Bewegung nicht so homogen den Bedürfnissen der Zeit entsprochen hätte.

Sicher war die Ekklesiologie der Liturgischen Bewegung vom Leib-Christi-Gedanken bestimmt, der ihren theologischen Hauptvertretern besonders wertvoll war. Die Werke von I. HERWEGEN, O. CASEL, R. GUARDINI, P. PARSCH, CH. PANFOEDER, J. A. JUNGMANN etwa sind von dieser Vorstellung und damit von ihren beiden Polen Christus und Kirche sowie deren gegenseitiger Beziehung durchdrungen[628]. Dabei wird der Akzent vor allem bei Odo Casel und seiner Schule, von der sich gerade Guardini später löste, immer wieder auf den pneumatischen Christus gelegt:

> »Die Einheit Christi und seiner Ekklesia...ist das Christus-Mysterium, der gesamte Heilsplan Gottes, der in jener Einheit Christi und der erlösten Menschheit — in der Vollendung des pneumatischen Christusleibes — gipfelt. Es ist das Mysterium des einen pneumatischen Christus, der da ist: Christus mit seiner Ekklesia.«[629]

Obwohl mehr praktisch-pastoral orientierte Theologen wie Guardini diese pneumatische Sicht stark abschwächten und sie etwa auf den Heiligen Geist als Pneuma Christi übertrugen[630], übte doch die kosmisch-pneumatisch-

---

626 Vgl. z.B. E. PRZYWARA, *Liturgische Erneuerung,* in: DERS., Katholische Krise, 71–88.

627 Vgl. z.B. S. GEIGER, *Die religiöse Bewegung unter den Akademikern. Ihr Sinn, ihr Wollen, ihr Erfolg*: ThGl 16 (1924) 491–501, bes. 495–496: »Es ist kein Zufall, daß die Akademikerbewegung die liturgische Bewegung in sich aufgenommen hat, daß jedenfalls die Akademikerbewegung die wirksamste Trägerin der liturgischen Bewegung ist.«

628 Vgl. z.B. I. HERWEGEN, *Das Kunstprinzip,* 10–11; O. CASEL, *Neue Zeugnisse für das Kultmysterium*: JLW 13 (1935) 99–171, bes. 107–108; DERS., *Das christliche Kultmysterium,* 27–29; R. GUARDINI, *Vom Sinn der Kirche,* 11–13; DERS., *Vom Geist der Liturgie,* 26; CH. PANFOEDER, *Die Kirche als liturgische Gemeinschaft,* 60–66; J.A. JUNGMANN, *Die Stellung Christi im liturgischen Gebet* (Liturgische Forschungen und Quellen 19/20), Münster 1925 [1962²], 243; dazu A. SCHILSON, *Theologie als Sakramententheologie,* 62–63, 89–90, 151–174, 301–313; DERS., *Perspektiven theologischer Erneuerung,* 219–242; J. CARD. RATZINGER, *Von der Liturgie zur Christologie. Romano Guardinis theologischer Grundansatz und seine Aussagekraft,* in: Wege zur Wahrheit, 121–144; H.B. GERL, *»Durchblick aufs Ganze«,* 46–47.

629 O. CASEL, *Das Mysterium der Einheit von Haupt und Leib. Der eine Christus,* in: DERS., Mysterium der Ekklesia, 128.

630 Vgl. R. GUARDINI, *Vom Geist der Liturgie,* 26: »… wir sind ›sein Leib‹, *Corpus Christi mysticum.* Und eine wirkliche Macht ist vorhanden, welche diese große Lebenseinheit be-

eschatologische Schau der Kirche eine beachtliche Anziehungskraft in den Kreisen der Liturgiebewegten aus. Daß daneben gleichzeitig von einer physischen Einigung zwischen Christus und seinen Gliedern oder gar von einem »übernatürlichen Blutkreislauf« die Rede ist[631], hindert aufgrund einer oft wenig präzisen Sprache eine pneumatische Auffassung der Kirche nicht[632]. Dabei handelt es sich wohl gemerkt nicht in erster Linie um eine Aufwertung der Rolle des Hl. Geistes in der Kirche, sondern um eine pneumatische Interpretation des Wirkens Christi bzw. *seines* Geistes oder Pneumas in den Gliedern *seines* Leibes, also nicht so sehr um eine wirklich pneumatologische Ekklesiologie als vielmehr um eine bis in die letzten Konsequenzen durchgeführte Christozentrik, in der sich paradoxerweise ab und zu physisch-biologischer Naturalismus mit mystisch-pneumatischem Supranaturalismus treffen konnte. In Wahrheit schien es sich nämlich gerade nicht um wirkliche Christozentrik, also um eine harmonische Sicht des *Gottmenschen* Christus als Mittelpunkt der Kirche zu handeln, sondern um eine Betonung entweder der göttlichen Geistperson Christi oder seiner menschlich-biologischen Natur. Auch hier ist es wieder das grundsätzliche Verständnis des Verhältnisses von Natur und Gnade, das sich ekklesiologisch niederschlägt. Der Tübinger Pastoraltheologe F. X. ARNOLD, der ekklesiologisch dem pneumatologisch-theozentrischen Mystizismus wie dem naturhaft-biologischen Identitätsdenken gleichermaßen ablehnend gegenüberstand und bei Haltungen heftig kritisierte[633], hat auf ihre gegenseitige ›dialektische‹ Bedingtheit und den fast zwangsläufigen inneren Zusammenhang dieser Spielarten von Supranaturalismus und Naturalismus aufmerksam gemacht. Im Grunde handelt es sich bei den — in unserer Periode kaum je verwirklichten — Extremen einer solchen Denkart um die zwei Seiten einer unchalcedonensischen, den irdischen Christus in jedem Fall seiner Bedeutung als Erlöser entleerenden Christologie, die unfähig bleibt, die irdische Struktur des ›Corpus Christi‹ in ihrem eigentlichen Wert zu sehen, sondern ihn entweder mystisch verklärt oder biologistisch soziologisiert. Wenn auch keiner der Autoren der Liturgischen Bewegung eines die-

---

herrscht, den einzelnen in sie einfügt, ihn am gemeinsamen Leben teilnehmen läßt, ihn darin erhält: der ›Geist Christi‹, der Heilige Geist. Jeder einzelne Gläubige ist eine Zelle dieser Lebenseinheit, ein Glied dieses Leibes.«

631 Vgl. P. PARSCH, *Volksliturgie*, Wien 1940, 70, 127, 178–180, 285.

632 Vgl I. HERWEGEN, *Die Formung des Geistes durch den Geist Christi*, 12: »Jedes lebendige Glied am mystischen Leib Christi, der Kirche, lebt aus dem Geiste Christi. Unsere Verbundenheit mit Christus ist also eine physische, als Glieder seines Leibes leben wir aus seinem göttlichen Leben.«

633 Vgl. F.X. ARNOLD, *Das Prinzip des Gottmenschlichen und seine Bedeutung für die Seelsorge*: ThQ 123 (1942) 145–176.

ser Extreme vertreten hat, so könnte man Arnold vielleicht doch zustimmen, wenn er meint, das Wechselspiel dieser Auffassungen habe einen entscheidenden Anstoß für die Entwicklung der Bewegung gegeben[634].

Wie sehr darüber hinaus andere mehr äußere Faktoren auf die Liturgische Bewegung gewirkt haben, wird nicht nur aus ihrer monastischen Verwurzelung und ihrer späteren pastoralen Breitenwirkung sichtbar, sondern aus ihrem gesamten zeitgeschichtlichen Kontext[635]. Man könnte die Bewegung geradezu als den praktisch-kultischen Aspekt jenes Verlangens nach »wahrer Gemeinschaft, objektiver Norm und Geistigkeit«[636] werten, die auch zu einem neuen Aufbruch in der Ekklesiologie geführt hat. Wo in der Liturgie »das beglückende *Bewußtsein von der Kindschaft Gottes und von der Gemeinschaft aller in Christus*«[637] und der Wunsch nach »Befreiung vom eigenen Ich und Heimkehr zum Herrn«[638] erwacht war, da versuchte man theologisch diesen Überzeugungen eine ekklesiologische Fundierung zu geben, die ihrerseits wieder zur Klärung der liturgischen Bestrebungen beitrug. Liturgie und Theologie und damit natürlich auch Ekklesiologie wurden in gegenseitigem Zusammenhang gesehen[639]. Wie man in der Liturgie zurück zum ›Ursprünglichen‹ wollte, so bemühte man sich auch in der Ekklesiologie, den »Sinn des biblischen und patristischen Ekklesia-Bildes wiederzugewinnen«[640] und versuchte, das liturgische und theologische Kirchenverständnis zu vereinen. Einmal mehr trat die gegenseitige Durchdringung von Lehre und Praxis in dieser doppelten Bewegung deutlich hervor. Das »Erwachen der Kirche in den Seelen« — ohnehin abhängig auch von den mehr profanen ›Zeichen der Zeit‹ — wäre wohl ohne die liturgische

---

634 DERS., *Das Prinzip des Gottmenschlichen,* 175: »Obschon Extreme, haben diese beiden Denkweisen und Lösungsversuche das miteinander gemeinsam, daß sie sich gegenseitig hervorrufen, steigern, einander bedingen und gleiche Entwicklungsstufen einnehmen, so daß das eine System, das, was es ist, nicht wäre ohne das andere. Es ist hier das Gesetz wirksam von den Extremen, die sich stets berühren und die sich in ihrem Entstehen und Fortgang nacheinander richten. Anfang, Entwicklung und Läuterung der Liturgischen Bewegung spiegeln diesen Vorgang in einzigartiger Weise wieder.«

635 Vgl. A.L. MAYER, *Die geistesgeschichtliche Situation der Liturgischen Erneuerung in der Gegenwart*: ALW 4 (1955) 1–51, bes. 37–51.

636 H. DAUSEND, *Die liturgische Bewegung unter den deutschen Katholiken*: TPQS 83 (1930) 47–59, hier 48; dieser Artkel hat übrigens wegen der dort gegen Casel geäußerten Bedenken zu einer kurzen Kontroverse mit diesem geführt: O. CASEL, *Berichtigung,* ebd., 611–612; H.DAUSEND, *Erwiderung,* ebd., 612–613.

637 J.KRAMP, *Liturgie und religiöses Leben*: StZ 106 (1924) 91–98, hier 93.

638 Ebd., 97.

639 Vgl. I. HERWEGEN, *Sinn, Geist und Ziel der liturgischen Erneuerung*: BiLi 12 (1937/38) 386–396; G.SÖHNGEN, *Der theologische Sinn der liturgischen Erneuerung*: Cath 5 (1936) 145–171.

640 A.L. MAYER, *Die geistesgeschichtliche Situation,* 42.

Bewegung niemals so umfassend, die Liturgische Bewegung ohne eine theologische Fundierung in einem »neuen« Kirchenbild kaum so grundsätzlich und dauerhaft geworden. In Bezug auf die wissenschaftliche Ekklesiologie und ihr Interesse am Verhältnis von Christus und Kirche kann die damalige Situation mit einem sehr zeittypischen Wort von A. L. MAYER wiedergegeben werden: »Wie in allen Epochen der christlichen Geschichte, so ist auch hier das Verhältnis des religiösen Lebens zur Liturgie, zum liturgischen Mysterium, ein Mittun und Mitleiden, eine Aktion und Reaktion des echten, lebendigen kirchlichen Organismus in Zeit und Raum der Geschichte.«[641]

C. Die Ökumenische Bewegung

Als dritte für die Lehre von der Kirche relevante Bewegung möchten wir den Beginn eines ökumenischen Bestrebens erwähnen, das allerdings anders als die beiden bisher genannten machtvollen Tendenzen sich auf eine eher kleinere Gruppe von Priestern und Laien stützte. Trotzdem ist die ekklesiologische Bedeutung dieser Bewegung relativ groß, da sie ein Überdenken der Möglichkeit eines juridisch und theologisch klar definierbaren Kirchenbegriffs mit sich brachte[642]. Die ersten Versuche dazu waren wegen der heiklen Stellung der Konfessionen zueinander sehr zögernd, wurden aber trotz aller Rückschläge unermüdlich weiterverfolgt[643]. Das war um so eher möglich, als unter den evangelischen Christen, die ebenfalls unter dem Eindruck der geschilderten zeitgeschichtlichen Strömungen standen, auch ein Neuentdecken der Kirche stattfand und es sogar eine evangelische liturgi-

---

641 Ebd., 51.

642 Vgl. K. PIEPER, *Jesus und die Kirche*, Paderborn 1932, 7: »Noch auf ein Weiteres darf als Beweis für die gegenwärtige Lebendigkeit des Interesses am Kirchenthema hingewiesen werden. Das ist das Wachsen des ökumenischen Gedankens.«; auch A. ANTON, *El Misterio de la Iglesia II*, 518–519; ST. JAKI, *Les tendances nouvelles*, 129.

643 Vgl. zur Geschichte dieser Anfänge der katholischen Ökumenischen Bewegung z. B.: H. WEISSGERBER, *Die Frage nach der wahren Kirche. Eine Untersuchung zu den ekklesiologischen Problemen der ökumenischen Bewegung* (Koinonia. Beiträge zur ökumenischen Spiritualität und Theologie 2), Essen 1963, 132–155; H. THILS, *Histoire doctrinale du Mouvement oecuménique* (Bibliotheca Ephemeridum Theologicarum Lovaniensium VIII), Louvain 1955, 166–214; M. PRIBILLA, *Um kirchliche Einheit. Stockholm — Lausanne — Rom. Geschichtlich-theologische Darstellung der neueren Einigungsbestrebungen*, Freiburg i. B. 1929, 202–304; G. MARON, *Die Römisch-katholische Kirche*, N322–N326; G. PFEILSCHIFTER, *Die kirchlichen Wiedervereinigungs-bestrebungen der Nachkriegszeit*, München 1923; K. ALGERMISSEN, *Konfessionskunde*, Celle 1950^{6}, 855–882.

sche Bewegung gab[644]. Obschon die Gründung der von R. GROSCHE geleiteten kontroverstheologischen Zeitschrift »Catholica« und der »Bruderschaft Una Sancta« durch M. J. METZGER[645] erst 1932 bzw. 1939 erfolgte, wurden schon vorher[646] und vor allem unter dem Eindruck des im Krieg entstandenen Zusammengehörigkeitsgefühls die konfessionellen Schranken als nicht mehr so unüberwindlich angesehen[647]. Die Bemühungen einzelner wie etwa M. PRIBILLA SJ[648], P. SIMON[649] oder A. RADEMACHER[650] trugen zu einer langsamen Änderung der Athmosphäre bei, die von der zwischen E. PRZYWARA und K. BARTH sowie einigen anderen geführten kontroverstheologischen Diskussion ebenfalls im Sinne größerer Gesprächsbereitsschaft beeinflußt wurde[651]. Diese günstige ökumenische Situation traf sich nun mit dem ekklesiologischen Umbruch, was zur Über-

---

644 Vgl. A. AUER, *Querverbindungen von Katholizismus und Protestantismus*: THQ 118 (1937) 267–311; G. MENSCHING, *Liturgische Bewegung in der evg. Kirche*, in: Die Religion in Geschichte und Gegenwart III, 1696–1697; B. THIEL, *Die Bemühungen der evangelischen Kirche Deutschlands um eine Liturgie*, in: Theologische Gegenwartsfragen, hrsg. v. E. Schlund, Regensburg o. J. [1940], 183–204.

645 Vgl. M. J. METZGER, *Aufbruch zur Una Sancta*: ThGl 33 (1941) 16–22; M. LAROS, *Dr. Max J. Metzger*, Meitingen 1946.

646 Vgl. z. B. G. MENGE, *Die Wiedervereinigung im Glauben. Ein Friedensaufruf an das deutsche Volk I. Die Glaubenseinheit*, Freiburg i. B. 1914, bes. 163–269.

647 Vgl. E. KREBS, *Die Protestanten und Wir. Einigendes und Trennendes* (Der katholische Gedanke IV), München 1922, 8–10; DERS., *Vom Segen des Krieges*: ThGl 7 (1915) 21–26, bes. 25: »Der abscheuliche *Streit der Konfessionen*...ist *verschwunden*.«; M. SCHELER, *Der Friede unter den Konfessionen*, 140: »Daß der ›Friede unter den Bekenntnissen‹ ... die Forderung des Tages ist, ... das sieht jeder auf den ersten Blick.«, ebd., 464–470; auch J. FRISQUE, *Die Ekklesiologie*, 195–196.

648 Vgl. K. H. NEUFELD, *Anfänge katholischer Ökumene — Max Pribilla (1874–1956)*: Cath 29 (1975) 1–19, bes. 12 zum Einfluß Pribillas auf Metzger und Grosche: »In gewisser Weise setzten diese Gründungen nämlich P. Pribillas Werk ›Um kirchliche Einheit‹ voraus, das nach der Veröffentlichung der Enzyklika ›Mortalium animos‹ zeigte, daß und wie katholische Christen auf dem ökumenischen Weg weiterzugehen hätten. Nicht zu Unrecht hat N. Soderblom die Enzyklika und P. Pribillas Buch zusammengestellt.«

649 Vgl. z. B. P. SIMON, *Kirche und Konfession*: HL 23/I (1925/26) 641–659; DERS., *Was ist Katholizität?*: HL 35/II (1938) 429–444.

650 Vgl. z. B. A. RADEMACHER, *Die Wiedervereinigung der christlichen Kirchen*, Bonn 1937; DERS., *Der Glaube als einheitliche Lebensform*, Bonn 1937; DERS., *Die innere Einheit des Glaubens. Ein theologisches Prolegomenon zur Frage der Kirchenunion*, Bonn 1937; DERS., *Der religiöse Sinn der Zeit und der ökumenische Gedanke*, Bonn 1939.

651 Vgl. z. B. G. FEUERER, *Der Kirchenbegriff der dialektischen Theologie* (FThSt 36), Freiburg i. B. 1933, bes. 1–18; W. KÖPP, *Die gegenwärtige Geisteslage und die dialektische Theologie*, Tübingen 1930; K. ADAM, *Theologie der Krisis*, in: DERS., Gesammelte Aufsätze, 319–337; E. PRZYWARA, *Neue Theologie? Das Problem protestantischer Theologie*: StZ 111 (1926) 348–360; DERS., *Gott in uns oder Gott über uns*, bes. 347–351; DERS., *Analogia entis, Metaphysik I. Prinzip*, München 1932; B. GHERARDINI, *La seconda riforma. Uomini e scuole del Protestantesimo moderno II* (Biblioteca di scienze religiose X/8), Roma 1966, 80–196 (Bibl.).

nahme der Problematik Christus-Kirche führte, weil man mit einer vorsichtigen Neuformulierung dieses Verhältnisses den ökumenischen Gedanken stützen zu können hoffte[652].

Das Verlangen nach Einheit im Glauben schien tatsächlich seine ideale Entsprechung im Bild der Kirche als ›Corpus Christi mysticum‹ zu finden, zumal sich hier auch Ähnlichkeiten mit der reformatorischen Theologie feststellen ließen[653]. Zwar wurde auch gesagt, daß der Leib Christi unzerteilt in der katholischen Kirche zu finden seie[654], aber man unterstrich doch die bleibende unsichtbare Einheit der Kirche Christi:

> »Die Kirche Christi ist nur *eine,* weil Christus nur einer ist, und weil die Kirche nichts anderes ist als sein ›Leib‹. Sie besteht, wo Menschen durch die ›eine Taufe‹ (Eph 4,5) in den Leib des Herrn ›eingeleibt‹ (Luther) werden und die geheimnisvolle Lebensgemeinschaft mit ihm nicht unterbrechen. Die geheimnisvolle Einheit wird auch dadurch nicht einfach zunichte, daß der gesunde Säftekreislauf unter den ›Gliedern‹ des Leibes gestört ist ...«[655]

Diese unsichtbare Lebensgemeinschaft aller in der Gnade Christi stehenden Menschen wird in dieser frühen Ökumenischen Bewegung zu einem bevorzugten Topos. »Die universale Kirche« ist nach dieser Auffassung »eine unsichtbare Kirche«[656]. Überhaupt wird die Unterscheidung von sichtbarer und unsichtbarer, äußerer und innerer Gemeinschaft zur Charakterisierung des ›Corpus mysticum‹ gerne herangezogen[657]. Hier findet sogar J. WITTIG

---

652 Der Protestant F. VIERING, *Christus und die Kirche,* 11–14, sieht im evangelischen Kirchenverständnis sogar grundsätzlich eine »dialektische Voraussetzung der römisch–katholischen Ekklesiologie«.

653 Vgl. F. MALMBERG, *Ein Leib — Ein Geist,* 55–65; W. WAGNER, *Die Kirche als corpus Christi mysticum beim jungen Luther*: ZKTh 61 (1937) 29–98, bes. 97: »Luthers geistige Einheit im corpus mysticum ist eine *psychologische,* die katholisch-sakramentale eine *ontologische* und zwar eine wesenhaft übernatürliche Seinseinheit, ein *consortium divinae naturae* (vgl. 2 Petr 1,4).«; E. PRZYWARA, *Evangelische Katholizität — katholische Evangelizität,* in: DERS., Katholische Krise, 203; auch prot. Bibliographie zum CCM bei U. VALESKE, *Votum,* II. Teil, 41–42, 46–47.

654 Vgl. O. ISERLAND, *Das ökumenische Gespräch*: HL 35/I (1937/38) 368–379, bes. 369.

655 M. J. METZGER, *Aufbruch,* 16.

656 M. PRIBILLA, *Die Kirche von Anbeginn*: StZ 117 (1929) 241–254, hier 248; auch ebd., 253: »Wiewohl die universale Kirche nicht Ziel und Gegenstand der kirchlichen Einigungsbestrebungen ist, so hat ihre Anerkennung doch hohe Bedeutung für diese Bestrebungen, und zwar sowohl für die Angehörigen der katholischen Kirche als auch für die Andersgläubigen. Alle Menschen, die Gott nach bestem Gewissen dienen und seine Gebote zu erfüllen trachten, stehen durch die Gnade Christi in einer geheimen, unsichtbaren Gemeinschaft.«

657 Vgl. P. SIMON, *Was ist Katholizität?,* 437: »Auch in der Kirche muß die Einheit immer neu werden, obwohl sie, von innen her gesehen, stets vorhanden ist.«; M. LAROS, *Die Menschen in der Kirche,* in: Um die Einheit der Kirche. Gespräche und Stimmen getrennter christlicher Brüder, hrsg. v. J. Casper, Wien 1940, 25–31, bes. 25: »Zunächst stellen wir fest: Das Menschliche an der Kirche ist ihre Außenseite, während das Göttliche ihre Innenseite ist.«

mit seiner Sicht von der »Kirche als Selbstverwirklichung der christlichen Seele«[658] Eingang, weil man glaubt, seine Gedanken für die Einheitsidee fruchtbar machen zu können[659]. Dabei fehlen selbst unter Protestanten warnende Stimmen nicht, die zwar die Wiederentdeckung der unsichtbaren Kirche im katholischen Raum begrüßen, gleichzeitig aber auf deren Verbindung zur sichtbaren Kirche hinweisen[660]. Dagegen waren manche Katholiken in der Betonung der ›mystischen‹ Gemeinschaft zwischen Christus und den Christen relativ unbekümmert. In der Bewußtmachung dieser Art von Einheit durch die liturgische Bewegung erkannte etwa A. DEMPF eine Chance, nicht nur die wesentliche Schranke zwischen Klerus und Laien, sondern auch die Barrieren zwischen den Konfessionen im ›Corpus mysticum‹ abzubauen, weil darin »die pneumatische Kirchenauffassung … wieder die ihr gebührende höchste Stelle« einnehme[661]. Der von J. CASPER herausgegebene Band »Um die Einheit der Kirche« kann teilweise als symptomatisch für diese Art wohlmeinender Unbekümmertheit beurteilt werden, der es wohl auch an theologischem Problembewußtsein fehlte:

> »Christus in uns und wir in Ihm ist das Geheimnis der Kirche … Diese Einigung in innerseelischer Gnadenverbundenheit sei hier vor allem gesehen als das, was alle eint, die im lebendigen Leben Christi stehen. Die Frage nach der sichtbaren Organisation bleibt unberührt. Wir suchen ja jetzt das Gemeinsame, die *Brücke,* die uns zusammenführt.«[662]

---

658 Die ekklesiologisch bedeutsamen, alle den geistig-unsichtbaren Aspekt der Kirche betonenden Aufsätze Wittigs finden sich in: E. ROSENSTOCK – J. WITTIG, *Das Alter der Kirche I*: z.B. *Die Kirche als Selbstverwirklichung der christlichen Seele,* 45–78; *Kirche und Menschheit,* 79–110; *Petrus und Paulus,* 141–152.

659 Vgl. F. FUCHS, *Von der echten und unechten Unionsidee*: HL 22/II (1925) 947–351, bes. 348: »… wir … betonen, wie die von Wittig dort ausgesprochenen Gedanken für die kirchliche Einheit fruchtbar werden können. Hier erfährt sie ihre Begründung von der religiösen Anthropologie her. Indem Wittig die christliche Seele sich gleichsam als eine Monade der objektiven Kirche erkennen läßt, stellt er sie in die Reihe: *ein* Adam, *ein* Christus, *eine* Kirche. Christsein und Glied der Kirche sein, ist eins. Der Christ ist durch die Taufe in die Kirche hineingeboren, denn nicht als Anstalt sieht Wittig die Kirche … sondern als göttliche Daseinsform der Seele …«; im Gegensatz dazu E. PRZYWARA, *Katholizismus der Kirche und Katholizismus der Stunde*: StZ 110 (1926) 260–270, bes. 267–268.

660 Vgl. O. URBACH, *Ist der Gegensatz zwischen Katholizismus und Protestantismus unüberbrückbar?*: ThGl 33 (1941) 1–16, 61–76, bes. 74–75; bezeichnend für die Situation der Ökumene auch noch 1941 ist eine Anmerkung der Schriftleitung zu Beginn des 2. Teiles des Artikels: »Wir geben hier den anregenden Gedanken des nichtkatholischen Verfassers noch einmal Raum, wenn wir auch seine Überzeugung nicht in allen Punkten teilen.— Im übrigen brechen wir mit diesem Hefte die Konfessionsgespräche ab, da einzelne Äußerungen daraus Anlaß zu Mißverständnissen gegeben haben.«

661 A. DEMPF, *Begegnung der Konfessionen*: HL 33/I (1935/36) 481–490, hier 485, auch 486.

662 J. STABL, *Das Geheimnis der Kirche — Christus in uns!,* in: Um die Einheit der Kirche, 11–17, hier 12.

Die *»Einheit aller Glieder«* in Christus, *»in seinem Geist«* wird als schon verwirklicht angesehen[663]. Es scheint sich also nur noch darum zu handeln, diese Einheit in die Tat umzusetzen und konkret zu machen, denn das ›unum corpus in Christo‹ »trifft ohnehin jetzt schon auf alle wahrhaft Gläubigen zu …«[664]

Natürlich wäre es falsch zu meinen, alle Vertreter dieser ersten Ökumene seien mit den gleichen Überzeugungen von kirchlicher Einheit angetreten. Damit würde die ungleich ausgewogenere und vorsichtigere Position etwa M. PRIBILLAS oder A. RADEMACHERS und anderer kaum richtig getroffen, denn die meisten waren sich doch der ungeheuren Schwierigkeiten bewußt, die die ökumenische Bewegung nur mit kleinen Schritten würde überwinden können[665]. Ging es zuerst hauptsächlich um den sogenannten ›konfessionellen Frieden‹[666], so wollte man im Laufe der Zeit, auch unter dem Eindruck von Y. CONGARS Werk »Chrétiens désunis«[667], unter Wahrung alles wesentlich Katholischen doch auch protestantische Impulse mit in die kirchliche Einheit hineinnehmen. Störende Vorfälle auf diesem Weg — wie die spektakuläre Forderung FRIEDRICH HEILERS nach einer

---

663 M. J. METZGER, *Einheit der Kirche?*, in: Um die Einheit der Kirche, 48–52, hier 49.

664 F. RANFT, *Die ökumenische Aufgabe und der Laie*, in: Um die Einheit der Kirche, 296–304, hier 296.

665 Vgl. M. PRIBILLA, *Um die Wiedervereinigung im Glauben*: StZ 109 (1925) 401–415, bes. 405: »Denn die protestantischen Kirchen von heute sind so differenziert und derart auf den Gegensatz zur katholischen Kirche festgelegt, daß der Weg zu dieser nur über die einzelnen Seelen gehen kann.«; DERS., *Ökumenisch*: StZ 119 (1930) 257–270, bes. 269; DERS., *Der Wille zur christlichen Einheit*: Schol 17 (1942) 481–503, bes. 500; DERS., *Zum Gespräch zwischen den Konfessionen*: StZ 138 (1941) 211–219; DERS., *Wege zur kirchlichen Einheit*, in: Um die Einheit der Kirche, 157–162; A. RADEMACHER, *Die innere Einheit des Glaubens*, 179; R. GROSCHE, *Katholizismus und Protestantismus*, in: DERS., Pilgernde Kirche, 109–116, bes. 114: »Es bleibt freilich dabei, daß *nun gerade innerhalb dieser Gemeinsamkeiten, die wir heute sehen, auch die Gegensätze, und zwar deutlicher als früher, sicherlich ernster und bedrückender gesehen werden.*«; B. BARTMANN, *Die Enzyklika Pius XI. »Mortalium animos« (vom 6. Januar 1928) über die Einigung der Kirchen*: ThGl 20 (1928) 789–796; vgl. auch die vorsichtige Auseinandersetzung K. Adams mit den Positionen F. Heilers und K. Herms: H. KREIDLER, *Eine Theologie des Lebens*, 223–230.

666 Vgl. M. REICHMANN, *Eine neue Aussprache über Katholizismus und Protestantismus*: StZ 106 (1924) 191–206, bes. 191: »Unsere langjährigen Versuche und Anläufe, um eine freundschaftliche Aussprache beiderseits anzubahnen zwischen Liebhabern des vielgenannten und vielbegehrten ›konfessionellen Friedens‹, waren bisher eine Saat auf hartes Erdreich.«; DERS., *Konfessioneller Friede ohne Interkonfessionalismus*: StZ 98 (1920) 387–402; DERS., *Ein weiterer Schritt zur Verträglichkeit der getrennten Christen*: StZ 98 (1920) 457–473.

667 Y. CONGAR, *Chrétiens désunis. Principes d'un »Oecuménisme« catholique* (Unam Sanctam 1), Paris 1937; vgl. z.B. P. SIMON, *Katholizität*, 439–440; A. RADEMACHER, *Das Ringen um die eine Kirche*, in: Um die eine Kirche, 62.

evangelischen Katholizität[668] oder die reformkatholische Kritik des von dem Protestanten G. MENSCHING herausgegebenen Sammelbandes »Der Katholizismus. Sein Stirb und. Werde«[669] — veränderten die grundsätzliche, u. a. aus ihrem jeweiligen Kirchenbegriff herzuleitende Haltung der ernsthaften Vertreter der Ökumenischen Bewegung kaum. Auch unter ihnen gab es allerdings das Bestreben, den Kirchenbegriff durch eine stärkere Betonung des »unsichtbaren Elementes« auszuweiten und nicht auf die sichtbare katholische Kirche zu beschränken. RADEMACHER z. B. unterstrich, daß »die Kirche Jesu Christi ... wesensmäßig, wie die Königsherrschaft Gottes eine auf der ganzen Welt und in allen Zeiten« seie[670]. Daß solche Auffassungen einer ökumenisch orientierten Ekklesiologie entgegenkamen, versteht sich von selbst. Die gleichzeitige Ablehnung der Interkonfessionalität[671] und das Streben nach »Klarheit und Bestimmtheit in den katholischen Grundsätzen«[672] schien den Befürwortern der Ökumenischen Bewegung nicht im Gegensatz zur vorsichtigen Ausweitung des Kirchenbegriffs zu stehen. Ein gewisser unversöhnter Dualismus zwischen der Kirche als geistiger Gemeinschaft aller Glaubenden im einen unsichtbaren ›Corpus mysticum‹ und als ›äußerer‹ hierarchischer Organisation war auch hier die Folge. Man bemühte sich zwar, den Zusammenhang der beiden ›Pole‹ zu finden, unterstrich aber der ökumenischen Gemeinsamkeit wegen doch deutlicher die ›innere‹ Dimension. Hier war die Kirche in Gefahr, wie bei

---

668 Vgl. z.B. L. KOCH, *Evangelische Katholizität*: StZ 111 (1926) 171–182; E. DAMMANN, *Artikel »Heiler«*, in: Neue Deutsche Biographie 8, Berlin 1969, 259–260.

669 *Der Katholizismus. Sein Stirb und Werde. Von kath. Theologen und Laien*, hrsg. v. G. Mensching, Leipzig 1937; vgl. dazu etwa die scharfe Kritik der Rezension von K. RAHNER: ZkTh 62 (1938) 109–123, bes. 117: »Der Kern des Buches ist, um es kurz zu sagen, im Grunde *protestantisch* und (was dasselbe ist) im Wesentlichen jene Art von *Modernismus*, die Tyrrell ausgebildet hat.«; T. HOFFMANN, *Kirche im Sterben — Katholizismus im Werden*: StZ 133 (1938) 388–395; auch die Sondernummer von ThGl 30 (1938) mit Beiträgen von: B. BARTMANN, *Der Katholizismus. Sein Stirb und Werde. Dogmatische Fragen*, 125–144; B. BRINKTRINE, *Fundamentaltheologische Fragen*: 162–176; P. SIMON, *Das Verhältnis von Religion und Philosophie*, 177–193; P. RÜSCHE, *Aristotelisch-thomistische Philosophie und christliche Theologie*, 194–209; W. MOOCK, *Bedeutet die Neuzeit Überwindung des mittelalterlichen Denkens?*, 209–219; J. MAYER, *Katholische Reform-Moral?*, 219–234; als Antwort auf solche Kritik erschien: *Der Katholizismus der Zukunft. Aufbau und kritische Abwehr. Von katholischen Theologen und Laien*, hrsg. v. H. Mullert, Leipzig 1940; dazu ablehnend H. WEISWEILER, *Der Katholizismus der Zukunft. Folgerungen aus einer Gesamtschau des Glaubens*: Schol 15 (1940) 321–338.

670 A. RADEMACHER, *Der Glaube als einheitliche Lebensform*, 105; Rademacher weist aber auch auf die Grenzen eines solchen Verständnisses hin: z.B. DERS., *Die innere Einheit des Glaubens*, 155: »Wer Anlaß hat, die Innerlichkeit zu betonen, muß sich doch gegenwärtig halten, daß die Kirche eben so sehr auch eine äußere Organisation ist, und wer dieser dient, darf nicht vergessen, daß sie eben so sehr auch der mystische Leib Jesu Christi ist.«

671 DERS., *Um Erscheinung und Wesen der Kirche*, in: Arnold Rademacher, 154.

672 M. PRIBILLA, *Um kirchliche Einheit*, VIII.

RADEMACHER, ein »Doppelwesen« zu werden, von dem »Absolutheit bekennen zu müssen, … eine Zumutung an unsere Vernunft« sei[673]. Eine solche Entwicklung wurde natürlich durch die von der Sehnsucht nach ›geistiger Liebesgemeinschaft‹ mit Christus geprägten Stimmung des allgemeinen ekklesiologischen Aufbruchs sehr begünstigt, dem wiederum durch den ökumenischen Gedanken ein weiterer Impuls gegeben wurde, sich auf das ›eigentliche‹, ›innerliche Wesen‹ der Kirche zu konzentrieren. Es lag sicher nicht in der Absicht der damaligen katholischen Einheitsbemühungen, die sichtbare Kirche unterzubewerten oder gar beiseite zu lassen. Die Dynamik des ökumenischen Kirchenbildes führte jedoch zusammen mit der ekklesiologischen Verarbeitung des Wunsches nach lebendiger, organischer Gemeinschaft in der Kirche zu einer Sicht vom Verhältnis Christi zur Kirche, das auf die Betonung der Innerlichkeit dieser Beziehung steigenden Wert zu legen schien.

[673] A. RADEMACHER, *Um Erscheinung und Wesen der Kirche*, 164.

4. KAPITEL

THEOLOGISCHE EINFLÜSSE AUF DIE AUFFASSUNG VON DER BEZIEHUNG CHRISTI ZUR KIRCHE ZWISCHEN 1918 UND 1943

Die Behandlung des Verhältnisses Christi zur Kirche wurde außer von den bis jetzt analysierten Einflüssen von einer breiten theologischen Strömung mitgetragen, deren Bedeutung in der ekklesiologischen Literatur der Zeit überall aufscheint. Diese theologischen Anstöße, die sich in der Lehre von der Kirche als Leib Christi nur teilweise artikulieren, wollen wir an ihren Zentralgestalten namhaft machen. Daher soll im folgenden die Beziehung Christi zur Kirche bei AURELIUS AUGUSTINUS, THOMAS VON AQUIN, JOHANN ADAM MÖHLER und MATTHIAS JOSEPH SCHEEBEN relativ ausführlich dargelegt werden, auch weil uns die hier ausgearbeiteten Thesen auch später noch dienen. Doch zuerst einmal sollen diese Überblicke dazu verwendet werden, den jeweils anschließenden Aufweis der tatsächlichen Rezeption der einzelnen Autoren und der von ihnen getragenen Traditionsstränge anschaulicher zu machen.

Ohne Zweifel ist die Rezeption der ekklesiologischen Grundlinien bei den bearbeiteten Theologen in der Zeit von 1918 bis 1943 sehr differenziert und von Autor zu Autor auf unterschiedliche Weise verwirklicht worden. Wenn wir trotzdem bei allen vier Theologen einige gemeinsame Linien in der Übernahme ihrer verschiedenen Auffassungen von Verhältnis zwischen Christus und der Kirche glauben sichtbar machen zu können, so ist das aufgrund bestimmter Ansichten möglich, die in der zeitgenössischen Literatur ständig mit Augustinus, Thomas, Möhler und Scheeben in Verbindung gebracht werden. Es geht uns dabei verständlicherweise nicht um eine Anhäufung philologischer Nachweise von Einzeleinflüssen, sondern um die besondere Art des generellen Rekurses auf die in Frage kommenden »Autoritäten«, die oft mehr einer Interpretation ihres Denkens nach den jeweiligen Ideen der sie verwendenden Autoren als einer wirklichen Bemühung um Verständnis ihrer eigenen ekklesiologischen Aussagen gleicht. Daher wollen wir uns bei Darstellung der zeitgenössischen Wirkungen jeweils auf einige besonders charakteristische Beispiele solcher Rezeption beschränken, die aber durchaus als symptomatisch gelten können. Abschließend soll die Bedeutung der organologischen Ekklesiogie des 19. Jahrhunderts, u. a. der ›Römischen Schule‹, zeitgenössischer französischer Ekklesiologen sowie exegetischer Forschungen auf das ekklesiologische Interesse unseres Forschungszeitraums erwähnt werden.

A. Christus-Kirche bei Augustin

a) Fundamente der Einheit Christi und der Kirche

Die Ekklesiologie des hl. Augustinus ist so oft behandelt worden[674], daß unser Versuch, seine Meinung zum Verhältnis Christi zur Kirche darzustellen, sich auf eine Reihe sehr qualifizierter Studien stützen kann[675], ohne natürlich den Anspruch zu erheben, die diesbezügliche Augustinusliteratur ausgeschöpft zu haben[676]. Man hat den ›doctor gratiae‹ auch »*den* Theologen der Kirche« genannt[677], denn seit seiner Bekehrung begleitet die Kirche

---

[674] Vgl. die über 900 Titel bei E. LAMIRANDE, *Un siècle et demi d'études sur l'ecclésiologie de Saint Augustin. Essai bibliographique*: REA 8 (1962) 1–125; auch DERS., *Supplément bibliographique sur l'ecclésiologie de Saint Augustin*: REA 17 (1971) 177–182; T.L. MIETHE, *Augustinian Bibliography, 1970–1980 with Essays on the Fundamentals of Augustinian Scholarship*, Westport–London 1982, 85–88; *Bibliographia Augustiniana*, bearb. u. hrsg. v. C. Andresen, Darmstadt 1973, 182–188.

[675] Vgl. bes. F. HOFMANN, *Der Kirchenbegriff des hl. Augustinus in seinen Grundlagen und in seiner Entwicklung*, München 1933, 148–173, 196–212; E. MERSCH, *Le corps mystique du Christ. Etudes de théologie historique I*, Brüssel 1936², 84–138; G. PHILIPS, *L'influence du Christ Chef sur son Corps mystique suivant saint Augustin*, in: Augustinus Magister II, Rom 1954, 805–815; A. PIOLANTI, *Il mistero del ›Cristo totale‹ in S. Agostino*, in: Augustinus Magister III, Rom 1954, 453–469; J. RATZINGER, *Volk und Haus Gottes in Augustins Lehre von der Kirche* (MThSt 7), München 1954, 205–218, 247–252; ST.J. GRABOWSKI, *The Church. An Introduction to the Theology of St. Augustin*, St. Louis–London 1957, 3–92; F. MALMBERG, *Ein Leib — Ein Geist*, 89–102; E. LAMIRANDE, *L'Eglise céleste selon saint Augustin*, Paris 1963; DERS., *Etudes sur l'Ecclésiologie de saint Augustin*, Ottawa 1969; S. FOLGADO FLOREZ, *Principios de eclesiología agustiniana*: Aug 10 (1970) 285–324; T.J. VAN BAVEL–B. BRUNING, *Die Einheit des »Totus Christus« bei Augustinus*, in: Scientia Augustiniana. Studien über Augustinus, den Augustinismus und den Augustinerorden (Festschr. A. Zumkeller), hrsg. v. C.P. Mayr u. W.E. Kermann (Cassiciacum 30), Würzburg 1975, 43–75; H. BRUNNER, *Der organologische Kirchenbegriff*, 26–32; H.R. DROBNER, *Person-Exegese und Christologie bei Augustinus. Zur Herkunft der Formel Una Persona* (Philosophia Patrum. Interpretations of Patristic Texts VIII), Leiden 1986, 27–81, 129–172, 241–270.

[676] Zur Unmöglichkeit eines solchen Anspruches: J. RATZINGER, *Volk und Haus Gottes*, VIII; H.R. DROBNER, *Person-Exegese*, 4.

sein gesamtes Denken[678]. Die Vielschichtigkeit und die mannigfaltigen Schwierigkeiten seines sich dabei entfaltenden Kirchenbildes[679] können wir hier unmöglich darstellen, zumal sich Augustinus niemals auf einen bestimmten Kirchenbegriff festgelegt hat[680]. Deshalb müssen wir uns auf jene Züge seiner Ekklesiologie beschränken, die seine Lehre von der Bezogenheit der Kirche auf Christus besonders geformt haben.

Für Augustinus ist die Katholizität, die er in Auseinandersetzung mit den Donatisten entwickelt[681], ein fundamentaler Baustein zum Verständnis der Kirche. »Von der ›convocatio‹ bis zur endgültigen ›congregatio sanctorum‹, vom mystischen ›Eins‹ der Person Christus-Kirche bis zum zu verwirklichenden ›Christus totus‹, von der pilgernden Kirche hier unten bis zur himmlischen ›civitas‹ der Heimat« drehen sich seine verschiedenen Formulierungen alle um eine »erweiterte Katholizität eschatologischer Ausrichtung«[682]. Auf dem Hintergrund neuplatonischen Einflusses in seinen Ausführungen über das ›Eine‹[683], sieht er in dieser Einheit der Kirche auf dem Erdkreis ein Zeichen ihrer Einheit mit Christus als dessen Leib[684]. Die Katholizität der Kirche, ihre Einzigkeit und Einheit lassen sich bei Augustin nur aus der engen Verbindung Christi mit seiner Kirche verstehen. Der Bischof von Hippo kann die Katholizität der Kirche über ihre irdischen Grenzen ausdehnen, weil die Lebenden, die Verstorbenen und schließlich auch die Engel von Christus als dem Haupt der Kirche umfaßt werden[685]. Im Hinblick auf Christus als Haupt auch der Gerechten vor seiner Geburt spricht Augustinus dann von einer ›Ecclesia ab Abel‹[686]. Da die Kirche in

---

677 S. FOLGADO-FLOREZ, *Principios,* 287: »San Agustín, Doctor de la gracia, es primeramente el Doctor de la Iglesia. Sus hallazgos y sus orientaciones tienen un valor inmutable, metahistórico, que afecta a todos los tiempos. San Agustín-teólogo es, por eso, antes que nada, *el* teólogo de la Iglesia. Estudia y crea una eclesiología absoluta y total, como centro de interferencias doctrinales y de llamada a la interioridad del Evangelio.«

678 Vgl. J. RATZINGER, *Volk und Haus Gottes,* 2–12.

679 Vgl. E. LAMIRANDE, *L'Eglise céleste,* 80–122.

680 Vgl. z.B. *Enarr. in ps.* 131,3 (PL 37, 1717): »Cum autem corpus Christi est et templum, et domus, et civitas; et ille qui caput corporis est, et habitator domus est, et sanctificator civitatis est: quo modo Ecclesia omnia illa, sicut Christus omnia ista.« Ebenso *Enchiridion* 15, 56 (PL 40, 259); *De genesi ad litt.* XII,28 (PL 34, 478); *Enarr. in ps.* 90,II,1 (PL 37, 1159); *Enarr. in ps.* 126,3 (PL 37, 1669).

681 Vgl. J. RATZINGER, *Volk und Haus Gottes,* 127–132.

682 S. FOLGADO FLOREZ, *Principios,* 298–299 [Übersetzung von uns].

683 Vgl. F. HOFMANN, *Der Kirchenbegriff,* 150.

684 Vgl. E. BRUNNER, *Der organologische Kirchenbegriff,* 27–28.

685 Vgl. *Enchiridion* 16,61 (PL 40, 260–261); *Enarr. in ps.* 36, III, 4 (PL 36, 385); *Enarr. in ps.* 126,3 (PL 37, 1660); *De Civ. Dei* XII,9 (PL 41, 357).

686 Vgl. J. BEUMER, *Die Idee einer vorchristlichen Kirche bei Augustinus*: MThZ 2 (1952) 161–175; F. MALMBERG, *Ein Leib — Ein Geist,* 89–95; Y. CONGAR, *Ecclesia ab Abel,* in:

ihrer Katholizität all diese Elemente einschließt, ist sie vor der Verwirklichung der endgültigen ›Civitas Dei‹ eine Mischung aus vollkommenen und unvollkommenen Gliedern, eine ›Ecclesia permixta‹[687], deren Basis aber immer Christus bildet.

Eine Antwort auf die Frage nach dem Grund dieser entscheidenden Stellung Christi in der Kirche erarbeitet Augustinus gegen die Pelagianer, die durch ihre einseitige Betonung des menschlichen Wirkens die Kirche nur mehr als eine juridisch-irdische Wirklichkeit mit moralischem Beispielcharakter sahen[688]. Augustinus betont gegen diese Naturalisierung der Kirche ihre transzendente Komponente, die sie fähig macht, aufgrund der Solidarität des Menschengeschlechtes durch das Hauptsein Christi und seine in den Sakramenten weitergegebene Gnade als Heilsmittlerin aufzutreten[689]. Unsere doppelte Verbindung mit dem Gottmenschen Christus in unserer Menschennatur und im Geschenk der Gnade, die durch die Inkarnation möglich geworden ist, wird hier wirksam[690]. Das Geheimnis der hypostatischen Union, das Augustinus als einer der ersten in der Formel ›una persona‹ zusammenfaßt[691], bildet den Schlüssel zu seiner Annäherung von Christus und der Kirche. Christus ist Mensch geworden, um seiner Menschennatur nach mit dem in die Kirche berufenen Menschengeschlecht solidarisch zu werden und nun als ›una persona‹ das Haupt aller Begnadeten zu sein[692]. So kommt der ›ganze Christus‹ erst in der Fülle der Kirche zur Verwirklichung, weil sich Christus eben durch die Inkarnation den ›membra Ecclesiae‹ auf diese doppelte Weise verbunden hat[693]. Wenn Augustin auch Christus noch nicht seiner Menschheit nach als Haupt bezeichnet, sondern mehr die Einheit der ›una persona‹ beachtet, so gehen seine Überlegungen doch schon in die Richtung einer größeren Unterstreichung der Rolle der Menschheit Christi, die das bestimmende Element seines Hauptseins aus-

---

Abhandlungen über Theologie und Kirche. Festschrift für Karl Adam, Düsseldorf 1952, 79–108.

687 Vgl. S. FOLGADO FLOREZ, *Principios*, 309–316.

688 Ebd., 292.

689 Vgl. *De peccatorum meritis et remissione* I, 31, 60 (PL 44, 144); *De praedestinatione sanctorum* 15, 30 (PL 44, 982–983); *De dono perseverantiae* 24, 67 (PL 45, 1034).

690 Vgl. F. HOFMANN, *Der Kirchenbegriff*, 155.

691 Vgl. H.R. DROBNER, *Person-Exegese*, 239–240, 272–273.

692 Vgl. *Enarr. in ps.* 148,8 (PL 37, 1942): »Verbum caro factum est, ut fieret caput Ecclesiae. Verbum enim ipsum non est pars Ecclesiae; sed ut esset caput Ecclesiae, carnem assumpsit.«

693 Vgl. *Sermo* 341,1 (PL 39, 1493): »Tertius modus est quodam modo totus Christus, in plenitudine Ecclesiae, id est, caput et corpus, secundum plenitudinem perfecti cuiusdam viri, in quo viro singuli membra sumus.«

macht: Das Wort ist Haupt der Kirche, insofern es die Menschennatur angenommen hat[694]. Folgerichtig muß bei Augustinus die Inkarnation als das letzte Fundament der Einheit zwischen Christus und den Menschen wie auch zwischen Christus und seiner Kirche gelten[695].

b) Christus und die Kirche als ›una persona‹

Diese Einheit tritt besonders klar zutage, wo Augustinus von der Kirche als dem Leib Christi spricht: Wir bilden mit Christus einen Leib, einen über die ganze Welt ausgebreiteten Menschen[696]. So ist die Einheit mit Christus eine konkrete und lebendige[697], nicht eine einfache Metapher[698], denn es gibt eine »reale Korrespondenz des Binoms Christus-Kirche«[699]. Die Verbindung des Leib-Christi-Gedankens zur Christologie[700] führt den Kirchenvater hier und da fast zu einer Gleichsetzung der Glieder mit dem Haupt, die manchmal die Unterschiede nicht zu wahren scheint[701]. Augustinus ist sich solcher Unterschiede doch durchaus bewußt: »Numquam enim Christus ita nos coniunxit, ut nullam distinctionem faceret inter nos et se …«[702] Trotzdem sind Christus und seine Glieder so unzertrennlich, daß sie mit ihm eins sind: »Christus: non ille unus et nos multi, sed et nos multi in illo unum. Unus ergo homo Christus caput et corpus.«[703] Aber dieses Einssein ver-

---

694 Vgl. ST.J. GRABOWSKI, *The Church,* 12: »It is according to His Humanity, which he has assumed for this purpose, that he is directly the head of His Church. St. Augustine expressly states regarding the immortal Johannine words: ›Verbum caro factum est‹ (Joh 1,14), that it is not the *Verbum,* divinity as such, which is the head of the Church, but the *Verbum* inasmuch as it assumed the humanity of Christ, has become the head of the Church.«; auch *Sermo* 91,8,8 (PL 38, 571); *In Jo.Ev.tr.* 9,10 (PL 35, 1463); *Enarr.in ps.* 83,11 (PL 37, 1066); *Ep.* 140,6,15 (PL 33, 544; CSEL 44, 166).

695 F. HOFMANN, *Der Kirchenbegriff,* 136–147; in diesem Zusammenhang spielt auch der Glaube an Christus eine wichtige Rolle: J. RATZINGER, *Volk und Haus Gottes,* 247: »So wie Augustinus die durch die assumptio hominis entstandene Einheit der Menschen mit Christus als ein Einssein im Glauben versteht gemäß der Seinsebene, auf der sich diese Einheit abspielt, so ist Christus auch fundamentum durch den Glauben.«

696 Vgl. *Enarr.in ps.* 42,1 (PL 36, 476): »Esurit Ecclesia, esurit corpus Christi, et ille homo ubique difusus, cuius caput sursum est, membra deorsum …«

697 Vgl. Y. CONGAR, *Die Lehre von der Kirche,* 3.

698 H. BRUNNER, *Der organologische Kirchenbegriff,* 29.

699 S. FOLGADO-FLOREZ, *Principios,* 295.

700 Vgl. T.J. VAN BAVEL, *Recherches sur la christologie de saint Augustin,* Freiburg i.d. Schweiz 1954, 101–118.

701 Vgl. F. HOFMANN, *Der Kirchenbegriff,* 158.

702 *Sermo* 144, 4,5 (PL 38, 790); *Enarr.in ps.* 37, 6 (PL 36, 400); *Enarr.in ps.* 101, I,2 (PL 37, 1295).

703 *Enarr.in ps.* 56,1 (PL 36, 662).

wirklicht sich nicht nach Art einer Kollektivinkarnation, denn, wie J. RATZINGER bemerkt[704],

> »die Einheit zwischen Christus und den Christen verläuft eben für Augustinus in einer Dimension des Seins, in der das Sein frei und bewußt ist, in einer Seinsschicht also, in der es keine Seinseinheit geben kann, die nicht bewußt und bejaht ist. Halten wir also fest: Unser Insein (habitare) in Christus ist wirklich in unserem Glauben.«

Die Einheit mit Christus besteht ebenso durch die durch den Geist bewirkte ›caritas‹, die im Opfer des ›sacramentum corporis Christi‹ ihren Höhepunkt findet. Es handelt sich also nicht um eine mystizistische Verschmelzung ohne freie Teilnahme und Teilhabe des einzelnen, sondern um eine Einheit aus Entscheidung mit der Basis in dem durch die Inkarnation erst ermöglichten ›corpus Christi‹[705].

Noch offensichtlicher wird diese grundsätzliche Beziehung, wenn der Bischof von Hippo Christus und die Kirche als ›una quaedam persona‹ anspricht. Damit berühren wir »das Zentrum der augustinischen Ekklesiologie selbst«[706]. In einer Deutung der Regeln des Tychonius erklärt Augustin, daß er Christus und die Kirche in seiner Exegese manchmal als *eine* Person auffaßt[707]. Diese Methode, die eine direkte Weiterführung seiner christologischen Person-Exegese ist[708], führt ihn dazu, eine »seinsmäßige und funktionale« Verbindung zwischen Christus und der Kirche herzustellen[709]. Christus spricht »ex persona Ecclesiae«[710], Christus und die Kirche drücken sich »in voce una« aus[711]. Hier findet die Vorstellung vom »totus Christus« ihren Höhepunkt. Die ›communicatio idiomatum‹ der ›una persona‹ Christus[712]

---

704 J. RATZINGER, *Volk und Haus Gottes,* 209.

705 Ebd., 211–218; Ratzinger unterscheidet sich hier von H.U. VON BALTHASAR, *Augustinus. Das Antlitz der Kirche,* Einsiedeln–Köln 1942, 18–19, der meint, Augustinus scheine »einer Art christologischem Pantheismus nicht mehr fern zu sein«; F. MALMBERG, *Ein Leib — Ein Geist,* 241–243, bes. 242 Anm. 55, neigt mehr der von ihm »ontologisch« genannten Interpretation Balthasars zu und versucht, Ratzingers Ansicht damit zu harmonisieren.

706 S. FOLGADO FLOREZ, *Principios,* 317, auch 316–323.

707 Vgl. *De doct. christ.* III,44 (PL 34, 82): »Prima [regula Tyconii] de Domino et eius corpore est; in qua scientes aliquando capitis et corporis, id est Christi et Ecclesiae unam personam nobis intimari …, non haesitemus quando a capite ad corpus, vel a corpore transitur ad caput, et tamen non receditur, ab una eademque persona. Una enim persona loquitur …, et tamen quid horum duorum capiti, quid corpori, id est, quid Christo, quid Ecclesiae conveniant, utique intelligendum est.«

708 Vgl. H.R. DROBNER, *Person-Exegese,* 23–24.

709 S. FOLGADO FLOREZ, *Principios,* 317.

710 Vgl. *Epist.* 140, 6,18 (PL 33, 545); *Enarr. in ps.* 142,3 (PL 37, 1846); *Enarr. in ps.* 57,3 (PL 36, 375); *Enarr. in ps.* 40,1 (PL 36, 453).

711 Vgl. *Enarr. in ps.* 138,2 (PL 37, 1785); *Enarr. in ps.* 140,3 (PL 37, 1817); *Enarr. in ps.* 138,21 (PL 37, 1797); zum Ganzen S. FOLGADO FLOREZ, *Principios,* 317–318.

712 Vgl. H.R. DROBNER, *Person-Exegese,* 253–259, bes. 258.

wird ausgeweitet auf die ›una quaedam persona‹ Christus-Kirche[713], so daß von beiden die gleichen Eigenschaften ausgesagt werden können[714]. Augustinus ist sich allerdings gewisser Grenzen bewußt, die er auch schon in der Schrift vorfindet, denn nicht immer wird dort etwas von Christus und der Kirche gemeinsam ausgesagt[715]. Die volle Verwirklichung der ›plenitudo Ecclesiae‹, des ›unus vir‹ ist eben noch nicht geschehen; sie ist vielmehr eine eschatologische Größe, die erst dann erreicht werden kann, wenn die umfassende Katholizität des Hauptes und des Leibes, der ›una quaedam persona‹, des ›totus Christus‹ in der endgültigen ›civitas Dei‹ als Zusammenfassung aller in Christus Lebenden vollendet sein wird[716].

c) Christus und die Kirche in eschatologischer Spannung

Dieser Überblick kann nicht beendet werden, ohne auf eine Charakteristik des Verhältnisses Christi zur Kirche bei Augustinus hinzuweisen, die in dem eben Gesagten bereits aufgeklungen ist. Die Beziehung, die der afrikanische Kirchenvater zwischen den beiden Polen sieht, ist eine dynamische, nicht abgeschlossene Bewegung[717]: Die ›una persona‹ Christus-Kirche und demnach auch das ›corpus Christi‹ befinden sich in einer noch nicht beendeten Entwicklung[718]. Diese Unabgeschlossenheit spiegelt sich auch in der Ausdehnung des augustinischen Kirchenbildes wieder, das über alle Zeiten und alle Orte hinausreicht, das alle umfaßt, die zur ›Ecclesia praedestinata‹ zählen. Die Kirche hat damit eine überzeitliche Dimension, so daß Augustinus »jene als eigentliche Kirchenglieder betrachtet, die endgültig gerettet sein werden, auch wenn sie jetzt noch Sünder sind, wie umgekehrt all denen

---

713 Vgl. TH. SPECHT, *Die Lehre von der Kirche nach dem hl. Augustin,* Paderborn 1892, 46; S. FOLGADO FLOREZ, *Principios,* 321; T.J. VAN BAVEL, *Recherches sur la christologie de Saint Augustin,* 114.

714 Vgl. *Enarr. in ps.* 58, I,2 (PL 36, 693); *Sermo* 341, 1,1 (PL 39, 1493); *In Jo. Ev. tr.* 21,3 (PL 35, 1565–1566).

715 Vgl. *Enarr. in ps.* 90, I,1 (PL 37, 1160): »Aliquando psalmus, non solum psalmus, sed omni prophetia, aliquando sic loquitur de Christo, ut caput solum commendet, et aliquando a capite it ad corpus, id est ad Ecclesiam, ut non videtur imitasse personam; quia non separatur caput a corpore, sed tamquam de uno loquitur.«

716 Zur Problematik Kirche-Civitas Dei vgl. E. LAMIRANDE, *L'Eglise céleste,* 80–107; Y. CONGAR, *›Civitas Dei‹ et ›Ecclesia‹ chez Saint Augustin*: REA 3 (1957) 1–14; J. RATZINGER, *Volk und Haus Gottes,* 276–322; DERS., *Herkunft und Sinn der Civitas-Lehre Augustins,* in: Augustinus Magister II, Paris 1954, 945–979, bes. 978–979: »Unter Civitas Dei ist also die ecclesia zu verstehen, die als Gemeinschaft des Herrenleibes die pneumatische Polis Gottes oder vielmehr deren auf Erden in Fremdlingsherrschaft lebender Teil ist.«

717 Vgl. H. MÜHLEN, *Una mystica persona,* 68.

718 Vgl. S. FOLGADO FLOREZ, *Principios,* 302: »… cuerpo místico en desarrollo …«.

die wahre Kirchengliedschaft fehlt, die nicht zu den Enderretteten gehören«[719]. Es sind die ›spirituales‹ aller Zeiten, die die Kirche des Neuen Testamentes bilden. Die zeitlich sichtbare Kirche hat gegenüber der überzeitlich geistigen Kirche der Endzeit nur vorläufigen und uneigentlichen Charakter. In dieser mehr metaphysischen als heilsgeschichtlichen Betrachtung der Kirche, die das Wesen der Kirche in eine übergeschichtliche Wesenheit verlegt, wird die eschatologische Vollendung zum Abstreifen aller zeitlichen Merkmale, zum Anlegen des endgültigen ›homo novus‹, des ›homo spiritualis‹, dem dann ekklesiologisch die Vollendung der ›una persona‹ im ›totus Christus‹ entsprechen wird[720].

Die Kirche hat nach Augustinus an dem kenotischen Charakter der Inkarnation anteil[721]. Daher kommt sie erst im Eschaton zur eigentlichen Einheit mit dem verherrlichten Herrn. Erst dann wird die geistige Verbindung, die jetzt nicht allen gegeben ist[722], alle mit Christus im Band der Liebe seines Geistes untrennbar vereinen[723]. Dieser eschatologische Grundzug des Verhältnisses Christus-Kirche scheint aber manchmal zu einer Unterbewertung ihrer konkret-geschichtlichen Beziehung zu führen. So wie nicht genau auszumachen ist, ob der geistige Sinn oder das reale Subjekt der Einheit Christus-Kirche vorrangig ist[724], bleibt überhaupt die Art der Hinordnung der irdischen Kirche auf diese übergeschichtliche Einheit unklar. Zwar gründet sie, wie gesagt, letztlich auf der Inkarnation. Trotzdem scheint sich Augustinus in Bezug auf die irdische Kirche nicht völlig von dem zu lösen, was Y. CONGAR als seinen »okkasionalistischen Spiritualismus« bezeichnet hat[725]. Zusammen mit den unklaren Grenzen der Kirche, die als ›Eccle-

---

[719] J. RATZINGER, *Volk und Haus Gottes*, 300.

[720] Ebd., 296–301, bes. 298–299: »Hier stoßen wir auf jene Gedankenlinie, in der sich die intellektualistische Grundkonzeption des frühen Augustinus am reinsten erhalten hat. Die Zugehörigkeit zur Kirche besteht im Innesein eines bestimmten intellectus. Allerdings ist der Wandel insofern wieder unverkennbar, als dieser intellectus gleichbedeutend mit der fides incarnationis ist. Diese Auffassung der Kirchengliedschaft vom Intellektualen her geht Hand in Hand mit der Reduktion der geschichtlichen Wirklichkeiten auf metaphysische Verhältnisse.«

[721] Vgl. S. FOLGADO FLOREZ, *Principios*, 323–324.

[722] Vgl. *In Jo. Ev. tr.* 61,2 (PL 35, 1799).

[723] Zur Stellung des Hl. Geistes vgl. St. J. GRABOWSKI, *The Church*, 230–294; H. BRUNNER, *Der organologische Kirchenbegriff*, 30–32.

[724] Vgl. Y. CONGAR, *La personne »Eglise«*: RThom 79 = 71 (1971) 613–640, bes. 615: »Mais dans le cas du Christ et de l'Eglise, tel qu'Augustin conçoit leur unité, le sens et le rôle et celui de sujet réel se confondent: en tout hypothèse, la vérité du second fonde la possibilité du premier.«

[725] DERS., *Vision de l'Eglise chez Thomas d'Aquin*: RSPhTh 62 (1978) 523–542, hier 530; eine günstigere Interpretation findet sich in dem 1952 verfaßten Artikel DERS., *Ecclesia ab Abel*, bes. 98: »Cette vue augustinienne — mais, peut-on dire, patristique et traditionelle —

sia ab Abel‹ und ›corpus Christi‹ aus den ›spirituales‹ aller Zeiten besteht, erscheint dadurch die Beziehung Christi zu seiner Kirche von einem geistigen Grundzug getragen, der die ›Ecclesia peregrinans‹ in ihrer heilsgeschichtlichen Bedeutung wenigstens abschwächt[726]. Zwar hält Augustinus »in einer glücklichen Inkonsequenz weiter an der Identität der sichtbaren katholischen Kirche mit der in Christus geeinten Erlösungsgemeinschaft« fest[727] und bemüht sich sogar um eine Begründung kirchlicher Rechtsordnung, aber sein geringes Interesse an der Fundierung des positiv-göttlichen Rechtes[728] läßt wiederum seine Schwierigkeiten in der Erfassung der heilsgeschichtlichen Dimension sichtbar-rechtlicher Verfaßtheit der Kirche erkennen. Sicherlich hängt das mit Augustinus' »Bestreben zusammen, jegliches Heil in Verbindung mit der Kirche gewirkt zu sehen. Die Überspitzung des Gedankens bringt dann die Umformung aus einer *tatsächlichen* zu einer *metaphysischen* Notwendigkeit aus sich hervor, damit aber gerade auch die Aufhebung des ursprünglich Gemeinten.«[729] Ebenso scheint es mit der Verbindung Christus-Kirche zu sein. Indem der Kirchenvater sie als übergeschichtliche Tatsache faßt, ist der Kontakt mit ihrer heilsgeschichtlichen Ausprägung nicht mehr wirklich folgerichtig. Damit ist Augustin in Gefahr, sie zu einer ideal-metaphysischen bzw. eschatologisch-göttlichen Größe zu stilisieren, wodurch das Problem der konkreten Beziehung im Grunde ungelöst bleibt. Sein Bemühen, das sichtbare Element des ›Volkes Gottes‹, der ›Katholizität‹ als Auswirkung der Inkarnation nicht unterzubewerten, muß durch die Betonung des kenotischen Charakters dieser irdischen Wirklichkeiten vor der zukünftigen Herrlichkeit der himmlischen Kirche verblassen.

---

d'une Eglise qui s'étand jusqu'aux dernières limites où des hommes adhèrent, par la foi (*quoquo modo*), à Celui par qui et pour qui toutes choses vivent, est une vue qu'il faut absolument intégrer à une ecclésiologie ...«; grundsätzlich zustimmend, aber die Leiblichkeit mehr betonend F. MALMBERG, *Ein Leib — Ein Geist*, 98–99.

726 Vgl. J. BEUMER, *Die Idee einer vorchristlichen Kirche bei Augustinus*, 171: »Es ist nicht zu leugnen, daß mit der Idee einer vorchristlichen Kirche ein spiritualistischer Zug in den augustinischen Kirchenbegriff gelangt. Denn die Kirche ist so nicht mehr sichtbare Vermittlung des Heiles und sakramental-hierarchisch gegliedertes Gottesvolk, sondern beschränkt sich auf einzelne von Glauben und Gnade erfaßte Menschenseelen. Hier liegt eine ernste Gefahr für den Kirchenbegriff vor.«

727 Ebd., 171; auch Y. CONGAR, *Ecclesia ab Abel*, 92: »Dans cette notion [d'Eglise ...], la considération de l'institution visible avait sa place, avec ses sacrements, sa hiérarchie, sa prédication de la foi, ses lois et son gouvernement spirituel. Tout cela était considéré comme un service, un *ministerium*, de la communion spirituelle et intérieure en quoi consistait le principal ...«.

728 Vgl. J. RATZINGER, *Volk und Haus Gottes*, 310–314.

729 Ebd., 300 Anm. 15.

d) Augustinusrezeption zwischen 1918 und 1943

Obwohl Augustinus die Sichtbarkeit der Kirche gerade in seinem Ringen um ihre Katholizität gegen die Donatisten hervorhebt, bleibt, wie wir gesehen haben, in seiner Sicht von der Verbindung Christi zur Kirche ein gewisser übergeschichtlich-eschatologischer Zug im Vordergrund. Es scheint nun, daß gerade diese Seite des augustinischen Kirchendenkens von den Autoren der Zwischenkriegszeit mit einiger Vorliebe aufgenommen und weiterverarbeitet wurde. In der allgemeinen Rückkehr zu einem manchmal in »theologischen Klassizismus« umschlagenden Väterstudium, das für viele eine »normative Rolle« zu spielen begann[730], scheint Augustinus als Ekklesiologe einen hervorragenden Platz einzunehmen. Charakteristisch für diese Beurteilung ist, was KARL ADAM über Inhalt und Rezeption augustinischer Ekklesiologie sagt: »Es ist den Lehrern der Kirche eine Lust, in immer neuen Wendungen das Wort Augustins zu wiederholen, mit dem er die mystische Einheit von Christus und Kirche feiert: beide sind ›eins‹, ›ein Leib‹, ›ein Fleisch‹, ›ein und dieselbe Person‹, ›ein Mensch‹, ›ein Christus‹, ›der ganze Christus‹.«[731] Augustinus wird von Adam nicht nur als Zeuge für die »Christusdurchlebtheit« und »die Wesensverbindung der Kirche mit Christus« herangezogen[732], sondern seiner Ekklesiologie wird auch ohne weiteres ein »mystischer« Anstrich verliehen. Wenn der damals schrittmachende Tübinger Professor den Bischof von Hippo darüber hinaus gerade dort anführt, wo es um die Identität der erlösten Menschheit mit dem Leib Christi geht, beweist er damit nur noch mehr seine Bereitschaft, sich gerade für eine eschatologisch-übergeschichtliche Sicht der Kirche auf Augustin zu stützen. Damit nähert er sich zumindest in seiner ekklesiologischen Augustinusinterpretation einem »mystisch-geistigen« Weg zur Kirche, wie er — auch unter dem Einfluß E. MERSCHS — vor der Enzyklika »Mystici corporis« Pius' XII. »von einer nicht geringen Anzahl katholischer Theologen eingeschlagen wurde«[733]. Noch klarer tritt eine solche Interpretation des afrikanischen Kirchenvaters in dem Buch von JOHANNES VETTER »Der heilige Augustinus und das Geheimnis des Leibes Christi« hervor, das bezeichnenderweise in der Reihe »Religiöse Geister … zur Ver-

---

730 Vgl. E. VON SEVERUS, *Die Bedeutung der Kirchenväter für unser liturgisches Leben*: LiLe 5 (1938) 98–110; P. STOCKMEIER, *Die alte Kirche-Leitbild der Erneuerung*: ThQ 146 (1966) 385–408; C. ANDRESEN, *Antike und Christentum,* in: TRE III (1978), 50–99; A. SCHILSON, *Theologie als Sakramententheologie,* 98–108.

731 K. ADAM, *Das Wesen des Katholizismus,* Düsseldorf 1934⁷, 25.

732 Ebd., 25.

733 F. MALMBERG, *Ein Leib — Ein Geist,* 27, auch ebd. 26–28; L. BOUYER, *Où en est dans la théologie du Corps mystique?*: RevSR 22 (1948) 313–333, bes. 322–323.

innerlichung religiöser Kultur« erschien[734]. Vetter erklärt zwar, daß Augustinus den Begriff ›mystisch‹ im Zusammenhang mit dem ›Corpus Christi‹ noch nicht kannte[735], meint aber doch, den Bischof von Hippo richtig auszulegen, wenn er sagt, daß »das mystische Corpus Christi... die erweiterte Menschheit Jesu« seie[736]. Das »Organismusartige«[737], »das hervorsprudelnde übermenschliche Leben«[738], das wertempfangende und wertschaffende Selbstbewußtsein[739] der Kirche, all diese dem Geistesleben seiner Zeit entnommenen Eigenschaften bilden bei Vetter die »Idee des Corpus Christi«, wie er sie bei Augustinus zu finden meint. Zwar wird hier und da, meist mit eher kritischen Vorzeichen, die sichtbare »Seite« der Kirche erwähnt[740], doch eigentlich ist die Kirche »die neue Menschheit der Gnade«[741] und damit vorrangig unsichtbar. Dieser Sicht, die die von Augustinus hervorgehobenen Unterschiede zwischen Christus und der Kirche nicht genügend akzentuiert, tendiert zu einer Identifikation der beiden Pole. Ständig treffen wir aber auch bei anderen Autoren auf diese mit Gedanken des hl. Augustinus gestützte innerliche Totaleinheit Christi mit der Kirche, sei es im Kreuzesopfer[742], in der Menschwerdung[743], im Pneuma Christi[744] oder in der Liebe[745].

Diese Augustinus-Interpretation findet sich ebenfalls wieder, wenn der Kirchenvater als Zeuge für die sogenannte »christozentrische Sehnsucht« beansprucht wird[746], der zwar den menschlichen Anteil im geschichtlichen Geschehen nicht völlig vergesse, der aber »Sinn und Ziel« der Gesamtgeschichte als »eine möglichst ausgedehnte, nie mehr abbrechende Einschmelzung alles menschlichen Wirkens und Seins in die höhere Einheit des gottmenschlichen Christuslebens« verstehe[747]. Natürlich gibt es aber

---

[734] J. VETTER, *Der heilige Augustinus und das Geheimnis des Leibes Christi* (Religiöse Geister. Texte und Studien zur Vertiefung und Verinnerlichung religiöser Kultur 27), Mainz 1929.

[735] Ebd., 25.

[736] Ebd., 38.

[737] Ebd., 19.

[738] Ebd., 90; vorher hat der Verfasser zur Beschreibung menschlicher Gemeinschaft auf die ›Lebensphilosophen‹ Simmel und Bergson rekuriert: ebd. 82.

[739] Ebd., 90.

[740] Ebd., bes. 74–82.

[741] Ebd., 71.

[742] Vgl. R. GROSCHE, *Das Opfer der Kirche,* in: Ich lebe und ihr lebet, 85–100, bes. 96.

[743] Vgl. G. FEUERER, *Unsere Kirche im Kommen,* 55.

[744] Vgl. O. CASEL, *Der Eine Christus,* 126–127.

[745] Vgl. K. ADAM, *Das Wesen des Katholizismus,* 173–174.

[746] Vgl. K. PFLEGER, *Die christozentrische Sehnsucht,* Kolmar o. J., 47–81.

[747] Ebd., 79; auch 75: »Man kann sagen: die *mystische* Menschwerdung Christi, die Eingliederung der erlösten Menscheit in den mystischen Leib Christi, in das corpus Christi mysticum

auch Kritik an solchen und ähnlichen nach einer bestimmten »Auswahl« vorgehenden Augustinusauslegungen[748]. Ebensowenig hat es an Versuchen eines gegenteiligen Verständnisses der ekklesiologischen Ansichten des hl. Augustinus[749] oder wenigstens an Hinweisen etwa auf die Stellung der Autorität in seinem Kirchenbild gefehlt[750]. Vorherrschend bleibt jedoch die Vereinnahmung seiner Lehren für die Identifikation der Kirche mit der in Christus erlösten Menschheit, für das ›corpus Christi *mysticum*‹, für »die Kirche ... jenseits der Geschichte«[751]. Dazu paßt die Unterstreichung der Unvollkommenheit des »menschlichen Teiles« der Kirche unter Berufung auf Augustinus' Theorie von der »ecclesia permixta« bzw. der erst eschatologischen Wirklichkeit des ›corpus Christi‹[752]. Sie hat einen Dualismus zur Folge, der die Kontinuität zwischen der ›ecclesia deorsum‹ und der ›ecclesia sursum‹ nur noch als unanschauliche Dialektik[753] oder als Fortschreiten einer bloßen Idee[754] begreifen kann. Auch ERICH PRZYWARAS Rückgriff auf Augustinus zur Stützung seiner »Polaritätsformel« der Beziehung zwischen Christus und dem Christen überwindet trotz aller guten Absicht diesen Dualismus noch nicht ganz[755].

So wird der eschatologisch-ungeschichtlich-geistige Zug in der Ekklesiologie des hl. Augustinus zum zwar bei weitem nicht ausschließlichen, aber doch dominierenden Ton in der Übernahme seiner ekklesiologischen

---

oder auch seine kollektive Menschwerdung (im Gegensatz zu seiner persönlichen). Das könnte man in der Ausdrucksweise der heutigen Theologie sagen.«

748 Vgl. M.D. KOSTER, *Ekklesiologie im Werden*, 202; zu Kosters wohl mehr solche Interpretationen meinender einseitiger Augustinuskritik: F. MALMBERG, *Ein Leib — Ein Geist*, 29: »Die Lehre des Augustinus wird von Koster nur sehr unzulänglich wiedergegeben, und den wesentlichen Zusammenhang (Einheit in Verschiedenheit) von Christologie und Ekklesiologie hat er unserem Erachten nach nicht begriffen.«

749 Vgl. als gegenteiliges Extrem: J.B. WALZ, *Die Sichtbarkeit der Kirche*, 303–307, bes. 307: »Deutlicher könnte man die formelle Sichtbarkeit der Kirche in ihrer Katholizität nicht erweisen als durch die Worte des hl. Augustinus.«; auch J.B. MÜLLER, *St. Augustinus der geniale Kronzeuge der Kirche Christi*, Paderborn 1937.

750 Vgl. z.B. K. ADAM, *Das Wesen des Katholizismus*, 73–74.

751 O. BAUHOFER, *Das Geheimnis der Zeiten*, 78; auch J. TYCIAK, *Christus und die Kirche*, 73.

752 Vgl. R. GROSCHE, *Pilgernde Kirche*, in: DERS., Pilgernde Kirche, 65–68; P. SIMON, *Das Menschliche in der Kirche Christi*, 196–200.

753 Vgl. R. GROSCHE, *Pilgernde Kirche*, 71.

754 Vgl. P. SIMON, *Das Menschliche in der Kirche Christi*, 198–199.

755 Vgl. E. PRZYWARA, *Verklärung oder Polarität*, in: DERS., Katholische Krise, 15: »Und für das Verhältnis von Christus und Christ gilt, daß gerade in Augustinus Ennarationes, dem patristischen Hauptwerk über das corpus mysticum, nicht die Formel zugrunde gelegt wird von der einseitigen Transformierung in den verklärten Christus, sondern die Polaritätsformel des gekreuzigten und verklärten Gliedes.«; später überwindet er klarer jeden Dualismus: DERS., *Corpus Christi mysticum — Eine Bilanz*, in: ebd., 151–152.

Grundideen. Die von E. PRZYWARA angesprochene Möglichkeit, mit einem »Allein und Ausschließlich der Theologie Augustins« — besser *dieser Interpretation* seiner Theologie — zu einer »Theologie einer ausschließlichen Übernatur mit einer verhehlten Naturalisierung der Übernatur«[756] zu gelangen, wurde damit auch in der theologischen Durchdringung der Beziehung Christi zu seiner Kirche eine ernste Möglichkeit. Zwar wurde diese Interpretation bei den meisten Autoren durch die Berücksichtigung anderer Traditionsstränge und auch des kirchlichen Lehramtes[757] mehr oder weniger ausgeglichen, blieb aber als — sich auf Augustinus berufende — Tendenz in vielen ekklesiologischen Versuchen der Zeit gegenwärtig. Ob als unterschwelliger Dualismus zwischen »äußerlich-sichtbarer« Natur und »innerlich-unsichtbarer« Übernatur, ob als eschatologische Verklärungsekklesiologie, beide mit einer mehr oder weniger starken Abwertung der Natur, oder als ekklesiologischer »Supra-*Naturalismus*« organologischer Prägung: zumindest in indirekter oder dialektischer Form bleiben die Auswirkungen der besprochenen Augustinus-Interpretation in der Bewertung der Beziehung Christi zur Kirche bei all jenen spürbar, die sich auf die Suche nach der »eigentlichen Wesensidee der Kirche« begeben haben und glauben, diese in der Betonung der inneren Gnadengemeinschaft mit Christus am besten finden zu können[758]. Daß Augustinus Kirchenbild zu einer solchen Sicht genügend Anlaß geben kann, steht nicht zur Frage. Doch hätten die ebenfalls bei ihm vorhandenen Anstöße zur Unterscheidung zwischen Christus und der Kirche wie auch zu einer ausgewogenen Bewertung der ›ecclesia deorsum‹ wohl mehr Beachtung gefunden, wenn nicht der Zeitgeist in Gestalt des Dranges zum ›inneren Wesen‹, ›übernatürlichen Leben‹ und zur ›geistigen Gemeinschaft‹ vielen Theologen als Apriori ihrer Ekklesiologie gedient hätte, die dadurch zwar jede rein »äußerliche« Be-

---

[756] E. PRZYWARA, *Die Reichweite der Analogie als katholischer Grundform,* 361.

[757] Insofern ist die Kritik von F. MALMBERG, *Ein Leib — Ein Geist,* 36, doch zu pointiert (nicht nur in diesem Punkt), wenn er von der spiritualisierenden Richtung bemerkt: »Merkwürdig ist, daß diese Richtung so unzureichend von der Lehre des kirchlichen Amtes Kenntnis nahm. Tromp [bes. S. TROMP, *Corpus Christi quod est Ecclesia,* Rom 1946^2, 168–181] hat ausführlich und unwiderlegbar gezeigt, wie die Päpste vom Beginn des 14. Jahrhunderts (die Bulle ›Unam Sanctam‹ von Bonifaz VIII.) bis zu unseren Tagen beständig und ausdrücklich die Identität des mystischen Leibes Christi mit der sichtbaren römischen Kirche hervorgehoben haben; und sie meinten hiermit immer, was sie zuweilen ausdrücklich formulierten: die Lehre der hl. Schrift und der Tradition authentisch zu erklären. Dies hätte ein deutlicher Hinweis zur Vermeidung des einseitigen Nachdrucks auf die innere Gnadengemeinschaft mit Christus sein können, und es hätte auch der äußeren Wesenskomponente den ihr zukommenden Platz geben können.«

[758] Vgl. L. BOUYER, *Où en est dans la théologie du Corps mystique ?,* 321–322.

trachtung der Kirche überwand, nicht aber zu einem wirklichen ekklesiologischen Gleichgewicht finden konnte.

B. Christus-Kirche bei Thomas

a) Christus als Haupt der Kirche

Den Kirchenbegriff des Aquinaten ausschließlich von der Christologie aus zu sehen, wäre eine Begrenzung, die den Stellenwert der Ekklesiologie für die gesamte Theologie des hl. Thomas unterbewerten würde[759]. Fragen um die Stiftung[760], die Hierarchie[761] und das Weihesakrament[762] sowie die Stellung des Papstes in der Kirche[763] gehören als wesentliche Teile zum Ganzen der thomasischen Ekklesiologie. Trotzdem ist das besondere Verhältnis Christi zur Kirche, das wir erhellen möchten, ein für Thomas' Kirchenverständnis zentraler Punkt. Das Wesen der Kirche ist nämlich für den

---

[759] Vgl. Y. CONGAR, *Traditio thomistica in materia ecclesiologica*: Ang 43 (1966) 405–428, bes. 405–408; M. GRABMANN, *Die Lehre des heiligen Thomas von Aquin von der Kirche als Gotteswerk. Ihre Stellung im thomistischen System und in der Geschichte der mittelalterlichen Theologie*, Regensburg 1903, 1–3.

[760] Vgl. z.B. STh I,92,2c; II–II,88,12, ad 2.

[761] Vgl. Y. CONGAR, *Aspects ecclésiologiques de la querelle entre mendiants et séculiers dans la seconde moitié du XIIIe siècle et au début du XIVe*: AHD 28 (1961) 35–151; A. DARQUENNES, *De juridische Structuur van de Kerk volgens sint Thomas van Aquino*, Leuven 1949; L. EGENTER, *Bischofsstand und bischöflicher Ethos nach dem hl. Thomas von Aquin*, in: Episcopus. Studien über das Bischofsamt. Festschrift Kardinal Faulhaber, Regensburg 1949, 164–184; R.M SCHMITZ, *La Relazione tra Vescovo e Presbitero sullo sfondo del Primato universale del Papa. La dottrina di S. Tommaso d'Aquino nel Cap. 4 del ›Contra impugnantes Dei cultum et religionem‹*: DoC 35 (1982) 160–184; DERS., *Die Beziehung Papst — Bischof — Priester im Opusculum ›Contra Impugnantes‹ des hl. Thomas von Aquin*: ThGl 74 (1984) 204–221.

[762] Vgl. z.B. STh III,73,3; Suppl. 39,2c; Suppl. 38,2, ad 2; In IV Sent., dist. 11,2,1c; A. MILANO, *Il sacerdozio nell'ecclesiologia di S. Tommaso d'Aquino*, in: Il sacerdozio ministeriale, Napoli 1970, 59–107; J. TERNUS, *Dogmatische Untersuchungen zur Theologie des hl. Thomas über das Sakrament der Weihe*: Schol 7 (1932) 161–186, 354–384, 8 (1933) 161–202; R. DIDIER, *L'élaboration scolastique de la théeologie de l'ordre*: BCES 38/39 (1962) 423–447; H. BOUESSÉ, *Episcopat et sacerdoce. 2. L'opinion de S. Thomas*: RSR 28 (1954) 368–381; M.J. NICOLAS, *La doctrine de S. Thomas sur le sacerdoce*, in: S. Tommaso e l'odierna problematica teologica. Saggi (Studi tomistici 2), Roma 1974, 303–328; E. SAURAS, *El sacerdocio ministerial en la doctrina de Santo Tomás*, in: ebd., 329–343; F.v.P. MORGOTT, *Der Spender der hl. Sakramente nach der Lehre des hl. Thomas von Aquin*, Freiburg 1886, bes. 12–19; M. GRABMANN, *Die Lehre*, 267–294.

[763] Vgl. R.M. SCHMITZ, *La Relazione*, 180.

›doctor comunis‹ nicht von der Gestalt Christi, des Erlösers, zu trennen. Wenn YVES CONGAR auch vor einer einfachen Transponierung christologischer Aussagen des Aquinaten auf die Kirche mit Recht warnt[764], so sagt er doch selbst: »Für den hl. Thomas bedeutet die Kirche: Gott, der die Menschheit durch das Geheimnis Christi rettet und vergöttlicht.«[765]

Thomas kennt zwar keine eigentliche Definition der Kirche und bezeichnet sie traditionell nur als »congregatio« oder »collectio omnium fidelium«[766]. Augustinus' Ekklesiologie[767] sowie andere Anstöße aus Väterzeit und Frühscholastik mitverarbeitend[768], macht er jedoch auch Gebrauch von der Bezeichnung »corpus Christi mysticum«. Damit gibt er Christus für die Kirche eine ganz besondere Stellung[769]. Zwar geht es im Erlösungswerk Gottes, an dem die Kirche teilhat, in erster Linie um die Vereinigung mit Gott selbst[770], aber eben nicht an Christus vorbei, sondern gerade durch seine Mittlerschaft. Die Rückkehr des Menschen zu Gott vollzieht sich durch die Inkarnation seines eingeborenen Sohnes[771], der zum Haupt des

---

[764] Vgl. Y. CONGAR, *Traditio thomistica*, 420–421: »Periculum certe aderat sumendi articulos octavae quaestionis tertiae partis ut basim alicuius ecclesiologiae. Interrogando enim ›Utrum Christus sit caput Ecclesiae? Utrum sit caput omnium hominum? Utrum sit caput angelorum?‹ S. Thomas quaestiones *ad christologiam et soteriologiam* pertinentes movebat, nec intendebat tractatum de Ecclesia proponere. Tentatio tamen imminebat ut theologi haec ennuntiata christologica S. Thomae talia qualia in ennunciata ecclesiologica, nempe in tractatum de Christo mystico corpore, transponerent. Quid enim sequeretur? Corpus Christi mysticum conciperetur tantum sicut spatium gratiae Eiusdem, complectens omnes iustos, ab Abel usque ad ultimum electum et etiam angelos et comprehensores omnes.«

[765] Y. CONGAR, *Vision de l'Eglise*, 530: »Pour S. Thomas, l'Eglise sera: Dieu sauvant et divinisant l'humanité par le mystère du Christ.«; auch DERS., *L'idée de l'Eglise chez saint Thomas d'Aquin*, in: DERS., Esquisses du mystère de l'Eglise (Unam Sanctam 8), 1953², 59–91, bes. 70: »... nous allons trouver chez saint Thomas une idée de l'Eglise très vigoureusement christologique.«

[766] Vgl. z.B. STh I, 11,2; De Ver. 29,4; ScG IV,78; IV Sent, dist. 20, 1,4, sol 1.; dazu Y. CONGAR, *L'idée de l'Eglise*, 69.

[767] Vgl. J. GEISELMANN, *Christus und die Kirche nach Thomas von Aquin*: ThQ 107 (1926) 198–222, 108 (1927) 233–255, bes.220–222.

[768] Vgl. M. GRABMANN, *Die Lehre*, 14–22; TH. TSCHIPKE, *Die Menschheit Christi als Heilsorgan der Gottheit unter besonderer Berücksichtigung der Lehre des heiligen Thomas von Aquin*, Freiburg i.B. 1940, 114–118; R.M. SCHMITZ, *La Relazione*, 164–168.

[769] Vgl. STh III, 8, 1c: »Respondeo dicendum, quod sicut tota Ecclesia dicitur unum corpus mysticum secundum similitudinem ad naturale corpus hominis, quod secundum diversa membra habet diversos actus, ut Apostolus docet, Rom. 12 et I Cor. 12, ita Christus dicitur caput Ecclesiae secundum similitudinem humani capitis.«; auch Suppl. 95, 3, ad 4; II–II, 183, 2; III, 49, 1; De Ver. 29, 4, ad 3; IV Sent d. 49, 4, 3, ad 4 u. a.

[770] Vgl. L.B. GILLOU, *L'imitation du Christ et la morale de Saint Thomas*: Ang 36 (1959) 263–286; M. GRABMANN, *Die Lehre*, 75–81; DERS., *Die Idee des Lebens*, 47–91.

[771] Vgl. Compend. Theol. 201: »... dum homo, qui est ultimo creatus, circulo quodam in suum redit principium, ipsi rerum principio per opus incarnationis unitus.«; III Sent, Prologus;

Menschengeschlechtes geworden ist[772]. Ganz besonders aber ist er »Haupt der Kirche«[773], wobei Thomas allerdings ausdrücklich auf den *metaphorischen* Charakter dieses Verhältnisses hinweist[774]. Das Hauptsein Christi leitet sich aus seiner einzigartigen Würde, seinem Verhältnis zur Kirche als deren Prinzip und Leiter sowie aus seiner Naturgleichheit mit den Gliedern der Kirche ab. Bis auf den letzten Punkt, der nur seine Menschheit betrifft, ist er immer als Gott und Mensch Haupt der Kirche[775]. Der tiefste Grund für diese Stellung Christi liegt in der ›unio hypostatica‹, die Christus nach Ordnung, Vollkommenheit und Wirkkraft den höchsten Platz in der Kirche zuweist[776]. Die einzigartige Gnadenfülle, die Christus in der ›gratia unionis‹ besitzt, gibt ihm wie durch Überfließen eine so reiche persönliche Gnade, daß er durch die ›gratia capitis‹[777] allen anderen vorausgeht und ihnen Gnade mitteilt. Die genauere Bestimmung des Verhältnisses der Gnadengaben der Menschheit Christi in der thomistischen Schule zeigte später, daß näherhin die persönliche Gnade Christi die Hauptesgnade begründet, während die ›gratia unionis‹ nur deren indirektes Fundament bildet[778]. Jedenfalls ist auch nach Thomas selbst der besondere Einfluß auf die Kirche als deren Haupt ohne die aus der Unionsgnade fließende Fülle nicht denkbar[779]:

> »Es kann aber keine Weise bestehen oder ausgedacht werden, auf die irgendein Geschöpf Gott inniger anhinge, als daß es mit Ihm in der Einheit der Person verbunden ist: Also folgt eben aus der Vereinigung der menschlichen Natur mit Gott in der Einheit der Person, daß die Seele Christi mehr als die übrigen voll der Gnadengaben war, die den Charakter eines Gehabens besitzen... Weil also der Mensch Christus als Eingeborener vom Vater die

---

dazu J.A. RIESTRA, *Cristo y la plenitud del Cuerpo Místico. Estudio sobre la cristología de santo Tomás de Aquino* (Colección teológica 44), Pamplona 1985.

772 Vgl. III,8,3; III 19,4c; III Sent.d.13,2,2.

773 De Ver.29,4c: »Christus totus secundum utramque naturam simul est caput totius Ecclesiae.«

774 STh III, 8,1, ad 2: »In metaphoricis locutionibus non opportet attendi similitudinem ad omnibus.«

775 III Sent d.13,2,1c; De Ver.29,4.

776 STh III,8,1; vgl. M.GRABMANN, *Die Lehre*, 212.

777 Compend. theol. 214: »Sic igitur secundum praemissa triplex gratia consuevit assignari in Christo. Primo quidem gratia unionis, secundum quod humana natura nullis meritis praecedentibus hoc donum accepit ut uniretur Dei Filio in persona. Secundo gratia singularis, qua anima Christi prae ceteris fuit gratia et veritate repleta. Tertio gratia capitis, secundum quod ab ipso in alios gratia redundat ...«.

778 Vgl. z.B. SALMANTICENSES, De Incarn., disp. XVI, dub. II, §I: »Dicendum est Christum constitui in esse capitis formaliter per gratiam habitualem in recto connotantem in obliquo gratiam unionis.«; dazu J.M. SANCHEZ CREMADES, *Naturaleza del influjo capital de Cristo en los miembros del Cuerpo Místico según la doctrina de los Salmanticenses*: Ciencia Tomista 79 (1952) 419–439.

779 Compend. theol. 214, hier wiedergegeben nach: THOMAS VON AQUIN, *Compendium Theologiae. Grundriß der Glaubenslehre deutsch-lateinisch*, übers. v. H.L. Fäh, hrsg. v. R. Tannhoff, Heidelberg 1963, 370–372; auch STh III,8,5; De Ver.29,5.

höchste Fülle der Gnaden erlangte, folgte, daß sie von ihm auf andere überströmte, so daß der menschgewordene Sohn Gottes die Menschen zu Göttern und Söhnen Gottes machte… Weil aber in Christus Gnade und Wahrheit auf die anderen überströmen, deshalb kommt es Ihm zu, das Haupt der Kirche zu sein; denn wie vom Haupt Sinn und Bewegung gewissermaßen auf die anderen Glieder überströmen, die ihm der Natur nach gleichförmig sind, so strömt in Christus sowohl die Gnade als auch die Wahrheit auf die anderen Menschen über.«

Auch abgesehen von der Beantwortung der umstrittenen Frage nach dem eigentlichen ›esse‹ der Menschheit Christi bei Thomas[780], kann schon jetzt kein Zweifel mehr daran bestehen, daß die Stellung der Menschennatur des Gottessohnes für das Verständnis der Beziehung zwischen Christologie, Soteriologie und Ekklesiologie in der gesamten Lehre des Aquinaten ausschlaggebend ist.

b) Die Rolle der Menschheit Christi

Thomas sieht zwischen Inkarnation und Kirche eine so enge Beziehung, daß er die Gründung der Kirche als Zweck der Menschwerdung bezeichnen kann[781]. Deswegen ist es nur konsequent, wenn er der mit der Gottheit verbundenen Menschheit eine zunehmend wichtigere Aufgabe im Leben der Kirche zuweist. Nachdem wir bereits gesehen haben, *warum* Christus auch seiner Menschheit nach das Haupt der Kirche genannt werden kann, wird nun die Antwort auf die Frage zu suchen sein, *wie* diese Menschheit am konkreten Werk der Begnadung mitwirkt.

Im Sentenzenkommentar lehnte Thomas sich noch an die von Augustinus abhängige theologische Tradition an, die mit PETRUS LOMBARDUS der Menschheit Christi keinen unmittelbaren Einfluß bei der Gnadenvermittlung einräumte[782]. Die Begnadung bleibt ein Werk Gottes, für das Christus

---

780 Vgl. A. PIOLANTI, *Dio-Uomo,* Roma 1964, 115–190; PH. KAISER, *Die gottmenschliche Einigung in Christus als Problem der spekulativen Theologie seit der Scholastik,* München 1968; J. GALOT, *La persona di Cristo,* Assisi 1970, 13–24; DERS., *Chi sei tu, o Cristo?* (Nuova Collana di Teologia Cattolica 11), Firenze 1977, 269–272.

781 Vgl. J. GEISELMANN, *Christus und die Kirche,* 207: »Für Thomas ist das Verhältnis des Sinnes des Kommens Gottes in diese Welt in der Person Christi und der Kirche ein solch enges, daß er beide geradezu identifizieren kann: ad hoc venit in mundum, ut ecclesiam fundaret. (in Matth. 16,18).«

782 Vgl. TH. TSCHIPKE, *Die Menschheit Christi,* 98–101, auch im Ganzen 92–113, bes. 111–112: »Der Lehre von der Menschheit Christi als Heilsorgan der Gottheit wurde im Abendlande vor Thomas von Aquin kaum Beachtung geschenkt. Wo sich indes abendländische Theologie mit griechischer Geistigkeit berührt, sehen wir unsere Lehre alsbald, wenn auch nur flüchtig, aufleuchten.«

als Mensch wohl Anlaß und Auslöser, nicht aber Mitwirkender und Helfer ist[783]. Christus hat die Erlösung zwar mit seiner Menschheit verdient, bewirkt sie jedoch nur seiner Gottheit nach[784]. Diese Auffassung ändert sich nach ersten Anzeichen in der q. 27[785] in der q. 29 ›De Veritate‹[786] (also wahrscheinlich im Jahre 1258[787]), wo Thomas die Menschennatur des Gottessohnes als Werkzeug der hauptsächlich wirkenden Gottheit anführt[788]. Es ist wohl der Berücksichtigung der griechischen Väter und besonders des hl. CYRILL VON ALEXANDRIEN zuzuschreiben, daß der ›doctor angelicus‹ zu einer umfassenderen Stellung der Menschheit des Herrn vordringt[789]. Diese durch die Lehre des JOHANNES DAMASCENUS vom ›Fleisch als dem Werkzeug der Gottheit‹ vermittelte Sicht[790] bringt Thomas dazu, auch seinerseits die Menschheit Christi in der inneren Gnadenvermittlung als ›instrumentum coniunctum Divinitatis‹ zu beurteilen. So ist seine Lehre vom ›instrumentum coniunctum‹ — außer hier und da in einigen Schriftkommentaren[791] — in vervollkommneter Form dann im vierten Buch der »Summa contra Gentes«[792] zu finden.

Die endgültige Darlegung auch in Bezug auf die Kirche erfolgt aber im »Compendium theologiae« und im dritten Teil der »Summa theologiae«,

---

783 Vgl. J. GEISELMANN, *Christus und die Kirche,* 217: »Christi Stellung hinsichtlich der Begnadung ist eine vorbereitende, disponierende, eine die Begnadung ermöglichende, nicht aber bewirkende. Nicht er führt als Mensch die Begnadung herbei, sondern um seinetwillen wird Begnadung gewährt. Darin geht seine vermittelnde Tätigkeit auf.«

784 Vgl. TH. TSCHIPKE, *Die Menschheit Christi,* 121: »Thomas ist in dieser Zeit mit den übrigen zeitgenössischen Schultheologen einig, daß die Gnade der Urheberschaft nach einzig von Gott stamme.«

785 Ebd., 127; J. GEISELMANN, *Christus und die Kirche,* 237–239.

786 Vgl. J. GEISELMANN, *Christus und die Kirche,* 233–255; nicht so scharf akzentuiert sieht den Übergang TH. TSCHIPKE, *Die Menschheit Christi,* 44–45.

787 Vgl. Y. CONGAR, *Vision de l'Eglise,* 530.

788 De Ver. 29,4, ad 1.

789 Vgl. J. BACKES, *Die Christologie des heiligen Thomas und die griechischen Kirchenväter,* Paderborn 1931, 17: »Thomas hat zuerst in der Hochscholatik Cyrill für die Christologie verwertet.«

790 Vgl. JOHANNES DAMASCENUS, *Homilia in Sabb. Sancto* 15 (PG 94, 1057 B); Thomas zitiert bes. *De fide orth.* 3,15 (PG 94, 1060 A) u. 3,19 (PG 94, 1080 B); vgl. M. GRABMANN, *Die Geschichte der scholastischen Methode I,* Freiburg i.B. 1909, 111–113; TH. TSCHIPKE, *Die Menschheit Christi,* 114–118, auch 20–74; wie immer ist auch Pseudo-Dionysius als Einfluß zu nennen: J. DURANTEL, *Saint Thomas d'Aquin et le Pseudo-Denys,* Paris 1919, bes. 61.

791 In I Cor 15, lect. 2 u. 7; in I Thess 4, lect. 2; in Rom 4, lect. 3; in Tit 3, lect. 1 u. a.: vgl. TH. TSCHIPKE, *Die Menschheit Christi,* 133–138.

792 ScG IV, 41: »Ad quod etiam dicta antiquorum Doctorum concordant, qui humanam naturam in Christo organum quoddam divinitatis posuerunt, sicut et ponitur corpus organum animae ... Comparatur igitur humana natura Christi ad Deum sicut instrumentum proprium et coniunctum, ut manus ad animam.«; auch ScG IV, 56.

wo der Aquinate erklärt, daß Christus nur deswegen auch als Mensch »caput Ecclesiae« genannt werden kann, weil seine Menschheit eben an der Gnadenvermittlung »instrumentaliter« teilhat[793]. Thomas geht sogar noch weiter, wenn er die rechtfertigende Kraft der Menschheit Christi, die aus ihrer Verbindung mit der Gottheit rührt, so eng mit der inneren Gnadenwirkung Christi auf die Kirche verbindet, daß man die eigentliche Beantwortung der Frage »Utrum esse caput Ecclesiae sit *proprium* Christi?« in der Stellung der Menschheit als ›instrumentum coniunctum‹ erblicken kann[794]. So sieht Thomas auch hier wieder die hypostatische Union als letzte Grundlage der Annäherung zwischen Christus und der Kirche: Ein Werkzeug kann nur in der Weise wirken, in der es es sich aktuell befindet. Daher kann die Menschheit Christi, die voll der Gnade ist, rechtfertigend wirken, denn ihre persönliche Gnade und ihre rechtfertigende Hauptesgnade ist dem Wesen nach dieselbe Gnade[795]. Diese Fülle der ›gratia habitualis Christi‹ folgt aber — »sicut splendor solem« — aus der ›gratia unionis‹[796]. Hier tritt die thomasische Verbindung von Christologie, Soteriologie und Ekklesiologie überdeutlich hervor, wobei die gnadenvermittelnde Rolle der Menschheit als ›instrumentum coniunctum‹ die Bedeutung der Inkarnation als einendes Band dieser drei Mysterien besonders deutlich macht[797].

---

793 STh III, 8,1, ad 1: »Ad primum ergo dicendum, quod dare gratiam, aut Spiritum Sanctum convenit Christo, secundum quod est Deus, auctoritative: sed instrumentaliter convenit etiam ei, secundum quod est homo, inquantum scilicet ejus humanitas instrumentum fuit divinitatis eius. Et ita actiones ipsius virtute divinitatis fuerunt nobis salutiferae, utpote gratiam in nobis causantes, et per meritum, et per efficientiam quandam.«

794 STh III, 8,6c: »Respondeo dicendum quod caput in alia membra influit dupliciter. Uno modo, quodam intrinseco influxu: prout virtus motiva et sensitiva a capite derivatur ad cetera membra. Alio modo, secundum exteriorem quandam gubernationem: prout scilicet secundum visum et alios sensus, qui in capite radicantur, dirigitur homo in exterioribus actibus. Interior autem effluxus gratiae non est ab aliquo nisi a solo Christo, cuius humanitas, ex hoc quod est divinitati adiuncta, habet virtutem iustificandi. Sed influxus in membra Ecclesiae quantum ad exteriorem gubernationem, potest aliis convenire.«

795 STh III, 8,5c: »Respondeo dicendum quod unumquodque agit inquantum est ens actu. Oportet autem quod sit idem actu quo aliquid est actu, et quo agit: … Dictum est autem supra quod in anima Christi recepta est gratia secundum maximam eminentiam. Et ideo ex eminentia gratiae quam accepit, competit sibi quod gratia illa ad alios derivetur. Quod pertinet ad rationem capitis. Et ideo eadem est secundum essentiam gratia personalis qua anima Christi est iustificata, et gratia eius secundum quam est caput Ecclesiae iustificans alios: differt tamen secundum rationem.«

796 STh III, 7,13c.

797 Die auch von ARISTOTELES, *Nikom. Ethik* 8,11, auf Thomas übergegangene Lehre vom ›instrumentum coniunctum‹ (vgl. D. VAN MEEGEREN, *De causalitate instrumentali humanitatis Christi iuxta divi Thomae doctrinam*, Venlo o.J. [1939], 25 gegen J. BACKES, *Die Christologie*, 215) ist damit wesentlich vertieft und ergänzt worden, so daß die Behauptung von F. MITZKA, *Das Wirken der Menschheit Christi zu unserem Heil nach dem hl. Thomas von Aquin*: ZKTh 49 (1947) 189–208, bes. 197, ihre Anwendung auf die Menschheit Christi ließe

c) Soteriologie und Ekklesiologie

Ihren Höhepunkt erreicht diese Einheit in der von Augustinus her stammenden Sicht Christi und der Kirche als ›una persona mystica‹[798], die Thomas in erster Linie zum Beweis dafür dient, »daß die Verdienste Christi sich auch auf seine Glieder ›erstrecken‹ oder ›ausdehnen‹«[799]. Wie kann, so fragt der Kirchenlehrer, das Verdienst einer Person für eine andere erlösenden Charakter haben? Beide bilden seiner Ansicht nach *eine* Hypostase[800], weil Gott von der Unterscheidung unserer Person von der Christi absieht und deswegen die Glieder mit seinem Sohn als eine Person behandelt, um uns die Verdienste seines Sohnes zuschreiben zu können[801]. Daß es noch einen tieferen Grund für diese quasi-persönliche Einheit gibt, erhellt sich aus der hier oft übersehenen Tatsache, daß Christus uns diese Verdienste ja durch die erlösende Kraft des ›instrumentum divinitatis‹ seiner Menschheit erworben hat[802]. Gerade das ›instrumentum divinitatis‹ macht ihn aber auf besondere Weise zum Haupt der Kirche und verbindet ihn so quasi-persönlich mit ihr. Der Wille Gottes, Christus und seine Kirche, Haupt und Leib, als ›una persona mystica‹ zu behandeln, ist also nicht nur eine äußere Anordnung, sondern findet nach Thomas durchaus ein ontologisches Fundament in Christus selbst[803].

»keine wesentliche Entwicklung erkennen«, wohl nicht zutreffen wird, sondern vielmehr aus der Bemühung des Verf. zu erklären ist, die Theorie L. Billots über die Kausalität der Sakramente zu stützen: ebd. 208.

798 Vgl. in Coll. 1, 1, 1: »Christus et Ecclesia est una persona mystica.«; STh III, 19,4: »Ex capite et membris constituuntur mystica una persona.«; auch STh III, 49, 1; III, 48, 2, ad 1; De Ver. 29, 7, ad 11; in Ps 30 u. a.

799 H. MÜHLEN, *Una mystica persona,* 40.

800 Vgl. STh III,49,1; III,48,2, ad 1; III,19,4; De Ver.29,7, ad 11.

801 Vgl. A. HOFMANN, *Christus et Ecclesia est una persona mystica*: Ang 19 (1942) 213–219, bes. 218: »Deus agit ac si Christus et Ecclesia sint unum principium *quod* actionis.«; Y. CONGAR, *La personne ›Eglise‹*, 617.

802 STh III, 49, 1c: »Sicut enim naturale corpus est unum, ex membrorum diversitate consistens, ita tota Ecclesia, quae est mysticum corpus Christi, computatur quasi una persona cum suo capite, quod est Christus. Tertio, per modum efficientiae: inquantum caro, secundum quam Christus passionem sustinuit, est instrumentum divinitatis, ex quo eius passiones et actiones operantur in virtute divina ad expellendum peccatum.«

803 Vgl. Y. CONGAR, *La personne ›Eglise‹*, 618: »Ce n'est cependant pas le tout de la pensée de Saint Thomas: un tel extrinsécisme n'est pas de son inspiration. Pour lui, le Christ *est* tel, en lui-même et dans ses puissances surnaturelles, qu'il peut vraiment satisfaire et meriter pour tous les hommes. Certes, c'est la prédestination du Père qui l'a fait tel dans le plan total de salut ..., mais cette prédestination *l'a vraiment* fait tel. Elle l'a constitué notre Chef de telle sorte que nous formions avec lui un seul sujet de droit objectif à l'alliance, à l'heritage de Dieu, à la vie eternelle, et, en ce sens, une seule personne ›mystique‹, c'est-à-dire morale-spirituelle-réele.«

Diese soteriologischen Aussagen des Aquinaten sind oft in ekklesiologischem Sinn interpretiert worden[804]. Daß eine solche Interpretation gerechtfertigt sein kann[805], erklärt sich aus der Tatsache, daß Thomas das ›corpus mysticum Christi‹ — Teil der ›una persona mystica‹ — nicht einfach mit der Menschheit identifiziert, sondern Unterscheidungen einführt, die direkt auf die Kirche hinweisen. Christus ist nämlich Haupt der gesamten Menschheit nur, insofern alle Menschen auf irgendeine Weise zum ›corpus Ecclesiae mysticum‹ gehören, nämlich entweder »in potentia« oder »in actu«[806]. Die Abstufung dieser Grundformen geht bis zu den Ungläubigen hinab[807], denn erst die Verdammten haben überhaupt keine Möglichkeit mehr, der Kirche anzugehören[808]. Die Beziehungen zu Christus und zu seiner Kirche werden in der q.8 der ›tertia pars‹ der »Summa theologiae« gleich gesetzt, denn die »Kirche« ist hier identisch mit jenen, die aktuell am »esse gratiae [Christi]« teilhaben, also mit den Erlösten[809]. Dieser sehr weite Kirchenbegriff besagt also nichts über die konkreten Grenzen des ›corpus Ecclesiae‹, sondern gibt nur Aufschluß über das Verhältnis der ›gratia Christi‹ zum ›corpus Christi mysticum‹ bzw. zum ›corpus Ecclesiae mysticum‹ zu denken ist. Thomas sieht hier, ähnlich wie Augustinus, nicht geschichtliche Beziehungen, sondern solche grundsätzlich-ontologischer Art[810].

---

[804] Vgl. A. BACIC, *Opera Ecclesiologica FF. Ordinis Praedicatorum*: Ang 6 (1929) 279–324; etwa durch J.P. NAZARIUS, J. NACLANTUS, L. CHARDON oder H. CLÉRISSAC: vgl. A. PIOLANTI, *De ›una persona mystica‹ quaedam Jacobi Nacchianti OP († 1569) testimonia*: ED 10 (1957) 236–243; R.M. SCHMITZ, *Christus als Träger der Kirche. Reflexionen über die ›Persönlichkeit‹ der Kirche nach P. Humbert Clérissac OP*: MThZ 34 (1983) 169–185, bes. 175; Y. CONGAR, *La personne ›Eglise‹*, 619–634; auch R. BELLARMIN, *De Concil.* II,19; DERS., *De Rom. Pont.* I,9; PIUS XII, *Enzyklika »Mystici corporis«*: AAS 35 (1943), bes. 217–218.

[805] Vgl. Y. CONGAR, *La personne ›Eglise‹*, 636–637.

[806] STh III, 8, 3c: »Respondeo dicendum quod haec est differentia inter corpus hominis naturale et corpus Ecclesiae mysticum, quod membra corporis naturalis sunt omnia simul, membra autem corporis mystici non sunt omnia simul: neque quantum ad esse naturae, quia corpus Ecclesiae constituitur ex hominibus qui fuerunt a principio mundi usque ad finem ipsius; neque quantum ad esse gratiae, quia eorum etiam qui sunt in uno tempore, quidam gratia carent postmodum habituri, aliis eam iam habentibus. Sic igitur membra corporis mystici non solum accipiuntur secundum quod sunt in actu, sed etiam secundum quod sunt in potentia.«

[807] Ebd. u. III, 8, 3, ad 1.

[808] STh III, 8, 3c.

[809] Wer nicht mehr Glied Christi ist, ist auch nicht mehr Glied der Kirche als Gemeinschaft der Erlösten und umgekehrt. Das aber gilt eben im endgültigen Sinn nur für die Verdammten, denn nur sie haben auch ›in potentia‹ nicht mehr die Möglichkeit, an der unendlichen Gnade Christi teilzunehmen, die für die ganze Welt genügt: vgl. Compend. theol. 215 Schluß.

[810] Vgl. M. SECKLER, *Das Heil in der Geschichte. Geschichtstheologisches Denken bei Thomas von Aquin*, München 1964, 82–87.

Trotzdem vergißt der Aquinate auch in der q. 8 die konkret-sichtbare Kirche mit ihrer hierarchischen Verfassung nicht[811]. Das zeigt der Wert, den er darauf legt, daß die äußere Leitung der Kirche auch anderen als Christus und besonders dem Papst zukommt[812]. Wenn er vom Papst sagt, er sei das Haupt der ganzen Kirche, so hat er vorher von der örtlichen und zeitlichen Verfaßtheit der Kirche gesprochen und fügt ausdrücklich hinzu, daß der Papst nur für die Zeit seines Pontifikates innerhalb des »status viae« diese Funktion besitze[813]. Christus allein ist eben Haupt aus eigener Kraft, während die anderen nur seine Stelle vertreten[814], denn sie können als Menschen nur zu den Gnadenmitteln hinführen, nicht aber aber innerlich Gnade spenden[815], was nur Christus allein vermag, durch den wir in der Gnade stehen[816]. Die sichtbare Kirche dient mit anderen Worten dazu, die Menschen zu dieser Gnade Christi zu bringen, damit sie am ›corpus Ecclesiae mysticum‹ teilhaben. Es wäre demnach unthomasisch, die ›tota Ecclesia‹, deren Haupt Christus ist, der ›tota Ecclesia‹, deren Haupt der Papst ist, entgegenzusetzen, da beide von der durch die Menschheit Christi vermittelten Gnade leben. Als Gnadenmittlerin durch die Vollmacht Christi hat die Kirche ›in statu viae‹ die Gnade Christi zum Ziel, während die Kirche als ›corpus mysticum‹ sie tatsächlich besitzt. Da sich aber beide »Kirchen« überschneiden und die pilgernde Kirche ihrem Ziel um so näher kommt, je mehr sie nicht nur auf die Gnade Christi hin, sondern aus der Gnade Christi heraus lebt, kann es keinen Gegensatz zwischen den beiden Wirklichkeiten geben, zumal beide — wenn auch u. U. verschieden intensiv — zur ›una mystica persona‹ Christus-Kirche gehören. Im Ganzen erscheint der Kirchenbegriff des hl. Thomas daher einerseits sehr differenziert, andererseits von beacht-

---

811 Vgl. Y. CONGAR, *L'idée de l'Eglise*, 78–81.

812 STh III, 8, 6c: »Sed influxus in membra Ecclesiae, quantum ad exteriorem gubernationem, potest aliis convenire. Et secundum hoc aliqui alii possunt dici capita Ecclesiae: ... sicut Papa est caput totius Ecclesiae ...«

813 STh III, 8, 6c: »Differenter tamen a Christo. Primum quidem quantum ad hoc, quod Christus est caput omnium eorum, qui ad Ecclesiam pertinent, secundum omnem locum et tempus et statum: alii autem homines dicuntur capita secundum quaedam specialia loca, sicut episcopi suarum ecclesiarum; vel etiam secundum determinatum tempus, sicut Papa est caput totius Ecclesiae, scilicet tempore sui pontificatus; et secundum determinatum statum, prout scilicet sunt in statu viatoris.«

814 STh III, 8, 6c: »Alio modo, quia Christus est caput Ecclesiae propria virtute et auctoritate: alii vero dicuntur capita inquantum vicem gerunt Christi ...«.

815 STh III, 8, 6, ad 2: »Ad secundum dicendum quod homo non dat gratiam interius influendo, sed exterius persuadendo ad ea quae sunt gratiae.«

816 STh III, 8, 6, ad 3: »Et hoc ideo quia in ostio importatur principalis auctoritas, inquantum ostium est per quod omnes ingrediuntur in domum: et ipse solus Christus est per quem accessum habemus in gratiam istam in qua stamus. Per alia vero nomina praedicta potest importari auctoritas non solum principalis, sed etiam secundaria.«

licher innerer Einheit. ›Ecclesia‹ kann nämlich bedeuten: 1) »corpus mysticum potentiale« = das Menschengeschlecht, 2) »corpus mysticum actuale« = die in der Gnade Christi Stehenden [auch die Engel], 3) »corpus temporale et locale« = die Getauften unter dem Papst und den Bischöfen[817]. Die zur Teilhabe an der durch die Menschheit Christi vermittelten Gnade objektiv Bestimmten können durch die zu dieser Gnade hinführende Kirche tatsächlich zu Begnadeten werden, so daß sich die drei Gruppen ständig überschneiden. Ihre innere Einheit und damit die Einheit des dreifachen thomasischen Kirchenbegriffes überhaupt liegt im gemeinsamen Haupt Christus, d. h. im letzten in der durch die hypostatische Union besonders begnadeten Menschheit Christi, die dieses natürliche und übernatürliche Hauptsein Christi begründet. Die Stellung Christi bleibt für Thomas eigentlich immer die gleiche, wie es sich bei ihm »letzten Endes immer um ein und dieselbe Kirche« handelt[818]. Was sich ändert, ist nur die Beziehung der Menschen zum Haupt der Kirche und damit zur Kirche selbst.

So scheint für den Aquinaten das kirchenbildende Prinzip, »worauf es letzten Endes einzig und allein ankommt«, doch nicht einfach, wie F. MALMBERG meint, die »innere geistige Gnade«[819], sondern die durch die Menschheit Christi vermittelte Gnade zu sein. Das bedeutet aber, daß die sichtbare Kirche der Getauften unter dem Papst eben nicht »stark sekundär«[820] ist, sondern, auch weil sie alle Merkmale des thomasischen Kirchenbegriffs auf sich vereinigt, in besonderer Weise die Gnadenvermittlung durch die Menschheit Christi verdeutlicht. Tatsächlich läßt Thomas in der II–IIae, q. 183, a. 2 keinen Zweifel daran, daß die Kirche einer Struktur bedarf und daß die Fülle der Hauptesgnade Christi gerade um der *Vollkommenheit* des ›corpus Ecclesiae‹ willen in verschiedener, geordneter Weise auf die Glieder übergehen muß[821]. Mag Thomas auch einen geistigen Gna-

---

817 Man könnte den thomasischen Kirchenbegriff u. U. noch weiter differenzieren, wenn man die aktuell Begnadeten nochmals unterteilen und die Gläubigen des AT gesondert aufführen wollte: vgl. F. MALMBERG, *Ein Leib — Ein Geist,* 204; uns scheint aber mit den genannten drei Gruppen das Gesamt der Kirche bei Thomas ausreichend erfaßt.

818 F. MALMBERG, *Ein Leib — Ein Geist,* 205.

819 Ebd., 205.

820 Ebd., 207.

821 STh II–II, 183, 2c: »Respondeo dicendum quod diversitas statuum et officiorum in Ecclesia ad tria pertinet. Primo quidem, ad perfectionem ipsius Ecclesiae. Sicut enim in rerum naturalium ordine perfectio, quae in Deo simpliciter et uniformiter invenitur, in universitate creaturarum inveniri non potuit nisi difformiter et multipliciter; ita etiam plenitudo gratiae, quae in Christo sicut in capite adunatur, ad membra eius diversimode redundat, ad hoc quod corpus Ecclesiae sit perfectum … Secundo autem pertinet ad neccessitatem actionum quae sunt in Ecclesia necessariae … Tertio hoc pertinet ad dignitatem et pulchritudinem Ecclesiae, quae in quodam ordine consistit.«

denbegriff gehabt haben[822], so versucht er doch, diesen mit dem Begriff der Hauptesgnade für die Kirche christologisch zu unterbauen. Dadurch kann der ›doctor communis‹, »indem er nicht bloß der prima causa als dem principale agens (Gott), sondern auch den causae secundariae als dem instrumentaliter agens (dem sinnlich sichtbaren Geschehen in der Kirche überhaupt) eine reale Bedeutung für die Begnadung selbst abzugewinnen sich müht«, die Anfänge eines Kirchenbildes schaffen, das man »geradezu das Kirchenbild des theologischen Realismus« nennen könnte[823]. Sicherlich hat der hl. Thomas »seine Ekklesiologie noch nicht völlig zu einer inneren Einheit«[824] gebracht, so daß eine Spannung zwischen ungeschichtlich-soteriologischer und geschichtlich-ekklesiologischer Betrachtungsweise des einen Mysteriums der Kirche oft spürbar ist. Wer aber bei ihm einen Gegensatz zwischen zwischen dem mystischen Leib Christi und der sichtbaren Kirche konstruieren will[825], hat seinen ekklesiologischen Realismus, der sich auch in der Betonung der Notwendigkeit der Taufe zur Inkorporierung in Christus kundtut[826], nicht voll erkannt. Für den Aquinaten gehört eine gewisse Körperlichkeit bzw. Sakramentalität[827] zum Wesen des christlichen Lebens, das erst durch die Zugehörigkeit zur sichtbaren Ordnung der Kirche vollkommen wird[828]. So wahr es ist, daß die Beziehung zwischen Christus und Kirche bei Thomas sich nicht im Juridischen erschöpft[829], so wenig gibt es

---

822 Vgl. Y. CONGAR, *Traditio thomistica,* 421; F. MALMBERG, *Ein Leib — Ein Geist,* 218–219.

823 J. GEISELMANN, *Christus und die Kirche,* 255.

824 F. MALMBERG, *Ein Leib — Ein Geist,* 218.

825 Vgl. A. MITTERER, *Geheimnisvoller Leib Christi nach St. Thomas von Aquin und Papst Pius XII,* Wien 1950, 340: »St. Thomas, der das Wort ›mystischer Leib der Kirche‹ im Gegensatz zur sichtbaren Kirche verwendet, um damit die unsichtbare Kirche zu unterscheiden ...«; dagegen F. MALMBERG, *Ein Leib — Ein Geist,* 204: »Beiläufig sei hier vermerkt, daß für Thomas ›Christi mystischer Leib‹ und ›Kirche‹ stets identisch sind; die Distinktion, die einige moderne Theologen (Lialine, Holstein, Smit) zwischen ›Glied Christi‹ und ›Glied der Kirche‹ machen möchten, kennt Thomas ebensowenig, wie die Enzyklika ›Mediator Dei‹ diesen Unterschied anerkennt.«; auch ebd., 204 Anm. 181.

826 STh III, 69,5c: »Vita autem non est nisi membrorum capiti unitorum, a quo sensum et motum suscipiunt. Et ideo necesse est, quod per baptismum aliquis incorporetur Christo quasi membrum ipsius.«; ebd., ad 1: »... adulti prius credentes in Christum sunt ei incorporati mentaliter; sed postmodum, cum baptizantur, incorporantur ei quodammodo corporaliter; scilicet per visibile sacramentum,sine cuius propositio nec mentaliter incorporari possunt.«

827 Vgl. Y. CONGAR, *Esquisses du mystère de l'Eglise,* Paris 1953², 84–91; J. HAMER, *L'Eglise est une communion,* Paris 1962, 71–86; B. GHERARDINI, *La Chiesa è sacramento. Saggio di teologia positiva* (Teologia 2), Rom 1976, 137–144.

828 Vgl. A. FAZOKAS, *De identitate corporis mystici cum Ecclesia visibili in doctrina S. Thomae de ›Regeneratione‹ spirituali*: Ang 31 (1954) 113–138, bes. 137–138.

829 Vgl. H. W. M. RIKHOF, *Corpus Christi mysticum. An Inquiry into Thomas Aquinas' Use of a Term*: Bijdragen 37 (1976) 149–171, bes. 168 ist jedoch wohl zu apodiktisch: »... the juridical interpretation of ›corpus Christi mysticum‹, characterized by the notions of ›corporation‹

Anlaß, aus dieser Beziehung das verfaßte, strukturierte, volkhafte Element auszuschließen[830]. Die Vorliebe, mit der Thomas einerseits die Rolle des Hl. Geistes als Herz und Seele der Kirche unterstreicht[831], und die Aufmerksamkeit, die er andererseits den sakramentalen Charakteren und der darauf aufbauenden hierarchischen Struktur der Kirche[832] sowie besonders der Stellung des Papstes widmet[833], zeigt, daß das thomasische Verhältnis zwischen Christus und Kirche weder nur geistig noch nur juridisch interpretiert werden kann. Eine gewisse Dichotomie zwischen beiden Elementen bleibt allerdings bestehen[834], was wohl auch zu einseitigen Interpretationen verleiten kann. Trotzdem muß sich jeder Spiritualismus oder Juridismus letztlich als dem Geist der Ekklesiologie des Aquinaten entgegengesetzt offenbaren.

d) Thomasrezeption zwischen 1918 und 1943

Die Rezeption des thomasischen Verständnisses von der Beziehung Christus und Kirche geschieht in der zeitgenössischen Literatur vielfach im Lichte des hl. Augustinus, denn man ist davon überzeugt, daß die »großen

---

and ›identity‹ cannot be found in Thomas' texts about the mystical body.«; ausgewogener M. USEROS CARRETERO, *›Statuta Ecclesiae‹ y ›Sacramenta Ecclesiae‹ en la Eclesiología de St.Tomás* (Analecta Gregoriana 119), Rom 1962, 86–113; auch A.DARQUENNES, *La définition de l'Eglise d'après St.Thomas d'Aquin,* in: L'organisation corporative du Moyen âge à la fin de l'Ancien régime, Louvain–Paris 1943, 1–43.

830 Vgl. z.B. ScG IV,76; auch Y.CONGAR, *›Ecclesia‹ et ›Populus (fidelis)‹ dans l'écclésiologie de S.Thomas,* in: St. Thomas Aquinas 1274–1974. Commemorative Studies I, Toronto 1974, 161–173.

831 Vgl. M. GRABMANN, *Die Lehre,* 115–193; F. MALMBERG, *Ein Leib — Ein Geist,* 208–213; Y.CONGAR, *Vision de l'Eglise,* 532–534.

832 Vgl. M. USEROS CARRETERO, *›Statuta Ecclesiae‹,* 112: »Intentando formular en síntesis esta explicación, resulta, según la concepción de St. Tomás, que la estructura jerárquica de la Iglesia y su actividad son un elemento integrante de ›Ecclesia una‹ ›in statu fidelium Christi‹ y que ésta ›Ecclesia una‹ es tambien para St.Tomás el ›unum Corpus Mysticum‹ en su realización institucional en la Economía del Nuevo Testamento; por lo cual en la Eclesiología tomista la estructura jurídica de la Iglesia se manifiesta entendida tan inherente a la realidad de ›Ecclesia‹-Institución como a la realidad ›Cuerpo Místico‹.«; auch M.D. KOSTER, *Ekklesiologie im Werden,* 258–260.

833 Vgl. U. HORST, *Papst — Konzil — Unfehlbarkeit. Die Ekklesiologie der Summenkommentare von Cajetan bis Billuart* (Walberberger Studien. Theologische Reihe 10), Mainz 1978, 7–23; R.M. SCHMITZ, *La Relazione,* 178–180; B.GHERARDINI, *Tematiche Ecclesiologico-Tomistiche*: DC 33 (1980) 194–209, bes. 208–209.

834 Vgl. F.MALMBERG, *Ein Leib — Ein Geist,* 214: »So kann man sich beispielsweise nur schwer dem Eindruck entziehen, daß Thomas sich noch nicht klar bewußt ist, daß in der *christlichen* Gnadenökonomie, in der Ordnung der *Inkarnation,* ›innere Gnade‹ und ›äußere Gnade‹ eine ewige, unverbrüchliche Einheit bilden ...«

Lehrer des 13. Jahrhunderts ... eine ›Idee‹ von der Kirche entwickelt« haben, »die im tiefsten mit dem patristischen Erbe zusammenhängt, vor allem mit Augustinus, und die ganz wesentlich von ihrer Gnadenlehre geprägt wird.«[835] So erklärt sich die Deutung der thomasischen Ekklesiologie im Rahmen einer Spiritualisierung der ›gratia-capitis‹-Lehre, die zwar, wie gezeigt, nicht gänzlich der Berechtigung entbehrt, die aber für sich genommen wohl kaum die authentische Meinung des Aquinaten über die Beziehung Christi zur Kirche wiederzugeben vermag[836]. Ohne die gleichen Argumente endlos wiederholen zu wollen, scheinen einige Bespiele dieser Interpretation uns dennoch aufschlußreich zu sein. So wird bezeichnenderweise im 1935 erschienenen 25. Band der angesehenen deutschen Thomasausgabe, der auch die q. 8 der ›tertia pars‹ enthält, in der Einleitung bemerkt: »Ernstmachen heißt es ferner mit jenen Sätzen, die Christus nicht nur als Haupt der Kirche, sondern als Haupt der Menschen aller Zeiten, ja selbst als Haupt der Engel erweisen ... Der Geist Christi wird zum metaphysischen Ort aller Geister, die Seele Christi zur Heimstatt aller Seelen.«[837] In Bd. 29 wird dann die physische Einheit Christi mit der Kirche durch die Sakramente betont[838] und damit der auch in Bd. 25 dargestellte christologische Gedanke vom Wirken der Menschheit Christi[839] auf die Kirche ausgedehnt. Diese beiden »christologischen Extrapolationen« — die Ausweitung der Erlösungsgemeinschaft auf die ganze Menschheit und die Transponierung des Wirkens der Menschheit Christi auf den ›corpus Christi‹ — bilden, oft vereint, die Hauptrichtungen damaliger ekklesiologischer Thomasdeutung. P. LIPPERT glaubt z. B. sich auf Thomas stützen zu können, wenn er Christus »das Prinzip einer physischen Einheit des ganzen Kirchenkörpers« nennt und gleichzeitig »die Kirche als Synthese aus Christus und seinen Wiedergeborenen«, als Verbindung Christi »mit der erlösten Menschheit« und »als die Einheit Christi mit den begnadeten Seelen« beschreibt[840]. Trotz der Erwähnung auch der sichtbaren Kirche, deren Integration in solche Vorstellungen bei Lippert immer von einem latenten Dualismus gezeichnet bleibt, tritt uns als angebliches Weiterdenken thomasischer Ansätze doch eine Art geistige

---

835 J. FRISQUE, *Die Ekklesiologie*, 198.

836 Vgl. F. MALMBERG, *Ein Leib — Ein Geist*, 35–36.

837 *Einleitung*, in: Thomas v. Aquin, Die Menschwerdung Christi (Die deutsche Thomas-Ausgabe, hrsg. vom Kath. Akademikerverband 25), Salzburg–Leipzig 1935, (15)–(16).

838 Vgl. *Einleitung*, in: Thomas von Aquin, Die Sakramente. Taufe und Firmung (Die deutsche Thomas-Ausgabe, hrsg. v. Kath. Akademikerverband 29), Salzburg– Leipzig 1935, (13)–(15).

839 Vgl. *Einleitung*, in: Thomas von Aquin, Die Menschwerdung Christi, (10)–(14).

840 Vgl. P. LIPPERT, *Die Kirche Christi*, 220–221; die Berufung auf Thomas erfolgt kurz vorher, 218: »Die neue Einheit, die hier durch Christus und seine Kirche gebildet wird, läßt sich wohl nur in der Richtung denken, die der hl. Thomas von Aquin bereits angedeutet hat.«

Kirche der Begnadeten entgegen. Zu solchen Ungenauigkeiten in der Einordnung und Ausfaltung der ekklesiologischen Vorstellungen des Aquinaten gehört auch, daß KARL ADAM kurzerhand ORIGENES, AUGUSTINUS, PSEUDODIONYSIUS und MÖHLER mit Thomas in eine Linie stellen kann, um so die Christusdurchlebtheit der Kirche als »Grundstück« der christlichen Verkündigung zu erweisen[841]. Dazu passend wird die thomasische Unterscheidung von verschiedenen Graden und Arten der Zugehörigkeit zur Kirche und sein von dort zu verstehender hierarchischer Aufbau der Kirche über die sakramentalen Charaktere und die daran gebundenen verschiedenen Aufgaben[842] eher selten erwähnt[843] wie auch seine Pneumatologie vernachlässigt wird. Sogar die sorgfältigen Studien von J.R. GEISELMANN[844] und M. KÄPPELI[845] scheinen diesen Aspekt unterzubewerten, wenn auch M.D. KOSTER mit seiner Behauptung, ihre Berufung auf die Lehre von der ›gratia capitis‹[846] als wahrer Traktat von der Kirche entspreche nicht den Tatsachen, eine richtige Beobachtung ebenfalls überspitzt hat[847]. Tatsächlich aber steht Geiselmann, wenn er die Kirche bei Thomas als »Gnadengemeinschaft«[848] definiert und sie trotz seiner Absetzung von einem bei Augustinus vermuteten Symbolismus des Sichtbaren in der Kirche[849] hauptsächlich von der — mehr als ›innere‹ Wirklichkeit verstandenen — ›gratia capitis‹ aus sieht, in der Versuchung, den weiten und auf weite Strecken rein soteriologischen Kirchenbegriff der q. 8 als den einzigen Zugang zur Beziehung Christus-Kirche bei Thomas zu verabsolutieren. Ähnliches gilt für Käppeli, wenn er Thomas Kirchenbild vom einen Christus als Haupt und Leib aus deutet[850]. Folgerichtig sieht G. FEUERER unter Berufung auf Geiselmanns Thomasinterpretation in der Gnade als persönlichem Akt Christi die »Ursprungsstelle des mystischen Leibes Chri-

---

841 K. ADAM, *Das Wesen des Katholizismus*, 25.

842 Vgl. z.B. STh II–II, 1, 10; II–II, 183, 2; ScG IV, 76.

843 Eine Ausnahme bildet etwa F. JÜRGENSMEIER, *Der mystische Leib Christi*, 74–100, bes. 85.

844 J.R. GEISELMANN, *Christus und die Kirche*.

845 Vgl. M. KÄPPELI, *Zur Lehre des hl. Thomas von Aquin vom Corpus Christi Mysticum*, bes. 41–135.

846 Vgl. STh III, 8.

847 Vgl. M.D. KOSTER, *Ekklesiologie im Werden*, 214–215.

848 J.R. GEISELMANN, *Christus und die Kirche*, 206–207.

849 Ebd., 254: »Das Kirchenbild *Augustins*, gewonnen vom platonisch-dualistischen Hintergrund seiner Weltanschauung her, hat es nie vermocht, gegenüber dem Majestätsrecht Gottes das sinnlich-sichtbare Geschehen der ecclesia zur vollen Geltung zu bringen. So hat Augustins Ekklesiologie die Gefahr einer bloß symbolischen Wertung des sichtbaren Faktors der Kirche nie vollständig bannen können.«

850 Vgl. M. KÄPPELI, *Zur Lehre des hl. Thomas von Aquin vom Corpus Christi Mysticum*, bes. 132–135.

sti«. Kirche ist zwar auch Heilsanstalt, aber dann doch wieder Gnadengemeinschaft[851]. Da trotz aller Berufung auf den hl. Thomas dabei letztlich nicht deutlich wird, was nun unter Gnade und was unter Kirche zu verstehen sei, wundert es nicht, wenn Feuerer schließlich Gemeinschaft der Heiligen, Menschheit und Kirche in eine unbestimmte Beziehung zueinander bringen kann[852]. Die Vermischung von Kirche und Menschheit ist die letzte Konsequenz eines solchen Thomasverständnisses. Da sie jedoch oft mit einer ebenso partiellen Scheeben-Deutung zusammenhängt, werden wir etwas später ausführlicher davon handeln. Doch auch bei einer differenzierteren Beurteilung der thomasischen Lehre von der Beziehung Christi zur Kirche steht immer die einseitige Betonung seiner mehr christologisch gemeinten ›Corpus-Christi‹-Lehre im Vordergrund und verhindert die Integration der viel eigentlicher ekklesiologischen Punkte seines theologischen Werkes in dieses Verhältnis. Wenn M. D. KOSTER Thomas' Ekklesiologie auf die sakramentalen Charaktere zurückführen will[853] oder S. TROMP sogar sagen kann, daß Artikel 2 der II–II, q. 183: »Utrum in Ecclesia debeat esse diversitas officiorum vel statuum« das eigentliche Fundament des thomasischen Kirchenverständnisses seie[854], mag das ebenso einseitig erscheinen, ist aber — wie wir gesehen haben — als wichtiges Element des Gesamtbandes zwischen Christus und Kirche beim ›doctor angelicus‹ nur zum Schaden einer authentischen Thomasinterpretation ausgeklammert bzw. unterbewertet worden. Gleichzeitig erscheint die unausgewogene Darstellung des hl. Thomas als Konsequenz der Unmöglichkeit, in eine theologische Synthese einen geschlossenen Kirchentraktat hineinlesen zu wollen, die einen solchen eben nicht aufweist und vielleicht seiner auch noch nicht bedurfte. Dazu kommt, daß die Rolle des Hl. Geistes, der bei Thomas auch in seiner Ekklesiologie und besonders als Band zwischen der Menschheit Christi und der Kirche bedeutend ist, wieder unterschätzt wird[855].

---

[851] Vgl. G. FEUERER, *Unsere Kirche im Kommen,* 84–85; Feuerer kommt so bei aller Betonung des »Äußeren« der Kirche, 65–73, 90–120, doch nicht über einen gewissen Dualismus hinaus, 101–112.

[852] Ebd., 189–190.

[853] M. D. KOSTER, *Ekklesiologie im Werden,* 220–221.

[854] Vgl. S. TROMP, *Corpus Christi quod est Ecclesia I,* 144: »... ubi habes fundamentum proprium ecclesiologiae Angelici.«

[855] Vgl. F. MALMBERG, *Ein Leib — Ein Geist,* 199–219.

C. Christus-Kirche bei J. A. Möhler

a) Die Entwicklung der Stellung Christi in der Kirche

Wenn auch die Kirche wohl nicht als das »letzte Grundanliegen« der Theologie Johann Adam Möhlers gelten kann, so gehört sie doch »mit zu den Problemen, die ihn am tiefsten bewegten und am meisten beschäftigten«[856]. So mußte zwangsläufig auch die Beziehung Christi zur Kirche eine der Fragen sein, die sich Möhler in der Entwicklung seiner Ekklesiologie stellten. Daß diese Entwicklung eine wachsende Klärung der Stellung Christi zur Kirche gebracht hat, ist nach den Ergebnissen der bisherigen Möhler-Forschung kaum zu leugnen[857].

Tatsächlich zeichnen sich die verschiedenen Etappen der Ekklesiologie Möhlers jeweils durch eine andere Auffassung der Rolle Christi für die Kirche aus. In seinen Vorlesungen zum Kirchenrecht übernimmt der junge Möhler noch den damals üblichen juridischen Kirchenbegriff. Die Bestimmung der Kirche als religiöse Gesellschaft[858] läßt auf eine äußerliche Verbindung mit Christus schließen. So besteht die Aufgabe der Kirche darin, durch ihr Wort jene Freiheit zu schaffen, die darin liegt, »den Anordnungen

---

[856] J.R. GEISELMANN, *Einheit und Liebe. Ihr Gestaltwandel in Möhlers Theologie der Kirche,* in: Die eine Kirche. Zum Gedenken J.A. Möhlers 1838–1938, hrsg. v. H. Tüchle, Paderborn 1939, 135–209, hier 135.

[857] Vgl. z.B. K. ESCHWEILER, *Johann Adam Möhlers Kirchenbegriff. Das Hauptstück der katholischen Auseinandersetzung mit dem Idealismus,* Braunsberg 1930, 65–164; J.R. GEISELMANN, *Joh. Ad. Möhler und die Entwicklung seines Kirchenbegriffs*: ThQ 112 (1931) 1–91; P. CHAILLOT, *Das mystische Prinzip der Einheit,* in: Die eine Kirche, 210–240; J.R. GEISELMANN, *Der Einfluß der Christologie des Konzils von Chalcedon auf die Theologie Johann Adam Möhlers,* in: Das Konzil von Chalcedon III, hrsg. v. A. Grillmeier u. H. Bacht, Würzburg 1954, 341–420; DERS., *Der Wandel des Kirchenbewußtseins und der Kirchlichkeit in der Theologie J.A. Möhlers,* in: Sentire Ecclesiam, Freiburg 1961, 531–675; P.W. SCHEELE, *Einheit und Glaube. Johann Adam Möhlers Lehre von der Einheit der Kirche und ihre Bedeutung für die Glaubensbegründung,* München– Paderborn– Wien 1964, 91–97, 111–125; DERS., *Johann Adam Möhler* (Wegbereiter heutiger Theologie), Graz–Wien–Köln 1969, 31–45; H. GEISSER, *Glaubenseinheit und Lehrentwicklung bei Johann Adam Möhler* (Kirche und Konfession 18), Göttingen 1971, 181–189; H. UNTERBERGER, *Geist Christi. Die Pneumatologische Ekklesiologie Johann Adam Möhlers* (Exzerptdruck Diss. PUG), Wien 1972, 14–20; W. WAGNER, *Die eine Kirche und die vielen Kirchen. Ekklesiologie und Symbolik beim jungen Möhler* (Beitr. z. ökum. Theologie 16), München–Paderborn–Wien 1977; H. BRUNNER, *Der organologische Kirchenbegriff,* 93–121; A. ANTON, *El Misterio de la Iglesia II,* 237–257.

[858] Vgl. J.R. GEISELMANN, *Die katholische Tübinger Schule. Ihre theologische Eigenart,* Freiburg 1964, 550.

Christi zu folgen«[859]. Die Auffassung Christi als des anordnenden Stifters der Kirche rückt Möhler in seiner Frühzeit selbst in die Nähe jenes Kirchenbegriffs, den er schon 1823 in seiner Rezension zur Kirchengeschichte Katerkamps kritisiert: »Gott schuf die Hierarchie, und für die Kirche ist nun bis zum Weltende mehr als genug gesorgt.«[860] Der Tübinger verwirft in der Besprechung jeden ekklesiologischen Deismus, weil »nach der höheren, ächt christlichen Ansicht, die besonders im Katholicismus hervortritt, ... der Geist Gottes das immerwährend in der Kirche waltende, sie ihrem Zweck entgegenführende Princip« ist; »alles Uebrige ist Organ dieses Geistes, Mittel u. s. w.«[861]. Die Stellung Christi wird hier jedoch immer noch zu äußerlich gesehen: »Christus und seine Apostel« geben der Kirche »die Verfassungsform«[862]; zwar ist es Christi »Vorschrift«, nach der es »nur *eine* Kirche« gibt[863], aber nicht Christus, sondern »der Geist Gottes« ist »der wahre Mittelpunkt, das wahrhaft leitende Princip der Kirche«[864].

Diese Vorliebe für den »Geist«, mit der Möhler u. a. von A. GÜGLER und J.S. VON DREY abhängt[865], setzt sich in Möhlers erstem größeren Werk »Die Einheit der Kirche oder das Princip des Katholicismus« vollständig durch. Beeinflußt von theologischem Klassizismus und romantischer Geschichtsdeutung[866], verbindet er sie mit der romantischen Volksgeist-Lehre[867] zu einem pneumatozentrisch-gemeinschaftsorientierten Kirchenbild. Die Stellung Christi in der Kirche der »Einheit« wird nach J.R. GEISELMANN[868] von Möhlers Absicht der Verteidigung des Göttlichen in der Kirche durch die Betonung des Hl. Geistes in den Hintergrund gerückt:

> »Und wenn die Christen eine Einheit mit Christus sind, so sagt wieder die ›Einheit‹, wie dies näherhin der Fall sei: durch den Hl. Geist. Das ist keine Konstruktion. Deutet doch

---

859 J.A. MÖHLER, *Kirchenrechtsvorlesung*, in: Geist des Christentums und des Katholizismus, Mainz 1940, 399–403, hier 402.

860 DERS., *Rez. zu: T. Katerkamp, Des ersten Zeitalters der Kirchengeschichte erste Abteilung: die Zeit der Verfolgungen, Münster 1823*: ThQ 5 (1823) 484–532, hier 497.

861 Ebd., 497.

862 Ebd., 503.

863 Ebd., 519.

864 Ebd., 499.

865 Vgl. J.R. GEISELMANN, *Einheit und Liebe*, 156; DERS., *Einführung*, in: J.A. Möhler, Die Einheit der Kirche oder das Prinzip des Katholizismus. Dargestellt im Geist der Kirchenväter der ersten drei Jahrhunderte, hrsg., eingel. u. komm. v. J.R. Geiselmann, Köln–Olten 1956, [58].

866 DERS., *Einführung*, in: E [18]–[33]; zum Einfluß F. Schleiermachers u. anderer zeitgenössischer Strömungen auf die Tübinger Schule vgl. A. ANTON, *El Misterio de la Iglesia II*, 220–227.

867 Ebd., [58]; K. ESCHWEILER, *Johann Adam Möhlers Kirchenbegriff*, 129–130.

868 J.R. GEISELMANN, *Einführung*, in: E [65]–[66].

Möhler selbst das paulinische Bild von der Kirche, der Gesamtheit der Gläubigen als Leib Christi, als unserer Einheit mit Christus, dahin: Wir Gläubigen bilden den Körper Christi, weil das höhere göttliche Prinzip des *Heiligen Geistes,* der der Geist Christi ist, diesen Körper erzeugt und gebildet hat (›Einheit‹ § 1). Jetzt, wo es gilt, einzig das Göttliche im Christentum zu verteidigen, ist nicht der menschgewordene Logos, sondern das nicht inkarnierte Pneuma der geeignete Repräsentant für das Göttliche im Christentum.«

Trotz dieses auffallenden Zurücktretens »des historischen Christus ... hinter dem heiligen Geiste«[869] besitzt doch auch die Ekklesiologie der Einheit eine christologische Grundlage. Immerhin ist es Christus, der »durch den Heiligen Geist die Gläubigen belebt«[870] und der sich dann durch die im Geist geeinte Gesamtheit der Gläubigen offenbart und nur in ihr erkennbar ist[871]. »Das Verhältnis Christi zu der Gesamtheit der Gläubigen, zur Kirche« ist das des »Bräutigams zur Braut«, Christus ist also das »erzeugende Prinzip«, die Kirche »empfangend«[872]. Damit bekommt der Pneumatozentrismus der Einheit eine christologische Note[873] und der Geist kann, wie schon GEISELMANN feststellt, nur als Geist Christi richtig eingeordnet werden[874]. Allerdings bleibt Christus nach wie vor der Kirche mehr äußerlich verbunden, eben als ihr »erzeugendes Prinzip«, ihr Stifter und Bräutigam, nicht jedoch als ihr Wirkprinzip, ihre innere Kraft oder ihr Leben.

Das Interesse an der Aufgabe Christi für die Kirche nimmt aber in den Schriften, die auf die ›Einheit‹ folgen, immer mehr zu. 1827 schreibt Möhler in einer Rezension:

»Das Hauptgeschäft des Dogmatikers ist, daß er seinen Schülern vortrage, was Christus und die Apostel gelehrt haben, was sie über Gott und Welt, und ihr gegenseitiges Verhältnis mittheilten, daß er sie in ihren Sinn und Geist einführe; denn Christi Werk sollen sie ja kennen lernen, was er zu unserer Erlösung gewirkt und geduldet, erfahren und welche Anstalten er getroffen, daß wir in die Lebensgemeinschaft mit ihm wirklich versetzt werden u. s. w., einsehen.«[875]

---

[869] K. ESCHWEILER, *Johann Adam Möhlers Kirchenbegriff,* 65.

[870] E 8.

[871] Vgl. E 99–100.

[872] E 7.

[873] Vgl. H. BRUNNER, *Der organologische Kirchenbegriff,* 108.

[874] Vgl. J. R. GEISELMANN, *Der Einfluß,* 406; vielleicht durch eine Vermischung der ›Einheit‹ und der ›Symbolik‹ etwas zu weit geht H. UNTERBERGER, *Geist Christi,* 49: »Schon in der ›Einheit‹ war ihm — wenn auch mit einem anderen Akzent — die Kirche der ›Leib Christi‹. Ihr vertraute er sein Wort ›zur Bewahrung und Fortpflanzung an‹. Da es aber im Letzten doch Christus selbst ist, der in der Kraft des Heiligen Geistes die Kirche gründete, sie erhält und in ihr wirkt ...«

[875] J. A. MÖHLER, *Rez. zu: A. Gengler, Ueber das Verhältniß der Theologie zur Philosophie, Landshut 1826*: ThQ 9 (1827) 498–522, hier 516.

Dieses Streben nach Erklärung der objektiven Bedeutung Christi will zwar auch hier noch »Geist Christi erfassen«[876], scheint aber doch ein weiterer Schritt zum »Objektivismus« der in der ›Symbolik‹ entwickelten Lehre[877]. In der im gleichen Jahr erschienenen Abhandlung über Anselm von Canterbury begründet Möhler folgerichtig die politische Freiheit der Kirche damit, daß die Kirche von »Christus durch sein Blut erkauft und frei gemacht« worden ist[878]. In ihr sind »in Christo ... allesamt Eins«[879]. Im ›Athanasius‹ entwickelt Möhler schließlich in Absetzung der Ekklesiologie vom Arianismus-Deismus und vom Sabellianismus-Idealismus[880] jenen »Inkarnationismus«[881], der ihn den gleichen Gedanken noch klarer formulieren läßt: Christus »kam, um die Menschen mit Gott, so die Menschen unter sich zu vereinigen. Wie sie eine Einheit mit Gott ›wieder‹ bilden, so bilden sie, da derselbe Gott in Christo in allen wirksam ist, eine Einheit unter sich«[882]. »Die gesamte Kirche ist in ihm«, sie ist »die Entwicklung Christi in der Zeit«[883]. Nun scheint Möhler von einer anfänglich immer noch distanzierten Beziehung zwischen Christus und der Kirche zu einem Verständnis der eigentlichen Durchdringung der Kirche von Christi Wirken gefunden zu haben[884].

In der ›Symbolik‹ macht der Tübinger den gottmenschlichen Charakter der Kirche noch deutlicher[885]. Jetzt ist »der Gottmensch Jesus Christus, das heißt die in der Person des Logos hypostatisch geeinte, unvermischte, aber ungetrennte göttliche und menschliche, Natur das analoge konstruktive

876 Ebd., 516.

877 Vgl. J.R. GEISELMANN, *Einheit und Liebe*, 180–182.

878 J.A. MÖHLER, *Anselm, Erzbischof von Canterbury. Ein Beitrag zur Kenntniß des religiös-sittlichen, öffentlich-rechtlichen und wissenschaftlichen Lebens im eilften und zwölften Jahrhundert*: ThQ 9 (1827) 435–497, 585–664, hier 439.

879 Ebd., 490.

880 Vgl. J.R. GEISELMANN, *Der Einfluß*, 389.

881 DERS., *Die theologische Anthropologie Johann Adam Möhlers. Ihr geschichtlicher Wandel*, Freiburg i.B. 1955, 263.

882 A I 182.

883 A I 297.

884 Der Grund zur Notwendigkeit dieser mühsamen Entwicklung liegt vermutlich weniger in der Abwendung von Schleiermacher und Entdeckung Hegels, wie Eschweiler meinte, sondern in Möhlers Fruchtbarmachung der zeitgenössischen Theologie: vgl. ST. LÖSCH, *Der Geist der Ecclesia und das Werden ihrer sichtbaren Form. Der Weg von ›Einheit‹ zu ›Athanasius‹*, in: Die eine Kirche, 241–257, bes. 256–257; DERS., *Zur Deutung der theologischen Hauptwerke Möhlers*: ThRev 30 (1931) 1–6, bes. 4–5; auch J. KÖHLER, *War Johann Adam Möhler (1796–1838) ein Plagiator? Beobachtungen zu der Arbeitstechnik und zu den literarischen Abhängigkeiten in der katholischen »Tübinger historischen Schule« des 19. Jahrhunderts*: ZKG 86 (1975) 186–207.

885 Vgl. S I 417.

Prinzip, von dem aus Möhler ... die Lehre von der Kirche aufbaut«[886]. Im Vorwort zur ersten Auflage der Symbolik gibt er selbst das Motiv dieser Entwicklung an: »Waren seit mehreren Dezennien die Katholiken aufgefordert, einzig das Göttliche im Christentum zu verteidigen, so handelt es sich nun nicht mehr darum, sondern um eine Festhaltung des Menschlichen in demselben.«[887] Wenn Möhler nicht mehr den Hl. Geist, sondern Christus selbst in den Mittelpunkt der Kirche stellt, so ist damit der sichtbaren Kirche eine objektivere Grundlage verliehen als in der Einheit[888]. Die Kirche wird geradezu das Abbild Christi in der Geschichte: »Die Kirche ist, von einer Seite betrachtet, auf eine abbildlich-lebendige Weise der durch alle Zeiten erscheinende und wirkende Christus, dessen versöhnende und erlösende Tätigkeiten sie daher ewig wiederholt und ununterbrochen fortsetzt.«[889] Es ist gerade das göttliche Element *im* Menschlichen, das die Kirche von anderen Institutionen auf die gleiche Weise unterscheidet, wie Christus sich von bloßen Menschen unterscheidet[890]. Die Kirche, zu der auch die Seligen und die Engel gehören, steht in solcher Vereinigung mit Christus, der ihr Haupt ist[891] , daß beide »unzertrennlich« sind: »Christus in ihr und sie in Ihm«[892]. Trotz dieser auch bei Möhler feststellbaren Annäherung von Christologie, Soteriologie und Ekklesiologie gibt es keine völlige Identifikation Christi mit seiner Kirche, die immer nur sein »Abbild« bleibt[893]. Das zwischen Aufklärung und Romantik gefundene Gleichgewicht des Möhlerschen ›Inkarnationismus‹ ist jedoch so subtil, daß diese letzte Distanz, die Möhlers Kirchenbild in der Symbolik vor einem zwischen Anthropozentrismus und Theozentrismus hin und her schwankenden ›gottmenschlichen Mystizismus‹ bewahrt[894], leicht übersehen werden kann.

---

[886] J.R. GEISELMANN, *Der Einfluß*, 405.

[887] J.A. MÖHLER, *Symbolik oder Darstellung der dogmatischen Gegensätze der Katholiken und Protestanten nach ihren öffentlichen Bekenntnissen*, München 1832, XI.

[888] Vgl. P. CHAILLOT, *Das mystische Prinzip*, 210–211; J.R. GEISELMANN, *Les variations de la definition de l'Eglise chez Joh. Adam Möhler particulièrement en ce qui concerne les relations entre l'Episcopat et le Primat*: RevSR 34 (1960) 141–195, bes. 164.

[889] S I 353–354.

[890] S I 418.

[891] Vgl. S I 509: »Alle nun, die mit der Weihe der Liebe geschieden sind, und auch jene höheren geschaffenen Geist-Wesen, die nie in zeitlichen und räumlichen Verhältnissen mit uns gelebt haben, wohl aber unter demselben Haupte Jesus Christus, gleich uns stehen und in demselben Heiligen Geist geheiligt sind, bilden *eine* Kirche, einen großen enggeschlossenen Bund mit uns.«

[892] S I 392.

[893] J.R. GEISELMANN, in: S II 632 Anm. 1.

[894] Eine anläßlich der Anthropologie des Tübingers getroffene Feststellung kann *mutatis mutandis* auf den Inkarnationismus seiner Ekklesiologie angewandt werden: vgl. J.R. GEISELMANN, *Die theologische Anthropologie*, 263: »Der pelagianische Anthropozentrismus

b) Die Kirche als organische Gemeinschaft

Ein durchgehendes Anliegen der gesamten ekklesiologischen Entwicklung Möhlers läßt sich ohne Zweifel mit dem Begriff »Gemeinschaft« zusammenfassen. Dieses Gemeinschaftsdenken, daß sich vor allem in der ›Einheit‹ niederschlägt, zeigt kräftige Spuren romantisch-organologischer Ideen[895]. Schon A. GÜNTHER bemerkte den Zug zum Naturalismus, den das biologische Denken der Romantik in Möhlers Kirchenbegriff hineinbrachte[896]. Zusammen mit der Einschätzung der Gemeinschaft als »organisches Ganzes«[897] ist die Kategorie des Lebens für die Erfassung der Möhlerschen Gemeinschaftsvorstellung grundlegend. Auch bei der Definition wahrer Gemeinschaft als »lebendiger« Gemeinschaft ist »romantischer« Einfluß mitbestimmend[898]. »Leben aus dem einen Geist« könnte als Grundmotiv der Gemeinschaftsekklesiologie in der ›Einheit‹ formuliert werden[899], sollte doch nach Möhler der »alle Gläubigen nun durchdringende und belebende Geist« »diese zu einem großen Gesamtleben verbinden, eine geistige Gemeinschaft erzeugen, eine Einheit aller hervorbringen.«[900] Die organologische Lehre Schellings[901] läßt Möhler das Leben als Durchdringung von Gegensätzen begreifen, die eine lebendige Dynamik bewirken[902]. Diesen Gedanken überträgt er auf die Kirche: Weil »das göttliche, den Gläubigen mitgeteilte Lebensprinzip bloß mitgeteilt, nicht ursprünglich ist, so bedürfen sie immer des Gegensatzes, durch welchen die Entwicklung alles Endlichen bedingt ist.«[903] Der Gegensatz zwischen Gott und Mensch wird aber gerade in Gemeinschaft zu einer lebendigen Verbindung. »So schwingt die Theologie Möhlers um die Frage der Gemeinschaft des Menschen mit Gott und damit auch um die von Gott begründete Gemeinschaft der Menschen unter sich, das aber heißt: um die Kirche.«[904] Das erklärt

---

des allein tätigen Menschen und der reformatorische Theozentrismus des allein wirksamen Gottes werden schließlich durch Möhler im katholischen Prinzip des Inkarnationismus, d.h. im Zusammenwirken von freiem Menschen und gnädigem Gott als ihrer Synthese, aufgehoben.«

895 Vgl. K. ESCHWEILER, *Johann Adam Möhlers Kirchenbegriff*, 31–47, bes. 40–42; J.R. GEISELMANN, *Einheit und Liebe*, 160–179; DERS., *Einführung*, in: E [32].

896 Vgl. A. GÜNTHER, *Vorschule zur spekulativen THeologie des Christentums*, Wien 1929, 335: zit. nach J.R. GEISELMANN, *Les variations*, 158.

897 P.W. SCHEELE, *Einheit und Glaube*, 111.

898 Vgl. H. WAGNER, *Die eine Kirche*, 57–69.

899 Ebd., 56.

900 E 6; der Ausdruck Gesamtleben ist vermutl. von Schleiermacher entlehnt: H. WAGNER, *Die eine Kirche*, 72.

901 Vgl. J.R. GEISELMANN, *Einführung*, in: S I [102]–[126], bes. [114].

902 Vgl. E 152.

903 E 104.

904 J.R. GEISELMANN, *Einheit und Liebe*, 136.

auch, warum der Gemeinschaftsbegriff Möhlers einem Wandel von einer rein geistigen Gemeinschaft zu einer Erlösungsgemeinschaft mit inkarnatorischem Charakter unterliegt[905]. Hatte der Tübinger erst das rein göttliche Element des Geistwirkens in der Kirche betont, so fand er ja später immer mehr zu einer neuen Bewertung des Menschlichen, das in der Kirche durch Christus mit Gott versöhnt wurde. Der annähernde ekklesiologische Monophysitismus seines Anfangs[906] mit einer Kirche fast reiner Geistgemeinschaft wurde allmählich von ihm weiterentwickelt zu dem Begriff einer »hierarchischen Christusgemeinschaft der Gläubigen im Heiligen Geist«[907]. Nun ist ihm klar, daß es nur der Verbindung mit Christus zuzuschreiben ist, wenn im organischen Gemeinschaftsleben der Kirche alle auch untereinander verbunden sind, sich gegenseitig beeinflussen und zur Vollendung bringen[908]: »Die Verbindung mit Christus ist hiernach stets auch zugleich die Verbindung mit seiner Gemeinde, die Einigung mit ihm und die Vereinigung mit seiner Kirche.«[909] Christus hat die natürliche Anlage der Menschen ausgenutzt und eine Gemeinschaft gestiftet, deren Leben und Mitte er selber ist und die darum nicht geistig-unsichtbar, sondern körperlich-sichtbar ist:

»... wie in der Menschheit alles Große *nur* in der Gemeinschaft gedeiht, so ordnete Christus auch eine solche an, und sein göttliches Wort, sein lebendiger Wille und die von ihm aus sich ergießende Liebe übten eine innerlich vereinigende Kraft auf die Seinigen aus, so daß seiner äußeren Anordnung ein in das Herz der Gläubigen von ihm gelegter Trieb entsprach, somit eine lebendig verkettete, in die Augen fallende Verbindung derselben unter sich entstand und gesagt werden konnte, da und da sind sie, da ist seine Kirche, seine Anstalt, in der er fortlebt, sein Geist fortwirkt, und das von ihm gesprochene Wort ewig forttönt.«[910]

---

905 DERS., *Die theologische Anthropologie*, 407–418, bes. 412.

906 DERS., *Der Einfluß*, 384.

907 P.W. SCHEELE, *Einheit und Glaube*, 91.

908 Vgl. A. MOONS, *Die Heiligkeit der Kirche nach J.A. Möhler* (Universitas Catholica Lovaniensis. Sylloge Excerptorum e dissertationibus ad gradum doctoris in Sacra Theologia vel in Iure canonico consequendum conscriptis Tom. XXIX, Fasc. I), Louvain 1955, 182–183.

909 S I 392.

910 S I 388–389.

c) Der fortlebende Christus

Das Erlösungswerk Christi geht also in der Kirche weiter[911]. Christus lebt in ihr und belebt sie dadurch[912]. Für die Eucharistie gilt das ganz besonders[913]. Aber auch in allen anderen Lebensäußerungen der Kirche soll »der ganze historische Christus« »sein unvergängliches Dasein feiern«[914]. Die Krönung dieser Lehre schließlich bildet Möhlers berühmtes Wort: »So ist denn die sichtbare Kirche… der unter den Menschen in menschlicher Form fortwährend erscheinende, stets sich erneuernde, ewig sich verjüngende Sohn Gottes, die dauernde Fleischwerdung desselben, so wie denn auch die Gläubigen in der Heiligen Schrift der Leib Christi genannt werden.«[915]

Ein mögliches Fundament solcher Äußerungen könnte in der »romantischen« Idee vom Makroanthropos zu suchen sein[916]. Doch ist es sicherlich auch die Stimme der bereits bei Augustinus und Thomas in Gestalt der ›una persona mystica‹ festgestellten theologischen Tradition, die es Möhler ermöglicht, in »Christus als Individuum« zugleich den Repräsentanten der erlösten Menschheit zu sehen, »ein Vorzug, der lediglich ihm eigen ist, nach ihm aber nur der Gesamtkirche, und zwar übertragen von ihm«[917]. Deswegen ist die Kirche »der Leib des Herrn«, »in ihrer Gesamtheit seine sichtbare Gestalt, seine bleibende, ewig sich verjüngende Menschheit«. Da Christus seine Beziehung zur erlösten Menschheit auf die Kirche hat übergehen lassen, ist sie jetzt in der Lage, an der Menschheit zu tun, was er an ihr getan. Wie in Christus, so sind auch in der Kirche zur Fortsetzung des Erlösungswerkes alle zusammengefaßt, denn nur »im Ganzen ruht er ganz, dem Ganzen sind alle Verheißungen, alle seine Gaben hinterlassen, keinem Individuum für sich allein«[918]. Demnach betrachtet Möhler die »dogmatischen und moralischen Entwicklungen« in der Kirche als »förmliche Universal-Tätigkeiten«, die als »Aussprüche Christi selbst zu verehren« sind[919].

---

911 Vgl. J.R. GEISELMANN, *Les variations,* 161–162; A. ANTON, *El Misterio de la Iglesia II,* 246–249.

912 S I 354: »Der Erlöser lebt nicht bloß vor achtzehnhundert Jahren, so daß er seitdem verschwunden wäre, und wir uns nur noch geschichtlich seiner erinnern könnten, wie irgendeines verstorbenen Menschen. Vielmehr ist er ewig lebendig in seiner Kirche und macht dies auf eine sinnliche, den sinnlichen Menschen begreifliche Weise im Altarssakrament anschaulich.«

913 Vgl. S I 355–357.

914 S I 355.

915 S I 389.

916 Vgl. H. UNTERBERGER, *Geist Christi,* 48.

917 S I 27.

918 S I 414.

919 S I 418.

Wenn wir hier auch wiederum keiner einfachen Identifikation Christi mit der Kirche begegnen, wird doch die soteriologische Funktion Christi analog auf die Kirche übertragen. Gerade weil es dabei gleichzeitig um eine christologische Aussage »über das Fortwirken Christi im Raum der Kirche«[920] geht, scheint es sich weniger um ein dialektisches Verhältnis zwischen Christus und der Kirche zu handeln[921], als um eine konsequente Analogie aus Bedeutung des Seins und Wirkens Christi für die Kirche. Wenn Möhler etwas über die Funktion Christi in der Kirche sagt, macht er damit auch eine Aussage über die Kirche, weil es eben ihre Wesensfunktion ist, das Erlösungswerk durch die Repräsentation der gott-menschlichen Person Christi fortzuführen[922]. Die Möglichkeit des *Austausches* der Eigenschaften zwischen Christus und der Kirche zeigt einerseits, daß sie nicht unterschiedlos ineinander aufgehen bzw. identisch sind, anderseits wird dadurch offensichtlich, das wir nach Möhler vom gottmenschlichen Wesen und Wirken Christi unmittelbar auf das analoge gottmenschliche Wesen und Wirken der Kirche schließen können[923].

---

920 W. KASPER, *Die Lehre von der Tradition in der römischen Schule,* Freiburg 1962, 141.

921 Vgl. die Auseinandersetzung in H. BRUNNER, *Der organologische Kirchenbegriff,* 111–113, mit W. KASPER, *Die Lehre von der Tradition,* 139–142.

922 Vgl. H. GEISSER, *Glaubenseinheit,* 185–186: »Indem die Kirche solchergestalt (d.h. abbildlich-nachbildend-stellvertretend) die Heilswirklichkeit, die Heilswirksamkeit und die Heilswirkungen der Inkarnation bzw. des Golgothaopfers (nicht ersetzend wiederholt oder neu bewirkt, sondern) fortwährend und fortwirkend aufs neue als Ganzes — und insofern ergänzend — darstellend vergegenwärtigt, erfüllt sie als ›moralische Person‹ die ihr von Christus, d.h. von Gott selbst aufgetragene Funktion: Sie soll ›Christus in der Menschheit ausprägen‹ [§ 42,439] und — wie Christus selbst — ›zugleich die erlöste Menschheit‹ vor Gott ›repräsentieren‹. Indem sie diesen göttlichen Auftrag auf menschliche Weise und mit menschlichen Mitteln erfüllt, ist sie selbst die Einheit des Göttlichen und Menschlichen in dem durch Christi Weggang aus der Sichtbarkeit nicht beendeten *Werk* der Erlösung und *repräsentiert* als Christus totus die unwiederholbare hypostatische Einigung des Göttlichen und Menschlichen in Christus. Sie repräsentiert insofern die gottmenschliche *Person* des Erlösers selbst [§ 36,389].«

923 Ebd., 186–187: »Hier ist also nicht schlechtweg von einer naturhaft vitalen Identifikation Christi und der Kirche die Rede, so wenig wie in Christus selbst göttliche und menschliche Natur vermengt sind, vielmehr von einer Repräsentation unter dem ›eben entwickelten Gesichtspunkte‹, nach der Regel der communicatio idiomatum, per analogiam [§ 34, 353f.]. Die Identität innerhalb der analogischen Differenz besteht, in dem durch Christus menschlich vollzogenen, für die Kirche und in der Kirche menschlich vollziehbar gemachten, die göttlich-gnadenhaft gewirkte Erlösung menschlich-verdienstlich mitbewirkenden Tun.«

d) Verschiedenheit Christi und der Kirche

Die Beziehung zwischen Christus und der Kirche läßt sich bei Möhler weder mit der Lehre vom ›Leib Christi‹ gleichsetzen[924], noch mit dem Schlagwort von der ›Fortsetzung der Inkarnation‹ ausschöpfen[925]. So wie Möhler von Anfang an wenigstens ansatzhaft eine christologische Komponente in seiner pneumatozentrischen Ekklesiologie gehabt hat[926], hat er im christozentrisch-anthropologischen Kirchenbild der Symbolik die Pneumatologie nicht einfach ausfallen lassen[927]. Wenn auch eine deutliche Akzentverschiebung von der unsichtbaren Geistgemeinschaft zur sichtbaren Christusgemeinschaft in Möhlers Kirchenverständnis festzustellen ist, bleibt doch eine völlige Ineinssetzung der Kirche mit einer der göttlichen Personen oder deren Wirken aus. Die beim frühen Möhler offensichtliche Distanz der Kirche zu Christus als ihrem »erzeugenden Prinzip« wird geringer, ohne jedoch jemals ganz zu verschwinden. Immer bleibt die Kirche Christi »Abbild«, seine »Repräsentation«, »seine sichtbare Gestalt«, »der *in menschlicher Form* erscheinende Sohn Gottes«, so daß die Kirche immer ein von Christus verschiedenes, in ihm durch ihn für ihn wirkendes Gegenüber bleibt. In Anlehnung an die analog auf die Ekklesiologie anzuwendende Lehre vom ›instrumentum coniunctum‹, die auch bei Möhler nachwirkt[928], könnte man sagen, daß er das ›coniunctum‹ stark unterstreicht, ohne einen Moment das ›instrumentum‹ zu vergessen. Dieses Instrument bedarf aber der ständigen Belebung durch Christus im Geist. Nur weil der Hl. Geist — auch in der ›Symbolik‹ — in der Kirche gegenwärtig ist[929] und nach wie vor die Aufgabe der Einigung und Heiligung der Einzelnen bewirkt[930], kann die Kirche wirklich ihre Aufgabe als instrumentale Christusgemeinschaft erfüllen. Somit ist ihr Leben nicht mit dem Leben Christi identisch, sondern ist dessen Fortsetzung mit anderen Mitteln. Sie ist eben nicht Christus, sondern eher seine andauernde Fleischwerdung (des Gottmenschen, nicht etwa des Logos!). Vermengt man aber die verschiedenen ekklesiologischen Entwicklungsstufen Möhlers miteinander oder achtet nicht auf die Nuancen seiner Formulierungen, so ist es möglich, seine Auffassung von der Bezie-

---

924 Vgl. A. MOONS, *Die Heiligkeit,* 186.

925 Vgl. H. MÜHLEN, *Una mystica persona,* 176.

926 Vgl. P.W. SCHEELE, *Einheit und Glauben,* 49–50; H. GEISSER, *Glaubenseinheit,* 53; H. WAGNER, *Die eine Kirche,* 92.

927 Vgl. H. MÜHLEN, *Una mystica persona,* 286; P.W. SCHEELE, *Einheit und Glaube,* 95–97.

928 Vgl. H. GEISSER, *Glaubenseinheit,* 187 Anm. 108.

929 Vgl. A. MOONS, *Die Heiligkeit,* 179.

930 S I 509.

hung Christi zur Kirche im Sinne eines pneumatischen Christusseins der Kirche oder einer einfachen Identifikation mißzuverstehen. Eine solche Interpretation würde dem Denken des Tübingers in keiner Weise gerecht. Größtmögliche Einheit im Wirken bei letzter Verschiedenheit im Sein heißt vielmehr das empfindliche Gleichgewicht, das Möhler — auch selbst darin nicht immer glücklich — am Ende seiner ekklesiologischen Entwicklung zwischen Christus und der Kirche herzustellen versucht hat.

e) Möhlerrezeption zwischen 1918 und 1943

KARL ADAM charakterisierte die Schule, zu der Johann Adam Möhler gehörte, u. a. folgendermaßen[931]:

> »Die Tübinger Schule ist platonisch-augustinisch nicht nur in ihrem Gottes- und Gnadenbegriff, sondern auch und zumal für sie Geschichte und erst recht heilige Geschichte nicht zufälliges Geschehen, auch nicht bloß persönlich menschliche Tat, sondern Werk Gottes ist, der Durchbruch ewiger göttlicher Ideen, die raumzeitliche, im Nacheinander des empirischen Geschehens sich vollziehende Entfaltung höchster, letzter Gedanken der ewigen Weisheit.«

Abgesehen von dem Problem, ob eine solche Generalisierung wirklich zutreffend sein kann, scheint hier eine Tendenz auch der damals sehr bedeutenden Möhlerrezeption[932] bereits angelegt, nämlich der — bewußte oder unbewußte — Versuch, den Tübinger in die Nähe augustinisch-phänomenologischer »Wesensideen« zu bringen und damit einer bestimmten Zeitströmung einzuordnen. Geht die Behauptung E. PRZYWARAS, das »›organologische Prinzip‹ Möhlers« seie »die Traditionsform der Schelerschen ›Liebe‹ als ›Solidarität‹«[933] auch zu weit, so darf doch ein innerer Zusammenhang der Möhler-Renaissance mit dem Kirchenbild MAX SCHELERS vor allem über den Begriff der Gemeinschaft festgestellt werden. Es scheint in der Tat nicht unwahrscheinlich, daß Möhler hier und dort im Lichte der Schelerschen Phänomenologie gelesen wurde[934], so daß man überall da, wo in unserer Epoche von kirchlicher Gemeinschaft im Sinne ›organischer Gemeinschaft‹, ›Geistgemeinschaft‹ oder ›Liebes- bzw. Lebensgemeinschaft‹ die Rede ist, nicht zu Unrecht eine Kombination des Einflusses beider vermuten könnte. Konsequent dazu war es möglich, die Absicht Möhlers als Herausarbeitung einer »Phänomenologie der Kirche«

---

931 K. ADAM, *Die katholische Tübinger Schule*, 393.
932 Vgl. ST. JAKI, *Les tendances nouvelles*, 21–35, auch zur Rezeption der »Romantik«.
933 E. PRZYWARA, *Corpus Christi mysticum — eine Bilanz*, 129.
934 U. VALESKE, *Votum*, 196.

zu beschreiben[935]. Ob es sich allerdings dabei um den Möhler der ›Einheit‹ oder der ›Symbolik‹ handelt, ist nicht so leicht auszumachen, wie E. PRZYWARA und U. VALESKE meinen, die von Möhlers Werken damals »ausschließlich« die Einheit berücksichtigt glauben[936]. Gerade der von Valeske als Zeuge für eine solche Beschränkung angeführte R. GROSCHE weist im Gegenteil auf die notwendige Ergänzung der ›Einheit‹ durch die ›Symbolik‹ hin[937]:

> »... es darf nicht vergessen werden, daß der Heilige Geist das Pneuma Christi ist. Der Sohn ist es, der den Heiligen Geist sendet. In dem entschiedenen Rückgriff auf die Menschwerdung des Sohnes Gottes, d.h. auf den historischen Christus liegt darum der Fortschritt der heutigen Ekklesiologie gegenüber der idealistischen Konzeption des frühen Möhler ...«

Doch ist Grosche mit seiner realistischen Sicht der Sichtbarkeit der Kirche und der Ablehnung jeder Spannung zwischen Rechts- und Liebeskirche im Sinne des frühen Möhler[938] nicht unbedingt repräsentativ für die zeitgenössische Möhlerrezeption. Bei Autoren, die eher die geistig-unsichtbare »Seite« der Kirche unterstreichen, finden wir nämlich wirklich eher eine Konzentration auf den Möhler der Einheit. So beruft sich z. B. J. VETTER für die Begründung der Behauptung, »das eigentliche Corpus Christi« seie bei Augustinus die »unsichtbare Kirche«, weil niemand wisse, wer dazugehöre, auf die ›Einheit‹[939]. In A. STOLZ' Traktat »De Ecclesia«, wo die Kirche etwa als »societas quodammodo caelestis« oder als »societas, cuius sodales virtutibus extraordinariis, gratiis, sunt praediti« beschrieben wird[940], taucht im Literaturverzeichnis zwar die ›Einheit‹, nicht aber die ›Symbolik‹ auf. Andere Autoren dagegen zitieren im Sinne einer soteriologischen Christozentrik hauptsächlich oder sogar ausschließlich die ›Symbolik‹[941], wobei Möhlers entscheidender Beitrag zur Ekklesiologie in der Sicht der Bezie-

---

935 B. HAUẞLER, *Johann Adam Möhler — Theologe der Kirche*: HL 35/II (1938) 17–26, hier 21.

936 E. PRZYWARA, *Corpus Christi mysticum — eine Bilanz*, 129; U. VALESKE, *Votum*, 196.

937 R. GROSCHE, *Pilgernde Kirche*, 33.

938 Ebd., 34.

939 J. VETTER, *Der heilige Augustinus*, 126–127, bes. Anm. 40.

940 A. STOLZ, *De Ecclesia*, 12–13.

941 Vgl. z.B. K. ADAM, *Das Wesen des Christentums*, 25, 65, 283, 288; K. PFLEGER, *Die christozentrische Sehnsucht*, 394 Anm. 19; W. BECKER, *Firmung und Sendung*, in: Ich lebe und ihr lebet, 45; C. FECKES, *Das Mysterium der Kirche*, 105, 107–108, 139–140, 211; auch J. H. WALZ, *Die Sichtbarkeit der Kirche*, XVII.

hung Christi zur Kirche von der Inkarnation aus entdeckt wurde[942]. Für diese Art der Möhler-Auswertung kann etwa die Methode von C. FECKES stehen, der die Einheit nur zitiert, wenn es um mystische Christusgemeinschaft oder um das Problem der Liebeskirche geht[943], sonst aber bei der ›Symbolik‹ bleibt. Die ›Symbolik‹ wurde oft nur rein christologisch interpretiert[944], was weder mit der von J. GEISELMANN schon 1931 hervorgehobenen anthropologischen Orientierung des späten Möhler noch mit der von uns bereits bemerkten Durchdringung christologischer und pneumatologischer Elemente (in verschiedener Gewichtung) innerhalb der gesamten Ekklesiologie des Tübingers übereinstimmt. Diese Verabsolutierung der christologischen Komponente hat sicher nicht zum wirklichen Verständnis Möhlers beigetragen.

Der in den verschiedenen Stadien des Möhlerschen Kirchenbegriffs nicht ganz überwundene Dualismus zwischen Christologie und Pneumatologie wurde so, statt aufgearbeitet zu werden, eher verschärft, so daß der Einfluß Möhlers auf die Ekklesiologie, der auch durch seinen Wirkung auf die religöse Bewegung der Zeit sicher nicht gering war, eher zu einer Betonung der Gegensätze zwischen »Organisation« und »Gemeinschaft«, zwischen »sichtbarer Anstalt« und »unsichtbarem corpus Christi« führen konnte. Wie wir gesehen haben, wird Möhler natürlich immer noch zu Recht als der Theologe der Gemeinschaft angesehen[945], doch hat die entweder pneumatologische oder christologisch-soteriologische Auslegung seiner Ekklesiologie oft genug die für Möhler so zentrale Bedeutung des menschlichen Elementes in der kirchlichen Gemeinschaft unterschätzt, und damit zu einer Verstärkung einer einseitig mystisch-innerlich-gnadenhaften Sicht des ›corpus Christi‹ und einer einfachen Identifikation Christi mit der Kirche beigetragen.

---

942 Vgl. B. HAUSSLER, *Johann Adam Möhler,* 20: »Aus der Inkarnation ist Möhlers Idee der Kirche gewachsen, seine größte theologische Leistung, in der auch seine providentielle Bedeutung für die gegenwärtige Stunde erblickt werden muß.«

943 Vgl. C. FECKES, *Das Mysterium der Kirche,* 124, 215–217.

944 Vgl. z. B. P. CHAILLOT, *Das mystische Prinzip der Einheit,* bes. 232.

945 Vgl. P. W. SCHEELE, *Johann Adam Möhler* (Wegbereiter heutiger Theologie), Graz–Wien–Köln 1969, 31–45.

D. Christus-Kirche bei Scheeben

a) Die Kirche und die Menschheit Christi

Der Rolle der Menschheit Christi hat Scheeben in seiner ›Dogmatik‹ einen eigenen Paragraphen zugedacht, dem er bezeichnenderweise folgenden Titel gibt: »Die spezifische Macht der Menschheit Christi, übernatürliche Wirkungen zu bewirken und zu erzeugen, oder die dynamische (resp. physische), näherhin organisch-dynamische Macht derselben als eines physischen Organs der Gottheit. Vollständigere Bestimmung der *vis vivifica carnis Christi* und der *gratia mediatoris et capitis*.«[946] So wird schon aus der Überschrift klar, daß er die Lehre von der Menschheit Christi auch zur Erklärung der ›gratia capitis‹ verwendet, die er schon in den ›Mysterien des Christentums‹[947] und dann auch im ›Handbuch der Dogmatik‹[948] ekklesiologisch interpretiert hatte. Für ihn hat demnach auch die Wirkweise der Menschheit Christi in der Begnadung durch die ›gratia capitis‹ ohne weiteres ekklesiologisches Gewicht:

> »Wie er [Christus] als Gott vor allem ist und alles in ihm besteht, indem er, als das ›Verbum Virtutis Dei‹ alles trägt, und wie er deshalb nach dem Apostel in seiner Menschheit das Haupt des Leibes der Kirche ist: So muß die auf ihn in seiner Menschheit gebaute Kirche auch alles umfassen, was durch seine göttliche Kraft getragen wird, damit man auch seiner Menschheit nach sagen könne, alles bestehe und ruhe in ihm …«[949]

Deswegen kann Scheeben in der ›Dogmatik‹ nicht nur die Verbindung zwischen dieser besonderen Wirkweise Christi und »ihm eigentümlichen göttlichen Macht der Jurisdiktion und der Lehre«[950] feststellen, sondern auch gleich darauf von »dem dem *Haupte* eigentümlichen organisch-dynamischen Einflusse *auf die mit ihm organisch verbundenen Glieder*«[951] sprechen. Unter den Gliedern versteht er allerdings die ganze Menschheit, obwohl er noch in den ›Mysterien‹ gesagt hatte, daß die Verbindung der Menschen mit Christus erst in der Taufe »eine *organische,* eine an den Menschen innerlich und äußerlich hervortretende« werde[952]. Trotz dieses noch

[946] DOG V/2,78: 78–107.

[947] MC 443.

[948] Vgl. DOG V/1, 406–426, bes. 409–410, wo er sehr typisch fast übergangslos von Christus als Haupt der Menschheit und der Kirche spricht.

[949] MC 332.

[950] DOG V/2, 105.

[951] Ebd., 105.

[952] MC 311; auch ebd.: »Man könnte uns nämlich einwerfen: nicht das Menschengeschlecht als solches, sondern die durch den Glauben oder die Taufe mit Christus in besondere Verbin-

näher zu untersuchenden Oszillierens des Scheebenschen Kirchenbegriffs ist seine Bewertung der Menschheit Christi für die Beziehung zwischen Christus und der Kirche entscheidend.

Schon in seinem Frühwerk ›Natur und Gnade‹ spricht er im Zusammenhang mit der hypostatischen Union von der Menschheit Christi als dem Ort, wo »die Fülle der Gottheit niedergelegt war, um von dort aus durch Partizipation allen anderen mitgeteilt zu werden.«[953] Ihretwegen gehören alle Menschen Christus an, um durch ihn zur Gottheit zur gelangen. Auch in den ›Herrlichkeiten der göttlichen Gnade‹ dient ihm die Menschheit Christi zur Unterstreichung der Verbindung des Gottmenschen mit dem Menschengeschlecht[954]. Diese soteriologische Deutung des Wirkens der Menschennatur des Gottessohnes wird in den »Mysterien fortgesetzt und erstmals genauer erklärt[955]. Sich der Parallele Adam-Christus bedienend, die seine gesamte Christologie wie ein roter Faden durchzieht[956], präzisiert er die Art der Gnadenvermittlung durch Christus: »Damit Christus wahrhaft der neue, himmlische Adam sei, müssen wir unsere himmlische Gnadennatur nicht bloß *wegen* seiner, durch seine Verdienste, sondern *von* ihm und *aus* ihm als aus der Quelle derselben erhalten.«[957] Zur Analyse dieser Wirkung bedient er sich hier noch der traditionellen Lehre vom ›instrumentum coniunctum‹[958],

---

dung getretenen Glieder desselben, die Mitglieder der Kirche, bilden den Leib, dessen Haupt Christus ist. Wer möchte leugnen, daß die Menschen im engeren Sinne erst durch den Glauben und durch die Taufe Glieder des Gottmenschen werden?«

953 NG 195: »Sie [die hypostatische Union] ist *Prinzip,* weil durch sie die Gottheit der ganzen Menschheit in untrennbarer Verbindung nahegebracht wurde, und in dem einen Individuum der menschlichen Natur die Fülle der Gottheit niedergelegt war, um von da aus durch Partizipation allen anderen mitgeteilt zu werden. Sie ist das *Ziel,* weil der wahre Gottmensch auch das Haupt und der König aller durch ihn der göttlichen Natur teilhaft gemachten Menschen sein muß, und diese ihm eben zur größeren Verherrlichung seiner Größe zugesellt werden.«

954 Vgl. HG 47: »Die göttliche Würde, welche die Menschheit Christi durch die persönliche Vereinigung mit dem ewigen Wort erhalten, strahlt auf alle Glieder des menschlichen Geschlechtes zurück.«

955 MC 376–384.

956 Vgl. P. LENGSFELD, *Adam und Christus. Die Adam-Christus-Typologie im Neuen Testament und ihre dogmatische Verwendung bei M.J. Scheeben und K.Barth* (Koinonia 9), Essen 1965, 157: »Darum verstand er das typologische Verhältnis primär als Steigerung vom weniger vollkommmenen, aber ›geraden‹ Vorbild [Adam] zum vollkommenen, alles überhöhenden Erfüllungsbild Christus.«

957 MC 377.

958 Vgl. MC 274: »Nicht nur empfindet diese Menschheit in sich selbst die Wirkungen der in ihr wohnenden Würde und Kraft der göttlichen Person: durch die hypostatische Union mit derselben wird sie auch berufen, an ihrer *göttlichen Kraft und Wirksamkeit* teilzunehmen; sie wird in ihren eigenen Tätigkeiten das ›instrumentum coniunctum‹ dieser göttlichen Person, diese Tätigkeiten selbst erhalten dadurch eine unendliche Würde und Kraft, mit einem Wort, einen

während er dann in der ›Dogmatik‹, unter stärkerer »Einbeziehung der griechisch-patristischen Theologie, die sich in einer fortschreitenden Hinterfragung aristotelischer Kategorien niederschlägt«[959], die darüber hinaus gehende »organisch-dynamische Wirksamkeit«[960] der Menschennatur des Erlösers als »mystische Macht des mystischen Organs der Gottheit« bzw. als »mystisch-organische Macht«[961] entwickelt. Um ihr Zustandekommen zu erklären, beruft er sich auf die hypostatische Union, kraft derer die Menschheit Christi eine übernatürliche und sie ganz durchdringende »Salbung« von seiner Gottheit erhalten habe. Diese »Salbung« der Menschheit durch die Gottheit, die einen Zentralpunkt in seiner stark von den griechischen Vätern beinflußten Sicht der hypostatischen Union bildet[962], verleiht der menschlichen Natur des Gottessohnes eben die erwähnte besondere Wirkkraft:

> »Wie daher die [griechischen] Väter mit Rücksicht auf den ›physischen Charakter‹ der hypostatischen Union die Menschheit Christi ein *physisches Organ* der Gottheit nennen, so reden sie auch von einer *physischen Zueignung der physischen Kraft* der Gottheit an dieses Organ, wodurch in letzterem eine ›physische Teilnahme‹ an der Energie der Gottheit, also offenbar eine *physische,* näher eine *physisch-organische Macht und Wirksamkeit* begründet werde.«[963]

Das Gesamt dieser Doktrin, der gegenüber Scheeben die Ansicht THOMAS VON AQUINS vom ›instrumentum coniunctum‹, auf die er sich beruft[964], doch als »matter«[965] beurteilt, beruht letztlich auf seinem ebenfalls von den griechischen Vätern übernommenen Verständnis der hypostatischen Union als gegenseitiger Durchdringung (perichoresis) einer höheren

---

unendlichen ›valor‹.«; vgl. R.M. SCHMITZ, *Christus Comprehensor. Die »visio beatifica Christi viatoris« bei M.J. Scheeben*: DoC 26 (1983) 347–359, bes. 350.

959 E. PAUL, *Denkweg und Denkform der Theologie von Matthias Joseph Scheeben* (MThSt 40), München 1970, 136.

960 DOG V/2 78 u. 103.

961 DOG V/2 99.

962 Vgl. MC 275; DOG V/1 272: »Insbesondere aber kommt hier die Inexistenz der Gottheit des Logos in seiner Menschheit insofern in Betracht, als jene vermöge ihrer wesenhaften Einwohnung die letztere *mit ihrer Substanz und und ihrer Kraft innerlich schmückt* und *bereichert,* indem sie dieselbe wie eine Salbe *durchtränkt* und wie ein Feuer *durchglüht.*«; vgl. auch E. PAUL, *Denkweg,* 128–136; R.M. SCHMITZ, *Christus Comprehensor,* 348–353; DERS., *Il Sacro Cuore centro dell'opera salvifica della SS. Trinità secondo la mente di Matthias Joseph Scheeben,* in: AA.VV., M.J. Scheeben teologo cattolico d'ispirazione tomista (Studi tomistici 33), Vatikan 1988, 273–285, bes. 278–283; kritisch zur Gleichstellung von Salbung und Inkarnation H. MÜHLEN, *Der Heilige Geist als Person. Beitrag zur Frage nach der dem Heiligen Geiste eigentümlichen Funktion in der Trinität, bei der Inkarnation und im Gnadenbund* (MBTh 26), Münster 1967[2], 173.

963 DOG V/2 99.

964 DOG V/2 102–103.

965 DOG V/1 193.

und einer niederen Form[966]. Er ist sich bewußt, daß diese Auffassung dem scholastischen Sprachgebrauch »fremd« ist[967], und geht durchaus mit Absicht über den hl. Thomas hinaus[968]. Diese Fortentwicklung zeitigt ihre Konsequenzen ebenfalls in seinen Ausführungen zum Wirken der ›gratia capitis‹ und damit im Verhältnis Christi zur Kirche überhaupt.

b) Leib Christi und Menschengeschlecht

In der besonderen Stellung der Menschheit Christi liegt wohl auch der Grund, warum Scheeben ihre Wirkung bzw. die der ›gratia capitis‹ mit viel größerer Entschiedenheit als der Aquinate auf das ganze Menschengeschlecht ausdehnen kann. Die Parallele Adam-Christus[969] wird zum Angelpunkt dieser Ansicht, die er bereits in den ›Herrlichkeiten‹ sehr klar formuliert: Wie die Menschheit Christi »der wahre Leib des Wortes geworden, so ist auch das ganze wiedergeborene Menschengeschlecht der mystische Leib des menschgewordenen Gottessohnes. Christus ist in Wahrheit ebensosehr und noch mehr wie Adam das Haupt der Menschheit, und wir sind seine Glieder.«[970] Die Schwierigkeit einer solchen Deutung zeigt sich schon wenig später, wo Scheeben ziemlich übergangslos und ohne weitere Begründung von der Notwendigkeit der Taufe zur Eingliederung in den mystischen Leib Christi spricht[971]. Dieselbe scheinbare Heteronomie begegnet uns wieder in den ›Mysterien‹, wo Scheeben über das sakramentale Geheimnis der

---

966 DOG V/1 190: »Sonach ist dann die Information einer Form durch die andere, wenn schon in umgekehrter Weise, eine *wechselseitige* und kann die hypostatische Union als eine *wechselseitige Ineinanderbildung zweier Formen* bezeichnet werden, welche eine *wechselseitige Inexistenz* oder genauer *Insubsistenz* beider einschließt ...«; auch DOG V/1 191–192.

967 DOG V/1 189.

968 Trotzdem sieht er in diesen Erklärungen zur hypostatischen Union (die ihn z.B. über Thomas hinaus auch zur Annahme der *Notwendigkeit* der ›visio beatifica Christi viatoris‹ führen: vgl. R.M. SCHMITZ, *Christus Comprehensor,* 354) nur eine Ausfaltung der thomistischen Lehre von der Einheit des ›esse‹ in Christus: vgl. DOG V/1 202–203; dazu gilt ein Wort aus P. LENGSFELD, *Adam et le Christ* (Théologie 79), Paris 1970, 263: »Il ne fait aucun doute que M.J. Scheeben a lui aussi vécu à l'intérieur de ce même univers de réprésentations; simplement, il a tiré avec plus d'acuité et plus de netteté que d'autres les conséquences de la doctrine traditionelle ...«.

969 Vgl. P. LENGSFELD, *Adam und Christus,* 131–162, der das Adam-Bild Scheebens als unpaulinisch kritisiert.

970 HG 47.

971 HG 49: »Durch die heilige Taufe werden wir dem mystischen Leibe Christi eingegliedert und erhalten zum Zeichen und Pfande dieser Verbindung mit Christus den sakramentalen Charakter. Durch diesen gehören wir Christus an und er uns; durch ihn sind wir wahrhaft Christen, d.h. gleichsam Christus selbst, inwiefern wir als der Leib mit dem Haupt ein Ganzes bilden.«

Kirche handelt[972]. Dort spricht er fast unterschiedslos von der tatsächlichen leiblichen Beziehung Christi zum Menschengeschlecht und zur Kirche:

> »Der Sohn Gottes hat durch seine Menschwerdung das ganze Menschengeschlecht zur Gemeinschaft seines Leibes berufen; was fern war, fern von Gott, fern unter sich, hat er in seiner Person nahegebracht, zu einem Leibe, zu seinem Leibe verbunden. Auf sich und in sich hat er eine große Gemeinschaft und Gesellschaft der Menschen gegründet, der er zugleich Haupt und Fundament sein, in der er fortwährend wirken und regieren, durch die er die Menschen mit sich und seinem himmlischen Vater vereinigen will. Diese Gesellschaft ist die Kirche.«[973]

Diese Ausdehnung des ›corpus Christi‹ rührt nach Scheeben von der Vermittlung der einzigartigen Wirkung der hypostatischen Union auf die ganze Menschheit durch die mit ihr solidarische Menschheit Christi her. Dem Kölner Theologen zufolge ist nämlich »das ganze Geschlecht eine solidarische Masse, welche als Ganzes in der Person des Wortes aufgenommen wird, wenn ein Teil derselben in diese eintritt.«[974] Man könnte das mit O. LUTZ als »eine Art Kollektivinkarnation« bezeichnen[975], wenn nicht Scheeben selbst auf die »analoge Weise« einer solchen Aufnahme hinweisen[976] und die Unversehrtheit der Einzelpersönlichkeiten in diesem von ihm geheimnisvoll genannten Vorgang betonen würde[977]. Trotzdem bewegt er sich mit diesen und anderen Sätzen zumindest in der Nähe einer »Kollektivinkarnationslehre«[978]. Damit entfernt er sich auch hier von Thomas, der ähnliche Vorstellungen, die er mit dem Platonismus in Zusammenhang sieht, entschieden ablehnt[979]. Der Aquinate unterstreicht im Gegenteil, daß sich »die Liebe Gottes zu den Menschen nicht allein in der Annahme der menschlichen Natur, sondern vor allem in der Tatsache zeigt, daß er in die-

---

972 MC 442–504.

973 MC 442–443.

974 MC 305.

975 Vgl. O. LUTZ, *Die Lehre Scheebens vom mystischen Leibe Christi*: ThQ 126 (1946) 86–109, hier 93.

976 MC 305: »*Das ganze menschliche Geschlecht verhält sich somit in analoger Weise zu der Person des Sohnes wie die von ihm in sich aufgenommene Menschheit.*«

977 MC 306: »Das ganze Geschlecht gehört folglich wahrhaft zur Person Christi als deren Leib, nur nicht in einer so innigen Weise, daß dadurch die Selbstständigkeit und Persönlichkeit der übrigen Glieder, wie bei dem Erstlinge, in der Person des Wortes ganz und gar aufginge. Die übrigen Glieder bewahren ihrer persönliche Selbstständigkeit.«

978 Vgl. MC 306: »... das ganze Geschlecht wird ebenfalls der Leib, das Fleisch des Wortes, nicht in einem bloß moralischen Sinn, sondern so wahrhaft und reell, wie die Einheit des Geschlechtes mit der Menschheit Christi und die Einheit dieser Menschheit mit der göttlichen Person eine wahre und reelle ist.«; O. LUTZ, *Die Lehre Scheebens*, 93–103, bes. 102, wo Scheeben doch davon freigesprochen wird, eine Inexistenz Christi in den Gliedern vertreten zu haben.

979 Vgl. STh III,4,4c; III,4,5c.

ser menschlichen Natur für die anderen Menschen gelitten hat«, was bei einer Kollektivinkarnation unmöglich gewesen wäre[980]. Thomas nimmt hier den Vorwurf der Entleerung des Kreuzes, den man Scheeben nicht ganz zu Unrecht gemacht hat[981], gewissermaßen vorweg. Scheeben kann tatsächlich schon auf der bloßen Annahme der Menschheit durch Christus eine »Kirche« aufbauen, die *alles* umfaßt, »was durch seine göttliche Kraft getragen wird«, da er ja »durch die hypostatische Union mit einer geschaffenen Natur die Hypostase der ganzen Schöpfung geworden«, »die ganze Schöpfung … an ihn angeschlossen und in ihn wie in ihre Wurzel eingesenkt« ist[982]. Für einen solchen Inkarnationsoptimismus, der dem biblischen Befund wohl kaum gerecht wird, kann er sich nicht auf Thomas berufen, den er hier wenig zitiert[983]. Eher wäre eine Abhängigkeit von THOMASSIN möglich, den Scheeben gut kannte, und der ebenfalls die Kirche mit dem Menschengeschlecht identifiziert hat[984]. Im folgenden werden wir allerdings sehen, daß es in Scheebens Verständnis von der Beziehung Christi zur Kirche nicht bei einer solchen Identifikation mit gleichzeitiger Ausweitung des Kirchenbegriffs geblieben ist[985].

c) *Christus und die sichtbare Kirche*

Das bis hierhin Dargestellte als mehr oder weniger geschlossenes »System«[986] zu begreifen, würde weder die Unvollendetheit der Ekklesiologie des zu früh verstorbenen Kölner Theologen noch seine ausdrückliche Betonung der sichtbaren Kirche genügend berücksichtigen:

---

980 STh III, 4,5, ad 2: »Ad secundum dicendum quod dilectio Dei ad homines manifestatur non solum in ipsa assumptione humanae naturae, sed praecipue per ea quae passus est in natura humana per aliis hominibus … Quod locum non haberet si in omnibus hominibus naturam humanam assumpsisset.« [Übersetzung von uns].

981 Vgl. O. LUTZ, *Die Lehre Scheebens,* 97; J. STIMPFLE, *Redenzione come compimento dell'ordine soprannaturale. A proposito di un aspetto centrale della soteriologia di M.J. Scheeben,* in: AA.VV., M.J. Scheeben teologo cattolico d'ispirazione tomista (Studi tomistici 33), Vatikan 1988, 21–36, bes. 27–30.

982 MC 333.

983 Vgl. MC 301–335.

984 Vgl. L. DE THOMASSIN D'EYNAC, *Dogmata theologica. De Incarnatione,* 6,8,2; dazu HG 47 Anm. 11 vom Hrsg. R. Grosche; P. NORDHUES, *Der Kirchenbegriff des Louis de Thomassin in seinen dogmatischen Zusammenhängen und in seiner lebensmäßigen Bedeutung,* Leipzig 1958, bes. 37; R. LACHENSCHMID, *Louis de Thomassins Inkarnationslehre. Eine platonische Explikation des Geheimnisses der Menschwerdung. Ein Beitrag zur Dogmengeschichte des 17. Jahrhunderts,* Trier 1968, bes. 98–102.

985 Vgl. J. STIMPFLE, *Redenzione come compimento dell'ordine soprannaturale,* 33–36.

986 O. LUTZ, *Die Lehre Scheebens,* 98.

»Wenn wir sagen, die Kirche sei ein Mysterium, schließen wir damit ihre natürliche Sichtbarkeit aus? Keineswegs; die Kirche ist sichtbar in ihren Gliedern, sichtbar in ihrer äußeren Organisation, sichtbar im Verkehr zwischen den Vorgesetzten und Untergebenen. Sie ist nicht weniger sichtbar als jede andere menschliche Gesellschaft. Ja ich sage noch mehr: sichtbar ist die Kirche nicht bloß nach ihrem faktischen Bestande, sondern nach ihrer göttlichen Berechtigung und Einsetzung.«[987]

Doch Scheeben bleibt nicht bei diesen letztlich äußeren Begründungen für die Sichtbarkeit. Auch hier ist es vielmehr der Einfluß des Hauptes Christus, der das eigentliche Wesen dieser Sichtbarkeit bestimmt, denn »die Kirche ist *sichtbar* ganz in derselben Weise, wie ihr historischer Stifter und ihr Oberhaupt, wie der Gottmensch sichtbar gewesen ist«. So wie der sichtbare Mensch Christus mit Gott »in einer besonderen Beziehung« stand, ist die Kirche sichtbar nicht bloß »als eine von Gott gegründete«, sondern eben auch als eine von ihm »unterhaltene Gesellschaft«[988]. Das innerste Wesen der Kirche bleibt daher, immer in Analogie zum Wesen des Gottmenschen Jesus Christus, unsichtbar, denn es ist *»absolut übernatürlich«*. Aus diesem Grund muß man sich davor hüten, die Kirche als einfache *»religiöse und von Gott gestiftete Gemeinschaft«* nach Art anderer Gesellschaften aufzufassen[989], ist die Kirche doch nicht eine Erziehungsanstalt, sondern »der *Leib des Gottmenschen,* in welchem alle, die in ihn eintreten, zu Gliedern des Gottmenschen werden, um, in ihm und durch ihn aneinandergekettet, an dem göttlichen Leben, der göttlichen Herrlichkeit ihres Hauptes Anteil zu haben.« Damit ist nach Scheeben die Kirche auch *»wahre Braut«* Christi, d.h. *»die realste innigste und realste Gemeinschaft der Menschen mit dem Gottmenschen, wie sie in der Eucharistie ihren realsten und vollendetsten Ausdruck erhält«*[990].

Trotz der vorher versuchten christologischen Begründung auch für die Sichtbarkeit der Kirche, bleibt durch die Betonung ihres eigentlich unsichtbaren Wesens ein gewisser Dualismus bei dieser Gegenüberstellung von sichtbaren und unsichtbaren Elementen in der Beziehung von Christus und Kirche zurück. Es scheint Scheeben jedoch zu gelingen, diese Schwierigkeit unter Einbeziehung der Eucharistie in seinen Kirchenbegriff auszugleichen[991]. Das »mystische Wesen der Kirche, als der Gemeinschaft der Kirche

---

987 MC 443.

988 MC 443.

989 MC 444.

990 MC 445; vgl. B. FRAIGNEAU-JULIEN, *Le Mystère de l'Eucharistie et l'incorporation du Christ selon M.J. Scheeben*: RevSR 31 (1957) 249–274, bes. 274.

991 Vgl. F.J. BODE, *Gemeinschaft mit dem lebendigen Gott. Die Lehre von der Eucharistie bei Matthias Joseph Scheeben* (PThSt 16), Paderborn– München– Wien– Zürich 1986, 316–319, auch 296–299.

mit dem Gottmenschen, gipfelt« ja seiner Ansicht nach in der Eucharistie[992]. Durch die Vermittlung der Eucharistie kommt eine Verbindung mit Christus zustande, die gleichzeitig das bräutliche Gegenüber zu ihm wahren kann[993]. Diese nur in der Kirche bestehende eucharistische Verbindung bringt Scheeben jetzt auch dazu, eine klarere Unterscheidung zwischen dem Menschengeschlecht und der Kirche als ›corpus Christi‹ einzuführen:

»Die Inkarnation an sich wird schon von den heiligen Vätern als eine Vermählung mit dem Menschengeschlecht dargestellt, insofern darin *virtuell* alles enthalten ist, was zur vollen Vereinigung des Sohnes Gottes mit den Menschen führt. Allein das in ihr grundgelegte Einheitsverhältnis kommt erst in der Kirche zur Ausführung.«[994]

Wenn Scheeben diese in der Eucharistie vollendete Einheit eine Verschmelzung des Menschen und des Gottmenschen »zu Einem Fleisch« nennt, so ist das nur analog zu verstehen, denn diese Einheit wird herbeigeführt durch das Walten des Hl. Geistes, der in den Gliedern des Leibes Christi »auf ähnliche Weise« wirkt »wie im wahren Leibe Christi, um sie mit der Fülle der Gottheit zu erfüllen«[995]. Wie bei Christus wird die menschliche Natur dadurch nicht nur moralisch, sondern seinsmäßig verklärt und umgewandelt[996]. Daß die Sichtbarkeit dieser Natur dabei respektiert wird, wird deutlich, wenn Scheeben in den ›Mysterien‹ die aus der engen Verbindung mit ihrem Bräutigam Christus erwachsende und sich im Priestertum widerspiegelnde »übernatürliche Mutterschaft« der Kirche in den Sakramenten als ihr »Zentralmysterium ... als einer organisch gebildeten Gesellschaft« bezeichnen kann[997] bzw. nach einer Präzision seiner diesbezüglichen Gedanken[998], in der ›Dogmatik‹ gerade die jurisdiktionelle Hierarchie

---

992 MC 446.

993 F.J. BODE, *Gemeinschaft mit dem lebendigen Gott,* 317: »Dadurch wird die Kirche bei Scheeben nicht so sehr als direkte ›Fortsetzung der Inkarnation‹ gesehen, sondern als sakramental durch die Eucharistie ›vermittelte‹, so daß die einzigartige physisch-moralische Verbindung zu Christus gewahrt bleibt in gleichzeitigem Gegenüber von ihm, das im epikletischen Charakter der Eucharistie zum Ausdruck kommt.«

994 MC 447 [Kursiv von uns]; auch MC 446: »Glied der Kirche sein ist also dasselbe wie ein wirkliches Glied am Leibe Christi sein. Im weiteren Sinn ist der Mensch letzteres schon durch seine Angehörigkeit an das menschliche Geschlecht, aber eben nur insoweit, als er dadurch berufen wird, sich Christus wirklich anzuschließen und in den Organismus seines Leibes einzutreten.«

995 MC 447; vgl. A. ANTON, *El Misterio de la Iglesia II,* 438–440.

996 MC 448.

997 MC 450; vgl. W. IMKAMP, *Nachfolger der Apostel, Väter und Richter. Anmerkungen zur theologischen Begrifflichkeit des bischöflichen Amtes bei M.J. Scheeben,* in: AA.VV., M.J. Scheeben teologo cattolico d'ispirazione tomista (Studi tomistici 33), Vatikan 1988, 313–332, bes. 324–330; zum Organischen in Scheebens Kirchenbegriff vgl. A. ANTON, *El Misterio de la Iglesia II,* 437–438.

998 Vgl. E. PAUL, *Denkweg,* 228–231.

im Unterschied zur sakramentalen, die mehr auf den Hl. Geist bezogen ist, ganz eindeutig Christus zuordnet. Hier scheint der Kölner den Übergang zwischen übernatürlich-gnadenhaftem Wirken Christi durch den Geist und geheimnisvoll-sichtbarer Struktur seines Leibes gefunden zu haben. Wie wichtig ihm diese Verankerung des Sichtbaren im Übernatürlichen ist, erhellt sich auch aus seinem Verständnis der ›potestas jurisdictionis‹ nicht als bloßer der ›potestas ordinis‹ nebengeordneter Verwaltungsfunktion im Sinne »äußerer Gesetzgebungsgewalt«, sondern als zwar durch den Heiligen Geist mit der ›potestas ordinis‹ in der Quelle verbundener, aber doch eigener innerer »Hirtengewalt« von besonderer Würde, die im Papst Grund der kirchlichen Einheit ist[999]. All diese Gewalten haben aber ihren Grund in der durch das Wirken des Hl. Geistes geschaffenen Verbindung mit der Menschheit Christi, in der das Hauptsein des Gottessohnes ja eigentlich begründet liegt. Es ist der Papst als das sichtbare Haupt der Kirche, der diese Verbindung letztlich garantiert: »Die Kirche als Gesellschaft ist in ihm, wie sie in Christus ist; sie ist durch ihn in Christus, weil auch Christus als ihr regierendes Haupt mit seiner Hirtengewalt nur durch ihn in der Kirche ist.«[1000] Hier schließt sich dann als Erfordernis dieser auf der Menschheit Christi gründenden wesentlichen Sichtbarkeit der Kirche folgerichtig die Behandlung ihres hierarchischen Aufbaus an[1001], denn alle Angehörigen der Hierarchie sind eben Werkzeuge des Hl. Geistes, weil sie in verschiedener Weise Organe und Stellvertreter Christi sind[1002].

Ihren Gipfelpunkt findet diese inkarnatorische Struktur der Kirche dann schließlich im Anschluß an die Überzeugung Scheebens, daß »im Sinne der realen Verbindung des Verborgenen mit dem Sichtbaren… die meisten Mysterien des Christentums sakramentale Mysterien« sind[1003]. Das gilt auch für die Kirche:

> »Im Anschluß an die Inkarnation und die Eucharistie wird dann weiterhin die Kirche zu einem großen Sakrament, sie wird ein sakramentales Mysterium, weil sie, äußerlich sichtbar und nach ihrer sichtbaren Seite nur als ein Verein von bloßen Menschen erscheinend, in ihrem Innern das Mysterium einer wunderbaren Vereinigung mit dem menschgewor-

---

[999] MC 453–455.

[1000] MC 455.

[1001] Vgl. DOG I 41–283; dazu W. BARTZ, *Die lehrende Kirche. Ein Beitrag zur Ekklesiologie M.J. Scheebens* (TThSt 9), Trier 1959; DERS., *Le Magistère de l'Eglise d'après Scheeben*: RSR 34 (1960) 309–327.

[1002] DOG I 71–72; auch W. BARTZ, *Verkündigung und Sakrament im Kirchenbegriff Scheebens*: ThSS Heft 4 (1944) 178–184, bes. 183: »Priestertum und Lehrapostolat haben in Christus ihre Wurzel, ihr Sein und ihre Sendung.«

[1003] MC 460.

denen und in ihrem Schoß wohnenden Christus und mit dem sie befruchtenden und leitenden Heiligen Geist verbirgt.«[1004]

Wenn auch die dualistische Scheidung von ›außen/sichtbar‹ und ›innen/unsichtbar ‹ noch nicht ganz überwunden ist, wird doch hier das Verhältnis Christi zur Kirche als dem »großen Sakrament«[1005] von Scheeben auf die sakramentale Beziehung von Natur und Gnade als Prinzip der neutestamentlichen Heilsordnung so zurückgeführt, daß ihre ›Einheit in Verschiedenheit‹ offensichtlich wird. Alle Lebensäußerungen der Kirche werden von Christus in die Einheit mit ihm aufgenommen, ohne jedoch darin aufzugehen. Christus ist ja zusammen mit seinen Gliedern nicht nur der Gegenstand (causa materialis) dieser Einheit, sondern in der hypostatischen Union seiner Gottheit und Menschheit gleichzeitig ihr wirkmächtiges Vorbild (causa [quasi-] formalis et exemplaris) sowie in seiner durch diese Union besonders begnadeten Menschheit Verursacher (causa efficiens) und in seiner die Menschen mit dem Vater verbindenden Gottheit Vollender (causa finalis) der Einheit von Natur und Gnade innerhalb der Kirche.

d) Die Kirche als Sinn der Inkarnation

Damit haben wir wahrscheinlich den Schlüssel zu Scheebens Verständnis von der Beziehung Christi zu seiner Kirche schlechthin gefunden. Wenn wir immer wieder Scheebens Betonung der Menschheit Christi und damit der hypostatischen Union für die oft beinahe mit der Menschheit identifizierte Kirche bemerkt haben, so ist das darauf zurückzuführen, daß er den Sinn der Inkarnation selbst von der Kirche als dem Paradigma der übernatürlichen Gnadenordnung erleuchtet findet. Nun von der Kirche aus kann »die Bedeutung der durch die Inkarnation bewirkten *Re*stauration als einer Wiedererhebung der Kreatur nicht in ihren natürlichen, sondern in einen übernatürlichen Stand und einer Wiederherstellung und Vollendung eines

---

1004 MC 461; zur Einordnung und Auswirkung dieser Ansicht vgl. M. BERNARDS, *Zur Lehre von der Kirche als Sakrament. Beobachtungen aus der Theologie des 19. und 20. Jahrhunderts*: MThZ 20 (1969) 29–54, bes. 41–44; H. BRUNNER, *Der organologische Kirchenbegriff*, 149–161, bes. 150; H. DÖRING, *Die sakramentale Struktur der Kirche in katholischer Sicht*, in: Die Sakramentalität der Kirche in der ökumenischen Diskussion, hrsg. vom J.A. Möhler-Institut Paderborn, Paderborn 1983, 20–125; W. KASPER, *Die Kirche als universales Sakrament des Heiles*, in: Glaube im Prozeß. Festschrift für Karl Rahner, hrsg. v. E. Klinger u. K. Wittstadt, Freiburg 1984, 221–239, bes. 224.

1005 MC 461; vgl. A. ANTON, *El Misterio de la Iglesia II*, 436–437.

himmlischen Reiches Gottes verstanden werden.«[1006] Die ganze übernatürliche Weltordnung gipfelt nach Scheeben darin,

»daß Gott in und aus seiner Schöpfung sich seine Kirche als ein in seinem Sohn gründendes und vom Heiligen Geist erfülltes Heiligtum baut und sie mit seinem Sohne als dessen Leib und Braut verbindet, damit sie, wie der Apostel so schön sagt, die plenitudo ... dessen sei, qui [per] omnia in omnibus adimpletur.«[1007]

So scheint nach Scheeben gleich der Inkarnation[1008] auch »das Ineinander und Gegenüber Christi und seiner Kirche ... letztlich in der trinitarischen Einheit und Gemeinschaft selbst«[1009] zu wurzeln. Wegen dieser Hineinnahme aller in die vom Vater ausgehende, durch Christus bestehende und vom Hl. Geist belebte trinitarische Gnadengemeinschaft hat Gott die in der Inkarnation zustandegekommene hypostatische Union als wirkmächtiges Prinzip solch endgültiger Durchdringung von Gnade und Natur gewollt. Deswegen ist in dieser Union Christus im eschatologischen Vorgriff zum Haupt aller Menschen geworden, die nun durch sein Kreuzesopfer tatsächlich Zugang zur eschatologischen Vollendung in ihm haben, denn am Kreuz ist aus dem Herzblut Christi seine Braut, die Kirche, gebildet worden[1010], die folgerichtig als sichtbare Kirche die sakramentale Vorwegnahme des ewigen Gottesreiches der für immer begnadeten Schöpfung darstellt. Also ist die Sichtbarkeit der Kirche kein Mangel, sondern anfanghafte Verwirklichung jener Einheit von Natur und Gnade, deren Prinzip der Gottmensch, deren Pfand die Eucharistie und deren göttliche Idee die ›communio sanctorum‹ bildet. Durch seine Inkarnation und seine damit ermöglichte Hingabe und Auferstehung hat Christus die sichtbare Kirche in die Welt gerufen, in der nun alle Menschen durch den Glauben wieder Zugang zum Vater haben, weil in ihr durch das Wirken der vom Hl. Geist belebten Menschheit Christi[1011] das Eschaton schon begonnen hat.

[1006] DOG III/4 478.

[1007] DOG III/4 478, auch 476–477.

[1008] Vgl. zu der trinitarischen Grundstruktur des Scheebenschen Inkarnationsdenkens: K.H. MINZ, *Pleroma Trinitatis. Die Trinitätstheologie bei Matthias Joseph Scheeben* (Disputationes Theologicae 10), Frankfurt a.M. 1982, bes. 200–218.

[1009] F.J. BODE, *Gemeinschaft mit dem lebendigen Gott,* 317, auch ebd.: »Die Gnadenformel ›Filia Patris — Sponsa Filii — Templum Spiritus Sancti‹ meint daher keine abgesondert individuell-persönliche (›private‹) Beziehung zwischen dem trinitarischen Gott und dem Menschen, sondern eine Beziehung *in* der Kirche, die selbst filia, sponsa und templum ist. Alle Heilszuwendung, besonders aber die eucharistische, hat also von ihrem Ursprung her einen ›sozialen Ort‹, einen ›Raum‹ der Kommunikation: die Kirche.«

[1010] MC 167.

[1011] Vgl. B. FRAIGNEAU-JULIEN, *Présence du Christ gloriefié dans le genre humain*: RSR 45 (1971) 305–338, bes. 322: »Dans la causalité instrumentale exercée par l'humanité du Christ ce contact est *d'abord* spirituel. Il est realisé par la foi au Christ Sauveur. Celle-ci unissant

Die Beziehung Christi zur Kirche konnte von Matthias Joseph Scheeben nicht mehr bis zu einer solchen Synthese ausgearbeitet werden, so daß seine Darstellung hier und da an inneren Widersprüchen, an Einseitigkeiten und an mangelnder Integration aller Teile leidet. Ein Zug zu fast spiritualistischer Ausweitung des Kirchenbegriffs steht ab und an in einem fast dualistischen Widerstreit zu einer starken Betonung der kirchlichen Hierarchie. Manchmal scheint die Stellung des Hl. Geistes einem akzentuierten Inkarnationismus gegenüber etwas zu verblassen. Blicken wir jedoch von solchen Einzelheiten weg auf das Gesamt der Ekklesiologie des Kölner Theologen, so eröffnet sich eine beeindruckende Sicht von sichtbarer und unsichtbarer Kirche als in Christus aufeinanderhingeordneter Stufen der Begnadung der Natur, die sowohl die Menschheit Christi als auch unsere Menschheit zu geistdurchfluteten Werkzeugen in der Vollendung der Pläne Gottes zur Vergöttlichung der ganzen Schöpfung werden lassen[1012]. Damit stößt hier die geheimnisvolle Verbindung von Christus und seiner Kirche an das tiefste »Mysterium des Christentums«, an das innergöttliche Leben der Trinität und unsere gnadenhafte Teilhabe daran, die schließlich in einer ewigen ›visio beatifica‹ gipfelt[1013].

e) Scheebenrezeption zwischen 1918 und 1943

Man hat Scheebens Ekklesiologie mit Möhler in Zusammenhang gebracht[1014], denn Scheeben hat Möhler nicht nur gekannt und sein Werke zitiert, sondern stand bekanntlich durch seine Lehrer aus der »Römischen Schule« insgesamt unter dem Einfluß der Theologie des Tübingers[1015], auch

---

l'instrument qu'est l'humanité du Christ à la volonté du croyant communique à celui-ci la grâce du salut.«

1012 Vgl. N. HOFFMANN, *Natur und Gnade. Die Theologie der Gottesschau als vollendeter Vergöttlichung des Geistgeschöpfs bei M.J. Scheeben* (Analecta Gregoriana 160), Rom 1967, 321: »Dieser Gedanke ist von fundamentaler Wichtigkeit: von der substanzialen Mittlerschaft Christi und der Eingliederung her, der Konstitution des Christus totus, leitet sich alles ab, was der Vergöttlichung aus der Menschwerdung an innerer Kraft und Bereicherung erwächst.«; zur Einheit des Kirchenbildes bei Scheeben vgl. B. GHERARDINI, *La visione ecclesiologica di Matthias Joseph Scheeben,* in: AA.VV., M.J. Scheeben teologo cattolico d'ispirazione tomista (Studi tomistici 33), Vatikan 1988, 287–295.

1013 N. HOFFMANN, Natur und Gnade, 260–353, bes. 352.

1014 Vgl. z.B. B. POSCHMANN, *Grundlagen und Geisteshaltung der katholischen Frömmigkeit,* 58 Anm. 1; E. PRZYWARA, *Corpus Christi mysticum — eine Bilanz,* 130; auch A. ANTON, *El Misterio della Iglesia II,* 429.

1015 Vgl. E. PAUL, *Matthias Scheeben* (Wegbereiter heutiger Theologie), Graz–Wien–Köln 1976, 9–11; W. KASPER, *Die Lehre von der Tradition in der Römischen Schule,* 9–14; H. SCHAUF, *Scheebens Studiengang,* in: M.J. Scheeben — Briefe nach Rom, hrsg. v. H. Schauf

wenn er eine von diesem doch recht verschiedene Grundrichtung verfolgte. Was aber in die Theologie unserer Epoche von Scheebens Auffassung der Beziehung zwischen Christus und der Kirche eingegangen ist, scheint doch eher im Zusammenhang mit der oben geschilderten Thomasinterpreation zu stehen und keine direkte Verbindung mit Möhler zu haben. In unserem Versuch, Scheebens Ansicht vom Band zwischen dem Herrn und seiner Kirche darzustellen, haben wir seine Bewertung der sichtbaren Kirche miteinbezogen. Die Scheebenrezeption der Zeit von 1918 bis 1943 sah Scheeben demgegenüber mehr in der Richtung der ebenfalls erwähnten »Kollektivinkarnation« Christi im ›corpus mysticum‹ der Menschheit: »Hierin wird Scheeben zur abschließenden und eindringlichen Bekräftigung der ganzen Richtung: Kirche zu erklären vom C. Chr. m. her, nicht dieses von der Kirche her.«[1016] So unvollständig diese Scheeben-Deutung ist, wurde sie doch zum beherrschenden Motiv im Verständnis der Verbindung von Christus und der Kirche bei dem rheinischen Theologen[1017]. Verbunden mit einer im Lichte dieser Engführung erfolgten Thomas-Lektüre, sieht man beide als Zeugen für die physische Einheit Christi mit dem Menschengeschlecht und der daraus folgenden organischen Behandlung der Kirche[1018]. C. FECKES begründet seine Dogmatik von der Kirche ohne weiteres mit der Soteriologie Scheebens[1019]. Daß bei einer solchen Vorgangsweise oft mehr anhand Scheebens als mit ihm gedacht wurde, daß versucht wurde, »die fruchtbaren Gedanken des großen Kölner Theologen... auszuwerten und auf das religiöse Leben anzuwenden«[1020], daß er »dem Geiste nach« verwendet wurde, trug gewiß nicht zur präzisen Erforschung seiner Ekklesiologie bei. Eine

---

und A. Erös, Freiburg 1939, 15ff.; zu den Schwierigkeiten der Zuordnung Scheebens zu einer Schule: A. ANTON, *El Misterio de la Iglesia II*, 428–429.

1016 E. PRZYWARA, *Corpus Christi mysticum — eine Bilanz*, 131.

1017 Vgl. O. COHAUSZ, *Wendungen im katholisch-theologischen Geistesleben*, 200: »Nach Scheebens Vorbild sieht man diesen Grundgedanken Christi in seiner Stellung als des zweiten Adam, des zweiten Hauptes der Menschheit und der ganzen Schöpfung und leitet daraus seine übrigen Amtsbetätigungen, Vorrechte und Ansprüche ab.«

1018 Vgl. z.B. C. FECKES, *Das Mysterium der heiligen Kirche*, 140: »Die organische Behandlung der Kirche fußt auf dem Verhältnis des fleischgewordenen Gottessohnes zum gesamten Menschengeschlecht. Aus dieser Verbundenheit erwuchs Gestalt und Form der Kirche, und darum ruht der Sinn ihrer Einrichtungen in dem einen Worte: christozentrisch.«; für die Begründung dieser Ansicht aus Thomas und Scheeben: ebd., 14–65.

1019 Ebd., Vorwort, 7: »Indem der Verfasser sich darin methodisch das Bestreben seines verehrungswürdigen Vorgängers [als Prof. am Erzbischöfl. Priesterseminar zu Köln], des großen M. J. Scheeben zu eigen macht, will er auch bewußt die sachlichen Fundamente benutzen, die jener für den Aufbau einer Lehre von der Kirche, die er selbst nicht mehr schreiben konnte, schon gelegt hatte. Diese Abhängigkeit geht so weit, daß in der Grundlegung die in Betracht kommenden Abschnitte seiner Soteriologie dem Geiste und dem Worte nach verwendet wurden, ohne dies jedesmal kenntlich zu machen.«

1020 J. TYCIAK, *Gottesgeheimnis der Gnade*, Regensburg 1935, 5.

Behandlung Thomas von Aquins und Scheebens gewissermaßen ›per modum unius‹ ist eine der Konsequenzen dieser mangelnden Präzision[1021]. Als eine andere Folge erscheint auch die einseitige Ableitung der Kirche aus der Idee von der ›recapitulatio omnium rerum in Christo‹, während Scheeben doch, wie wir gesehen haben, die Inkarnation selbst schon von der Idee der Kirche aus begreift[1022]. Auch bei der Verwendung der Lehre Scheebens von der Kirche als Sakrament kann man diese Ungenauigkeit weiterverfolgen, wenn etwa A. STOLZ, der ohnehin die Ekklesiologie Scheebens hauptsächlich von den ›Mysterien‹ aus sieht[1023], daraus glaubt folgern zu können: »Ergo Ecclesia primarie est invisibile quid.«[1024] G. FEUERER kann die Kirche sogar das »große Sakrament der Menschheit« nennen und damit die Verquickung der Kirche mit der Menschheit sozusagen ›sakramentalisieren‹[1025]. Ähnliche Tendenzen, die sich mehr oder weniger an Scheeben anzuschließen glaubten, wurden auch von O. BAUHOFER, J. TYCIAK, R. GRABER und O. CASEL vertreten[1026], die entweder die Kirche als Kirche des Wortes *und* des Sakramentes bei Scheeben unterbewerteten[1027] oder sie als Sakrament nur im Sinne der Kultgemeinschaft betrachteten[1028]. Anknüpfend an eine solche Deutung hat man auch versucht, Scheeben über angebliche Verbindungen mit der Mysterientheologie Casels für die liturgische Bewegung fruchtbar zu machen[1029]. Scheebens liturgisches Interesse ist offensichtlich gewesen[1030], aber ob er dadurch schon zum »Verbündeten der

---

1021 Vgl. z.B. F. JÜRGENSMEIER, *Der mystische Leib Christi*, 68–104.

1022 Vgl. G. FEUERER, *Unsere Kirche im Kommen*, 43; Scheeben scheint demnach doch mehr thomasisch als skotistisch zu denken: nicht die Kirche als Teil der Rekapitulation der Schöpfung, d.h. Inkarnation und Erlösung zur Rückführung der Schöpfung, sondern Inkarnation zur Ermöglichung der Kirche, also Inkarnation und Kirche ›propter nostram salutem‹, wobei natürlich der erste Gedanke von Scheeben integriert wird.

1023 Vgl. seine Kritik an der Lehre von der Mutterschaft der Kirche: A. STOLZ, *M.J. Scheeben und das Mysterium der Kirche*: KathGed 8 (1935) 116–124, bes. 117.

1024 A. STOLZ, *De Ecclesia*, 15; er fährt fort: »Visibilitas Ecclesiae minime negatur, potius expositur ratione mysterii, qui dicit *communicationem salutis sub formis visibilibus tectam.*« [Kursiv von uns] Hier scheint Stolz, obwohl er sonst eher von der Mysterientheologie Casels beinflußt ist, ekklesiologisch fast eine Art Gnadenokkasionalismus zu vertreten.

1025 G. FEUERER, *Unsere Kirche im Kommen*, 83.

1026 Vgl. M. BERNARDS, *Zur Lehre von der Kirche als Sakrament*, 42–43.

1027 Vgl. W. BARTZ, *Verkündigung und Sakrament im Kirchenbegriff Scheebens*, 183.

1028 Vgl. G. SÖHNGEN, *Symbol und Wirklichkeit im Kultmysterium* (Grenzfragen zwischen Theologie und Philosophie IV), Bonn 1940², 18–19; noch kritischer J. BRINKTRINE, *Zur Mysterientheorie*: ThRev 37 (1938) 129–132.

1029 Vgl. P. WEIGL, *Scheebens »Mysterien des Christentums« und die liturgische Theologie*: LiLe 5 (1938) 273–288, bes. 280.

1030 Vgl. J. HÖFFNER, *Matthias Joseph Scheebens gelebte Dogmatik. Sein pastorales Wirken im Erzbistum Köln*, in: AA.VV. M.J. Scheeben teologo cattolico d'ispirazione tomista (Studi tomistici 1933), Vatikan 1988, 445–468, bes. 460–461; F.J. BODE, *Gemeinschaft mit dem lebendigen Gott*, 233–234.

liturgischen Theologie«[1031] der Zwischenkriegszeit wurde, ist immerhin fraglich[1032]. Zu einer Erforschung seiner genuinen ekklesiologischen Vorstellungen wird daher auch die Interpretation seiner Ideen durch die vom ›corpus mysticum‹-Gedanken geprägte liturgische Bewegung nicht eigentlich beigetragen haben.

So können wir abschließend feststellen, daß in der Wiederentdeckung Scheebens nach dem Ersten Weltkrieg[1033], die ihn als »Theologen der Übernatur«[1034] sowie der »Vergöttlichung des Menschen«[1035] beurteilt sowie die strenge Übernatürlichkeit seiner Theologie aufweist[1036], tatsächlich ein zentraler Aspekt seines Denkens[1037] gezeigt worden ist, den man damals auch für die Pastoraltheologie fruchtbar machen wollte[1038]. Eine zu ausschließliche Interpretation der Kirche von der Übernatur aus, die sich in einer einseitigen »Christologie der Kirche« offenbarte, hat aber verhindert, die »Spannungseinheit«[1039] bzw. die Harmonie des Verhältnisses Natur und Gnade bei Scheeben auch in der von ihm begonnenen Erarbeitung der Beziehung Christi zur Kirche wiederzufinden, die eine Einheit mit den drei Dimensionen des Organischen, Übernatürlichen und Autoritativen in ihren sichtbaren und unsichtbaren Elementen bildet[1040]. Die Unvollendetheit des

---

1031 P. WEIGL, *Scheebens »Mysterien des Christentums«*, 288; dazu auch F.J. BODE, *Gemeinschaft mit dem lebendigen Gott*, 341.

1032 Vgl. A. ERÖß, *Dogma und Liturgie: Matthias Joseph Scheeben in der liturgischen Bewegung*: LiLe 2 (1935) 80–84, versucht Scheebens Beitrag zur Liturgie mehr von seinem dogmatischen Interesse aus zu begründen.

1033 Vgl. bes. A. STOLZ, *M.J. Scheeben und die neue Theologie*, Dülmen 1938 [als Manuskript]; auch die beiden Festschriften: *M.J. Scheeben, der Erneuerer der katholischen Glaubenswissenschaft*, Mainz 1935; *M.J. Scheeben alumno suo eximio centesimo ipsius redeunte natali Collegium Germanicum-Hungaricum*, Rom 1935.

1034 J. TYCIAK, *Der dogmatische Schriftbeweis bei M.J. Scheeben. Bedeutung und Methoden*, Dülmen i.W. 1948, 10.

1035 M. SCHMAUS, *Die Stellung Scheebens in der Theologie des 19. Jahrhunderts*, in: M.J. Scheeben, der Erneuerer der katholichen Glaubenswissenschaft, 42.

1036 Vgl. K. ESCHWEILER, *Die zwei Wege der neueren Theologie. Georg Hermes — Matthias Joseph Scheeben. Eine kritische Untersuchung des Problems der theolgischen Erkenntnis*, Augsburg 1926, 150–177.

1037 Vgl. N. HOFFMANN, *Natur und Gnade*, 382–384.

1038 Vgl. A. STOLZ, *M.J.Scheeben und die neue Theologie*, bes. 3–4; J. HÖFFNER, *Matthias Joseph Scheebens gelebte Dogmatik*, 461: »Die Pastoral der dreissiger und vierziger Jahre unseres Jahrhunderts wußte sich in Deutschland besonders der Theologie M.J. Scheebens verpflichtet.«

1039 N. HOFFMANN, *Natur und Gnade*, 383.

1040 Vgl. A. ANTON, *El Misterio de la Iglesia II*, 446–447: »Sin habernos legado un tratado teológico completo sobre la Iglesia, trazó Scheeben una síntesis eclesiológica basada en las *tres categorías* fundamentales arriba mencionadas: lo *orgánico*, lo *sobrenatural*, y lo *autoritativo*. Partiendo en su eclesiología del principio fundamental de que la Iglesia es una realidad so-

Scheebenschen Kirchenbildes hat den geschilderten Ungenauigkeiten sicher Vorschub geleistet; zustande gekommen sind sie aber vermutlich noch mehr durch das Herauslesen vorgefaßter »zeitgemäßer« Ansichten aus den Werken eines Mannes, den man gerne als »Mystiker« sah[1041], um über diesem und anderen Teilaspekten und der damit verbundenen Überbewertung der ›Mysterien‹ das Ganze seiner realistischen Ekklesiologie aus dem Auge zu verlieren.

E. Andere Einflüsse

In aller Kürze sei noch auf einige andere Impulse hingewiesen, die die bisher verfolgten Theologen in ihrer Entwicklung des Verhältnisses Christi zur Kirche geprägt haben könnten. Auf die »Römische Schule« haben wir bereits im Zusammenhang mit Scheeben aufmerksam gemacht[1042], weil vor allem durch seine Theologie diese Schule in unserer Periode fruchtbar wurde. J. B. FRANZELIN[1043], der vor allem zitiert wird, scheint aber doch mehr für die Begründung der Hierarchie als des Bandes zwischen Christus und seiner Kirche herangezogen zu werden. Die Bedeutung der Schule für die »organologische Ekklesiologie« hat H. BRUNNER ebenso untersucht[1044] wie die Stellung des ersten Kirchenschemas auf dem I. Vatikanum[1045] und die Bemühung um die organologische Kirchenidee nach diesem Konzil[1046]. Schon die Diskussion über die Bedeutung des von CLEMENS SCHRADER erarbeiteten und später zurückgewiesenen Schemas, an der u. a. C. FECKES, M. D. KOSTER und G. FEUERER teilnahmen[1047], zeigt die indi-

brenatural, orgánica y autoritativa, presenta Scheeben la Iglesia como *cuerpo místico,* que consta de aspectos visibles y invisibles, y como *sacramentum et res,* es decir, una realidad concreta y visible a través de la cual *Cristo* y el *Espíritu* comunican los bienes de la redención a los hombres.«; auch W. BARTZ, *Die lehrende Kirche,* 116.

1041 Vgl. J. ERÖß, *M.J. Scheeben — ein Mystiker der Neuscholastik*: ZAM 11 (1936) 173–192; natürlich hat auch diese Sicht eine gewisse Berechtigung: F.J. BODE, *Gemeinschaft mit dem lebendigen Gott,* 34–36.

1042 Vgl. A. ANTON, *El Misterio de la Iglesia II,* 287–317.

1043 Ebd., 313–317; man zitiert hauptsächlich J.B. FRANZELIN, *Theses de Ecclesia. Opus posthumum,* Rom 1887.

1044 Vgl. H. BRUNNER, *Der organologische Kirchenbegriff,* 183–237.

1045 Ebd., 239–250.

1046 Ebd., 251–296.

1047 Vgl. J. BEUMER, *Ekklesiologische Fragen auf dem Vatikanischen Konzil*: MThZ 5 (1954) 236–245, bes. 245; F. MALMBERG, *Ein Leib — Ein Geist,* 20–24; G. THILS, *L'Ecclesiologia del Concilio Vaticano I. Preparazioni, Risultati, Problemi,* in: L'Ecclesiologia,

rekte Bedeutung gerade der »Römischen Schule« und der ›corpus mysticum‹-Idee des 19. Jahrhunderts für die Ekklesiologie der Zwischenkriegszeit. Von den wichtigeren Vertretern eines über die normale Manualistik[1048] hinausgehenden Kirchenverständnisses haben wir, wenn auch im Ganzen eher sporadisch, besonders F. PILGRAM[1049] und E. COMMER[1050] zitiert gefunden, was nicht bedeuten will, daß sich die Rezeption auf diese beiden beschränkt hätte. Die Theologie J.H. NEWMANS findet ebenso in den ekklesiologischen Neuaufbruch Eingang, obwohl ihre Wirkung im Ganzen während unseres Zeitabschnittes in Deutschland geringer bleibt[1051].

Eine andere Einflußquelle ist die französische Theologie[1052], die in erster Linie über die Werke E. MERSCHS[1053] und J. ANGERS[1054], aber auch hier und da schon durch Y. CONGAR[1055] und H. DE LUBAC[1056] Eingang in Deutschland gefunden hat. Gerade MERSCH, der auch DE LUBAC beeinflußt hat[1057], wird aber durch seine »geistige« Interpretation des ›corpus mysticum‹ und durch seine Darstellung der Beziehung zwischen dem ›corpus

---

7–25, bes. 11–12; F. HOLBÖCK, *Das Mysterium der Kirche in dogmatischer Sicht,* 203; A. ANTON, *El Misterio de la Iglesia II,* bes. 347–352.

1048 Vgl A. ANTON, *El Misterio de la Iglesia II,* 406–423.

1049 Vgl. F. PILGRAM, *Physiologie der Kirche. Forschungen über die geistigen Gesetze, in denen die Kirche nach ihrer natürlichen Seite besteht,* Mainz 1860; dazu ST. JAKI, *Les tendances nouvelles,* 44 ff.; H. BRUNNER, *Der organologische Kirchenbegriff,* 162–181; A. ANTON, *El Misterio de la Iglesia II,* 260–270.

1050 Vgl. oben Anm. 126.

1051 Vgl. ST. JAKI, *Les tendances nouvelles,* 35–43.

1052 Vgl. N. OEHMEN, *L'ecclésiologie dans la crise,* in: Questions sur l'Eglise et sur son unité, Gembloux 1943, 1–11; L. BOUYER, *Ou en est la Théologie du Corps mystique?*: RevSR 22 (1948) 313–333.

1053 Vgl. E. MERSCH, *Le Corps mystique du Christ. Etudes de théologie historique,* 2 Bde., Louvain 1933 [Bruxelles-Paris 1936²]; DERS., *Le Corps mystique du Christ, centre de la théologie comme science*: NRT 61 (1934) 449–475; DERS., *L'objet de la théologie et le »Christus totus«*: RSR 26 (1936) 129–157; DERS., *Morale et Corps mystique,* Louvain 1937; posthum noch DERS., *La théologie du Corps mystique,* 2 Bde., Bruxelles–Paris 1944.

1054 Vgl. J. ANGER, *La doctrine du corps mystique de Jésus Christ d'après les principes de la théologie de Saint Thomas,* Paris 1929² [zuerst in 150 Exempl. Rennes 1910].

1055 Vor allem Y. CONGAR, *Chrétiens désunis. Principes d'un Oecuménisme catholique,* Paris 1937; DERS., *Der mystische Leib und seine sichtbare Manifestation,* in: Die Kirche Christi. Grundfragen der Menschenbildung und Weltgestaltung, hrsg. v. O. Iserland, Einsiedeln–Köln o.J., 13–59.

1056 Vgl. H. DE LUBAC, *Catholicisme. Les aspects sociaux du dogme,* Paris 1937; bes. die Übersetzung durch H.U. von Balthasar: DERS., *Katholizismus als Gemeinschaft,* Einsiedeln–Köln 1943.

1057 Vgl. H. DE LUBAC, *Katholizismus als Gemeinschaft,* 17 Anm. 7: »Der kundige Leser wird leicht bemerken, wieviel das vorliegende Buch Mersch verdankt.«

mysticum‹ und der Kirche als analog zum Verhältnis Seele-Leib[1058] trotz seiner großen Verdienste um die Erforschung der Leib-Christi-Lehre in der Tradition ekklesiologisch nicht immer nur zur Klärung der Verbindung Christi zur Kirche beigetragen haben. Auch ANGER scheint es nicht recht zu gelingen, einen inneren Zusammenhang zwischen dem ›corpus Christi‹ als Gnadengemeinschaft der Erlösten und der Hierarchie herzustellen[1059]. Ähnlich waren CONGARS Bemühungen um eine Harmonie zwischen dem Leib Christi und der Kirche damals noch von einem gewissen Nebeneinander geprägt[1060], die vielleicht von seiner vorrangigen Beurteilung des der Kirche von Christus gegebenen ›Seins‹ als »himmlisches, ›pneumatisches‹ Sein«[1061] herrührt, wie denn auch »diese Kirche ... zunächst der Leib Christi« ist und »eine einzige Wirklichkeit mit ihm bildet«[1062]. Solche Schwierigkeiten der Bestimmung des Verhältnisses zwischen Christus, seinem ›mystischen Leib‹ und der Kirche, die »größtenteils aus den verschiedenen Bedeutungen, die man den Ausdrücken ›Kirche‹ und ›mystischer Leib‹ beimaß«[1063], herrühren, haben durch ihre Rezeption in der deutschen Ekklesiologie die dort vielfach vorhandene ekklesiologische Unausgeglichenheit kaum verkleinern geholfen. Die teils englisch teils deutsch verfaßten, allerdings mehr aszetisch-spirituellen Werke des deutschen Abtes von Buckfast in England, Dom ANSGAR VONIER[1064], der eine stark verklärungstheolo-

---

[1058] Vgl. E. MERSCH, *Le Corps mystique II*, 355: »... dans le ›corps‹ du Christ, il y a un aspect visible et un aspect invisible, correspondant à ce qu'on appelle le corps de l'Eglise et l'âme de l'Eglise.«; auch F. MALMBERG, *Ein Leib — Ein Geist*, 27–28; L. BOUYER, *Où en est dans la théologie du Corps mystique?*, 322–323.

[1059] Vgl. J. ANGER, *La doctrine*, 239–240: »Jusqu'ici, nous nous sommes surtout occupé de Jésus-Christ et de ses rapports avec ses membres: *nous avons vu le Christ, source infinie de grâces qu'il déverse sur chacun de ceux qu'il agrège à son corps spirituel* ... Mais, ces membres n'ont-ils rien de commun que d'avoir un même principe de vie? ... non; puisqu'ils sont, par définition, des membres réunis sous un seul Chef en l'unité d'un même Corps, et que les membres ne se peuvent concevoir sans relation ni influence réciproque, les chrétiens forment un tout organique et vivant, appelé l'Eglise. *C'est là une véritable société, dont le Christ est le Chef suprême* ... Puisque le Christ a quitté ce monde, il est donc nécessaire qu'il se soit choisi des remplaçants, des vicaires ... *N'est-ce pas d'ailleurs une nécessité de vie pour une société de posséder des chefs spécialement chargés de l'intérêt général ?*« [Kursiv von uns].

[1060] Vgl. Y. CONGAR, *Chrétiens désunis*, 271: »... on ne peut plus considérer l'Eglise seulement comme une réalité vivante, le Corps mystique, qu'on ne peut la considérer seulement comme une institution ou une société: elle est les deux.«; DERS., *Der mystische Leib*, 37–38: »Es gibt für das Werk, das sich in der Kirche vollzieht, ein doppeltes, das Wirken Christi stellvertretendes Wirken: dasjenige des Geistes, das unsichtbar, inwendig und dasjenige des apostolischen Leibes, das sichtbar, auswendig wirkt. Beide sind eng miteinander verbunden ...«.

[1061] Y. CONGAR, *Der mystische Leib*, 24.

[1062] Ebd., 25; vgl. auch DERS., *Sur l'inclusion de l'humanité dans le Christ*: RScPhTh 25(1936) 489–495.

[1063] F. MALMBERG, *Ein Leib — Ein Geist*, 42.

gische, ja geradezu »triumphalistische« Tendenz vertrat[1065], trugen ebenfalls dazu bei, daß zugunsten der Verbindung zwischen dem pneumatischen Christus und einer eschatologischen Kirche das konkrete Band der irdischen Kirche zum Herrn in den Hintergrund rückte[1066]. Diesen ungeschichtlich-geistigen Einflüssen stellte sich erst seit etwa Mitte der dreißiger Jahre unter Führung von A. WIKENHAUSER ein exegetisches Interesse entgegen, das das Gewicht einer konkret-biblischen Auffassung von der Bindung Christi an die Kirche verstärkte[1067] und auch zu den Kritiken von DEIMEL und KOSTER beitrug, wenn es auch teilweise noch selber unter dem Eindruck der zeitgenössischen Leib-Christi-»Romantik« stand[1068].

Die Tendenz zu einem uneigentlichen, nicht umschriebenen Kirchenbild der Gnade ist in den meisten der Rezeptionslinien enthalten oder durch sie verstärkt worden. Dadurch wurde die von dem Drang zum ›inneren Wesen‹, zum ›organischen Leben‹ und zur ›Liebesgemeinschaft‹ wie auch von seinen praktischen Auswirkungen in den verschiedenen Bewegungen ohnehin geförderte dualistische oder sogar spiritualistische Unterbewertung der »pilgernden Kirche« nicht ausgeglichen, sondern eher verstärkt. Welch verschiedene Intensität und Ausformung das Verständnis der Beziehung von Christus und seiner Kirche auf diesem Hintergrund angenommen hat, wollen wir im 2. Teil unserer Arbeit festhalten, nicht ohne vorher die Ergebnisse des ersten Teiles wenigstens kurz zusammenzufassen.

1064 Vgl. z.B. A. VONIER, *Das Mysterium der Kirche*, Salzburg 1934; DERS., *Klassischer Katholizismus*, Freiburg i.B. 1936²; DERS., *Das Geheimnis des eucharistischen Opfers*, Berlin 1929.

1065 A. ANTON, *El Misterio de la Iglesia II*, 555.

1066 Vgl. die Kritik bei R. GROSCHE, *Pilgernde Kirche*, 41–44.

1067 Vgl. A. WIKENHAUSER, *Zur paulinischen Lehre vom ›Leibe Christi‹*: ThRev 33 (1934) 265–273; DERS., *Der Leib Christi*; auch A. VITTI, *Rassegna di Teologia Biblica: l'Ecclesiologia*: Greg 24 (1933) 588–603; diese biblische Sensibilität führte dann auch zum verstärkten Interesse am Begriff des »Volkes Gottes«vor allem durch L. CERFAUX, *La théologie de l'Eglise suivant saint Paul*, Paris 1942; im Ganzen dazu: F. VIERING, *Evangelische und katholische Schriftauslegung als Frage nach dem Verhältnis von Christus und Kirche*, Berlin 1938; A. ANTON, *El Misterio de la Iglesia II*, 703–724.

1068 Vgl. z.B. A. KLAUS, *Die Idee des Corpus Christi mysticum bei den Synoptikern*: ThGl 28 (1936) 407–417, bes. 415–416: »Fassen wir das Ergebnis unserer Untersuchung zusammen, so können wir vielleicht so sagen: *Die Synoptiker behandeln die Lehre vom Corpus Christi mysticum nicht ausdrücklich, aber sie liegt allen drei Evangelien zugrunde.*« [Kursiv von uns]; auch O. DEIMEL, *Leib Christi*, u.a. 99–101.

Zusammenfassung

1. Ausgelöst durch den Zusammenbruch des Deutschen Reiches im 1. Weltkrieg, breitete sich in weiten Kreisen der Bevölkerung eine Sehnsicht nach neuen Werten aus, die sich in einer Art »Neoromantik« äußerte, die von einer neuen Mystik, einem politischen Ganzheitsdenken und von einem grundsätzlich tragischen Lebensgefühl geprägt war. Im katholischen Deutschland wurde diese Strömung zum Katalysator einer Wende zum objektiven Glauben innerhalb kirchlicher Gemeinschaft, in der man verlorene Lebenswerte wiederzuentdecken und zu fundieren hoffte, was zu einem neuen praktischen und theologischen Interesse an der Kirche führte.

2. Die theologische Behandlung der Kirche wurde von drei Komponenten besonders bestimmt: der Suche nach ihrem objektiven Wesen, der Unterstreichung des in ihr strömenden Lebens und der Sehnsucht nach kirchlicher Gemeinschaft. Diese drei Elemente ekklesiologischer Neubesinnung finden sich bereits in der geistesgeschichtlichen Entwicklung unserer Epoche und werden teilweise von dort in die Ekklesiologie übernommen, wobei für den Drang nach dem Objekt vor allem die katholische Phänomenologie und Religionsphilosophie um MAX SCHELER, für das organische Lebens-Denken eine bestimmte Art der NIETZSCHE-Interpretation sowie der Einfluß lebensphilosophischer Impulse und für den Willen zur Gemeinschaft die soziologischen Überlegungen MAX SCHELERS, OTHMAR SPANNs und FERDINAND TÖNNIES' bestimmend waren. Das »philosophische« Kirchenbild MAX SCHELERS zeigt, daß seine phänomenologisch-soziologische Betrachtung der Kirche zwar deren Geheimnis nicht gerecht wird, aber trotzdem auf die Wiederentdeckung des Gemeinschaftsaspektes in ihr über den Schelerschen Personbegriff von erheblichem Einfluß sein konnte.

3. Die Konsequenz aus der nicht immer kritischen Übernahme der genannten geistesgeschichtlichen Strömungen war eine mehrfache: Zuerst wurde eine bestimmte mehr juridisch geprägte Vorkriegsekklesiologie aufgebrochen auf ein dogmatisch-wesentliches Kirchenbild hin, das eine Art »Phänomenologie des Wesens der Kirche« darstellte, die als »lebendiger Organismus« und als »Wir in Gemeinschaft« aufgefasst wurde. Dann wurde sowohl die Objektivität des kirchlichen Wesens, das in ihr herrschende Leben und die Gemeinschaftlichkeit ihres Aufbaus auf Christus als inneres Prinzip zurückgeführt, sodaß die Ekklesiologie zwischen 1918 und 1943 einen stark christozentrischen Charakter trug. Obwohl es häufiger nicht ge-

lungen scheint, das Verhältnis Christi zur Kirche einer wirklichen Klärung zuzuführen, was sich vor allem in sprachlichen Ungenauigkeiten (etwa bei der Verwendung der Schlüsselwörter »Wesen«, »Leben«, »Gemeinschaft«, »mystischer Leib Christi«) und an einer doch wieder zum individuell-subjektiven tendierenden Vermischung von Ekklesiologie und Soteriologie zeigt, sind doch durch die versuchte Aufarbeitung der Verbindung von Christologie und Ekklesiologie sowohl wertvolle — wenn auch nicht immer korrekt erhobene — biblische und theologiegeschichtliche Anstösse als auch neue philosophisch-theologische Elemente in den Kirchenbegriff übernommen worden.

4. Dieses theologische Ringen stand in einer engen Beziehung zu den sogenannten »katholischen Bewegungen« der Zeit, wovon die Jugendbewegung, gerade durch ROMANO GUARDINI, aber auch die Liturgische Bewegung und die Ökumenische Bewegung wohl den meisten Einfluß auf die Herausarbeitung neuer ekklesiologischer Fragestellungen gehabt haben: Die ersten beiden besonders in Hinsicht auf die Wiederentdeckung der objektiven kirchlichen Lebensgemeinschaft als Zugang zu Jesus Christus, die letztere — ausgehend vom Problem der Kirchenzugehörigkeit — als Impuls zu einem weniger rechtlich, als vielmehr christologisch bestimmten Kirchenbild.

5. Ekklesiologisch sind zwischen 1918 und 1943 vor allem solche »klassischen« Autoren ausgewertet worden, bei denen die ekklesiologische Grundrichtung entweder eschatologisch-pneumatologisch offen oder soteriologisch-christologisch orientiert schien. AURELIUS AUGUSTINUS, dessen Kirchenbild bekanntermaßen einen gewissen Zug zur Minderbewertung des Sichtbaren nicht verleugnen kann, THOMAS VON AQUIN, der den Dualismus zwischen einer Erlösungs-Ekklesiologie und einer Standesekklesiologie noch spüren läßt, JOHANN ADAM MÖHLER, der die Spannung zwischen ekklesiologischem Pneumatozentrismus und Christozentrismus nicht völlig aufhebt, und schließlich MATTHIAS JOSEPH SCHEEBEN, dessen unvollendete Ekklesiologie den Unterschied zwischen Kirche und erlöster Menschheit nicht immer wahrt, werden von vielen der damaligen Ekklesiologen nicht im von uns jeweils dargestellten eher ausgewogenen Gesamt ihres Kirchenbegriffes gesehen, sondern eben aus den erwähnten Unvollkommenheiten heraus zur Stützung der damals ziemlich deutlichen Tendenz zur Vergeistigung des »Wesens« der Kirche verwendet, der es trotz des immer wieder beschworenen Bandes zwischen Christus und seiner Kirche nicht durchweg glückte, die vielfach mangelnde Einheit zwi-

schen »Sichtbar und Unsichtbar«, »Außen und Innen«, »Gesellschaft und Gemeinschaft« wirklich zu überwinden. Auch andere theologische Strömungen, etwa die organologische Ekklesiologie des 19. Jahrhunderts, die französische Leib-Christi-Ekklesiologie o. ä. wurden dazu verwendet, ekklesiologische Überlegungen dieser Art zu begründen.

II. TEIL

EKKLESIOLOGIE AUS CHRISTOLOGIE UND ANTHROPOLOGIE

ZUR ONTOLOGISCHEN FUNDIERUNG DER KIRCHE

EINLEITUNG

Nachdem wir im ersten Teil unserer Arbeit versucht haben, die geistesgeschichtlich-theologischen Wurzeln des Interesses an der Beziehung Christi zur Kirche in den hauptsächlichsten Linien zu erarbeiten, geht es jetzt darum, die konkreten Meinungen der verschiedenen Autoren zu diesem Problem bestimmten ekklesiologischen Grundfiguren systematisch zuzuordnen und ihre Verbindung zu entsprechenden Auffassungen in der Christologie und der theologischen Anthropologie plausibel zu machen. Jeweils der christologischen bzw. anthropologischen Fundierung der Ekklesiologie folgend werden wir auf eine Reihe von Fragestellungen hinweisen, die sich in der damaligen Theologie aus dem »nexus mysteriorum inter se«[1] bezüglich der inneren Verbundenheit der Kirche mit Christus ergeben haben. Dabei konzentrieren wir uns auf solche Themenbereiche, die einen mehr oder weniger direkten Zusammenhang mit zur Zeit immer noch diskutierten ekklesiologischen Problemkreisen zeigen.

Bei der Systematisierung der verschiedenen Grundrichtungen sind wir uns natürlich darüber im Klaren, daß jede systematische Darstellung an der Schwierigkeit leidet, manche Differenzierungen zugunsten eines überschaubaren Gesamtbildes gezwungenermaßen übergehen zu müssen. So richtet sich die Einordnung der Autoren mehr nach ihren ekklesiologischen Zentralideen, über denen jedoch die Eigenständigkeit jedes einzelnen nicht vergessen werden soll. Wir haben trotz dieser methodologischen Bedenken den systematischen Weg gewählt, weil nur dadurch unerträgliche Wiederholungen vermieden, Parallelen wirklich herausgearbeitet und grundsätzliche Vergleiche angestellt werden konnten. Daß manche Ekklesiologen in

---

[1] Vgl. I. VATICANUM, *Const. dogm. »Dei Filius«*, Sessio III, 24.4.1870 (DS 3016): »Ac ratio quidem, fide illustrata, cum sedulo, pie et sobrie quaerit, aliquam Deo dante mysteriorum intelligentiam eamque fructuosissimam assequitur tum ex eorum, quae naturaliter cognoscit, analogia, tum *e mysteriorum nexu inter se et cum fine hominis ultimo* ...« [kursiv von uns].

verschiedenen Gruppen erwähnt werden können, liegt entweder an einer Entwicklung ihrer ekklesiologischen Ansichten oder daran, daß sie gleichzeitig unterschiedlichen Ekklesiologien gefolgt sind.

5. KAPITEL

EKKLESIOLOGIE UND CHRISTOLOGIE GRUNDRICHTUNGEN 1918–1943

A. Christus, wahrer Gott, stiftet die wahre Kirche

Wenn auch der bisher geschilderte geistesgeschichtliche Hintergrund keinen der ekklesiologischen Autoren völlig unberührt gelassen haben dürfte, so gibt es doch in dem von uns zu behandelnden Zeitraum durchaus auch solche, die den Akzent in der Beziehung Christi zur Kirche nach wie vor hauptsächlich auf die Tatsache der Stiftung der Kirche durch Christus setzen. Daß dabei eine apologetisch-fundamentaltheologische Sicht des ekklesiologischen Traktates bestimmend ist, scheint nur konsequent. Zur Verbindung dieser Elemente bemerkt MEDARD KEHL[2]:

> »Für eine — meist apologetisch geprägte — Fundamentaltheologie bleibt ein grundlegendes Merkmal alles kirchlich Institutionellen die Einsetzung, die ›Stiftung‹ durch Jesus Christus. Dabei besteht — bei allen Nuancen im Einzelnen — doch folgender Grundkonsens: der irdische Jesus hat bewußt und ausdrücklich durch bestimmte, historisch zu verifizierende Akte eine sichtbare Gesellschaft, seine Kirche, gegründet.«

In dieser ekklesiologischen Richtung setzte sich somit eine Tendenz fort, die vor allem nach dem I. Vatikanum dominierend geworden war. Da viele Handbücher und eine Reihe von anderen ekklesiologischen Darstellungen hier einzuordnen sind[3], ist es unumgänglich, unsere Ausführungen mit einem Überblick über diese Autoren zu beginnen.

a) Christus als der göttliche Stifter

Von den apologetisch orientierten Theologen, die diese Tendenz vertreten, wird immer wieder betont, daß es Christus »noch während seines Er-

---

[2] M. KEHL, *Kirche als Institution. Zur theologischen Begründungdes institutionellen Charakters der Kirche in der neueren deutschsprachigen Ekklesiologie* (FTS 22), Frankfurt 1976, 68.

[3] Vgl. z.B. S. WEBER, *Kurzer Wegweiser in der apologetischen Literatur für gebildete Katholiken aller Stände, insbesondere für Studierende,* Freiburg i.B. 1909[2], bes. 39–47.

denlebens«[4] war, der die Kirche gestiftet hat, also der geschichtliche Jesus[5], so wie ihn seine Jünger gekannt haben und wie er bei Cäsarea Phillipi das Fundament der Kirche gesetzt habe[6]. Dabei wird allerdings die Figur Jesu Christi gemäß dem zeitgenössischen Traktat »De Christo legato divino«[7] in erster Linie als der Offenbarungsträger gesehen, um dessen göttliche Sendung wir fast ebensosehr sicher wissen wie wir sie fest glauben[8], was dann in ähnlicher Weise auch von seiner göttlichen Vollmacht zur Gründung der Kirche gilt. »Daß Christus sein Versprechen, eine Kirche zu gründen, auch gehalten, bedarf für alle, die an seine Gottheit glauben, keines Beweises.«[9] Die Verteidigung der göttlichen Sendung Christi ist so wesentlich für das Verständnis der Kirche, daß jede Vermenschlichung als ein direkter Angriff auf die Kirche erscheint und der Zusammenhang zwischen Ekklesiologie und Christologie hauptsächlich in dieser Hinsicht aufgezeigt wird[10]. Solche Ausführungen bauen direkt auf dem Nachweis der Göttlichkeit Christi auf, so daß etwa H. DIEKMANN, ähnlich wie auch L. LERCHER[11], den funda-

---

[4] B. GOEBEL, *Katholische Apologetik,* Freiburg i.B. 1930, 236; auch F. HÜRTH, *Erlöserkirche*: StZ 104 (1923) 332–345, bes. 332–336; G.L. BAUER, *Zur Apologetik der Kirche*: ThRev 26 (1927) 257–266, bes. 261–266.

[5] Vgl. U. HORST, *Umstrittene Fragen der Ekklesiologie,* Regensburg 1971, 11: »Auf der anderen Seite hielt man das Verhältnis Jesus-Kirche meist für unkompliziert, so als sei nichts selbstverständlicher als die Gründung der Kirche durch den historischen Jesus.«

[6] Vgl. typisch B. BARTMANN, *Der Felsenbau Jesu (Matth. 16,18 in der neuesten Literatur der Gegner)*: ThGl 20 (1928) 1–17, bes. 1–2: »Die *Katholische Auffassung* dieser lapidaren Worte ist uns allen geläufig. Sie enthalten deutlich die Wahrheit: 1. Jesus kündigt seine Absicht an, eine Kirche zu bauen; 2. er verbindet damit den Entschluß, den Petrus mit einer besonderen Aufgabe darin zu betrauen. Zum ersten Punkt ist zu beachten, daß Jesus schon längst — vom Tage an, da er Jünger um sich sammelte und sie fest mit sich und seiner Sache verband — begonnen hatte, ›seine‹ Kirche zu bauen.«

[7] Vgl. F.-J. NIEMANN, *Jesus als Glaubensgrund in der Fundamentaltheologie der Neuzeit. Zur Genealogie eines Traktates* (IThSt 12), Innsbruck–Wien 1983, 24–88.

[8] Nach F.J. NIEMANN, *Jesus als Glaubensgrund,* 85, scheint es hier zwei Grundrichtungen zu geben: »1. Aufgrund der Wunder und der anderen Glaubwürdigkeitsargumente können (und müssen) wir *glauben,* daß Jesus von Gott gesandt ist. Daß in Jesus eine Offenbarung Gottes ergangen ist, also die Tatsache der Offenbarung, ist glaubwürdig. 2. Der Nachweis ist erbracht, daß Jesus von Gott gesandt ist. Die göttliche Sendung Jesu und die Tatsache der Offenbarung sind historische Fakten … Mit anderen Worten: Daß Jesus von Gott gesandt ist, glauben wir nicht, wir *wissen* es.«

[9] G. MENGE, *Die Herrlichkeit der katholischen Kirche in ihrer Lehre,* Hildesheim 1921[2], 106.

[10] Vgl. E. KREBS, *Möhlers Athanasius. Eingeleitet und ausgewählt von Engelbert Krebs*: HL 32/II (1935) 385–398, bes. 387: »Wenn in unseren Tagen Christus von kirchenfeindlicher Seite wieder vermenschlicht werden soll, wenn gleichzeitig die Träger dieser Irrlehre gegen die wahre, von Gott gestiftete Kirche und deren römischen Felsengrund zum Sturm blasen, … so hat das seinen Rückhalt im Arianismus.«

mentaltheologischen Teil seines »De Ecclesia« ohne weiteres als Fortsetzung seines »De Christo legato divino« betrachtet[12]. Er führt die der Kirche übertragene Vollmacht direkt auf Gott bzw. den »legatus Dei« zurück und erklärt sie aus dem positiven göttlichen Recht[13]. Ungewollt tritt dadurch jedoch die gott*menschliche* Wirklichkeit Christi manchmal so sehr in den Hintergrund, daß beinahe unter Umgehung der Inkarnationsgeschehens Gottvater selbst als der eigentliche Stifter angesehen wird, von dem allein alles abhängt. So schreibt B. BARTMANN: »Letztlich ist hier alles von oben, vom Vater: das Reich, die Herde, die Kirche, der Petrusglaube, die Unzerstörbarkeit.«[14] Im Grunde begegnen wir hier einer Art Reduzierung der Menschheit Jesu Christi auf die Rolle des Offenbarers bzw. des Anlasses der Ausführung des göttlichen Willens, so als wenn im Neuen Bund dieser Wille ohne die *wesentliche* Vermittlung des Gott*menschen* zum ausschließlichen Grund des Heilsgeschehens und damit auch der Gründung der Kirche als Gesellschaft würde[15].

Das Interesse an einer Verbindung zwischen Christus und der Kirche gilt folgerichtig im Wesentlichen der Gottheit Christi: »Mit der Gottheit Christi *steht und fällt* die ganze christliche, katholische Kirche.«[16] Daher ist es

---

11 Auch bei L. LERCHER, *Institutiones Theologiae dogmaticae I. De vera religione. De Ecclesia Christi. De Traditione er Scriptura,* Oeniponte 1934², 136–264, ist der Traktat »De Christo legato divino« die unmittelbare Vorbereitung auf den Traktat »De Ecclesia«.

12 Vgl. H. DIEKMANN, *De Ecclesia. Tractatus historico-dogmatici I,* Freiburg i. B. 1925, 63: »Tota dein *doctrina,* quam Jesus profert, sive de sua *persona* sive de *Regno* a se condendo, est messianica. Et de *messianitate* quidem ipsius *Christi* actum est in tractatu *De Christo Legato divino,* quem absolutum supponimus ... De *Regno* autem *Dei* sensu *messianico* agendum erit in hoc nostro tractatu, qui probat, Christum abrogato Foedere Vetere pepigisse Novum, quod considerat tamquam impletionem Veteris eiusque vaticiniorum; hoc Foedus *Novum,* seu *regnum suum,* seu *Ecclesia* sua est *Regnum Dei,* inde ab initio a Christo praedicatum.«; vgl. auch den älteren Traktat von Ch. PESCH, *Compendium Theologiae Dogmaticae. Tom I. De Christo Legato Divino — De Ecclesia — De Fontibus Theologicis,* Freiburg i. B. 1913.

13 Ebd., 257: »...auctoritas (iurisdictio) in societate sacra seu religiosa, cuius saltem supremus gradus iuris divini positivi est, i. e. a Deo (vel Dei legato) institutus atque certis hominibus commissus.«

14 B. BARTMANN, *Jesus Christus, unser Heiland und König* (Katholische Lebenswerte. Monographien über die Bedeutung des Katholizismus für Welt und Leben 10), Paderborn 1926[1+2], 400.

15 Vgl. H. DIEKMANN, *De Ecclesia I,* 257: »... quae reducitur ad voluntatem positivam et *immediate* manifestatam Dei ut auctoris societatis.« [Kursiv von uns!]; auch ebd., 160.

16 L. KÖSTERS, *Wer ist Jesus Christus? Das Ergebnis der wissenschaftlichen Erforschung des Christusproblems,* Dülmen 1938, 26; ebd. 27: »Diese Kirche kann natürlicherweise nicht erklärt werden; sie ist ein Werk Gottes, der über alle Kräfte der Natur hinaus diese seine Kirche begründet, erhalten und beseelt hat. Bei ehrlicher Betrachtung müssen wir gestehen: diese Kirche, die so wunderbar, groß und herrlich ist, der Gott so oft und herrlich sein Siegel aufgedrückt hat, muß wahr sein, und ihre Grundlehre, die Lehre von der Gottheit Christi, muß von Gott geoffenbart, muß wahr sein: ›Credo, ich glaube.‹«

möglich, direkt von der »göttlichen Begründung der Kirche« auf ihre »Göttlichkeit« selbst zu schließen[17]. »Ist unser Christusglaube falsch, ist Christus nicht Gott, dann ist die ganze Kirche ein Widerspruch in ihrem Leben, in ihrem Wirken, in ihrem Sein ...«[18] So ist die Kirche eben in erster Linie Schöpfung und Werkzeug Gottes, der sich in ihr duch seinen »Legaten« Christus offenbart: »Weil Gott, der sich in der Kirche offenbart, uns nicht täuschen kann und will, darum halten wir alles, was uns die Kirche als *Gottesoffenbarung* über Christus, über seine Gnade, auch über die Vollmacht der Kirche selber mitteilt, *unzweifelhaft* für wahr.«[19] Natürlich sind all diese Aussagen auch richtig zu verstehen, doch wird bei einem solchen fundamentaltheologischen Ansatz das Gewicht dermaßen auf das hauptsächliche Wirken des Kirche stiftenden Gottes verlegt, daß man einem ekklesiologischen »Deismus«, den man in der Betonung der Göttlichkeit der Kirche eigentlich vermeiden wollte, doch wieder sehr nahe kommt. Wie schon in der Aufklärung scheint »vom Wirken Christi in und an der Kirche ... nichts als die Stiftung und Einsetzung der Hierarchie« übrigzubleiben[20]. Dieser Unterbewertung Christi und seines Geistes für das Leben der Kirche entspricht dann auch die Sicht der Kirche als »societas perfecta« nach dem Bilde menschlicher Gesellschaften.

b) Vollkommene Gesellschaft und Reich Gottes

Die Parallele zu dem von F.X. ARNOLD im Gefolge J.A. MÖHLERS und J. GEISELMANNS herausgearbeiteten Kirchenbild der Aufklärung läßt sich demgemäß noch weiterführen: Die Autoren dieser ekklesiologischen Strömung sehen als den eigentlich Handelnden in der Kirche nicht Christus und seinen Hl. Geist, »der sich des Menschen als Instrumentalursache bedient, sondern« den Menschen »als Träger des von ihm [Christus] eingesetzten Amtes.«[21] Deswegen findet man das Wesen der Kirche in erster Linie in ihrer von Gott begründeten, aber von Menschen ausgeübten Verfassung, die auch jetzt noch gerne als »monarchisch« definiert wird[22]. Eines

---

17 Vgl. S. WEBER, *Christliche Apologetik in Grundzügen für Studierende,* Freiburg i.Br. 1907 [1925²], 242–276, 276–297.

18 L.KÖSTERS, *Wer ist Jesus Christus?*, 27.

19 E.KREBS, *Die Bedeutung der Kirche für den Glauben*: ThGl 15 (1923) 74–86, hier 83.

20 F.X. ARNOLD, *Das gott-menschliche Prinzip*: ThQ 124 (1943) 122.

21 Ebd., 123.

22 Vgl. B.GOEBEL, *Katholische Apologetik,* 284–318; H.FELDER, *Apologetica seu Theologia fundamentalis in usum scholarum II. Demonstratio catholica: De Ecclesia,* Paderborn 1924², 82–149; L.LERCHER, *Institutiones Theologiae dogmaticae I,* 307.

steht für diese Autoren fest: »Die Kirche Christi stellt eine Gesellschaft dar.«[23] Man kann auf die genauere Beschreibung der Rolle Jesu Christi für das Wirken der Kirche sogar beinahe ganz verzichten, denn schließlich ist die Kirche »gemäß dem geschichtlichen Walten zur Verkündigung, Erhaltung, Betätigung und Leitung des Christentums und nach der eigenen Darstellung ... *eine Gesellschaft von Menschen.*«[24] Die Übernatürlichkeit der Kirche wird zwar nicht geleugnet, doch scheint man sie eher modal aufzufassen. So unterscheidet sich die Kirche innerhalb des Gattungsbegriffes der »Gesellschaft von Menschen« nach S. WEBER nur durch »die Verbindungsmittel und die Verbindungsweise, in welcher die einzelnen zur Kirche und in der Kirche miteinander verbunden sind und durch das Ziel, welches erstrebt wird.«[25] Daß Christus die Kirche nicht nur durch Mittel, Weise und Ziel der gesellschaftlichen Organisation an sich binden könnte, kommt kaum ins Blickfeld. Entsprechend fallen die Definitionen aus, die man — meist in Anlehnung an Kardinal BELLARMIN[26] — unter diesen Theologen noch von der Kirche geben zu können glaubt[27]: *»Kirche ist die Gesellschaft aller Getauften, die unter der Leitung der rechtmäßigen Hirten nach dem ewigen Heile streben.«*[28] Folgerichtig wird als »Leib« der Kirche häufig einfach die ihr von Christus verliehene äußere Organisation bezeichnet[29] und entweder gar nicht oder gleichsam nur als Anhang die paulinische »Leib Christi«-Theologie erwähnt[30]. In jedem Fall jedoch wird der organisatorische Aspekt des Leibes Christi stark unterstrichen, so daß auch hierbei das gesellschaftliche Element zuerst einmal wichtig scheint[31]. Die Kirche wird

---

[23] J. BRUNSMANN, *Lehrbuch der Apologetik II. Kirche und Gottesglaube,* St. Gabriel bei Wien 1930², 11.

[24] S. WEBER, *Christliche Apologetik,* 238.

[25] Ebd., 238.

[26] Vgl. Teil I, Anm. 121.

[27] Vgl. zum Streit um die Definitionsmöglichkeit der Kirche, die von den mehr dogmatisch ausgerichteten Ekklesiologen zunehmend abgelehnt oder jedenfalls differenziert wurde: U. VALESKE, *Votum,* 26–29.

[28] G. MENGE, *Die Herrlichkeit,* 104; auch E. DORSCH, *De Ecclesia Christi. Institutiones theologiae fundamentalis II,* Oeniponte 1928², 28: »... jam contendimus *Christum Ecclesiam suam ut veram societatem ipsum per semet instituisse,* cui omnes, qui salutarem ejus doctrinam amplectentur, externo quoque vinculo adunarentur ...«.

[29] Vgl. A. MICHELITSCH, *Elementa Apologeticae sive Theologia fundamentalis,* Graz–Wien 1925³, 323: »Tota organisatio externa et visibilis, quae Christus dedit Ecclesiae suae, est eiusdem *corpus.*«; E. DORSCH, *De Ecclesia,* 438: »Sicut *enim* omnis societas corpus quoddam vocari potest, ita etiam ecclesia, quae ut vera societas a Christo instituta est.«

[30] Vgl. L. LERCHER, *Institutiones Theologiae dogmaticae I,* 393–394.

[31] Vgl. H. DIEKMANN, *De Ecclesia I,* 113: »Hoc autem Christi corpus est vera aliqua organisatio, societas religiosa asseclarum Christi, quae simul aedificatur *muneribus* et *ministeriis* varii ordinis (1 Cor 12,3ss), quae velut iuncturae corpori praebent conexionem partium et firmitatem (Eph 4,16).«

eben mehr nach dem Bild einer »societas iuris inaequalis« beschrieben als nach ihrer inneren Verbindung mit Christus befragt[32]. Christus bleibt also der von Gott gesandte Stifter, er ist das Haupt der Kirche vor allem als ihr Gründer und sein Handeln reduziert sich in gewisser Weise auf die Ausstattung der Kirche mit göttlichen Vollmachten, Geboten und Heilsmitteln[33].

Daß es den so denkenden Theologen trotz der minimalistischen Stellung, die sie dem Inkarnationsgeschehen in Christus für das konkrete kirchliche Leben einräumen, doch um die schon angesprochene »Vergöttlichung« der Kirche geht, zeigt sich in der direkten Anwendung des Begriffes »Reich Gottes« auf die Kirche. Da Christus die Kirche eben tatsächlich mit den Merkmalen ihres göttlichen Ursprungs ausgestattet hat[34], ragt sie als sichtbare »Gottesstadt« leicht erkennbar in die Welt hinein[35]. Christus hat die Heilsanstalt der Kirche als das Reich Gottes auf Erden angekündigt, das sie nun, wie u. a. L. LERCHER eindeutig feststellt[36], auch wirklich ist[37]. Bei H. DIEKMANN, dessen Ausführungen beispielhaft für diese Tendenz genannt werden können, wird zwar darauf verwiesen, daß dieses Gottesreich nicht das endgültige, eschatologische Reich sein könne, aber der Akzent liegt doch so stark auf der Sichtbarkeit und Vollkommenheit dieses Gottesreiches, daß das eschatologische Moment zu verblassen droht[38]. Kein Zweifel

---

32 Ebd., 187ff.

33 So heißt es noch in dem wenig später zu seiner berühmten »Konfessionskunde« umgestalteten Werk von K. ALGERMISSEN, *Christliche Sekten und Kirche Christi. »Ut omnes unum sint« Joh 17,21,* Hannover 1925^{2+3}, 401: »Christus ist gekommen für alle Menschen aller Zeiten. Seine Lehre, seine Gebote und Gnadenmittel müssen rein und unversehrt der Menschheit erhalten bleiben bis zum Ende der Welt. Deshalb hat Christus die Kirche gestiftet. Sie soll sein Werk fortsetzen, soll durch seine Lehren, seine Gebote und Gnadenmittel die Menschen zum Heile führen. Christus hat eine *sichtbare* Kirche gestiftet. Das beweisen seine Worte, das beweist sein Handeln.«

34 Vgl. G. MENGE, *Die Herrlichkeit,* 116.

35 Ebd., 116: »Da Christus seine Kirche für alle Jahrhunderte gestiftet hat, ragt die Gottesstadt in ihrer ganzen Pracht auch noch in unsere Zeit hinein und öffnet weit ihre goldenen Tore, um alle Völker aufzunehmen ... Aber es ist nicht schwer, Menschenarbeit und Gotteswerk zu unterscheiden; denn die eine Kirche kann als die von Christus gegründete Heilsanstalt leicht erkannt werden, sie ist eine sichtbare Kirche.«

36 Vgl. L. LERCHER, *Institutiones Theologiae dogmaticae I,* 266: »Iam supra *natura huius Regni* ex testimoniis V.T. ... et ipsius Christi...breviter adumbrata est: est nimirum prae Regno Dei Veteris T. Regnum aeternum, universale, non politicum, spirituale, Regnum gratiae, abundans donis caelestibus, Regnum novum cum nova lege, novo sacerdotio, novo cultu et sacrificio, *Regnum realisatum in Ecclesia visibili.«*

37 Vgl. H. DIEKMANN, *De Ecclesia I,* 63.

38 Ebd., 83: *Regnum* igitur *Dei praesens,* licet sit nondum omni ex parte perfectum, sed potius ut aiunt *›incohatum‹* (*d'Herbigny*), tamen est *verum,* et quatenus unum quodammodo constituit cum Regno Dei *transcendentali,* absolutum.«

besteht jedoch an der Identität dieses gegenwärtigen Gottesreiches mit der Kirche als der von Christus gestifteten Heilsgesellschaft[39]. Daher gilt auch für das begonnene Gottesreich Christus zuerst einmal als Stifter, Begründer und Organisator[40]. Dabei steht der *Wille* Gottes und Christi als auslösendes Moment dieser Heilsveranstaltung im Vordergrund der theologischen Überlegungen, die das Tun Gottes und Christi an der Kirche vor allem als äußerliches Wirken im Sinne eines positiven göttlichen Willensdekretes erfassen[41] ohne auf das heilsgeschichtliche *Ein*wirken Gottes *in* die Kirche zunächst viel Wert zu legen[42]. »Jesus hatte die Nähe des Reiches Gottes gepredigt; er hatte sein Kommen gesehen und zum Eintritt darin aufgefordert.«[43] Wie die Stiftung selbst sind all das mehr äußerliche Anstöße für das Zustandekommen des Reiches Gottes in Gestalt der nach dem Bild einer Gesellschaft geformten Kirche. Wenn er aber doch in das Leben der Kirche eingreift, so geschieht das hauptsächlich zur weiteren Festigung und Vervollkommnung ihrer Organisation, deren Enstehung von seinem formellen Willen abhängt[44]. Auch K. PIEPER, von dessen Buch »Jesus und die Kirche« man sich vielleicht eine darüber hinaus gehende Klärung der Gesamtbeziehung Christi zur Kirche erwartet hätte, kann sich in der Bestimmung dieser Beziehung daher auf die Analyse von Matth. 16, 17–19 beschrän-

---

39 Ebd., 315: »... possunt et debent servatis servandis de Ecclesia intellegi quae de regno Dei dicta sunt, siquidem *Ecclesia* est Regnum Dei *praesens*, prout existit in condicionibus huius terrae et saeculi.« Ebd., 271: »Assertio 12. Christus instituit societatem visibilem, hierarchice constitutam, quam vocavit Ecclesiam suam.«; auch B. BARTMANN, *Das apostolische Glaubensbekenntnis*: ThGl 7 (1915) 1–13, bes. 12; ebenso E. KREBS, *Ein Rundblick von Golgotha. Passionsgedanken*: ThGl 20 (1928) 250–255, bes. 255: »Es gibt ein Gebilde wie das Königreich Christi nur einmal in der ganzen Geschichte der Religionen und Kulturen.«

40 H. DIEKMANN, De Ecclesia I, 82: »Hoc *Regnum Dei praesens*, ab ipso Christi intentum, institutum, fundatum, organisatum — in concreto Ecclesia Christi ...«.

41 Vgl. U. HORST, *Umstrittene Fragen der Ekklesiologie*, 22: »Letztlich sind alle dogmatischen Schwierigkeiten in einem falschen und abstrakten Verständnis des göttlichen Heilshandelns zu suchen. Man meint, daß Gott gewissermaßen vom ersten Tag seines Offenbarens in der Person Jesu direkt auf sein Ziel zusteuern müsse, während es sich hier um eine Heilsgeschichte handelt, die auf verschlungenen Wegen zur Erfüllung gelangt.«

42 H. DIEKMANN, De Ecclesia I, 160, 257, 273 usw.; allerdings kennt Diekmann, wie wir im nächsten Abschnitt noch sehen werden, daneben auch ein inneres Wirken Christi in der Kirche.

43 B. BARTMANN, *Jesus Christus*, 393.

44 Ebd., 397: »Man hat nun gesagt, das einmal auf Erden begründete Reich Gottes wüchse sich schon ganz natürlich, gleichsam von selbst, zur Kirche mit Organisation aus. Wir brauchen das gar nicht zu leugnen. Es fragt sich nur, ob Jesus es der natürlichen Entwicklungsmöglichkeit überlassen hat oder ob er durch einen sichtbaren, als solchen gekennzeichneten Eingriff in seine Entwicklung ihm diese Organisation aufgeprägt, einerschaffen hat. Nach dem Matthäusevangelium ist Jesus der natürlichen Entwicklung zuvorgekommen, hat selbst den Zeitpunkt herbeigeführt, wo er die kleine Herde formell als Kirche erklärte.«

ken[45]. Natürlich wird die Kirche als Werk Jesu Christi angesehen, sei sie nun Gottesreich, Gesellschaft oder beides, aber die Aufgabe Christi scheint doch auf den hierarchisch-institutionellen Part des Gründers konzentriert[46].

Was die bisher behandelte ekklesiologische Richtung unterstreicht und treu ihrem fundamentaltheologisch-apologetischen Ziel hervorhebt, findet tatsächlich einen Rückhalt sowohl in der sichtbar-gesellschaftlichen Wirklichkeit des Volkes Gottes, das nach den Worten des II. Vatikanischen Konzils auch eine »societas ... organis hierarchicis instructa« bildet[47], als auch in der biblischen Reich-Gottes-Verkündigung Jesu, dem es »um das gegenwärtige Anbrechen des endzeitlichen, kosmischen, von jenseits kommenden und von Gott selbst geschaffenen« Reich Gottes geht[48]. Doch ist eine Beschreibung Jesu als Stifter der »societas perfecta« einerseits zu eng im Hinblick auf die nicht einfach in ein monokausales Denkschema einzwängbare Wichtigkeit des Gottmenschen Jesus Christus für das Ganze der Kirche[49]. Anderseits reicht eine solche Beschreibung der Beziehung Christi zur Kirche ebenfalls nicht aus, was die Wirklichkeit dieses kirchlichen Ganzen angeht, das mit dem beinahe ausschließlichen Akzent auf dem Gesellschaftlich-Organisatorischen kaum in seinem vollen Umfang ausgeschöpft werden kann[50]. Daher ist auch die Identifikation von Reich Gottes und Kirche noch schwieriger als von unseren Autoren angenommen[51], zumal der exegetische Befund der Eindeutigkeit zu entbehren scheint[52] und in jedem Fall

---

45 Vgl. K. PIEPER, *Jesus und die Kirche*, Paderborn 1932, 33–76.

46 Ebd., 96–97: »Als Ergebnis hat sich auch gegenüber neuesten Fragestellungen die alte Wahrheit herausgestellt, daß die Kirche, und zwar die aus Juden und Heiden gesammelte Weltkirche, ein Werk Jesu ist, über das er in der Gegend von Cäsarea Philippi das erste klare Wort gesprochen hat.«

47 Vgl. II. VATIKANUM, *Dogm. Konstitution »Lumen gentium*, 8.

48 U. LUZ, *Artikel »basileia«*, in: Exegetisches Wörterbuch I, 481–491, hier 485.

49 Vgl. M. KEHL, *Kirche als Institution*, 72.

50 Vgl. K. WALF, *Die katholische Kirche — eine »societas perfecta«?*: TQ 157 (1977) 107–118, bes. 118 meint sogar: »Die Aufgabe dieses Kirchenbildes ist jedoch unabdingbar, will man zu einem bibeltheologisch verantwortbaren und zudem realistischen Kirchenbild gelangen.«

51 Vgl. die vorsichtigen Formulierungen des letzten Konzils, die alle den eschatologischen Akzent mehr hervorheben: etwa II. VATIKANUM, *Dogm. Konst. »Lumen gentium«*, 5: »Unde Ecclesia ... missionem accipit Regnum Christi et Dei annuntiandi et in omnibus gentibus instaurandi, huiusque Regni in terris germen et initium constituit. Ipsa interea, dum paulatim increscit, ad Regnum consummatum anhelat, ac totis viribus sperat et exoptat cum Rege suo in gloria coniungi.«; ebd., 9: »... Populus ille messianicus ... Habet tandem pro fine Regnum Dei, ab ipso Deo in terris inchoatum ...«.

52 U. LUZ, *Artikel »basileia«*, 491: »Die ntl. Aussagen sind also alles andere als einheitlich ... Nie wird es [regnum Christi] mit der irdischen Kirche direkt und ausschließlich identifiziert. Eine Systematisierung der ntl. Aussagen ... ist unmöglich.«

— auch bei Matthäus — das »Gottesreich«, »Himmelreich« bzw. »Reich Christi« viel stärker als eschatologische Größe gesehen werden muß als es unsere Autoren getan haben[53]. Die vornehmliche Ursache sowohl für diese übertriebene Annäherung wie auch für die Überbetonung der kirchlichen Verfassung und der damit verbundenen Stifterstellung Christi haben wir in der Vernachlässigung der Person Jesu Christi als Fundament der Kirche zu suchen, weil vielfach übersehen wird, daß es die gottmenschliche Person Christi selbst ist, in der die Kirche und das Reich Gottes sich offenbaren[54], und zwar nicht auf einmal, sondern in heilsgeschichtlichen Stufen, die in der Geschichte der Kirche ihre Fortsetzung finden[55]. Daß manche Theologen mit mehr apologetischer Ausrichtung diesen Mangel ihrer Ekklesiologie sehr wohl erkannt haben und ihm abzuhelfen suchten, wird der folgende Abschnitt zeigen.

c) Kirche als Leib Christi in der Apologetik

Die Sehnsucht nach objektiver, lebendiger Heilsgemeinschaft in Christus ließ auch die mehr apologetisch denkenden Ekklesiologen nicht gleichgültig. Manche wollten jetzt den fundamentaltheologischen Nachweis der wahren Kirche durch einige dogmatische Betrachtungen ergänzen, um die tiefe, mehr als stiftende Bindung Christi zu *seiner* Kirche aufzuweisen. Dabei bedienen sie sich des immer beliebter werdenden, Paulus entlehnten Ausdruckes »Leib Christi« oder nennen die Kirche in klassischer Weise »den fortlebenden Christus«. Interessant ist allerdings, daß es ihnen in den seltensten Fällen gelingt, aus diesem Gedanken mehr als eine Art Anhang oder sogar nur eine dogmatische Verzierung ihres apologetischen Werkes zu machen. Auch hier ist wieder H. DIEKMANN als typischer Vertreter aufzuführen: Nach einer sehr ausführlichen Behandlung aller fundamentaltheologischen und historischen Fragen im Zusammenhang mit Gründung, Hierarchie und Lehramt der Kirche gibt er im zweiten Band seines Traktates »De Ecclesia« einen »Conspectus dogmaticus« der Kirche, der ganze 52 Seiten umfaßt und sich bei der Frage der Beziehung Christi zur Kirche in erster

---

[53] Vgl. A. ANTON, *La Iglesia de Cristo*, 364–389, bes. 389: »Tan fundamental como la no identificación entre el *Reino* y la *Ekklêsia* es una neta distinción entre amabas realidades. En ésta radica el justo equilibrio en los diversos aspectos de la vida de la Iglesia entre los bienes del reino ya recibidos y realizados en la comunidad mesiánica de salvación y aquellos otros bienes que *todavía no* posee y son objeto de su esperanza escatológica.«

[54] Vgl. VATIKANUM II, *Dogm. Konst. »Lumen gentium«*, 5: »Ante omnia tamen Regnum manifestatur in ipsa Persona Christi, Filii Dei et Filii hominis …«.

[55] Vgl. U. HORST, *Umstrittene Fragen der Ekklesiologie*, 22.

Linie mit den »tria munera« beschäftigt[56]. Wo er dann von der dreifachen Beziehung Christi zur Kirche handelt, muß er zwar zugeben, daß das Verhältnis des Gründers Christus zu seiner Gründung nicht nur ein menschlich-iuridisches ist[57]; wenn er aber von Christus als dem »lebendigen und belebenden Haupt seiner Kirche« handelt, stellt er wieder die »*relatio moralis* et *iuridica*« in der Vordergrund, die Christus zur Hierarchie unterhält[58]. Selbst da, wo er die nach seinen eigenen Worten den »göttlichen Ratschlüssen« besser entsprechenen Begriffe »Braut« und »Leib Christi« erklärt[59], tut er das, weil sie u. a. den Charakter der Kirche als religiöser Heils*gesellschaft* erhellen[60] und nicht ohne den »Leib Christi«- Gedanken zur weiteren Fundierung von »munera« und Organisation der Kirche zu benützen[61]. Statt auf die ontologische Basis der Verbindung Christi zur Kirche zu reflektieren, kann sich DIEKMANN nicht von seiner apologetischen Absicht lösen und streicht deshalb auch im dogmatischen Teil seiner Ekklesiologie die Begründung des »äußeren, sozialen, organisierten« Charakters der Kirche als »Gesellschaft« und damit die iuridische Beziehung Christi besonders zur Hierarchie über Gebühr heraus[62]. »Leib Christi« ist ihm eben nur ein zur Illustrierung der kirchlichen Organisation hilfreiches Bild[63].

Mit dieser Art der dogmatischen »Vertiefung« fundamentaltheologischer Ergebnisse steht Diekmann nicht allein. Auch anderen, die wohl das Ungenügen einer rein apolegetisch-iuridischen Betrachtung des Bandes zwischen Christus und der Kirche spüren[64], glückt es letztlich nicht, ihre gewohnte

56 Vgl. H. DIEKMANN, *De Ecclesia II*, 206–258, bes. 208–222.

57 Ebd., 224: »Relatio *auctoris divini*, Iesu Christi, ad suam fundationem, Ecclesiam dico, alia sane est ac relatio auctoris et fundatoris humani ad societatem quam instituit. *Auctor* enim *humanus*, secedens ex hoc mundo, ipsum suum opus relinquit; atque vinculum iuridicum personale cum societate ab eo fundatata interciditur.«

58 Ebd., 226.

59 Ebd., 226–235.

60 Ebd., 226: »... accedit alia, intimior magisque correspondens et consiliis divinis, quibus Ecclesiam condidit, et indoli ipsius Ecclesiae tamquam societatis religiosae salutiferae.«

61 Ebd., 232: »Optime sane *ex hac comparatione* corporis mystici Christi ipsius Ecclesiae *munera* er *organisatio* explicantur ...«.

62 Ebd., 234: »Indoles proinde Ecclesiae *externa, socialis, organisata* clare apparet. Ecclesia est unus organismus, unum corpus, cum uno capite, Christo videlicet et Christi vicario petro (cf. D468). Hic igitur organismus ut *societas* instructus est sacra *auctoritate, hierarchia iurisdictionis; ut religio sacerdotio,* quod ipsum hierarchice constitutum est *hierarchia ordinis*.«

63 Ebd., 234: »Ipsa quoque *organisatio* Ecclesiae imagine corporis Christi praeclare illustratur ...«.

64 Vgl. B. BARTMANN, *Vom Optimismus Jesu*: ThGl 11 (1919) 1–9, bes. 7–8: »Für die *Praxis unserer Zeit* ergibt sich daraus, daß unsere Arbeit am Reiche Gottes eine dem Wesen, dem Zwecke und den Mitteln dieses Reiches entsprechende sein muß. Man wird vielleicht sagen dürfen, daß wir mehr als in den letzten Jahren uns auf die eigentümliche Natur desselben

Denkform zu überwinden. So drängen bei ihnen die Organisation und die Vollmacht der Kirche, die Christus ihr verliehen hat, immer wieder vor. Es ist für sie eben »das Wesensgesetz der Kirche: gegliederter Leib Christi zu sein und Christi Heilswerk als einzige Vollmachtträgerin Christi immerwährend fortzusetzen«[65]. Die apologetische Grundhaltung bleibt unverkennbar und stellt die dogmatischen Bemühungen dann doch wieder in ihren Dienst: »Die Kirche wächst nicht rein natürlich aus dem Leben der Seelen hervor, sie organisiert sich nicht selbst, sondern sie ist von Christus erbaut, durch seine sichtbaren Mitarbeiter, die Träger der *Amtsgewalten.*«[66] Bei aller Betonung des im ganzen Leib der Kirche »fortlebenden Christus«[67] konzentriert sich dieses Leben Christi in seiner Bedeutung für die sichtbare Kirche doch im Lehr-, Priester- und Hirtenamt der Hierarchie[68] und also im sogenannten »sichtbaren« Bereich der Kirche[69]. Zwar wird in Anlehnung an den populären Sprachgebrauch immer wieder von »mystischem Leib Christi«, »Gemeinschaft« und »Organismus« gesprochen[70],

---

besinnen müssen. Unsere Tätigkeit muß wieder mehr übernatürlich sein, mehr religiös, mehr dem Ewigen zugewandt.«

[65] E. KREBS, *Dogma und Leben. Die kirchliche Glaubenslehre als Wertquelle für das Geistesleben II,* Paderborn 1925, 9; Krebs gehört zu jenen Autoren, die schwer einer bestimmten Gruppe zuzuordnen sind, da sich Elemente verschiedenster ekklesiologischer Richtungen bei ihm finden, aber bei allem Interesse für den ekklesiologischen Aufbruch bleibt er im letzten der juridischen Ekklesiologie verhaftet: vgl. M. KELLER, *Volk Gottes als Kirchenbegriff,* 99.

[66] E. KREBS, *Dogma und Leben*, 12.

[67] Ebd., 25; ähnlich E. KREBS, *In einsamer Größe. Eine religionsgeschichtliche Weihnachtsbetrachtung*: HL 9/I (1911/12) 273–280, bes. 277.

[68] An der Fortführung der Ämter Christi durch die Kirche orientieren sich auch die ekklesiologischen Versuche von J. BRINKTRINE, *Von der Struktur und dem Wesen der Kirche:* ThGl 26 (1934) 21–29; DERS., *Was ist die Kirche:* ThGl 33 (1941) 225–227.

[69] Vgl. L. KÖSTERS, *Wer ist Jesus Christus?,* 45: »Uns alle heiligt er persönlich durch die heiligmachende Gnade, die er am Kreuz verdient hat und uns vermittelt durch *die Organe des mystischen Leibes, in denen er selber wirkt, das kirchliche Lehramt, Priesteramt und Hirtenamt.*« [Kursiv von uns]; auch E. KREBS, *Vom inneren Baugesetz der Kirche*: ThGl 20 (1928) 797–812, bes. 806: »Aus allen bisher erwogenen Berichten werden uns vom Baugesetz der Kirche zwei Hauptzüge erkennbar, die Christus ihr eingeprägt hat, und ohne deren Beachtung jeder Versuch eines organisierten Christentums einen wesentlichen Baufehler aufweist und darum zum schließlichen Zerfall verurteilt ist. Erstens: Die Kirche Gottes wird von *oben her* gebaut, von *Gott* durch die Sendung Christi als des Hauptes, von *Christus* durch die Sendung der Zwölfe unter ihrem Oberhirten Petrus, von *Petrus* und den Aposteln durch Aufgliederung derjenigen, die auf ihr *Lehramt* hören, durch ihre *sakramentale* Wirksamkeit sich heiligen lassen, unter Petri *Hirtenstab* sich leiten lassen … Der zweite Wesenszug im Baugesetz der Kirche ist dieser: Das Glaubens- und Gnadenleben der Kirche geht per audibilia ad inaudibilia, per visibilia ad invisibilia.«

[70] Vgl. z.B. E. KREBS, *Arteigenes Christentum*: StZt 129 (1935) 81–93, bes. 92; DERS., *Katholischer und ostasiatischer Geist. Ein Rückblick auf meine Orientreise 1926*: ThGl 19 (1927) 810–826, bes. 812; H. DIEKMANN, *Rezension zu H. Felder, Apologetica sive Theologia fundamentalis*: StZ 103 (1922) 461–464, bes. 462.

aber die hier untersuchten Theologen kommen dabei selten über eine Zweiteilung der Kirche nach apologetischem und dogmatischem Blickwinkel hinaus. Die Kirche ist demnach zwar »ein wesentlich *geistiges* und übernatürliches Reich, tritt aber auch in wohlgeordneter Verfassung sichtbar hervor.«[71] Wie diese beiden Sphären der Kirche miteinander vereint sind und was ihre *gemeinsame* Bindung zu Christus ausmacht, wird nicht recht geklärt[72]. Ein sprechendes Beispiel ist hier die erste Auflage von K. ALGERMISSENs »Konfessionskunde«, in der er über die innige Verbindung des kirchlichen Leibes mit den Haupt Christi fast poetische Worte findet[73], trotzdem aber von einem doppelten — sichtbaren und unsichtbaren — Element in der Kirche spricht, ersteres der Organisation, letzteres den Gnadengaben zuordnend, so als wenn beide irgendwie getrennt voneinander existierten[74]. Am deutlichsten wird das Unvermögen, eine Gesamtbindung Christi an das Ganze der Kirche herauszuarbeiten in seiner Definition der Kirche, in der der Leib-Christi-Gedanke gegenüber der Betonung sichtbar-hierarchischer Form endgültig zu einem erbaulichen Anhängsel wird[75]. Die Zweiteilung in »außen« und »innen« tut ein Übriges, das Wirken Christi im *Ganzen* der Kirche als weniger wichtig erscheinen zu lassen und Organisation und »Seele« der Kirche bestenfalls als zwei aufeinanderhingeordnete *Teile* zu betrachten[76]. Da wird natürlich die Auftrennung der Kirche in »Geistkirche und Amtkirche, Liebeskirche und Rechtskirche«, die »unka-

---

[71] Vgl. F.J. PETERS, *Die Lehre der katholischen Kirche gebildeten Kreisen dargeboten*, 342.

[72] Ein Versuch dazu findet sich aber etwa bei L. LERCHER, *Institutiones Theologiae dogmaticae I*, 388–389, bes. 389, den er selbst dort kurz zusammenfaßt: »*Breviter*: Ecclesia simpliciter dicta attenditur ut medium salutis; Ecclesia ut corpus Christi mysticum attenditur ut eadem Ecclesia in terra militans, jam includens salutem primam, a multis membris actu obtentam. Sane idea corporis *viventis* ingeruit ideam *vitae* a capite in corpus *transfusae*.«; daß beide Gesichtspunkte aber nicht zu trennen sind, findet auch bei Lercher kaum Beachtung.

[73] Vgl. K. ALGERMISSEN, *Konfessionskunde. Ein Handbuch der christlichen Kirchen- und Sektenkunde der Gegenwart*, Hannover 1930 (zugleich vierte, vollständig neu gearbeitete Aufl. von »Christliche Sekten und Kirche Christi), 12–13.

[74] Ebd., 8: »Aus einem doppelten Element also setzt sich das Gottesreich zusammen, aus einem unsichtbaren, nämlich jener Fülle himmlischer Güter, Gaben und Kräfte, die sich in der Menschheit auswirken, und einem sichtbaren, der Gemeinschaft der Mitglieder in ihrer äußeren Organisation und Ausbreitung.«

[75] Ebd., 21–22: »*Die Kirche ist die eine von Christus gegründete und mit ihm als dem Haupte durch die geistige Wiedergeburt in der Taufe zu einem Leibe in organischer Gliederung verbundene sichtbare Gemeinschaft der Gläubigen, die durch bestimmte, in rechtmäßiger Nachfolge mit den Aposteln in Verbindung stehende Hirten unter dem einen von Christus eingesetzten Oberhaupte geleitet, das Reich Gottes auf Erden darstellt und durch die Wahrheit desselben Glaubens, die Heiligkeit desselben Gesetzes und die Kraft derselben Gnadenmittel die Einzelseelen zum ewigen Leben führt und im Laufe der Zeit die gesamte Menschheit zu Gott zurückbringt.*«

[76] Vgl. z.B. A. MICHELITSCH, *Elementa apologetica*, 324.

tholisch und in ihren Wurzeln widerchristlich« ist, als Kategorie »*des natürlichen, rationalistischen Denkens*« und Ergebnis der Vermenschlichung Christi entschieden abgelehnt[77] sowie die Kirche als ein in Christus geeinter priesterlicher Opferleib beschrieben[78]; auf der anderen Seite kann derselbe Autor aber ebenfalls sagen: »So ist es die sichtbare, mit göttlichen Amtsvollmachten ausgerüstete Kirche, durch die Christus seine Wirksamkeit als Erlöser zu einer *dauernden* macht.«[79] Damit steht dann doch die »Amtskirche« mit ihrer sichtbaren Organisation wieder im Vordergrund[80], und zwar so sehr, daß verglichen mit dem von *Gott* gestifteten Gesellschaftlichen in der Kirche die Gemeinschaft (mit Christus) sogar als etwas Sekundäres dargestellt werden kann[81]. Dieser Dualismus wird uns bei der nächsten Gruppe von Ekklesiologen noch deutlicher entgegentreten, da er dort ausdrücklich namhaft gemacht und gleichsam als zum Wesen der Kirche gehörig angesehen wird.

Eher einen gewissen Fortschritt bilden dagegen die kurzen Überlegungen von L. LERCHER zu einer auf die menschliche Natur Christi gegründeten physischen Beziehung zwischen Christus und der Kirche[82] und von H. FELDER[83] zum übernatürlichen Charakter der Kirche, wo er über den augustinischen Gedanken der »una persona mystica« wenigstens ganz kurz den geheimnisvoll-organischen Zusammenhang zwischen Christus und seiner Kirche zu erklären versucht[84]. Trotzdem gelingt es auch hier nicht, die Verbindung wirklich homogen zu machen, so daß letztlich wieder alles Sichtbare an der Kirche ihrem Leib, alles Unsichtbare ihrer Seele in her-

---

77 Vgl. E. KREBS, *Vom inneren Baugesetz*, 807–808.

78 Ebd., 811–812.

79 DERS., *Dogma und Leben*, 8.

80 Noch deutlicher wird dies an seiner durchaus konventionell hierarchisch orientierten Kritik an J. A. Möhlers »Einheit«: Vgl. E. KREBS, *Möhlers Athanasius*, 385; auch DERS., *Grundfragen der kirchlichen Mystik dogmatisch erörtert und für das Leben gewertet*, Freiburg i. Br. 1921, 5.

81 Überdeutlich in DERS., *Joseph Wittigs Weg aus der kirchlichen Gemeinschaft* (Sonderdruck aus »Der katholische Gedanke« 1. Jhg. Heft 3), München 1928, 240: »Darum ist es dem vom gesellschaftlichen Liberalismus kommenden heutigen Menschen schwer, eine Gesellschaft anzuerkennen, die *vor* der Gemeinschaft ist, weil sie, *autoritativ* von *Gott* gegründet, überhaupt erst den Geist der Gemeinschaft in die Glieder des Gesellschaft eingießen und sie so zum ›Volk Gottes‹ machen soll.«

82 Vgl. L. LERCHER, *Institutiones Theologiae dogmaticae I*, 395–398.

83 Vgl. H. FELDER, *Demonstratio catholica*, 33–48.

84 Ebd., 38–39.

kömmlicher Trennung zugeschrieben werden kann[85]. Ähnlich auch bei E. DORSCH[86], der anläßlich der Glieder Christi, also der »causa materialis« der Kirche, auf den »Leib« Christi zu sprechen kommt und recht frei nach J. B. FRANZELIN[87] eine »unio (quasi-) physica« Christi mit der Kirche vertritt[88], die letztlich geheimnisvoll bleibt[89]. Die Trennung in Seele und Leib der Kirche bleibt jedoch genauso bestehen wie bei Felder[90] und ebenso wie bei diesem nehmen die üblichen apologetischen Darstellungen zu Stiftung, Struktur und Lehramt der Kirche den unverhältnismäßig viel größeren Teil des Buches ein[91]. Ein wesentlicher Fortschritt zu der üblichen Denkart wird also auch hier nicht erzielt.

Abschließend können wir sagen, daß die Aufgabe Christi in dieser apologetisch orientierten Lehre von der Kirche letztenendes in ihrer Bedeutung zwangsläufig unterschätzt werden mußte. Unseren Autoren geht es zuerst einmal um eine Verteidigung und Begründung der römisch-katholischen Kirche als der wahren, von Gott gewollten einzigen Heilsanstalt. Dabei sehen sie die Kirche vor allem in der Sichtbarkeit ihrer Hierarchie[92] und ste-

---

[85] Ebd., 40: »Quidquid in Ecclesia externum, visibile, veluti determinabile est, id ipsius corpori tribuendum est ... Quidquid in Ecclesia est internum, invisibile, veluti determinans, id ipsius animae tribuendum est ...«.

[86] Vgl. E. DORSCH, *De Ecclesia*, 437–504.

[87] Vgl. J.B. FRANZELIN, *Theses de Ecclesia Christi*, 306–311, bes. 310–311, der aber dabei vor allem von der Eucharistie spricht: »... communicatione denique et inhabitatione Christi capitis in Ecclesia suo corpore per sacrificium et sacramentum corporis et sanguinis realis, quam Patres dicunt ›naturalem proprietatem‹ capitis cum membris; ›physicam participationem‹, ›concorporationem et consanguinitatem‹ membrorum cum capite.«

[88] Vgl. E. DORSCH, *De Ecclesia*, 440.

[89] Ebd., 447: »... quod ecclesia *non solum* sit corpus *morale* ut quaelibet societas humana, *sed sensu longe sublimiore, quo* magis *imitetur rationem corporis physici* ... Vocatur *ergo* ecclesia corpus mysticum, ut insinuetur id tenere medias partes inter corpus physicum et morale ... *multa mysteria in hac unione* Christi ad ecclesiam *subesse* ...«.

[90] Ebd., 447.

[91] Ähnliches gilt auch für L. KÖSTERS, *Die Kirche unseres Glaubens. Eine theologische Grundlegung katholischer Weltanschauung*, Freiburg i.B. 1935, der allerdings auf den Leib-Christi-Gedanken noch mehr Wert legt und ihn systematischer behandelt, weshalb wir vorgezogen haben, ihn in einer anderen Gruppe zu erwähnen. Vgl. *P. Ludwig Kösters SJ†*: Schol 14 (1939) 565–566, bes. 566: »Während K's Schüler Diekmann die Fülle des Quellenstoffes ausbreitet, läßt K. mehr die Architektonik hervortreten. Aber wie er psychologisch die Wichtigkeit des Glaubens*lebens* für die Erhaltung und Stärkung des Glaubens hervorhebt, so krönt er auch seinen Beweisgang durch die *dogmatische Wesenschau* der Kirche als des mystischen Leibes Christi. So baut er die Brücke vom 19. zum 20. Jahrhundert, allerdings noch keine umfassende Ekklesiologie: die *Gründung* der Kirche als Gnadenmittlerin und Gnadenorganismus durch Christi Sühnetod, Übertragung der Weihegewalten und Sendung des Geistes aufgezeigt zu sehen, bleibt noch ein Wunsch.«

[92] Vgl. J.B. WALZ, *Die Sichtbarkeit der Kirche*, 374: »Überblicken wir das Dogma von der Sichtbarkeit der Kirche und vergleichen wir die Ausführungen mit dem Kirchenbegriff der

hen dem Geheimnischarakter der Kirche eher mißtrauisch gegenüber. Das hindert sie naturgemäß auch daran, einen Zugang zur tieferen Begründung des Christusgeheimnis innerhalb der Kirche zu suchen und zu finden. Christus, der »legatus Dei«, der auf Erden wandelnde göttliche Stifter, der Begründer kirchlicher Strukturen und der Offenbarer göttlicher Gesetze und Vollmachten für die Kirche, der göttliche Lehrer, Priester und Hirt, der im Auftrag des Vaters diese Ämter der Kirche weitergibt: All diese Eigenschaften Christi passen zu einer Kirche als »societas perfecta«, deren Bestand durch die einmalige geschichtliche Fundierung der Kirche für immer gesichert ist und deren Stand als legitime Rechtsnachfolgerin Christi jetzt nur noch für die Gegner erwiesen werden muß, passen zu einem »Reich Gottes«, das zwar nocht nicht ganz vollendet ist, aber alle Zeichen göttlicher Größe bereits an sich trägt. Ungreifbare und unsichtbare Kategorien wie die in der Kirche wirkende »gratia Christi« können hier verständlicherweise nur noch in einem kurzen dogmatischen Anhang Platz finden. Daß damit vielleicht ein wichtiger Beitrag zur Verteidigung der wahren Kirche geleistet wurde, aber die theandrische Gestalt und Wirkweise Jesu Christi aus dem Geheimnis der hypostatischen Union heraus innerhalb dieser Ekklesiologie in den Schatten treten mußte, ist offensichtlich. Hier wird — nolens volens — Christus zum ausführenden Organ ekklesiologischer Vorstellungen, die an eine Theologie erinnern, die auf einer Summe göttlicher Willensdekrete basiert und den Zugang zur onto-theologischen Fundierung des göttlichen Heilswerkes in Jesus Christus zumindest für weniger wichtig zu halten scheint. Daß, auf eine solche Vermutung angesprochen, unsere Theologen sie wohl kaum akzeptiert haben würden, spricht noch nicht gegen ihre Richtigkeit. Im sechsten Kapitel sollen anläßlich einiger Überlegungen zur Gnadentheologie weitere Gründe dafür angeführt werden.

d) Die sakramentalen Charaktere als Basis der Kirche

Bevor wir uns der nächsten Gruppe zuwenden, müssen wir noch auf einen ekklesiologischen Versuch eingehen, der zeitlich an sich an den Schluß des

---

Gegner, so erkennen wir umso mehr die hohe Bedeutung, welche gerade diesem Dogma zukommt. Wir sehen, wie der Kampf der einzelnen Kirchen sich gerade um das Moment der Sichtbarkeit dreht, um die Frage: Hat Christus seine Kirche auch ihrem Wesen nach sichtbar (formell sichtbar) gestiftet oder nicht? Die Ausführungen haben gezeigt, *daß das Dogma von der »Sichtbarkeit der Kirche« vollauf zurecht besteht* ... *Christus* selbst hat in der Tat seine Kirche als wesentlich sichtbar organisierte Gemeinschaft, als eine Herde unter einem Hirten gegründet ...«

von uns zu besprechenden Zeitraumes gehört. Es handelt sich um die bereits öfters erwähnte grundlegende Kritik an der noch darzustellenden »Leib-Christi-Ekklesiologie«, die M. DOMINIKUS KOSTER in seinem Buch »Ekklesiologie im Werden« 1940 auf Anregung von A. RADEMACHER vorgelegt hat[93]. Der Grund, warum wir Kosters vieldiskutierte Thesen[94], an dieser Stelle erwähnen, liegt in der erstaunlichen Tatsache, daß sie unter einer bestimmten Rücksicht nach der von ihm »heilspersonalistisch« genannten Phase einer manchmal unilateralen Verfechtung des Corpus-*mysticum*-Modells eine Art Rückkehr zu manchen in sich durchaus berechtigten Anliegen der societas-perfecta-Auffassung brachte. Für Koster ist zwar der der Wirklichkeit der Kirche am besten angepasste Begriff nicht der der Gesellschaft, sondern der des »Volkes Gottes«[95], aber dieses mit dem ›Leib Christi‹ sachlich identische ›Volk Gottes‹ konstituiert sich nicht vordringlich aus der personalen Gnade des Einzelnen, sondern ist in den sakramentalen Charakteren begründet[96], wodurch Koster die Gliedschaft Christi von der Gliedschaft der Kirche klar unterscheiden kann[97]. Wenn Koster sich also auch von einem apologetischen oder dualistischen Kirchenbild energisch absetzt[98], verbindet ihn die Lehre von den sakramentalen Charakteren aber doch mit Betonung der der Kirche verliehenen Amtsvollmachten Christi, der »tria munera«, die für diese Ekklesiologie typisch ist[99]. Denn es sind ja

93 Vgl. M. D. KOSTER, *Ekklesiologie im Werden,* 197: »Ihre Veröffentlichung erfüllt zum Teil ein Versprechen, das der nunmehr verstorbene Professor A. Rademacher im Februar 1939 dem Verfasser abgenommen hatte.«

94 Vgl. U. VALESKE, *Votum Ecclesiae,* 200–207.

95 M. D. KOSTER, *Ekklesiologie im Werden,* 266: »Die vielen Vorteile, die darin mitgegeben sind, daß die Ekklesiologie von dem Selbstverständnis der Kirche als ›Volk Gottes‹ methodisch ausgeht, können hier nicht gut übergangen werden. Sie zeigen mit Leichtigkeit die Fruchtbarkeit dieses Weges, wie nicht anders zu erwarten ist, da es der Weg der Verkündigung ist, des unerschöpflichen Bornes der Theologie.«

96 Ebd., 220: *»Der* [Leib Christi] *ist vielmehr das aufgrund der sakramentalen Charaktere begründete und durch sie gestufte und gegliederte Personenganze oder Heilskollektiv, insofern es sich nach den Weisungen des Stellvertreters Christi leiten läßt.*«; ebd., 222: »In der Glaubensverkündigung von der Kirche ist ›Volk Gottes‹ und ›Leib Christi‹ sachlich das gleiche …«; er läßt sich hier u. a. leiten von einer Studie über die Ekklesiologie des Aquinaten: vgl. DERS., *Wesen und Natur der Kirche. Eine systematische Studie nach den ekklesiologischen Grundsätzen des hl. Thomas von Aquino,* [Diss. Bonn 1937], Bonn 1939 [Teildruck]; bezeichnend ist das Lob dieses Ansatzes durch J. BRINKTRINE, *Zur Definition der Kirche,* 227.

97 M. D. KOSTER, *Ekklesiologie im Werden,* 240–241.

98 Ebd., 206 u. 227.

99 Vgl. zu dieser Annäherung eines dogmatischen Kirchenbegriffes an den rechtlichen: J. FUCHS, *Vom Wesen der kirchlichen Lehrgewalt. Eine Kontroverse des 19. Jahrhunderts, historischer Beitrag und systematischer Versuch,* Diss. masch. Münster 1940; DERS., *Weihesakramentale Grundlegung kirchlicher Rechtsgewalt*: Schol 16 (1941) 496–520; neuerdings: L. SCHICK, *Das dreifache Amt Christi und der Kirche. Zur Entstehung und Entwicklung der Trilogien* (Europäische Hochschulschriften XIII/171), Frankfurt – Bern – Las Vegas 1982; G.

eben die in den Charakteren begründeten Standes- bzw. Amtscharismen, in denen diese Vollmachten Christi für die Kirche und ihre Struktur als ›Volk Gottes‹ wirksam werden. Die »saubere Scheidung von Christologie und Ekklesiologie«, die Koster vertritt[100], führt dazu, daß der Aspekt Christi als des göttlichen Vollmachtstifters über die Betonung der Charaktere als kirchliches Strukturprinzip wieder in der Vordergrund tritt und dementsprechend der gesellschaftliche Chrakter des Heilskollektivs Kirche von neuem betont wird. Trotz seiner Ansicht, einen heilsgeschichtlichen Kirchenbegriff erarbeitet zu haben[101] und trotz seines Eintretens für die Einheit von Natur und Übernatur in Christus[102], kann sich Koster im Grunde nicht von einem einseitig rechtlichen Vorverständnis der Kirche lösen[103], durch das er in Versuchung gerät, einen Teilaspekt kirchlicher Wirklichkeit zur Erklärung des Ganzen zu benützen[104]. Bei dieser Betrachtungsweise wird die Geschichtlichkeit der in der Kirche wirksamen Übernatur nicht ausreichend berücksichtigt[105] und das Volk Gottes letztlich ebenso statisch verstanden wie die vollkommene Gesellschaft. Daß gerade die sakramentalen Charaktere als objektives Fundament des geschichtlichen Heilshandelns Gottes Ausgangspunkt einer Christus und die Kirche innerlich verbindenden Begründung der historischen Dimension von Gnade sein könnten, die Heilspersonalismus und Heilskollektivismus zusammensschaut, ist Koster nicht klar geworden. Damit bedeutet weniger seine berechtigte Kritik als vielmehr sein Lösungsversuch eine gewisse Repristinierung von Ansichten, die er selbst schon überwunden zu haben glaubte. Somit bleibt er trotz der Zeitverschiebung durchaus ein, wenn auch offenerer Vertreter jenes Kirchenbegriffs, der die ungeschichtliche Distanz zwischen Christus und der Kirche nicht zu überwinden vermag.

GHIRLANDA, *Hierarchica Communio* (Analecta Gregoriana 216), Rom 1980, 230–398; A. FERNANDEZ, *Munera Christi et Munera Ecclesiae. Historia de una teoria,* Pamplona 1982.

[100] M.D. KOSTER, *Ekklesiologie im Werden,* 203.

[101] Ebd., 217.

[102] Vgl. DERS., *Natur und Übernatur. Die christliche Gesamtordnung*: Cath 5 (1936) 15–29, bes. 24.

[103] Vgl. M. KELLER, *Volk Gottes als Kirchenbegriff,* 132: »*Koster* geht von einem Vorverständnis aus: Volk Gottes wird von ihm als Kirche in den heutigen konkreten Rechtsordnungen verstanden. Beeinflußt ist dieser Vorentwurf vom Kirchenrecht, genauer von der 1918 erfolgten Neukodifizierung. Das Hauptgewicht liegt bei der Leitung der Kirche. Von diesem nie näher begründeten Vorverständnis her versucht er zu einer totalen Sicht der Kirche zu gelangen.«

[104] In diesem Zusammenhang hat man ihm den Vorwurf der Konstruiertheit und Abstraktion gemacht: vgl. C. ZIMARA, *Rufe nach »wissenschaftlicher Ekklesiologie«:* DT 21 (1943) 93–112, bes. 110; E. BISER, *Die neuere Theologie und der Geist der Schwere:* HL 48 (1955/56) 297–307, bes. 299.

[105] Vgl. M. KELLER, *Volk Gottes als Kirchenbegriff,* 134.

B. Christus-Kirche: Dualismus oder Spannungseinheit?

Die von Koster verurteilte, aber auch schon bei den vorgenannten Theologen öfters festgestellte Juxtaposition zweier sehr verschiedener Kirchenbilder und folgerichtig zweier kaum miteinander vereinbarter Beurteilungen der Beziehung Christi zur Kirche wird im folgenden auf teils sehr unterschiedliche Weise zum Prinzip einer moderneren Form der Ekklesiologie erhoben, die sich mit wenigen Ausnahmen ganz bewußt als unter dem Einfluß ihrer Zeit stehend begreift und gerade dadurch diese Zeit in den Raum der katholischen Glaubenslehre und -praxis hereinholen möchte[106]. Dabei werden die Grenzen zwischen apologetischer und dogmatischer Darstellung oft fließend und die Zuordnung aller Autoren zu einer bestimmten theologischen Vorgangsweise fast unmöglich, da die meisten sowohl methodisch als auch thematisch umfassend arbeiten wollen. Als das große Ziel wird die theologische Einheit der Ekklesiologie angestrebt. Ob sie erreicht wird, sollen die folgenden Ausführungen illustrieren.

a) Christus innen und außen

Die Ekklesiologen, die jetzt zu behandeln sind, haben nicht mehr eine hauptsächlich apologetisch-fundamentaltheologische Methode mit einer Art dogmatischem Anhängsel, sondern sie wollen die Kirche von Anfang an unter verschiedenen Gesichtspunkten auf übernatürliche Weise betrachten: »als objektive *Heilsanstalt* und als subjektive *Gemeinschaft der Heiligen*«[107]. PETER LIPPERT[108] kann in seinem Werk »Die Kirche Christi« sogar »drei Erkenntnisbilder der Kirche« vorstellen: ein geschichtliches, das in der Kirche Stiftung und Willensäußerung Jesu sieht, ein religiöses, das unseren glaubensmäßigen Zugang zur Kirche Christi ermöglicht und schließlich ein übernatürliches, das die wesentliche Wirklichkeit der Kirche

---

[106] Vgl. z.B. A. RADEMACHER, *Die Kirche als Gemeinschaft und Gesellschaft,* 5: »An dogmatischen Darstellungen der Kirche fehlt es nicht. Hier soll der Versuch unternommen werden, sie einmal von der soziologischen Seite her zu betrachten, in dem Vertrauen, daß auf dem Wege Hemmungen beseitigt werden können, die der Glaubensfreudigkeit ihrer Glieder und einer gerechten Würdigung der außerhalb der Kirche Stehenden sich entgegenzustellen und welche dem Erlebnis des Menschlichen an ihr zu entspringen pflegen.«

[107] Vgl. B. BARTMANN, *Lehrbuch der Dogmatik,* 129.

[108] Vgl. *P. Peter Lippert SJ*: HL 26/II (1929) 655–657; F.X. GERSTNER, *Peter Lippert in seiner Bedeutung für die Seelsorge*: ThPQS 93 (1940) 214–220.

begreift[109]. Nach wie vor wird allerdings bei der »Paarung« von »objektivem System und subjektiver Freiheit«[110], also von Heilsanstalt und Gnadengemeinschaft, das objektive Moment unterstrichen[111]. So wundert es nicht, daß Lippert den zentralen und ausführlichsten Teil seines Buches unter dem Titel »Der Begriff der Kirche« wieder der Stiftung und den Ämtern der Kirche widmet[112]. Trotzdem wird bei ihm und anderen deutlicher, daß Christus nun nicht mehr nur für die äußere Organisation der Kirche »zuständig« ist. Selbst für B. BARTMANN[113], dessen dogmatischem Kirchentraktat immer noch eine stark apologetische Note anzumerken ist, ist die Kirche jetzt im Ganzen eine von Christus umfangene Gemeinschaft, die durch und durch »übernatürlich« ist[114]. Sie ist nach Paulus »mystischer Leib«, nach den von Jesus selbst gebrauchten Bildern ein »lebendiger Organismus«[115]. Für Lippert ist Jesus nicht mehr bloß Stifter, sondern »ein Lebenszentrum, ein Abgrund von Wirklichkeit«[116]. Christus steht jetzt eindeutig im Mittelpunkt allen kirchlichen Waltens[117]. Die Grundintention dieser Zusammenschau von außen und innen in Christus ist klar: »Es würde nützlich sein, wenn dieser paulinische, urchristliche, mystische Kirchenbegriff dem nachtridentinischen, polemischen, juridischen … wieder vorgezogen würde.«[118]

Allerdings sind bei allem guten Willen zu einer solchen Gesamtsicht der Kirche auch hier immer noch deutlich sichtbare Schwächen vorhanden. Die schon erwähnte Uneinheitlichkeit der Methode bringt es mit sich, daß doch eine gewisse Duplizität des Kirchenbildes nicht zu verleugnen ist, die ihrerseits auf einem nicht genügend vereinheitlichten Christusbild aufbaut.

---

109 Vgl. P. LIPPERT, *Die Kirche Christi*, 6–7.

110 Ebd., 28.

111 Das findet seine Parallele im Glaubensverständnis: vgl. DERS., *Vom religiösen Subjektivismus*: StZ 100 (1921) 1–11, bes. 4: »Erst wenn die Objektivität des religiösen Wissens und Glaubens gesichert ist, beginnt der *gläubige* Subjektivismus in seine Rechte zu treten.«; anderswo scheint sich Lippert — wie nicht selten — allerdings zu widersprechen: DERS., *Was ist Religiösität?*: StZ 100 (1921) 355–366, bes. 356: »Die christliche Religiösität ist zunächst Subjektivität …«.

112 DERS., *Die Kirche Christi*, 71–184.

113 Vgl. E. STAKEMEIER, *Bernhard Bartmann. Leben, Werk und theologische Bedeutung*: ThGl 44 (1954) 81–113.

114 B. BARTMANN, *Lehrbuch der Dogmatik II*, 148: »Die Kirche ist eine *religiöse, geistige* und *übernatürliche* Gemeinschaft.«

115 Ebd., 132.

116 P. LIPPERT, *Die alleinseligmachende Kirche*: StaML 84 (1913) 1–14, hier 9.

117 Vgl. P. LIPPERT, *An den Pforten der Kirche*: StZ 98 (1920) 161–171, bes.169: »Diese Gnade auf dem Gipfel des kirchlichen Waltens ist Christus selber…Wieviel die Kirche auch sonst noch zu bieten hat…es verschwindet vor und in dieser größten und allumfassenden Gabe: Christus.«

118 B. BARTMANN, *Lehrbuch der Dogmatik II*, 142.

Einerseits ist Christus auch hier der geschichtliche Stifter, auf dessen konkreten Gründungswillen alles ankommt[119] und dessen Ziel der »Zweckverband« Kirche zur Fortsetzung seines Lebenswerkes war[120]. Anderseits ist gibt es aber auch eine »Gegenwart des lebendigen und ewig lebenden Christus in der Kirche«, die »auf keine Weise mit historischen oder psychologischen Erkenntnismitteln zu erweisen« ist[121] und sich eben in jener Seite der Kirche auswirkt, die »als *geistige* [Gemeinschaft] ... den ewigen, unwandelbaren Gütern der unsterblichen Seele« dient[122]. All Seelen zusammen aber bilden dann die Gemeinschaft der Heiligen, der Christus als »lenkendes und führendes Haupt dient«[123] und deren bloße »organisierte Erscheinungsform«[124] die »Rechts- und Beamtenkirche« ist[125].

Es gibt aber einen merklichen Fortschritt: Im Unterschied zur oben behandelten ekklesiologischen Gruppe beginnt man nun, Christus erstens eine zentrale Stellung für das Leben der Gesamtkirche einzuräumen, ihn zweitens nicht nur der Hierarchie und den Vollmachten, sondern auch dem »inneren« Gnadenleben seiner Kirche zuzuordnen und ihn damit drittens als eigentlichen Grund der vollständigen Übernatürlichkeit kirchlicher Wirklichkeit zu begreifen. Trotzdem bleibt die eigentliche Aufgabe ungelöst: Immer noch ist Christus einerseits Stifter, anderseits geheimnisvolle Gnadenkraft und »pneumatisches Lebensprinzip«[126], so wie die Kirche einerseits Rechts-, anderseits Liebeskirche, einerseits Organisation, anderseits »Lebewesen von überirdischer Art« ist[127]. Beides beinhaltet ein richtiges Element, aber so wie zwischen dem geschichtlichen Jesus und dem pneumatischen Christus hier immer noch ein — natürlich nicht beabsichtigter! — Abstand zu bestehen scheint, so wird in der Kirche Zeitliches und Wesentliches auch

---

119 Vgl. B. BARTMANN, *Lehrbuch der Dogmatik II,* 143: »Christus dachte von Anfang an an die Gründung einer Kirche mit einem neuen Kulte im Geiste und in der Wahrheit, der den jüdischen Zeremoniendienst ablösen und ersetzen sollte. Zum Beweise berufen wir uns auf eine Reihe seiner *Handlungen,* dann auf ausdrückliche *Lehrworte.*«; P. LIPPERT, *Die Kirche Christi,* 87–104, bes. 91: »*Jesus Christus hat die katholische Kirche gewollt und gegründet.*«

120 P. LIPPERT, *Die Kirche Christi,* 73–74.

121 Ebd., 204.

122 B. BARTMANN, *Lehrbuch der Dogamtik II,* 149.

123 P. LIPPERT, *Die Gemeinschaft der Heiligen*: StZ 124 (1933) 73–82, hier 78.

124 Ebd., 74.

125 P. LIPPERT, *Die Kirche Christi,* 148: »Die katholische Kirche ist eine Rechts- und Beamtenkirche. Schon der Charakter eines Zweckverbandes, einer Organisation bedingt und erzeugt unvermeidlich ein Rechtssystem und ein Rechtsleben.«

126 Vgl. P. LIPPERT, *Die Kirche Christi,* 210.

127 Ebd., 210.

noch nicht nicht genügend zusammengesehen[128]. Hier soll in Christologie und Ekklesiologie erst die Vertiefung des Leib-Christi-Gedankens bis zu seinen letzten Wurzeln eine gewisse Verbesserung, aber auch die Gefahr bringen, das Gleichgewicht diesmal in eine andere Richtung zu verlieren.

b) Die Kirche als Doppelwesen: Arnold Rademacher

Die Gefährdung des Gleichgewichts zeichnet sich schon in einem ekklesiologischen Ansatz ab, der die Unterteilung der Kirche in zwei »Seiten« endgültig zum Prinzip erhebt. Am klarsten ist diese Unterteilung wohl von K. RADEMACHER[129] in seinem bereits häufiger zitierten Buch »Die Kirche als Gemeinschaft und Gesellschaft« vorgenommen worden. In dieser von ihm »soziologisch« genannten, aber apologetisch gedachten und durchgeführten Darstellung versucht er, die »Doppeltätigkeit« der Kirche als fortlebender Christus und als vernunftgemäße Gesellschaft systematisch darzustellen[130]:

> »Ihr Wesen ist Geheimnis wie Gottes Geist, der in ihr waltet, und Christus, der sie begründet hat und in ihr fortlebt. Aber wir können sie von außen her anschauen und so über ihr geheimnisvolles Wesen einige vernunftgemäße Aussagen machen. Es ist von außergewöhnlicher Fruchtbarkeit für die Glaubenserkenntnis, wenn wir die Kirche von dieser Doppeltätigkeit her betrachten, als *Gemeinschaft und Gesellschaft,* als unsichtbare und sichtbare, mystische und rationale, transzendentale und empirische, jenseitige und diesseitige, göttliche und menschliche, ewige und zeitliche, heilige und mit menschlichen Mängeln behaftete Realität.«

RADEMACHER baut diese »soziologische« Auffassung der Kirche auf eine Betrachtung des Phänomens Religion auf, in dem er bereits eine »inne-

---

[128] Vgl. auch M. LAROS, *Die Menschen in der Kirche,* in: Um die Einheit der Kirche, 25–31, bes. 25: »Zunächst stellen wir fest: Das Menschliche an der Kirche ist ihre Außenseite, wie das Göttliche ihre Innenseite ist.«; O. KARRER, *Das Religiöse in der Menschheit und das Christentum,* Freiburg i. B. 1934², bes. 232–233; von demselben Ansatz her sind kritisch gegen alle einseitige Vergöttlichung oder Vermenschlichung der Kirche: F.P. SLADEK, *Göttliches und Menschliches in der Kirche*: ThQ 122 (1941) 175–190, bes.185–186; J. BERNHART, *Göttliches und Menschliches in der Kirche,* in: Die Kirche in der Zeitenwende, 238–265, bes. 256: »Blickt man tiefer in dieses Verhältnis, so zeigt sich gerade das objektive Prinzip der Kirche, das ja das subjektive nicht aufheben und zerstören, sondern erhalten, wecken, formen und festigen will, indem es ihm den Gegensatz als Ursache der Spannung und eigenen Wirklichung hinstellt, als die größere, weil von der größeren Gefahr bedrohte Aufgabe für die Seele.«

[129] Vgl. J. ANTZ, *A. Rademacher:* HL 36/II (1939) 259–260; J. RIES, *Arnold Rademacher. Eine Theologie der Einheit,* in: A. KOLPING, In Memoriam Arnold Rademacher. Eine Theologie der Einheit, Bonn 1969, 9–62.

[130] Vgl. A. RADEMACHER, *Die Kirche als Gemeinschaft und Gesellschaft,* 14–15.

re« (wesentliche) und eine »äußere« (formale) Seite entdeckt, die die Kirche als »Erfüllung der Religion« nun ihrerseits wiederspiegelt[131]. »*Die Gemeinschaft ist in ihrer Erscheinung Gesellschaft.*«[132]: Dabei wird die Gemeinschaft ohne weiteres mit dem Göttlichen, die Gesellschaft dagegen mit dem Menschlichen in Verbindung gebracht. Trotz aller Betonung der Einheit beider Teile[133], die aber im kirchlichen »Doppelcharakter« bezeichnenderweise als »complexio oppositorum« aufgefaßt wird[134], kann doch die Behandlung der Kirche als Gemeinschaft und als Gesellschaft säuberlich getrennt vor sich gehen[135], ja es gibt hier sogar eine »rein historische« und eine »dogmatische Betrachtungsweise«.[136] Seine fundamentaltheologische Behandlung der Kirche ist dementsprechend durchaus noch dem apologetischen Traktat der »Demonstratio christiana et catholica« zuzuordnen.[137] Am sprechendsten aber für die bei einer solch scharfen methodischen Trennung nur schwierig aufzuzeigende und daher in Wirklichkeit oft mangelnde Einheit des Rademacherschen Kirchenbildes ist die Tatsache, daß »Jesus, der Gottmensch, der religiöseste aller Menschen« wie selbstverständlich vor allem der kirchlichen *Gemeinschaft* angehört: Er »ist wesensnotwendig Gemeinschaftsmensch und Mittelpunkt aller religiösen Gemeinschaften«[138]. Diese annähernde Ineinssetzung Christi mit dem inneren, unsichtbaren, substantiellen Gemeinschaftselement der Kirche führt mit der damit Verbundenen stärkeren Vergeistigung der Rolle Christi über den »christlichen Solidaritätsgedanken« zu der erstaunlichen Schlußfolgerung: »Alle Menschen sind Glieder des Leibes Christi.«[139] Das »neue Leben« in Jesus Christus hätte deswegen auch ohne besondere Stiftung »wesensnotwendig« zur Kirche werden müssen[140]. Die Spiritualisierung Christi und seiner Kirche als Le-

---

131 Ebd., 40.

132 Ebd., 28.

133 Ebd., 49: »Die Kirche als göttlich-menschliche, himmlisch-irdische, jenseitig-diesseitige Vereinigung der im mystischen Leibe Jesu Christi verbundenen Kinder Gottes ist Lebensgemeinschaft und Zweckverband und zwar beides in untrennbarer Einheit ...«

134 Vgl. A. RADEMACHER, *Vernünftiger Glaube. Altes und Neues zu religiösen Zeitfragen,* Freiburg i. B. 1923, 4.

135 DERS., *Die Kirche als Gemeinschaft und Gesellschaft,* 49–58 u. 58–70; diese Trennung wirft er jedoch anderswo der protestantischen Ekklesiologie als rationalistisch vor: vgl. DERS., *Zur Frage Kirche und Gesellschaft,* 11.

136 DERS., *Vernünftiger Glaube,* 4.

137 Vgl. DERS., *Philosophisch-apologetische Grundlegung der Theologie II. Grundlinien der Fundamentaltheologie 2. Katholische Apologetik. Skizze zur Handreichung bei den Vorlesungen,* als Manuskript gedruckt, Bonn 1929[3].

138 DERS., *Die Kirche als Gemeinschaft und Gesellschaft,* 47; auch DERS., *Die innere Einheit des Glaubens,* 149; DERS., *Vernünftiger Glaube,* 7–8.

139 DERS., *Die Kirche als Gemeinschaft und Gesellschaft,* 48.

140 Ebd., 47.

bensspender und Lebensgemeinschaft, die hier — eben als in wesensnotwendigem Zusammenhang gesehen — deutlich den Einfluß MAX SCHELERS spüren läßt[141], macht die Kirche als Gemeinschaft zu einer über- oder mehr noch ungeschichtlichen Größe[142]. »Das Wort ›Kirche‹ teilt mit vielen anderen Schriftwörtern das Schicksal, daß es religiös gemeint ist und theologisch verstanden wird, daß es etwas Organisches, Lebendiges und Geheimnisvolles besagen will und als etwas Organisatorisches, Starres, menschlich Berechenbares ausgelegt wird.«[143] Nur mit dem Geheimnisvollen, der Kultgemeinschaft, der Gemeinschaft der Heiligen, steht aber Christus in einem wirklich inneren Verhältnis, während die gesellschaftliche Seite der Kirche fast als ein »Akzidenz«[144] gilt, eine »Erscheinung« zusammengesetzt aus fehlbaren Menschen[145]. Die Einheit beider Teile wird auch hier wieder unterstrichen[146], wobei Rademacher mit Vorliebe den Vergleich mit der hypostatischen Union zu Hilfe nimmt[147]. Dabei übersieht er, daß das zu seiner Ansicht vom Verhältnis von Gemeinschaft und Gesellschaft als Wesenheit und Erscheinung, als Substanz und Akzidenz nur sehr schlecht passt. Wenn Rademacher die Einheit in der Kirche als »Spannungseinheit« charakterisiert[148], dürfte diese Qualifikation ja wohl kaum auf Christus anzuwenden sein. Tatsächlich scheint die Spannung das Gleichgewicht der Einheit der Kirche mit Christus einseitig zu verschieben. Wenn unser Autor sich gemäß der Zeitmode auch immer wieder beeilt, die Kirche als »Organismus«, »Leib Christi«, als den »fortlebenden Christus« zu bezeichnen, der mit dem Lebensstrom Gottes »physisch« verbunden ist[149], so ist doch damit fast immer die »Gemeinschaft« angesprochen[150]. Die Gesell-

---

[141] Vgl. noch deutlicher mit ähnlichem Ansatz bei J. NEUNDÖRFER, *Die Kirche als gesellschaftliche Notwendigkeit,* bes. 225 u. 235.

[142] Vgl. A. RADEMACHER, *Die Kirche als Gemeinschaft und Gesellschaft,* 56: »Mit dem ersten Menschen war die Kirche bereits begründet. Der göttliche Logos und das göttliche Pneuma halten sie zusammen. Jesus hat sie nicht allererst gestiftet, sondern die schon vorhandene gereinigt und vollendet.«; auch 27; ähnlich DERS., *Die innere Einheit des Glaubens,* 151.

[143] DERS., *Die innere Einheit des Glaubens,* 151.

[144] Dem scheint er zu widersprechen in: DERS., *Die innere Einheit des Glaubens,* 153: »Die Kirche ist nicht bloß akzidentiell, sondern wesensmäßig ebensosehr sichtbar wie unsichtbar.«; die Frage nach der Verbindung beider Eigenschaften und ihrem gemeinsamen Verhältnis zu Christus bleibt aber unbeantwortet.

[145] DERS., *Die Kirche als Gemeinschaft und Gesellschaft,* 58–59.

[146] Ebd., bes. 70–86; DERS., *Vernünftiger Glaube,* 1–13.

[147] DERS., *Vernünftiger Glaube,* 1–2; DERS., *Philosophisch-apologetische Grundlegung der Theologie II/2,* 15.

[148] DERS., *Die Kirche als Gemeinschaft und Gesellschaft,* 76–86, 168–175.

[149] Ebd., bes. 140–145; vgl. auch die biblische Begründung in: DERS., *Die übernatürliche Lebensordnung nach der paulinischen und johanneischen Theologie. Eine dogmatisch-biblische Studie,* Freiburg i.B. 1903, 207–210.

schaft hat dagegen trotz aller »Spannungseinheit« eher negative Bedeutung[151]. Jedenfalls kann man von ihrer sichtbaren Erscheinung nicht auf das Wesen der Kirche als Gemeinschaft schließen, die deswegen als die dahinterliegende »wirklichere Wirklichkeit« auch nicht definierbar ist[152]. Es ist nur konsequent, Jesus dann als »Haupt des einen Körpers« zu sehen, »der die Gemeinschaft aller Erlösten als Glieder umfaßt«[153] und damit natürlich die vorgebliche Spannungseinheit innerhalb der Kirche zugunsten der unsichtbaren Gnaden-Gemeinschaft durchbricht.

Rademacher hat das Problem einer Ekklesiologie erkannt, die zwar sowohl die hierarchische Struktur der Kirche als auch ihr inneres Gnadenleben von Christus ausgehen läßt, aber der es nicht gelingt, beide Wirklichkeiten in einen Zusammenhang zu setzen. Die Suche nach Einheit und Harmonie[154], die die gesamten philosophischen und theologischen Bemühungen Rademachers auszeichnete[155], ließ ihn versuchen, diese Spaltung innerhalb des Kirchentraktates durch den schon erwähnten Begriff der »Spannungseinheit« zu überwinden. Dieser Gedanke, der letztlich aus einer alles übergreifenden Suche nach der Verbindung zwischen Mensch und

---

[150] DERS., *Die Kirche als Gemeinschaft und Gesellschaft,* 137–138: »Das Einheits- und Lebensprinzip der Kirche ist das göttliche Leben oder die *Gnade.* Wie Jesus von dem lebendigen Vater gesandt ist und das Leben in ihm hat, so hat die Gemeinschaft der Kirche und jedes lebendige Glied in ihr das Leben von Jesus Christus und durch ihn vom Vater in den Himmeln.«; ebd., 145: »Wie die Kirche die Führerin zu Christus und zum Vater ist, so ist der Vater und Christus Führer zur Kirche als der Gemeinschaft der Heiligen.«; vgl. auch DERS., *Philosophisch-apologetische Grundlegung der Theologie II/2,* 15–17, bes. 15–16.

[151] DERS., *Die innere Einheit des Glaubens,* 154: »Die Kirche ist eine gewachsene, natürliche und organische *Gemeinschaft,* keine bloß gestiftete künstliche und organisationsmäßige *Gesellschaft.*«

[152] DERS., *Die Kirche als Gemeinschaft und Gesellschaft,* 181.

[153] Ebd., 143.

[154] Vgl. A. KOLPING, *In Memoriam Arnold Rademacher. Eine Theologie der Einheit,* Bonn 1969, 7: »Rademachers theologisches Bemühen kreiste um die Einheit der Theologie, um die Einheit von Glauben und Leben in der Welt oder, in der damaligen Sprache ausgedrückt — sie begegnet uns in den Titeln seiner hauptsächlichen Werke — um Religion und Leben, Religion und Bildung, Gnade und Natur.«; auch H. FRIES, *Die katholische Religionsphilosophie,* 283–287.

[155] Vgl. J. RIES, *Arnold Rademacher 1873–1939,* in: Bonner Gelehrte. Beiträge zur Geschichte der Wissenschaften in Bonn. Katholische Theologie, hrsg. v. der Rhein. Friedrich-Wilhelms-Universität zu Bonn, Bonn 1968, 78–93, bes. 80: »Das Tiefste der ihn bezeichnenden Einheit war sicher Veranlagung. Aber RADEMACHER überließ diese nicht sich selbst, sondern hob den inneren Trieb zur Einheit und zur einenden Liebe ins Bewußtsein, ja, er entwarf aus ihm heraus eine Philosophie der Einheit, die sein ganzes theologisches Denken bestimmte.«

Gott erwachsen war[156], beruht bei Rademacher allerdings auf einer eher physikalischen Vorstellung[157]:

> »*Was ist Spannung?* Der Begriff ist von der *Mechanik* hergenommen. Hier bedeutet er eine Wechselwirkung von Kräften. Wesentlich für die Entstehung eines Spannungszustandes ist es, daß die Kräfte einander *entgegengesetzt* und daß sie miteinander *verwandt* sind. Der Gegensatz ist also eine Gegensatz nicht der Feindschaft, sondern der *Polarität.*«

Diese Polarität nutzend, sucht Rademacher das »*Gleichgewicht der Gegensätze*«, das aber als ideales Ziel nur durch die »ständige Auseinandersetzung zwischen den entgegengesetzten Kräften«[158] zu erreichen ist. Die polare Spannungseinheit, in der es verwirklicht ist, findet sich, wie wir gesehen haben, auch in der Kirche[159]. Hier wird jedoch die Schwäche der Konstruktion Rademachers offensichtlich[160]. Wie Rademacher der begrifflichen Erfassbarkeit der Wahrheit in den Dingen eine gewisse Irrationalität der Wahrheit entgegenhält, die bis zur logischen Vereinbarkeit von Gegensätzen geht[161], so scheint auch die sichtbare, dingliche »Seite« der Kirche im letzten nicht in der Lage zu sein, die weitergehende Christuswirklichkeit in polarem Gleichgewicht zur unsichtbaren, gnadenhaften »Seite« in gleichem Maße zu repräsentieren[162]. Gründung, Wahrheit und Einzigkeit, Unfehlbar-

---

156 Vgl. A. RADEMACHER, *Religion und Leben,* 5–33, bes. 8.

157 Ebd., 11; auch 12–13.

158 Ebd., 27.

159 Vgl. DERS., *Die innere Einheit des Glaubens,* 154: »Die beiden Elemente der Sichtbarkeit und Unsichtbarkeit sind einander so zugeordnet, daß keines von beiden ohne das andere bestehen kann, wie polare Spannungen, wie rechts und links, oben und unten, innen und außen.«

160 Vgl. J. RIES, *Arnold Rademacher,* 81: »Es gelang RADEMACHER, die in einer solchen Polaritätsphilosophie liegenden Gefahren der Konstruktion im wesentlichen zu umgehen. Der Grund dafür liegt in der Setzung des Einheitspunktes. Die Spannungseinheit der Gegensätze in ihrer ganzen Variationsbreite ist nach ihm nur möglich, wenn Gott der Zentralgedanke im Leben des Menschen, der Mensch also von einem lebendigen Gottesglauben erfüllt ist.«; was für die Rademachersche Philosophie als in erster Linie subjektiv gelebter Einheitsgrund ausreichen mag, scheint allerdings ekklesiologisch die Schwierigkeit, eine objektive Einheit in Jesus Christus zu finden, nicht gelöst und daher die Gefahr der Konstruktion auch nicht ausgeschlossen zu haben.

161 Vgl. A. RADEMACHER, *Religion und Leben,* 17: »Die Wahrheit liegt dann auf des Messers Schneide, d.h. sie liegt überhaupt nicht in der Ebene der Dinge selbst, sondern irrational auf dem Schnittpunkt der beiden Ebenen … Man kann mit gleicher Wahrheit den Satz aufstellen: ›Das Ganze ist früher als die Teile‹, wie auch den Satz: ›Die Teile sind früher als das Ganze.‹ Man kann mit gleichem Recht von dem Primat des Logos über den Eros reden, aber auch vom Primat des Eros über den Logos; denn Kirche und gläubige Seele, Teil und Ganzes, Logos und Eros stehem zueinander in einem Spannungsverhältnis.«

162 Vgl. M. KELLER, *Volk Gottes als Kirchenbegriff,* 96–98, betont deswegen mit Recht die Ungeschichtlichkeit des Rademacherschen Kirchenbildes.

keit und Vollmacht der Kirche treten, solange es sich nicht um bloße Apologetik handelt[163], nun eher zurück, »weil unverfälschbares, begnadetes, göttliches Leben von dem dreieinigen Gott her über Christus in die heilige Gemeinschaft übergeleitet worden ist und immerdar wird, und weil diese Gemeinschaft nur von diesen göttlichen Kräften lebt.«[164] Wenn auf der einen Seite Christus in der Gemeinschaft steht, auf der anderen Seite die äußere Form der Gesellschaft als eingrenzendes Element besteht, so ist die Spannung zwischen beiden Teilen leicht einsehbar. Wo aber ihre nicht nur formal, sondern auch ontologisch begründete Einheit liegt, wird nicht recht klar. Dazu kommt, daß im Unterschied zu den gerade behandelten Ekklesiologen Christus wiederum in einer fast unilateralen Beziehung gesehen wird, diesmal allerdings eben nicht zu sichtbaren Struktur, sondern zur unsichtbaren Gnade in der Kirche und daß darüber hinaus auch diese Beziehung eher behauptet als erhellt wird. Man könnte geradezu dialektisch nennen, wie ein »soziologischer« Ansatz sich solchermaßen als ein verkappter »Supranaturalismus« entpuppt[165]. Eine »Soziologisierung« und damit Vermenschlichung des Sichtbaren in der Kirche, die aus Rademachers Bemühen hervorgeht, wo möglich, alles mit natürlichen Gesetzmäßigkeiten zu erklären[166], führt dann wieder genau zu jener »Überbetonung der Gnadengemeinschaft«[167], die wir als Strömung des Zeitgeistes bereits kennengelernt haben. Eine »Spannungseinheit« solcher Prägung kann die grundsätzliche, durch die Beurteilung der Stellung Christi sogar noch akzentuierte Spaltung im »Doppelwesen« Kirche höchstens verschleiern, nicht aber überwinden.

---

163 Vgl. A. RADEMACHER, *Philosophisch-apologetische Grundlegung der Theologie II/2*, 17, wo er als »allgemeinere Definition« der Kirche sogar schreiben kann: *»Die Kirche ist die von Jesus für alle Zeiten als unsichtbare Gemeinschaft und sichtbare Gesellschaft begründete hierarchisch und monarchisch regierte vollkommene Vereinigung aller Christusgläubigen.«*

164 DERS., *Die innere Einheit des Glaubens*, 151.

165 Für J. RIES, *Arnold Rademacher*, 88 ist die dahinterstehende Grundauffassung Rademachers »ein innerlicher Supranaturalismus«.

166 Vgl. A. KOLPING, *In Memoriam Arnold Rademacher*, 8: »Weil Rademacher Natur und Gnade unvermindert erhalten wissen wollte, sah er es als geboten an, daß alles, womit wir zu tun haben, solange aus einer natürlichen Gesetzmäßigkeit zu erklären sei, als dies sich als möglich erweise.«

167 Vgl. J. BEUMER, *Kirchenaustritt dogmatisch gesehen*: TPQS 93 (1940) 10–20, bes. 19: »In den letzten Jahren hat eine Wende stattgefunden: es machte sich die Neigung bemerkbar, das Sichtbare an der Kirche zu verflüchtigen und die übernatürliche Gnadengemeinschaft überzubetonen und sie fast nur im Unsichtbaren feststellen zu wollen.«

c) Versöhnte Polarität in Christus

Was Rademacher in seinen soziologischen Bemühungen nicht recht gelingen wollte, hatten schon früher zwei sehr verschiedene Theologen unabhängig von diesem und letztlich auch voneinander auf ähnlichen, aber auch wieder jeweils eigenen Wegen zu erreichen gesucht: ROMANO GUARDINI[168] und ERICH PRZYWARA[169] sahen Welt und Kirche ebenfalls von polaren Gegensätzen durchzogen, die es in eine Einheit zu bringen galt. Jeder der beiden Autoren hätte ohne weiteres eine Einzeldarstellung seiner ekklesiologischen Gedankenwelt verdient, die mehr in Detail ginge[170]. Leider müssen wir, auch auf die Gefahr einer gelegentlich zu pauschalen Darstellung hin, uns auf jene Züge beschränken, die unser eigentliches Thema von der Beziehung Christi zur Kirche betreffen oder doch direkt damit verbunden sind[171].

1. Spannungseinheit in Analogie: Erich Przywara

Nach der bei aller dogmatischen Beimischung doch wesentlich soziologisch-apologetischen Behandlung der in der Kirche entdeckten Spannungseinheit bei ARNOLD RADEMACHER begegnen wir bei ERICH PRZYWARA jetzt dem Versuch, dasselbe Phänomen auf seine onto-theologischen Fundamente hin zu untersuchen. Dabei ist es die sein Lebenswerk bestimmende Anschauung von der »analogia entis«[172], die er auch ekklesiolo-

---

[168] Vgl. z.B. E. BISER, *Romano Guardini — Versuch einer Spiegelung*: ThGl 69 (1979) 431–446; DERS., *Interpretation und Veränderung. Werke und Wirkung Romano Guardinis,* Paderborn 1979; H. KUHN, *Romano Guardini. Zum 80. Geburtstag*: StZ 175 (1965) 430–436; L.A. WINTERSWYL, *Romano Guardini. Eigenart und Ertrag seines theologischen Denkens*: HL 34/II (1937) 363–383; zum Ganzen: H. MERKER, *Guardini-Bibliographie,* Paderborn–München–Wien–Zürich 1978.

[169] Vgl. z.B. H.U. VON BALTHASAR, *Erich Przywara,* in: MySal XIII, Brescia 1978, 347–354; J.B. LOTZ, *Erich Przywara zum Gedächtnis*: StZ 190 (1972) 289–290; V. MATHIEU, *E. Przywara nella Filosofia d'oggi,* in: E. Przywara, L'uomo. Antropologia tipologica, Milano 1968, 3–28; ZIMNY L., *Erich Przywara — Sein Schrifttum 1912–1962. Mit einer Einführung von Hans Urs von Balthasar,* Einsiedeln 1963.

[170] Vgl. H.-B. GERL, *»Durchblick aufs Ganze«. Romano Guardinis Werk in seiner Entfaltung,* 46: »Ein zweiter großer Themenkreis sind Schriften zur *Ekklesiologie*.«; B. GERTZ, *Katholische Krise und Konzil,* in: E. Przywara, Katholische Krise, bes. 262–265.

[171] Wir hoffen jedoch, wenigstens zur Ekklesiologie Przywaras nach Abschluß dieser Arbeit eine weitergehende Studie fertigstellen zu können.

[172] Vgl. z.B. B. GERTZ, *Glaubenswelt als Analogie. Die theologische Analogie-Lehre Erich Przywaras und ihr Ort in der Auseinandersetzung um die analogia fidei* (Themen und Thesen der Theologie 2), Düsseldorf 1969; R. STERTEBRINK, *Ein Weg zum Denken. Die Analogia entis bei E. Przywara,* Wien 1971; J. DUTARI-TERAN, *Die Geschichte des Terminus Analogia entis und das Werk Erich Przywaras*: PhJB 77 (1970) 163–179; DERS., *Christentum und Metaphysik› Das Verhältnis beider nach der Analogielehre E. Przywaras,* München 1973; J. ZEIT,

gisch zunehmend mehr zum bestimmenden Element erhebt. Sie zieht sich in der von H.U. VON BALTHASAR als eine »wunderbare ... Botschaft« bezeichneten Theologie Przywaras[173] von der Metaphysik über die Gotteslehre zur Schöpfungstheologie und findet ihren Reflex ebenso in der Christologie wie in der auch bei Przywara eng damit verbundenen Lehre von der Kirche, womit sie schlechthin zur »katholischen Grundform« geworden ist[174]. In einem ständigen, auch sprachlich spürbaren Ringen um die Unreduzierbarkeit der metaphysischen Ur-Struktur des »zwei unvermischt in eins« will Przywara das Ganze von Gott und Welt in einen genialen Erklärungsrahmen spannen, der dann auch die Kirche in ihrem Verhältnis zu Christus nicht ausspart[175].

»Das ›zwei unvermischt in eins‹ der klassischen christologischen Lösung ist die Form der Lösungen überhaupt: im Christusproblem das ›zwei unvermischt‹ der göttlichen und menschlichen Natur, ›als eins‹ des Einen Christus, im Kirchenproblem das ›zwei unvermischt‹ ihrer Gottesseite (unsichtbare Kirche) und ihrer Menschenseite (sichtbare Kirche) ›als eins‹ der Einen Kirche des ›Haupt und Leib Ein Christus‹ und endlich im Gnade-Freiheitproblem im strengen Sinn das ›zwei unvermischt‹ der übernatürlichen Gnadenseite des religiösen Lebens und seiner menschlichen Werk-Freiheitsseite ›als eins‹ des Einen Christen als des ›Christus in mir‹ des ›Gliedes des Leibes Christi‹. Dieses ›zwei unvermischt in eins‹ ist aber die entscheidende Grundlage in der Urspannung der *analogia entis* zwischen

---

Spirituality and Analogia Entis according to E.Przywara, Washington 1982; M.SCHNEIDER, *»Unterscheidung der Geister«. Die ignatianischen Exerzitien in der Deutung von E.Przywara, K.Rahner und G.Fessard* (TThSt 11), Innsbruck–Wien 1983, bes. 33–38; dabei ist bei dem späteren Przywara — nach der von uns zu behandelnden Periode — eine immer stärkere Hinneigung (getragen von der ständigen Auseinandersetzung mit reformatorischem Denken) zur Verborgenheits-Seite der ›analogia entis‹ festzustellen: vgl. R.BERLINGER, *Absconditum sub contrario. Philosophische Bemerkungen zur Methode E. Przywaras*: PhilJB (Görres-Gesellschaft) 62 (1953) 86–95, bes. 91–92; auch J. RATZINGER, *Erich Przywaras Alterswerk*: WoWa 13 (1958) 220–221; B. GERTZ, *Kreuz-Struktur. Zur theologischen Methode Erich Przywaras*: ThPh 45 (1970) 557–561, bes. 560: »Und so ist die Methode, die der Analogie des Seins und der Analogie der Glaubenswelt entspricht, nach einem Wort P.s der ›Denk-Stil eines Logos der Gegensätze in einer Logik der Gegensätze‹ und zielt darum in einen ›abyssalen Realismus, als Realismus der Nacht der Abgründe‹ [E. PRZYWARA, *Schriften III. Analogia entis. Metaphysik. Ur-Struktur und All-Rhythmus,* Einsiedeln 1962, 434]. Das ist nicht bloß eine literarische Übersteigerung. Das hat seinen Ursprung und sein Ziel in der Erkenntnis, daß Christus und Kirche als Haupt und Leib Ein Christus, und damit auch eine kirchliche Theologie, ihre konkrete Gestalt nur haben können in jenem ›Christus deformis‹, dem entstellten, ungestalten Christus ...«.

173 H.U. VON BALTHASAR, *Erich Przywara,* in: MySal XIII Suppl.: Lessico dei teologi del secolo XX, Brescia 1978, 347–354, hier 348: »Il prodigioso messaggio teologico del gesuita Erich Przywara — non paragonabile per profondità e per ampiezza di prospettive a nessun altro del nostro tempo — avrebbe potuto oggi diventare un vero e proprio mezzo di salvezza per il pensiero cristiano. Il tempo ha scelto la via più facile, quella di non confrontarsi con lui.«

174 Vgl. E.PRZYWARA, *Die Reichweite der Analogie als katholischer Grundform*: Schol 15 (1940) 339–362, 508–532.

175 DERS., *Religionsphilosophie katholischer Theologie,* in: DERS., Religionsphilosophische Schriften (Schriften Bd.II), Einsiedeln 1962, 376–511, hier 441 [zuerst 1927].

Allwirklichkeit-wirksamkeit Gottes (entsprechend der Gleichheit zwischen Gott und Geschöpf) und Eigenwirklichkeit-wirksamkeit der Kreatur (entsprechend der mitten hindurchschneidenden Unterschiedenheit zwischen Gott und Geschöpf).«

Schöpfer und Geschöpf, Gott und Mensch, Gnade und Freiheit, die beiden Naturen Christi, die beiden Elemente der Kirche und auch Christus und die Kirche zueinander stehen in dieser Polarität, die uns als metaphysische Struktur von Schöpfung und Erlösung begegnet. Dabei unterscheidet sich Przywara bewußt von GUARDINI, bei dessen Gegensatz-Philosophie und deren Auswirkungen er die Gefahr einer personalistischen Vergeistigung von Übernatur und Theologie (wie auch, so könnten wir nach unseren Untersuchungen hinzufügen, der Beziehung zwischen Christus und Kirche) erkennt, die aus beiden eine Seite der Gegensatzpaare zu machen droht, statt auch hier die Urspannung zu wahren[176]. Trotz der augustinisch geprägten Sicht der »analogia entis«[177] neigt der Jesuit Przywara in unserer Periode ständig mehr dazu, sich von dem »Augustinustypus« der Theologie abzusetzen, den er wohl sogar noch in manchen sehr ausgeprägten Formen für a limine vertretbar hält, der aber theologisch wie spezifisch ekklesiologisch zu vergeistigender Einseitigkeit führe und gerade kirchliche Gemeinschaft in die Nähe einer Reduzierung auf die Beziehung »Gott und Seele« rücke[178]. Allerdings gibt es in Przywaras Frühschriften vor oder zu Beginn der Ausarbeitung seiner Analogielehre durchaus auch Stellen, wo er selbst in diesem Sinne von Augustinus beeinflußt erscheint[179], dessen enorme theologi-

---

176 DERS., *Die Reichweite der Analogie*, 339–340: »Zu diesem Ganzen entstanden von Anfang an ähnliche Formen, aber in bewußter oder unbewußter grundsätzlicher Gegnerschaft dazu. — *Guardini's* »Gegensatz« (1926) wahrt die Spannung zwischen Gegensätzen, einerseits hinein in eine letztlich in sich schwingende Struktur, andererseits so, daß das Übernatürliche und die Theologie an die Grenze gerät, eine Seite der Gegensatz-Paare zu sein, die personalistische.«

177 Vgl. J. MARTIN-PALMA, *Gnadenlehre. Von der Reformation bis zur Gegenwart* (HDG III/5b), Freiburg–Basel–Wien 1980, 182: »In der analogia entis von Przywara schwingt mehr Augustinisches als Thomistisches mit. Die thomistische Darstellung geht davon aus, daß die beiden Analogate Subjekte einer angemessenen Seinsaussage sind, das heißt, in dem beiden jeweils angemessenen Maße. Damit handelt es sich um eine statische Analogie, die auf der Relation beruht, eine Analogie von Subjekten, die ›vor‹ dem Sein stehen, wie Przywara schlicht erklärt. Das augustinische Modell ist dagegen dynamisch und gründet auf dem Tun, mit dem ein Wesen zum anderen hinstrebt: das ist die analektische Analogie des ›auf ein Ziel hin‹, nicht analogia proportionis, sondern eher attributionis.«

178 E. PRZYWARA, *Religionsphilosophie katholischer Theologie*, 496: »So bleibt auch in den schärfsten Formen des Augustinustypus die Echtheit von ›Gemeinschaft‹, aber es ist Gemeinschaft, die fast nur als ›dämmernder Hintergrund von Gott und Seele‹ leuchtet, und dann heißt das urtümliche Gottesbekenntnis dieses Typus ...: Gott ist Persönlichkeit.«

179 Vgl. z.B. DERS., *Himmelreich. Die Gleichnisse des Herrn*, in: DERS., Frühe religiöse Schriften (Schriften I), Einsiedeln 1962 [zuerst 1922/23], 25–272, bes. 228–256.

sche Bedeutung er ohnehin niemals unterschätzt hat[180]. Mit diesem Einfluß hängt es wahrscheinlich auch zusammen, daß er sich — hierin Guardini gleichend — zuerst vor allem für die Spannung zwischen Einzelseele und Gemeinschaft interessierte und sich in poetischer Sprache gleichsam zum Herold der Gemeinschaftsehnsucht der Seele machte[181]. Doch auch in dieser Frühzeit ist der Verbindung des »Kirchenproblems« mit dem »Christusproblem« und des »Christusproblems« mit dem »Gottesproblem«, also eine Ausweitung der Spannung von Seele und Gemeinschaft auf eine Grundstruktur in Schöpfung und Erlösung, bereits gegenwärtig: »Gott aber ist aufgeleuchtet im Antlitze Jesu Christi, dessen Leib die Kirche ist: ›Haupt und Leib Ein Christus‹. Derselbe Geist in Christo, dem Bräutigam, und der Kirche, Seiner Braut, der uns führt und leitet zum Heil unserer Seelen...«[182] Von der Frage nach der Beziehung zwischen der begnadeten Einzelseele und der begnadeten Seelengemeinschaft führt für Przywara ein direkter Weg zur sichtbaren Kirchengemeinschaft: Die Kirche, »wenn sie geschieht in dir ›als Glied des Leibes Christi‹«, ist nur möglich in »Einheit des Denkens und Wollens mit Christo, ›Haupt und Leib ein Christus‹, und *darum* und insoweit, mit dem Papst ...«[183]. Der sichtbare, hierarchische Aufbau der Kirche ist also nicht eine »Seite« des »Doppelwesens« wie bei Rademacher und auch nicht »Form und Ordnung« innerlicher Gemeinschaft, wie wir es bei Guardini sehen werden, sondern er gehört zum Eigentlichen der Kirche und ist ebenso zentral im »Christus-und Gottesproblem« des »Haupt und Leib Ein Christus« verwurzelt wie die Seele und ihre Gemeinschaft mit anderen Seelen. Die sichtbare Kirche ist für Przywara weder soziologische Erscheinung unsichtbaren Wesens noch einfach hilfreich-gottgewollter, menschlich-notwendiger Ausdruck innerer Erlösungswirklichkeit, sondern sie ist zutiefst im Ganzen *unserer tatsächlichen* Heilsordnung verankert, die

---

[180] Wie wenig sich Przywara auch hier einfach festlegte bzw. festzulegen ist, zeigen seine Augustinus-Werke: vgl. E. PRZYWARA, *S. Augustine and the modern World*, New York 1970; DERS., *Augustinus. Ur-haltung des Geistes*, Einsiedeln 1972.

[181] Vgl. DERS., *Wandlung. Ein Christenweg*, in: Frühe religiöse Schriften [zuerst 1925], 379–472, bes. 447–472, z.B. 459: »O nieder brach in den Nächten der Seele Wand um Wand verschlossenen Lebens: nicht mehr Einsamkeit gesondert! — Kirche *aller*! Mein Gebet, das mir verstummte, versiegt ist's für *mich*! Mitbetend höre ich's nun! Lobend und singend miteinander ...«; zur Gemeinschaft z.B. auch DERS., *Katholizität*, in: DERS., Katholische Krise, bes. 21.

[182] DERS., *Majestas Divina. Ignatianische Frömmigkeit*, in: DERS., Frühe religiöse Schriften [zuerst 1925], 473–518, hier 501.

[183] Ebd., 501–502; vgl. M. SCHNEIDER, *»Unterscheidung der Geister«*, 68 über Przywaras Interpretation der ignatianischen »Regeln zum Fühlen mit der Kirche«: »Das Leben mit Christus ... ist auch ein Leben mit der Kirche ...«.

ohne sie ebenso undenkbar wie unmöglich wäre: In dieser Heilsordnung »ist die Kirche die alleinige Konkretheit Gottes in Christo.«[184]

Dadurch daß Przywara sich des metaphysischen Prinzips der »analogia entis« bedient, gelingt es ihm, die Polaritäten in der Kirche nicht nur zu beschreiben bzw. ihre Einheit in ein geistiges Ganzes zu verlegen, das dann auch wieder zu einem der Spannungsgegensätze zu werden droht, sondern sie als übernatürliche Seinsstruktur aufzufassen, die den »Haupt und Leib Ein Christus« überhaupt erst zustande kommen läßt. Weder ›Gott allein‹ noch ›Christus allein‹, auch nicht ›Gott und Mensch‹ oder ›Christus und Mensch‹ ist das Geheimnis der Kirche, sondern ›Gott mit Christus mit dem Menschen‹, also eben der »Haupt und Leib Ein Christus«: »... das Grundgeheimnis des Verhältnisses zwischen Gott und Geschöpf (die *analogia entis*), das ein Allwirken Gottes und ein Eigenwirken des Geschöpfes besagt, durchformt auch dieses Letzte: Gott in Christo in der Kirche ist wahrhaft ›alles in allem‹, aber nicht ›alles allein‹.«[185] Damit wird die Kirche zum »objektiv seienden Unendlichkeitsgegenstand *kat'exochen*«[186], in der aufgrund der »je immer größeren Unähnlichkeit« zum Geschöpf die Absolutheit und Souveränität der göttlichen Majestät in Christus sichtbar werden kann, ohne dadurch die Souveränität der Kirche im Papst zu zerstören[187]. Im Gegenteil, die Souveränität der Kirche ist gerade der ausschließliche Ort dieser Sichtbarwerdung, da analoge Teilhabe an der Souveränität Gottes in Christus: »der Wille des Vaters im gesendeten Sohn in der gesendeten Kirche (Jo 20,21).«[188] So sind die Kirche, Christus und Gott drei Komponenten der einen Wirklichkeit des Katholizismus, in dem Unsichtbarkeit nicht mehr von Sichtbarkeit, Liebe nicht mehr von Recht und Seele nicht mehr von Gemeinschaft zu trennen ist, wenn auch der Weg des Geschöpfes darin »ewig Spannung von Gegensätzen« bleibt[189]. Aber darin besteht ja gerade

---

184 E. PRZYWARA, *Die Reichweite der Analogie*, 510.

185 DERS., *Katholizismus der Kirche und Katholizismus der Stunde*: StZ 110 (1926) 260–270, hier 267; auch DERS., *Kirche als Lebensform:* StZ 105 (1923) 314–317, bes. 316; DERS., *Gott in der Kirche:* ZAM 19 (1944) 79–87.

186 DERS., *Kantischer und katholischer Geistestypus. Eine Betrachtung zum Kantjubiläum*: StZ 107 (1924) 161–174, hier 174.

187 DERS., *Die Reichweite der Analogie*, 509–510: »D.h. es ist die Souveränität der göttlichen Majestät selbst, um die es in dieser ›je immer größeren Unähnlichkeit‹ geht: nicht um einen Rhythmus zwischen Teilnahme an Gott, Erlösung, Natur und hiermit zwischen Ähnlichkeit und Unähnlichkeit, sondern um die je immer größere Souveränität des lebendigen Gottes in sich selbst. Da es aber um den Gott der Einen Ordnung der Erlösung geht, so ist es wesentlich Gott in Christo in der Kirche und also folglich die Souveränität Gottes in einer wahrhaft souveränen Kirche und also in einem souveränen Papst.«

188 Ebd., 514.

189 DERS., *Custos, quid de nocte?*, 305.

des Katholische, daß die Polarität menschlichen Mitwirkens nicht das Letzte ist, weil sonst die Gefahr des ständigen Abgleitens in einen der Pole nie gebannt werden könnte, und unausweichlich das »Gott allein« der Verklärungsekklesiologie oder das »Mensch allein« des Rationalismus beherrschend würde. Vielmehr ist das »Gesetz zwischen Transzendenz und Immanenz, das zwischen Gott und Geschöpf gilt, auch als Gesetz im C. Chr. m. zu sichten.«[190] Przywara versucht mit wachsender Klarheit, den Ernst der Größe des transzendenten Gottes in seiner immanenten Repräsentatation in der Kirche aufrechtzuerhalten durch die Betonung der »je größeren Unähnlichkeit« seiner begründenden und sendenden Autorität, die aber ihrerseits den »Hintergrund« bildet für die gottgeschenkte »so große Ähnlichkeit« der Begnadung der Kirche im inkarnierten Gottessohn als Haupt des Leibes des »Einen Christus«[191]. Die Kirche erscheint damit als Teilhaberin am unter dem Gesetz der »analogia entis« stehenden Gesamt der Sendung und des Lebens ihres Hauptes Jesus Christus.

Der Gottmensch wird auch für Przywara der Schnittpunkt seines Kirchenbildes, weil sich in der Teilhabe an seiner Aufgabe das Wesen der Kirche entscheidet. Die Frage nach dem »Mysterium zwischen Christus und der Kirche«[192] scheint schon in der kirchlichen Einheitsformel gelöst, die Przywara von Augustinus übernimmt[193]:

> »Das Geheimnis der Kirche heißt ›Haupt und Leib Ein Christus‹. Das sagt einmal: ihr ganzes Sein und Leben und Wirken und Leiden ist ein Wachsen an Christo, in Christo, zu Christus hin … Das sagt aber ebenso: das ganze persönliche Sein und Leben und Wirken und Leiden ist aufgerufen zu einem wahren ›an Stelle Christi die Botschaft üben‹, d.h. nicht nur passiv Christum zu empfangen, sondern aktiv Christi Amt zu üben.«

Hier sind Objektivität des Seins in Christus und Personalität des Weiterführens seines Auftrages vereint in der ursprünglichen Einheit des ontologisch und moralisch fortlebenden Christus der Kirche, die damit bereits in

---

[190] DERS., *Corpus Christi mysticum — Eine Bilanz,* in: DERS., Katholische Krise, 144–145; Przywara weist dabei auf eine Entwicklung in seinem eigenen Denken hin, die ihn auch von Guardini und Rademacher unterscheidet, ebd., 144: »Es genügt darum nicht, wie ein Großteil der Literatur des C. Chr. m. es tut, unsere frühere Betonung der ›Polarität‹ (Gottgeheimnis in der Welt, München 1923; Gott ebd. 1926) zu benutzen für eine Theorie des ›schwebenden Ausgleichs‹ als des Letzten im C. Chr. m.«; kritisch äußert sich Przywara auch zu Guardinis und Rademachers gesamter Gegensatzphilosophie: vgl. DERS., *Tragische Welt?,* 192–195.

[191] Vgl. DERS., *Theologie der Kirche — Ekklesiologie,* in: DERS., Katholische Krise, 153–166, bes. 160–162.

[192] Ebd., 158.

[193] DERS., *Liturgie, Aszese, Mystik*: StZ 121 (1931) 310–312, hier 310.

das »ursprüngliche Christusbild« gehört[194]. Wir haben schon gesehen, das dieser fortlebende Christus die Sendung Christi als Sichtbarmachung der Majestät Gottes in der Welt durch das Gesetz der Seinsanalogie fortführt. Diese Fortführung geschieht aber genau so wie die erste Sichtbarmachung durch Christus in der Form der Entäußerung[195], denn die Kirche ist nach Przywara eben gerade nicht der fortlebene verklärte Herr, sondern »der fortlebende Erlöser-Christus ..., d. h. der fortlebende Gekreuzigte.«[196] Das ist nur möglich, weil Christus weder »vermenschlichter Gott« im Sinne einer Verklärungsekklesiologie noch »vergöttlichter Mensch« im Sinne einer Humanitätsekklesiologie ist: Die Kirche besteht also ebensowenig nur in göttlicher Seelengemeinschaft mit dem unsichtbaren Gott oder nur in soziologischer Menschengemeinschaft wie auch nicht nur in mit beiden Fehlformen u. U. zusammenfallendem Heilsindividualismus oder als Heilsorganismus[197]. Sie ist vielmehr die objektive Fortsetzung der Erlösung, die durch die Entäußerung Gottes in Christus in der Kirche zustande kommt. Das Fortleben Christi in der Kirche ist folgerichtig nicht mehr bloß juridische Sendung noch allein innerliche Begnadung, weder Gemeinschaftsfunktion noch Ichfunktion[198], sondern durch souveräne Sendung sich entäußernder göttlicher Majestät in menschliches Wesen *hinein* möglich gewordene Begnadung des Einzelnen *in* übernatürlich-sichtbarer Gemeinschaft: also Gott in Christus in der Kirche oder ›Haupt und Leib Ein Christus‹. Diese Einheit Christi mit der Kirche ist dann weder eine physische noch eine moralische, sondern eine »ontisch-geistige«, die die beiden vorigen zwar übersteigt, jedoch akzidentiell bleibt, weil sie wohl aus Christus und den Christen ›Haupt und Leib Ein Christus‹ macht, *»aber im gewahrten Unterschied zwischen den zwei Naturen in der einen Person Christi und der geschöpflichen Natur und Person des einzelnen Christen und der Christen.«*[199] So geht auch hier wieder alle Einheit zurück auf »die eine unrückführbare Einheit der ›Analogie‹«[200] der ›so großen Ähnlichkeit in je immer größerer Unähnlichkeit‹, durch die die Kirche als mystischer Leib Christi »Fortleben und Fortwirken des ›ein-geeinten Werkzeug‹ der erlösenden Gottes«, also der Menschheit

---

[194] DERS., *Mystik und Distanz*: StZ 110 (1926) 346–362, hier 349.

[195] DERS., *Zwischen Religion und Kultur. Skizze zu einer Kulturphilosophie*: StZ 108 (1925) 321–332, bes. 325: »Denn christliche Offenbarung heißt, daß Gott sich seiner Gottheit ›entäußert‹ und Mensch wird und in der Menschengemeinschaft der Kirche fortlebt. Er schafft nicht eine neue Kreatur, sondern wählt *diese* Kreatur zu seiner formalen Sichtbarkeit.«

[196] DERS., *Wesen des Katholizismus*: StZ 108 (1925) 47–62, hier 52.

[197] Vgl. DERS., *Gott. Fünf Vorträge über das religionsphilosophische Problem* [zuerst 1926], in: DERS., Religionsphilosophische Schriften (Schriften II), Einsiedeln 1962, 308.

[198] Ebd., 305–307.

[199] DERS., *Corpus Christi mysticum — Eine Bilanz*, 148–149.

[200] Ebd., 149.

Christi, sein kann: Ähnlichkeit in dreifacher »Ein-einigung« in die vielen Glieder, in ihr Haupt Christus, in die menschliche Natur Christi als Werkzeug Gottes; größere Unähnlichkeit in der Werkzeuglichkeit der Glieder für die Kirche, des Leibes für das Haupt, der menschlichen Natur Christi für Gott[201]. Insofern kann dann Przywara auch »die ›sakramentale Kirche‹ und die ›Kirche der sakramentalen Charaktere‹ zusammen als die Mitte fassen ..., in der ›Leib Christi‹ und ›Hierarchische Kirche‹ sich innerlich begegnen.«[202] Denn in beidem wirkt sich doch wohl das Wesen der Kirche als fortlebendes ein-geeintes Werkzeug der menschlichen Natur Christi aus, einmal werkzeuglich Christi Leben weitergebend, das andere Mal »Mitwerkzeuge« schaffend, die dieses Leben erfüllen und von denen es weitergegeben werden soll. Amt und Leben Christi als Souveränität und Gnade Gottes sind so im Wesen der Kirche als ein-geeintes Werkzeug verbunden, ohne daß dieses deswegen mit Christus und Gott zusammenfällt: auch hier oder gerade hier Ähnlichkeit in je immer größerer Unähnlichkeit. Es will fast scheinen, als sei das Braut-Bild, auf das Przywara mehr gelegentlich zu sprechen kommt[203], der adaequatere Ausdruck seines auf der »analogia entis« aufgebauten Kirchenbildes, da darin doch alles, was dieses Prinzip umfaßt, wiederzukehren scheint: Repräsentation und Begnadung, Werkzeuglichkeit und Einheit, Sakramentalität und Souveränität, Individualität und Gemeinschaft, Nähe und Distanz.

Abgesehen davon, daß die Systematisierungen Erich Przywaras trotz aller Brillanz und Tiefe ab und an nicht des Gesuchten und Konstruierten entbehren, scheint eine der Schwierigkeiten seines Versuches genau in einem immer noch vorhandenen Auseinanderdriften der »hierarchischen Kirche« und des »Haupt und Leib Ein Christus« zu sein. Es ist unübersehbar, daß Przywaras Interesse ganz besonders der Rechtfertigung der Sichtbarkeit der Kirche nicht nur als wichtigem, sondern sogar als vorrangigem Wesenselement der Kirche[204] gilt: »›Hierarchische Kirche‹ hat also damit den Primat, insofern der schöpferische Wille Gottes der Urgrund von allem

[201] Ebd., 150–151; zur grundsätzlichen Bedeutung der Humanität Christi bei Przywara vgl. M. SCHNEIDER, *»Unterscheidung der Geister«*, 38–41.

[202] E. PRZYWARA, *Theologie der Kirche — Ekklesiologie*, 163.

[203] Z. B. auch DERS., *Corpus Christi mysticum — Eine Bilanz*, 151.

[204] DERS., *Katholizismus der Kirche und Katholizismus der Stunde*, 266: »...so wenig ist die ›sichtbare Rechtskirche‹ eine (eigentlich nicht sein sollende) Minderung der ›unsichtbaren Kirche‹ ..., daß vielmehr geradezu der innerste Sinn der ›unsichtbaren Gnadenkirche‹ (d.h. des ›Christus alles in allem‹) sich erst in der Vollentfaltung von Rechtscharakter und Menschcharakter der Kirche erfüllt.«; auch DERS., *Alter und neuer Katholizismus*, in: DERS., Katholische Krise, 190.

ist …«. Zwar erfüllt sich die hierarchische Kirche »in den ›Leib Christi‹«, der ebenfalls einen Primat hat, »insofern dieser Wille Gottes zum Geschöpf hin grundlos schenkende Liebe ist«[205], aber die Gemeinschaft ist nur die »*materia sacramenti*« des Sakramentes der Kirche. »Die *forma sacramenti* gründet allein in der Autorität Gottes in Christo in der Kirche …«. Wer also Leib Christi in Gemeinschaft (›so große Ähnlichkeit‹) zuerst sagt, »um Amtskirche und Papst an zweiter oder gar dritter Stelle zu sagen«, erhebt sich über »die einzige gottgegründete Souveränität« der Kirche (›je immer größere Unähnlichkeit‹)[206]. Diese Unterstreichung der Majestät Gottes, seiner Autorität und seines souveränen Willens läßt nicht nur an eine ähnliche Tendenz zu einer ›Theologie der göttlichen Willensdekrete‹ in der oben behandelten ›societas perfecta‹-Ekklesiologie denken, sondern scheint bei aller Betonung des inkarnatorischen Prinzips im »Haupt und Leib Ein Christus« doch die ontologisch-innerliche Begründung der Wichtigkeit der Hierarchie für die Leibgemeinschaft in den Hintergrund zu rücken vor ihrer Verankerung im bloßen Willen Gottes[207]. Sicher hat der Wille Gottes einen direkten Einfluß auf das Sein der Dinge und damit auch der Kirche, denn er ist, wie ja auch Przywara ausdrücklich bemerkt hatte, schöpferischer Wille und insofern auch Begründer seinsmäßiger Zusammenhänge. Wenn es demnach auch nicht »der alte lutherische Willkürwillensgott«[208] ist, den Przywara am Ursprung der kirchlichen Hierarchie sieht, sondern der in der »analogia entis« die Erlösungs- der Schöpfungsordnung anpassende Vatergott, so scheint doch die Sichtbarkeit der Kirche und ihre Hierarchie letztlich seinsmäßig weniger mit Christus verbunden, als mit dem Willen des Vaters, und folgerichtig eher indirekt mit der »Lebens-Teilnahme« im »Mysterium zwischen Christus und Kirche« verknüpft. Daß beide Aspekte im »Ursprung der Kirche in Gott« natürlich durch die in IHM bestehende »Einheit ›gründenden‹ Willens und ›erfüllender‹ Liebe« verbunden sind[209], löst

---

[205] DERS., *Theologie der Kirche — Ekklesiologie,* 161.

[206] DERS., *Papst-König*: StZ 117 (1929) 1–11, hier 9.

[207] DERS., *Alter und neuer Katholizismus,* 188: »… da jeweils der souveräne Wille der göttlichen Majestät und dessen Kundgabe in eine göttliche Ordnung und ein göttliches Gesetz das Erste ist und also darum dem Gewissen und der Einsicht und dem Geist vorausliegt, so heißt die katholische Grundformel allein: ›Gott in Christo in der Kirche im Gehorsam‹.« Vgl. zu Przywaras Gehorsamsauffassung DERS., *Deus semper maior,* Wien 1964[2] [1938[1]], 347: »So geschieht im Gehorsam einerseits die restlose Übergabe in den Dienst des Werkzeugs, das aus jedem eigenen Leben gestorben ist, in das Leben eines restlosen und blinden Gelenkt- und Geführtwerdens … Aber eben da es Gott allein ist, zu dem hin dieser Gehorsam geschieht, so hat diese Übergabe ihren Sinn gerade in der Vervollkommnung der Freiheit der eigenen Entscheidung …«.

[208] DERS., *Tragische Seele? Eine Betrachtung zum Thomasjubiläum*: StZ 106 (1924) 33–45, hier 37.

[209] DERS., *Theologie der Kirche — Ekklesiologie,* 165.

das Problem ihrer Verbundenheit in der Kirche selbst und mit Christus noch nicht. Auch das — hier und da zwischen logischer und ontologischer Ebene schwankende — Prinzip der Analogie kann, eben als Prinzip, diese Einheit nicht ausmachen. Przywara selbst greift daher zur Kategorie des Sakramentalen, in der sich Amt und Leben, also »hierarchische Kirche« und »Leib Christi« »durchdringen« sollen[210]. Wenn aber dabei, wie gerade zitiert, »Leib Christi« die sakramentale Materie, »Hierarchie« die sakramentale Form ist, so gründet die Einheit der Kirche doch wieder in erster Linie im souveränen göttlichen Willensentscheid. Damit ist für den Przywara, dessen Molinismus hier aufscheint[211], die Lehre von der »analogia entis« Betonung der »je immer größeren Unähnlichkeit« des souveränen Gottes zum endlichen Menschen geworden gegen die Übertreibung der »so großen Ähnlichkeit« des verklärten Christus mit dem begnadeten Geschöpf. Daß bedeutet aber gleichzeitig — wiederum in molinistischer Tradition — eine Stärkung des Eigenwirkens des Menschen als »causa secunda« im Allwirken des allmächtigen Gottes gegen eine Allwirken der Gnade im Glied des Leibes Christi und damit letztlich eine Unterstreichung der hierarchisch-sichtbaren Kirche mit dem Papst an der Spitze gegen ein begnadet innerliche Seelengemeinschaft des »Gott und Christus allein«.

Sicher ist Przywara einen wichtigen Schritt über die paradox doppelseitige humanistisch-supranaturalistische Schau der kirchlichen »Spannungseinheit« bei Arnold Rademacher hinausgelangt. Wie diesem ist ihm die Integrierung der sichtbaren Kirche ein immer größeres Anliegen geworden, das aber seinerseits ein gewisses Übergewicht zu bekommen droht und so die Betrachtung von Hierarchie und Leib Christi als polare Gegensätze trotz allen Kreisens um ihre letzte Einheit in der »analogia entis« nicht ganz aus-

---

210 Ebd., 166; die Anwendung dieses Begriffes bleibt wenig klar, vgl. ebd. 164: »Dieses Sakramentale von Leben und Amt kann man mit gutem Recht als die Weise bezeichnen, in der im inneren Wesen der Kirche selbst ›Leib Christi‹ und ›Hierarchische Kirche‹ sich durchdringen, wie sie von Gott her eins sind in seinem Einen Liebes-Willen, aber ohne daß ›Leib Christi‹ mit ›sakramentalem Leben‹ und ›Hierarchische Kirche‹ mit ›sakramentaler Amtlichkeit‹ einfach identisch wären, wie auch ›Leib Christi‹ und ›Hierarchische Kirche‹ nicht einfach identisch der Eine Liebes-Wille Gottes sind.«

211 Vgl. DERS., *Thomismus und Molinismus*: StZ 124 (1933) 26–35, bes. 32: »Thomismus wird im Geheimnis der hypostatischen Union die eine ›göttliche Existenz‹ Christi unterstreichen und damit das Erbe der alexandrinischen Schule bis ins Letzte fortsetzen: den ›verklärten Christus‹ einer Kirche, die schon ›Vorgabe des Himmels‹ ist. Molinismus hingegen übernimmt das Echte der antiochenischen Schule, wenn er eine wahre ›menschliche Existenz‹ Christi betont: den Christus der ›Entleerung ins Kreuz‹ und darum einer mit Vorzug streitend leidenden und leidend streitenden Kirche. Es ist darum nicht verwunderlich, daß Thomismus zum besonderen Anwalt der unsichtbaren Gnadenkirche des Corpus Christi mysticum ward, während im Molinismus die sichtbare Rechtskirche als akzentuierte Papstkirche dasteht.«

schließen kann. Trotzdem gehört der Jesuit ERICH PRZYWARA — mit ROMANO GUARDINI und KARL ADAM — zu jenen wenigen Theologen, die nicht — weder von vornherein oder doch durch die innere Unausgeglichenheit ihrer Ekklesiologie — bloß einen der möglichen Pole zum Mittelpunkt ihres Kirchenbildes machten, sondern von deren letzter Unreduzierbarkeit aufeinander bei gleichzeitiger vollkommener Durchdringung nicht nur überzeugt, sondern dafür auch eine theologisch haltbare Begründung zu liefern im Stande waren.

2. *Erlösungseinheit im Leibe Christi: Romano Guardini*

Wo es in der Analogielehre Erich Przywara bei aller darin vorhandenen relationalen Dynamik eines All-Rhythmus zwischen Schöpfer und Geschöpf zuerst noch um die Aufdeckung einer Grund-»Form« von Schöpfung und Erlösung ging, ist das Anliegen ROMANO GUARDINIS von Anfang an im Rahmen seines augustinisch geprägten dialogischen Personalismus zu sehen[212]. Ihm geht es bei aller Grund-»Form« immer zuerst um den Grund-»Dialog« zwischen göttlicher und menschlicher Person. Basis ist seine philosophische Gegensatzlehre[213], die wir im ersten Teil dieser Arbeit schon häufiger erwähnt haben und deren Einbettung in die auch die Lehre von der Kirche immer mehr beeinflussende Wende zum Leben unübersehbar ist[214]. Die Gegensatzlehre stellt einen Grundzug der ekklesiologischen Überlegungen Guardinis dar[215]. Nach seinen eigenen Worten tragen »die Schriften ›Vom Geist der Liturgie‹, ›Vom Sinn der Kirche‹ und über ›Liturgische Bildung‹ ... die Gegensatzidee als Richtung und Maß in sich.«[216] Wie wir

---

212 Vgl. H. KÜHN, *Natur und Gnade*, 55–58; U. BERNING-BALDEAUX, *Person und Bildung im Denken Romano Guardinis*, Würzburg 1968, 13–58; P. SCHMIDT, *Die pädagogische Relevanz einer anthropologischen Ethik. Eine Untersuchung zum Werk Romano Guardinis*, Düsseldorf 1973, 63–73; J. SPLETT, *Zum Person-Begriff Romano Guardinis. Ein ›Versuch‹ christlich-philosophischen Nach-denkens*: ThPh 54 (1979) 80–93; E. FASTENRATH, *›In vitam aeternam‹. Grundzüge christlicher Eschatologie in der ersten Hälfte des 20. Jahrhunderts*, St. Ottilien 1982, 760–773; H. KLEIBER, *Glaube und religiöse Erfahrung bei Romano Guardini*, Freiburg–Basel–Wien 1985, bes. 63–87, 114–121; A. SCHILSON, *Perspektiven theologischer Erneuerung*, bes. 176–181.

213 Vgl. H.-B. GERL, *Romano Guardini*, 250–266; auch M. SCHLÜTER-HERMKES, *Die Gegensatzlehre Romano Guardinis*: HL 26/I (1928/29) 529–539; J. SPECK, *Guardinis Gegensatzlehre und das sogenannte ›dialektische‹ Denken in der Pädagogik*: VjS für wissenschaftliche Padagogik 40 (1964) 89–115, 187–226: H. FRIES, *Die katholische Religionsphilosophie*, 272–282.

214 Vgl. oben, S. 45–48.

215 Vgl. H.R. SCHLETTE, *Guardini-Literatur im Jubiläumsjahr*: ThRev 81 (1985) 441–450, bes. 444, weist mit Recht auf die Besonderheit dieser Lehre im Gesamt des damaligen kirchlichen Lebens hin.

216 R. GUARDINI, *Der Gegensatz*, Mainz 1955^2, 210–211.

bereits früher sahen, besteht für Guardini die Wirklichkeit aus polaren Gegensätzen. Er faßt diese Pole allerdings sehr weit, wodurch es ihm besser als A. RADEMACHER gelingt, »ein naheliegendes Schwarz-Weiß-Schema, in dem die eine Seite gewollt oder ungewollt in einen weniger angesehenen, sogar belasteten (Un)wert abgleitet«[217], ziemlich zu vermeiden. Da die Pole nicht aufeinander zu reduzieren sind, kommt das Ganze in den Blick, das als etwas Lebendiges am besten in personaler Gemeinschaft[218] vom Herzen, von der Liebe erkannt wird[219]. Diese drei Komponenten, lebendige Ganzheit, personale Gemeinschaft und liebendes Erkennen des Ganzen, sind aber nun in der Kirche durch Jesus Christus verwirklicht[220]. Daraus erwächst nach H.-B. GERL für Guardini die spezifisch katholische Weltanschauung[221], nämlich wie er selbst sagt: »Der Blick, den die Kirche im Glauben, aus dem lebendigen Christus heraus und in der Fülle ihrer übertypischen Ganzheit auf die Welt tut.«[222] Umgekehrt kann man sagen: Aus dem »Strom des Vitalen« erwächst ein »Gemeinschaftsgefühl«, das zur religiösen Gemeinschaft der Kirche führt, in der alles, auch alle polaren Gegensätze des Lebens, zu einer geformten »Einheit« zusammengefügt ist. Der letzte Grund dieser Einheit aber ist der mit dem Vater und dem Geist wirkende Christus[223]. Deswegen ist die »ungeheure Tatsache ›Kirche‹ … wahrhaft … Eines und Alles.«[224] Sie umgreift in Christus Persönlichkeit und Gemeinschaft, Subjektivität und Objektivität, Freiheit und Gesetz, um nur einige der Gegensatzpaare zu nennen, die Guardini in ihr[225] und in ihrer Liturgie[226] wiederfindet[227]. Diese Umfassentheit der

---

217 H.-B. GERL, *Romano Guardini*, 258.

218 Vgl. H. FRIES, *Die katholische Religionsphilosophie*, 278.

219 Vgl. H.R. SCHLETTE, *Guardini-Literatur im Jubiläumsjahr*, 450: »In seiner Bitte: ›… lehre mich lieben, denn ohne die Liebe ist die Wahrheit tot.‹ [R. GUARDINI, Theologische Gebete. Mit einem Nachwort von Werner Dettloff, Frankfurt 1985^8, 44] kommt seine theologische und spirituelle Grundposition klar zum Ausdruck.«

220 Vgl. R. GUARDINI, *Vom Wesen katholischer Weltanschauung:* Die Schildgenossen 4 (1923/24) 66–79, bes. 78: *»Die katholische Weltanschauung* im vollen Sinn, *d.h. der Blick auf das Ganze, aus der Totalität ursprünglichen, allen typischen Besonderungen gegenüber souveränen Lebens heraus, ist erst der Kirche eigen. Sie ist die geschichtliche Trägerin des vollen Blickes Christi auf die Welt.«*

221 Vgl. H.-B. GERL, *Romano Guardini*, 267–276, bes. 275–276.

222 R. GUARDINI, *Vom Wesen katholischer Weltanschauung*, 79.

223 DERS., *Vom Sinn der Kirche*, 10–13.

224 Ebd., 14.

225 Ebd., 20–34, allerdings kann er sogar das Gegensatzpaar Persönlichkeit-Kirche finden, in denen sich dann wiederum das »Ganze« des »Gottesreiches« zeige, bes. 28: »So ist die Gemeinschaft der Kirche wesentlich persönlichkeitsbezogen; und die christliche Persönlichkeit richtet sich wesentlich auf die Gemeinschaft. Beides zusammen aber ist die vollendete Auswirkung des Reiches Gottes. Die Tatsache des elektrischen Stromes ist nicht anders möglich als polar geordnet. Ein Pol kann ohne den anderen nicht sein, ja nicht gedacht werden. So ist die

Kirche ist aber nur möglich, weil die Kirche »nichts anderes als der zum Gemeinschaftsinhalt, zur Gemeinschaftsform gewordene, fortlebende Christus« ist[228]. So finden die Pole schließlich zu einer »großen Lebenseinheit« im »Corpus Christi mysticum«[229]. Dieses personale Kirchenbild, das Guardini auch in seiner Habilitationsschrift über Bonaventura näher erforscht hat[230], wird immer mehr zum bestimmenden Element seines ekklesiologischen Einheitsstrebens. Dabei legt er besonderen Wert auf das Prädikat »mystisch«, denn gerade in ihm kommt der Wunsch zum Tragen, durch die an der Oberfläche liegenden Gegensätze »auf tiefere Wirklichkeitsschichten« vorzudringen[231]. »Die gleiche Grundtendenz kommt auch in der Lehre vom corpus mysticum zum Ausdruck; sie ist die ›mystische Theorie der Kirche‹ geworden; der Versuch, ihren sichtbaren Bau und ihr Wirken aus deren unsichtbarem, geheimnisvollen Untergrund her zu begreifen.«[232] Dieser Untergrund aber ist eben die Gemeinschaft mit Jesus Christus, und zwar in der vollendeten organischen Lebenseinheit seines mystischen Leibes[233]. Es ist sicher wahr, daß Guardini viele dieser Ideen, vor allem auch die Gegensatzlehre selbst, auf einem anthropologisch-soziologischen Hintergrund entwickelt und weiterverfolgt hat[234]. Daß er damit — besonders klar in seiner Schrift »Vom Sinn der Kirche« — einer Zeitströmung folgt, die neben vielen günstigen durchaus auch ungünstige ekklesiologische Folgen zeitigt,

---

große christliche Grundtatsache »Reich Gottes« nicht möglich, es sei denn als Kirche und Einzelpersönlichkeit zumal; jedes klar in sich bestimmt, aber zugleich auf das andere bezogen.«

226 Vgl. DERS., *Liturgische Bildung*, 38: »So wächst der liturgische Ausdruck zu einem Gesamtverhalten heran, das wohl subjektiv ist, schöpferische Selbstoffenbarung; zugleich aber objektiv, Zucht und Dienst. Gehorsam und Schöpfung zugleich; Strom und Ordnung.«.

227 Vgl. E. LICCARO, *La chiesa nel pensiero di Romano Guardini*: Humanitas 15 (1960) 801–814.

228 R. GUARDINI, *Vom Sinn der Kirche*, 40.

229 DERS., *Vom Geist der Liturgie*, 26.

230 Vgl. DERS., *Systembildende Elemente in der Theologie Bonaventuras. Die Lehren vom Lumen Mentis, von der Gradatio Entium und der influentia sensus et motus*, hrsg. v. W. Dettloff (Studia et Documenta Franciscana III), Leiden 1964, bes. 184–205.

231 Ebd., 213: »Die mystische Betrachtungsweise sucht das Mannigfaltige mit dem Einfachen, das Endliche mit dem Unendlichen zu verbinden. Es genügt ihr nicht, daß die Dinge als Werk Gottes erkannt sind; sie müssen auch in ein tieferes Verhältnis zu ihm gesetzt werden, in ein Verhältnis der Ähnlichkeit, der Verwandtschaft.«

232 Ebd., 215.

233 Ebd., 218: »Vollendet ist der Begriff des Organischen dort, wo das Ganze eine Lebenseinheit ist, in der das Einzelne als struktives [sic] oder funktionelles Moment, d. h. als Organ im Organismus steht. So erscheint das Verhältnis besonders in der Theorie vom corpus mysticum.«

234 Vgl. A. SCHILSON, *Perspektiven theologischer Erneuerung*, 190–256, legt auf diesen Aspekt besonderen Wert und betont ihn immer wieder, z. B. 249: »Bestechend an Guardinis ekklesiologischem Denken wirkt bis heute seine wesentlich anthropologische bzw. soziologische Grundlegung und Deutung kirchlicher Wirklichkeit.«

haben wir im ersten Teil zu zeigen versucht. Trotzdem geht es Guardini doch anders als ARNOLD RADEMACHER zunehmend weniger um eine in erster Linie soziologisch-apologetische als vielmehr um eine zwar pädagogisch vermittelte, aber grundsätzlich personal-theologische Schau der Kirche. Für ihn gibt es »im Grunde … keine Philosophie der Kirche«, denn es ist »sinnlos … zwischen Wirklichkeit und Idee der Kirche zu unterscheiden«[235]. Die wesenhafte Wirklichkeit der Kirche ist aber aus »einem positiven Werke Gottes, aus der geschichtlichen Persönlichkeit Christi« ganz übernatürlich[236]. Nur so läßt sich auch die Emphase erklären, die er auf die Rolle Christi für die Kirche legte. Christus ist es nämlich, der aus dem »Menschengesamt die christliche Ganzheit« macht. »Er ist gleichsam ihre Entelechie; ihre innere Gestalt und organisierende Macht. So wird erst Kirche.«[237] Für Guardini ist der Zusammenhalt des Leibes Christi dadurch gegeben, daß Christus sowohl im einzelnen als auch im Ganzen der Kirche waltet, wobei die Kirche als Leib Christi den einzelnen — besonders in der Liturgie — zu Christus hinführt wie auch dann in ihm eine Vervollkommnung ihrer Ganzheit erfährt. Daher ist die Gemeinschaft des Leibes Christi ebenso universal wie die Erlösung in Christus selbst. Sie ist »die wiedergeborene Menschheit«, der objektive »Inbegriff der in Christus auf Gott bezogenen Schöpfung«[238]. Mit A. SCHILSON kann gesagt werden, daß Guardinis Kirchenbild »nicht ekklesiozentrisch, sondern gewissermaßen kosmozentrisch-universal … bzw. wegen seiner Christozentrik so universal« ist[239]. Hier liegt gleichzeitig Schwäche und Stärke der mehr intuitiv als systematisch zu verstehenden Ekklesiologie Romano Guardinis. Es gelingt ihm, durch die christozentrische Universalität die Verbindung des einzelnen mit der Kirche als Leib Christi zu erklären und als »Gemeinschaft des Glaubens und der Gnade« in Christus das Rademachersche »Doppelwesen« zu einer christologisch bestimmten »Lebenseinheit«, einem »organischen Ganzen«

---

235 R GUARDINI, *Vom Sinn der Kirche*, 95; dagegen A. SCHILSON, *Perspektiven theologischer Erneuerung*, 209: »Es steht außer Zweifel, daß Guardinis Hauptaugenmerk … in dieser Phase seines Denkens und in dieser ›Programmschrift‹ [›Vom Sinn der Kirche‹] dem gilt, ›was an der Kirche für eine soziologische Betrachtungsweise faßbar ist‹. Insofern gibt es sehr wohl eine Art ›Philosophie der Kirche‹. Genau diese entwickelt Guardini maßgeblich …« Hier übersieht Schilson u. E., was er sonst durchaus anerkennt, daß nämlich Guardini dieses Soziologische nur dient, um zum Eigentlichen der Kirche vorzudringen und daß deswegen sein »Hauptaugenmerk« *immer* dem Geheimnis der Kirche galt, wie ja schon die oben genannten Ausführungen seiner Habilitationsschrift, aber auch seine liturgischen Schriften zeigen.

236 R. GUARDINI, *Vom Sinn der Kirche*, 23 Anm. 1; auch DERS., *Der Glaube und die Kirche:* Die Schildgenossen 13 (1933/34) 429–439, bes. 431.

237 R. GUARDINI, *Das Wesen des Christentums*, Würzburg 1938, 46; auch DERS., *Das ›Wesen des Christentums‹:* Die Schildgenossen 9 (1929) 129–152.

238 DERS., *Liturgische Bildung*, 79.

239 A. SCHILSON, *Perspektiven theologischer Erneuerung*, 227.

zu machen, das als geformtes Gesamt und in jedem einzelnen Glied direkt aus dem gnadenhaft mitgeteilten Leben Christi erwächst. Durch die Eingrenzung des ekklesiologischen Problems auf die Beziehung zwischen Einzelpersönlichkeit und Gnadengemeinschaft wird tatsächlich die Frage nach den vermittelnden Strukturen und deren Verhältnis zum Herrn der Kirche, die PRZYWARA so sehr bewegte, zuerst einmal gegenstandslos, ohne jedoch dadurch gelöst zu werden. Der durch und durch personalistische Zug der Reflexionen des Professors für christliche Weltanschauung, der seine Lehre von der Kirche so anziehend gestaltet[240], läßt ihn nicht das ganze Phänomen Kirche in den Blick nehmen, sondern jene Aspekte daran, die mit persönlicher Entscheidung und Begnadung zu tun haben, also mit der »Innerlichkeit«[241] der Kirche, alles andere — auch und gerade die Liturgie — nur insofern, als es zu dieser letztlich entscheidenden Innerlichkeit hinführt oder daraus erwächst[242]. So scheint es, als habe er unbeschadet seiner Gegensatzlehre schließlich doch die von anderen Autoren stark empfundene und namhaft gemachte Polarität von sichtbar und unsichtbar, Gesellschaft und Gemeinschaft zugunsten einer Sicht aufgelöst, die sich hauptsächlich auf den sehr wichtigen Punkt des inneren Gnadenlebens aus Christus konzentriert. Wo er — eher selten — trotzdem von den vermittelnden Strukturen der Kirche spricht, ist er weniger originell als sonst und hält sich nahe an die Stiftungs- und Vollmacht-Ekklesiologie hergebrachter Form[243], die er mehr durch brillante Formulierungen als durch neue Erkenntnis über ihre Beziehung zu Christus auflockert[244]. Erst nach der von uns zu behandelnden Periode hat er einen neuen Zugang zu dieser Problematik gefunden, obwohl es natürlich an Ansätzen auch vorher nicht gefehlt hat[245]. Er spricht sehr wohl von der menschlichen Realität in der Kirche und versucht nicht ein-

---

240 Vgl. L.A. WINTERSWYL, *Romano Guardini,* 370: »Es war bei Guardini nicht die Kirche gemeint als machtvolle, kulturfördernde, repräsentative Form, an der man sich intellektuell begeistern kann; es war vielmehr die Kirche gemeint, zu der man das personale Ja der Liebe sagen kann, weil sie der zur Gemeinschaftsform gewordene, fortlebende Christus ist.«

241 Vgl. zu diesem Begriff A. SCHILSON, *Perspektiven katholischer Erneuerung,* 229–230.

242 Vgl. R. GUARDINI, *Vom liturgischen Mysterium:* Die Schildgenossen 5 (1924/25) 385–414, bes. 395: »Die Nachfolge Christi setzt selbst ›ein Sein in Christus‹ voraus, das nur dem Erhöhten, Verklärten gegenüber möglich ist. Nachfolge ist nicht nur mit soziologischen und psychologischen Kategorien zu fassen, sondern mit der ontisch-religiösen, die Paulus und Johannes geprägt haben: ›Christus in mir‹, ›ich in Christus‹.«

243 Vgl. z.B. R. GUARDINI, *Christliches Bewußtsein. Versuche über Pascal,* Leipzig 1935, 259–260; DERS., *Vom Sinn der Kirche,* 23 Anm. 1.; DERS., *Vom Leben des Glaubens,* bes. 167–176; DERS., *Der Glaube und die Kirche,* 431.

244 Vgl. DERS., *Die Offenbarung. Ihr Wesen und ihre Formen,* Würzburg 1940, bes. 128–135.

245 Vgl. DERS., *Die Kirche des Herrn. Meditationen über Wesen und Auftrag der Kirche,* Würzburg 1965; vgl. dazu A. SCHILSON, *Perspektiven theologischer Erneuerung,* 236–239.

fach ihrer Geschichtlichkeit durch eine Reduzierung ihrer Wirklichkeit auf das Pneuma Christi auszuweichen[246]. In der Erklärung dieses Faktums geht er aber kaum über den Hinweis auf die Analogie zum theandrischen Wesen Christi heraus[247], die durch den tiefgreifenden Unterschied zwischen der Verbindung des menschlichen und göttlichen Elementes in Christus und in der Kirche wohl der Illustration, nicht aber der dogmatischen Durchdringung der Beziehung Christi zum menschlich-sichtbaren Aufbau der Kirche dienen kann. Ähnlich bleibt auch die Entwicklung des von Guardini gebrauchten Begriffes der Kirche als »universales Heilsakrament«[248] nur anfanghaft, wie denn überhaupt das eigentliche die Kirche »durchwaltende Wesensbild« nicht der theandrische, sondern mehr der »geistliche Christus« ist[249].

Die Unterstreichung der Spannung von Persönlichkeit und Gemeinschaft und ihre Auflösung im Ganzen des Leibes Christi beläßt also das innerliche Moment der kirchlichen Christusbeziehung im Mittelpunkt der ekklesiologischen Bemühungen Guardinis. Sicher hat der Umstand, daß er getreu seiner ganz und gar nicht schulmäßigen Art, aktuelle Probleme anzugehen, keinen vollständigen Traktat »De Ecclesia« hinterlassen hat, ebenso dazu beigetragen, wie sein offensichtliches Eingebettetsein in die große ekklesiologische Wende seiner Zeit, das ihn dazu bewog, das individualistische Kirchenbild der religiösen »Zweck- und Rechtsanstalt«[250] überwinden zu wollen. Sein berühmter Satz »Die Kirche erwacht in den Seelen« ist aber nicht nur die richtige Feststellung einer allgemeinen Zeiterscheinung, sondern zeigt auch seine Schwerpunkte: Es geht um das Verhältnis der Einzelseele zur Kirche als menschlicher Seelengemeinschaft in Christus. Alles andere wird weder geleugnet noch verkleinert und beim späteren Guardini sogar zunehmend mehr in den Blick genommen[251], tritt aber zurück vor dem Geheimnis der in Gemeinschaft der Seele in personalem Dialog mit Gott übermittelten Erlösung. Die Kirche ist nicht in erster Linie sichtbare Orga-

---

246 Daß die Geschichtlichkeit der Kirche aber nicht im Vordergrund der Ekklesiologie Guardinis steht, zeigt wohl auch die teilweise natürlich wieder zeitbedingte Tatsache, daß er »zu Volk Gottes als Kirchenbegriff … nicht finden« kann: vgl. M. KELLER, *Volk Gottes als Kirchenbegriff*, 93.

247 Vgl. A. SCHILSON, *Perspektiven theologischer Erneuerung*, 240–242.

248 R. GUARDINI, *Das Christusbild der paulinischen und johanneischen Schriften*, Würzburg 1961² [1940], 83.

249 DERS., *Besinnung vor der Feier der Heiligen Messe I. Die Haltung*, Mainz 1939², 150: »Sie trägt ein durchwaltendes Wesensbild in sich, den geistlichen Christus.«

250 R. GUARDINI, *Vom Sinn der Kirche*, 5.

251 Vgl. dazu E. PRZYWARA, *Gott in uns und Gott über uns*, 358–359; DERS., *Corpus Christi mysticum — Eine Bilanz*, in: DERS., Katholische Krise, 132–133.

nisation, sondern universale Erlösungsgemeinschaft unter menschlichen Formen: Als »die eigentlich tragende Gemeinschaft erscheint das erlöste Menschengesamt. Diese Gesamtgemeinde ist die Kirche.«[252]

C. Die Kirche als der begnadete Leib Christi

Der immer stärker werdende Wunsch, jeden Dualismus in der Lehre von der Kirche zu überwinden, hatte vor und gleichzeitig mit den Versuchen zu einer Polaritätsekklesiologie die Idee des ›corpus Christi mysticum‹ als des besten ekklesiologischen Einheitsgedankens in den Mittelpunkt gerückt[253]. Tatsächlich scheint damit ja bereits auf den ersten Blick das Problem der Beziehung zu Christus geklärt. Darüberhinaus war dieser Kirchenbegriff wie kein anderer in der Lage, die Wende zum Wesen, zum Leben und zur Gemeinschaft theologisch fruchtbar zu machen und so der Sehnsucht der Zeit entgegenzukommen. Wir können in der ekklesiologischen Entwicklung der Zeit nach dem ersten Weltkrieg eine ähnliche Entwicklung beobachten, wie sie etwa Guardini im kleinen durchgemacht hat: von einer Überwindung des Juridischen über einen verschieden akzentuierten Dualismus zu einem immer mehr christozentrischen Ganzheitsdenken. Wo Guardini aber mit Hilfe seiner Gegensatzphilosophie in Respektierung der sichtbaren Kirche versuchte, im eigentlichen Sinne des Wortes »die Form zu wahren«, beginnt bei den Theologen, die wir jetzt behandeln werden, die wesentliche Problematik ihres Denkens, die einige nicht erkannt haben und deren Folgen manche geradezu zum Opfer gefallen sind. Worin diese Nachteile, aber auch die unleugbaren Vorzüge der mit dem Begriff des mystischen Leibes Christi verbundenen Ekklesiologie liegen, wollen wir, um Wiederholungen aus dem ersten Teil unserer Arbeit soweit möglich zu vermeiden, an einigen Charakteristika kurz aufzeigen, um schließlich den wohl gelungensten Versuch dieser Art, wie wir ihn bei KARL ADAM gefunden zu haben glauben, in seiner Besonderheit zu bewerten.

---

252 R.GUARDINI, *Besinnung vor der Feier der Heiligen Messe I, 149.*

253 Vgl. generell: W.D. JONKER, *Miestike Liggaam en Kerk in de nuwe Rooms-Katolieke Theologie,* Kampen Kok 1955; J.BLUETT, *The Mystical Body: A Bibliography 1890–1940:* TS 3 (1942) 261–289.

a) Der Leib Christi als gegliederter Organismus

Um die Beziehung zwischen Christus und den Christen zu erklären, wird gerne auf den strukturierten Charakter des Leibes Christi hingewiesen. Christus ist das Haupt, wir aber sind die Glieder. Diese Glieder wiederum stehen in einer bestimmten Ordnung zueinander und zu Christus[254]. Selbst der sonst der Leib-Christi-Begeisterung in der Ekklesiologie so kritisch gegenüberstehende L. DEIMEL kann daher in diesem Gedanken wenigstens die gesellschaftliche Seite der Kirche bestens wiedergegeben finden[255]. Wie ideal diese Deutung manchen Soziologen zu ihrer Auffassung von den kirchlichen Strukturen passte, haben wir bereits behandelt[256]. Wenn die Gemeinschaft der Kirche »organische« Gemeinschaft war, so mußte sie im Gedanken vom Leib Christi ihre Überhöhung und Vollendung finden. Auch die Theologen fanden, vor allem in der Interpretation von Eph 4, 11–16 und ähnlichen Paulusstellen, den Leib Christi nicht nur nützlich zur Erklärung der inneren Gnadenverbindung zu Christus, sondern gerade auch der Ämter und Amtscharismen in der Kirche[257], auf denen sie die werkzeugliche Seite der Kirche im Dienst des »pneumatischen Christus« sich aufbauen sahen[258]. Diese sichtbare Gemeinschaft ist dann als »Schatzverwalterin der Güter Christi auch *Organ der Wirksamkeit Christi* auf die Einzelglieder.«[259] Folgerichtig ist die organisch strukturierte und gesellschaftlich sichtbare Leib-

---

[254] Vgl. K. ADAM, *Das Wesen des Katholizismus*, Düsseldorf 1934[7], 44: »Und weil Leib Christi, ist ihr Wesen etwas Organisches, ein Füreinander und Zueinander, ein sichtbarer Organismus.«

[255] Vgl. L. DEIMEL, *Leib Christi*, 52: »In keiner bildlichen Bezeichnung der Kirche kommt ihr Gesellschaftscharakter so klar zum Ausdruck.«

[256] Vgl. N. MONZEL, *Struktursoziologie und Kirchenbegriff* (Grenzfragen zwischen Theologie und Philosophie X), bes. 237–291, weist auf Möglichkeiten und Probleme solcher Betrachtungsweise hin, deren problematische Grundvoraussetzungen ihm aber ebenfalls nicht genügend klar sind. Er hilft sich mit der Möhler entliehenen Unterscheidung von »mystischer [Gnaden-] Einheit« und »verständiger [Glaubens-] Einheit«, die in seiner Erklärung von einem offensichtlichen ekklesiologischen Dualismus geprägt ist, um dann folgerichtig dazu zu schließen: *»Nicht die unvernehmbare »mystische Einheit«, sondern nur die »verständige Einheit« der Christen als das Ergebnis der intentionalen Akte des Glaubens und der Liebe, der vom gegenseitigen Verständnis getragenen sozialen Wechselwirkungen kann für eine Anwendung soziologischer Begriffe direkt in Frage kommen.«* [Ebd., 274] Die Nähe zu seinem Lehrer A. Rademacher ist in dieser gesuchten Trennung beider Bereiche unverkennbar.

[257] Vgl. K. ADAM, *Wesen des Katholizismus*, 50–51.

[258] Vgl. C. FECKES, *Das Mysterium der heiligen Kirche*, 23: »In diesem prachtvollen Bilde hat Paulus nicht nur die Stellung Christi als Haupt und seinen gewaltigen Einfluß auf den Leib erneut zur Anschauung gebracht, sondern die Ämter und Gaben der Kirche in ihrem tiefsten Sollen bestimmt: sie sind die Mittel, deren sich der pneumatische Christus bedient, um den Aufbau seines Leibes sicherzustellen und zu vollenden.«

[259] Ebd., 123.

Christi-Gemeinschaft nicht nur Verwalterin der Sakramente, sondern auch selbst ein großes Sakrament[260]. So ist die Kirche als sichtbarer Leib Christi dreifach mit Christus verbunden: Einmal in ihren einzelnen Gliedern durch verschiedene Gnadengaben, zweitens durch ihren strukturierten Organismus als irdischer Leib des himmlischen Hauptes und schließlich als Sakrament in der Fortführung des Wirkens Christi. Diese differenzierte Bedeutung des sichtbaren Leibes der Kirche beweist deutlich, daß es den meisten Autoren nicht nur um eine geistige Wirklichkeit ging[261]. Daß der geistige Aspekt dennoch in den Vordergrund trat, liegt an dem, was dann doch wieder das eigentliche Band sowohl der einzelnen Glieder als auch des Gesamtorganismus zu Christus ausmachte und was die Kirche als Sakrament in der Fortsetzung des Wirkens Christi zu vermitteln hatte: das göttliche Leben.

b) Die Kirche als fortlebender Christus

Die Kirche ist der sichtbar-unsichtbare Organismus Christi, er aber ist ihr Leben. Immer wieder kommt, auch bei Theologen, die durchaus Sinn für die Sichtbarkeit der Kirche haben, diese Verbindung zur Sprache[262]. Dieses Leben Christi aber ist nichts anderes als ein unaufhörliches Gnadenwirken an der Gemeinschaft[263], das entweder Christus direkt oder durch seinen Geist verursacht, wobei sich oft beide Erklärungen bei den meisten Theologen gleichzeitig finden[264]. Der Heilige Geist ist durch den überall gegen-

---

260 Vgl. z.B. ebd., 123.

261 Vgl. M. GIERENS, *Eucharistie und Corpus Christi mysticum*: ThPQ 86 (1933) 536–550, 769–781, bes. 542: »Deswegen muß man annehmen, daß nicht nur das Band der Gnade, sondern auch das Band der juridisch-moralischen Ordnung in der sozialen Gemeinschaft der Kirche durch das Bild des c. Xi. m. verstanden und veranschaulicht werden soll.«; K. ADAM, *Das Wesen des Katholizismus,* 50: »In der Gemeinschaft, im dem Wir objektiviert sich der Geist Christi. *Die Sichtbarkeit der Kirche besteht also nicht bloß in der Sichtbarkeit ihrer einzelnen Glieder, sondern in der Sichtbarkeit ihrer geschlossenen Einheit, ihrer Gemeinschaft.*«

262 Vgl. z.B. E. KREBS, *Die Kirche und das neue Europa,* Freiburg 1924, 114: »Christus selber lebt und wirkt durch die Kirche. Er ist der fortlebende und fortwirkende Heiland der Welt; aber er ist es nicht nur im verborgenen Gnadenwirken der Einzelseelen, sondern er begegnet den Völkern sichtbar durch den mystischen Leib, von dem *er* das Haupt ist …«; auch W. KOESTER, *Die Idee der Kirche beim Apostel Paulus* (Neutestamentliche Abhandlungen XIV, 1. Heft), Münster 1928, bes. 43.

263 Vgl. K. ADAM, *Das Wesen des Katholizismus,* 24: »Christus, der Herr, ist das eigentliche Ich der Kirche. Die Kirche ist der von den Heilandskräften Jesu durchwirkte Leib.«

264 Vgl. die eine deutliche Entwicklung zur Leib-Christi-Ekklesiologie aufweisende zweite Aufl. des Werkes: K. ALGERMISSEN, *Konfessionskunde,* Hannover 1939², 4: »Durch die Kirche, die als mystischer Leib Christi und als Gnadenanstalt des Heiligen Geistes von Ewigkeit im Weltenplan des Vaters lag …«; ebd., 10: »Aus dem Wesen der Kirche als des Corpus Christi mysticum folgt, daß in der gottgewollten Heilsordnung ein Gnadenleben in Christus

wärtigen Christozentrismus natürlich fast immer stark an die Person Christi gebunden; eine eher losgelöste Betrachtung der Stellung des Geistes für die Kirche ist dementsprechend selten[265]. Trotzdem und obwohl die meisten keinesfalls die Organisation der Kirche ablehnen, (man kann »Leib« ja geradezu soziologisch verstehen, wie wir sahen), bleibt das durch den Geist Christi mitgeteilte Christusleben eine Größe, die, wenn auch durch die Träger der Amtscharismen in den Sakramenten vermittelt und in der Gemeinschaft wirksam, doch im letzten geistig ist. Deswegen sind zur Beschreibung dieser Beziehung die »Gegensatzpaare« sichtbar-unsichtbar, außen-innen nach wie vor beliebt. Im Grunde ist das Leben Christi in uns nämlich die durch den Geist bewirkte anfangsweise »Vergeistigung«[266]: »Unser Leben in der Kirche wird daher ein geheimnisvolles Mit-leben des mystischen Lebens Christi.«[267] Das allmähliche Hintanstellen der sakramental-greifbaren Wirklichkeit der Kirche zugunsten des in ihr wirkenden Christuslebens scheint in der Logik des Leib-Christi-Gedankens zu liegen. Dazu trägt sicher auch bei, daß das in diesem Leib wirkende Leben auch hier oft als das Leben des »verklärten Herrn« aufgefaßt wird. Die Kirche ist durch dieses verklärte Leben »als stetig sich vollendender mystischer Leib der höchste Ausdruck der äußeren Verherrlichung Gott Sohnes.«[268] Sie wird nicht mit Christus schlechthin, sondern mehr mit dem »Pneuma Christi«, das in ihr lebt, in Beziehung gebracht[269]. Auch hier bekommt die schon angesprochene Annäherung Christi und seines Geistes ein besonderes Gewicht. Zwar gibt man noch zu, daß der »geistliche (pneumatische) Christus … sowohl die objektive wie die subjektive Gemeinschaft der Kirche« aufbaut[270], aber die Tendenz geht doch schon zu einer Subordination der objektiven unter die subjektive Kirchengemeinschaft als Konsequenz einer Vergeistigung der Christusgestalt selber. Wenn sich hier ein Charakterzug abzeichnet, den wir in der nächsten Gruppe schließlich dominieren sehen, bleibt das Bemühen, Christus mit dem Gesamt der Kirche zu verbinden,

---

und mit Christus nur möglich ist im Eingeordnetsein in die Kirche und durch das Eingegliedertsein in Christus durch die Kirche.«

[265] Vgl. z.B. W. BECKER, *Kirche lebendig im Heiligen Geist*: Die Schildgenossen 19 (1940) 177–185, bes. 183: »Das Leben der Kirche, das … der Heilige Geist selber ist, reicht in die einzelnen Verästelungen ihrer Sichtbarkeit hinaus.«; auch K. ROTH, *Die Seele der Weltkirche:* ThGl 26 (1934) 397–403.

[266] W. KOESTER, *Die Idee der Kirche,* 42.

[267] O. BAUHOFER, *Ich glaube,* 176; auch H. LANG, *Heilige Schrift und Tradition und die Einheit der Kirche*: ThGl 34 (1942) 308–316, bes. 315–316.

[268] K. ALGERMISSEN, *Konfessionskunde,* Hannover 1939², 3.

[269] Vgl. M. GIERENS, *Die Idee vom Corpus Christi mysticum als katholische Einheitsidee,* 312.

[270] G. FEUERER, *Unsere Kirche im Kommen,* 182.

doch noch erhalten[271]. Vorsichtigere Theologen sind sich der vorhandenen Gefahr sehr bewußt. Sie betonen, wie etwa R. GROSCHE und K. ADAM, die Einheit des irdischen und des himmlischen Christus und damit weniger das Verklärungsmoment als vielmehr die Bedeutung der Inkarnation für die Weitergabe des Lebens Christi in der Kirche: Die Kirche »baut sich vom ›Haupt‹ aus auf; sie ist gegeben als objektive Wirklichkeit, als ›Gnade‹ in dem Augenblick, in dem ›das Wort Fleisch wurde‹«[272]. Damit soll u. a. begründet werden, daß die Kirche nicht nur Liebes-, sondern auch Rechtskirche sein muß und daß das Leben Christi beide vereint[273]. Dabei bedient man sich nicht nur der Analogie zur gottmenschlichen Wirklichkeit Christi, sondern unterstreicht wiederum die Bindung des Geistes an Christus[274].

Der Zusammenhang des fortlebenden Christus mit der Inkarnation wurde vor allem deutlich, wo die Kirche als Fortsetzung der Inkarnation in der Geschichte verstanden wird[275]. Christus und die Kirche werden in diesem Sinne — auch im Anschluß an Augustinus — als »ein einziges Ich« betrachtet[276], ja sie bilden zusammen erst den ganzen Christus[277]. In der

271 Vgl. H. LANG, *Der mystische Leib Christi,* München 1929, 15: »In dem geheimnisvollen Leib ist die Gemeinschaft göttlichen und menschenhaften Lebens, in ihm wirkt nicht das Göttliche allein, es wirkt auch alle Menschengröße, Menschenwärme, die Menschenkleinheit und die Mernschenarmut ... Der Leib Christi ist unlösbare Dienstgemeinschaft aller Glieder. Der Lebensstrom, der vom himmlischen Haupte ausgeht, durchwaltet und durchwirkt sie alle, so verschieden sie auch sind an Würde und Bestimmung.«

272 R. GROSCHE, *Pilgernde Kirche,* in: DERS., Pilgernde Kirche, 30; auch K. ADAM, *Das Wesen des Katholizismus,* 50: »Die vollkommene und erschöpfende Offenbarung des gottmenschlichen Erlösergeistes Jesu, seine eigentliche Verkörperung, Versichtbarung erfolgt nicht in der Einzelpersönlichkeit, sondern in der Gemeinschaft als Gemeinschaft, nicht im Ich, sondern im Wir.«

273 Vgl. L. KÖSTERS, *Artikel »Kirche«,* in: LThK V, Freiburg 1933, 968–981, bes. 977–978; DERS., *Die Kirche unseres Glaubens,* 151.

274 Ebd., 34: »Denn was in der Kirche nicht auf den Fleisch gewordenen Gottessohn begründet, der erst den Heiligen Geist sendet, auf daß dieser den mystischen Leib Christi bilde, wie er den natürlichen im Schoße der Jungfrau gebildet hat, sondern auf den unmittelbar vom Vater ausgehenden und gesandten Heiligen Geist ... der wird immer das Wesen der Rechtskirche verkennen ...«.

275 Vgl. TH. HOFFMANN, *Kirche zwischen den Zeiten*: StZ 136 (1939) 255–259, bes. 256: »Was feierlich herauszustellen dem Vatikanischen Konzil nicht mehr gegeben war, ist heute Gemeingut geworden: die Kirche wird in Fortsetzung des Mysteriums der Inkarnation erfaßt als der geheimnisvoll fortlebende Leib des Herrn, freilich fortlebend zwischen der Ankunft in der Niedrigkeit der Inkarnation und der letzten Wiederkehr in der Glorie der Heimholung, also noch — ›pilgernde Kirche‹.«

276 J.P. JUNGLAS, *Die Lehre der Kirche. Eine Laiendogmatik. Mit einem Nachtrag von Universitäts-Dozent Dr. Adolf Kolping,* Bonn 1949[5] (zuerst 1936), 189; K. ADAM, *Wesen des Katholizismus,* 24.

277 Vgl. R. GROSCHE, *Pilgernde Kirche,* in: DERS., Pilgernde Kirche, 28; J.P. JUNGLAS, *Die Lehre der Kirche,* 189.

Menschwerdung Christi hat die die Erlösung begonnen, die die Kirche nun weiterführt. Sein und Handeln Jesu Christi werden in eine so direkte Parallele zu Sein und Handeln der Kirche gesetzt, daß die aus den christologischen Gegebenheiten erfolgenden soteriologischen Schlüsse sämtlich auf die Kirche übertragen werden können und die Inkarnation als der eigentliche Grund der Kirche erscheint[278]:

> »Diese Lehre vom mystischen Leibe, in dem Christus sein Leben fortsetzt, seine Erlösung vollendet, für die Brüder sich dem Vater opfert, allen ein übernatürliches, für die Ewigkeit wertvolles Leben schenkt, alle untereinander in einer mystischen und geheimnisvollen, aber realen Einheit verbindet, ist ohne die Inkarnation eine Unmöglichkeit.«[279]

Auch wenn das nicht nur für die inneren Gnadenwirkungen, sondern gleichzeitig für die jene Wirkungen vermittelnden Strukturen gilt[280], wird doch die soteriologische Betrachtung der Kirche in dieser Sicht stark unterstrichen. Der fortlebende Christus ist »Erlösungsgemeinschaft«, weil Christus durch die Inkarnation Haupt der in der Kirche gesammelten erlösten Menschen geworden ist[281]. So hängt das in der Kirche waltende Leben letztlich auch von der Menschwerdung des Gottessohnes ab, durch die die Verbindung der Menschheit, der Kirche und des einzelnen mit Christus überhaupt erst möglich wurde. Damit führt der Leib Christi Gedanken über den soziologischen Aufbau der Kirche aus Haupt und Gliedern zur eigentlichen Begründung für das Hauptsein Christi. Von da aus aber stellt sich von selber die wichtigste Frage, nämlich die der Art der Verbindung, die nun zwischen all diesen Elementen herrscht.

c) Ontologische Verbindungen mit Christus

Diejenigen der Theologen, die den Leib-Christi-Gedanken zum Zentrum ihrer Ekklesiologie erwählt haben, konstatieren die Verbindung Christi mit

---

[278] Vgl. J. THOMÉ, *Im Ringen um die Kirche,* Habelschwerdt o. J. [1929], 10: »Die sichtbare Kirche beginnt mit der Menschwerdung des Sohnes Gottes.«

[279] Vgl. L. KÖSTERS, *Unser Christusglaube. Das Heilandsbild der katholischen Theolgie,* Freiburg i. B. 1937, 56.

[280] Ebd., 56.

[281] Vgl. G. FEUERER, *Der Kirchenbegriff der dialektischen Theologie* (FThSt 36), Freiburg i. B. 1933, 96: »… die Kirche ist weder unerlöste Menschheit für sich genommen, noch eine unanschauliche eschatologische Gemeinschaft, sonder die Kirche ist die *Einheit, Vereinigung von Religion und Offenbarung als Erlösungsgemeinschaft* … Die Kirche ist erlöst, weil Christus das Haupt der neuen Menschheit, der erlösten Menschheit ist, und weil sie die Aufgabe hat, die Einzelnen zur Erlösung zu führen.«

seinem Leibe nicht nur, sondern versuchen, ihr ontologisches Fundament zu ergründen. Damit folgen sie an sich einem Zug der katholischen Theologie, die damals »vor allem ontisch orientiert« war[282], was sich bereits in der neuen Vorliebe für »Christusgemeinschaft« in seinem Leib als Mitte des Kirchenbegriffs niederschlägt[283]. Man bleibt also nicht bei der soziologischen Verfassung dieses Leibes stehen und begnügt sich auch nicht damit, biblische Bilder und Begriffe (z. B. »Weinstock«, »Haupt«, »göttliches Leben« etc.) auf die Kirche anzuwenden und auszulegen, sondern man sucht, durch theologische Schlußfolgerungen das Geheimnis des Leibes Christi soweit als möglich zu erhellen, zu dessen hauptsächlichen Wesensmerkmalen eben die »Einheit mit Christus« zählt[284]. Dabei sind es vor allem drei konzentrische Kreise, deren Verbindung zu Christus tiefer untersucht wird und die alle mit der Inkarnation in Verbindung gebracht werden: das Menschengeschlecht, die Kirche und der einzelne Christ.

1. Christus und das Menschengeschlecht

Ausgehend von der Inkarnation, steht zuerst einmal die Beziehung Christi mit dem Menschengeschlecht im Vordergrund. Auf dem Hintergrund paulinischer Theologie Gedanken des hl. AUGUSTINUS und vor allem M. J. SCHEEBENS nutzend[285], wird Christus als der ›neue Adam‹ gesehen[286], der die gesamte Menschheit vor Gott repräsentiert und sie von der Erbsünde reinigt[287]: »Die Menschheit wird in Christus ›einer‹ ...«[288]. So wie das ganze Menschengeschlecht »von Natur aus eine Lebenseinheit, gleichsam ein Leib in Adam« ist[289], so wird nun übernatürlicherweise durch die Annahme unserer Menschennatur durch den Logos die Menschheit ein Leib in Christus[290], der seinerseits das »himmlische Haupt der erlösten Menschheit«

---

282 R. GROSCHE, *Die Kirche heute,* in: DERS., Et intra et extra, 219–237, hier 220.

283 Vgl. A. MAYER-PFANNHOLZ, *Der Wandel des Kirchenbildes,* 32: »Wir gewahren zunächst einen Zug zum ›Ontischen‹ hin ...«.

284 A. KLAUS, *Die Idee des Corpus Christi mysticum bei den Synoptikern*: ThGl 38 (1936) 407–417, hier 416; TH. KREIDER, *Unsere Vereinigung mit Christus,* 3 ff.

285 Vgl. P. LENGSFELD, *Adam und Christus. Die Adam-Christus-Typologie im Neuen Testament und ihre dogmatische Verwendung bei M. J. Scheeben und K. Barth* (Koinonia 9), Essen 1965, 131–162.

286 Vgl. M. GIERENS, *Die Idee vom Corpus Christi mysticum als katholische Einheitsidee,* 316; K. ADAM, *Das Wesen des Katholizismus,* 48.

287 Vgl. E. REICHGAUER, *Einigung mit Gott,* 27.

288 G. FEUERER, *Der Kirchenbegriff der dialektischen Theologie,* 113.

289 B. MOMME NISSEN, *Die eine Kirche,* Einsiedeln 1943, 19.

290 Vgl. C. FECKES, *Das Mysterium der heiligen Kirche,* 31: »Es ist so, daß die ins Fleisch eintretende Gottheit wie eine starke magnetische Kraft auf die solidarische Masse des Menschengeschlechtes einwirkte. Diese Masse wird auf ihn hingerichtet, den überlegenen Ein- und Erstgeborenen, doch mehr als bloß hingerichtet; sie wird ihm wegen der unendlichen Überle-

ist[291]. Der eigentliche Grund für das Band zwischen der Menschheit und Christus ist also die angenommene Menschennatur, in der sich eine Art Vermählung des Gottessohnes mit der Menschennatur schlechthin und dadurch mit dem gesamten Menschengeschlecht vollzogen hat[292]. Dadurch ist er im eigentlichen Sinne — hier beruft man sich gerne auf den hl. THOMAS — Haupt der Menschen und kann so für sie das Heil verdienen[293].

Diese Überlegungen sind durch und durch traditionell und würden als solche wenig problematisch sein, wenn sie in einem rein christologischen Zusammenhang zu finden wären[294]. Wir dürfen aber nicht übersehen, daß der Kontext, in dem sie sich hier finden, ein durchweg ekklesiologischer ist, daß sie also nicht in erster Linie zur Erklärung der Möglichkeit einer Anwendung der Verdienste Christi auf das Menschengeschlecht, sondern zur Begründung der Beziehung Christi zu seiner Kirche dienen. Damit haben wir aber den Beginn jenes Verschwimmens der Grenzen zwischen Menschheit und die Kirche, das wir schon im ersten Teil unserer Arbeit beobachten konnten[295]. Wenn bereits durch die Menschwerdung Christi eine mystische Einheit mit ihm und damit die Vergöttlichung des Menschengeschlechtes zustandekommt[296], ja C. FECKES sogar »in der Beziehung des Gottmenschen zum Gesamtgeschlechte *eine Art Erweiterung oder Fortsetzung der Inkarnation*« erblicken kann[297], dann taucht unwillkürlich die Frage auf, was denn noch die Besonderheit der Kirche und ihrer Einheit mit dem Herrn sein könne. Die vom hl. THOMAS übernommene Unterscheidung zwischen potentieller Zugehörigkeit zu Christus im Menschengeschlecht und aktueller Zugehörigkeit zu ihm in der Kirche, die Feckes vorher ein-

---

genheit seiner Gottheit unterworfen, mit ihm verbunden, ihm zugeeignet, sein Besitz, so wie der Leib Besitz des Hauptes ist.«

291 H. LANG, *Der mystische Leib Christi,* 12; J.P. JUNGLAS, *Die Lehre der Kirche,* 187: »Er ist das Haupt einer neuen Menschheit, die aus dem Zusammenhang mit dem sündigen Adam gelöst wurde, und die er sich eingegliedert hat.«

292 Vgl. R. GROSCHE, *Pilgernde Kirche,* in: DERS., Pilgernde Kirche, 27.

293 Vgl. C. FECKES, *Das Mysterium der heiligen Kirche,* 52.

294 Z.B. K. ADAM, *Jesus Christus,* Augsburg 1933, 13: »Der Erlöser ist jener Mensch, der durch seine geheimnisvolle Wesensbeziehung zur Gottheit, durch sein personhaftes Einssein mit dem ewigen Gott, die ganze erlösungsbedürftige Menschheit in Sich aufnimmt und in Sich trägt. Er ist die lebendige Einheit der Erlösten, jenes letzte höchste Prinzip, in dem der Kreis der Erlösten begründet und zusammengeschlossen ist.«

295 Vgl. K. ADAM, *Ekklesiologie im Werden?,* 157: »Wo ist denn im Gedankengang des Apostels auch nur ein kleiner Spalt, der jenen ›ganz großen Unterschied‹ zwischen erlöster Menschheit und erlöster Kirche wahrnehmen ließe?«

296 Vgl. C. FECKES, *Das Mysterium der heiligen Kirche,* 36 u. 38.

297 Ebd., 37, fährt er fort: »Was dort einmalig durch die hypostatische Union geschehen ist, das hat, natürlich in analoger Weise, sich in der Richtung Gottmensch-Menschengeschlecht wiederholt.«

führt[298], ist zwar christologisch korrekt, läßt aber die Antwort auf eine Frage offen, die entscheidend ist: Ob nämlich die Zugehörigkeit zum Menschengeschlecht oder zur Kirche die Erlösung vermittelt bzw. ob der einzelne durch die Kirche oder durch das Menschengeschlecht seinsmäßig mit Christus verbunden ist.

2. *Christus und die Kirche*

Es ist nun ohne Zweifel klar, daß weder CARL FECKES[299] noch die anderen eben zitierten Autoren die Kirche anders als die eine notwenige Heilsanstalt betrachten[300]. Die Vermählung Christi mit der Menschheit ist für sie nur im Hinblick auf die Kirche sinnvoll und wird durch die Kirche fortgesetzt[301]. Gerade im Geheimnis der Menschwerdung, durch die für die »Menschheit als Ganzes die Erlösungsgnade unverlierbar ist«, »wurde bereits die Kirche als organische Gemeinschaft grundgelegt«[302], denn es geht eben nur um die Vermählung Christi mit der *erlösten* Menschheit. Die »Summe aller in Christus Erlösten sind in ihrer inneren Bezogenheit aufeinander, in ihrem Ineinander und füreinander, in ihrer organischen Gemeinschaft, objektiv und ein für allemal der Leib Christi«, also die Kirche[303]. Damit löst sich das Problem des Verhältnisses zwischen Kirche und Menschheit auf in die Frage nach der Ausdehnung der Kirche. Nichts geht ohne die Kirche, aber diese scheint sich kaum von der Wirkung der Erlösung selbst zu unterscheiden. Zwar ist sie auch nach der Inkarnation nicht einfach identisch mit der Menschheit, aber sie umfaßt eben alle Erlösten: »Von Christus aus besehen, ist die Kirche die raumzeitliche Ausgestaltung seiner Erlösungstat selbst«[304]. So ist die Kirche als Organismus und »Gesamtperson« die »Gemeinschaft der Erlösten«[305]. Andererseits nimmt diese

---

298 Ebd., 34.

299 Vgl. H. M. KÖSTER, *Prälat Prof. Carl Feckes†*: ThRev 54 (1958) 128–131.

300 Vgl. C. FECKES, *Das Mysterium der heiligen Kirche,* 123: »Mit der Auffassung der Christusgemeinschaft oder der Kirche als des großen christlichen Sakramentes schreiten wir hinüber zur Kirche als Heilsanstalt und es eröffnet sich von hier aus ein Blick *auf die Durchdringung der beiden Kirchenbilder.*«; L. KÖSTERS, *Die Kirche unseres Glaubens,* 6: »… sie ist als die Welterlöserkirche für alle Menschen heilsnotwendig …«; K. ADAM, *Das Wesen des Katholizismus,* 199–218, bes. 200: »Wenn und weil sich die Kirche als die Menschheitskirche weiß, als jenes Gottesreich, dem schlechthin alle Menschen dem Willen Christi nach grundsätzlich zugehören, kann sie nicht zugeben, daß die Menschen auch in einer anderen Gemeinschaft, die neben der von Christus gestifteten und gegen sie aufgerichtet wird, ihr Heil finden.«

301 Vgl. B. MOMME NISSEN, *Die eine Kirche,* 35.

302 K. ADAM, *Das Wesen des Katholizismus,* 49.

303 Ebd., 49.

304 J. GEISELMANN, *Christus und die Kirche,* 201.

305 L. DEIMEL, *Leib Christi,* 49–50.

»neue Einheit der Erlösten« dann doch »gesellschaftliche Gestalt« an[306]. Nach K. ADAM ist die Menschwerdung eben nur »Grundlegung, Keimlegung jener neuen Gesellschaft, die wir die Kirche nennen«[307]. Ganz offensichtlich muß die in der Inkarnation neugeschaffene Erlösungsgemeinschaft der Menschen nun in der Kirche ihrerseits Fleisch annehmen, indem sie gesellschaftlich organisiert und dadurch sichtbar wird. Die Annahme einer menschlichen Natur durch den Logos ist also nicht nur der letzte Grund für das Zustandekommen des Erlösungsorganismus des Leibes Christi, sondern auch »Urbild« seiner Verfasstheit als »Vereinigung des Göttlichen und Menschlichen«[308]. Genau hier liegt der entscheidende Schritt von einer unsichtbaren Kirche der erlösten Menschheit zur sichtbaren Heilsgemeinschaft in Christus. Dabei bleibt allerdings festzuhalten, daß dieser Übergang zwar theologisch konvenient und plausibel, aber durchaus nicht zwingend ist, so daß immer wieder die natürliche Hinneigung des Menschen zu sozialen Organisationsformen als zusätzliche Erklärung für die Notwendigkeit einer strukturierten Form der Erlösungsgemeinschaft zu Hilfe genommen wird[309]. Der Aufbau der Ekklesiologie auf dem Leib-Christi-Gedanken löst somit nicht vollständig die Schwierigkeit der Verbindung zwischen innerer Gnadengemeinschaft und äußerer Heilsorganisation, denn wenn Christus »das Haupt der Kirche vorzüglich als Erlöser dieses Seines Leibes« ist[310], will man sagen, daß »alles innere Leben und alle innere Vereinigung von ihm ausgeht und in ihm gründet«[311]. Damit ist der Leib Christi in seiner sozialgemeinschaftlichen Erscheinungsform mit den Ämtern und Vollmachten, die zu seiner Ordnung notwendig sind, weniger auf den erlösenden auf den stiftenden Herrn bezogen[312]. Einerseits drückt das ein richtiges Verhältnis zwischem Amt und Gemeinschaft aus, in dem das Amt als auf die Gemeinschaft der Erlösten dienend bezogen gesehen wird, andererseits wird da-

306 Ebd., 51, fährt er fort: »So erhält die Einheit der Erlösten in der Kirche nicht nur sichtbaren Ausdruck, sondern auch eine neue Dimension, denn die ganze Seinsfülle dieser Einheit wird hier projiziert auf die Ebene der ›societas perfecta‹, der vollkommenen Gesellschaft.«

307 K. ADAM, *Das Wesen des Katholizismus*, 49.

308 L. KÖSTERS, *Die Kirche unseres Glaubens*, 150.

309 Vgl. z.B. L. DEIMEL, *Leib Christi*, 51–52: »Nur muß man sich vor Augen halten, daß dieser Gesellschaftscharakter auf einem *übernatürlichen* Sachverhalt *beruht*, der freilich die *natürliche* gesellschaftliche Anlage jedes einzelnen Christen zur Voraussetzung hat und nicht etwa von ihr absieht.«

310 B. MOMME NISSEN, *Die eine Kirche*, 19.

311 L. KÖSTERS, *Die Kirche unseres Glaubens*, 154.

312 Ebd., 54.

durch eine Isolierung der Organisation denkbar, die diese in einem ungünstigen Licht erscheinen läßt[313].

Die Kirche, die auf der Inkarnation aufruht, ist also in erster Linie eine in der Menschheit Christi begründete Gemeinschaft der bereits objektiv Erlösten[314], die das neue Menschengeschlecht bildet und in Christus ihr Haupt hat. Als Ganzes bildet sie den Leib Christi, dessen Glieder die einzelnen Erlösten sind. Durch die einigende Kraft der Menschheit Jesu Christi sind alle »in real-mystischer Einheit«[315] mit dem Haupt und Gottmenschen Jesus Christus zusammengeschlossen, an dessen erlösenden Verdiensten sie daher teilhaben[316]. Damit stellt sich aber die Frage nach dem Stellenwert des einzelnen Gliedes am Leibe Christi: Wenn die Kirche Erlösungsgemeinschaft ist, ist sie es dann in oder vor ihren Gliedern?

3. *Christus und der einzelne*

Wir haben im ersten Teil unserer Arbeit schon auf die Wichtigkeit dieser Frage hingewiesen und auch zu zeigen versucht, daß die Betonung der Gemeinschaft gegenüber dem Stellenwert des einzelnen Christen durchaus nicht nur in der Ablehnung des Individualismus ihren Grund besitzt, sondern auch einen Kollektivismus meinen kann, der die Entscheidung jedes Gliedes am Leibe Christi unterschätzt. Diese Möglichkeit war unseren Ekklesiologen bewußt. Zwar findet sich eine deutliche Unterstreichung der nur im »Wir« der Kirche möglichen glaubenden Christusnachfolge[317], die

---

313 Vgl. M. GIERENS, *Das Geheimnis der inneren Einheit der Kirche*, 3: »Die Organisation *allein* erklärt jedoch die dauernde Einheit nicht. Die Organisation, für sich allein, rein formel genommen, ist wie eine starre Linie. Sie ist tot. Sie macht die Einheit nicht lebendig.«

314 Das wird vor allem von betont in der Kritik an (mit gnostischen Gedanken, die sich aber nicht bei Paulus finden, verwandten) Vorstellungen von einer soteriologisch mißverstandenen Kirche: Vgl. A. WIKENHAUSER, *Die Kirche als der mystische Leib Christi*, 232–240; L. DEIMEL, *Leib Christi*, 135–140; O. CASEL, *Rezension zu H.Schlier:* JBfLW 10 (1930) 295–298; DERS., *Rezension zu E.Käsemann:* JBfLW 13 (1935) 281–292; bes. gegen die Behauptung des Ursprungs der paulinischen Leib-Christi-Theologie aus gnostischen Vorstellungen bei E. KÄSEMANN, *Leib und Leib Christi*, Tübingen 1933, bes. 71–81 u. H. SCHLIER, *Christus und die Kirche im Epheserbrief*, Tübingen 1930, bes. 43–48.

315 K. JÜSSEN, *Sanctorum communio*: ThSS (August 1943) 36–40, hier 38.

316 Daher auch die Auffassung, den dogmtischen Traktat von der Kirche direkt nach der Soteriologie zu bringen: Vgl. J. RANFT, *Die Stellung der Lehre von der Kirche*, bes. 151–166; zustimmende Rez. dazu von K. ADAM: ThQ 108 (1927) 374–377, bes. 375.

317 Vgl. M. SCHMAUS, *Ein Wort zur Verkündigungstheologie*: ThGl 33 (1941) 312–322, bes. 314: »Der Mensch kann den Glauben normalerweise nur vollziehen als Glied der Kirche. Der Glaubende ist kein Einzelgänger, sondern Glied in einem umgreifenden Wir. Hierüber gibt es keine Meinungsverschiedenheit, wie immer man das Verhältnis des Einzelnen zur Ge-

nicht nur bei KARL ADAM eine Gemeinschaft voraussetzt, die kein »Erzeugnis der Gläubigen«, keine »Schöpfung des Ich und des Du sein kann, sondern eine überpersönliche, die gesamte erlösungsbedürftige Menschheit durchgreifende, übergreifende Einheit« sein muß[318]. Gleichzeitig wird aber die Notwendigkeit der persönlichen Entscheidung für Christus betont, denn die Eingliederung in die Gemeinschaft des Leibes Christi vollzieht sich »nicht einfach automatisch« wie in einem biologischen Organismus[319], sondern im Akt des Glaubens und im Empfang der Sakramente[320]. Trotz allem aber ist die Gemeinschaft auch hier unersetzlich. Nicht nur, daß der Glaubende den Glaubensinhalt von der Gemeinschaft entgegennimmt; sie ist es vielmehr auch, die den Glaubensakt eigentlich erst trägt[321]. Durch die Inkarnation hat jetzt die »Gemeinschaft der ganzen erlösten Menschheit« als »Subjekt der göttlichen Heilswirksamkeit« einen vorrangigen Anteil am Zustandekommen auch der persönlichen Glaubensentscheidung des einzelnen, denn aus der »Fülle der durch das Haupt Christus in den göttlichen Lebensstrom aufgenommenen Glieder« kommt »aller Segen«[322]. Es ist also doch nicht nur und wohl auch nicht zuerst das »Bewußtsein der Gemeinschaft«, sondern das »leiblich-seelische Teilhaben am wirklichen Soma Christi«, das »die vielen tatsächlich zu *einem* (mystischen) Soma« macht[323]. Mit anderen Worten scheint die durch die Inkarnation geschaffene Gemeinschaftswirklichkeit der Menschheit bzw. die Erlösungsgemeinschaft mit Christus wichtiger zu sein als die Glaubensentscheidung des einzelnen. Der einzelne wird erst durch das organische Gesamt der Erlösten, das durch die Inkarnation geschaffene Wir der Gnade befähigt, seine eigene Entscheidung zu treffen. Insofern ist die durch M. D. KOSTER eingeführte Entscheidung zwischen »Heilspersonalismus«, den er in solchen Anschauungen bekämpfen zu müssen glaubt, und »Heilskollektivismus«, unter dem er das

---

meinschaft auch verstehen mag.«; ebenso O. BAUHOFER, *Ich glaube,* 167; K. ADAM, *Das Wesen des Katholizismus,* 161–164.

318 K. ADAM, *Das Wesen des Katholizismus,* 49–50, wo er fortfährt: »Sie ist also als solche Einheit nichts Verschwimmendes, Unbestimmbares, sondern die konkrete innere Einheit der erlösten, mit Christus verbundenen Menschheit.«; die erlösungsbedürftige Menschheit wird also von der mit Christus verbundenen erlösten Menschheit als einer Einheit durch- und übergriffen: die hier wie auch anderswo etwas blumige Sprache Adams läßt offen, ob es sich dabei um den Unterschied zwischen subjektiver und objektiver Erlösung handelt oder ob die gleiche Menschheit nur unter verschiedenem Blickwinkel gesehen wird.

319 K. JÜSSEN, *Sanctorum communio,* 39.

320 K. ADAM, *Das Wesen des Katholizismus,* 220–238; DERS., *Pascals Intuition und der theologische Glaube*: HL 19/I (1921/22) 168–175, bes. 175; B. MOMME NISSEN, *Die eine Kirche,* 20; *Christus und der Christ,* 124–125.

321 M. SCHMAUS, *Ein Wort zur Verkündigungstheologie,* 314.

322 K. ADAM, *Das Wesen des Katholizismus,* 138.

323 W. KOESTER, *Die Idee der Kirche beim Apostel Paulus,* 49.

Heilsgesamt des durch die sakramentalen Charaktere gegliederten Volkes Gottes versteht[324], nicht so eindeutig, als daß K. ADAM das Wort »Heilskollektivismus« nicht auch für das dem Glied vorausgehende »Personganze« der Kirche als »einheitlicher Gemeinschaft« in Anspruch nehmen könnte. Gerade als solche ist sie nach Adam »ein dem Heil der Gläubigen Vorgegebenes«, das in einer »das Eigensein *übergreifenden* realen Heilsbezogenheit zum Gottmenschen« in »die Welt des Transzendentalen hineinragt«[325]. Damit ist dreierlei gesagt: Einmal ist der einzelne dem Erlösungsganzen untergeordnet, zweitens ist dieses Erlösungsganze in seiner Beziehung zum Erlöser vom Einzelglied unabhängig und drittens bestimmt sich das Erlösungsganze eben nur aus seiner Beziehung zum Erlöser. Oder anders gesagt: Das Hauptsein Christi bezieht sich zuerst auf einen der konkreten Geschichtlichkeit enthobenen Organismus, durch den die Erlösungsgnade an das Einzelglied weitergegeben wird[326]. Die Inkarnation als Beginn des »Haupt und Leib ein Christus« ist eben der Punkt, an dem die Verbindung beider, des begnadeten, im Göttlichen verankerten Gesamtorganismus des Leibes Christi und des zu erlösenden, geschichtlichen Einzelgliedes mit Christus sich trifft, und sich so die »*ontische* Einheit zwischen Göttlichem und Geschichtlichem«[327] ihn ihm auch für den Einzelnen verwirklichen kann. Wie empfindlich dieses Gleichgewicht sein kann, wird uns die beinahe dialektische Stellung des begnadeten Einzelichs in der Gruppe jener zeigen, die noch mehr die Verklärungswirklichkeit in der Kirche betonen.

4. Drei Christussphären

Wir stehen nun drei verschiedenen, einander bedingenden Beziehungen zu Christus gegenüber, die alle in der Inkarnation ihren Ausgangspunkt haben. Zuerst einmal der durch die Annahme der Menschennatur mit dem Gottmenschen verbundenen Gesamtmenschheit, aus deren Erlösungspoten-

---

324 M. D. KOSTER, *Ekklesiologie im Werden*, 205–235.

325 K. ADAM, *Ekklesiologie im Werden? Kritische Bemerkungen zu M.D. Kosters Kritik an den ekklesiologischen Versuchen der Gegenwart*: ThQ 122 (1941) 145–166, hier 150.

326 Vgl. auch I. HERWEGEN, *Die Formung des Geistes durch den Geist Christi*, 10–14; W. KOESTER, *Die Idee der Kirche beim Apostel Paulus*, 32; L. DEIMEL, *Leib Christi*, 99: »*Zunächst ist es die Kirche als Ganzes*, die Kirche als Gesamtperson, die mit Christus in Gemeinschaft tritt, und dann ist es erst der einzelne Christ, der wegen seiner Zugehörigkeit zur Kirche die Gliedschaftsgemeinschaft mit Christus erlangt.«; J.P. JUNGLAS, *Die Lehre der Kirche*, 187; J. FLEISCHMANN, *Das Antlitz der Kirche*, Kolmar o.J. [1943], 32; A. MAYER-PFANNHOLZ, *Der Wandel des Kirchenbildes in der Geschichte*, 33; O. BAUHOFER, *Ich glaube*, 175; M. GIERENS, *Die Idee vom Corpus Christi mysticum als katholische Einheitsidee*, 312.

327 G. FEUERER, *Der Kirchenbegriff der dialektischen Theologie*, 101.

tial sich dann durch denselben Einfluß der erlösenden Menschheit Christi die tatsächliche Erlösungsgemeinschaft der Kirche konstituiert, deren einzelnen Gliedern der Kontakt mit der begnadenden Christuswirklichkeit nur durch den Organismus des »Haupt und Leib ein Christus« möglich ist, obwohl dieses organische Ganze ihr Gliedsein bereits einschließt. Die Kirche als der Gesamtorganismus, der durch den physischen Kontakt mit der Menschheit Christi den einzelnen damit in erlösende Verbindung bringt[328], kann umso leichter als eine mystische Person mit dem Herrn angesehen werden[329], als sie in dieser Form der Leib-Christi-Ekklesiologie im Grunde nichts anderes ist als die erweiterte Menschheit Christi selbst, in der die der ganzen Menschheit in der Inkarnation gleichsam vor-vermittelte Erlösungsgnade zu letzten Konkretheit der tatsächlichen Erlösung gelangt. Wenn auch von der Glaubensentscheidung des Gliedes als Voraussetzung zur Erlangung dieser Konkretheit noch die Rede ist, so zeichnet sich doch bereits ein Auflösen des Gliedseins im Gesamtsein ab, wie auch die Menschheit Christi selbst ihre Bedeutung als geschichtliche Individualgestalt zu verlieren beginnt, um in ein ontisches Erlösungsprinzip umgewandelt zu werden. Noch ist dieser Prozeß nicht abgeschlossen, aber die Grundlagen dazu sind schon vorhanden. Christus in der Menschheit, Christus in der Kirche und Christus im Einzelglied ist auf dem Wege dazu, ein erlösendes Pneuma des Leibes zu werden, dessen historische Dimension nur noch mühsam über soziologische Hilfskonstruktionen oder göttliche Willensdekrete aufrecht erhalten werden kann.

d) Christus und die Kirche in der Geschichte: Karl Adam

KARL ADAM[330] teilte in seiner Auffassung von der Beziehung zwischen Christus und der Kirche im großen und ganzen die bis hierin aufgeführten Grundlinien der Leib-Christi-Ekklesiologie. Trotzdem kann gesagt werden, daß es ihm vielleicht mehr als anderen ein Anliegen war, das »metaphysi-

---

328 Vgl. C. FECKES, *Das Mysterium der heiligen Kirche,* 61–63; E. REICHGAUER, *Einigung mit Gott,* 35; K. ADAM, *Das Wesen des Katholizismus,* 139–140.

329 Vgl. K. Adam, *Das Wesen des Katholizismus,* 25; L. KÖSTERS, *Die Kirche unseres Glaubens,* 153; O. BAUHOFER, *Ich glaube,* 176; G. FEUERER, *Der Kirchenbegriff der dialektischen Theologie,* 113–114; R. GROSCHE, *Der Wandel der Christusfrömmigkeit,* in: DERS., Et intra et extra, 37–47, bes. 38.

330 Vgl. R. AUBERT, *Karl Adam,* in: Tendenzen der Theologie im 20. Jahrhundert. Eine Geschichte in Portraits, Stuttgart–Olten 1966, 156–162; A. AUER, *Karl Adam*: ThQ 150 (1970) 131–143; F. HEILER, *Zum Tod von Karl Adam*: ThQ 146 (1966) 257–261; H. KREIDLER, *Eine Theologie des Lebens,* bes. 218–295 zur Ekklesiologie.

sche a-priori« dieses Kirchenbildes, das er hier genauso wie in der Bestimmung aller Gottesbeziehung sehr ernst nahm[331], in die Geschichte einzubinden. Das unternimmt er jedoch nicht so sehr durch eine Zweiteilung seiner Ekklesiologie in einen der konkret-strukturierten Gesellschaftskirche und einen der Gnadengemeinschaft gewidmeten Teil, obwohl Elemente dieser Aufspaltungstendenz auch bei ihm zu finden sind[332], sondern durch eine Einbindung des Bandes Christus-Kirche in einen einheitlich geschichtlichen Lebensstrom. »Das Problem des Geschichtlichen im Leben der Kirche«, das er nach der unsere Arbeit betreffenden Periode ausdrücklich namhaft gemacht hat[333], begleitet seine ekklesiologischen Reflexionen auf verschiedene Weise. Zuallererst schlägt es sich in einem bestimmenden Zug seiner ganzen Theologie nieder, nämlich als Fruchtbarmachung der Beziehung Christi zur Kirche für die lebendige, gegenwärtige Geschichte, denn »Karl Adam wollte keine zeitlose Theologie für die Ewigkeit bieten; er wollte Theologie für seine Zeit und die Menschen seiner Zeit. Dies ist die Größe, aber auch die Grenze seiner Theologie.«[334] Diese Grenze wird auch in der Behandlung der Kirche als Leib Christi klar, denn sie stellt bei Adam (und nicht nur bei ihm), getragen von dem zeitgemäßen lebendigen Gemeinschaftsgefühl, den Versuch dar, die Lehre von der Kirche und ihrer Christusverbundenheit möglichst lebensnah und aktuell darzustellen[335]. Daß dieser Wunsch manchmal auf Kosten der tieferen Durchdringung gehen konnte, zeigt etwa die Anwendung des der Lebensphilosophie entnommenen Begriffes der »Spannung«, in dessen Analyse und Einsatz Karl Adam verglichen mit Rademacher, Guardini und Przywara an der Oberfläche bleibt[336] und aus dem er zu keiner Zeit ein wirkliches Prinzip seines Kirchenverständnisses macht. Die möglichen Konsequenzen seines unermüd-

---

331 Vgl. K. ADAM, *Die katholische Tübinger Schule,* 411, wo er vom Menschen sagt: »In seinem Sein ist er vielmehr mit Gott verhaftet, in einer metaphysisch realen, allerrealsten Bezogenheit auf ihn. Es gibt also ein metaphysisches A-priori ...«.

332 Vgl. z.B. die Abhandlung über die Stiftung der Kirche durch Christus und über den Primat in K. ADAM, *Das Wesen des Katholizismus,* 83–103 u.105–123; auch DERS., *Ekklesiologie im Werden?,* 150: »Kein Theologe wird bezweifeln, daß die Kirche auf der rein empirischen Ebene gesehen ein fertiges Gemeinschaftsgebilde, eine societas perfecta ist. Aber sobald der besinnliche Glaube nach ihrem Wesen fragt, nach dem Eigentlichen, was sie von einer rein natürlichen Körperschaft unterscheidet, muß er auf diese *übernatürliche Hinbezogenheit zum Erlöser* Christus verweisen.«

333 Vgl. K. ADAM, *Das Problem des Geschichtlichen im Leben der Kirche*: ThQ 128 (1948) 257–300.

334 W. KASPER, *Karl Adam,* 257.

335 Vgl. F. HOFMANN, *Karl Adam. Zum Werk eines Theologen*: HL 35/II (1938) 299–311, bes. 301.

336 Vgl. B. BRAUBACH, *Karl Adam und das Wesen des Katholizismus*: HL 23/II (1926) 488–495, bes. 491.

lichen Hervorhebens des Gemeinschaftsganzen vor dem Einzelich[337] und des flutenden geistigen Christuslebens im Ganzen des Erlösungsleibes[338], die wir oben kurz angedeutet haben, sind ihm so nicht bewußt, weil nicht gewollt. Daher sieht er keine Schwierigkeit darin, auch auf Form und Gesetz der Kirche lebensphilosophische Kategorien anzuwenden, indem er sie auf geistig-organische Elemente zurückführt[339]. Das Petrusamt wird ebenso begriffen als eine Objektivierung des Geistes Christi, als Entfaltung der Lebenskräfte in der Kirche, denn innere Geistgemeinschaft mit Christus drängt auch zu einer äußeren[340]. Überall spiegelt sich damit Adams Grundintuition wieder, daß zum Geheimnis Christi in der Kirche nur führt »ein liebendes Hineintauchen in den Reichtum des strömenden Lebens, das von ihm ausgegangen ist, das sich durch Jahrhunderte als innere organische Einheit bewährt hat, und das heute wie am ersten Tag nichts anderes ist und sein will als ein Leben aus der Kraft Christi, Christi Leben.«[341] So führt ihn seine erstes geschichtliches Interesse, nämlich das an unbedingter Aktualität seiner Theologie, ekklesiologisch zu einer Erkenntnis des lebendigen Lebensstromes Christi in der Kirche, die einerseits die geschichtsmächtige Lebendigkeit des Leibes Christi als Teil des »Urlebens Christi«[342] zum Mittelpunkt hat, anderseits aber gerade deswegen die Kirche aus der menschlichen Geschichte heraushebt und sie davon absetzt.

Adams geschichtliche Sensibilität geht jedoch weiter. Er ist sich sich der eschatologischen Unvollendetheit des Lebens der Kirche bewußt und weiß, daß der Leib Christi erst auf dem Weg zur endgültigen Fülle seines Wesens in Christus ist. Von der Idee der Kirche als Leib Christi ist für Adam deswegen wahr, was er im Hinblick auf den die Tübinger Schule bestimmenden platonisch-augustinischen Geschichtsbegriff von den göttlichen Ideen im allgemeinen sagt: Auch der Leib Christi gehört zu diesen »Lebensgebilde[n] mit innerer Zielstrebigkeit und Vitalität, die nach geheimnisvollen erst im historischen Geschehen sich enthüllenden Gesetzen ihre Verwirkli-

---

337 Vgl. z.B. K. ADAM, *Das Wesen des Katholizismus,* 32 u. bes. 44–45.

338 Ebd., 76: »Ich glaube also, genau gesehen, nicht der Kirche, sondern dem lebendigen Geist Jesu, der sich mir in der Kirche bezeugt. Und nicht ich glaube, sondern der Heilige Geist glaubt in mir. Der Katholik ergreift und bejaht Jesus endgültig und entscheidend *in dem strömenden Leben seiner Kirche,* in Jesu mystischem Leib.«

339 Ebd., 91: »Dogma, Sitte und Kult der Kirche der Kirche sind christozentrisch, sind Geist und Leben, und ihr Organismus ist nichts anderes als angewandte Liebe.«; vgl. dazu A. AUER, *Karl Adam,* 131–132.

340 K. ADAM, *Das Wesen des Katholizismus,* 123.

341 Ebd., 80.

342 Ebd., 78.

chung suchen, und die nicht ruhen, bis ihre letzte Möglichkeit erfüllt ist.«[343] Die durch den Zusammenschluß der Gläubigen hergestellte »volle geschichtliche Wirklichkeit« der Kirche[344] ist eine noch nicht abgeschlossene Wirklichkeit, in der das Wesen der Kirche, also das in ihr strömende Christusleben, noch nicht zu seiner endgültigen Ausprägung gelangt ist. Die menschliche Schwäche und Sünde aber sind nur vorübergehende Erscheinungen in dem Prozeß der Entwicklung des göttlichen Lebens in der Kirche zu seiner endgültigen Ganzheit. Weil das Ewige sich in ihr verzeitlicht[345], leidet die Kirche jedoch einstweilen an Spannungen; Spannungen zwischen Autorität und Freiheit, Gemeinschaft und Persönlichkeit, Amt und Frömmigkeit, die sich alle erst »im Licht der Eschatologie« auflösen werden[346]. Es ist also nicht nur das Leben des verklärten, auferstandenen Christus, das in Liturgie und Wirklichkeit der Kirche vorherrscht[347]. Auch der leidende, irdische »Jesus der Geschichte«[348] prägt sein Leben der geschichtlichen Kirche auf ihrem Pilgerweg auf. Was Adam dann 1948 formulieren sollte, schwingt vorher schon in seiner Ekklesiologie mit: »Das Kennzeichen Seiner Menschwerdung, die ›Kenosis‹, die ›exinanitio‹ sollte auch das Merkmal Seines Fortlebens auf Erden, des Lebens Seiner Kirche sein.«[349] Mit dieser eschatologisch-geschichtlichen Wachheit offenbart Adam eher eine Verwandtschaft mit dem nüchterneren Leib-Christi-Kirchenbild etwa eines ROBERT GROSCHE[350], als zu dem sonst oft üblichen ungeschichtlichen Verklärungsmystizismus.

Diese Nüchternheit findet ihren Ursprung zweifellos in jenem historischen Interesse, das Karl Adam zu einer Reihe von theologiegeschichtlichen Forschungen geführt hat[351]. Dabei verstand er seine Beiträge wohl als

---

343 DERS., *Die katholische Tübinger Schule*, 393.

344 DERS., *Das Wesen des Katholizismus*, 45.

345 Ebd., 268: »Da, wo das Ewige sich verzeitlicht, wo Gottes ewige Ratschlüsse in menschliche Formen eingehen, kann es nicht anders sein, als daß das menschlich unvollkommene mit dem göttlich Vollkommenen in innere Spannung gerät.«

346 Ebd., 268–275.

347 Vgl. K. ADAM, *Kirche und Seele*: ThQ 106 (1925) 231–239, bes. 238.

348 DERS., *Rez. zu R. Paulus, Das Christusproblem der Gegenwart, Tübingen 1922*: ThQ 107 (1926) 172–173, hier 173.

349 DERS., *Das Problem des Geschichtlichen im Leben der Kirche*, 261.

350 Vgl. R. GROSCHE, *Pilgernde Kirche*, in: DERS., Pilgernde Kirche, bes. 65–71; K. ADAM, *Rez. zu R. Grosche, Pilgernde Kirche, Freiburg 1936*: ThQ 120 (1939) 479–481.

351 Vgl. z.B. K. ADAM, *Der Kirchenbegriff Tertullians. Eine dogmengeschichtliche Studie* (Forschungen zur christlichen Literatur- und Dogmengeschichte 6,4) Paderborn 1907; DERS., *Die Eucharistielehre des hl. Augustin* (Forschungen zur christlichen Literatur- und Dogmengeschichte 8,1), Paderborn 1908; DERS., *Das sogenannte Bußedikt des Papstes Kallistus* (Veröffentlichungen aus dem kirchenhistorischen Seminar München 4,5), München 1917; DERS.,

eine Art Fortsetzung der Bemühungen der katholischen Tübinger Schule in dieser Richtung[352]. Es gelang ihm dadurch aber, den Kontakt mit der geschichtlichen Wirklichkeit der Kirche, deren grundsätzliche Stellung im Ganzen des kirchlichen Lebens er kaum verkennen konnte[353], nicht zu verlieren und historische Tatsachen in seine systematischen Bemühungen um das Verhältnis Christi zur Kirche vor allem dort einzubauen, wo es um den hierarchischen Aufbau des Leibes Christi geht[354].

Diese mehrfache Eingebundenheit der Adamschen Ekklesiologie in die Geschichtlichkeit der Kirche als Aktualität strömenden Lebens, als eschatologische Spannung und als historische Faktizität verliert jedoch nie den Kontakt zum christologischen Mittelpunkt der Kirche. So wie das Leben in der überpersönlichen Gemeinschaft des Leibes von Christus ausgeht und von dort erst den einzelnen durchflutet, wird die eschatologische Spannung dieses Leibes als der »Verwirklichung des Gottesreiches *auf Erden*«[355] in seinem Haupt aufgehoben, von dessen Macht schließlich alle historische Verfasstheit entweder gewollt oder — in ihren ungünstigen Auswirkungen — wenigstens getragen ist. Weil er die »synthetische Einheit« von »Idee und Geschichte« so im mystischen Leib Christi verwirklicht sieht, kann Karl Adam trotz allen theologiehistorischen Interesses doch »eine wahrhaft unbefangene Einstellung gegenüber dem historischen Detail der Offenbarung« entwickeln[356]. Folgerichtig ist es das »Gesamtleben« Christi in der Kirche, das letzten Endes den Vorrang vor der Existenz des Faktisch-Geschichtlichen im kirchlichen Leben gewinnt[357]. Mit dieser nicht von un-

---

Die kirchliche Sündenvergebung nach dem hl. Augustin (Forschungen zur christlichen Literatur- und Dogmengeschichte 14,1), Paderborn 1917; DERS., *Die geheime Kirchenbuße nach dem hl. Augustin. Eine Auseinandersetzung mit B. Poschmann* (Münchner Studien zur historischen Theologie 2), Kempten 1921; zu weiteren in Artikelform erschienen historischen Arbeiten vgl. J. STELZENBERGER, *Bibliographie Karl Adam zum goldenen Dozentenjubiläum am 26. April 1958 nachgereicht*: ThQ 138 (1958) 330–347, bes. 335–338.

352 Vgl. K. ADAM, *Die katholische Tübinger Schule*, 589–592.

353 Vgl. z.B. DERS., *Das Problem des Geschichtlichen im Leben der Kirche*, 261: »Das also ist mit dem Geschichtlichen im kirchlichen Leben gemeint und gesagt: Dieses Leben vollzieht sich nicht restlos in der makellosen Reinheit und dem sieghaften Glanz jener Übernatur, die sein Wesen ist und woraus es hervorquillt. Indem Christus der Herr dieses übernatürliche Leben sterblichen Menschen anvertraute, unterstellte Er es damit auch den Gesetzen des Geschichtlichen.«

354 Vgl. DERS., *Das Wesen des Katholizismus*, 106–123; dazu H. KREIDLER, *Eine Theologie des Lebens*, 247–249.

355 Ebd., 200 [Kursiv von uns].

356 DERS., *Rez. zu R. Paulus, Das Christusproblem der Gegenwart*, 173.

357 Vgl. dazu auch DERS., *Rez. zu D. Feuling, Katholische Glaubenslehre. Einführung in das theologische Leben für weitere Kreise, Salzburg –Innsbruck — Leipzig 1937 u. zu M. Schmaus, Katholische Dogmatik I, München 1938*: ThQ 119 (1938) 388–391, bes. 389: »Das analytische

gefähr über die Methode der klassischen Tübinger Schule hinaus an Hegelsche Terminologie erinnernde Geschichtsauffassung[358], bleibt Adam jenem Primat des Lebendigen, des Dynamischen, ja des »Irrationalen« treu[359], den er schon 1920 in seiner Tübinger Antrittsrede über »Glaube und Glaubenswissenschaft im Katholizismus« vertreten hatte[360]: Nicht in der historischen Faktizität, sondern in der »Mystik des Glaubens« liegt das »eigentlich Weckende, Zündende«. »Die Quellen des Lebens« rauschen »geheimnisvoll und verborgen« gerade in den christlichen Dogmen vom ›Kyrios pneuma‹, verstanden als Teil des »Irrationale[n], Unbegreifliche[n], Ueberbegriffliche[n]« im menschlichen Geistesleben, das »mir Kräfte leihen« kann, »die nicht von dieser Erde sind« und die zur »frische[n], fröhliche[n] Tat« führen[361]. Wir haben gesehen, wie für Karl Adam dieses irrational Überbegriffliche auch im christozentrischen Gesamtleben des mystischen Leibes der Kirche wirkt, in der unter der geschichtlichen Gestalt der sichtbaren Heilsgemeinschaft sich jene eschatologisch gerichtete Entwicklung vollzieht, an deren Ende Menschheitskirche und Menschheitserlöser gemeinsam den Einen Christus der endgültigen Verklärung bilden werden[362]. Dann erst wird die Idee Gottes in Christus durch die Geschichte hin-

---

Denken ist vom synthetischen, das historische Zeitalter vom dogmatischen abgelöst.«; deswegen ist von protestantischer Seite nicht ganz zu Unrecht bemerkt worden, daß die (geschichtliche!) »causa secunda«-Kirche hier aufgelöst wird: vgl. L. FENDT, *Katholische Theologie der Gegenwart: Der Kirchengedanke im modernen Katholizismus:* ZThK 36 [= NS 8] (1928) 432–451, hier 440: »Christus selbst ist alles. Die Kirche ist nur der fortdauernde Christus. Er materialisiert sich in ihr. Ein großartiges Schauspiel: die *causa secunda* wird zersprüht, in Schwingungen aufgelöst, und nur der *primus movens,* Christus, steht fest. Karl Adam hat, wohl über Möhler, diesen Weg betreten ...«.

358 Vgl. seine Bemerkungen zur Geschichtsauffassung der Tübinger, die der seinen sicher verwandt war, in: K. ADAM, *Die katholische Tübinger Schule,* 393: »Hier ist auch der Punkt, wo die Berührung mit Hegel in formaler Hinsicht offenbar wird. Es ist Platons Ideenlehre, die beide Richtungen verbindet, insofern Hegel die Fortbewegung des Begriffes und die Tübinger die Selbstbewegung der dogmatischen Idee behaupten. Was sie trennt, ist Augustin und die hinter ihm stehende christliche Vorstellungswelt. Sie bewahrt die Tübinger vor dem Abgleiten in den reinen Hegelianismus, insofern sie statt der Notwendigkeit des dialektischen Prozesses, statt des logischen Müssens ein theologisches Müssen, die Folgestrenge des göttlichen Weisheitswillens, im Weltgeschehen wirksam sieht.«

359 Vgl. dazu auch DERS., *Rez. zu B. Poschmann, Ecclesia principalis, ein kritischer Beitrag zur Frage des Primats bei Cyprian, Breslau 1933*: ThQ 114 (1933) 439–442, bes. 442: »Und hat der Historiker nicht das Recht, vielleicht auch die Pflicht, die um das logische Gerippe schwingenden und in sie einbrechenden irrationalen Gefühls- und Stimmungselemente im Licht der Quellen mitzusehen und zu würdigen?«

360 DERS., *Glaube und Glaubenswissenschaft im Katholizismus. Akad. Antrittsrede*: ThQ 101 (1920) 131–155; vgl. H. KREIDLER, *Eine Theologie des Lebens,* 68–70.

361 K. ADAM, *Glaube und Glaubenswissenschaft,* 154–155.

362 Vgl. K. ADAM, *Das Geheimnis der Inkarnation Christi und seines mystischen Leibes,* in: Die eine Kirche. Zum Gedenken J. A. Möhlers 1838–1938, hrsg. v. H. Tüchle, Paderborn 1939, 33–54.

durch zur Verwirklichung gelangen. Somit wendet sich das Bewußtsein des berühmten Tübinger Gelehrten um die Verflochtenheit der Kirche in geschichtliche Vollzüge, das ihn in gewisser Weise vor manch anderen Leib-Christi-Ekklesiologen auszeichnet, zu einem Verständnis dieser Geschichtlichkeit als jenem Ort, in dem das überpersönliche Christusleben im Gemeinschaftsleib der Kirche zu seinem eigentlichen Wesen findet, das in der Identität von Erlösung und Erlösten im Erlöser besteht[363]. Ob damit das den geschichtlichen Strukturen der Kirche eigene Mitwirken am Heilsprozeß gewahrt bleibt, oder ob sie bei einem solchen Denken nicht eher zum reinen Anlaß des Heilsgeschehens reduziert werden, bzw. anders gesagt, ob das Heil hier noch menschlich vermittelt wird oder nur als göttliches Leben am Menschen geschieht, ist eine Frage, die man auch an Karl Adams Auffassung von der Beziehung zwischen Christus und Kirche stellen kann[364]. Gleichsam als Dialektik des manchmal übertriebenen Optimismus, mit dem er die »Natur« des Menschen betrachtet[365], scheint eben diese Natur oftmals nur der Schauplatz einer Erscheinung, Offenbarung und Erfüllung der Gnade zu sein, nicht jedoch ein in deren Vollzug wirklich mitwirkendes Element[366]. Damit würde auch die Kirche zwar schon Schauplatz einer allmählichen Verdichtung des Christuslebens, nicht aber zum tatsächlichen

---

363 Dazu passt, was Adam im Hinblick auf das »Wesen des Christentums« über den wissenschaftlichen Kirchenbegriff sagt: K. ADAM, *Ekklesiologie im Werden?*, 159: »Beachtet man …, daß das Wesen des Christentums in Gnade und Liebe besteht …, so muß man sich fragen: darf und soll der rechte wissenschaftliche Kirchenbegriff gerade dieses Wesentliche des Christentums außer Acht lassen um nicht einem die Ekklesiologie ›vergiftenden‹ Heilspersonalismus anheimzufallen?«

364 Insofern ist das folgende Urteil von Przywara über Adam zwar zutreffend, aber nicht vollständig: vgl. E. PRZYWARA, *Wesen des Katholizismus*, 50: »Adam ist … durchaus nicht so etwas wie ein geschichtsflüchtiger Mystiker. Er betont — wohl auch jetzt noch zu stark — das in gewissen letzten Tiefen unauflösbar Lebensvolle des religiösen Glaubens; aber er bleibt dabei doch der ruhige Philosoph, der auf eine Philosophie der *analogia entis* die Gotteserkenntnis baut, und der kritische Historiker, der die geschichtlichen Grundlagen des Offenbarungsglaubens so kundig wie andere sonst darlegt.«

365 Vgl. W. KASPER, *Karl Adam*, 256; K. ADAM, *Deutsches Volkstum und katholisches Christentum*: ThQ 114 (1933) 40–63, bes. 48: »Die Angewiesenheit des katholischen Christentums auf das lebendige nationale Volkstum ist eine unmittelbare Folge aus jenem Hauptsatz, mit dem die katholische Kirche und ihre Theologie das Verhältnis der Übernatur zur Natur beschreibt: ›Die Gnade setzt die Natur voraus.‹ (gratia supponit naturam).«

366 Bezeichnenderweise wird das in dem schon zitierten umstrittenen Artikel zur Bedeutung des »deutschen Volkstums«, in dem aus naheliegenden Gründen die Stellung der Natur noch ganz besonders betont wird, gleich anschließend an die oben wiedergegebenen Ausführungen sehr deutlich; vgl. K. ADAM, *Deutsches Volkstum und katholisches Christentum*, 48–49: »Gewiß ist das Christentum Gnade, die raumzeitliche Erscheinung der Vaterliebe Gottes im Gottmenschen. Aber diese Gnade offenbart und erfüllt sich an uns *Menschen*.« Zum Verhältnis von Natur und Gnade bei Adam vgl. H. KREIDLER, *Eine Theologie des Lebens*, 209–212.

Mittel von dessen faktischem Zustandekommen[367]. Hier kündigt sich also auch, wie in der bisher dargestellten Leib-Christi Ekklesiologie zumeist, die Nähe einer schließlich doch wieder ungeschichtlichen Betrachtung der Kirche an, die uns noch deutlicher im folgenden begegnen wird.

D. Der verklärte Christus und die Gnadengemeinschaft

Als J. RANFT im Jahre 1927 den Traktat von der Kirche als »Bestandteil der *speziellen* Dogmatik und zwar in *engster Verknüpfung mit Christus*«[368] behandelt und organisch direkt nach der Soteriologie eingeordnet sehen wollte[369], wies er in seiner Begründung für diese Forderung nicht nur darauf hin, daß die »ganze Seins- und Wesensgesetzlichkeit« der Kirche Christus[370] und sie selbst daher »in ihrem innersten Wesen durch das Gnadenmoment konstituiert« seie[371], sondern gab auch noch genauer an, daß es gerade »der verklärte Gottmensch« seie[372], dessen Hauptsein seinen Leib, also die Kirche, durch die mystische Einheit mit Christi heiliger Menschheit »zu einer herrlichen objektiven Offenbarung der Gottheit« werden lasse[373]. In dieser sehr systematisch vorgetragenen Sicht präsentiert sich uns gleichsam die Zusammenfassung eines ekklesiologischen Ansatzes, der konsequent jene Linien auszieht, die uns bereits in der vorigen Gruppe begegnet sind.

---

367 Das mögliche »Realitätsproblem« ähnlicher Haltungen ist Adam anderswo eher bewußt, wie seine Abgrenzung der katholischen Position gegen protestantische Auffassungen zeigt: z.B. K. ADAM, *K. Heim und das Wesen des Katholizismus*: HL 23/II (1926) 447–469, 586–608, bes. 459; DERS., *Die Theologie der Krisis*: HL 23/II (1926) 271–286, bes. 283–286; auch DERS., *Rez. zu W. Köster, Die Idee der Kirche beim Apostel Paulus in ihren Grundlinien dargestellt (Neutestamentl. Abhdlg. XIV/1), Münster 1928*: ThQ 112 (1931) 582–584, bes. 583, wo er sogar ausdrücklich die zentrale »Bedeutung der *mittlerischen* Funktion des Leibes, d.i. der Menschheit Christi« und des »*Seinshaften* unserer Verbundenheit mit Christus« betont; desgleichen DERS., *Das Wesen des Katholizismus,* 24. Hier scheinen sich das Wirken Gottes und das Mitwirken des Menschen in der Geschichte in einer nicht durchreflektierten Opposition zu befinden.

368 J. RANFT, *Die Stellung der Lehre von der Kirche,* 176.

369 Vgl. Ebd., 142: »Die organische Stellung endlich weist ihr einen Platz zu unter den Erlösungsgeheimnissen und Heilsgütern in einer Reihe mit der Soteriologie oder Sakramentenlehre.«; vgl. zu der Diskussion um diese Auffassung und die dogmatische Behandlung der Ekklesiologie U. VALESKE, *Votum,* bes. 22–25; auch A. STOLZ, *De Ecclesia,* 2.

370 J. RANFT, *Die Stellung der Lehre von der Kirche,* 155.

371 Ebd., 177.

372 Ebd., 186.

373 Ebd., 185.

Die Tendenz, die Kirche auf Christi Gnadenleben zu konzentrieren[374], scheint hier zu ihrer Erfüllung zu gelangen[375] und der in seiner Kirche fortlebende Christus endgültig nur noch in seiner verklärten, mystischen Gestalt von Bedeutung zu sein[376]. Die Konsequenz einer solchen Grundhaltung zeigte sich schließlich in einer immer stärkeren Ineinssetzung Christi mit seiner Kirche, die ihrerseits zwar nicht unbedingt nur als Leib Christi[377], wohl aber durchgehend als Gnadengemeinschaft verstanden wurde[378], deren Aufgabe »Welterlösung als Weltverklärung« sein sollte[379].

---

[374] Vgl. J. PINSK, *Die sakramentale Welt* (Ecclesia orans 21), Freiburg i.B. 1941², 31: »Wir haben also die Tatsache festzustellen, daß ›Christusleben‹ nicht nur im Gottmenschen Jesus von Nazareth Wirklichkeit geworden ist, sondern nach seiner Himmelfahrt auch in einer menschlichen Gemeinschaft: in der Kirche Jesu Christi. Wohl gemerkt: verschieden ist nur die Erscheinungsform, nicht das eigentliche Leben, das darin zur Darstellung kommt, das ist in beiden Fällen das gleiche ... Christusleben. Wenn man die Kirche so sieht, dann ist ihr ebenso wie Jesus von Nazareth die Qualität des sakramentalen Seins eigen, insofern nämlich auch in ihr einer natürlichen Form ein göttlicher gnadenhafter Inhalt gegeben wird: das Christusleben.«; auch DERS., *Die Kirche Christi als Kirche der Völker*, Paderborn 1935.

[375] Vgl. J. THOMÉ, *Im Ringen um die Kirche*, Habelschwerdt o.J. [1929], 14: »Und da kündet es der Mund all unserer großen Gottesgelehrten, angefangen vom heiligen Paulus bis in die Gegenwart hinein, daß unsere Kirche in ihrem eigentlichen, unsichtbaren Kern nichts anderes ist als das göttliche übernatürliche Leben, das von jeher durch Gottes ewigen Sohn in die Menschheit hineingesenkt, in Jesus Christus zu strotzender Fülle und höchsten Erfüllung aufgebrochen und von da ab in einem breiten Strom durch die Menschheit fließt.«

[376] Vgl. H. BLEIENSTEIN, *Der mystische Christus in der Heiligen Schrift*: ZAM 9 (1934) 193–209, bes. 200; J.A. JUNGMANN, *Die Kirche im religiösen Leben der Gegenwart*, in: Die eine Kirche. Zum Gedenken J.A. Möhlers 1838–1938, hrsg. v. H. Tüchle, Paderborn 1939, 373–390, bes. 386; O. COHAUSZ, *Wendungen im katholisch-theologischen Geistesleben*, 200–201: »Weiter fand eine gewisse *Lagerungsverschiebung* statt, indem man sich vom rein historischen Christus mehr dem himmlischen, mystischen, verklärten zuwendet, der besonderlich mit seiner Kirche als Haupt verbunden in ihr und durch sie sein Heilswerk auf Erden fortsetzt.«; zum Einfluß von A. Voniers auf diese Entwicklung vgl. A. VONIER, *Das Christusbild in der Kirche*: Die Schildgenossen 15 (1935/36) 111–116.

[377] Vgl. z.B. die Kritik an C. Feckes wegen dessen zu ausschließlicher Betonung des Leib Christi-Gedankens durch A. STOLZ, *Neue Literatur zur Lehre von der Kirche*: DT 12 (1934) 350–358, bes. 351; Stolz selber sah die Kirche mehr als Kultgemeinschaft: DERS., *De Ecclesia*, 13; zu Mißbräuchen auch in dieser Aufassung findet sich kluge Kritik bei G. SÖHNGEN, *Symbol und Wirklichkeit im Kultmysterium* (Grenzfragen zwischen Theologie und Philosophie IV), Bonn 1940², bes. 16–17.

[378] Vgl. z.B. W. TRAPP, *Vorgeschichte und Ursprung der liturgischen Bewegung*, 3: »Der Mittelpunkt des Lebens des Einzelnen wie der Gesamtkirche muß die Gnadengemeinschaft der Gläubigen in Kult und Liturgie sein, das Corpus Christi mysticum.«; auch die nicht auf den Leib-Christi-Gedanken beschränkten Ausführungen von H. KELLER, *Die Kirche als Kultgemeinschaft*: BMS 16 (1934) 25–38, 17 (1935) 183–195, 277–286, 347–361.

[379] S. GEIGER, *Die religiöse Bewegung unter den katholischen Akademikern*, 501.

a) Mystische Einheit Christi mit der Kirche

Offensichtlich unter dem Einfluß des im ersten Teil unserer Arbeit besprochenen Ganzheitsdenkens stehend, ging es den Autoren der hier darzustellenden ekklesiologischen Grundrichtung noch mehr als bisher um die Einheit Christi mit der Kirche. Diese Einheit wird so eng gesehen, daß man sie bereits als Identität bezeichnen kann: »Jesus Christus *ist* Gemeinschaft, Gemeinde, Kirche.«[380] Alle Glieder der Kirche werden eins, »und zwar dadurch, daß sie alle in der *einen* Person Christi sich befinden. Christus schließt also alle die, welche in ihn eingegangen sind, dadurch in sich zu einer Gesamtpersönlichkeit zusammen.«[381] Michael SCHMAUS hat in der ersten Auflage seiner Ekklesiologie mit dem interessanten Titel »Kirche und Göttliches Leben im Menschen«, deren Ansatz er später fast völlig änderte[382], diese Seinseinheit der Kirche mit dem verklärten Logos sogar in allernächste Nähe zur hypostatischen Union bringen können[383]. Die Glieder des »von dem Logos durchherrschten verklärten Leibes«, der Kirche, gehören zur »verklärten menschlichen Natur Christi« und sind »daher Fleisch von seinem Fleische«, denn infolge »der Weiterentwicklung des natürlichen Leibes Christi zum mystischen Leibe besteht zwischen Christus und dem Christen eine untrennbare Einheit«[384].

Die Schwierigkeit dieser Sicht, die zwischen Christi Beziehung zur kirchlichen Ganzheit und zum Einzelnen schwankt, liegt, wie wir noch sehen werden, in ihrer ontologischen Begründungsstruktur, die Schmaus so wenig wie andere in ihrer ganzen Vielschichtigkeit namhaft gemacht hat. Im Grunde handelt es sich auch hier wieder darum, daß das »von Christi

---

380 H. BLEIENSTEIN, *Der mystische Christus der Heiligen Schrift,* 201 [Kursiv von uns], sagt weiter: »Und die Glaubenden werden dadurch Christen, daß sie… als Gemeinschaft seine konkrete Wirklichkeit, d.h. sein geistlicher Leib sind. Dadurch bilden sie in und mit Christus ein unteilbares Ganzes, eine einzige pneumatische Person, einen einzigen mystischen Christus.«

381 J. RANFT, *Die Stellung der Lehre von der Kirche,* 198; bezeichnend ist, daß sich Ranft in dieser Paulus-Interpretation auf den Protestanten T. SCHMIDT, *Der Leib Christi,* 149, bezieht; O. HOLZER, *Christus in uns,* 31–33, nennt in seiner Kritk an solchen Auffassungen noch weitere protestantische Autoren mit ähnlichen Ansichten: vgl. z.B. E. BERGER, *Der lebendige Christus,* Stuttgart 1933, bes. 149; C. VON HASE, *Die Gegenwart Christi in der Kirche,* Gütersloh 1934, 48, 54–55.

382 Vgl. M. SCHMAUS, *Katholische Dogmatik III/1. Die Lehre von der Kirche,* München 1958$^{3-5}$, VII: »Seit dem ersten Erscheinen des Kirchentraktates im Jahre 1940 hat sich die theologische Lage völlig geändert … Der vorliegende Band, der mit der ersten Fassung nur noch wenig gemein hat …«.

383 Vgl. DERS., *Katholische Dogmatik III/1. Kirche und göttliches Leben im Menschen,* München 1940, 57.

384 Ebd., 58.

verklärter Menschheit ausströmende Gnadenleben«[385] zum eigentlichen ›Wesen‹ der Kirche erhoben und damit die Existenz geschichtlicher Formen problematisch wird. Diese Identifikation des Leibes mit dem Leben Christi geht so weit, daß Christus bei dem von K. ADAM energisch kritisierten[386] Julius TYCIAK sogar selbst als »der große, heilige Leib der Kirche« bezeichnet werden kann[387], womit die Umkehrung des paulinischen Gedankens von der Einheit Christi mit seinem durch verschiedene Gnadengaben strukturierten Leib[388] in eine gnostizierende Identitätssoteriologie abgeschlossen wäre[389].

In der Beschreibung des »Inseins Christi in der Kirche und der Kirche in Christus«[390] können sich unsere Autoren aus verschiedenen Gründen nicht genugtun. Sie wollen damit nicht nur die erst durch eine möglichst innige Verbindung mit der Kirche »erfüllte Ganzheit Christi«[391] als sein volles Gnadenleben in ihr zum Ausdruck bringen, nicht nur der Kirche in Christus eine eigene »Person«, »Persönlichkeit«, »Gesamtperson« oder doch wenigstens »Quasi-Person« verleihen[392], sondern eben auch die in der Kirche bereits anwesende Verklärungssituation plausibel machen. Hier wird die Kirche als »Gemeinschaft der Begnadeten« dann »die vollkommenste auf

---

[385] Ebd., 2.

[386] Vgl. K. ADAM, *Rez. zu J. Tyciak, Erlöste Schöpfung, Regensburg 1938:* ThQ 120 (1939) 410–411; vgl. J. TYCIAK, *Erlöste Schöpfung,* Regensburg 1938, 65–79.

[387] J. TYCIAK, *Christus und die Kirche,* 106.

[388] Vgl. dazu z.B. L. RAMAROSON, *›L'Église, Corps du Christ‹ dans les écrits pauliniens*: ScEsp 30 (1978) 129–141; H.F. WEIß, *»Volk Gottes« und »Leib Christi«*: ThLZ 102 (1977) 411–420; E. SCHWEIZER, *Artikel »soma«,* in: Exegetisches Wörterbuch zum NT III, Stuttgart–Berlin–Köln–Mainz 1983, 770–779.

[389] Die ganze Stelle lautet J. TYCIAK, *Christus und die Kirche,* 106: »Weil wir nun Glieder Christi sind, weil wir ganz wesenhaft Sein Leben atmen und vom Herrn durchlebt werden, deshalb sind wir auch *ein Leib in Christus.* Christus erscheint bei Paulus nicht bloß als Haupt seines Leibes, der Kirche, und die Gläubigen als Glieder dieses Leibes. Vielmehr ist Christus selber der große, heilige Leib der Kirche. Christus und der mystische Leib werden bei Paulus geradezu identifiziert. Wir erkennen hier wieder, daß die Idee des Leibes Christi eine ungeahnte Fülle lebendigster Wirklichkeit umschließt.«

[390] G. FEUERER, *Unsere Kirche im Kommen,* 55.

[391] J. TYCIAK, *Christus und die Kirche,* 103–104; ähnlich H. ANDRÉ, *Die Organismusidee im Lichte biologischer Betrachtung,* 655; J. TERNUS, *Vom Gemeinschaftsglauben der Kirche,* 26–27.

[392] Vgl. z.B. G. FEUERER, *Unsere Kirche im Kommen,* 59: *»Das Verhältnis Christi zur Kirche ist ein Abbild des Ichwerdens des Menschen in Leib und Seele.«*, auch 207; J. TERNUS, *Der Gemeinschaftsglaube der Kirche,* 13; M. SCHMAUS, *Katholische Dogmatik III/1. Kirche und Göttliches Leben,* 60; O. CASEL, *Die Kirche als Braut Christi nach Schrift, Väterlehre und Liturgie,* in: DERS., Mysterium der Ekklesia, 79.

Erden denkbare Lebensgemeinschaft mit Gott«[393], die die Verklärung, die in ihr durch Christus lebt, ihren Gliedern vermittelt[394]. Weil Christus und seine Kirche zusammen ein pneumatisches, verklärtes Ganzes bilden[395], schimmert wie in dem Einheitsmysterium der »Christus-Ekklesia« bei ODO CASEL, so auch bei vielen anderen durch das Christus-Kirche-Gesamt »das göttliche Urlicht, milde gebrochen«[396]. Wenn ein solche Verklärungs-Ekklesiologie auch ohne Zweifel an Anziehungskraft für den nach geistlicher Nahrung Ausschauenden gewinnen kann, so wirft sie doch Fragen auf, deren Beantwortung selten unternommen wurde und die fast alle mit der letzten Basis dieser betonten Einheitsekklesiologie selbst zusammenhängen.

b) Der Ort der christozentrischen Einheit

Der Versuch, Christus und die Kirche so eng wie möglich einander anzunähern, ja sie miteinander zu identifizieren, trifft auf verschiedene Schwierigkeiten, die nicht einfach verschwiegen werden konnten. Neben der grundsätzlichen Möglichkeit[397], in einen ekklesiologischen Monophysitismus abzugleiten[398] oder den Vergleich mit der hypostatischen Union zu übertreiben[399], sah man die Gefahr einer Auflösung der menschlichen Frei-

---

[393] H. LANG, *Der mystische Leib Christi,* München 1929, 7; genauso H. DAUSEND, *Die Gemeinschaft der Kirche. Dogmatisch-liturgische Vorträge,* Paderborn 1934, 11.

[394] H. DAUSEND, *Die Gemeinschaft der Kirche,* 76: »Etwas Außerordentliches ist die Verklärung, etwas Erhabenes. Sie läßt die Schönheit und Lieblichkeit Gottes ahnen und ihre Größe empfinden. Wir Christen, ja alle Menschen sind zur Verklärung berufen. Wir alle sind ja berufen zur heiligen Kirche. Sie vermittelt die Verklärung. Die Verklärung aber ist es, die uns der Kirche, der mystischen Gnadengemeinschaft in Christus, einfügt. Wir sind zur Verklärung berufen schon hier auf Erden. Wir sind zu ihr berufen für die ganze Ewigkeit.«; vgl. auch TH. MICHELS, *Das Heilswerk der Kirche. Ein Beitrag zu einer Theologie der Geschichte,* Salzburg 1935, 82–83.

[395] O. CASEL, *Das Mysterium der Einheit von Haupt und Leib,* in: DERS., Mysterium der Ekklesia, 123–178, bes. 127: »Denn in dem *einen* Menschen, welcher der Leib Christi ist, west die göttliche Einheit des Pneumas; alle Trennungen und alle Gegensätze sind aufgehoben in der Person des pneumatischen Christus.«

[396] TH. SCHNEIDER, *Gottmenschliche Gemeinschaft. Ein Wort zum Geleit,* in: O. CASEL, Mysterium der Ekklesia, 31; hierhin gehört auch A. VONIER, *Das Mysterium der Kirche,* Salzburg 1934.

[397] Vgl. A. ANTON, *La Iglesia de Cristo,* 19–20; R. M. SCHMITZ, *Christus als Träger der Kirche,* 183–184.

[398] Vgl. z. B. M. SCHMAUS, *Katholische Dogmatik III/1. Kirche und Göttliches Leben,* 60.

[399] Vgl. J. BERNHART, *Die Kirche Christi als Kirche der Völker*: HL 33/I (1935/36) 452–461, bes. 455; J. PINSK, *Die sakramentale Welt,* 19.

heit in einer Allwirksamkeit Gottes durch Christus[400] ebenso wie die einer Aufhebung der Selbstständigkeit der Einzelperson in die Person Christi oder in die Gesamtperson Kirche[401]. Statt nun aber den Fehler im Ansatz einer zu ausschließlich soteriologischen Ekklesiologie zu suchen, wurde versucht, innerhalb dieses Ansatzes durch mehr oder weniger sinnvolle Einschränkungen diese Schwierigkeiten zu umgehen[402], was die meisten Autoren trotz daraus entstehender innerer Widersprüche nicht darin hinderte, auf dem einmal eingeschlagenen Weg eines ekklesiologisch gewendeten soteriologischen Inkarnationismus weiterzuschreiten. An Begründungen für diese Identifizierung von Christus und Kirche mangelte es dabei nicht. Meist wurde sie aus den objektiven Bindungen Christi an das Menschengeschlecht, aus der daher resultierenden organischen Gnadengemeinschaft seines Leibes, also dem ›Wir in Christus‹, oder — fast dialektisch — aus dem Leben Christi in der Einzelseele, also dem ›Christus in uns‹, erklärt. Überall handelt es sich allerdings um ein Übertreiben jenes delikaten Gleichgewichts bei der Betrachtung derselben Probleme, das die vorher behandelte Gruppe noch mühsam zu halten bemüht gewesen war.

1. Christus in der Menschheit

In dem Bemühen, eine »objektive« Basis für die enge Berührung Christi mit der Kirche zu finden, ist es auch hier wieder die Inkarnation des Logos in unsere Menschennatur, die zum Ausgangspunkt aller Überlegungen wird. Statt jedoch mit dem hl. Thomas von Aquin[403] und auch noch mit Matthias Joseph Scheeben[404], auf die sich gerne berufen wird, zuerst einmal die Annahme einer individuellen — und damit geschichtlichen — Menschennatur zu betonen[405], wird die Menschwerdung des Gottessohnes vielfach sofort als in erster Linie auch ontologisch kollektiv auf das Menschengeschlecht bezogen interpretiert: »In Christi Person ist das neue Reich angebrochen, in dem Gott vom Menschen Besitz ergreift und sich ihm schenkt im mysti-

---

400 Vgl. J. RANFT, *Die Stellung der Lehre von der Kirche*, 190.

401 Vgl. J. TERNUS, *Vom Gemeinschaftsglauben der Kirche*, 10; J. STABL, *Das Geheimnis der Kirche — Christus in uns*, 15.

402 Als typische Beispiele für dieses Vorgehen können Schmaus und Feuerer gelten, die immer wieder auf die geschichtliche Verfasstheit, die hierarchische Form, die menschliche Eigenwirksamkeit zu sprechen kommen: vgl. M. SCHMAUS, *Katholische Dogmatik III/1. Kirche und Göttliches Leben*, bes. 110–175; G. FEUERER, *Unsere Kirche im Kommen*, 65–153.

403 Vgl. STh III, 4, 4 u. 5.

404 Vgl. M.J. SCHEEBEN, DOG V/1, 69–80, der neben der Annahme einer individuellen Natur durch Christus (bes. 70–72) aber auch schon sehr stark die »Wesensgemeinschaft« oder »Stammeseinheit« betont (bes. 77–79), was aber keinen Widerspruch darstellt.

405 Wie das selbst noch geschieht bei dem diesen Gedankenkreis auch sehr ausführlich behandelnden C. FECKES, *Das Mysterium der heiligen Kirche*, bes. 29.

schen Leib des Gottmenschen, in dem er sich mit der Menschheit eint.«[406] Es scheint fast, als bringe die hypostatische Union nicht zuerst eine seinshafte Verbindung der göttlichen Natur Christi mit der von ihm aus der Jungfrau Maria angenommenen einzelnen Menschennatur zustande, sondern vorrangig eine Seinseinheit mit der Menschheit als ganzer[407]. Christus erscheint nicht mehr als das Haupt des Menschengeschlechtes, weil er eine mit diesem verwandte individuelle Menschennatur sein eigen nennt, sondern weil er in ihr das Menschengeschlecht annehmen wollte[408]. Die Geschlechtseinheit des Gottmenschen mit der übrigen Menschheit, die nur *eine* der Bedingungen des Zustandekommens der Erlösung durch Jesu geschichtlichen Kreuzestod ist, aus dem dann erst die Möglichkeit einer eschatologischen »recapitulatio omnium rerum in Christo« folgt, wird so zum einzigen Grund für diese Erlösung und damit der Beziehung Christi zu der Gnadengemeinschaft der Erlösten[409]. Das bedeutet eine *mögliche* Ineinssetzung dieser Gnadengemeinschaft, der Menschheit, des Leibes Christi und der Kirche[410]. Wenn also »auf Erden ... ein Zustand« eintritt, »in dem die Menschheit ... in Christus Haupt und Zentrum hat«[411], so ist dieser Zustand einer solchen Sicht zufolge so sehr der geschichtlichen Wirklichkeit enthoben und der Verklärungsspäre angenähert, daß die individuell-geschichtliche menschliche Natur Christi eher unwichtig zu werden scheint[412].

---

406 H. BLEIENSTEIN, *Der mystische Christus der Heiligen Schrift,* 195; der Autor beruft sich interessanterweise und wohl nicht ganz zu Unrecht für ähnlich kollektive Schlußfolgerungen auf Pater E. Mersch SJ, vgl. 194: »Wir gehen mit P. Mersch davon aus, daß Eingliederung in Christus in erster Linie die Schaffung einer irgendwie gearteten Einheit begründet.«

407 H. ANDRÉ, *Die Organismusidee im Lichte biologischer Betrachtung,* 653, geht noch weiter: »Christus, der Weltlogos selbst, hat die Materie geheiligt, indem er sie in die menschliche Natur seiner gottmenschlichen Persönlichkeit aufgenommen hat. *Wie er dadurch die sinnlich-materielle Seinssphäre zum Träger und Werkzeug seiner göttlichen Kraft gemacht hat, so bezieht er in einer alles umschlingenden Sympathie und dienenden Liebesgemeinschaft alles Seienden in noch viel größerem Umfang alle Sphären dieser Erdenwirklichkeit in ein universales System ein, dessen ›transzendentale Entelechie‹ er selbst ist.*«

408 Vgl. M. SCHMAUS, *Katholische Dogmatik III/1. Kirche und Göttliches Leben,* 1: »Die Grundlage dafür, daß jeder des in Christus erschienenen Lebens teilhaftig werden könnte, bildet die Einheit zwischen Christus und der Menschheit, ja zwischen Christus und dem Kosmos. In Christus ist ja das ganze All, die ganze Menschheit zusammengefaßt ...«; auch S. VON DUNIN-BORKOWSKI, *Der Gemeinschaftsgedanke,* 180.

409 Vgl. F. KASTNER, *Marianische Christusgestaltung der Welt,* 127.

410 Vgl. J. THOMÉ, *Im Ringen um die Kirche,* 10–11: »So umfaßt die Kirche zwar nicht in ihrer äußeren Organisation, aber doch in einem wahren Sinn ihrem inneren Wesen nach die ganze erlösungsbedürftige und erlöste Menschheit, angefangen vom ersten Menschen ... bis hin zu den fernsten Tagen.«

411 J. RANFT, *Die Stellung der Lehre von der Kirche,* 186.

412 Vgl. J. STABL, *Das Geheimnis der Kirche — Christus in uns,* 11: »Wir alle stehen im Banne des mannigfaltigen ›objektiven Geistes‹ ... Der ›Geist‹ so vieler ist noch lebendig ... So lebt auch Christus ... weiter.«

»Diese Menschwerdung Christi in der Menschheit ist ein gnadenhafter Prozeß, der sich nicht in der Geschichte als solcher vollzieht.«[413] Die Menschheitskirche findet im Gegenteil ihren Grund in der Annahme des Menschheitsleibes durch die Gottperson, mit dem die erlösende Verklärung in den Kosmos gekommen ist. »Christus ist der Keimgrund der erlösten Welt ... Kirche ist Allpersönlichkeit, ist der Leib des Gottmenschen in seiner universalen Weite.«[414]

2. *Wir in Christus*

Die Konsequenz dieses Überstiegs von der Menschwerdung Christi zu seiner Menschheitswerdung als Begründung der Einheit von Christus und der Kirche kündigt sich zuerst in einer noch stärkeren Zusammenfassung des Leibes Christi zu einem Gesamt, einem Ganzen an, das als solches in Christus lebt. Bei GEORG FEUERER ist das besonders klar entwickelt: Nachdem »der Erlöser ausweitend und raumschaffend in die Menscheit eingegangen« und »ihr Gesetz geworden« ist[415], ist er die »tiefer liegende Einheit der Menschheit«, ihre »neue, übernatürliche Geschlechts- und Personal-Einheit.«[416] Nun ist aber in der Kirche »das Verhältnis Christi zur Menschheit, die neue Schöpfungs-, Erlösungs-und Vollendungsordnung eine Realität geworden«[417], mit anderen Worten ist die Kirche eben jene verwirklichte Einheit Christi mit der Menschheit, die durch die Menschwerdung erreicht werden sollte. Damit findet sich die Einheit Christi mit der Menschheit in der Kirche gleichsam verdichtet in »ein ›substantiales‹ Verhältnis«, eine — erst in der Erlösung voll wirksame — »mystische Einheit«[418]. Es handelt sich also um drei Stadien der Eingliederung des Gesamt, des Wir in Christus: Zuerst einmal gibt es in der Menschwerdung ein Hineinnehmen der Wir der Menschheit in die Person Christi, zweitens findet sich in dieser Wirklichkeit die Kirche wieder als Verdichtung der Einheit zwischen den Erlösten und Christus, die, drittens, ihre volle Wirkmächtigkeit — nicht ihr ontologisches Fundament — im Erlösungsopfer findet. Durch die Menschwerdung wird also jenes ›Wir in Christus‹ konstituiert, das Bedingung und Fundament der Möglichkeit geschichtlicher Wirksamkeit der Erlösung abgibt. Letztere wird damit mehr Ausdruck denn Anlaß der Einheit zwischen Christus und seiner Kirche.

---

413 G. FEUERER, *Unsere Kirche im Kommen,* 50.
414 J. TYCIAK, *Christus und die Kirche,* 104.
415 G. FEUERER, *Unsere Kirche im Kommen,* 39.
416 Ebd., 46–47.
417 Ebd., 54–55.
418 Ebd., 55.

Da die Menschwerdung den Knotenpunkt des »Wir in Christus« bildet, können wir nur im Gesamt, eben im ›Wir‹ in Christus sein. Die Einheit mit Christus aus Menschheit und Menschwerdung führt zu einer »geheimnisvollen All-Begegnung der Glieder«[419], so daß es sich in Christus nun um die Einheit des Einen Menschen handelt[420], der neu geschaffen worden ist. *»Die Kirche ist ja die des verherrlichten, des im Geiste verklärten Herrn entfaltete Menschheit.«*[421] Deswegen lebt in jedem »Einzel-Ich das Wir der Gesamtheit«[422] und nur als untrennbares Teil des Wir lebt das Ich in Christus[423]. Dieses Wir, in dem das Ich in Christus lebt, ist aber nichts anderes als die Gnadengemeinschaft der Erlösten[424], die die Kirche ist. Folgerichtig ist es die durch die Menschwerdung verursachte Ganzheit aller Menschen in Christus, die am Grunde der Einheit Christi mit seiner Kirche steht. Christus ist ›der neue Mensch‹, in dem der Menschheit als ›dem alten Adam‹ eine neue, gnadenhafte Einheit entsteht. Wenn Leib und Haupt in dieser Auffassung so eng verbunden, ja oft geradezu miteinander als eine Person verschmolzen scheinen, wie oben dargestellt, findet diese Einheit hier ihre Erklärung. Nach der Menschwerdung kann es zwischen dem Ganzen Christi und dem Ganzen der Menschheit unseren Theologen zufolge keinen grundsätzlichen Unterschied mehr geben, sondern nur noch jene Einheit, die mit Hilfe des Hl. Geistes[425] nach der Erlösung in der Kirche ihren Ausdruck findet[426].

---

419 J. TYCIAK, *Christus und die Kirche,* 109.

420 G. FEUERER, *Unsere Kirche im Kommen,* 45: »Diese Frage nach dem Ur-Menschen im geistigen Sinn ist deshalb so wichtig, weil darin die andere Frage enthalten ist, in welchem Sinn Christus die Kirche in sich schloß und erlöste.«

421 J. TYCIAK, *Christus und die Kirche,* 129.

422 M. SCHMAUS, *Katholische Dogmatik III/1. Kirche und Göttliches Leben,* 4.

423 Vgl. J. PINSK, *Die sakramentale Welt,* 29–30.

424 Vgl. H. DAUSEND, *Die Gemeinschaft der Kirche,* 12, auch 14–15.

425 Vgl. M. SCHMAUS, *Katholische Dogmatik III/1. Kirche und Göttliches Leben,* 2–3.

426 Zu dieser wenig geschichtlichen Ansicht passt natürlich gut die Meinung, daß die Inkarnation vom Sündenfall unabhängig ohnehin zustandegekommen wäre: Vgl. M. SCHMAUS, *Katholische Dogmatik III/1, Kirche und Göttliches Leben,* 14; G. FEUERER, *Unsere Kirche im Kommen,* 46. Dabei beruft man sich zwar auf Scheeben, der aber bei genauerem Hinsehen eine sehr viel differenziertere Auffassung hat und der, obwohl er das Hauptsein Christi über die Engel vertritt, die Geschichtlichkeit der irdischen Existenz Jesu einschließlich seines Opfertodes mit in die schöpferische Idee eingeschlossen sehen will, weshalb er die skotistische Meinung als »unbefriedigend« ablehnt: vgl. DOG V/2, 221–226, bes. 223: »Im Hinblick auf die Redeweise der Hl. Schrift und der Tradition läßt sich kaum oder gar nicht annehmen, daß im Weltplane Gottes die Bestimmung Christi, Erlöser der Menschen aus der Sünde zu sein, bloß de consequenti und per accidens zu der seine Existenz begründenen schöpferischen Idee hinzugetreten sei; vielmehr scheint jene Begründung von vornherein in die schöpferische Idee so eingeschlossen, daß Christus nicht abstrakt als Christus, sondern konkret als *Jesus* Christus den

3. Christus in uns

So sehr das Ganze auch immer betont wird, bringt es dessen Konzeption als Gnadengemeinschaft doch mit sich, daß nicht nur das ›Wir in Christus‹, sondern auch das ›Christus in uns‹ zum Gegenstand ekklesiologischer Problematik wird. Obwohl nämlich die Menschheitsgemeinschaft von der Menschwerdung an in Christus eins ist und diese Einheit in der Kirche das Christusleben meint, ist es schließlich der einzelne, in dem Christus lebt. Sobald also das Einzel-Ich sich Christus öffnet, weiten sich die Grenzen der Kirche, um ihn aufzunehmen[427]. Das durch die Menschwerdung in die ganze Menschheit eingestiftete Christusleben wird damit zur entscheidenden Instanz für die Kirche selbst, die die Verdichtung dieses Christuslebens bedeutet. Verdichtung des Christuslebens ist aber nichts anderes, als Geschenk der Gnade an den einzelnen: »Die Gnade ist verborgenes Christusleben in uns oder Christus in uns.«[428] Damit schlägt aber die Sicht des einen in Christus begründeten Gnadengesamts von Menschheitsgemeinschaft und Erlösungskirche in einen deutlichen Heilspersonalismus um. Die Lebensgemeinschaft des Leibes mit Christus, das ›Wir in Christus‹, wird hier zu einer Lebensgemeinschaft der Glieder mit Christus, dem ›Christus in uns‹, so daß auch der Stellenwert der Menschwerdung individualisiert und Christus geradezu zur Ursache gnadenhafter Gottunmittelbarkeit der Glieder werden kann[429]. Der verklärte Christus, der in uns lebt[430], stellt so den eigentlichen Grund der Gnadengemeinschaft dar[431].

Eben in dieser Weise wendet sich auch bei MICHAEL SCHMAUS die Einheit Christi und der Kirche zu einer Einheit Christi mit dem einzelnen Christen, so daß der eigentlich angestrebte Aufweis des Vorrangs der Christusgemeinschaft vor der Einzelbeziehung zu Christus[432] doch in der Be-

---

Inhalt der Idee Christi bildete, und daß insofern die Voraussetzungen der Erlösung auch als Bedingungen für das Dasein Christi zu betrachten sind.« Scheeben verfolgt hier den Gedankengang des hl. Thomas v. Aquin, STh III, 1, 3.

427 J. THOMÉ, *Im Ringen um die Kirche*, 10.

428 J. FLEISCHMANN, *Das Antlitz der Kirche*, 43.

429 F. KASTNER, *Marianische Christusgestaltung der Welt*, 130: »Die Gottunmittelbarkeit der Christen besteht deswegen darin, daß Christus sie, als seine Glieder angeeint und mit seiner Gnade und seinem Heiligen Geist erfüllt, vor seinen Vater bringt ... So ist die menschliche Natur Christi eine Bedingung und Ursache unseres Gnadenstandes.«

430 O. COHAUSZ, *Reich Jesu Christi — Wirklichkeit und Verwirklichung*, 583.

431 Vgl. J. STABL, *Das Geheimnis der Kirche — Christus in uns*, 12: »Christus in uns und wir in ihm ist das Geheimnis der Kirche ... Diese Einigung in innerseelischer Gnadenverbundenheit sei hier vor allem gesehen als das, was alle eint, die im lebendigen Leben Christi stehen.«

432 M. SCHMAUS, *Katholische Dogmatik III/1. Kirche und Göttliches Leben*, 2: »Jedem wird das Christusleben fortan nur durch diese Gemeinschaft zuteil. Sie ist der Ort, an dem das Christusleben existiert, erhalten, geschützt und vermittelt wird.« ; ebd., 54: »Erstlich ist es eine

gnadung des Einzelnen zu gründen scheint: Es gab nie eine ganz unbegnadete Menschheit. Auch die Kirche war schon vor Christus auf ihn hin vorhanden[433]. Die Kirche baut aber, wie gesagt, auf der Teilhabe am Christusleben auf. Dieses Christuslebens bedarf jedoch »der Eingliederung in Christus, so daß die Eingegliederten der Lebensstrom Christi durchfließt«[434]. Also lebt die Kirche in der Begnadung des einzelnen, in der das Christusleben seinen Ausdruck findet. In dieser untrennbaren Einheit »zwischen Christus und dem Christen« entwickelt sich der natürliche Leib Christi zum mystischen Leibe[435]. Die Kirche nach Christus ist nur »Endgestalt«, »Verwirklichung der höchsten und umfassendsten sichtbaren kirchlichen Gemeinschaftsform«, die aber ebenso vom »Insein Christi im Menschen«, von dem in das »menschliche Ich« gesenkten Leben des »verklärte[n] ... König[s] der Herrlichkeit« abhängt, denn nur »die neuen, durch Christus geschaffenen Menschen bilden eine Gemeinschaft«[436]. Natürlich wird damit der Zusammenhang mit der sichtbaren Kirche problematisch, was sich ebenfalls einem verstärkten Interesse an der Lehre von der »ecclesia ab Abel« zeigt[437]. Es verwundert nicht, daß sich Schmaus auf das später verurteilte Werk »Der Christ als Christus« von K. PELZ beruft, dem er noch vor seinem Erscheinen ein äußerst günstiges Gutachten ausgestellt hatte, das Pelz erst ermutigt hat, sein Buch zu veröffentlichen[438]. Anders als Pelz unter-

---

Menschengemeinschaft, welcher das Christusleben eingeformt wird. Dadurch wird diese Gemeinschaft Kirche. Der einzelne wird des Christuslebens teilhaftig, sofern er zu dieser Gemeinschaft gehört.«

433 Ebd., 17: »Nie und nirgends gab es eine gänzlich unbegnadete Menschheit ...«; ebd., 20: »Wenn indes die Kirche auch schon vor Christus bestand, so existierte sie doch nur von Christus her und auf ihn hin.«

434 Ebd., 2.

435 Ebd., 58; ebd., 2, heißt es: »Der Heilige Geist gestaltet auch allen jenen, welche sich gläubig an Christus hingeben, das von Christi verklärter Menschheit ausströmende Gnadenleben ein. Diese Einwandlung des Gotteslebens in die Menschen geschieht nicht so, daß es in den voneinander abgesonderten Einzelmenschen gestaltet wird, sondern so, daß es einer menschlichen Gemeinschaft eingeschaffen wird und die einzelnen daran teilbekommen als Glieder der Gemeinschaft.« Hier wird das ganze Dilemma der beschriebenen Aufassung nochmals deutlich: Einerseits liegt der Akzent auf der Einzelbegnadung der sich Christus hingebenden, anderseits wird dieses Christusleben einer menschlichen Gemeinschaft eingeschaffen. Wo aber ist es ihr eingeschaffen, wenn nicht in den Gliedern, die sich Christus hingegeben haben, wäre doch sonst nicht erklärbar, warum diese Gemeinschaft begrenzt ist bzw. nicht alle Mitglieder der Menschengemeinschaft das Christusleben besitzen!

436 Ebd., 20 u. 26.

437 Ebd., 16–20, wo sich Schmaus besonders auf den hl. Augustinus beruft; er zitiert auch M. PRIBILLA, *Die Kirche von Anbeginn*: StZ 117 (1929) 241–254, für den S. 248 die »universale Kirche« eine »*unsichtbare* Kirche« ist, »denn ihre Glieder sind nur durch das Band der heiligmachenden Gnade (oder wenigstens des Glaubens) vereinigt und daher nur Gott bekannt«.

438 Vgl. K. PELZ, *Der Christ als Christus*, 10, wo u. a. folgendes aus dem Schmaus'schen Gutachten zitiert wird: »Herzlich möchte ich Ihnen heute zu dem ebenso gründlichen wie kla-

streicht Schmaus die Sichtbarkeit der Kirche dann zwar doch wieder mit aller Deutlichkeit als »die von Christus bestimmte und von dem von ihm gesandten Heiligen Geiste gestaltete Form, in welcher der Herr selbst in sinnlich wahrnehmbarer Weise weiterwirkt und weiterlebt«[439] und vergißt deswegen auch nicht, das »Geschichtliche in der Kirche« zu berücksichtigen[440], schwankt aber innerhalb der Behandlung der Kirche selbst immer wieder zwischen dem Christusleben in der Kirche als Leib Christi und dem »Christusleben in den Gliedern der Kirche«, also der engeren Gnadenlehre, die er im gleichen Band sofort im Anschluß an die Ekklesiologie behandelt[441].

Diese Dialektik zwischen kollektiver und individueller Heilsvermittlung in der Beziehung Christi zur Kirche hängt vielfach mit einer Sicht der Kirche als Kultgemeinschaft zusammen. HERMANN KELLER OSB, dessen ausführlicher Aufsatz zu diesem Thema schon zitiert wurde[442], hat ebenfalls ein zustimmendes Gutachten zum Werk von K. PELZ verfasst, indem er sogar behauptet, »zur gleichen Lösung« wie dieser gelangt zu sein[443]. Auch bei Kellers Kollegen ANSELM STOLZ OSB ist die Idee der Kultgemeinschaft und der Begnadung des Einzelnen eng miteinander verbunden: Die heilige Kirche ist in erster Linie eine Gesellschaft von Himmelsbewohnern. Da aber diese Heiligkeit eine direkte Beziehung zum Kult hat[444], ist die Kirche eine Kultgesellschaft, an der nur die von Gott Auserwählten, die mora-

---

ren Werke gratulieren. Ihre Beweisführung ist so besonnen und überzeugend, daß wohl niemand etwas Ernsthaftes dagegen wird einwenden können. Sowohl die von Ihnen angeführten Schriftstellen als auch die Vätertexte sprechen eindeutig für ihre These. Ihre Methode, die Inexistenz Christi in uns nicht einfach darzulegen, sondern zu erzählen, wie Sie selbst zu all diesen Dingen gekommen sind, macht die Lektüre höchst reizvoll ....«

439 M. SCHMAUS, *Katholische Dogmatik III/1. Kirche und Göttliches Leben in den Menschen,* 81–110, hier 82.

440 Ebd., 110–122.

441 Ebd., 183–407.

442 Vgl. Anm. 378.

443 Vgl. K. PELZ, *Der Christ als Christus,* 10, wird weiter aus diesem Brief zitiert: »Dem Grundgedanken, daß wir Christen in physischer Verbindung mit Christus stehen, daß unser Erlöstsein sich geradezu als die physische Verbundenheit mit dem Gottmenschen darstellt, daß wir als geheiligte Glieder seines Leibes in der Weise sind, daß wir seinem persönlichen verklärten Leibe angegliedert sind und durch ihn sein persönliches Leben in uns tragen, stimme ich voll und ganz zu.«; G. SÖHNGEN, *Symbol und Wirklichkeit im Kultmysterium,* 17, kritisiert mit Recht Kellers übertriebenen Verklärungsstandpunkt.

444 A. STOLZ, *De Ecclesia,* 13: »... asseritur Ecclesiam per cultum formaliter constitui.«

lisch Reinen Anteil haben[445]. ODO CASEL zieht die letzte Konsequenz aus dieser Sicht der Kirche als Kultgemeinschaft der Heiligen[446]:

> »Die Benennung ›Ekklesia‹ gilt … selbst für den einzelnen Gläubigen, der ›in Christus ist‹. Denn die Ekklesia ist überall ganz, wo ihr Pneuma, ihr innerstes Leben als Braut Christi, offenbar wird. Deshalb kann auch der einzelne Gläubige die Ekklesia voll darstellen, vorausgesetzt, daß er die Gemeinschaft mit Christus hat.«

Auf diesem Hintergrund bekommt die hier vertretene Einheit von Christus und der Kirche ein ganz anderes Gewicht. Zwar bleibt »Christus doch der *Eine*«[447], der alle Glieder in sich aufnimmt und *mit* der Kirche Einer ist, aber die Glieder werden eben eins mit Christus durch das in »jeder einzelnen Seele« wirkende göttliche Leben[448]. Die individuelle Begnadung wird hier geradezu zum »Ort« der Kirche und ihrer Einheit mit Christus: »Die Glieder sind nicht Teile des Leibes, sondern in jedem Glied offenbart sich der ganze Leib. Wo das Pneuma Christi hinströmt, da ist der *eine* Leib Christi.«[449] So wird der verklärte Christus, dessen Person den Mittelpunkt der Kultgemeinschaft bildet[450] und durch dessen in ihr lebendes Mysterium sie sich immer mehr vergöttlicht[451], zwar tatsächlich als der Grund der fast gänzlichen Identifizierung zwischen Haupt und Leib gesehen, der Ort dieser Identifizierung aber aus der Gemeinschaft in den einzelnen verlegt. »Kirche« ist Einheit mit Christus, aber eben mehr individuelle Gnadeneinheit als kollektive Gemeinschaftseinheit. Damit wird ein »Gesamt«, wird »Haupt und Leib Ein Christus« nicht geleugnet, sondern ganz in den himmlischen, pneumatischen, verklärten Christus projiziert. Wenn es darüber hinaus noch

---

445 Ebd., 13: »*Ecclesia est societas, cuius sodales virtutibus extraordinariis, gratiis, sunt praediti.*«; »Ergo simul est Ecclesia societas *moraliter integrorum.*«

446 O. CASEL, *Das Mysterium der Einheit von Haupt und Leib,* in: DERS., Mysterium der Ekklesia, 159; zum Ganzen kritisch G. FITTKAU, *Der Begriff des Mysteriums,* 12–55.

447 O. CASEL, *Das Mysterium,* 125; interessant ist der durchgehend festzustellende starke augustinische Einfluß.

448 Ebd., 141.

449 Ebd., 159; vgl. dagegen die ähnlich strukturierte, aber viel stärker geschichtlich-sakramental vermittelte Sicht bei G. SÖHNGEN, *Der Wesensaufbau des Mysteriums* (Grenzfragen zwischen Theologie und Philosophie VI), Bonn 1938, 22: »Immer noch geht das Christusmysterium durch das Zeitgeschehen hindurch in der Kirche. Diese ist gewiß ein göttliches Mysterium, nämlich die stete Gegenwart des Christusmysteriums in uns durch seinen Geist und unseren Glauben; aber gerade darum ist die Kirche auch geschichtliche Tatsächlichkeit und hat also ein geschichtliches Sein. Christus lebt in seiner Kirche als der durch das Kreuz Erhöhte …«; auch 33–35; zu O. Casel 37–89.

450 M. SCHMAUS, *Katholische Dogmatik III/1. Kirche und Göttliches Leben,* 150–154, bes. 152: »Die Kirche ist die in Verhüllungen erfolgte Erscheinung der Herrlichkeit Gottes, insofern sich in ihr die Herrlichkeit Christi als auferstandenem und verklärten Herrn darstellt.«

451 I. HERWEGEN, *Kirche und Seele. Die Seelenhaltung des Mysterienkultes und ihr Wandel im Mittelalter,* Münster 1928[3+4], 17.

Gemeinschaft unter den Gliedern gibt, dann nur jene ›Kultgemeinschaft‹, in der die Begnadeten gemeinsam dem Herrn entgegengehn.

c) Die reduktive Dialektik des »Wir in IHM — ER in uns«

Das Umschlagen einer überstarken Ganzheitsekklesiologie der annähernden Identität von Christus und Kirche im verherrlichten Herrn in eine fast individualistische Christusmystik des übernatürlichen Lebens der Einzelseele als »das eigentliche unsichtbare Wesen unserer Kirche«[452] hat seinen Grund in einer Reduktion der Erlösungsordnung auf zwei Pole. Zum einen wird mittels einer recht pointierten Konzentration auf eine ungeschichtliche verstandene Inkarnationstheologie Christus zum Brennpunkt der Menschheit erhoben, in dem die Menschen vorgängig zu ihrer Glaubensentscheidung und den Sakramenten ihre ursprünglich begnadete Geschlechtseinheit wiederfinden. Damit wird die Einheit der gesamten Menschheit in Christus hineinverlegt, wo sie — außerhalb der Heilsgeschichte oder besser über ihr — mit der Verklärungswirklichkeit des Erlösers in physischen oder jedenfalls »quasi-physischen« Kontakt gerät[453] und so als Leib Christi konstituiert wird. Die Kirche ist damit nur noch konkrete Erscheinung einer höheren Wirklichkeit, eines Ganzen, das im letzten nichts anderes als Christus selber ist, weswegen die Kirche auch in diesem ganz besonderen (Quasiidentitäts-) Sinn als der »fortlebende Christus« bezeichnet werden kann[454].

Wenn somit nun aber alle, die den Leib Christi bilden, durch eine solche Quasi-Identität in Christus leben, lebt Christus auch in ihnen, das heißt, erfüllt sie mit seinem Christusleben. Dieses Christusleben, das der verklärte Herrn in den Seinen führt und das sie bereits an seiner »himmlische[n] Existenzweise«[455] teilhaben läßt, wird damit auf der menschlichen Seite zum Konstitutivum der Kirche. Nur wer das göttliche Leben in sich hat, nur *in* wem Christus lebt, der ist Leib Christi, der gehört zum ›Einen Christus‹. Umgekehrt ist der ›Leib Christi‹, der ›Eine Christus‹ aber auch überall da,

---

452 J. THOMÉ, *Im Ringen um die Kirche,* 16.

453 Vgl. F. KASTNER, *Marianische Christusgestaltung der Welt,* 133, ist hier sogar noch vorsichtig.

454 M. SCHMAUS, *Katholische Dogmatik III/1. Kirche und Göttliches Leben,* 54: »Sie [die Kirche] ist die fortwährende Darstellung der persönlichen Vereinigung Gottes mit einer menschlichen Natur. Wenn die Kirche die Gestaltwerdung des verklärten Christus in der Zeit zwischen Himmelfahrt und Weltende ist, dann tragen naturgemäß die einzelnen Glieder der Kirche die Züge Christi, das Gepräge seines Wesens, die Struktur seines Seins an sich.«

455 Ebd., 26.

wo einer das Christusleben besitzt. Die Kirche wird demnach zum Christen, in dem Christus ist und der in Christus ist.

Daher bewegt sich die Einheit der Kirche mit Christus niemals aus der engsten »Christussphäre« des »Seins in Christus« heraus. Was sich ändert, ist hauptsächlich der Blickwinkel. Von Christus aus betrachtet, bildet sich in der durch die Inkarnation neugeschaffenen physisch-gnadenvollen Geschlechtsgemeinschaft eine Einheit, die Christus ist. Vom Christen aus gesehen, hat dieser an der Einheit dadurch Anteil, daß Christus in ihm lebt und er so der neuen Geschlechtsgemeinschaft angehört. Beide Sehweisen lassen im Grunde genommen aber nur noch Platz für die eine übernatürliche Christuswirklichkeit, das Christusmysterium, alles andere zu Symbol, Zeichen, Erscheinung — und in diesem verengten Sinne Sakrament[456] — des Christusmysteriums verringernd. Zwischen den dialektischen Polen »Wir in Christus« und »Christus in uns« hat die menschliche Wirklichkeit im Vollsinn des Wortes eigentlich schon keinen Raum mehr. Deswegen wird die Kirche zurückgeführt entweder auf den »Einen Christus« des Gesamt, oder auf den »Einen Christus« der Seele. Manche bemühen sich zwar noch um die Integrierung der natürlich-geschichtlichen Kräfte in der Kirche und damit um ein realistisches Kirchenbild, aber auch ihnen gelingt es in dieser Gruppe nicht mehr, der Dialektik des kollektiv-individuellen »Einen Christus« wirklich auszuweichen. Wo das »Christentum« immer mehr als »rein aus Gnade« verstanden wird und man »diese Gnade als eine heilige Salbung über *alles* Irdische und Menschlich-Natürliche ausgegossen sein läßt, damit sie alles erhöhe, verkläre, vergöttliche«[457], wird das zwischen ›Christus‹ und der ›Seele‹ mittlerisch tätige Wirken einer sichtbar-menschlichen Heilsgemeinschaft zwangsläufig in den Hintergrund treten. Damit ist die Frage nach der Einheit von Christus und Kirche durch die Reduktion der Kirche auf ihren Herrn gelöst worden, der die ›mystische Person‹ der Kirche nicht nur trägt oder schafft, sondern der mit ihr in einer Verbindung annähernd vollständiger Identität steht, die nur noch durch eine letzte metaphysische Differenz zwischen der göttlichen Allperson Christi und den einzelnen Gliedpersonen der Christen begrenzt ist. Diese Reduzierung der Kirche auf das Christusleben und damit des Leibes auf das Haupt wird seine unmittel-

---

456 Vgl. z.B. G. FEUERER, *Unsere Kirche im Kommen*: »Die Aufhebung des Menschlichen und der neue Ursprung von Christus her machen sich immer wieder geltend. Darin liegt das sakramentale Geheimnis der Kirche.«

457 I. HERWEGEN, *Kirche und Seele — Eine Entgegnung:* ThQ 106 (1925) 239–248, hier 240.

baren und endgültigen Konsequenzen in der jetzt noch zu behandelnden vollkommenen Identitätsekklesiologie zeitigen.

E. Der Christ als Christus

a) Der innere Christus

Gemeinschaft vom Individuum aus: Was vorhin noch dialektisch mit dem Christusganzen verbunden war, wird nun ganz auf das Individuum aufgebaut. Es sind die einzelnen Christen, in deren Innerem die Gemeinschaft des Leibes Christi entsteht. Der 1925 indizierte und drei Jahre später exkommunizierte JOSEPH WITTIG[458] faßt dieses Kirchenbild prägnant zusammen, wenn er die Kirche als »wie selbstverständlich aus dem neuen Leben der Seele hervorgewachsen«[459] versteht. Tätsächlich wird die Kirche vielfach ausschließlich vom Leben Christi in den Einzelnen verstanden. Dieses individualistische Kirchenbild wird in drei miteinander verwandten Formen entwickelt. Einmal versteht man es eher moralisch-geistig, so daß der in uns lebende Christus die letzte Instanz für die Authentizität des Geistes Christi in der Kirche ist und deswegen das »Gewissen, Christus und die Kirche dieselbe Sprache sprechen«[460]. Zum zweiten — eben bei J. WITTIG — kann es seine Basis in der mystischen Einheit der Seele mit Christus finden[461], so daß »Christus, Seele und Kirche unmittelbar miteinander zu tun« haben, »ineinander und miteinander« fortleben und »auseinander« entstehen. Hier ist die Kirche folgerichtig nichts anderes als »die Verkörperung der vollchristlichen Seele«[462], in der Christus lebt[463]. Schließlich, vor allem bei K.

458 Vgl. B. BARTMANN, *»Das Alter der Kirche« und der »Fall Wittig«:* ThGl 20 (1928) 189–204; B. BECKER, *Gedanken zu Wittigs: »Meine Erlösten« und »Herrgottsgewissen«:* TPQS 77 (1924) 455–466, 623–636; J. KNOR, *Der Fall Wittig in römischem Licht:* TPQS 81 (1928) 97–103; E. KREBS, *Joseph Wittigs Weg aus der kirchlichen Gemeinschaft,* München 1928; E. PRZYWARA, *Zum Indexdekret gegen Joseph Wittig:* StZ 109 (1925) 474–476.

459 J. WITTIG, *Die Kirche als Selbstverwirklichung der christlichen Seele,* 53.

460 Vgl. *Der Katholizismus. Sein Stirb und Werde,* 192–196, hier 193; der anonyme Autor beruft sich dabei bezeichnenderweise auf G. TYRRELL, *External Religion: Its Use and Abuse,* London 1900, 29–36.

461 J. WITTIG, *Die Kirche als Selbstverwirklichung der christlichen Seele,* 53–54: »Denn sie [die Seelen] wußten, daß er in ihnen lebe und daß sie selber sein Körper seien, seine neue Inkarnation.«

462 Ebd., 56.

463 Einen ähnlich spiritualistisch-individuellen Ansatz hatte Wittig schon vorher in teils mehr populären novellenartigen Darstellungen vertreten: vgl. J. WITTIG, *Die Erlösten:* HL 19/II

PELZ, ist es dann wieder die diesmal vollends realistisch verstandene physische Einheit mit dem »Christus in uns«, aus der die Kirche des »Wir in Christus« ensteht[464]. Der einzelne Christ ist im wahrsten Sinne des Wortes »der mystische Christus«, da der verklärte Herr in ihm »real gegenwärtig unter den Erscheinungsformen dieses realen Menschen«[465]. Diese Identität mit Christus geht so weit, daß Pelz Christus sogar zum Ausführer banalster Handlungen des Einzelmenschen machen kann[466]. In dem unter dem Pseudonym A. N. THROPOS 1931 erschienen Werk »Die Substanz der Kirche« wird in diesem Sinne postuliert, daß Christus in uns denken müsse »an Stelle des Ich«[467], denn »*an Stelle der einzelnen Seelen*« tritt »eine einzige Seele, besser gesagt Ein Geist«[468], nämlich der Geist Christi. Dementsprechend ist »der Mensch und die Kirche ein und dasselbe«[469].

Mit verschiedenem Schwerpunkt tritt uns in dieser Ekklesiologie eine zunehmende Subjektivierung der Einheit von Christus und Kirche gegenüber, indem man diese Einheit von Christus in den einzelnen Menschen hineinverlegt[470]. Wenn das Objektive so zum Bestandteil des Subjektes wird, verliert es naturgemäß seinen Selbstand. Dadurch wird eine wirkliche Einheit zwei voneinander unterschiedener, aber doch relational aufeinander zugeordneter Elemente in einer realen Beziehung verunmöglicht und auf eine Scheineinheit vermindert, die auch hier wieder Reduktion des einen Elementes auf das andere bedeutet. Zwar betonen WITTIG, PELZ und der anonyme Verfasser von »Die Substanz der Kirche« immer noch die Exi-

---

(1922) 1–26; DERS., *Meine Geschichte von den Erlösten. Eine Selbstverteidigung und Selbstkritik:* HL 19/II (1922) 585–597; DERS., *Jesu Leben in Palästina, Schlesien und anderswo:* HL 20/II (1923) 40–57, 142–157, 245–267, 363–389; auch DERS., *Jesus, Soziale Frage und Christliche Revolution:* HL 19/I (1921/22) 587–596; DERS., *Um den Entwicklungsgedanken:* HL 22/I (1924/25) 81–102.

464 K. PELZ, *Der Christ als Christus,* 41: »Es ist demnach sowohl nach der Heiligen Schrift als auch nach den Vätern über jeden Zweifel erhaben, daß Christus als Haupt der Kirche, also als Mensch, in der Kirche und somit in den Gläubigen lebt.«

465 Ebd., 79; Pelz vergleicht das mit der eucharistischen Realpräsenz Christi.

466 Ebd., 149: »Du schreibst als lebendiges Glied Christi einen Geschäftsbrief. Bist Du der Briefschreiber? Ja! Denn Du führst die Feder. Schreibt Christus den Brief? Ja! Denn Du bist Glied und somit Leib Christi. Als Leib Christi aber bist Du Instrument der Gottheit Christi ... Wer ist demnach der eigentliche Schreiber? Nicht das Instrument, sondern der, der sich des Instrumentes bedient, also der Sohn Gottes.«

467 A.N. THROPOS [Albert Nobel], *Die Substanz der Kirche,* Berlin 1931, 24.

468 Ebd., 14.

469 Ebd., 13.

470 Vgl. G.S. HUBER, *Vom Christentum zum Reich Gottes,* Regensburg 1934, 53–55; dazu E. PRZYWARA, *Corpus Christi Mysticum — Eine Bilanz,* in: DERS., Katholische Krise, 137: »... also in echter Nachfolge Joseph Wittigs.«

stenz des Leibes Christi als vom Einzelnen verschiedenes Gegenüber[471], doch diese Verschiedenheit gründet nicht auf einer ontischen, sondern mehr auf einer operativen Basis. Was durch die Einheit mit Christus im Gerechten freigesetzt wird, drückt sich im Leben der Kirche aus, die aber ihre ontische Basis in der inneren Einheit des Christen mit Christus bzw. mit dem Geist Christi findet.

b) Der Eine Christus

Die letzte Übersteigerung dieses Kirchenbildes findet sich aber zweifelsohne in den von H. KELLER, M. SCHMAUS und auch E. KREBS damals mit Begeisterung begrüßten[472] Ausführungen von K. PELZ. Wo schon WITTIG zwischen dem Leben Christi in der Seele, der Kirche und Christus selbst keinen rechten Unterschied mehr finden konnte[473], da sieht Pelz die Identität des Christen mit Christus so eng, daß er nicht nur die hypostatische Union als Beispiel heranzieht, sondern den Christen direkt zum Teilnehmer an dieser Union erklärt: »Dadurch aber, daß die zweite Person Mensch ward und uns zu wahren Gliedern seines einzigen Leibes macht, hat die Weisheit und Liebe Gottes das scheinbar Unmögliche möglich gemacht. Der Christ gehört als Leib der zweiten Person Gottes zur Heiligsten Dreifaltigkeit.«[474] In seinem Bemühen, die Verbindung Christi mit dem Christen und damit die Verbindung zwischen Christus und seinem Leib, der Kirche, möglichst eng zu gestalten, löst Pelz die Natur, die für ihn ohnehin nur »ein Schattenbild der Übernatur ist«[475], in die verklärte Übernatur auf: Der Leib Christi, die Kirche, ist nunmehr dadurch gekennzeichnet, daß »Christus zusammen mit uns ein organisches Wesen« ist, das durch die Verbindung mit der Gottheit Christi »einen einzigen Sohn Gottes« bildet[476]. Christus verbindet

---

471 Vgl. J. WITTIG, *Die Kirche als Selbstverwirklichung der christlichen Seele*, 67: »Die katholische Kirche ist also das Widerbild der katholischen Seele …«; K. PELZ, *Der Christ als Christus*, 38: »Wenn er [Christus] sie [die Kirche] aber erfüllt, dann ist er auch in der Kirche einschließlich seiner Menschheit gegenwärtig und auch in den einzelnen Gliedern der Kirche, mithin in den einzelnen Gerechten.«; A.N. THROPOS, *Die Substanz der Kirche*, 13: »Das ist so, weil der Mensch sich zur Kirche nicht wie zu etwas außer ihm Liegenden verhält (auch nicht etwa wie zu etwas in ihm Liegenden) …«.

472 Vgl. deren teilweise schon zitierte Gutachten in K. PELZ, *Der Christ als Christus*, 10.

473 Vgl. J. WITTIG, *Die Kirche als Selbstverwirklichung der christlichen Seele*, bes. 53–56.

474 K. PELZ, *Der Christ als Christus*, 141; auch 145: »Zusammenfassend dürfen wir also erklären, daß wir als wahre Glieder des wahren und einzigen Leibes Christi zur zweiten Person Gottes gehören.«

475 Ebd., 107.

476 Ebd., 137 u. 167.

so die Kirche mit sich »zu einem einzigen Pneuma, zu einer einzigen mystischen Person«[477]. Diese Verbindung aber findet ihre Verwirklichung, wie wir gesehen haben, im »Christus in uns«[478], also in der Vereinigung Christi mit dem einzelnen Christen.

Die Identitäts- oder Verklärungsekklesiologie hat in diesen Gedanken gleichsam ihren Höhepunkt erreicht. Die in der vorigen Gruppe noch zu findende Anstrengung, das Geschichtliche in der Kirche in die Erklärung des Bandes zwischen Christus und seiner Kirche zu integrieren, scheint definitiv aufgegeben[479]. Auch die Dialektik zwischen dem »Christus in uns« und dem »Wir in Christus« ist größtenteils aufgelöst in der Allgegenwart des verklärten Herrn, die sich im Christen als Glied des Leibes Christi, also des »Einen Christus«, konkretisiert. Der Unterschied zwischen Christus und Christ, zwischen Christus und Kirche, zwischen Haupt und Leib, und damit auch zwischen Natur und Übernatur ist eigentlich verschwunden und die Christuswirklichkeit im Christen das von dem Ringen um die Einheit von Christus und seiner Kirche Übrigbleibende. Die angestrebte Einheit ist zu einer Identität geworden und die Erlösung mit der Voraussetzung des aus freier Liebe handelnden Gottes und des aus geschaffener Freiheit diese Liebestat annehmenden Menschen zu einer inneren Notwendigkeit einer christozentrischen Schöpfungsordnung verengt.

F. Zusammenschau: Ambivalenz der Begriffe

Wenn wir versuchen, aus der Differenziertheit der fünf bis jetzt ausgemachten ekklesiologischen Grundströmungen deutschsprachiger Autoren von 1918 bis 1943 ein vorläufiges Fazit zu ziehen, können wir bereits am unterschiedlichen Gebrauch des immer wiederkehrenden christologisch-ekklesiologischen Vokabulars erkennen, daß der Ambivalenz der Begriffe eine Ambivalenz der Inhalte zugrunde liegt. Es reicht, die drei ständig ge-

477 Ebd., 116.

478 Die Behandlung des »Christus in uns« bildet nicht von ungefähr den ersten, begründenden Teil des Pelzschen Werkes.

479 Vgl. die bezeichnende Polemik gegen die Historiker bei J. WITTIG, *Die Kirche als Selbstverwirklichung der christlichen Seele,* 59: »Die Historiker erfassen von dem ganzen Lebensprozeß, der mit dem Namen Kirche bezeichnet werden kann, immer nur die äußeren Formen und werden darum nie recht klug aus der Kirche. Sie sehen nicht die Verwurzelung der Kirche in der Seele.«; auch 61.

brauchten Termini »Christus«, »Kirche« und — als Verbindungsglied zwischen beiden — »Leib Christi« daraufhin kurz zu untersuchen.

Das »Christusgeheimnis« umfaßt ebenso ewiges Sein wie geschichtliches Handeln des Gottessohnes, Praeexistenz wie Offenbarung, Herrlichkeit wie Entäußerung, trinitarisches Leben wie menschliche Geburt, seinen Kreuzestod, seine Auferstehung und Verklärung. Keines dieser Wesenselemente der christologischen Gesamtwirklichkeit darf isoliert gesehen werden, wenn nicht auch das Verständnis des damit innerlich verbundenen Heilswerkes leiden soll. Wie wir jedoch bemerkt haben, entwickelt sich der mit dem Wort »Christus« verbundene Inhalt des Christusgeheimnisses gerade im Zusammenhang der Ekklesiologie meist nicht ganzheitlich, sondern stellt jeweils nur einen Ausschnitt aus dem Gesamtbild Christi dar. Angefangen von der geschichtlichen Stiftertätigkeit des als »legatus Dei« offenbarenden Christus über eine Entdeckung der in der Inkarnationstatsache begründeten soteriologischen Funktion Christi zum pneumatischen Kyrios als Haupt der ganzen mit ihm vereinten Schöpfung verschiebt sich der in den Blick genommene Ausschnitt ständig, ohne daß auf die Verflochtenheit der Entfaltung des Christusgeheimnisses mit bestimmten heilsgeschichtlichen Perioden reflektiert würde. Die Eingebundenheit bestimmter Manifestationen des einen Christus in den tatsächlichen Ablauf der Schöpfungs- und Erlösungsordnung wird zugunsten einer ungeschichtlichen Transponierung ausschnitthafter Christologien auf die ganze Dauer wenigstens der neutestamentlichen Heilsgeschichte zumeist vergessen.

Dem entspricht ein Gebrauch des Ausdruckes »Kirche«, der in ähnlicher Weise ambivalent erscheint. Unter »Kirche« wird je nach dem von den einzelnen Autoren verabsolutierten Christusverständnis eine zwar in der Geschichte stehende, aber nicht eigentlich geschichtliche, sondern ein für allemal verfasste, klar begrenzte menschliche Gesellschaft mit göttlichen Vollmachten verstanden, oder der an Erniedrigung und Heilshandeln des Herrn durch dessen Inkarnation in die Menschheit teilhabende in Gemeinschaft fortlebende Erlöserchristus mit universaler Ausdehnung, oder schließlich der vollends ungeschichtliche Herrlichkeitschristus in jedem einzelnen Gerechten, der diese alle zu einer Gemeinschaft der Heiligen zusammenschließt.

Eine parallele Entwicklung macht der eher die Beziehung zwischen Christus und der Kirche ansprechende Begriff »Leib Christi« durch, der zuerst nur die gesellschaftliche, von Christus gewollte Verfassung der Kirche bezeichnet, um dann zu einem wirklichen Gemeinschaftsleib als mit Christus moralisch oder physisch verbundenem Heilsinstrument zu werden, und zuguterletzt mit Christus selbst ineinsgesetzt die Erscheinung der Erlösungsgnade selber meint. Wirklich heilsgeschichtlich erschlossen wird auch dieser Terminus nicht. Vielmehr bezeichnet er in allen drei Grundfiguren jeweils eine fast statische Größe, die allerdings, wenigstens in den ersten beiden Vorstellungen, auf die heilsgeschichtliche Dimension befragbar bleibt.

Daß die ekklesiologische Situation zwischen 1918 und 1943 innerhalb dieser Hauptströmungen Nebenlinien und Zwischenformen aufweist, glauben wir gezeigt zu haben. Trotzdem sind die Überlegungen der Theologen dieser Zeit, vor allem der bekannteren wie KARL ADAM, ROMANO GUARDINI, ARNOLD RADEMACHER, ERICH PRZYWARA und MICHAEL SCHMAUS, bei allen Begrenztheiten und manchen Einseitigkeiten doch wieder nicht so festgelegt, daß man nicht bestimmte Querverbindungen in den oft unterschiedlichsten Grundansätzen feststellen könnte, so z. B. das Ringen um die Einheit des Kirchenbegriffs, das — sehr verschieden ausgeprägte — Bewußtsein um die Einbindung der Kirche in die Geschichte, die Rolle der Kirche im Erlösungswerk Christi, um nur einige zu nennen. Diese Anliegen führen aber eben bei unterschiedlichen Betonungen gemeinsamer Fundamente zu der angesprochenen Ambivalenz der theologischen Sprache, die ihrerseits Rückschlüsse auf das verschiedene Verständnis der genannten Anliegen zuläßt, die sich alle um das Verhältnis Christi zur Kirche drehen. Dadurch wird es aber weiterhin möglich, über die festgestellten Formen der von unseren Theologen ausgearbeiten Beziehung zwischen dem Herrn und seiner Kirche hinaus auf eben die Fundamente solch ekklesiologischer Grundfiguren selbst zu reflektieren, die allen, die in unserem Abschnitt über die Kirche nachgedacht und geschrieben haben, gemeinsam sind, weil sie die letzte Basis jeder Theologie darstellen. Damit meinen wir das Verhältnis von Natur und Gnade, dessen jeweilige Fassung von enormer Bedeutung für die Ekklesiologie ist und auf das jede theologische Rede letztlich zurückgeführt werden muß, denn auf »dem Grunde aller theologischen Reflexion, mag es infolge unsauberer Problemexplikation meist auch nicht bewußt sein, liegt das Verhältnis von Natur und Gnade, ... das Zueinander des überwelthaften Gottes und der menschlichen Person.«[480] So soll denn diesem Grundproblem auch der Ekklesiologie das nächste Kapitel gewidmet werden, in dem wir wenigstens kurz auf die Stellung unserer Autoren dazu hinweisen wollen.

---

480 A. KOLPING, *In Memoriam Arnold Rademacher*, 8.

6. KAPITEL

EKKLESIOLOGIE UND ANTHROPOLOGIE BEISPIELE THEOLOGISCHER ANTHROPOLOGIE ALS BASIS DER EKKLESIOLOGIE VON 1918 BIS 1943

Wenn wir jetzt versuchen, die Verbindungen der bisher dargestellten Kirchenbilder mit der theologischen Anthropologie an Beispielen herauszuarbeiten, so heißt das nicht, man könne jeder einzelnen dieser ekklesiologischen Großgruppen einfach eine bestimmte Sicht des Verhältnisses von Natur und Gnade zuordnen, aus dem sich dann gleichsam logisch zwingend die entsprechenden ekklesiologischen Folgerungen ziehen ließen. Vielmehr geht es uns auch hier wiederum um Grundhaltungen, die oft sehr differenzierte Ausprägungen finden, die aber gleichwohl erlauben, Parallelen zu den ekklesiologischen Überzeugungen ihrer Vertreter festzustellen. Da die Formulierungen, in denen die anthropologische Problematik zur Sprache gebracht wird, noch ambivalenter sind als bisher, schien es uns angebracht, eine zu sehr ins Detail gehende Systematisierung zu vermeiden, um die Autoren nicht auf möglicherweise schlicht unpräzise Aussagen festzulegen und damit etwas in sie hineinzulesen, was zu sagen nicht in ihrer Absicht lag. Wir meinen daher, nur drei Basisfiguren einer ekklesiologisch relevanten Anthropologie aufstellen zu sollen, die als Schwerpunkt jeweils die Dualität, die Einheit und die Identität von Natur und Gnade umfassen. Daß alle diese Ansätze, die an Hand der wichtigsten Autoren exemplifiziert werden, Versuche zur Aufschlüsselung einer letzten Harmonie beider Wirklichkeiten sein wollen, sei von vornherein bemerkt. Daraus ergibt sich auch eine grundsätzliche Verwandschaft zwischen ihnen, die sich konkret in einer Vielzahl von Überschneidungen und Unterscheidungen offenbart, die vor allem in der um die Einheit kreisenden Figur eine weitere Entfaltung in verschiedene Richtungen nötig machen wird. Da es sich im übrigen bei diesen Grundfiguren um charakteristische Fundamentierungen jeder ekklesiologischen Reflexion handelt, stellt dieses Kapitel auch methodisch bereits einen Übergang zu den systematischen Gedanken des Schlußteils unserer Arbeit dar.

A. Harmonie in Dualität

Die Behandlung der Kirche in der Apologetik[481], deren genaue Einordnung in die Theologie damals noch ebenso umstritten war wie die Frage der Glaubensbegründung überhaupt[482], offenbart sowohl die Auffassung des bereits aufgezeigten äußerlichen Verhältnisses Christi zu seiner Kirche, als auch die dahinterstehende Unterscheidung der Wirklichkeiten von Natur und Gnade in zwei mehr oder weniger getrennte Bereiche. So wie man meinte, Glaubwürdigkeitsgründe und Glaube, Apologetik und Dogmatik von Objekt und Methode her genau auseinanderhalten[483] oder in der Betrachtung der Kirche bestenfalls aus praktischen Gründen vermischen zu können[484], blieben Natur und Gnade streng geschieden und wurden gleichsam methodisch nebeneinander gestellt[485]. Wohl leugnet niemand die tatsächliche Harmonie von Natur und Gnade in der Erlösungsordnung, aber es wird deutlich betont, daß die Gnade »die Natur als in sich vollendet« voraussetzt[486], und daß, über die stärkstens hervorgehobene Ungeschuldet-

---

481 Vgl zu dieser Problematik H. DOLCH, *Der systematische Ort der Kirche. Zur Frage des Ausgangspunktes und der Methode der Fundamentaltheologie,* in: Volk Gottes. Festgabe für J. Höfer, Freiburg 1967, 28–40.

482 Vgl. zum Ganzen J. SCHMITZ, *Die Fundamentaltheologie im 20. Jahrhundert,* in: Bilanz der Theologie, 197–245, bes. 200–230; auch E. SEITERICH, *Die Glaubwürdigkeitserkenntnis. Eine theologische Untersuchung zur Grundlegung der Apologetik,* Heidelberg 1948; A. LIÉGÉ, *Bulletin d'Apologétique*: RSPhTh 33 (1949) 53–68; A. KOLPING, *Fundamentaltheologie I,* München 1968, 23–24.

483 Vgl. J. SCHMITZ, *Die Fundamenthaltheologie im 20. Jahrhundert,* 23–25; vgl. als Beispiel dafür den neuscholastischen Traktat »De Christo legato divino«: F.-J. NIEMANN, *Jesus als Glaubensgrund,* bes. 24–88.

484 Vgl. L. LERCHER, *Institutiones Theologiae dogmaticae I,* VII–X.

485 Vgl. U. KÜHN, *Natur und Gnade. Untersuchungen zur deutschen katholischen Theologie der Gegenwart* (Arbeiten zur Geschichte und Theologie des Luthertums II), Berlin 1961, bes. 14–43, der allerdings das Nebeneinander aus offensichtlich kontroverstheologischen Gründen viel zu pointiert darstellt; zu den Grenzen dieses Werkes insgesamt vgl. die kritische Rez. von G. MISCHALEK: ZKTh 84 (1962) 480–485, bes. 483–485.

486 Vgl. A. RADEMACHER, *Natur und Gnade,* 15 schreibt weiter: »Sie ist also nicht die nachträgliche Ergänzung einer unvollendeten, mangelhaften Natur, eine Vervollständigung derselben, ohne welche die Natur nicht bestehen könnte oder auf welche sie einen Anspruch hätte. Auch im reinen Naturzustand hätte der Mensch ein menschenwürdiges Dasein führen können und hätte Gott zum Endziel gehabt, hätte auch die volle Möglichkeit gehabt, dieses natürliche Ziel zu erreichen... *Die Natur ist also die Grundlage der Gnade in dem Sinne, daß die in sich fertige, mit allem Notwendigen ausgerüstete Natur ein neues, höheres Lebenselement in sich aufnimmt ...*« [Kursiv von uns].; Rademacher bleibt also bei aller Betonung der Einheit von Natur und Gnade diesem Dualismus verhaftet, so daß er hier wie auch in seiner Ekklesiologie die aufgezeigte Zwischenstellung einnimmt.

heit der Gnade hinaus[487], die Natur auch als »natura pura« sinnvoll und denkbar seie[488]. Hier wird deutlich, warum es diesen Theologen möglich ist, in der Kirche einen gesellschaftlich-äußeren und einen gnadenhaft-innerlichen Teil, einen organisatorischen Leib und eine übernatürliche Seele zu unterscheiden[489], so daß es manchmal fast den Anschein hat, als seie die Gnade nur ein Aufgeld zur durch Christus gestifteten menschlich geformten Institution des kirchlichen »regnum Dei«, dessen Wesen zuerst einmal seiner gesellschaftlichen Natur folgt[490]. Zwar ist es auch ein »regnum gratiae«, aber diese Gnade wird mehr von der Organisation der Kirche verwaltet, als daß diese von der Gnade anders als in Form der verschiedenen Ämter getragen wird[491]. So erscheint die Kirche zwar mit der Gnade Christi verbunden, aber eben nicht als Teil dieser selbst, sondern als »depositorium gratiae et veritatis Christi simul«[492]. Christus hat in der Kirche eine »sichtbare Gemeinschaft zur Vermittlung seiner Erlösungsgnade gegründet«[493]. Damit ist sie nun »Spenderin der Gnade«[494], die durch Christi »Lehren, seine Gebote und Gnadenmittel die Menschen zum Heile führen« soll[495]. Mag sie also auch eine ihr von Gott verliehene Autorität als soziale Form des von Christus gepredigten Gottesreiches und der von ihm begründeten Erlösungsreligion haben[496], so ist sie doch zuerst natürliche Gesellschaft[497]. Ihre Übernatürlichkeit besteht daher in jenen Gaben, den »tria munera sanctificationis, docendi et regendi«, die sie über diesem als Fundament dienenden, von Christus in einer bestimmten Form gewollten sozialen Wesen hinaus noch

---

487 Vgl. z.B. L.LERCHER, *Institutiones Theologiae dogmaticae III. De verbo Incarnato. De B.M.V. et cultu sanctorum. De gratia Christi,* Oeniponte 1934², bes. 468–483.

488 Vgl. U.KÜHN, *Natur und Gnade,* 32–33.

489 Vgl. A. MICHELITSCH, *Elementa Apologeticae,* 324: »Praecipuum autem in Ecclesia, ad quod cetera omnia ordinantur, praesertim poestas sacra in corpore Ecclesiae residens (anima socialis), est Ecclesiae *anima supernaturalis.*«

490 H.DIEKMANN, *De Ecclesia I,* 20.

491 Ebd., 113: »Hoc autem Christi corpus est vera aliqua *organisatio,* societas religiosa asseclarum Christi, quae simul suis partitur gratias et dona omnis generis et simul aedificatur *muneribus* et *ministeriis* varii ordinis …«.

492 DERS., *De Ecclesia II,* 207; nur in diesem Sinne ist sie auch die Weiterführung des Werkes Christi und der fortlebende Christus, ebd., 208: »Hinc considerabimus Ecclesiam imprimis ut *opus Christi,* quo scilicet Christus dona sua hominibus omnium temporum tradit, quod proinde opus ipsius Christi continuat et perducit usque ad consumationem huius saeculi; Ecclesia rectissime vocatur *Christus perdurans* in hoc mundo, perficiens opus Christi ipsius.«

493 G.MENGE, *Die Herrlichkeit der katholischen Kirche,* 116.

494 Ebd., 143.

495 K.ALGERMISSEN, *Christliche Sekten und Kirche Christi,* 401.

496 Vgl. H. DIEKMANN, *De Ecclesia Christi II,* 2: »… Christus enim fundasse Ecclesiam suam , ut sit forma socialis Regni Dei a se praedicati et novae religionis redemptricis a se fundatae …«.

497 Vgl. J.BRUNSMANN, *Lehrbuch der Apologetik II,* 11.

besonders verliehen bekommen hat[498]. Obwohl wir uns also in der Erlösungsordnung befinden, wo auch für die apologetisch vorgehenden Ekklesiologen der damals vielbesprochene[499] Grundsatz gilt: »Gratia non destruit, sed supponit et perficit naturam«, wird dieser Grundsatz hier doch ganz offensichtlich im Sinne eines aufeinander Aufbauens zweier zunächst in sich abgeschlossener Größen verstanden oder zumindest im Sinne einer sehr akzentuierten Unterscheidung interpretiert[500]. Wohl wird die Kirche als Gesellschaft durch das Geschenk der Gnade in einzigartiger Weise zur »societas *perfecta*«, wohl kann man innerhalb der einen Erlösungsordnung nun das Gnadenmoment nicht mehr von dem Naturmoment trennen, ohne das Sein der Kirche zu verkennen, wohl wird die Gnade nun durch die sozialgnadenhaften Strukturen der Kirche vermittelt, aber deren Verbindung mit der Gnade Jesu Christi ist doch nur insofern konstitutiv, als sie Form und Vollmachten von Christus erhält, um diesem dann als Werkzeug der Erlösung zu dienen. Es ist, als habe Christus einer menschlichen Gesellschaft, die er gegründet hat, durch die Ausstattung mit besonderen Gaben, die alle in die Kategorie der »gratiae gratis datae«, also der sozialen oder Standesgnaden fallen, die Würde eines Heilsinstrumentes verliehen. Dieses nun von ihm zur Weiterführung seines Werkes benützte Instrument ist ihm damit

---

498 Vgl. H. DIEKMANN, *De Ecclesia II,* 1–2: »Religio porro Christiana est *socialis*; Christus nimirum suam religionem ut societatem instituit, cuius organisationem et constitutionem ipse, saltem quoad essentialia determinavit … Iamvero omnis societas indiget muneribus socialibus, indiget imprimis auctoritate, qua corpus regitur atque ad finem suum obtinendum adigitur et adducitur … Inde est quod *triplex genus munerum* in religione christiana et Christi Ecclesia inveniatur: sanctificatorium, doctrinale, disciplinare (regendi) et sociale.«; es erstaunt nicht, daß Diekmann seine Abhandlung von der Kirche als »corpus Christi«, die er als »conspectus dogmaticus« seiner fundamentaltheologischen Ekklesiologie anhängt, wieder hauptsächlich auf diesen »tria munera« aufbaut: vgl. ebd., 228 ff.

499 Vgl. z. B. M. D. KOSTER, *Natur und Übernatur. Die christliche Gesamtordnung*: Cath 5 (1936) 15–29; J. BEUMER, *Gratia supponit naturam. Zur Geschichte eines theologischen Prinzips*: Greg 20 (1939) 381–406, 535–552; E. PRZYWARA, *Einheit von Natur und Übernatur?*: StZ 105 (1923) 428–440; DERS., *Der Grundsatz »Gratia non destruit, sed supponit et perficit naturam«. Eine ideengeschichtliche Interpretation*: Schol 17 (1942) 178–186; H. WEISWEILER, *Natur und Übernatur in Glaube und Theologie*: Schol 14 (1939) 346–372.

500 Hierhin gehört auch Koster, der, bei aller Betonung der konkreten christlichen Gesamtordnung, wahrscheinlich unter dem Einfluß Cajetans doch Natur und Übernatur, Natur und Gnade scharf trennt: vgl. M. D. KOSTER, *Natur und Übernatur. Die christliche Gesamtordnung,* 18: »Die Natur ist nicht auf die Uebernatur hingeordnet …«; konsequent dazu betont er ebd., 22–23: »*Die Uebernatur ist geschieden in die Ordnung der Menschwerdung … und in die Ordnung der Gnade.*«; allerdings betont er die Übernatürlichkeit der Charaktere, auf die er seine Auffassung vom ›Volk Gottes aufbaut, wie wir gesehen haben, und die Einheit von Natur und Übernatur in der Kirche: ebd. 28. Trotzdem scheint sein Kirchenbild immer noch von der Trennung beider Ordnungen getragen, getreu seiner Unterstreichung der »*Sachanalogie der Natur- und Übernaturordnung und ihrer entsprechenden Ordnungsteile.*«: vgl. DERS., *Ekklesiologie im Werden,* 263.

aber noch nicht innerlich verbunden. Eine so distanzierte Sicht des Verhältnisses Christi zur Kirche würde sogar den Gedanken erlauben, daß keines der diesem gesellschaftlich verfassten »corpus Christi« (was in diesem Fall am besten mit »Christi Körperschaft« wiederzugeben wäre) angehörenden Glieder tatsächlich mit der »gratia gratum faciens«, also der persönlichen heiligmachenden Gnade Christi ausgestattet sein könnte, ohne daß sich damit für die Kirche als Gesellschaft in ihrer Beziehung zu Christus irgendetwas Wesentliches änderte. Natürlich handelt es sich bei dieser relativen Unabhängigkeit der Kirche von dem erlösenden Christus nicht etwa um die Unabhängigkeit einer in Parallele zur »natura pura« gesetzten »societas pura«, denn wir befinden uns ja, wie gesagt, in der Erlösungsordnung. Ohne vorschnell von einer »neuscholastischen Zweistockwerk-Lehre« zu sprechen[501], glauben wir aber trotzdem die — bei allen Nuancen zwischen der thomistischen und der molinistischen Ansicht[502] — manchmal einseitige Verteidigung der Gnadengratuität[503] und die daraus folgende Sicht der Natur als einer völlig in sich stehenden Wirklichkeit als den Hintergrund der Schwierigkeit eines tieferen Verständnisses der Verbindung zwischen Christus und seiner Kirche sehen zu dürfen.

Wo die Gnade Christi, also die Gnade, die ja die gefallene Natur erlösen *und* erheben soll, mehr als »gratia sanans«, also als eine Gabe gesehen wird, die die verletzte, aber doch als in sich stehend mögliche Natur wiederherstellen soll, da wird sie mit dieser Natur weniger eng verbunden gewertet, weil ihr nur medizinaler Charakter zuerst ins Blickfeld kommt. Der Aspekt

---

501 Vgl. J. MARTIN-PALMA, *Gnadenlehre von der Reformation bis zur Gegenwart* (HBDG III/5b), Freiburg–Basel–Wien 1980, 156–158, bes. 157: »Es wäre kurzsichtig und leichtfertig, angesichts der hier angesprochenen Dualität sofort von Dualismus oder gar von Zweistockwerk-Lehre zu reden.«; allerdings ist M.J. Scheeben gerade in seinem Versuch, Gnade und Natur in eine tiefe Einheit zu bringen, doch wohl nicht so repräsentativ für die ganze Neuscholastik, wie das bei der Lektüre von Martin-Palmas Ausführungen scheinen könnte.

502 Vgl. U. KÜHN, *Natur und Gnade*, 29: »Es geht um die Frage, ob noch von einer natürlichen Vollendung des Menschen gesprochen werden kann, ohne daß die potentia oboedientialis aktualisiert ist. Diese Frage wird zwar von beiden Seiten bejaht, bei beiden steht die Gnade in neuzeitlicher Weise *neben* der Natur [?]. Aber bei Diekamp sind noch Ansätze — oder Erinnerungen von Thomas her — vorhanden, die zumindest zu einer Einschränkung dieser Bejahung führen könnten. Diese Ansätze fehlen bei Lercher.« Im übrigen schienen den damaligen Autoren die Unterschiede zwischen Molinismus und Thomismus gerade in dieser Frage nicht so groß: vgl. A. LANGE, *Rez. zu A. Gardeil, Le désir naturel de voir Dieu, RT 31 (1926) 381–410*: Schol 2 (1927) 301–302, bes. 301: »Die molinistische Schule steht hier — von vereinzelten Outsiders der jüngsten Gegenwart abgesehen — durchaus auf der Seite der großen Thomisten des Predigerordens.«

503 Vgl. zu den zeitgenössischen Diskussionen darum J. MARTIN-PALMA, *Gnadenlehre*, 170–185.

der »gratia elevans«, also das zur Gotteskindschaft erhebende Gnadengeschenk, weckt dagegen den Sinn für eine tiefere gegenseitige Durchdringung von Natur und Gnade gerade in Hinsicht auf eine Vervollkommnung der Natur als wirkliche Teilhabe an der »gratia Christi« selbst. Im ersten Fall wird das am Selbstand der Natur Fehlende wieder ergänzt, im zweiten Fall wird die Natur unter Beibehaltung ihres Wesens von der Gnade durchdrungen und zu einer höheren Seinsform erhoben. Wenn auch die Gnadenlehre der Neuscholastik beide Elemente des göttlichen Gnadenwirkens kannte und entwickelte, so scheint es doch, als stünden die von uns bearbeiteten apolegetisch-fundamentaltheologisch vorgehenden Autoren in ihrer Sicht von der Kirche mehr unter dem Eindruck einer medizinalen Auffassung der Gnade. Ihr Kirchenbegriff einer mit besonderen Gaben und Vollmachten ausgestatteten vollkommenen Gesellschaft sieht Christus eben zuerst als den Gesandten Gottes, der eine menschliche Gesellschaft stiftet und dann mit besonderen Geschenken bis zur Vollkommenheit versieht, nicht jedoch als den das wiederhergestellte Volk Gottes in eine Gemeinschaft mit sich erhebenden Erlöser. So wird die Kirche mehr als Vermittlerin, weniger selbst als Ergebnis des Heils beurteilt, Christus mehr als ihr Gründer und Herr, denn als ihr Prinzip und Haupt aufgefasst. Beide Aspekte müssen sich nirgends widersprechen, aber die Verschiebung des Gleichgewichtes auf einen von ihnen läßt den anderen zum Nachteil einer ganzheitlichen Erfassung des Mysteriums der Kirche in den Schatten des anderen treten. Eine zu kräftig unterstrichene Unabhängigkeit der Natur vermindert die Größe des Heilshandelns Christi auch an der Kirche. Die Dualität zwischen Natur und Gnade wiederholt sich so in einer Dualität zwischen Christus und der Kirche. Duale Gnadenlehre wird zu dualer Ekklesiologie.

B. Harmonie in Einheit

Das Empfinden des Ungenügens solchen Ansätzen gegenüber ist mitnichten eine Errungenschaft unserer Zeit, sondern fand sich bereits unter den Autoren scholastischer Prägung. Die oft unter dem Einfluß Cajetans stehende[504] spätere Scholastik[505] hatte zwar die Einheit von Natur und

[504] Vgl. H. DE LUBAC, *Surnaturel. Études historiques,* Paris 1946, 101–127; dazu J. ALFARO, *Lo Natural y lo Sobrenatural. Estudio historico desde Santo Tomas hasta Cayetano (1274–1534),* Madrid 1952, 408, der dort u. a. auf den früheren Dionysius Carthusianus für die gleiche Thomas-Interpretation hinweist; zur Diskussion vgl. J. TERNUS, *›Natur-Übernatur‹ in*

Gnade bei Thomas von Aquin[506], die sich bei diesem besonders in der Frage nach dem »desiderium naturale videndi Deum« kristallisiert, das als letzte Perfektion des Menschen die Gottesschau voraussetzt[507], nicht immer gewahrt[508] und die meisten Theologen auf ihre Seite gezogen[509]. Aber schon Matthias Joseph Scheeben, »der katholische Gnadentheologe kat'exochen der modernen Zeit«[510], hatte, sicher durch seine von den griechischen Vätern beeinflußte Interpretation des hl. Thomas mitgetragen, das Verhältnis von Natur und Gnade — allerdings in der konkreten Gnadenordnung — als »Vermählung« verstanden[511]. Spätere Entwicklungen brachten ihn dazu, die Einordnung der Natur »in die übernatürliche Ordnung durch ursprüngliches

---

der vortridentinischen Theologie seit Thomas von Aquin: Schol 28 (1953) 399–404; zu Cajetans Ansicht J. LAPORTA, *La destinée de la nature humaine selon Thomas d'Aquin* (Etudes de philosophie médiévale 55), Paris 1965, 14–17, bes. 15: »Selon Thomas l'homme désire par nature voire Dieu? Sans doute voulait-il dire, excuse Cajetan, qu'un homme, une fois instruit par révélation qu'il est de fait appelé à cette fin — fin qu'il n'aurait jamais pu imaginer ou poursuivre par nature, –désire alors naturellement voir Dieu [Cajetan, in I/II, 3, 8]. Et nous voilà lancés dans une interprétation qui égare ceux qui veulent comprendre le Maître.«

505 Vgl. J. LAPORTA, *La déstinée de la nature humaine selon S. Thomas d'Aquin*, 19–21.

506 Vgl. zur umfangreichen Diskussion dieses Themas u. a. A. CIAPPA, *Partecipazione e desiderio naturale di vedere Dio in S. Tommaso d'Aquino*, Roma 1963; S. DOCKX, *Du désir naturel de voir l'essence divine selon S. Thomas d'Aquin*: ArPh 27 (1964) 49–96; M. GERVAIS, *Nature et grâce chez S. Thomas d'Aquin*: LavalThPh 30 (1974) 333–348, 31 (1975) 293–321; E. GILSON, *Sur la problématique thomiste de la vision béatifique*: AHLDMA 31 (1964) 67–88; J. LAPORTA, *Sur la problématique thomiste de la vision béatifique (à propos d'un article de M. Etienne Gilson)*: Sophia 34 (1966) 101–110; DERS., *Les rapports entre nature et surnaturel selon Thomas d'Aquin*: Sophia 36 (1968) 241–260; DERS., *Pour trouver le sens exact des termes: appetitus naturalis, desiderium naturale, amor naturalis, etc. chez Thomas d'Aquin*: AHDLMA 40 (1973) 37–95; A. PIOLANTI, *Vecchie discussioni e conclusioni recenti sul soprannaturale nel pensiero di S. Tommaso*: Div 1 (1957) 93–117; DERS., *La trascendenza del soprannaturale e il problema della duplice finalità*: DC 10 (1957) 19–29.

507 Vgl. STH I, 12, 1c: »In ipso [Deo] enim est ultima perfectio rationalis creaturae, quod est ei principium essendi: intantum enim unumquodque perfectum, inquantum ad suum principium attingit.«; SCG III, 147: »Sed ulterius ultimus finis hominis in quadam veritatis cognitione constitutus est, quae naturalem facultatem ipsius excedit: ut scilicet ipsam primam Veritatem videat … Si igitur homo ordinatur in finem qui eius naturalem facultatem excedat, necesse est ei aliquod auxilium divinitus adhiberi supernaturale, per quod tendat in finem.«

508 Dazu gilt aber auch ein Wort von P.K. BASTABLE, *Desire for God*, London 1947, 45: »It is, I think, impossible, to interpret St. Thomas' mind with certainty.«; auch J. LAPORTA, *La déstinée de la nature humaine selon S. Thomas d'Aquin*, 21.

509 Vgl. noch J. TERNUS, *›Natur-Übernatur‹ in der vortridentinischen Theologie seit Thomas von Aquin*, 404: »Die Ansicht Cajetans ist typisch und repräsentativ für die Ansicht vieler angesehener Theologen der Gegenwart.«; trotzdem hat es immer auch andere Stimmen gegeben, die aber eher unbekannt blieben: Vgl. J. LAPORTA, *La déstinée de la nature humaine selon S. Thomas d'Aquin*, 22.

510 J. MARTIN-PALMA, *Gnadenlehre*, 156.

511 Vgl. MC 662; vgl. N. HOFFMANN, *Natur und Gnade*, bes. 355–366; E. PAUL, *Denkweg*, 278–288.

und allgemeines Gesetz des Schöpfers der Natur«[512] zusammen mit einer Wiederentdeckung der Rolle der unerschaffenen Gnade bei der Begnadung[513] immer grundsätzlicher zu sehen, wenn ihm auch eine wirkliche Klärung nicht gelungen ist[514]. Trotzdem hat er durch die oben besprochene Rezeption seiner Theologie[515] das Bedürfnis unserer Epoche nach einer Einheitsanthropologie entscheidend mitgetragen. So wie Scheeben mit Thomas von Aquin dabei Impulse der griechischen Theologie weitergab, ist auch der dritte diese neue Zusammenschau befruchtende Theologe, nämlich der hl. Augustinus, in seiner Gnadenlehre von einer aus dem Osten kommenden, mehr das Ganze als die Unterscheidung anvisierenden Strömung beeinflußt[516]. Sein auf den konkreten Menschen gerichteter Blick sah diesen in einer Natur und Gnade eng verbindenen Einheitssphäre[517] und betonte folgerichtig — ebenfalls wie Scheeben — seine Teilhabe an der ungeschaffenen Gnade[518]. Wenn schließlich Johann Adam Möhler als der vierte in unserem Zeitabschnitt als Quelle besonders wichtige Theologe die Einheit zwischen Natur und Gnade immer mehr in das Zentrum seiner anthropologischen Überlegungen rückt[519], scheint der Versuch zur Überwindung eines gewissen Gnadenextrinsezismus neben der hier wieder offensichtlichen Verwurzelung in der vielschichtigen Wende zum organisch-objektiven Gesamtleben des damaligen Katholizismus[520] auch seine theologiegeschicht-

---

512 DOG III 464.

513 Vgl. H. SCHAUF, *M.J. Scheeben de inhabitatione Spiritus Sancti*, in: AA.VV., M.J. Scheeben teologo cattolico d'ispirazione tomista (Studi tomistici 33), Vatikan 1988, 237–249.

514 Vgl. N. HOFFMANN, *Natur und Gnade*, 371; Q. TURIEL, *El deseo natural de ver a Dios segun M.J. Scheeben*, in: AA.VV., M.J. Scheeben teologo cattolico d'ispirazione tomista (Studi tomistici 33), Vatikan 1988, 191–203.

515 Vgl. bes. K. ESCHWEILER, *Die zwei Wege der neueren Theologie*, 150–164.

516 Vgl. P. WILSON-KERSTNER, *Grace as Participation in the Divine Life in the Theology of Augustine of Hippo. Augustine's Relationship to the Greek Theological World in Respect to the Question of Grace*: AugSt 7 (1976) 135–152.

517 Vgl. E. TESELLE, *Nature and Grace in Augustine's Exposition of Genesis I, 1–5*: Rech Aug 5 (1968) 95–137; A. MANDOUZE, *Saint Augustin. L'aventure de la raison et de la grâce*, Paris 1968; dazu M. TESTARD, *La raison et la grâce chez S. Augustin*: REL 46 (1968) 68–83; A. VANNESTE, *Nature et grâce dans la théologie du douzième siècle*: EphThLov 50 (1974) 181–214.

518 G. PHILLIPS, *Saint Augustin a-t-il connu une grâce créée?*: EphThLov 47 (1971) 97–116, bes. 116: »Le don que l'Esprit nous accorde est une participation de lui même ...«; P. RIJA, *Created Grace in St. Augustine*: AugSt 3 (1972) 113–130.

519 Vgl. J.R. GEISELMANN, *Die theologische Anthropologie*, 263; H. GEISSER, *Glaubenseinheit und Lehrentwicklung*, 180–181.

520 Vgl. K. ESCHWEILER, *Zwei Wege der neueren Theologie*, 10: »Die mit dem Wortpaar ›Erkenntnis und Erlebnis‹ bzw. ›Dogma und Leben‹ ausgedrückte Fragestellung ist gewiß aktuell: aber so, wie sie modisch gemeint ist, reicht sie nicht an den Kern des Problems, das dem Dasein und Sosein der heutigen Theologie aufgegeben ist. Das Schwanken zwischen religiöser Kulturbegeisterung und mystischer Weltentäusserung ... und was auch immer die Oberfläche

liche Verankerung zu finden. Das Ergebnis des Ringens um die harmonische Einheit zwischen Natur und Gnade fällt allerdings sehr verschieden aus, so daß die von uns im folgenden besprochenen drei Lösungsmöglichkeiten nur die wichtigsten Formen theologischer Bewältigung des Einheitsproblems im Zusammenhang mit der Ekklesiologie vorstellen können, ohne dadurch Übergangs-, Misch- und Zwischenformen zu diesen Versuchen ausschließen zu wollen.

a) Einheit in Spannung

So wie die konkrete Kirche mit ihren menschlichen Begrenzungen und Schwächen in der Ekklesiologie das Kirchenbild der »vollkommenen Gesellschaft« zu verdrängen begann, war es auch der konkrete Mensch in seiner durch Christus erlösten sündigen Gebrechlichkeit, der das theologische Interesse von den metaphyischen Reflexionen um die Möglichkeit der »natura pura« abzog. Nicht mehr das ontologische Fundament des Gnadenwirkens Gottes, sondern das tatsächliche Gnadenwirken Gottes selbst und das damit verbundene Gnadenleben des Menschen mit seinen Spannungen und Kämpfen wurde zum Mittelpunkt der theologischen Anthropologie[521]. ARNOLD RADEMACHER, dessen Übergangsposition auch hier wieder klar wird, ist eines der besten Beispiele für diese Vorgangsweise. Obwohl schon aus apologetischen Beweggründen immer sehr mit der Frage nach der Harmonie zwischen Natur und Gnade beschäftigt[522], hat er doch wie in seiner Ekklesiologie nie die überstarke Spannung zwischen den beiden Polen theologisch ganz im Gleichgewicht halten können. Einerseits die Natur so selbständig sehend[523], daß der Vorwurf des »Humanismus« gegen ihn möglich

---

des modernen Katholizismus aufrühren mag,– alle diese Fragen gründen in dem einen Grundproblem der Theologie, welches ›*Natur und Gnade*‹ heißt.«

521 Vgl. z.B. P. LIPPERT, *Die Gnaden Gottes* (Credo. Darstellungen aus dem Gebiet der christlichen Glaubenslehre 5), Freiburg i.B. 1923[3+4], 21–35, bes. 21: »Zwei schroff einander gegenüberstehende Tatsachen verlangen zu gleicher Zeit unweigerliche Anerkennung: die Kraft des Menschen, aber auch seine Ohnmacht; die Unversehrtheit der menschlichen Naturgaben, aber auch ihre Unfähigkeit und Unzulänglichkeit. Und jedes Versehen auf diesem Gebiet hat verhängnisvolle Folgen, jeder Irrtum wirkt verheerend zurück auf das Beste und Höchste, was der Mensch aufbringt, auf sein sittliches Leben und Streben. Jede Verwischung der feinen Grenzlinie trifft das Christentum in seinem eigensten Bestande und das religiöse Leben in seiner Wurzel mit tödlicher Wunde.«; vgl. auch A. RADEMACHER, *Gnade und Natur*, 19–20.

522 Vgl. A. RADEMACHER, *Gnade und Natur*, 10–11: »*Der Nachweis der Harmonie von Natur und Gnade ist auch der Nachweis der Vernunftgemäßheit des Glaubens, und je schöner und geistbefriedigender sich diese Harmonie darstellt, um so mehr gewinnt der Glaube oder die Offenbarung oder, mit einem Wort, das Christentum an Glaubwürdigkeit.*«

523 Vgl. S. 283 Anm. 613.

wurde[524], lag ihm doch an der »organischen Verbindung« zwischen Göttlichem und Menschlichem so sehr[525], daß er anderseits »sogar von einer Art (unbewußtem) *Bedürfnis oder Verlangen* der Natur nach der Gnadenordnung sprechen« zu dürfen glaubte[526]. Wenn er deswegen die Gnade als Erfüllung der Natur sehen kann[527] und damit, konsequent zu der Verbindung der verschiedenen Ebenen des Gnadenwirkens[528], Religion als Erfüllung von Bildung[529], Christentum als Erfüllung von »Edelmenschentum«[530] und, wie wir oben gesehen haben, Kirche als Erfüllung von Menschheit, so beinhaltet das unseres Erachtens nur vordergründig eine »Tendenz des Natürlichen ins Übernatürliche« im Sinne einer gewissen Instrumentalisierung der Gnade für die Vervollkommnung der Natur, wie E. Przywara anzunehmen scheint[531]. Wenn man von einer »Tendenz des Natürlichen ins Übernatürliche« bei Rademacher tatsächlich sprechen kann, dann viel eher so, wie er es selber in seinem nur als Manuskript gedruckten Werk »Der Einheitsgedanke in der Theologie«[532] tut, nämlich als gnadenhafte Entwicklung der Natur auf Verklärung hin[533]. Der Einfluß von Scheeben und Augustinus, der auch bei dem Bonner Fundamentaltheologen vorhanden ist[534], weitet sich hier zu einer ganz auf die Übernatur ausgerichteten Einheitstheologie aus. Damit zeigt sich in seiner Aufassung von der Beziehung zwischen Gnade und Natur dasselbe Phänomen wie bereits in seiner Ekklesiologie: Ein scheinbarer Naturalismus offenbart sich als wirklicher Supranaturalismus der konkreten

---

524 Vgl. unten Anm. 530.

525 Vgl. DERS., *Vernünftiger Glaube*, Freiburg 1923, 2, 102, 106.

526 DERS., *Gnade und Natur*, 18.

527 DERS., *Vernünftiger Glaube*, 117.

528 DERS, *Gnade und Natur*, 20: »Wie in Christus Gnade und Natur zusammentreten und sich gegenseitig durchdringen, so ist auch in den erlösten *Kindern Gottes* ein ähnliches Verhältnis wirksam … Insofern nun aber der Mensch … als Gemeinschaftswesen einem moralischen Organismus, hier der Kirche als dem Gnadenreiche, dort der Menschheit als dem Weltreich eingefügt ist, muß dasselbe Verhältnis von Gnade und Natur sich auch auf die großen Beziehungen von *Kirche und menschlicher Kultur* erstrecken.«

529 DERS., *Religion und Bildung*, 133–145.

530 Vgl. DERS., *Religion und Leben*, 197–198; E. PRZYWARA, *Evangelische Katholizität — katholische Evangelizität*, in: DERS., Katholische Krise, 199–210, bes. 204, sieht hier protestantischen Einfluß: »… die Theologie von Arnold Rademacher und Fritz Tillmann, die vom Harnack'schen Christentum des Johannes Müller von der Elmenau beeinflußt sind; in ihm ist der Christ psychologistisch als ›Edelmensch gefaßt‹, als charismatisches Individuum.«; auch DERS., *Una Sancta*, in: ebd., 211–217, bes. 212.

531 Vgl. E. PRZYWARA, *Corpus Christi mysticum — Eine Bilanz*, in: DERS., Katholische Krise, 134.

532 Vgl. A. RADEMACHER, *Der Einheitsgedanke in der Theologie. Ein Beitrag zur Methodenlehre der katholischen Theologie*, als Manuskript gedruckt Bonn 1921.

533 Vgl. J. RIES, *Arnold Rademacher*, 87–90.

534 Ebd., 87 u. 88.

Gnadenordnung. Daß jetzt die umgekehrte Gefahr besteht, nämlich statt der Gnade nun die Natur unterzubewerten, liegt auf der Hand. Wenn die Gnade in Jesus Christus das eigentliche der Entwicklung der Schöpfung ist, könnte Natur nur mehr als »Form« von Gnade erscheinen. Christus bleibt im Zentrum, aber die Beziehungen der übrigen Wirklichkeit zu ihm verschieben sich zugunsten der Übernatur. Damit erklärt sich gleichzeitig, getreu dem Parallelismus in Rademachers Gnadenlehre[535], warum er der Kirche eigentlichen Kern mit der christozentrischen Gnaden-»Gemeinschaft« identifizieren konnte, der die »Gesellschaft« nur Form ist.

Ähnlich wie Rademacher gibt es auch bei ERICH PRZYWARA eine Betonung der vorrangigen Unabhängigkeit der Natur von der Gnade. Obwohl wir auch schon in seinem Kirchenbegriff solche Einflüsse der molinistischen Schule festgestellt haben, die er auch selbst namhaft macht[536], ist es doch zu undifferenziert, seine Aufassung von der Beziehung zwischen Natur und Übernatur einfach als »gut molinistisch«[537] zu bezeichnen. Damit würde man nämlich der gleichzeitig aristotelisch-heraklitisch-augustinischen Interpretation, die er seinem Grundprinzip der »analogia entis« gibt[538], ebensowenig gerecht wie seinem Versuch, gerade in der »analogia entis« die konkrete Einheit von Natur und Gnade herauszuarbeiten, in der es ihm um einen Katholizismus der »Gegensatzspannung« als »die feine Mitte zwischen Entgöttlichung und Vergöttlichung des Menschen«[539] geht. Die »analogia entis«, so wie sie von Przywara als ›katholische Grundform‹ begriffen wird, ist für ihn nichts anderes als eine metaphysisch-theologische Erfassung der tatsächlichen Heilsordnung: »Die Analogie-Formel enthält also die *drei Komponenten der Einen faktischen Heilsordnung: natürliche Geschöpflichkeit, übernatürliche Teilnahme* an der göttlichen Natur, *übernatürliche Erlösung*.«[540] Er kann die Komponenten der ›Einen faktischen

---

535 Ebd., 89: »RADEMACHER nennt diese Einheit zwischen Natur und Gnade mit dem vielleicht nicht glücklichen Namen eines ›physiko-hyperphysischen Parallelismus‹ von Natur und Gnade, analog dem psycho-physischen Parallelismus.«; genau wie bei dem letzteren besteht eben auch hier die Möglichkeit der Reduktion auf eine Seite der Parallele.

536 Vgl. E. PRZYWARA, *Thomismus und Molinismus*: StZ 125 (1933) 26–35.

537 H. KÜHN, *Natur und Gnade,* 91; später muß Kühn jedoch selbst zugeben, daß ein solches Urteil zu simpel ist: ebd., 105 Anm. 70: »Hierin ist es auch begründet, daß die Kritik Eschweilers an der molinistischen Trennung von Natur und Gnade auf Przywara gerade nicht zutrifft, obwohl er die molinistische Wertung des Individuums vor Gott hat[?]. Das, was beim geschichtlichen Molinismus Hand in Hand ging: Individualisierung und Emanzipierung von der Gnade, sind eben doch zwei verschiedene Fragen und müssen säuberlich auseinandergehalten werden.«

538 Vgl. B. GERTZ, *Kreuz-Struktur. Zur theologischen Methode Erich Przywaras,* 556.

539 Vgl. E. PRZYWARA, *Einheit von Natur und Übernatur*: StZ 105 (1923) 428–440, hier 433.

540 E. PRZYWARA, *Die Reichweite der Analogie als katholischer Grundform,* 352–353.

Heilsordnung‹ so eng zusammenschauen, daß Natur und Übernatur wesentlich aufeinander hingeordnet erscheinen: »Denn ›Natur‹ und ›Vernunft‹ sind allein konkret übernatürlich überhöhte und erlöste Natur und Vernunft.«[541] Aber diese Übernatürlichkeit der Konkretheit von Schöpfung und Erlösung ist eben nicht eine Auflösung von Natur in Übernatur oder eine Entwicklung nach Anlagen in der Natur selbst, sondern folgt dem souveränen Willen Gottes, der in der Menschwerdung sichtbar geworden ist. Anders als bei Rademacher ist nämlich in der Theologie Przywaras die mögliche Dialektik von Naturalismus und Supranaturalismus auch in der Absetzung von der Vereinseitigung griechischer, augustinischer und scholastischer Ansätze bewußt vermieden[542]. Es handelt sich folgerichtig für den Jesuiten Przywara auch nicht etwa darum, die Lehre von der »natura pura« neu zu begründen, sondern darum, die Würde der Schöpfung mit der Majestät Gottes zu versöhnen. Die Natur wird als in ihrer von Gott gewollten Freiheit gewahrt beschrieben, aber doch eingebettet in die höhere Bestimmung, die ihrerseits wieder Ausfluß des souveränen göttlichen Willens ist. Gott darf nach Przywara auch nicht in der Gestalt der Übernatur zu einer Funktion oder einem wie auch immer gearteten Inhalt der Natur werden. Gott ist auf keine Weise »ein Verklärungsschimmer der Menschheit, sondern die Menschheit ein Offenbarungsschimmer Gottes.«[543] Deswegen erkennt er in dem Versuch, in der Übernatur eine Vollendung der Natur zu sehen, ebenso eine reduktive Ideologie, wie in dem nur scheinbar umgekehrten, Natur als Zweckgerichtetheit auf Übernatur zu deuten. Beide sind schließlich dazu verurteilt, das Verhältnis Natur-Übernatur über den besonders bei dem zweiten Versuch vorhandenen supranaturalistischen Umweg in einen Naturalismus hineinzuführen[544]. Gleich ob Przywaras Stellungnahme gegen die Teleologie KARL ESCHWEILERS wirklich in allem zutrifft

---

541 Ebd., 362.

542 Ebd., 521–522: » Allen drei Sach-Theologien also, insofern sie für sich genommen werden, ist es … eigen, daß sie von sich aus auf der einen Seite, in einem *radikalen ›Supranaturalismus‹* die Natur nur als Erscheinungsseite der Übernatur nehmen, andererseits aber dann doch, bis ins Äußerste durchgedacht, in eine ›reine Natur‹ ausmünden, ja bis dazu, daß dieser *resultierende ›Naturalismus‹* wie als Ausdruck der geschichtlichen Situation der jeweiligen Zeit erscheinen könnte.«

543 Vgl. E. PRZYWARA, *Katholizismus*: HL 21/II (1924) 566–574, hier 571.

544 Vgl. DERS., *Tragische Welt,* 196–197: »… die Übernatur ist das Telos der Natur. Das kann zweierlei besagen. Einmal: Übernatur ist nichts anderes als eine übernatürliche Vollendung der Natur zu deren innerer Geschlossenheit. Dann ist letztlich Übernatur auf Natur zweckgerichtet: Teleologie ›von unten‹. Die zweite Deutung wäre: Natur ist nichts anderes, ihrem innersten Wesen nach, als Zweckgerichtetheit auf Übernatur: Teleologie ›von oben‹. Stellt man diese beiden Deutungen einander gegenüber, so dürfte sofort klar sein, daß beide nichts weiter sind als letzte Ausläufer jener Systeme, die Natur und Übernatur auseinander ableiten …«.

oder eher von der genialen Vereinfachung lebt[545], er fühlt sich jedenfalls genötigt, gegen dessen ›Teleologie von oben‹ und später auch gegen Rademacher als Vertreter der ›Teleologie von unten‹[546] die absolute »Unreduzierbarkeit« von Natur und Übernatur zu wahren[547]. Hier stoßen wir wieder auf das Geheimnis der »analogia entis«, deren Rhythmus nach Przywara allein im Stande ist, die unaufhebbare und so Freiheit lassende Distanz zwischen Schöpfer und Geschöpf zu wahren »zur Freiheit einer unerzwingbaren wie unableitbaren Übernatur wie zur Freiheit einer, in aller noch so hohen Übernatürlichkeit, ›vorausgesetzten‹ und ›nicht zerstörten‹, ja ›vollendeten‹ Natur.«[548] Damit wird die dem 4. Laterankonzil entnommene Analogieformel Przywaras von der »noch so großen Ähnlichkeit in je immer größerer Unähnlichkeit« für ihn zur »›letzten Form‹ der Einheit von Natur und Übernatur selber«[549], die die »analogia fidei« in sich schließt. Das »zwei unvermischt in eins« wird so zur Urformel aller Theologie, gleich ob sie Anthropologie, Christologie oder Ekklesiologie ist[550]. Überall geht es Przywara darum, in der Übernatürlichkeit das Eigensein der Natur zu wahren, und zwar nicht in Unabhängigkeit von der Übernatur, sondern »in« der Übernatur selbst. Vollkommen eingebettet und getragen von der Übernatur, bewahrt die Natur doch sich selbst und ihre freie, verantwortlich-menschliche Wirkmöglichkeit, ja wird sogar in ihrer Natürlichkeit zur Hülle des Übernatürlichen[551]. Die Parallele von Anthropologie und Ekklesiologie liegt damit klar vor Augen. In der einen real-existenten übernatürlichen Ordnung findet die »analogia entis« in der »analogia fidei« ihre Fortsetzung, will sagen, daß die »Eigengesetzlichkeit« der Natur von der Gnade zwar überhöht,

[545] Ebd., 195–197.

[546] Vgl. DERS., *Corpus Christi mysticum — Eine Bilanz*, 134–135.

[547] Vgl. DERS., *Tragische Welt*, 197–198.

[548] DERS., *Die Reichweite der Analogie*, 525.

[549] Ebd., 530 Anm. 4.

[550] Vgl. DERS., *Religionsphilosophie katholischer Theologie*, in: DERS., Religionsphilosophische Schriften II, 453.

[551] Ebd., 457: »Mit anderen Worten: der letzte Sinn der übernatürlichen Erhöhung und Erlösung ist ein tieferes ›in Gott‹, wie es sich aus der kurzen augustinischen Formel ergibt: ›Gott wurde Mensch, um uns zu Gott zu machen‹, also ein ›in Gott‹, das gleichsam im Schnittpunkt zweier Bewegungsrichtungen liegt, der Bewegung der zu Gott näher bewegten Kreatur und der Bewegung des zur Kreatur sich näher bewegenden Gottes. Da nun diese (nach beiden Richtungen von Gott allein bewirkte) Bewegungsänderung innerhalb des Wesens von Kreatur als aus und in ›Bewegung von Gott her‹ bleibt, so bleibt auch in ihr das ganz spezifische ›von Gott her‹ (im Gegensatz zu ›als Gott‹) … Da die Kreatur näher zu Gott gehoben wird und Gott näher zu ihr sich neigt, wird ihre Kreatürlichkeit nicht aufgehoben, sondern geweitet … Damit aber enthüllt sich ein Grundaspekt katholischer Religion in seinem verborgenen Sinn: ihre ›gewöhnliche Menschlichkeit‹, d.h. die seltsame *Verhülltheit des Übernatürlichen* im Menschlich-Natürlichen … Dieser Grundaspekt geht hindurch von der Gestalt Christi zur Gestalt der Kirche zur Gestalt des Christen.«

aber nicht aufgehoben wird. Das bedeutet, daß sowohl der begnadete Mensch als auch die Kirche ganz von der »uneingeschränkten Souveränität Gottes abhängen«, die sich als »Gott in Christo in der Kirche« in der Erlösungsordnung als »letzte Form« allem mittteilt[552], aber trotzdem gerade in der Gnade ihre freie Geschöpflichkeit und also ihre geschaffene Würde als »Eigengesetzlichkeit« bewahrt. Man könnte sagen, daß das Gleichgewicht in der geheimnisvollen Tatsache liegt, daß die Übernatur, die allem die letzte Form gibt, in der echten Form der Natur erscheint und wirkt[553]. Demnach ist aller Dualismus in der Beziehung von Natur und Übernatur, Kirche und Christus zurückgeführt auf die Einheit in Verschiedenheit der tatsächlichen Erlösungsordnung »Gottes in Christo in der Kirche«. Der begnadete Mensch steht in seiner Natürlichkeit in der Kirche, und die Kirche ist eben in ihrer Natürlichkeit »in Christus«, also gerade auch in ihrer menschlichen Struktur »Gnade«: »Kirche wird so gerade zur eigentlichen ›Gnade‹«, in der dann die ganze Natur im doppelten (nicht-hegelianischen) Sinne aufgehoben ist, nämlich einmal hin-aufgehoben in die Übernatur Gottes, und zum zweiten darin aufgehoben als bewahrt in einer besonderen Vollendung[554]. Diese »existentiale Einheit in essentialem Unterschied«, die sich aus dem dynamisch verstandenen Grundprinzip der »analogia entis« ableitet[555], bedeutet so schließlich in größtmöglicher Erhellung des ontischen Verhältnisses zwischen Mensch, Christus und der Kirche eine »reductio in myste-

---

552 Vgl. DERS., *Die Reichweite der Analogie,* 527.

553 Ebd., 527–528: »Und da die Eine real existente übernatürliche Ordnung eben in den Inhalten dieser Natur erscheint, die Offenbarung Gottes ›in Gleichnissen der Sinnesgegebenheiten spricht‹ (Thomas von Aquin, in Boeth. de Trin. q. 6 a. 3 corp) und die Gnade im sinnfälligen Zeichen des ›Ganz-Sakrament Kirche‹ (totius ecclesiae …sacramentum) in ihren Sakramenten erteilt wird, weil die Ganzheit Gott (totus Deus) im Geheimnis der Menschwerdung als Ganzheit Mensch-wie-sonst (totus homo) lebt, so sind das auch folglich menschlich natürliche Formen …, in denen das Eine übernatürlich Göttliche seine echte ›Form des Menschen wie sonst‹ hat.«

554 Ebd., 528: »›Kirche‹ wird so gerade zu der eigentlichen ›Gnade‹: die gemäß dem Satz Thomas von Aquin's für die ›Natur‹ einerseits die wahrhaft ›letzte Form‹ ist (als entscheidende Form der Einen übernatürlichen Ordnung), andererseits aber innerhalb dessen die ›Natur‹ echt ›vollendet‹: in der Doppeldeutigkeit des Wortes ›perficit‹.«; vgl. ähnlich DERS., *Kirche als Lebensform,* 316.

555 Ebd., 531: »Das hat … seine letzte Schärfe in dem, was in den drei Sach-Theologien als Letztes erschien: daß sie alle auf irgend eine Fassung des Verhältnisses zwischen *Essenz und Existenz* sich zurückführten. In der Theologie der Griechen erschien ein letzter reiner Essentialismus, in der Theologie Augustins ein ebenso letzter Existenzialismus, in der Theologie der Scholastik eine Dialektik zwischen existentialem Essentialismus (im Thomismus) und essentialem Existentialismus (im Skotismus). Methodisch könnte die ›Analogie‹ als etwas Ähnliches erscheinen: da in ihr einerseits sich betont die eine reale Existentialität der Ordnung des »Gott in Christo in der Kirche«, andererseits aber der essentiale Unterschied unableitbarer Übernatur und unauslöschbarer Natur. Die entsprechende Formel wäre also dann: existentiale Einheit in essentialem Unterschied.«

rium«, also eine Rückführung in das unerklärbare Geheimnis der »noch so großen Ähnlichkeit in je immer größerer Unähnlichkeit«[556]. Dieses Geheimnis aber wird offenbar in dem Geheimnis des Kreuzes, das Przywara später bei wachsender Betonung der »je immer größeren Unähnlichkeit« zum Maßstab jeden Versuches macht, die Beziehung von Christus und Kirche (der »Kirche als Kreuz«[557]), von Gott und Mensch zu klären[558].

Wo Przywara und auch Rademacher[559] um die Aufarbeitung klassischer onto-theologischer Axiome bemüht sind, da wendet sich ROMANO GUARDINI noch entschiedener dem konkreten Menschen zu, wie er sich zwischen den verschiedenen Polen seines »Daseinsraumes« bewegt[560]. So geht es ihm nicht zuerst um das Glaubensgeheimnis selbst, sondern darum, »wie wir uns selbst darin vorfinden; was wir darin an uns selbst und an anderen beobachten können«. In dieser konkreten Erfahrung aber sind »Natur und Gnade unscheidbar verwoben«[561]. Die endgültige Christozentrik seiner Ekklesiologie findet in dieser Verwobenheit von Natur und Gnade ihren Ausgangspunkt, da diese auf dem Leben Christi in uns, als auf einer streng christozentrischen Sicht der christlichen Anthropologie aufruht[562]. Christus

---

556 Hier ist trotz der skotistischen und molinistischen Einflüsse in Prywaras Denken eine große Nähe zum hl. Thomas von Aquin zu spüren, dem es schließlich auch um das Geheimnis der vollkommenen Hineinnahme der Natur in die Übernatur ging bei völliger Wahrung beider, was aber Przywara unter dem Einfluß bestimmter Thomas-Interpretationen seiner Zeit vielleicht nicht mit ganzer Klarheit sehen konnte: Vgl. J. LAPORTA, *La destinée de la nature humaine selon Thomas d'Aquin,* 109–127.

557 Vgl. H.U. VON BALTHASAR, *Erich Przywara,* 353: »E la ›Chiesa come croce‹; e ciò significa per Przywara: luogo della contraddizione (crocifissione) tra ciò che è infinito (Dio) e ciò che è finito (creatura); della contraddizione che si fa ancor più profonda tra ciò che è santo e ciò che è peccato (crocifissione aggravata), assunta dal Dio crocifisso nella ›croce della croce‹, la quale croce nell'esistenza della Chiesa si fà a volta attuale, e rivela il ›sopra‹ di Dio proprio nel momento in cui la vela.«

558 Vgl. B. GERTZ, *Kreuz-Struktur. Zur theologischen Methode Erich Przywaras,* 557: »Kurz gesagt, enthüllt sich diese Methode in formaler Hinsicht in einer ›senkrechten‹ methodus fidei, in einer ›waagrechten‹ discretio caritatis und in der Durchkreuzung beider zu einer theologia crucis.«; deswegen forderte Przywara auch zuletzt »das Aufhören alles Ehrgeizes einer sogenannten wissenschaftlichen Theologie«: vgl. E. PRZYWARA, *Logos. Logos, Abendland, Reich, Commercium,* Düsseldorf 1964, 94.

559 Vgl. z.B. A. RADEMACHER, *Gnade und Natur,* 18 Anm. 1, wo er die Gnade als ›habitus entitativus‹ erklärt.

560 Vgl. E. BISER, *Erkundung des Menschlichen. Romano Guardinis Anthropologie im Umriß,* in: Wege zur Wahrheit, 70–95, bes. 76–77.

561 R. GUARDINI, *Vom Leben des Glaubens,* 11.

562 Vgl. A. SCHILSON, *Perspektiven theologischer Erneuerung,* 158–198, bes. 159: »Hier entdeckt Guardini den vom auferstandenen Christus als pneumatischer Wirklichkeit eröffneten Raum der Innerlichkeit und dessen individuelle soziale Gestalt, also die durch radikal christologische Bestimmung gegebene Existenz-Identität des Christen und der Kirche insgesamt mit Christus. Dieses für das Christsein konstutive Inexistenz-Verhältnis des Christen zu Christus

»kann dem glaubenden Menschen innesein«[563]. ARNO SCHILSON weist in seiner ausgezeichneten Studie zur Anthropologie Guardinis dabei ausdrücklich auf die pneumatische Dimension hin, die diese Christozentrik besitzt[564]. Der pneumatische Christus durchdringt die ganze Natur des Menschen und bildet damit »das Thema, das in jedem Glaubenden neu gestellt wird — und ... die Macht, die es durchführt.«[565] In deutlichem Unterschied zu den oben dargestellten Auffassungen und auch noch zu einer bestimmten Lesart A. Rademachers und E. Przywaras sieht Guardini damit — immer mit Blick auf das »Lebendig-Konkrete« — die Übernatur als der Natur schon um deren Verwirklichung willen eng verbunden an. Gnade kommt mithin nicht zur Vollständigkeit des Menschen hinzu, sondern ist »die Form, wie der Mensch endgültigerweise er selbst ist.«[566] Natur ist ohne Gnade nicht Natur, denn die Natur kommt nur in der Gnade zur vollen Wirklichkeit[567]. Nun wirkt aber die Gnade, die im letzten Christus selber in seiner pneumatischen Inexistenz im Menschen ist, in der menschlichen Innerlichkeit: »Das Innesein Christi im Menschen ist die christliche Innerlichkeit.«[568] Diese Innerlichkeit bedeutet also Öffnung auf die Wirklichkeit der Gnade Christi und damit auf Gott hin. Hier werden alle Gegensätze und Polaritäten zurückgeführt »zu einer letzten, in die Gott schon als Person einbezogen ist.«[569] Die christozentrische Innerlichkeit des konkreten Menschen wird relational verstanden. Diese gnadenhafte Relationalität aber bildet den Kern des Personverständnisses Romano Guardinis: »Das Ich-Du-Verhältnis des Menschen besteht im Mitvollzug des Gottes-Verhältnisses Christi.«[570] Der augustinisch geprägte Personbegriff Guardinis[571], bei dem

---

holt er zugleich ›von vorne‹, vom irdischen Leben Jesu her ein; in dieser Perspektive ist es zu bestimmen als die spezifische Gestalt nachösterlicher Nachfolge. Auf diese Weise wird sowohl die unbedingte Christusbezogenheit als auch deren Farbenreichtum und praktisch-existentieller Charakter deutlich.«

563 R. GUARDINI, *Der Herr. Betrachtungen über die Person und das Leben Jesu Christi*, Würzburg 1964[13], 539.

564 Vgl. A. SCHILSON, *Perspektiven theologischer Erneuerung*, 163: »Eine Schlüselrolle kommt in diesem Zusammenhang der ›pneumatischen‹ Seinsweise Christi zu; diese läßt ihn fast auswechselbar erscheinen mit dem selbstständigen Pneuma.«

565 R. GUARDINI, *Welt und Person. Versuche zur christlichen Lehre vom Menschen*, Würzburg 1962[5] [1939], 148.

566 Ebd., 162.

567 Vgl. R. GUARDINI, *Christliches Bewußtsein. Versuche über Pascal*, Leipzig 1935, 130: »Nun hat der Mensch die Gnade verloren; mit ihr aber auch seine eigentliche Natur.«; auch 99–100.

568 R. GUARDINI, *Der Herr*, 546.

569 J. MARTIN-PALMA, *Gnadenlehre*, 181.

570 R. GUARDINI, *Welt und Person*, 160.

571 Vgl. S. 213 Anm. 212.

nicht zufällig Affinitäten zu Max Schelers oben besprochenem Personalismus aufscheinen[572], vollendet sich so in dem bei Guardini folgerichtig ebenfalls personalistisch verstandenen Gnadenanruf Gottes[573]. In diesem von Christi Gnade getragenen dialogischen Zentrum der relationalen Person verschmelzen aber dann die Gegensätze zu jener Einheit, die die Ganzheit christlicher Existenz im letzten ausmacht. Daß die Beziehung zwischen Christus und der Kirche ebenfalls in einem solchen Innerlichkeitszentrum ihre Einheit findet, erscheint demnach als eine Konsequenz des personalistisch-relationalen Person- und Gnadenbegriffes Guardinis. Wie die Person, so ruht auch die Kirche schließlich in der christozentrischen Innerlichkeit der Inexistenz Christi in der erlösten Schöpfung[574], wie diese so findet auch sie ihr eigentliches Sein nur in der innerlichen Gnade der Einwohnung Christi in ihr. Trotz aller Wichtigkeit, die Guardini in zunehmendem Maße der Objektivität kirchlicher Strukturen[575] und ihrer lebendigen Spannung zur begnadeten Innerlichkeit zuschreibt, findet sich letztenendes doch der pneumatische Christus am Grunde der Ekklesiologie, deren Fundament eine von demselben Christus-Pneuma getragene Anthropologie bildet. Das augustinische Gnaden- und Kirchenverständnis spiegelt sich in der — in Guardinis Sicht von der in ihrem konkreten christoformen Zentrum aufgehobenen — Gegensatzspannung von Natur und Gnade wieder. Das dynamisch-dialogisch zu fassende Axiom ›Natur nicht ohne Gnade‹ bedeutet für die Person wie für die Kirche eine Rückführung auf die Innerlichkeit in Christus, dadurch aber auch einen nicht nur eschatologisch gemeinten Vorrang der Innerlichkeit im konkreten Leben, der das Ganze von Natur und Übernatur vor allem in der Gnade des personal-innerlichen Ich-Du-Verhältnisses des Menschen zu Gott vollendet findet.

---

572 Vgl. R. GUARDINI, *Welt und Person*, 146 Anm. 1; dazu H. KÜHN, *Natur und Gnade*, 57; auch J. RATZINGER, *Von der Liturgie zur Christologie. Romano Guardinis theologischer Grundansatz und seine Aussagekraft*, in: Wege zur Wahrheit, 121–144, bes. 133–134.

573 Vgl. B. LANGEMEYER, *Der dialogische Personalismus in der evangelischen und katholischen Theologie der Gegenwart*, Paderborn 1963, 247–264; H. LENZ, *Der bejahende Ruf Gottes — die Basis des Menschen. Verständnis, Vollzug und Gefährdung der Person nach Romano Guardini*: Lebendiges Zeugnis 40 (1985, 4) 25–44.

574 Vgl. R. GUARDINI, *Der Herr*, 516; DERS., *Das Christusbild*, 81–84; auch A. SCHILSON, *Perspektiven theologischer Erneuerung*, 181–183.

575 Vgl. R. GUARDINI, *Vom Leben des Glaubens*, 147–176; zu dieser Entwicklung in Guardinis ekklesiologischem Denken E. PRZYWARA, *Corpus Christi mysticum — Eine Bilanz*, in: DERS., Katholische Krise, 132–133.

b) Einheit in Ganzheit

Die Anthropologie KARL ADAMS, die auf einer durchaus thomistischen »philosophia entis« aufbaut[576] und sich nach »dem katholischen Hauptwort von der analogia entis« ausrichtet[577], stellt deutlicher als der geistige Personalismus Guardinis die Möglichkeiten der menschlichen Natur in einem oft sehr optimistisch klingenden Vertrauen in deren Kräfte heraus[578], sieht aber wie dieser Natur und Gnade in der Erlösung als eine unlösbare Einheit an: »Übernatur baut auf Natur auf. Nicht so wie ein Stockwerk auf dem anderen, nicht als äußerliches Nebeneinander, sondern als geheimnisvolles Ineinander, als Durchsäuerung des ganzen Menschen mit dem Sauerteig der göttlichen Gnade.«[579] Diese Einheit von Natur und Gnade betont Adam vor allem im Glaubensvollzug, wo seine Auffassung von einem intuitiv-irrationalen Moment der Gotteserkenntnis[580] und des Glaubensaktes[581] ihm manche Kritik[582] und sogar Sanktionen des Lehramtes eingetragen hat[583]. Trotzdem hebt er auch in geänderten späteren Auflagen[584] seines »Wesens des

---

[576] Vgl. K. ADAM, *Karl Heim und das Wesen des Katholizismus,* in: DERS., Gesammelte Aufsätze, 372: »Der *philosophia entis* entspricht die *theologia entis.*«

[577] Vgl. K. ADAM, *Theologie der Krisis,* in: DERS., Gesammelte Aufsätze, 332; dazu auch E. PRZYWARA, *Wesen des Katholizismus,* 50.

[578] Vgl. K. ADAM, *Das Wesen des Katholizismus,* 190: »Das andere, zweite Merkmal ihrer Katholizität ist ihre *umfassende Bejahung des ganzen Menschen, das Jasagen zur gesamten Menschennatur* ...«; ebd., 192: »Der Naturbegriff wird also im Katholizismus ungeheuer vertieft und nichts weniger als zerstört.«; dazu W. KASPER, *Karl Adam,* 256.

[579] Vgl. K. ADAM, *Theologie der Krisis,* in: DERS., Gesammelte Aufsätze, 334.

[580] Vgl. DERS., *Der Weg der erfahrungsmäßigen Gotteserkenntnis*: ThQ 103 (1922) 200–248, bes. 230–240.

[581] Vgl. K. ADAM, *Glaube und Glaubenswissenschaft im Katholizismus,* 143: »Inspiration und Intuition, also in logischem Betracht etwas Irrationales, alle Denkformen Sprengendes oder vielmehr über alles Denken Hinwegschäumendes, etwas, was in seinen Höhen und Tiefen niemals ausgedacht, sondern nur ausgelebt werden kann, das ist der Glaube, gottgewirktes Leben, so geheimnisvoll in seinen Ursprüngen und in seinen tiefsten Tiefen wie das natürliche Leben.«; DERS., *Der moderne Mensch und der katholische Glaube*: Seele 3 (1921) 225–238; DERS., *Pascals Intuition und der katholische Glaube,* 175: »... Notwendigkeit einer intuitiven Glaubensbegründung ...«.

[582] Vgl. DERS., *Der Gewißheitsgrund des göttlichen Glaubens und P. Stuflers Kritik*: ThQ 105 (1924) 60–79; auch E. PRZYWARA, *Unmittelbare Intuition,* 128–131; zum Ganzen vgl. H. KREIDLER, *Eine Theologie des Lebens,* bes. 56–103.

[583] Vgl. F. HEILER, *Zum Tod von Karl Adam*: ThQ 146 (1966) 257–261; A. AUER, *Karl Adam,* 135–137; H. KREIDLER, *Eine Theologie des Lebens,* bes. 296–310.

[584] Vgl. H. KREIDLER, *Eine Theologie des Lebens,* 310–315; auch E. PRZYWARA, *Unmittelbare Intuition,* 128 Anm. 2: »Adam gibt hier seine Ansicht weitaus klarer als in der ersten Auflage, die manche Mißverständnisse erregte. Insbesondere erklärt er deutlich, daß für ihn nicht irgend ein irrationales ›Gemeinschaftserlebnis‹ Glaubensgrund sei, sondern einzig der

Katholizismus« bei aller Wichtigkeit der Vernunft im Glaubensakt[585] die Rolle der Gemeinschaft, der gnadenhaften religiösen Erfahrung und der suchenden Liebe beim Zustandekommen der Glaubensgewißheit hervor[586]. Daher kann er auch Glaube und Liebe als innerlich vereint begreifen und sogar alle wahre menschliche Liebe im Zusammenhang mit dem übernatürlichen Glauben verstehen[587]. Wie Natur und Übernatur sind Liebe und Glaube zwar nicht identisch, aber aufeinander hingeordnet[588]. Das gilt getreu Karl Adams augustinischem Glaubensverständnis vor allem für die übernatürlichen Tugenden von Glaube und Liebe, aber ist auch schon auf einer dem streng Übernatürlichen vorgeordneten Ebene wahr, insofern eine liebende Intuition dem Glauben vorauseilt und der Glaube diese Liebe erst zur wahren Liebe werden läßt. Diese Durchdringung von Natur und Gnade wird aber erst möglich durch die von Adam mit Thomas festgehaltenen Lehre von der »potentia oboedientialis« des Menschen für Gottes Gnadenanruf. Diese »latente Empfänglichkeit für die Gnadenheimsuchung Gottes« macht erst das organische Verhältnis zwischen Natur und Übernatur möglich, durch das die »naturhafte Hinordnung auf Gott zu einem Personverhältnis zwischen dem göttlichen Du und dem menschlichen Ich wird«[589]. Der »totus homo«, den Karl Adam mit Augustinus vor Augen hat, ist ursprünglich der Mensch in seiner von Gott vollkommen gestalteten Geschöpflichkeit, in der Erlösungsordnung aber der, in dem die Ausrichtung auf Gott hin Wirklichkeit geworden ist, der in der Gnadengemeinschaft der Kirche lebt, der im Anruf Gottes steht, der ganz von der Gnade durchdrungen ist[590]. Natur erfüllt sich demnach in Übernatur, wobei die

---

›übergeschöpfliche Gott‹, *insofern* er in der Kirche als Leib des Menschgewordenen gleichsam leibhaft ist.«

585 Vgl. K. ADAM., *Das Wesen des Katholizismus,* 194–195.

586 Ebd., 65–70; vgl. C.E. SATTERFIELD, *Two Actual Currents in Thomistic Analysis of Faith,* Baltimore 1975, [Diss. PUG], 176–197

587 Vgl. K. ADAM, *Glaube und Liebe,* Regensburg 1927², 29: »In seiner eigenen Person die Erscheinung Gottes unter den Menschen, die leibhafte Offenbarung der Übernatur, das Geheimnis des Glaubens und der Liebe in einem, enthüllt er [Christus] mit feinem Finger die übernatürliche Grundlage aller wahren Liebe auf Erden, ihr Verwurzeltsein im Glauben an den Vater. Es gibt nur eine wahre Liebe, die aus dem Glauben. Alle wahre Liebe ist Liebe in Gott, Liebe um des Vaters willen.«

588 Ebd., 39.

589 DERS., *Theologie der Krisis,* in: DERS., Gesammelte Aufsätze, 333–334.

590 Vgl. DERS., *Das Wesen des Katholizismus,* 192: »So wie der Mensch aus der Hand Gottes kam, in der Schönheit seines Leibes, in der Glut seiner Sinnlichkeit, im Sturm und Drang seiner Leidenschaft, im geistsprühenden Verstand und im kraftstrotzenden Willen, so bejaht ihn die Kirche, so will sie ihn haben, und so erzieht sie ihn, daß dieser glühende, stürmische, geistesklare und starke Mensch Gott gehört, daß er all dieses Große, Herrliche seiner ursprünglichen Mitgift in übernatürlicher Verbundenheit mit seinem göttlichen Lebensgrund zu innerer

Übernatur nicht zum Instrument vollkommener Natürlichkeit wird[591], sondern die Natur zu ihrem eigentlichen, göttlichen Leben in der Übernatur findet. Wahres Leben ist letztlich nicht das Leben der Natur, sondern das Leben der Gnade, das Leben »von oben«[592]. Ebenso vollendet sich der wahre Mensch, der »totus homo« nicht in der »erstarrte[n] Liebesgeste Gottes, wie sie die Schöpfung darstellt«, sondern in der diese aufnehmenden und durchtränkenden »neuen Liebesbewegung Gottes«, die »in der unio mystica der Seele mit Gott« gipfelt[593]. Diese Gottbezogenheit des Menschen, die Adam später noch klarer herausgearbeitet hat, so daß er darin »das Tiefste und Eigentlichste seines Wesens« erkennen und den Menschen geradezu als »theologisches Wesen« definieren konnte[594], wird damit zum entscheidenden Punkt der Erlösung. Der Schöpfergott wird in Christus zum Erlösergott, göttliche Transzendenz wird zu göttlicher Immanenz: »Der Gott über uns ist zugleich der Gott in uns.«[595] Hier sehen wir dann auch die Parallele der Anthropologie zur Ekklesiologie aufscheinen. Die »theologia entis«, die die Natur in Mensch und Kirche in ihrer Wirkmächtigkeit als »causa secunda« bestehen läßt[596], erfüllt sich in einer »theologia immanentiae«, in der die Gnade zum Wesenskern des Menschen und zum Wesenskern der Kirche wird. Der Anruf Gottes macht ihn zum »Gott in uns«, die wir aus der »unio mystica« unsere Seelen mit Gott die Gemeinschaft des Leibes Christi bilden. Die Tendenz der Anthropologie und der Ekklesiologie Karl Adams ist daher trotz aller vordergründigen Betonung der Natur und des Lebens, der Realität und der Geschichtlichkeit eine Hinführung der Heilsgeschichte auf die Geschichte Gottes mit der Seele. Natur, Gemeinschaft, Kirche, sind ihm letztlich Funktionen der einen transzendent-immanenten Übernatur, des ›Christus in uns‹, des ›Corpus Christi mysticum‹, für die Geschichte (auch Heilsgeschichte?) Gefährdung bedeutet[597]. So sehr

---

Einheit und Vollendung gestaltet.«; vergleiche zu diesem doppelten »totus homo«-Begriff Adams: E. PRZYWARA, *Wesen des Katholizismus*, 53.

591 Obwohl es auch solche Anklänge bei Adam gibt: vgl. K. ADAM, *Deutsches Volkstum und katholisches Christentum*, 48–49: »Gewiß ist Christentum Gnade, die raumzeitliche Erscheinung der Vaterliebe an uns Menschen. Aber diese Gnade offenbart und erfüllt sich an uns *Menschen*.«

592 Vgl. DERS., *Glaube und Liebe*, 31: »Nicht von unten, sondern von oben, vom Vater der Lichter, kommt das wahre Leben.«; zur Gnade als »Lebensmacht« vgl. H. KREIDLER, *Eine Theologie des Lebens*, 212–215.

593 K. ADAM, *Theologie der Krisis*, 334.

594 Vgl. DERS., *Warum ich an Christus glaube*: HL 41 (1948/49) 409–419, hier 411.

595 Vgl. DERS., *Theologie der Krisis*, 334.

596 Ebd., 335; dagegen L. FENDT, *Katholische Theologie der Gegenwart*, 442.

597 Vgl. K. ADAM, *Das Problem des Geschichtlichen im Leben der Kirche*, 294: »Gibt es auch hier, wo es um das Höchste, Erhabenste im Christentum geht, um die Ausgestaltung des

Adam auch um die Erhaltung der natürlichen Kräfte des Menschen und der Strukturen der Kirche ringt, so sehr ist auch ihm schließlich die Christusbeziehung der Übernatur wieder eine innerliche. Vielleicht mehr noch als Guardini, der bis zuletzt die Spannungseinheit aufrechterhält, die sich erst im personalen Dialog mit Gott löst, wird die gesamte Natur bei Karl Adam wenigstens tendenziell zu Übernatur, wird anfanghaft Geschichte zu Ewigkeit, wird Kirche bei aller christologisch-eschatologischen Spannung zum *mystischen* Leib Christi, »in ihrem ganzen heilsanstaltlichen Wesen« zur »Theophanie« der Gottheit[598].

Diese Tendenz ist auch beim frühen MICHAEL SCHMAUS[599] festzustellen, der dabei von einer bestimmten Interpretation M. J. Scheebens und der griechischen Väter abhängt[600]. Natürlich wahrt er, wie im übrigen alle in disem Abschnitt zu behandelnden Autoren, den grundsätzlichen Unterschied zwischen Natur und Gnade[601], aber er nähert beide so einander an, daß die Natur streng auf die Übernatur ausgerichtet ist und von ihr bestimmt wird: »Das menschliche Tun wird nicht ausgehöhlt und entwertet. Aber es ist bei weitem entfernt, das Handeln eines Menschen zu sein, der sein eigener Herr ist und tun und lassen kann, was ihm beliebt.«[602] Schmaus ganze Auffassung von der Natur unterstreicht ihre teleologische Hinordnung auf die Übernatur als das Ziel und die Erfüllung ihrer Anlagen[603]. So kann auch er den konkreten Menschen ganz von Christus her sehen und die begnadete

---

Lebens Christi in uns, um das Werden und Wachsen des Corpus Christi mysticum, Sicherungen gegen die Gefährdungen der Geschichte?«.

598 DERS., *Glaube und Liebe,* 32–33; vgl. auch Adams Sicht von der Kirche als Gottesreich: H. KREIDLER, *Eine Theologie des Lebens,* 281–285.

599 Vgl. H. KÜHN, *Natur und Gnade,* 79–90, der sich aber auf die nach unserer Periode erschienen Auflagen der Schmaus'schen Dogmatik stützt; auch A. HAUSER, *Die Erlösungslehre in der katholischen deutschen Dogmatik von B.P. Zimmer bis M.Schmaus,* Essen 1963.

600 Vgl. W. WITTE, *Der Gnadenstand bei Michael Schmaus,* Erlangen 1952 [Diss.], 148.

601 Vgl. H. KÜHN, *Natur und Gnade,* 82–83.

602 Vgl. M. SCHMAUS, *Katholische Dogmatik III/1. Kirche und Göttliches Leben im Menschen,* 53.

603 Vgl. H. KÜHN, *Natur und Gnade,* 81: »Die ganze Auffassung Schmaus' von der potentia oboedientialis und der Erfüllung der Natur nur im dreipersönlichen Leben Gottes nimmt das Anliegen der teleologischen Theologie auf. Allerdings beruft sich Schmaus nicht direkt auf Eschweiler, sondern etwa auf Anselm Stolz.«; vgl. A. STOLZ, *Anthropologia theologica seu de hominis creatione, elevatione, lapsu; de Gratia* (Manuale Theologiae dogmaticae IV), Freiburg i. B. 1940, 22–39, bes. 39: »Natura igitur habet *ordinem positivum tum ad visionem Dei immediatam tum ad dona ordinis supernaturalis*; cum tamen natura ex propriis suis viribus finem gratiae non possit attingere, habitudo ista ad ordinem supernaturalem est capacitatis tantum. Deus non debet naturam intellectualem ad istam ultimam suam perfectionem perducere, *adest tamen magna convenientia, ut hoc fiat.*« [Kursiv von uns]; dazu C.E. SATTERFIELD, *Two Actual Currents in Thomistic Analysis of Faith,* 66–83.

Natur auf Christus zentrieren. Dabei wird die eigentliche Erfüllung der Natur in der Übernatur einerseits als Eingehen des natürlichen Seins in Christus, anderseits als Innerlichkeit der Gnade in der Natur gesehen, denn »die christliche Existenz ist ein Sein in Christus und Christi Insein im Menschen«[604]. Hier wird Natur erst durch die Übernatur sinnvoll, in der sie sich erfüllt, um nicht zu sagen, in der sie gleichsam aufgeht. Bei GEORG FEUERER erscheint dann diese übernatürliche Teleologie noch expliziter: *»Das Verhältnis von Natur und Übernatur wird von der Übernatur her begründet.«*[605] Die konkrete Freiheit des Menschen ist »nicht außerhalb der Gnade«, so daß der Schwerpunkt des Verhältnisses von Natur und Übernatur *»im Abgrund menschlicher Person«* liegt, die »das Gleichnis des Göttlichen in der Welt« darstellt[606]. Natur ist demnach zum Symbol, zum Abglanz, zum Ausdruck der Gnade geworden, die als Übernatur das Eigentliche der Wirklichkeit darstellt[607]. In dieser Sicht beginnt Natur mit Übernatur in konkreter Existenz zu verschmelzen[608], aber eben so, daß die Übernatur, die Gnade dominiert und auch zum Kern menschlicher Person wird: »Die Übernatur ist, so gesehen, die Potenz zu allem, was der Mensch ist, und vor allem, *wie* er ist.«[609] Seine vorläufige Steigerung findet solches Denken, wenn JULIUS TYCIAK das Gnadenleben in unsere Seele verlegen kann und über die »Tiefen übernatürlicher Biologie, die die Theologie noch als Grenzen ihres betenden Verstehens verehrt« die Aussage wagt: »das Leben der Seele wird nur aus dem Leben Gottes begriffen. *Ein* Leben sind wir ja mit Gott.«[610] Die Natur ist hier nur noch ein Schimmern der verklärten

---

604 M. SCHMAUS, *Katholische Dogmatik III/1. Kirche und Göttliches Leben im Menschen,* 54; vgl. wieder A. STOLZ, *Anthropologia theologica,* 188: »... perfectio enim christiana ad hoc tendit, ut in Christo et per Christum novum Adam status primitivus restituatur et trascendatur.«

605 G. FEUERER, *Begnadetes Leben,* Regensburg o.J. [1940²], 76.

606 Ebd., 70–71.

607 Ebd., 79: »Die Natur ist Gleichnis geworden, hat eine neue Symbolkraft erhalten als *Erkenntnissymbol*: in ihr ist ein Abglanz, ein Niederschlag der neuen übernatürlichen Wirklichkeit, die in der Welt da und wirksam ist; als *Bedeutungssymbol*: sie darf immer wieder auf die Kraft und Schönheit der neuen Welt hinweisen; als *Ausdruckssymbol*: sie ist ein Ausdruck eines tieferen Seins, einer tieferen Würde.«

608 Ebd., 80: »... das Natürliche übernatürlicher zu nehmen und das Übernatürliche natürlicher.«

609 Ebd., 76.

610 J. TYCIAK, *Gottesgeheimnisse der Gnade,* Regensburg 1935, 17; in Anlehnung an M.J. Scheeben spricht Tyciak von einer Perichoresis von Gott und begnadetem Geschöpf und nähert beide *fast* bis zur Identität einander an: ebd., 82–84, bes, 82: »Nicht nur, daß der Seele in der Übernatur irgendwie die Züge der göttlichen Natur eingeprägt werden, hier wird vielmehr die begnadete Seele durch den Kreislauf des göttlichen Lebens so in die verborgene Einheit der göttlichen Wesenheit aufgenommen, daß sie an der wunderbaren Vollendung des göttlichen

Übernatur, die das innerste Wesen des tatsächlich begnadeten Menschen ausmacht, dessen ›Natürlichkeit‹ wenn nicht zerstört, so doch mindestens aufs äußerste reduziert wird. Wir stehen hier vor dem Paradox, daß gerade das verstärkte Interesse an der Konkretheit des Verhältnisses von Natur und Gnade die Grenzen zwischen beiden so verschiebt, daß Natur nichts anderes mehr zu sein scheint als eine Funktion der Gnade[611]. Es ist nicht verwunderlich, daß es die gleiche theologische Strömung war, die auch die Kirche hauptsächlich im Licht der Verklärung erblickte und für die die Verbindung Christi mit der Kirche sich zunehmend in ein innerliches Gnadenverhältnis des verherrlichten Herrn mit der begnadeten Seele verdichtete. Zwar hat der Blick für die Konkretheit meist noch ein heilsgeschichtliches Bemühen in all diese Versuche einfließen lassen, aber so wie Natur zu Gnade zu werden beginnt, schreitet auch die allmähliche Identifizierung der Kirche mit Christus voran. Was bei Karl Adam und Michael Schmaus noch Tendenz war, wird hier schon beinahe Prinzip: Geschichte ist nicht mehr heilsmächtiger Ort des gnadenhaften Zusammenwirkens von Natur und Übernatur, sondern offenbarende Epiphanie der unter dem Zeichen der Natur gegenwärtigen Gnade; Geschichte ist somit nicht zuerst Heilsgeschichte, sondern Herrlichkeitsgeschichte[612].

Das anthropologische Spektrum, das wir in dieser um die Einheit von Natur und Gnade ringenden Theologie haben vorüberziehen sehen, ist weit. Mit der Annahme einer »konkreten« Ausgangsposition, die nicht den metaphysischen Sachverhalt, sondern die tatsächliche Heilsordnung in der Geschichte anvisiert, ist das Problem von der Beziehung zwischen Natur und Übernatur offensichtlich noch lange nicht gelöst. Von einer Bestimmung

---

Lebens in ihrer Weise teilnimmt, daß sie, soweit es einer Kreatur möglich ist, durch die Trinität in die Einheit und durch die Einheit in die Dreifaltigkeit hineingetragen wird.«

611 Eine ähnliche Entwicklung kann bei Odo Casel festgestellt werden: vgl. A. SCHILSON, *Theologie als Sakramententheologie,* 180–184, bes. 183: »Offenbar denkt Casel so stark von der konkreten heilsgeschichtlichen Situation des Menschen her, daß er dieses allgemeine wie individuelle Geschick des Menschen in die Nähe einer ›natürlichen‹ Gegebenheit rückt, und so die ursprünglich klare Differenzierung zwischen der — zugestandenermaßen eher abstrakten, weil in concreto so nie vorfindlichen — Natur des Menschen und der ihm geschenkten Gnade zu vergessen scheint. Der Preis einer solch konkreten und durchaus ansprechenden Bestimmung des Verhältnisses von Natur und Gnade ist freilich hoch: Ohne daß sich Casel dessen recht bewußt geworden zu sein scheint, vergöttlicht er den Menschen im Gnadengeschehen so sehr, daß dieser seine Identität als eigenständiges Geschöpf und selbstständiges Individuum zu verlieren droht und der ›natürliche Mensch‹ zugunsten seiner Bestimmung, ›ein zweiter Christus‹ zu werden, völlig zunichte wird.«; vgl. z.B. O. CASEL, *Die Liturgie als Mysterienfeier* (Ecclesia orans 9), Freiburg 1923[3–5], 50; ähnlich auch der von Casel und A. Vonier beeinflußte TH. MICHELS OSB, *Das Heilswerk der Kirche,* 81–83.

612 Vgl. J. TYCIAK, *Erlöste Schöpfung,* 115.

der Übernatur von der Natur her, die bei Rademacher in scheinbarer Spannung von einem »Zurück zur Natur«[613] zu einer supranaturalistischen Dialektik führte[614], über die beiden Versuche der Beherrschung ihrer heilsgeschichtlichen Gegensätze in dynamischer Analogie zwischen Gott und Geschöpf bei Przywara und personaler Christozentrik bei Guardini, zu der auf Übernatur angelegten Natur als begnadetes Leben bei Karl Adam, bis hin zu der in verschiedener Dichte Natur zuletzt als Herrlichkeitsoffenbarung begreifenden Anthropologie des frühen Schmaus, Feuerers, Tyciaks und auch Casels bemühen sich alle Autoren, der Konkretheit des Gnadenwirkens am wirklichen Menschen gerecht zu werden. Da sich aber diese Konkretheit für alle in der Kirche als ihrer spezifischen Umgebung abspielt, haben die anthropologischen Verhältnisbestimmungen von Natur und Übernatur, wie wir gesehen haben, ihre unmittelbare Spiegelung in der Enge und Weite des Bandes, das die Autoren zwischen Christus und der Kirche annehmen. Bei den tiefsten Versuchen bleibt alle Einheit von Spannung gezeichnet, gleich, ob sie in eine ontische Grundformel oder in einen personalen Dialog gefaßt, ob sie letztlich in einen metaphysisch-theozentrischen oder in einen eschatologisch-christozentrischen Rahmen gefasst wird, ob die souveräne Majestät Gottes in Christo in der Kirche oder der persönliche Anruf des menschgewordenen göttlichen Du in der Gnadengemeinschaft das Schicksal des konkreten Menschen bestimmt. Wenn Przywara auch mehr die (gnadenhafte) Würde der Natur ins Zentrum rückt, während Guardini mehr die Gnaden-Harmonie der christozentrisch geprägten Geistperson beschreibt, sind sich doch beide der letzten Unaufhebbarkeit der Dualität von Natur und Gnade bewußt: Inkarnatorische Wirklichkeit lebt von der sich am Kreuz erst anfanghaft auf Vollendung hin lösenden Spannung. Auch Karl Adam hat diese Spannung gekannt, die erst in der Eschatologie überwunden wird[615], aber was bei Guardini durch die personale Innerlichkeit der Relation zu Gott noch auf den einzelnen beschränkt war, wird bei ihm zur allgemeinen Tendenz: Aufhebung der Spannung in Hinordnung der Natur auf die christozentrische Ganzheit der Übernatur, Leben als Christusleben in Gnade als Kern jeder konkreten Natur, Christus als das Wesen der Kirche. Dadurch wird schließlich, am deutlichsten bei Tyciak, die Spannung gegenstandslos, so daß sie ersetzt werden kann durch Epiphanie: Epiphanie der Gnade in der Natur, Epiphanie Christi in der Kirche. Damit wird die ge-

---

613 Vgl. A. RADEMACHER, *Die Gottessehnsucht der Seele* (Der katholische Gedanke), München 1922, 30: »Dazu aber ist notwendig die *Rückkehr zur Natur*, zur Natur um uns und in uns.«

614 Ebd., 122: »Aus allem ergibt sich: Der Mensch ist von Natur ein Gottsucher. *Gott und die Seele gehören zusammen.*«

615 Vgl. K. ADAM, *Das Wesen des Katholizismus*, 275.

suchte Einheit zwischen zwei Polen fast schon unmöglich und wir bewegen uns auf dem Weg von der Ganzheit zur Identität.

C. Harmonie in Identität

Die Harmonie zwischen Natur und Übernatur wandelt sich in dieser Gruppe zu einer Art übernatürlichem Identitätsdenken, in dem die Natur so von der Gnade durchdrungen ist und beide eine dermaßen ununterschiedene göttlich-übernatürliche Einheit bilden, daß für das Verhältnis Natur und Übernatur grundsätzlich gilt: »Natur und Übernatur widersprechen sich nicht in Gott.«[616] Durch dieses Emporheben und Auflösen des Problems in die Gottheit hinein gerät aber die Natur in ein ungünstiges Licht. J. WITTIG sieht sie sogar als etwas an, das erst noch von der in der Seele lebenden Übernatur überwunden werden muß[617]. Das aber geht in einer großen geistgewirkten Entwicklungsbewegung vor sich, an deren Ende die vollkommene Vergöttlichung der Natur, und damit für Wittig vor allem der ›Seele‹, in die Übernatur steht. Vergöttlichung der Natur meint hier übernatürliche Vergeistigung[618]. Natur ist folgerichtig nur noch Übergang zur Übernatur. K. PELZ formuliert eindeutig, wenn er begründet, daß die übernatürliche Einheit zwischen Christus und den Christen enger ist als die natürliche zwischen Eltern und Kindern: »Wir werden dabei von neuem die wichtige Wahrheit bestätigt finden, daß die Natur nur ein Schattenbild der Übernatur ist.«[619] Die »sinnfälligen Erscheinungsformen« der Natur sind nichts gegen die noch verborgenen »Wunder der Übernatur«[620], und wenn auch der Mensch ein wirklicher Mensch bleibt, so ist doch das Wesentliche in ihm die »mystische Daseinsweise« Christi, die seine Seele erfüllt[621]. Hier sind

---

616 Vgl. A.N. THROPOS, *Die Substanz der Kirche,* 137, der so »im Sinne der griechischen Väter« den »Grundsatz« »gratia supponit naturam« übersetzen will.

617 Vgl. J. WITTIG, *Kirche und Menschheit,* in: E. ROSENSTOCK–J. WITTIG, Das Alter der Kirche, 79–110, bes. 95: »Durch drei bis vier Jahrhunderte hindurch dachte die Welt noch natürlich, obschon in ihr Christen starben und lebten.«

618 DERS., *Um den Entwicklungsgedanken,* in: ebd., 153–192, bes. 188: »Da wir mit Gottes ewigem Sohne in Gnaden eins geworden sind, geht der Heilige Geist auch durch uns und von uns aus, und wir sind die gegenwärtigen Tore, durch die der Frühlingszug der ›Entwicklung‹ in die Welt geht.«, ebd., 189: »Letzten Endes fragt sich, wie steht es eigentlich … um die ›Vergöttlichung‹ der menschlichen Natur …«.

619 K. PELZ, *Der Christ als Christus,* 107.

620 Ebd., 108.

621 Ebd., 79–80.

die Grenzen zwischen Natur und Gnade vielleicht noch nicht aufgehoben, aber doch so fließend geworden, daß die Harmonie zwischen beiden wohl zu Recht als die einer zumindest intentionalen Identität bezeichnet werden darf[622]. Das dazu passende Kirchenbild einer wachsenden Innerlichkeit und einer Quasi-Identität von Christus und Kirche ist die unmittelbare Folge einer Anthropologie, die die Natur in ihrer geschöpflichen Andersheit zur Übernatur unterbewertet und damit zuletzt auch die Übernatur zum Bestandteil dessen macht, was dann als die eigentliche Natur erscheinen muß. War vollendete Natur vorhin noch Epiphanie der Übernatur, so ist sie jetzt deren Gegenwart, wie die Kirche nicht mehr sakramentale, sondern individuelle Präsenz des Herrn bedeutet. Das durch die Konzentration auf die konkrete Erlösungswirklichkeit abgeschwächte Interesse für die ontologischen Grundlagen der Theologie führt hier zu einer Konfusion, die Theologie als ein reflexives Nachvollziehen der Beziehung zwischen Gott und seiner Schöpfung problematisch macht, weil sie statt der von Gott ausgehenden und auf ihn hingeordneten menschlichen Geschöpflichkeit einseitig das begnadende Wirken Gottes an den Menschen in den Blick nimmt und sich deswegen das Problem der Beziehung zwischen Natur und Übernatur gar nicht mehr klar stellen kann.

D. Pneumatologische und trinitarische Aspekte

Es könnte scheinen, als hätten wir bis jetzt die Rolle des Heiligen Geistes in der Ekklesiologie unserer Periode vernachlässigt. Natürlich wird bei einer Arbeit, die wie die unsere ausdrücklich die Erforschung des Verhältnisses zwischen Christus und der Kirche zum Gegenstand hat, die dritte Person der Trinität zuerst einmal nicht im Mittelpunkt der Darstellung stehen. Auch haben wir bereits darauf hingeweisen, daß der Hl. Geist bei den meisten der Autoren gerade durch ihren akzentuierten Christozentrismus eher an ekklesiologischer Bedeutsamkeit einbüßt oder doch in engster Verbindung zu Christus selbst verstanden wird. Trotzdem ist auffallend, daß es auch pneumatologisch eine interessante, mit bestimmten anthropologischen Überzeugungen verbundene Entwicklung gibt, die wir nicht übergehen wollen.

---

622 Vgl. auch G.S. HUBER, *Vom Christentum zum Reich Gottes*, 51–52.

Die Betrachtung von Natur und Gnade als zweier zuerst einmal in sich abgeschlossener Größen und das damit verquickte distanziertere Verhältnis Christi und der Kirche, ließ, wie schon bemerkt, besonders die Lehre von den der Kirche verliehenen drei Herrenämtern der Heiligung, der Regierung und der Lehre sowie die damit zusammenhängenden »gratiae gratis datae« der Amtscharismen und Standesgnaden als anthropologisch-ekklesiologisches Verbindungsglied hervortreten. So nimmt es nicht wunder, daß die apologetisch-fundamentaltheologisch vorgehenden Autoren und auch noch jene des ersten Überganges zu einer dogmatischen Sicht der Kirche das Wirken des Hl. Geistes vielfach mit den kirchlichen Ämtern und Ständen in Beziehung setzen, und zwar so, daß dieser die von Christus eingesetzten Gaben innerlich belebt und lebendig macht[623]. Damit verbunden ist die Benennung des Hl. Geistes als Seele der Kirche, eine Rolle, die damit weniger die subjektive Begnadung des Einzelnen, als vielmehr die objektive Heilsvermittlung durch die Hierarchie der Kirche meint. Darüber hinaus folgt man dabei zumeist dem schon bekannten Schema der Unterteilung einer Außen- und einer Innenseite der Kirche, dem Geist natürlich die Innenseite vorbehaltend[624]. Das erschien umso opportuner, als diese klassische Deutung noch kurz vor unserem Zeitabschnitt durch die ekklesiologische Enzyklika »Divinum illud munus« Papst Leos XIII eine lehramtliche Bestätigung erfahren hatte, die ihrerseits die Bedeutug des Hl. Geistes gerade für die Amtscharismen unterstrichen hatte, aber — und das wurde oft übersehen — gerade damit das Wirken des Geistes für das Gesamt der Kirche hervorhob[625]. Immerhin wurde die Wichtigkeit des Hl. Geistes — auch durch die Verbindung der Kirche mit dem Pfingstereignis — nicht völlig

---

[623] Vgl. z.B. E. KREBS, *Möhlers Athanasius,* 385: »Die *Ämter,* vom Stifter der Kirche unmittelbar begründet und mit dem Heiligen Geist ihren Trägern verliehen ...«; H. DIEKMANN, *De Ecclesia I,* 278: »Quibus clarissime depingitur societas nova Iesu Christi, religiosa, *organisatio* simul, quae commissa est discipulis duodecim, et organismus, qui vitam omnem haurit ex coniunctione cum Christo, cui singula membra inseruntur — regeneratione interna et supernaturali, virtute scilicet Spiritus Sancti ...«; DERS., *De Ecclesia II,*245: »Inde pastores Ecclesiae vi et virtute Spiritus Sancti regunt Ecclesiam Dei loco Christi ...«.

[624] Vgl. z.B. E. DORSCH, *De Ecclesia Christi,* 448–450; H. FELDER, *Demonstratio catholica: De Ecclesia,* 40–41; H. DIEKMANN, *De Ecclesia II,* 245; F.J. PETERS, *Die Lehre der katholischen Kirche,* 344–347.

[625] Vgl. LEO XIII, *Litt. Encycl. »Divinum illud munus« (9.5.1897):* AAS 29 (1896/97) 644–658, hier 650: »*Porro Ecclesiam opus esse plane divinum,* alio nullo argumento praeclarius constat quam charismatum, quibus undique illa ornatur splendore et gloria, auctore nimirum et datore Spiritu Sancto. Atque hoc affirmare sufficiat, quod cum Christus Caput sit Ecclesiae, Spiritus Sanctus sit eius Anima: ›Quod est in corpore nostro anima, id est Spiritus Sanctus in Corpore Christi quod est Ecclesia.‹«; mit dem Augustinuszitat am Schluß [Aug., Sermo 267, c.4,4: PL 38, 1231 D] wird die von uns unterstrichene Anfangsbehauptung von der Kirche als ganz göttlichem Werk nochmals bekräftigt: es geht hier eben nicht um eine Zweitei-

vergessen; man könnte vielleicht sogar sagen, daß die Zuteilung verschiedener »Aufgabenbereiche«, durch die man das stiftende Handeln Christi von dem belebenden des Geistes zu unterscheiden suchte, in gewisser Weise zu einer unabhängigeren Beurteilung der pneumatologischen Dimension der Kirche führte, als in der am »Leib Christi«- Modell orientierten Ekklesiologie.

Daß mit der Annäherung Christi an die Kirche sich alsbald auch ein weniger klar umrissenes Bild der Beziehung des Geistes zur Kirche ergeben sollte, zeigen uns die Versuche mancher Autoren des Übergangs vom fundamentaltheologischen zum dogmatischen Kirchenbild, die jetzt Christus selbst mit der Seele der Kirche identifizierten[626]. Überhaupt machte sich jenes Phänomen verstärkt bemerkbar, das in Bezug auf Guardini als »pneumatologisches Defizit im Zeichen der Christozentrik« bezeichnet worden ist[627]. Zwar wurde dem Hl. Geist nun besonders die Belebung der Gemeinschaft zugeschrieben, aber fast immer in Funktion der zunehmenden ekklesiologischen Stellung Christi. Sogar bei A. RADEMACHER ist das bereits zu spüren[628], wird aber noch offensichtlicher bei E. PRZYWARA, der eine pneumatisch orientierte Ekklesiologie während unserer Periode eher mit einem gewissen Mißtrauen bedenkt[629] und nur als streng eingebunden in eine — in jedem Fall christoforme[630] — theozentrische Gehorsamsstruktur der Kirche akzeptiert[631]. Wie bei ihm, ist auch für R. GUARDINI der Geist,

---

lung in innen und außen: vgl. auch LEO XIII, *Litt. Encycl. »Satis Cognitum« (29.6.1896):* ASS 28 (1895/96) 708–739, bes. 709 zur Beziehung des Hl. Geistes und der Amtscharismen.

626 Vgl. B. BARTMANN, *Jesus Christus, unser Heiland und König,* 589–590: »Wie Christus mit dem einzelnen Gläubigen eine mystische Gnadeneinheit bildet, so mit der ganzen Kirche. Er ist die Seele des Leibes der Kirche und hält sie lebendig und wirksam, das Ganze des Leibes der Kirche wie jedes Einzelglied.«; E. KREBS, *Dogma und Leben,* 12: »Gewiß, die Kirche ist ein übernatürlich erwachsener *Leib,* der, von einer Seele belebt, die sichtbare Gestalt *dieser* Seele darstellt. Aber diese Seele ist die Seele des Gottmenschen, ist die *Seele Jesu Christi.*«; K. ALGERMISSEN, *Konfessionskunde,* Hannover 1930, 12: »Christus ist also die belebende Seele, der gestaltende, formende Geist dieses Leibes seiner Kirche.«

627 A. SCHILSON, *Perspektiven theologischer Erneuerung,* 232–234.

628 Vgl. z.B. A. RADEMACHER, *Die innere Einheit des Glaubens,* 65: »Das Dogma ruht also ... auf dem Wehen und Walten des *Geistes Gottes in der kirchlichen Gemeinschaft,* welche ist der mystische Leib Christi, der sie belebt.«

629 E. PRZYWARA, *Alter und neuer Katholizismus,* in: DERS., Katholische Krise, bes. 172–176.

630 Vgl. DERS., *Theologie der Kirche — Ekklesiologie,* in: DERS., Katholische Krise, 154–157, bes. 156: »Kirche, auch und gerade als ›Lebens-Teilnahme‹, ist wesentlich ›Leib Christi‹ und erst unter dieser alles bestimmenden Form ›Kinder-Gottes-Gemeinschaft‹ und ›Gemeinschaft im Heiligen Geist‹.«

631 Vgl. DERS., *Alter und neuer Katholizismus,* in: DERS., Katholische Krise, 188: »... da jeweils der souveräne Wille der göttlichen Majestät und dessen Kundgabe in eine göttliche

der zwar die Gemeinschaft der Kirche seit dem Pfingstfest belebt[632], immer an Christus gebunden, der als Herr der Kirche auch »Herr des Geistes« bleibt[633]. Gerade die innertrinitarische Eingebundenheit des Heiligen Geistes als vom Vater *und* vom Sohne ausgehend und beide miteinander vereinend[634], der man auch grundsätzlich innerhalb der katholischen Ekklesiologie einige Bedeutung zugesprochen hat[635], führt Guardini zu einer Beurteilung des Geistwirkens in der Gemeinschaft, die immer Christus zum eigentlichen Ausgangs- und Mittelpunkt erhebt[636]. Durch eine ähnliche gemeinschaftsbetonte Christozentrik ist die Aufgabe des Geistes ebenfalls bei K. ADAM umschrieben, der die dritte göttliche Person wie auch M. SCHMAUS[637] im Dienst der Lebendigkeit der auf Christus ausgerichteten und von ihm getragenen kirchlichen Gemeinschaft einordnet[638]. Im Grunde ist es aber doch Christus selbst, der in seinem Geist das belebende Prinzip der Kirche ist[639]. Das inkarnatorische Grundmodell, das hier wieder hervor-

---

Ordnung und ein göttliches Gesetz das Erste ist und also darum dem Gewissen und der Einsicht und dem Geist vorausliegt, so heißt die katholische Grundformel allein: ›Gott in Christo in der Kirche im Gehorsam‹. Der ›neue Katholizismus‹ ist also nur soweit katholisch...als er seine Formel ›Gott in Christo im Pneuma im Gewissen‹ als Formel des bewußten Innewerdens dieser Grundformel versteht.«; später scheint Przywara unter dem Eindruck der Zeitumstände für einen »Spiritualismus...des wirklichen Heiligen Geistes« auch in einer »Kirche als Kosmos« mehr Interesse gezeigt zu haben: vgl. DERS., *Logos*, 100–101.

632 Vgl. R. GUARDINI, *Vom Sinn der Kirche*, 22.

633 Vgl. DERS., *Das Christusbild in den paulinischen und johanneischen Schriften*, 51–53.

634 Vgl. A. SCHILSON, *Persepektiven theologischer Erneuerung*, 234.

635 Vgl. z.B. Y. CONGAR, *Je crois en l'Esprit Saint III. Le fleuve de vie coule en orient et en occident*, Paris 1980, 271–278; B. SCHULTZE, *Das Filioque und der römische Primat*: OCP 48 (1982) 5–18.

636 Vgl. R. GUARDINI, *Vom Sinn der Kirche*, 13: »In der Kirche werden wir eins mit dem Heiligen Geist; er vereinigt uns mit dem Sohn, ›wird er doch vom Seinigen nehmen und uns geben‹. Und in Christus kommen wir zum Vater zurück.«

637 Vgl. M. SCHMAUS, *Katholische Dogmatik III/1. Kirche und Göttliches Leben im Menschen*, 32: »Der Heilige Geist ist, wie wir sahen, das Band, das Christus und die Christusgläubigen verbindet ... Er ist daher der lebendige personale Mittenraum, in welcher die Kirche sie selbst ist.«; auch ebd., 29–40.

638 Vgl. K. ADAM, *Das Wesen des Katholizismus*, 72: »Und weil der Heilige Geist, weil das Göttliche sich wesenhaft an alle Menschen, an die Gesamtheit wendet und wesenhaft schöpferisches, zündendes Leben ist, wirkt der Heilige Geist den Reichtum seiner Gaben nur in einer umfassenden lebendigen *Gemeinschaft*, durch die Einheit in der Liebe, durch die Einheit in der Fülle. Die Katholizität und Einheit des Pfingstwunders setzte sich im Liebes- und Gemeinschaftsgeist der von Christi Geist durchlebten, um die Apostel, zumal um Petrus, zusammengeschlossenen Glaubensgemeinden dauernd fort.«

639 Vgl. DERS., *Ekklesiologie im Werden?*, 154: »Erst dadurch wird die Kirche zur Kirche, daß ihr Eckstein und ihr belebendes Prinzip Christus ist. Man darf also von der tragenden und zeugenden Kraft des die Kirche durchwirkenden Geistes Christi nicht absehen, wenn man das Wesen der Kirche bestimmen will ....«; M. SCHMAUS, *Katholische Dogmatik III/1. Kirche und Göttliches Leben im Menschen*, 43: »Diese zweifache Wirkung des Heiligen Geistes, seine verbindende und seine umgestaltende, fassen wir zusammen in dem Satze, daß er die Gemein-

tritt, führt mit einer gewissen Zwangsläufigkeit zu einer solchen quasi-christologischen Pneumatologie, da es den so denkenden Ekklesiologen bei allen dargestellten Nuancen und Schwierigkeiten doch immer um eine Begründung der kirchlichen Formen geht. Ob diese nun als äußere Form innerer Gemeinschaft, als Ausdruck christoformer Majestät Gottes, als formgewordene christozentrische Innerlichkeit oder als lebendige Struktur der Christusgemeinschaft verstanden wird, ist doch das Bemühen, Form und Inhalt zu verbinden, der Antrieb, den Hl. Geist und Christus in einer Einheit zusammenzuschließen.

Diese Aufeinanderbezogenheit Christi und seines Geistes wird auch von jenen Autoren durchgehalten, die das Wesen der Kirche noch mehr in Christus selbst hineinverlegen. Wie sie aber das Innerliche, Unsichtbare, und in diesem Sinne Gnadenhafte dieser christozentrischen Ekklesiologie immer mehr zum bestimmenden Element ihrer Reflexionen erheben, ist es, wie oben gezeigt, auch der verklärte pneumatische Christus, den sie zum Prinzip der Kirche machen. Wir können in der Verbindung des Geistes an Christus nach der vorherigen »Christoformierung« der Pneumatologie, jetzt umgekehrt eine »Pneumatisierung« der Christologie feststellen, die seinerzeit schon Przywara aufgefallen war[640]. Daß diese Entwicklung unmittelbare ekklesiologische Folgen zeitigt, haben wir bereits gesehen. Nachdem er die Menschheit Christi vergeistigt hat, ist es nun die Bestimmung des Geistes, »die innere Spannung zwischen unserem Insein im Menschgewordenen und der geisterfüllten Menschheit des Auferstandenen« zu überbrücken. So steht der einzelne durch den Hl. Geist in der Kirche im vergeistigt gegenwärtigen Christus[641]. Wenn Christus »ganz Pneuma« geworden ist[642], dann ist der Weg sogar nicht mehr weit, von der Kirche, in der der Geist Christi als

---

schaft der Christgläubigen umformt zum Leibe Christi, zu einem Organismus, dessen Haupt Christus ist, zum Haus, dessen Eckstein Christus ist. Während früher ... das kirchenschöpferische Tun Christi erklärt wurde, soll jetzt der aus diesem Tun sich ergebende immerwährende Lebenszusammenhang zwischen Christus und der Kirche aufgezeigt werden. Er ist so innig, daß die Kirche das von ihr empfangene Leben Christi lebt.«

640 Vgl. E. PRZYWARA, *Alter und neuer Katholizismus,* in: DERS., Katholische Krise, 173: »Wie aber Christus wesentlich der fortlebende ist, so tritt auch das personale ›Leben im Pneuma‹ wesentlich unter diesen Bezug zur pneumatischen Form des ›mystischen Leibes Christi‹, indem das Wort ›mystisch‹ sich als das Wort ›pneumatisch‹ erklärt: im Katholizismus der ›*pneumatischen Kirche*‹....Das Leben des Christen erscheint als ›In-Existenz‹ im Pneuma, das die Kirche als ›Fülle‹ und ›Leib‹ des ›pneumatischen Christus‹ ist ...«.

641 Vgl. G. FEUERER, *Unsere Kirche im Kommen,* 185.

642 Vgl. J. TYCIAK, *Christus und die Kirche,* 128.

Liebe wirkt, zu sagen: »Darum ist die Kirche auch Pneuma.«[643] Weil aber Christus das Pneuma als »Träger und Spender des Heiligen Geistes ist«[644], ist zwischen dem verklärten Christus und seinem Pneuma schließlich kaum noch ein Unterschied festzustellen, weshalb die mit Christus in der Gemeinschaft oder im Einzelnen fast gleichgesetzte Kirche als letzte Konsequenz dieser Schau ein wesentlich pneumatisches Sein zugeschrieben bekommen muß. Wenn also auch hier die Ausarbeitung einer eigentlichen Pneumatologie der Kirche durch die Verquickung mit der Christologie nicht gelingt, können wir doch einen Zusammenhang zwischen einer supranaturalistischen Identitätsekklesiologie und einer pneumatisierten Christologie konstatieren.

Im Grunde stehen wir hier vor einem ähnlichen Phänomen wie in der besprochenen Parallele zur theologischen Anthropologie. Sobald sich das ekklesiologische Interesse auf die Seite der Übernatur verlagert, tritt die Beschäftigung mit dem Problemfeld der geschaffenen Gnade in jeder Form zurück, um Versuchen nach der Beschreibung der Bedeutung der ungeschaffenen Gnade, also des göttlichen Lebens innerhalb der Kirche Platz zu machen. Nachdem man es zuerst noch unternimmt, ausgehend von der Inkarnationsstruktur der Erlösungswirklichkeit und näherhin vom Vergleich mit der hypostatischen Union ein Gleichgewicht dieses streng übernatürlichen Lebens zum geschaffenen menschlichen Leben herzustellen, verschiebt sich dieses Gleichgewicht in dem Moment, wo die ungeschaffene Gnade isoliert gesehen und ausschließlich vom innertrinitarischen Leben her verstanden wird. Wo H. DIEKMANN die Trinität noch ausschließlich als »causa efficiens, exemplaris et finalis« der Kirche und damit von dieser wesentlich geschieden ansehen konnte[645], wird bei K. PELZ schließlich der Christ im Leib Christi Teil der zweiten Person der Dreifaltigkeit[646]. Dazwischen liegt eine Entwicklung, die — ausgehend von dem berechtigten Wunsch, die Kirche an das Leben des Herrn selbst zu binden — fortschreitend weniger Wert auf die geschichtliche Dimension dieses Herrenlebens legte und damit übersah, daß auch die ungeschaffene Gnade und deren Vermittlung mit Menschwerdung und Kreuzestod Christi eine historische Verwurzelung erhalten hat, der eine Pneumatisierung von Anthropologie, Christologie und

---

643 Ebd., 131; auch die Hierarchie hat hier eine »pneumatische Tiefenschicht«; die »pneumatische Hierarchieauffassung« sieht in ihr »Liebesgemeinschaft, seinshaftes Inbild der vielen.«: ebd., 133–135.

644 K. PELZ, *Der Christ als Christus*, 178.

645 Vgl. H. DIEKMANN, *De Ecclesia II*, 246: »Ipsa namque *Sanctissima Trinitatis* est causa et prima *efficiens* et altissima *exemplaris* et ultima *finalis* Ecclesiae.«

646 Vgl. K. PELZ, *Der Christ als Christus*, 141.

Ekklesiologie nicht gerecht werden konnte. Trinität und damit ungeschaffene Gnade als Mitteilung innertrinitarischen Lebens wird zwar nicht Geschichte, wirkt aber nach dem Liebeswillen Gottes so in der Geschichte, daß sie in diesem Wirken sich der Geschichte verbunden hat, insofern sie geschichtliches Heilshandeln Christi durch die Kirche an den Menschen ist. Pneumatologie darf deswegen durchaus in ihrer christologischen Bedeutung erkannt werden, darf aber nicht dazu dienen, diese Christologie und die mit ihr verbundene Ekklesiologie aus der Geschichte herauszulösen. Der Geist Gottes weht, wo er will, aber er weht für uns in jener Heilsgeschichte, die ihr Fundament in Christus und ihre seinshafte Form in der Kirche gefunden hat. Wer das übersieht, wird das Letzte aller Theologie, das Zusammenspiel von Natur und Gnade und damit das ›Mysterion‹ von Trinität in Geschichte, zum Schaden einer tieferen theologischen Erkenntnis verkürzen.

Zusammenfassung

1. Die Beziehung von Ekklesiologie und Christologie und damit näherhin das Verhältnis von Christus und Kirche entfaltet sich in unserer Periode in fünf Hauptströmungen, von denen die erste, meist apologetisch-fundamentaltheologisch orientierte, Christus in erster Linie als den Stifter der der Kirche als einer (monarchichen) »societas-perfecta« sieht, die er mit besonderen Vollmachten ausstattet und die häufig mit dem »Reich Gottes« auf Erden gleichgesetzt wird. Wenn in dieser Konzeption auch das Bild vom »Leib Christi« hier und da vorkommt, so wird es doch eher im Sinne einer »Körperschaft« hierarchischer Glieder verstanden und/oder bleibt kurzer dogmatischer Anhang. Auch die viel späteren Ausführen M. D. KOSTERS verlassen im Grunde die eher statische Auffassung der Kirche nicht, weswegen er noch zu dieser Gruppe gerechnet werden kann. Allerdings wird mit ihm und anderen der Übergang zur nächsten Hauptströmung, die versucht, den Kirchenbegriff mehr dogmatisch als Spannungseinheit von Menschlichem und Göttlichem zu fassen, schon so deutlich, daß in deren erster Untergruppe der Dualismus zwischen Innen und Außen noch vorherrschend ist.

2. Auch A. RADEMACHER, dessen eigentliches Anliegen die Einheit von Natur und Gnade ist, beschreibt die Kirche noch als *»Doppelwesen«*,

als *»Gesellschaft und Gemeinschaft«*, so daß die Zuordnung Christi zur Gemeinschaft bei allem Naturoptimismus Rademacher zu einer supranaturalistischen Gnadengemeinschaft als »Kern« der Kirche führt. Ebenfalls vom Ausgangspunkt polarer Spannungen gelingt es E. PRZYWARA und R. GUARDINI besser, mit zwei durchaus verschiedenen Lösungswegen die Einheit von Christus und Kirche aufzuzeigen, wobei Przywara sein Modell des »All-Rhythmus« der »analogia entis« zu Hilfe nimmt, während sich Guardini des personalen Dialogs als Einheitsprinzip bedient. Wo daher Przywara das Beziehungsgefüge Christi zur Kirche bei aller »noch so großen Ähnlichkeit« immer auch von der »je größeren Unähnlichkeit« zur Majestät Gottes bestimmt sieht und der Natur alle begnadete Eigengesetzlichkeit läßt, da wird im mehr von dem Dialog zwischen Geistpersonen aufgebauten Kirchenverständnis Guardinis letztlich alle Spannung in der innigen Ich-Du-Beziehung zwischen Christus und der Gliedperson aufgehoben, der aber die Kirche wesentliche Form ist.

3. Wie schon bei Guardini, wird in einer dritten Gruppe, deren hervorragendster Exponent KARL ADAM ist, das christozentrische Ganzheitsdenken zum entscheidenden ekklesiologischen Schlüssel, der von der Inkarnation ausgehend das Wesen der Kirche als »Leib Christi« eröffnet. Die Kirche ist hier als »fortlebender Christus« ein gegliederter Organismus, der zu Christus in verschiedenen ontologischen Verbindungen steht. Durch ein nicht heilsgeschichtliches Inkarnationsdenken kann die Vorstellung des »Leib Christi« hier aber zwischen dem Menschengeschlecht und der Kirche schillern, wodurch, bei aller Betonung der Notwendigkeit der Kirche, auch die Stellung des einzelnen Gliedes zwischen Menschheit, Kirche und individueller Christusbeziehung schwankt. Karl Adam, der aufgrund seiner Sensibilität für die Zeitgebundenheit der Theologie, für die eschatologische Unvollendetheit der Kirche und für die historische Forschung auf den Spuren der Tübinger Schule eine heilsgeschichtlichere Betrachtungsweise des »Leibes Christi« unternimmt, sieht in der Kirche den Ort der geschichtlichen Entwicklung der schließlichen Gesamterlösung der Menschheit in Christus, wobei offen bleibt, wie weit die geschichtliche Verfaßtheit der Kirche wirklich an dieser Entwicklung teilhat.

4. Das Aufscheinen des Erlöserchristus in der Kirche, *also einer geschichtsenthobenen* »Verklärungsekesiologie« begegnet uns dann in verschiedenen Nuancen in der nächsten Hauptströmung. Christus wird hier mit der Kirche schon in so enger Verbindung gesehen, daß zwischen Ekklesiologie und Soteriologie kaum noch ein Unterschied zu bestehen scheint und

die menschlichen Strukturen der Kirche schon ganz in eschatologischem Lichte erscheinen. In der Gnadengemeinschaft des Leibes Christi besteht nunmehr zwischen Christus und den Christen eine untrennbare Einheit, so daß in Umkehrung paulinischer Gedanken schließlich sogar Christus selbst als der Leib der Kirche gelten kann. Die kollektive Sicht der Einheit zwischen Christus und Kirche schlägt aber dann doch wieder um in eine individuelle Gnadeneinheit zwischen Christus und dem einzelnen Erlösten, in der die Rolle der Kirche nicht mehr recht klar wird. Seine Hochform und gleichzeitige Übersteigerung findet sich dann endlich in der fünften und letzten Gruppe, in der die Identität Christi und der Kirche letztlich nichts anderes mehr meint als das individualistisch verstandene »Christus in mir und ich in Christus« von K. PELZ.

5. Im 6. Kapitel wird dann an Beispielen gezeigt, wie diese verschiedenen Figuren des Verhältnisses Christi zur Kirche in der theologischen Anthropologie verankert sind. Verschiedene Auffassungen des Zusammenwirkens von Natur und Gnade, die mit den Stichworten »Dualität«, »Einheit« und »Identität« gekennzeichnet sind, entsprechen den verschiedenen Modellen der Beziehung der Kirche zu Christen, insofern eine akzentuierte Unterscheidung von Natur und Gnade eine Separierung, eine — in verschiedenen Ansätzen erfaßte — konkrete Einheit von Natur und Gnade eine dynamische Einheit in differenzierter Dichte und eine Identifizierung beider eine Identität von Christus und der Kirche mit sich bringt. Eine heilsgeschichtliche Sicht des Bandes Christi zu seiner Kirche ist nur in der zweiten Konzeption möglich, (wenn auch bei unseren Autoren nur anfanghaft verwirklicht), während die erste im Extremfall zu einer statisch-ungeschichtlichen, die dritte zu einer pneumatisch-ungeschichtlichen Ekklesiologie führen kann. Parallel dazu kann man eine Christologisierung des Hl. Geistes oder eine Pneumatisierung Christi beobachten, die beide in ihren ekklesiologischen Auswirkungen das Ernstnehmen des Eintretens der Trinität in die Geschichte, die so Heilsgeschichte wird, durch Redukation auf einen der Pole dieser Beziehung schwierig machen.

III. TEIL

SYSTEMATISCHE REFLEXIONEN

7. KAPITEL

AUFBRUCH ZUM GEHEIMNIS DER KIRCHE JESU CHRISTI ANSTÖSSE FÜR EINE GANZHEITLICHE EKKLESIOLOGIE

EINLEITUNG

Wir haben uns bisher bemüht, sowohl die geschichtlichen und geistesgeschichtlichen Hintergründe als auch die Ergebnisse des neuen Interesses an dem Verhältnis zwischen Christus und der Kirche zu analysieren und kommentierend darzustellen. Dabei ist das breite Spektrum verschiedenster Impulse deutlich geworden, das die Ekklesiologie von 1918 bis 1943 beeinflußt hat, so daß sich nun vor unserem geistigen Auge ein ganz bestimmter Horizont ausbreitet, ohne den diese ekklesiologische Entwicklung nicht stattgefunden hätte. Wenn wir nochmals, gleichsam plakativ, die Parallelen zwischen dem »Aufbruch zum Geheimnis der Kirche Jesu Christi«, wie wir die ganze Periode überschreiben könnten, und der gleichzeitigen oder doch kurz vorausgehenden geistesgeschichtlichen Wende zeichnen sollen, so sehen wir uns einer Art Bogen gegenüber, dessen jeweilige Enden sich schon beinahe wieder berühren: Von einer dem individualistischen Staatsdenken der Zeit verhafteten Ekklesiologie, die die Kirche als auf die Heiligung der Einzelseele ausgerichtete Heilsanstalt begreift, über eine von neuen phänomenologisch-personalistisch-soziologischen Ideen getragenen Corpus-Gemeinschaftsekklesiologie, zu einer diese Anstösse integrierenden Ganzheitsekklesiologie mit den verschiedenen Schwerpunkten der Analogie, des

Personalismus und des Christozentrismus, die schließlich bei manchen Autoren in eine wiederum individualistische Gnadenekklesiologie umschlägt, welche, so unwahrscheinlich es zunächst erscheinen mag, den Kontakt Christi mit der Kirche auf den Kontakt der Einzelseele mit dem Herrn reduziert. Diese ekklesiologischen Linie, die natürlich die Problemlage nur sehr verkürzt wiedergibt, entspricht der soziologisch-philosophischen Entwicklung, die vom zusammengebrochenen Individualismus der Jahrhundertwende über den organischen Kollektivismus der Weimarer Zeit (mit seinen Auswüchsen im Nationalsozialismus) bis zu der erneuten Rückkehr zum Subjekt in der Zeit nach Beginn des 2. Weltkrieges reicht. Es sei uns erlaubt, ohne damit die Tatsachen zwingen zu wollen, eine ähnliche Entwicklung in unserer Zeit anzudeuten, um die eigentliche Aktualität der von uns behandelten ekklesiologisch-zeitgeschichtlichen Parallelen und damit auch der näherhin ekklesiologischen Ergebnisse noch klarer zu machen. Nach Ende des zweiten Weltkrieges breitete sich im demokratischen Europa von neuem ein stark individualistischer Zug im gesellschaftlich-philosophischen Leben aus, der jedoch bald im Namen eines diesmal oft politisch geprägten Kollektivismus in Frage gestellt wurde, um nach seinem Höhepunkt in den späten sechziger und frühen siebziger Jahren wiederum von einer das Individuum in den Vordergrund rückenden naturalistischen Ideologie überholt zu werden[1]. Die Zeichen der Zeit erkennend, versuchte die Theologie schon in den fünfziger Jahren aus den Ergebnissen des ekklesiologischen Aufbruchs und unter dem Eindruck der Enzyklika Pius XII. »Mystici corporis« durch das bereits hier und da vorher erwähnte[2], jetzt jedoch weiter ausgebaute Konzept von der Kirche als Sakrament[3] gegen so-

---

[1] Man könnte hier wiederum die Gefahr jener Dialektik erkennen, die gerade von den an dieser gesellschaftlichen Entwicklung maßgeblich beteiligten führenden Vertretern der »Frankfurter Schule« schon 1944 unter dem Eindruck des Nationalsozialismus als ›Umschlag der Aufklärung in den Mythos‹ beschrieben worden ist: vgl. M. HORKHEIMER – TH. W. ADORNO, *Dialektik der Aufklärung. Philosophische Fragmente,* mit einem Nachwort von J. Habermas, Frankfurt a. M. 1986, 6: »Aufklärung schlägt in Mythologie zurück … wie die Unterwerfung alles Natürlichen unter das selbstherrliche Subjekt zuletzt gerade in der Herrschaft des blind Objektiven, Natürlichen gipfelt.«

[2] Vgl. M. BERNHARDS, *Zur Lehre von der Kirche als Sakrament,* bes. 41–45.

[3] Vgl. z. B. O. SEMMELROTH, *Die Kirche als Ursakrament,* Frankfurt a. M. 1953, 14–15, der die Mentalität schildert, die dieser Versuch überwinden möchte: »Das Zeitalter des demokratisch-toleranten Staatslebens ordnet alle jene Gebilde, die sich Kirche nennen, als eingetragene Vereine in seine Register ein … So meint man denn auch die Kirche entstanden: als Verein zur gemeinsamen Ausübung des Religiösen. Während aber in wirtschaftlichen oder gesellschaftlichen Bereichen sich die Gemeinsamkeit viel eher als notwendig erweist, ist auf den ersten Blick gerade der religiöse Bereich gar nicht oder doch sehr wenig auf Vereinigung angelegt … So wird kirchliche Bindung mehr und mehr Privatsache weniger, über die man sich

ziologischen Kollektivismus und mystizistischen Individualismus ein ausgeglichenes Kirchenbild auszuarbeiten. Entscheidend hat dazu das auf dem zweiten Vatikanischen Konzil vor allem in der dogmatischen Konstitution »Lumen gentium« entwickelte christozentrische, gemeinschaftsbetonte Kirchenbild beigetragen, das die Kirche als Sakrament[4] und »neues Volk Gottes« an das Christusgeheimnis bindet[5]. Dieser Versuch, der als Zusammenfassung vieler Impulse aus unserer Periode — wie auch der Zeit danach — aufzufassen ist, wurde aber nur teilweise aufgenommen. Vielfach wurde er stattdessen in soziologische Kategorien enggeführt, oft sogar in politisierter Form[6], und führte dann, mißverstanden, manches Mal zu einer beinahe immanenten, verkürzten Betrachtung der kirchlichen Wirklichkeit, die als »von unten« begründbar[7] oder sogar als soziologisches Artefakt aufgefasst werden konnte, das konsequenterweise je nach den Zeiterfordernissen neue strukturelle Formen annehmen müsse[8]. Daraus entstand — auch in popularisierter Form — häufig die Ansicht, der Kontakt mit Jesus Christus könne nicht durch die Kirche vermittelt werden, die dazu eher ein Hindernis darstelle, sondern müsse als unmittelbarer Kontakt des Individuums mit seinem

---

wundert. In dieser Auffassung wird die Kirche dann auch nur noch auf Umwegen auf Gott und seine Ordnung zurückgeführt.«

[4] Zu Entwicklung des Verständnisses der Kirche als Sakrament auf dem II. Vatikanum vgl. L. BOFF, *Die Kirche als Sakrament im Horizont der Welterfahrung. Versuch einer Legitimation und einer struktur-funktionalistischen Grundlegung der Kirche im Anschluß an das II. Vatikanische Konzil* (Konfessionskundl. u. kontroverstheol. Studien XXVIII), Paderborn 1972, 228–295.

[5] Vgl. CH. VON SCHÖNBORN, *Il mistero della Chiesa. Venti anni dalla Lumen Gentium*: Communio (Ital) 70 (1983) 96–106; J. RATZINGER, *Die Ekklesiologie des Zweiten Vatikanums*: IKZCommunio 15 (1986) 41–52, bes. 41–43.

[6] Vgl. N. GREINACHER, *Theologie der Befreiung als Herausforderung für die Kirchen in der Ersten Welt*: ThQ 160 (1980) 242–256; L. BOFF, *Kirche als Sakrament im Horizont der Welterfahrung*, 536: »Im Sinne der Theologie der permanenten Revolution kann der Begriff der Kirche als Ganzsakrament einen Orientierungspunkt bieten. Es ist bezeichend, daß gerade diese Aussage in der theoretischen Reflexion der sozialen Bewegungen junger Christen in Lateinamerika eine zentrale Stelle einnimmt. Es wird nach Reformen, strukturellen Veränderungen und nach einer Revolution verlangt, und für sie soll die Kirche als Zeichen und Instrument des neuen, von Christus befreiten Menschen, eines Menschen der Brüderlichkeit und Koinonia fungieren.«

[7] Vgl. J. WOHLMUTH, *»Kirche von unten« als Anfrage an eine heutige Ekklesiologie*: TThZ 93 (1984) 51–64.

[8] Vgl. etwa die von solchen Tendenzen beeinflußten Ausführungen bei H. HOEFNAGELS, *Die Krise der kirchlichen Autorität. Die Notwendigkeit einer Demokratisierung der Kirche*: StZ 182 (1968) 145–156; J. NEUMANN, *Strukturprobleme der nachkonziliaren Kirche*: StZ 191 (1973) 185–201; H. SCHÜRMANN, *Die Kirche der Zukunft*: TPQS 132 (1984) 379–382; N. GREINACHER, *Kirche als Verband? Ein Diskussionsbeitrag*: TQ 156 (1976) 191–197, der allerdings S. 196 zugeben muß: »Nun soll hier natürlich nicht behauptet werden, daß die Anwendung des Begriffes Verbandes [sic] auf die Kirche ihr — vor allem auch theologisches — Selbstverständnis adäquat wiedergebe.«

Befreier, an dieser vorbei geschehen[9]. In dieser Sicht dient das Kollektiv der Kirche nur noch innerweltlichen Zielen, die den individuellen Zugang des Einzelnen zu Christus erleichtern helfen sollen[10]. Die Dialektik zwischen Kollektivismus und Individualismus ist in diesen ekklesiologischen Verbiegungen von neuem offensichtlich, wie auch die Tatsache, daß das »Phänomen Kirche« durch solche Überlegungen nur sehr ungenügend erfaßt werden kann. Daß in einer solchen Situation das Ringen um die Einheit von Natur und Gnade, dem wir in der ekklesiologischen Periode von 1918 bis 1943 begegnet sind, von großer Bedeutung auch für eine heutige ganzheitliche Schau des Geheimnisses der Kirche werden kann, liegt auf der Hand.

Dazu passt, daß die außerordentliche Synode der Bischöfe 1985 wie auch die im selben Jahr mit ekklesiologischen Fragen befaßte »Internationale Theologenkommission« von neuem darauf hingewiesen hat, daß das II. Vatikanum in der dogmatischen Konstitution »Lumen gentium« im Gegensatz zu solchen soziologisch-individualistischen Fehlinterpretationen die Kirche als ein von Christus her ganzheitlich zu begreifendes sakramentales Mysterium verstanden wissen wollte[11]. Gerade hier scheint uns die Aktualität der Ergebnisse unserer Arbeit zu liegen. Wenn nämlich eine zu ausschließlich soziologische Sicht der Kirche durch eine Besinnung auf ihr Verhältnis mit Christus ausgeglichen werden soll, können manche Versuche, die in unserer Periode dazu unternommen worden sind, trotz allen zwischenzeitlichen ekklesiologischen Fortschritts sicherlich helfen, verschiedene Fehler, sei es

---

[9] Vgl. dazu P.G. MÜLLER, *»Jesus ja — Kirche nein«. Die Frage im Licht neuerer exegetischer Methodik*: TPQS 126 (1978) 129–137.

[10] Dieser Umschlag wird gesamttheologisch bei J. RATZINGER, *Geleitwort,* in: AA.VV., M.J. Scheeben. Teologo cattolico d'ispirazione tomista (Studi tomistici 33), Vatikan 1988, 9–13, bes. 11–12, beschrieben: »Nun aber wurde die Kampfansage gegen die Zwei-Stockwerk-Lehre umgedeutet in eine generelle Ablehnung eines jeden ›Dualismus‹, d.h.: die Unterscheidung von Natur und Übernatur wurde nun als in sich unzulässig erklärt. Anfangs schien diese Aufhebung des ›Dualismus‹ in Richtung eines Supernaturalismus zu tendieren: Alle Wirklichkeit sei christologisch zu deuten. Aber sehr schnell kippte die Tendenz um in einen platten Naturalismus, der auch das Christologische ins Allgemeine menschlicher ›Existentiale‹ zurücknimmt. Wenn aber erst einmal dem Christentum seine neue, ›übernatürliche‹ Ebene bestritten ist, dann muss seine Verheissung in den Bereich des Natürlichen, des Diesseitigen zurückgenommen werden: Der politische Messianismus, alle Banalitäten immanentistischer Theologien waren und sind die notwendige Folge dieses Verlustes.«

[11] Vgl. SYNODUS 1985, *Ecclesia sub Verbo Dei mysteria Christi celebrans pro salute mundi: Relatio Finalis,* Vatikan 1985, bes. 6–9; DERS., *Ecclesia sub Verbo Dei mysteria Christi celebrans pro salute mundi: Nuntius ad christifideles,* Vatikan 1985; COMMISSIO THEOLOGICA INTERNATIONALIS, *Themata selecta de Ecclesiologia occasione XX aniversarii conclusionis concilii oecumenici Vaticani II* (Documenta 13), Vatikan 1985, bes. 45–49; zur Synode von 1985 vgl. A. ANTON, *El Misterio de la Iglesia II,* 1131–1172, Bibl. 1179–1180.

einen einseitigen »Christomonismus«[12] und damit verbundenen unbiblischen »Mystizismus«[13] oder das erwähnte gegenteilige Extrem der »Naturalisierung« der Kirche, vermeiden zu helfen. Auch wenn der heutige Kirchenbegriff auf die Begriffe »Volk Gottes« und »Sakrament« konzentriert ist, ist eine Reflexion auf die Grundbeziehung zu Christus, die diese ekklesiologischen Konzeptionen mitausdrücken wollen, unbedingt notwendig, soll das Verständnis von der Wirklichkeit der Kirche nicht an der Oberfläche bleiben. Ohne eine endgültige Antwort geben zu können, wollen die folgenden Überlegungen zu einer solchen Reflexion ein bescheidener Beitrag sein, indem sie positive und negative Anstösse und Resultate der beiden vorhergehenden Teile aufzuarbeiten versuchen. Damit diese systematische Schlussreflexion nicht zu umfangreich wird, ist allerdings darauf verzichtet worden, in jedem einzelnen Fall nochmals die Parallelen bei den behandelten Autoren anzugeben.

A. Christus und die Kirche im Hl. Geist

a) Das II. Vatikanische Konzil

Die Ekklesiologie des II. Vatikanischen Konzils[14] schließt sich insofern an die Ekklesiologie des »Corpus Christi mysticum« an[15], als auch sie das Geheimnis Christi und das Geheimnis der Kirche eng miteinander verbindet[16]. Diese Verbindung zeichnet sich in der dogmatischen Konstitution »Lumen gentium« vor allem in folgenden Momenten ab: Die Kirche ist in Christus Sakrament, also Zeichen und Werkzeug der Einigung des ganzen Men-

---

[12] Vgl. dazu H.J POTTMEYER, *Die zwiespältige Ekklesiologie des Zweiten Vaticanums — Ursache nachkonziliarer Konflikte*: TThZ 92 (1983) 272–283, bes. 282: »Unter Christomonismus verstehen wir eine einseitige christologische Begründung der Ekklesiologie, welche sowohl christologisch wie pneumatologisch defizient ist — der mit einem Wort die trinitarische Dimension fehlt.«

[13] Vgl. O. SEMMELROTH, *Die Kirche als Ursakrament*, 20–25.

[14] Vgl. dazu A. ANTON, *El Misterio de la Iglesia II*, 835–947, ausführliche Lit. 947–951; zum Begriff ›Ekklesia‹ im Sprachgebrauch des II. Vatikanum: W. AYMANS, *Die Communio Ecclesiarum als Gestaltgesetz der einen Kirche:* AfkKR 139 (1970) 69–90, bes. 70–75.

[15] Vgl. M. SCHMAUS, *Das gegenseitige Verhältnis von Leib Christi und Volk Gottes im Kirchenverständnis,* in: Volk Gottes. Festschrift f. J. Höfer, hrsg. v. R. Bäumer–H. Dolch, Freiburg–Basel–Wien 1967, 13–27; A. ANTON, *Hacia una síntesis de las nociones »cuerpo de Cristo« y »pueblo de Dios« en la eclesiología*: EstEcl 44 (1969) 161–203; W. AYMANS, *›Volk Gottes‹ und ›Leib Christi‹ in der Communio-Struktur der Kirche:* TTZ 81 (1972) 321–334.

[16] Vgl. J. ALFARO, *Das Geheimnis Christi im Geheimnis der Kirche nach dem II. Vat. Konzil*: Volk Gottes. Festschrift für J. Höfer, hrsg. von R. Bäumer–H. Dolch, Freiburg–Basel–Wien 1967, 516–533.

schengeschlechtes mit Gott und seiner Einheit untereinander[17], sie ist das geheimnisvoll als Same und Anfang gegenwärtige Reich Christi[18], sie ist als durch die Eucharistie bewirkte Einheit der Gläubigen ein Leib mit Christus[19], sie ist durch den Heiligen Geist die Braut des Herrn[20], sie ist von ihrem Gründer Christus, der sie in seinem ganzen Leben und seiner Person offenbart hat, mit besonderen Gaben ausgestattet, um sein Werk fortzusetzen[21], sie bildet schließlich den geheimnisvoll begründeten Leib des Herrn, der ihr Haupt ist[22], und zwar als untrennbar an ihn gebundene mit hierarchischen Organen versehene Gesellschaft[23]. Die in diesem Zusammenhang verwendete Analogie mit der Inkarnation wird jedoch bezeichnender Weise nicht einfach zur Erhellung der Beziehung Christi zur Kirche verwendet, sondern dient zur Illustrierung des Zusammenspiels und der besonderen Einheit zwischen menschlichem und geistgewirktem Element in der Kirche[24]. Wenn auch damit eine gewisse Grenze der Nähe Christi zu seiner Kirche vorgezeichnet ist, wird doch aus den angeführten Aussagen klar, wie sehr das Konzil die Kirche von Christus her versteht. Wir können sogar sagen, daß alle Verbindungslinien zu Christus, die in der Ekklesiologie von 1918 bis 1943 hervortraten, sich hier in gereinigter und weiterentwickelter Form wiederfinden: Christus ist der Gründer seiner Kirche, aber diese Gründung ist ganzheitlich-heilsgeschichtlich von der Person Christi aus verstanden; er bewirkt die Einheit des Menschengeschlechtes, doch nicht

---

[17] Vgl. II. VATICANUM, *Const. dogm. de Ecclesia »Lumen gentium«,* 1 (zitiert nach: SACROSANCTUM OECUMENICUM CONCILIUM VATICANUM II, *Constitutiones Decreta Declarationes,* cura et studio secretariae generalis Concilii oecumenici Vaticani II, Vatikan 1966, 93): »Cum autem Ecclesia sit in Christo veluti sacramentum seu signum et instrumentum intimae cum Deo unionis totiusque generis humani unitatis ...«.

[18] LG 3 (95): »Ecclesia, seu regnum Christi iam praesens in mysterio ...«; LG 5 (97): »... huiusque Regni in terris germen et initium constituit.«

[19] Vgl. LG 3 (95): »Simul sacramento panis eucharistici repraesentatur et efficitur unitas fidelium, qui unum corpus in Christo constituunt.«

[20] LG 4 (96): »Virtute Evangelii iuvenescere facit Ecclesiam eamque perpetuo renovat et ad consummatam cum Sponso suo unionem perducit.«; auch LG 6 (100).

[21] Vgl. LG 5 (96–98, bes. 97): »... Ecclesia, donis sui Fundatoris instructa ...«.

[22] Vgl. LG 7 (100–104): »Communicando enim Spiritum suum, fratres suos, ex omnibus gentibus convocatos, tamquam corpus suum mystice constituit ... Ipse est caput corporis quod est Ecclesia ... Ecclesiam, quae corpus et plenitudo eius est, divinis suis donis replet ..., ut ipsa protendat et perveniat ad omnem plenitudinem Dei ...«.

[23] LG 8 (104): »Societas autem organis hierarchicis instructa et mysticum Christi Corpus, coetus adspectabilis et communitas spiritualis, Ecclesia terrestris et Ecclesia coelestibus bonis ditata, non ut duae res considerandae sunt, sed unam realitatem complexam efformant, quae humano et divino coalescit elemento.«

[24] Vgl. LG 8 (104): »Ideo ob non mediocrem analogiam incarnati Verbi mysterio assimilatur. Sicut enim natura assumpta Verbo divino ut vivum organum salutis, Ei indissolubiliter unitum, inservit, non dissimili modo socialis compago Ecclesiae Spiritui Christi, eam vivificanti, ad augmentum corporis inservit.«

einfach durch die Inkarnation, sondern eben im Heilshandeln der Kirche; die Kirche ist das Reich Christi, wenn auch nur anfanghaft in eschatologischer Spannung; sie ist die Einheit der Menschen untereinander, aber eben durch den Glauben und die Sakramente; sie ist von seinem Geist beseelt, und zwar gerade als seine Braut; sie ist sein mystischer Leib und seine Fülle, jedoch als in der Heilsgeschichte hierarchisch gegliederte Gesellschaft. Damit liegt einerseits zutage, daß die Ekklesiologie des Konzils in Bezug auf das Band zwischen Christus und der Kirche in homogener Kontinuität zur ganzen ekklesiologischen Tradition dieses Jahrhunderts steht, aber auch, daß es anderseits diese theologische Tradition auf doppelte Weise begradigt: einmal durch eine Einordnung der Beziehung von Christus und Kirche in eine heilsgeschichtliche Perspektive[25] und zum zweiten durch eine ganzheitliche Sicht der Kirche als von den Gaben des Geistes strukturierter und belebter Christus-Gemeinschaft[26]. Mag die Ekklesiologie des II. Vatikanums und der Konstitution »Lumen gentium« auch in anderer Hinsicht nicht immer so homogen sein[27], so offenbaren sich doch ihre hauptsächlichen Elemente bereits in diesem »oft zu wenig Beachtung« findenden[28] ersten Kapitel, dessen christozentrische Sicht sich als bestimmender Grundton durch ihr gesamtes Kirchenbild zieht[29], wobei aber jeder Christomonismus durch die Integration der Rolle des Hl. Geistes ausgeschlossen

---

[25] Vgl. C. COLOMBO, *De mysterio Ecclesiae in Mysterio historiae salutis*, in: Acta congressus internationalis de theologia Concilii Vaticani II, hrsg. v. E. Dhanis – A. Schönmetzer, Vatikan 1968, 10–19; A. ANTON, *El Misterio de la Iglesia II*, 892–896.

[26] LG 7 (101): »Sicut vero omnia corporis humani membra, licet multa sint, unum tamen corpus efformant, ita fideles in Christo (cf. I Cor. 12, 12). Etiam in aedificatione corporis Christi diversitas viget membrorum et officiorum. Unus est Spiritus, qui varia sua dona, secundum divitias suas atque ministeriorum necessitates, ad Ecclesiae utilitatem dispertit (cf. I Cor. 12, 1–11).«

[27] Vgl. A. ACERBI, *Due Ecclesiologie. Ecclesiologia giuridica ed Ecclesiologia di communione nella ›Lumen gentium‹*, Bologna 1975; H. J. POTTMEYER, *Die zwiespältige Ekklesiologie des Zweiten Vaticanums*, bes. 276, wo er im Anschluß an Acerbi meint: »Tatsächlich ist das dritte Kapitel von dieser hierarchiologischen Sicht bestimmt.«; auch DERS., *Kontinuität und Innovation in der Ekklesiologie des 2. Vatikanums. Das Problem der ausgebliebenen Vermittlung von 1. und 2. Vatikanum*: ThQ 160 (1980) 277–294; jedoch bleibt mit A. ANTON, *El Misterio de la Iglesia II*, 930, festzuhalten: »Admitiendo en la práctica esta precedencia de la realidad *común* de todos los fieles, es decir, la existencia cristiana de todos los regenerados en Cristo, respecto de las funciones específicas del ministerio jerárquico, ha reconocido el Vaticano II de modo práctico y eficaz la prevalencia de los aspectes espirituales y sacramentales de la Iglesia sobre los sociales y institucionales.«; auch DERS., *El capítulo del pueblo de Dios en la eclesiología de la cumunidad*: EstEcl 42 (1967) 155–181.

[28] H.J. POTTMEYER, *Die zwiespältige Ekklesiologie des Zweiten Vaticanums*, 278.

[29] Vgl. A. SAURAS, *De notionibus quae in constitutione Lumen gentium proponuntur hodiernum tractatum De Ecclesia respicientibus*: Ang 63 (1966) 445–457, bes. 455; J. ALFARO, *Cristo, Sacramento de Dios Padre: La Iglesia, Sacramento de Cristo Glorificado*: Greg 48 (1967) 5–27; H. J. POTTMEYER, *Kontinuität und Innovation*, 289.

ist[30]. Im zweiten Kapitel von »Lumen gentium«, das von der Kirche unter dem Bild des »neuen Volkes Gottes« handelt, wird dementsprechend sofort hervorgehoben, daß Christus das Haupt dieses Volkes seie[31], daß er es durch seinen Geist in der Taufe aufbaue und zur Teilnahme an seinem Priestertum berufe[32]. Ohne weiteres dürfen wir sagen, daß sich diese christozentrische Orientierung über die durch den verschiedenen Anteil an den »munera Christi« gegliederte Struktur der Kirche bis zur ihrer eschatologischen Vollendung im Herrn in allen Kapiteln der Konstitution wiederfindet und sogar noch ihren ebenfalls an Christus als der Mitte ausgerichteten mariologischen Passagen ihren unverwechselbaren Stempel aufdrückt. Selbst die Spiritualität, die im 5. Kapitel über die »universale Berufung zur Heiligkeit« allen Getauften vorgestellt wird, trägt einen durch und durch christozentrischen Charakter, der seinerseits den Schlüssel zur Vereinigung mit dem dreifaltigen Leben Gottes bildet[33]. Die Verbindung zwischen Christus und seiner Kirche ist im Ganzen hier so eng gesehen, daß man »in einem gewissen Sinn« sogar von einer auf der ontologischen Ebene angesiedelten mehr als funktionalen »Identität zwischen Christus und der Kirche« in der Ekklesiologie des II. Vatikanums hat sprechen können[34]. Angesichts der tiefen Verbindung beider würde in der Tat bei aller Wichtigkeit des dialogisch-personalen Verhältnisses zwischen Christus und dem »neuen Volk Gottes«[35] ein Übergehen des ontologischen Horizontes dieses personalen Dialoges eine Engführung des Kirchenbildes beinhalten.

Dabei ist allerdings zu bedenken, daß ein Vergleich der kirchlichen Wirklichkeit mit der hypostatischen Union der göttlichen und menschlichen Natur in Christus vor allem dann an die Grenzen seines analogen Aussagewertes stößt, wenn er, anders als das II. Vatikanum[36], nicht die Vereinigung des vom Heiligen Geist belebten göttlichen mit dem menschlich-sozialen

---

[30] Vgl. A. ANTON, *El Misterio de la Iglesia II,* 920–923.

[31] LG 9 (108): »Populus ille messianicus habet pro capite Christum ...«.

[32] LG 10(110).

[33] LG 39–41 (164–173), bes. 39 (164): »Ecclesia, cuius mysterium a Sacra Synodo proponitur, indefectibiliter sancta creditur. Christus enim, Dei Filius, qui cum Patre et Spiritu ›solus sanctus‹ celebratur, Ecclesiam tamquam sponsam suam dilexit, Seipsum tradens pro ea, ut illam sanctificaret (cf. Eph. 5,25–26), eamque sibi ut corpus suum coniunxit atque Spiritus Sancti dono cumulavit, ad gloriam Dei.«

[34] Vgl. A. ANTON, *El Misterio de la Iglesia II,* 920–921.

[35] Vgl. L. HÖDL, *Die Kirche Gottes und der dialogische Personalismus. Zur dogmatischen Konstitution »De Ecclesia« des II. Vatikanischen Konzils und zur Enzyklika »Ecclesiam suam« Papst Pauls VI*: WiW 30 (1967) 109–117.

[36] Vgl. H. MÜLLER, *De analogia Verbum Incarnatum inter et Ecclesiam (LG 8a)*: PRMCL 66 (1977) 499–512, bes. 506–507.

Element der Kirche meint, sondern undifferenziert dadurch die Vereinigung der Kirche mit der Person Christi zu erklären sucht[37]. Tatsächlich wird eine solche Verwendung der besagten Analogie in der heutigen Ekklesiologie auch schon dadurch ausgeschlossen, daß das Konzil selbst die Kirche nicht einfach das »sacramentum Christi« nennt, sondern sie fast immer in irgendeiner Form als das »Sakrament des Heiles« bezeichnet[38]. Dadurch bekommt die sakramentale Verbindung Christi mit seiner Kirche eine heilsgeschichtliche Dimension, die sie in ihrer instrumentalen Bedeutung für das Zustandekommen des eschatologischen Gottesreiches hervortreten läßt. Das Band zwischen dem Herrn und der Kirche liegt also tatsächlich auf der ontologischen Ebene, findet aber seinen heilsgeschichtlichen Sinn gerade in der Ausbreitung des Werkes Christi in die Geschichte hinein. Der personale Anruf, der in der Kirche von Christus an die Menschen ergeht, bedarf gerade dieses Bandes, um heilsgeschichtlich relevant zu werden. Dabei kann es sich aber nicht um eine einfache Identifikation der Kirche mit Christus handeln, so als sei die Kirche als Sakrament gleichsam die wirkende Außenseite und Christus die wirksame Innenseite der gleichen Wirklichkeit, sondern der Unterschied zwischen beiden muß gewahrt bleiben. Es ist deswegen wichtig festzuhalten, daß gerade die heilsgeschichtliche Sicht des Sakramentes der Kirche im II. Vaticanum darauf hinweist, daß die Identifikation Christi mit der Kirche auf einer operativen Ebene zu verstehen ist, die jedoch eine ontologische Basis hat. Wenn das Konzil den Ausdruck »fortlebender Christus« für die Kirche vermieden hat, dann zeigt sich hierin das Bemühen, eine einfache Gleichsetzung von Christus und Kirche zu umgehen. Wenn wir also die Frage stellen, wie die ontologisch-heilsgeschichtliche Beziehung zwischen Christus und der Kirche zu verstehen sein könnte, scheiden durch die bisher auf der Basis der Ekklesiologie des II. Vatikanums gefundenen Grundfiguren zwei Haltungen aus: Erstens jene, die Christus nur als den Stifter kirchlicher Strukturen und Vollmachten ansieht und ihm folgerichtig keine eigentlich wesentliche Beziehung zum Ganzen der Kirche in seinem heilsgeschichtlichen Wirken einräumen kann, und zweitens jene entgegengesetzte, die Christus und die Kirche in eine solche Nähe bringt, daß sie das Leben der Kirche ohne weiteres mit dem pneumatischen Leben Christi identifizieren und die von ihm gewollten Strukturen der Kirche in einer allein christoformen Innerlichkeit relativieren

---

37 Vgl. dazu auch Y. CONGAR, *Dogme christologique et ecclésiologique. Vérité et limites d'une parallèle,* in: DERS., Sainte Eglise, Paris 1963, 69–104.

38 Vgl. z.B. LG 1(93): »... sacramentum seu signum et instrumentum unionis cum Deo ...«; LG 9(109): »... sacramentum visibile salutiferae unitatis ...«; LG 48(181): »... universalis salutis sacramentum ...«; LG 59(197): »... humanae salutis sacramentum ...«.

kann. Ebensowenig, wie die Kirche eine Art Staat übernatürlichen Ursprungs ist, kann sie als christologische »Super-Person«[39] begriffen werden, denn weder Christo-extrinsezismus noch Christo-monismus, weder eine nestorianische noch eine monophysitische Auffassung der Kirche treffen jene ausgewogene Form des Christozentrismus, den das II. Vatikanum als Sammelbecken eines in diesem Sinne vom kirchlichen Lehramt begleiteten[40] theologischen Aufbruchs zum Leitbild für jede zukünftige Behandlung der Ekklesiologie machen wollte. Wenn wir jetzt über die Beziehung zwischen Christus und Kirche nachdenken wollen, wird dieses Leitbild im Hintergrund stehen.

b) Die Kirche als Fortsetzung der Begnadung Christi

Auch die Anwendung des Begriffes Sakrament auf die Kirche dispensiert nicht von einer tieferen Begründung des darin eingeschlossenen Verhaltens der Kirche zu Christus, und zwar umso weniger, als der Begriff Sakrament auf die Kirche natürlich nur im analogen Sinne anwendbar ist, weswegen die Bedeutung des Wortes vielleicht weitergehender, bestimmt aber nicht präziser ist als in der Sakramententheologie herkömmlicher Art[41]. Jeder Versuch, die Beziehung zwischen Christus und seiner Kirche zu klären, kann also gleichzeitig als Vertiefung der Bedeutung der Sakramententerminologie in Bezug auf die Kirche gelten. Wenn nämlich die Kirche Zeichen und Instrument des Heiles in Christus ist, stellt sich ja von neuem auch auf dem Hintergrund der theologiegeschichtlichen Problematik, die wir bei Augustinus, Thomas, Scheeben und Möhler angedeutet haben, die Frage, wie sich Christus dieses Heilsinstrumentes bedient und ob es ihm in einer besonderen Weise angehört. Denn auch, wenn man diese Instrumentalität des Heilssakramentes Kirche in einer personal-dialogischen Form fassen will, bleibt die Frage offen, ob dieser heilsmächtige Dialog mit dem Ursakrament Christus in der Kirche ähnliche ontologisch bedeutsame Beziehun-

---

[39] Vgl. gegen eine ähnliche Übertreibung in Bezug auf die unzerstörbare Heiligkeit der Kirche F.A. SULLIVAN, *Magisterium Teaching Authority in the Catholic Church,* Dublin 1983, 7: »Does this mean that we must think of ›the Church‹ in such statements as a kind of ›super-person‹, totally distinct from the real persons who are his members?«

[40] Vgl. dazu bereits LEO XIII, *Ep. encycl. »Satis cognitum« 29.Iun.1896*: ASS 28 (1895/96) 708–739; PIUS XII, *Litt. encycl. »Mystici corporis« 29.Iun.1943*: AAS 35 (1943) 193–248.

[41] Vgl. COMMISSIO THEOLOGICA INTERNATIONALIS, *Themata selecta de Ecclesiologia,* 48: »Recte apparet, terminum ›sacramentum‹, cum Ecclesiae applicatur, requirere quasdam explicationes. Clarum est, non agi de Ecclesia quasi de octavo sacramento, quia terminus cum de Ecclesia adhibetur, sensum habet analogicum. Re vera, hic sensus est fudamentalior quam sensus pro septem sacramentis, sed eodem tempore minus praecisus.«

gen entstehen läßt wie der trinitarische Dialog des fleischgewordenen Sohnes mit dem Vater, dessen Sakrament er darin ja nicht nur operativ-funktional, sondern ontologisch-real ist[42], weil in dieser Seinsrelation zum Vater sich seine menschliche Natur wirklich zum »wirksamen Zeichen der Selbstmitteilung Gottes« erhoben findet[43]. Daß es aufgrund des Unterschiedes zur hypostatischen Union und zum engeren Sakramentenbegriff nicht die gleiche ontologisch bedeutsame Beziehung sein kann, liegt schon angesichts der kirchlichen Wirklichkeit auf der Hand[44]. Daß aber nur moralische, funktionale oder strukturale Beziehungen zu Begründung der Bedeutung der Kirche als »Heilssakrament« nicht ausreichen, ergibt sich aus der Eingebundenheit der Kirche in das seinsmächtige Heilswirken der Trinität in der Geschichte, ist doch die Kirche gerade deswegen Leib und Braut Christi, weil derselbe Geist in ihr wirkt, der ihn und damit auch sie mit dem Vater verbindet. Weil sie aber Leib und Braut Christi ist, ist sie auch »Heilssakrament«[45]. So ist die Sakramentalität der Kirche als Vermittlerin trinitarischen Lebens ohne eine ontologische Begründung ihrer Relationalität auf Christus hin unzureichend begründet.

Will man jedoch eine solche Begründung liefern, müssen verschiedene Voraussetzungen vorgängig klar sein. Einmal sind die beiden Pole der zu behandelnden ontologischen Relation in ihrer Eigenart zu umschreiben: Christus ist, wie vor allem E. PRZYWARA erkannt hat[46], hier nicht einfach als der verherrlichte im Eschaton vollendete Herr zu fassen, sondern ist derjenige, dessen geschichtliche Wirklichkeit gerade in seiner nachösterlichen Verklärung fortbesteht, so wie seine Entäußerung und sein Opferakt immer noch den Gang der unvollendeten Heilsgeschichte bestimmen. Die Kirche ist ebensowenig wie ihr Herr als über der Geschichte befindliche Idee anzusehen, sondern ist gerade der gekreuzigte Leib Christi, der aus den

---

[42] Vgl. J. ALFARO, *Cristo, Sacramento de Dios Padre: La Iglesia, Sacramento de Cristo Glorificado,* 6: »La gracia increada de Cristo comporta necesariamente su gracia creada. La Encarnación (el ›hacerse-hombre‹) del Hijo de Dios, la ›humanización‹ de lo divino en Cristo, implica la divinización de la Humanidad de Cristo, que queda constituida en la Humanidad del Hijo de Dios.«

[43] Ebd., 6–7: »En Cristo tiene lugar la unión suprema de lo divino con lo humano (bajo la primacía de lo divino) de tal modo que lo divino se manifiesta y obra en lo humano, y lo humano es elevado a signo eficaz de la autocomunicación de Dios.«

[44] Vgl. COMMISSIO THEOLOGICA INTERNATIONALIS, *Themata selecta de Ecclesiologia,* 48: »Non omnia in Ecclesia … habent ex se vim efficacitatis salvificae quae pro septem sacramentis characteristica est.«

[45] Vgl. COMMISSIO THEOLOGICA INTERNATIONALIS, *Themata selecta de Ecclesiologia,* 48: »Quia Ecclesia est sponsa et corpus Christi accipit hoc nomen sacramenti.«

[46] Vgl. B. GERTZ, *Kreuz-Struktur,* 560.

Gliedern jenes Volkes besteht, das noch auf dem Weg zur Vollendung ist. Schon damit werden Christus und die Kirche in eine Beziehung gestellt, die die Ganzheit von Inkarnation, Kreuz und Auferstehung berücksichtigt und gerade dadurch auch auf eine pneumatologische Deutung hin offen ist, insofern das Pfingstereignis nur als Resultat der vorhergehenden heilsgeschichtlichen Phasen denkbar ist, die der Geist nun alle in der Kirche gegenwärtig und wirksam machen kann[47]. Kirchliche Gemeinschaft ist daher als Leib Christi Kreuzes- und Auferstehungsgemeinschaft im Hl. Geist und deswegen gerade in besonderem Maß Opfergemeinschaft[48].

1. Die Kirche und die Menschheit Christi

Diese Voraussetzungen zur Verfasstheit der beiden Pole festhaltend, können wir versuchen, ihr inneres Verhältnis unter verschiedenen Aspekten zu bestimmen, die sich gegenseitig bedingen. Durch eine Ekklesiologie, die nicht vom Christusgeheimnis als ganzem, sondern hauptsächlich von einer in der hypostatischen Union gleichsam kristallisierten Inkarnationsaufassung bestimmt ist, kann, wie wir gesehen haben, auch das Geheimnis der Kirche nur partiell erfasst werden. Nicht nur wird das Sein der Kirche von den geschichtlichen Heilsereignissen des Lebens und Wirkens Jesu abgelöst; darüber hinaus führt der direkte Vergleich ihres Wesens mit der hypostatischen Union zu einer Unterbewertung der in ihr gegebenen eschatologischen Spannung (gerade in Bezug auf die Aufnahme des Menschengeschlechtes in den Leib Christi), ihrer pneumatologischen Dimension und damit der relativen Selbstständigkeit der Kirche zu Christus. Diese theologischen Inkonvenienzen können eher beseitigt werden, wenn die Analogie zwischen Inkarnation und Kirche nicht so sehr bei der hypostatischen Union selbst, als vielmehr bei deren Folgen ansetzt. Diese Möglichkeit wird vom II. Vatikanum vorgezeichnet, wenn es die Analogie in der Instrumentalität

---

[47] Vgl. J. RATZINGER, *Artikel »Kirche«*: LThK VI, 172–183, bes. 176: »Eine solche Einbeziehung des pneumatologischen Elements wird zugleich vor einer einseitgen Inkarnationstheologie bewahren, die die innere Hinordnung der Inkarnation auf Kreuz u. Auferstehung übersieht …«.

[48] Vgl. ähnlich schon G. SÖHNGEN, *Der Wesensaufbau des Mysteriums*, 33–34: »So ist die Kirche jetzt auch der geschichtliche Leib des Kreuzesmysteriums. Freilich nennen wir die Kirche nicht den Träger schlechthin, sondern den geschichtlichen Träger des Kreuzes- und Christusmysteriums. Ganzer Träger des Christusmysteriums ist der ganze Christus: »Haupt und Leib, das ist der ganze Christus.« Das Haupt im Himmel und der Leib auf Erden, wie er vom Haupte durchgeistet wird, beides ist der ganze, nämlich der himmlisch-ewige und irdisch-zeitliche Träger des Christusmysteriums, wie es in der Kirche hienieden sichtbar und geheimnisvoll zugleich vollzogen wird. Das Kreuzesmysterium, das sich einst am Leibe des irdischen Jesus blutig zutrug, ereignet sich durch das Sakrament unblutig, am mystischen Leib des himmlischen Christus.«

der menschlichen Natur Christi der Gottheit gegenüber sieht, also nicht in der Union in sich, und die Kirche dementsprechend als Instrument des Geistes zur Erweiterung des Leibes ansieht. Wie die Konstituierung der menschlichen Natur Christi zum »lebendigen Organ des Heiles«[49] eine (nicht zeitliche) *Folge* der Union ist, so ist auch die Möglichkeit der Kirche, dem Geist Christi als Instrument zu dienen, eine *Folge* der Inkarnation als ontologisches Faktum. Zwischen den beiden Folgeerscheinungen der Union besteht deswegen eine »analogia proportionalitatis«, also eine Analogie zwischen zwei Verhältnissen, die beide, da vom Wirken des Heiligen Geistes begründet, dynamisch aufzufassen sind, was auch auf die Analogie selbst seine Auswirkungen hat[50]. In einer christozentrischen Ekklesiologie, wie sie vom II. Vatikanischen Konzil entworfen wurde, scheint es demnach zur Wahrung des dynamisch-geschichtlichen Aspektes angebracht, die mit der Gottheit personal geeinte menschliche Natur Christi als Ausgangspunkt einer Analogie zwischen Inkarnationsgeschehen und kirchlicher Wirklichkeit zu nehmen. Denn wenn die Kirche vom Geist durchwirktes »Heilssakrament« ist, dann ist sie es aufgrund der und analog zur geistdurchwirkten und daher wirkmächtigen Menschheit Christi[51]. Diese Erklärung scheint auch kohärenter zum Hauptsein Christi über seinen Leib als das neue Volk Gottes, denn die »gratia capitis«, die diese Beziehung begründet, ist ja, wie anläßlich der Ekklesiologie des hl. Thomas von Aquin bemerkt, eine die Menschheit Christi betreffende »Konsequenz« der die personale Einheit Christi konstituierenden »gratia unionis«, wie denn Christus gerade auch seiner Menschheit nach das Haupt der Kirche ist. Und wie die Menschheit Christi dafür im Hl. Geist von der Gnade »gesalbt« und durchdrungen ist,

---

[49] LG 8(104).

[50] Das Konzil scheint dagegen die Analogie zur Inkarnation selbst im Sinne einer »analogia attributionis« aufzufassen, wobei aber wieder die Menschheit Christi und die Kirche in Beziehung gesetzt werden: vgl. H. MÜLLER, *De analogia Verbum Incarnatum inter et Ecclesia (LG 8a)*, 506: »In casu analogiae attributionis tertium comparationis analogato secundario attribuitur in dependentia ab analogato principali. Tertium comparationis in casu nostro est *inservire ut medium salutis*. Principaliter convenit naturae humanae in Verbo incarnato, inquantum est vivum salutis organum secundae personae divinae; convenit tamen etiamsi modo dissimile societatis quoque visibili Ecclesiae, inquantum est salutis instrumentum tertiae personae divinae.«

[51] Vgl. J.H. NICOLAS, *Le sens et la valeur en ecclésiologie du parallélisme de structure entre le Christ et l'Eglise*: ANG 63 (1966) 353–358, bes. 357: »Si elle [l'Eglise] est ›transformée‹, c'est par le dons de grâce qui, en conséquence de cette union, remplissent l'âme du Christ. Aussi, l'analogie de structure entre l'Eglise et le Christ serait à mon avis beaucoup plus juste et plus féconde, si elle portait sur le Christ comme Homme: c'est-à-dire sur le Verbe incarné considéré selon son humanité pleine de grâce. C'est là que nous situerions le mieux les deux éléments constitutifs de l'Eglise.«

um mit SCHEEBEN zu sprechen[52], so ist eben durch das im intensiven Sinn verstandene Hauptsein Christi über die Kirche auch diese in ihren Strukturen und Gliedern, also in ihrer Menschlichkeit »gesalbt« und von der Gnade durchdrungen[53]. Ebenso, wie diese besondere Begnadetheit nichts an der vollen Menschheit Christi zerstört oder gemindert hat, mindert oder zerstört die Begnadetheit der Kirche nichts an ihrer wirklichen Menschlichkeit mit ihren Versuchungen und Leiden. Der Unterschied zwischen der Begnadetheit Christi und der Kirche liegt neben der Tatsache, daß die Menschheit Christi nicht von der Erbsünde gezeichnet ist und der Gnade anders als die Menschlichkeit der Kirche nie ein Hindernis in den Weg legt, in der Ursache der Begnadung, die für die Menschheit Christi die *gratia unionis,* für die Menschlichkeit der Kirche aber die *gratia capitis Christi* ist. Die Begnadetheit der Kirche ist also im Vergleich zu der Christi eine abgeleitete, sekundäre Begnadetheit. Der Kontakt zwischen Gottheit und Menschheit ist nämlich bei Christus in seinem eigenen göttlichen Sein begründet und daher unmittelbar, dauernd und bleibend, während er sich bei der Kirche auf die gottmenschliche Person Christi stützt und deshalb als physischer Kontakt immer durch die Menschheit Christi vermittelt und überhaupt auf bestimmte privilegierte Momente der besonderen Wirkmächtigkeit dieser Menschheit, die sich vorrangig in der Feier der Sakramente ergibt und besonders in den kirchenkonstituierenden Sakramenten Taufe, Ordo und Eucharistie, sowie deren Folgen im Gesamt des Leibes Christi oder in den Einzelgliedern, beschränkt ist. Daraus wird dann zweierlei deutlich. Zum ersten die Bedeutung Christi als »Ursakrament«, die gerade in der durch seine Menschheit vermittelte Weitergabe des Kontaktes zur Gottheit an die Kirche liegt, welche damit, und das besonders dicht in den genannten Momenten, selbst zum »Heilssakrament« wird. Zweitens erscheint aber die pneumatologische Dimension dieses »Heilsakramentes« auf, denn seine Begnadetheit durch die Menschheit Christi wird ja nur dadurch möglich, daß diese Menschheit mit der Gottheit verbunden und dadurch in die pneumatische Relation von Vater und Sohn hineingenommen, also vom Hl.

---

52 Vgl. MC 275; DOG V/1 272; an diesen Stellen spricht Scheeben von der Salbung und Durchdringung der Menschheit von der Gottheit, ohne vielleicht genügend die Aufgabe des Hl. Geistes dabei zu unterstreichen: H. MÜHLEN, *Der heilige Geist als Person. Ein Beitrag zur Frage nach der dem Heiligen Geist eigentümlichen Funktion in der Trinität, bei der Inkarnation und im Gnadenbund* (Münsterische Beiträge zur Theologie 26), Münster 1967², 173.

53 Vgl. J.H. NICOLAS, *Le sens et la valeur en ecclésiologie du parallélisme de structure entre le Christ et l'Eglise,* 357: »Ainsi en est-il de l'Eglise: ce qu'il a en elle de *Mystère,* l'invisible, le divin, pénetre tout l'apparent, l'institutionnel, l'humain: et cela c'est sa grâce. Qui est aussi, mais par l'intermédiaire du Christ, le retentissement en elle de la divinité conjointe à l'humanité en Jesus Christ. La grâce de l'Eglise est en effet communication de la grâce du Christ, le Saint Esprit qui l'habite. C'est Jesus Christ que le lui envoie.«

Geist durchdrungen ist. Diese Durchdrungenheit vom selben Geist gibt sie aber der Kirche seit dem Pfingstereignis dauernd weiter, weil nur so der Erhalt jener Bedingungen gewährleistet ist, die den besonderen Kontakt der Menschlichkeit der Kirche mit der Gottheit erst ermöglichen. Deswegen ist der pneumatische Kontakt der Kirche zu Christus im Hl. Geist ein dauernder und allgemeiner, während der physische Kontakt, der ebenfalls geistgewirkt ist, sich punktuell und individuell verdichten kann.

Die Analogie zwischen der gottgesalbten Menschheit Christi und der begnadeten Menschlichkeit der Kirche hilft demzufolge, die Besonderheit der Beziehung des Heilssakramentes Kirche zu Christus zu verstehen. Die von PRZYWARA angesprochene »so große Ähnlichkeit« zwischen Christus und seinem Leib[54] z. B. besteht nämlich gerade in der instrumentalen Beziehung des »organon Divinitatis« zum »organon humanitatis Christi«. Genauso, wie sich die Gottheit der ihr »ein-geeinten« Menschheit bedient, um das Heil zu wirken, so bedient sich diese Menschheit der ihr im Hl. Geist eingeleibten Menschlichkeit des »neuen Volkes Gottes« zur Weitergabe dieses Heiles. Die »je größere Unähnlichkeit« jedoch liegt in eben jenem Abstand, der die personale Einheit der beiden Naturen in Christus von der durch die Menschheit Christi im Hl. Geist bewirkten Einheit des göttlichen und menschlichen Elementes in der Kirche unterscheidet[55]. Zwischen Menschheit Christi und leibhaft-begnadeter Menschlichkeit der Kirche besteht also die »so große Ähnlichkeit«, während zwischen dem ontologischen Faktum der Inkarnation und der Kirche die »je immer größere Unähnlichkeit« waltet, denn Inkarnation bedeutet eben unmittelbaren Kontakt mit der Gottheit, wogegen die Einheit der Kirche mit Christus immer vermittelten Kontakt meint. Die pneumatologische Dimension jedoch bewirkt, daß die Einheit der Kirche mit Christus in »so großer Ähnlichkeit« des Leibes Christi mit der Menschheit Christi und »je immer größerer Unähnlichkeit« im Kontakt beider zu der »souveränen Majestät Gottes« als »schwebender All-Rhythmus der Analogie« bestehen kann. Gerade die dritte Person der Trinität ist es, die das »Entweder-Oder zwischen physisch-materieller und ontisch-geistiger Einheit« so verbindet, daß es in die eine »unrückführbare Einheit der

---

[54] Vgl. E. PRZYWARA, *Theologie der Kirche — Ekklesiologie,* in: DERS., Katholische Krise, 160.

[55] Vgl. DERS., *Corpus Christi Mysticum — Eine Bilanz,* in: DERS, Katholische Krise, 149: »Der menschgewordene Gott (als Christus) und die Menschen (als Christen) sind so sehr eins, daß sie *›Haupt und Leib ein Christus‹ sind, aber im gewahrten Unterschied zwischen den zwei Naturen in der Einen Person Christi und der geschöpflichen Natur und Person des einzelnen Christen und der Christen.«*

›Analogie‹« aufgeht[56]. Deswegen ist die Kirche ein Gesamtmysterium, das Ähnlichkeit und Unähnlichkeit, Nähe und Majestät, Sakrament und Wort, Liebe und Recht umfaßt, weil der Hl. Geist die »je immer größere Unähnlichkeit« Gottes mit der »so großen Ähnlichkeit« der Menschheit Christi in jener Einheit der Kirche mit Christus verbindet, die eben in der Begnadung der Kirche durch diese Menschheit im Hl. Geist Wirklichkeit wird. Insofern würde man das »Wesen« der Kirche besser treffen, wenn man sie statt als »Fortsetzung der Inkarnation« mit der Formel »Fortsetzung der Begnadung Christi« bezeichen würde, weil damit der geistgewirkte Kontakt zur eigentlich kirchenbegründenen Menschheit Christi in Ähnlichkeit und Unähnlichkeit des Gotteskontaktes mitausgesagt wäre. Das Wort J. A. MÖHLERS von der Kirche als der ›dauernden Fleischwerdung‹ des Gottessohnes[57], als seiner »bleibende[n], ewig sich verjüngende[n] Menschheit«[58] kann so, wie es auch dem Gesamt der Ekklesiologie Möhlers in ihren verschiedenen Entwicklungsstufen entspricht, in einer heilsgeschichtlich-pneumatologischen Sicht als Fortsetzung der Begnadung des Herrn in den menschlichen Leib der Kirche hinein verstanden werden. Damit würde auch der Zusammenhang zwischen dem »neuen Volk Gottes« und dem »Leib Christi« erkennbar, weil es doch gerade die in der Heilsgeschichte geschehende Begnadung ist, die das »neue Volk« als »Leib Christi« vereint.

2. »Communio« leiblicher Begnadung in Christus

Ein weiterer Aspekt, der durch die Analogie der Kirche zur Menschheit Christi verdeutlicht werden kann, ist der der Gemeinschaft. Kirchliche Gemeinschaft bedeutet eben nicht nur geistige Gemeinschaft, die in einer von der Gottheit durchwirkten Sphäre miteinander kommuniziert, sondern bedeutet menschliche Gemeinschaft, die durch eine besondere Begnadung erhoben worden ist, für die aber die Notwendigkeit weiterbesteht, in menschlicher Wirklichkeit fortzuleben. Deswegen werden für diese Gemeinschaft auch menschliche Vollzüge zu möglichen Trägern dieser Begnadung, so daß die gegliederte Verfasstheit der Kirche nicht nur als »Außen-Seite« einer inneren Gnadenvermittlung erscheint, sondern selber zur Gnade werden kann, insofern sie nicht mehr als bloßes Vehikel der Gnade, sondern als Teil dieser Gnade selbst angesehen werden darf[59]. So wie die Menschheit Christi nicht nur Vehikel der Gnade, sondern in ihrer ganzen menschlichen

---

[56] Ebd., 149, wo allerdings auch Przywara die Rolle des Hl. Geistes in dieser ›Analogie‹ nicht ausdrückt.

[57] Vgl. S I 389.

[58] S I 27.

[59] Vgl. F. MALMBERG, *Ein Leib — Ein Geist*, 99.

Wirklichkeit begnadet war (weswegen wir eben das *ganze* Leben Christi als heilsmächtige Offenbarung Gottes ansehen können), ist analog dazu durch den geistgewirkten Kontakt mit der Menschheit Christi auch die menschliche Gemeinschaft der Kirche in ihrer Ganzheit begnadet und eben dadurch »Leib Christi«. Der Versuch KARL ADAMS, aus dem Leib-Christ-Begriff die gesamten Gliedfunktionen in der Kirche als auch der menschlichen Gemeinschaft der Kirche entsprechend zu erklären und damit den Dualismus zwischen Innen und Außen, zwischen »Gemeinschaft der Heiligen« und Hierarchie, zwischen Liebe und Gesetz der Kirche zu relativieren[60], könnte hier weitergeführt werden, und zwar vor allem dann, wenn Begnadung in ihrem Vollsinn nicht allein als Selbstmitteilung trinitarischen Lebens an die aus Geistpersonen zusammengefügte Erlösungsgemeinschaft, sondern von daher gerade auch als Nutzbarmachung der gesamten Wirklichkeit für diese Selbstmitteilung gesehen wird. Ungeschaffene Gnade wird eben gerade dann zum Lebenskern menschlicher Gemeinschaft, wenn sie über den geistigen Aspekt hinaus auch die Gesamtwirklichkeit belebt, die dann nicht mehr am Rande der Gnadenwirklichkeit verbleibt, sondern als geschaffene Gnade die Bedingung der Möglichkeit von Selbstmitteilung ungeschaffener Gnade bilden kann. Daß damit dem kosmischen Aspekt der Begnadung auch ekklesiologisch ein neuer Ansatzpunkt gegeben ist, eröffnet wohl einen ganz neuen Blick auf die kirchlichen Strukturen, die damit nicht mehr als notwendiges Übel, sondern als vollwertiger Teil eines im Sinne der Analogie zur Menschheit Christi gottmenschlichen Ganzen gelten können. Die »Verdinglichung« der Begnadung ist in einer solchen Sicht bereits dadurch ausgeschlossen, daß die Begnadung der Gesamtwirklichkeit der Kirche natürlich immer im Dienst der Mitteilung trinitarischen Lebens, also der Vergöttlichung der menschlichen Person steht. Daher sind jene eigentlich sakramentalen Momente, wo die menschliche Wirklichkeit in der Kirche in höchster Dichte gnadenhaft wirksam wird, in ihrer Vermittlungskraft jeder menschlichen Willkür entzogen. Je weniger die menschliche Wirklichkeit jedoch zur Gnadenwirklichkeit in Beziehung tritt, desto mehr ist sie menschlicher Unvollkommenheit ausgesetzt. ROMANO GUARDINI hat hier bereits bemerkt, wie wichtig die Übereinstimmung von Form und Inhalt für das Zustandekommen dieser Beziehung ist: Mangelnde Form kann den Inhalt nicht ergreifen, mangelnder Inhalt läßt die Form zum Selbstzweck werden; deswegen bedürfen gnadenhafte Inhalte besonderer Formen[61]. Auch diese Formen haben aber schon Anteil an der Gnade, die sie vermitteln sollen, sie sind ihr nicht äußerlich, sondern gehören ihr auf eine

---

[60] Vgl. z.B. K. ADAM, *Das Wesen des Katholizismus*, 126–127.
[61] Vgl. z.B. R. GUARDINI, *Vom Geist der Liturgie*, 68–69.

bestimmte Weise an, vor allem dann, wenn ihr Zusammenhang mit dem Sakrament der Kirche feststeht. Hier dürfen nicht nur die sieben Sakramente, sondern auch die gesamte Liturgie, die Verkündigung in ihren Abstufungen von der authentischen Lehraussage bis zum privaten Glaubenszeugnis, und natürlich auch hierarchische und rechtliche Formen eingeordnet werden, die, wenn sie wirklich in ihrem Sein als begnadete Form beachtet werden, die Beziehung zum Inhalt, den sie vermitteln sollen, bereits mitbedeuten. Dementsprechend bedeutet kirchliche Gemeinschaft nicht rein geistige Gemeinschaft, sondern Gemeinschaft, die an bestimmte Formen gebunden ist, die zu Trägern der die Gemeinschaft konstituierenden Gnade werden. Kirchliche »communio« ist deswegen nicht unabhängig zu denken von den sie aufbauenden Strukturen, die so nicht nur als »äußere Form«, als »Schale« des »eigentlichen Kernes«, also der Gnadengemeinschaft, zu betrachten sind, sondern als wesentlicher Bestandteil jenes Gnadengesamts, ohne das göttliches Leben in der konkreten heilsgeschichtlichen Ordnung unkommunizierbar bliebe. Diese Einbindung der menschlichen Zweitursachen in die »Übernatur« beschränkt sich dabei eben nicht auf jene Formen, die als eigentlich sakramental erscheinen, sondern weitet sich auf alle Äußerungen kirchlichen Gemeinschaftslebens aus, wie folgerichtig die Sakramentalität der Kirche nicht auf die Sphäre der Sakramente reduziert werden kann, wenn auch in diesen, und vor allem in der Eucharistie, kirchliche Gemeinschaft am nächsten an die Quelle göttlichen Lebens rührt. Gerade wenn die Begnadung der Kirche in Analogie zur begnadeten Menschheit Christi verstanden wird, können ja auch alle anderen Formen interekklesialer »communio« eine sakramentale Dimension erhalten, die sie zu heilsmächtigen Mittlern der Gnade Christi werden läßt. Die Gemeinschaft der Kirche ist so nicht nur in ihren intensivsten Momenten »Leib Christi«, sondern in allen Momenten, wenn auch in verschiedener Nähe zu Christus. Wichtig dabei ist, den Unterschied zwischen Sakrament im engeren Sinne und dieser Sakramentalität nicht zu verwischen, sondern sich bewußt zu werden, daß es verschiedene Stufen der Heilswirksamkeit der menschlichen Zweitursachen gibt, die alle zum gleichen Ziel tendieren, aber nicht alle auf die gleiche Weise Gnade vermitteln und die, wenn auch aufeinander hingeordnet, doch nicht unbedingt voneinander abhängig sein müssen. So offenbart sich die »communio« des »neuen Volkes Gottes« als *eine* Gnadenwirklichkeit, deren »inhaltsschwere«, zweitursächlich-menschliche Formen in konzentrischen, immer dichter werdenden Kreisen um den einen Mittelpunkt, der Christus ist, angeordnet sind. Damit wird die Gliederung dieses Volkes zum »Leib Christi« nicht einfach aufgesetzt, sondern erscheint als Notwendigkeit einer Sakramentalität, die, analog zur vollen Menschlichkeit

Christi, alle Äußerungen menschlich-kirchlicher Gemeinschaft zur Begnadung der Menschheit geeignet werden läßt, solange die Beziehung zu Christus gewahrt bleibt. Dabei wird einerseits die Kirche nicht zu einem rein innerweltlich-soziologischen Organismus banalisiert, andererseits wird sie nicht einfach zu einer Gnadengemeinschaft stilisiert, in der die menschlichen Zweitursachen keine wirkliche Bedeutung haben oder die als »Verklärungskirche« das Menschliche schon zum Göttlichen vollendet hat.

3. Gekreuzigte Heiligkeit

Durch diese ganzheitliche Begnadung der menschlichen Zweitursachen innerhalb der kirchlichen Gemeinschaft wird die Heiligkeit der Kirche in ihrem Vollsinn gewahrt. Nicht nur die eigentlichen sakramentalen Vollzüge der Kirche sind heilig, sondern der ganze »Leib Christi« partizipiert an der Begnadung, die von der Heilswirksamkeit der Menschheit Christi aus der gesamten »communio« der Kirche mitgeteilt wird. Gleichzeitig ist diese Heiligkeit aber auch in ihrer konkreten Gefährdetheit erfasst. Zwar bleibt die Kirche durch ihre Beziehung zu Christus stets als Ganze heilig, doch ist es möglich, daß das einzelne Glied sich dieser Vollbegnadung der ganzen Kirche sperrt und sogar konkret aus dem Kontakt zu Christus herausfällt. Die menschlichen Zweitursachen nehmen eben nur solange an der Begnadung der sakramentalen »communio« der Kirche vollen Anteil, als sie im Dienst Christi bleiben, als sie als »Zweitursachen« innerhalb der »communio« wirken. Je mehr sich »Form« und »Inhalt« in den der Kirche angehörenden Gliedern dualisieren, desto mehr geraten sie an den Rand jener konzentrischen Kreise der begnadeten Zweitursachen, die sich im »Leib Christi« um Christus scharen, um schließlich nur noch durch die am wenigsten wirksamen Formen an dieser Begnadung teilzuhaben. Aber selbst in diesen Gliedern ist die Kirche als Gemeinschaft noch in Analogie zu der Menschheit Christi zu sehen, insofern sie selbst immer noch an der Menschlichkeit der Kirche Anteil haben und die anderen Glieder an ihnen leiden und aus der damit verbundenen Kreuzeserfahrung des ganzen »Leibes Christi« wiederum eine Vertiefung der Begnadung erwachsen kann. Gerade dadurch, daß die Kirche der gekreuzigte »Leib Christi« ist, und an sich selber Versuchung, Not, und in der Abgeleitetheit ihrer Begnadung auch Sünde und Schuld erfährt, kann sie auch teilhaben an der durch das Kreuz möglich gewordenen Heilsvermittlung. Fast könnte man sagen, daß angesichts der menschlichen Heiligkeit der Kirche die Sünde an ihren Gliedern zum Grund einer Intensivierung dieser Heiligkeit am ganzen Leib Christi werden kann. Heiligkeit und Sünde stehen dabei in keinem dialektischen Verhältnis zueinander, da nur die begnadete Heiligkeit der Kirche wesentlich ist, aber die

Sünde einzelner Glieder kann trotzdem dazu beitragen, daß die wesentliche Heiligkeit der Kirche durch die Prüfung der Kreuzeserfahrung in der Geschichte an Christusförmigkeit gewinnt. Aber auch, wenn das nicht der Fall ist, ist die Existenz der Sünde an den Gliedern der Kirche immerhin ein Zeichen dafür, daß die Begnadung der Kirche ihre volle Menschlichkeit auch mit allen ungünstigen Folgen bestehen läßt und daß eben *diese* Menschlichkeit begnadet ist, also Christus in seiner unbegreiflichen Liebe zu uns in der Kirche sein Kreuzesopfer fortsetzen will.

4. Leibliche Teilhabe am »Leib Christi«

Die komplexe Frage der Zugehörigkeit zur Kirche kann hier nur angeschnitten werden. Wenn tatsächlich die »communio« der Kirche als gnadenhafte »communio« menschlicher Zweitursachen besteht, ist es jedoch von Bedeutung, daß eben diese Begnadung nicht einfach von den in der Kirche bestehenden Formen getrennt gesehen werden kann. Gerade weil auch die »Leiblichkeit« der Kirche mit zum Gnadenganzen der »communio« mit Christus gehört, so wie auch der Leib des Gottmenschen Christus mit in seine personale Beziehung zum Vater hineingenommen ist, kann die Zugehörigkeit zum »Leib Christi« nicht einfach als von dieser strukturierten Leiblichkeit unabhängig aufgefasst werden. Auch die »Ecclesia ab Abel« richtet sich nach den Gesetzen der jeweiligen »Heilsordnung«, die, so dynamisch man sie sich auch immer in der Geschichte entwickeln sieht, doch nie einfach von den jeweilig begnadeten Heilswirklichkeiten menschlicher Art abgesehen hat[62]. Da die Kirche als begnadete Gemeinschaft in bestimmten Formen um Christus zentrierter leib-geistiger Personen aber niemals reine Geistgemeinschaft sein kann, wird auch die Zugehörigkeit zum »Leib Christi« immer aus der (auch leiblichen) Hingeordnetheit auf diese »communio« zu begreifen sein.

---

[62] Vgl. dazu F. MALMBERG, *Ein Leib –Ein Geist,* 100: »Mit anderen Worten: das Heil, das ewige Heil, das Christus uns Menschen schon hier auf Erden anbietet, ist keine *rein spirituelle* Perfektion (wir sind keine Engel und Christus ist kein Engel!), sondern es ist Christus selbst in seiner Kirche, das *fleisch*gewordene Wort, das sich für alle Ewigkeit unlösbar mit seinem mystischen *Leib* verbunden hat. Wir verkennen natürlich nicht den Unterschied zwischen ›gratia interna‹ (innere Gnade) und ›gratia externa‹ (äußere Gnade), aber dieser rechtmäßige Unterschied darf uns nie vergessen lassen, daß es nur zwei Aspekte einer einzigen Gnade sind, die sich völlig aufeinander beziehen und aufeinander abgestimmt sind, deren Einheit eben ›christliche Gnade‹ schlechthin ist.«

c) Die im Hl. Geist durch Christus begnadete Kirche

Wenn wir die Beziehung Christi zur Kirche nicht einfach in Analogie zum bloßen Faktum der Inkarnation setzen, sondern diese besondere Beziehung eben in der Weitergabe der Begnadung seiner Menschheit an die Kirche sehen[63], wird auch die Rolle des Hl. Geistes in dieser Beziehung klarer. Schon THOMAS VON AQUIN weist gegen einen dem hl. Augustinus entnommenen Einwurf ausdrücklich darauf hin, daß Christus gerade seiner Menschheit nach Haupt der Kirche ist, weil diese Menschheit der Kirche als »instrumentum divinitatis« den Hl. Geist vermittelt hat[64]. Gerade durch den von der Menschheit Christi aus vermittelten Geist wird die Kirche als Fortsetzung der Begnadung Jesu Christi Wirklichkeit. Mehr noch: Man kann sagen, daß der Hl. Geist die Fortsetzung dieser Begnadung *ist,* denn er ist in Christus und in seiner Kirche numerisch derselbe[65]. Damit wird die pneumatologische Dimension der Kirche in ihrer ganzen Fülle sichtbar. Die Begnadung der »communio« der Kirche, des Leibes Christi, in ihrer strukturierten Ganzheit menschlicher Zweitursachen ist das Werk des Heiligen Geistes, der über die Menschheit Christi der Kirche vermittelt wird. Zum einen verliert dadurch die Kirche nichts von ihrer tiefen Bindung zu Christus, die in allem der entscheidende Faktor bleibt[66], während sie andererseits

---

[63] Damit können wir erklären, was Pius XII. in der Enzyklika »Mystici corporis« zur Beziehung Christus Kirche bemerkt, vgl. AAS 35 (1943) 218: »Nobilissima tamen eiusmodo appellatio non ita accipienda est, ac si ineffabile illud vinculum, quo Dei Filius concretam assumpsit humanam naturam, ad universam pertineat Ecclesiam, sed in eo posita est, quod Servator noster bona maxime sibi propria ita cum Ecclesia sua communicat, ut haec secundum totam vitae suae rationem, tam adspectabilem quam arcanam, Christi imaginem quam perfectissime exprimat.«

[64] Vgl. III, 8, 1 ad 1: »Ad primum ergo dicendum quod dare gratiam aut Spiritum Sanctum convenit Christo secundum quod Deus, auctoritative: sed instrumentaliter ei convenit secundum quod est homo, inquantum scilicet eius humanitas fuit *instrumentum divinitatis eius.* Et ita actiones ipsius ex virtute divinitatis fuerunt nobis salutiferae, utpote gratiam in nobis causantes, et per meritum et per efficientiam quandam. Augustinus autem negat Christum, secundum quod est homo, dare Spiritum Sanctum per auctoritatem. Instrumentaliter autem, sive ministerialiter, etiam alii sancti dicuntur dare Spiritum Sanctum ...«.

[65] Vgl. F. MALMBERG, *Ein Leib — Ein Geist,* 211: »Ein und derselbe unerschaffene Heilige Geist — so sagt Thomas — wohnt in Christus und in der Kirche, er senkt sich ungeteilt (ganz im Haupte bleibend) aus dem Haupte in die Glieder nieder: ›aus Christi Fülle haben wir alle empfangen‹. In allen Gliedern des mystischen Leibes ist dieser numerisch eine Heilige Geist: Er ist die letzte und vornehmste Vollkommenheit aller Glieder und des gesamten Leibes ... So ist er das letzte immanente Einheitsprinzip der Kirche: er vereinigt uns im Glauben und in der Liebe mit Christus, unserem Haupt, und vereinigt uns untereinander zu Christi Leib. Christus ist und wirkt durch ihn in dem Leibe: »Daran erkennen wir, daß Christus in uns bleibt, daß Er uns von seinem Geiste gegeben hat.«; auch H. MÜHLEN, *Una mystica persona,* 64–65, der so das Wort vom *mystischen* Leib Christi zu begründen versucht.

[66] Das betonen korrigierend auch einige Besprechungen von H. MÜHLEN, *Una mystica persona*: vgl. F. WETTER: MThZ 17 (1966) 147–148 u. G. DEJAIVFE: NRT 87 (1965) 961–963.

trotzdem als durch den Hl. Geist geeinte korporative Person in einer relativen Verschiedenheit zu Christus gesehen werden kann[67]. Die »communio« der leib-geistigen Personen mit Christus besitzt so den Hl. Geist als begnadendes Lebensprinzip, das das »neue Volk Gottes« sowohl zum »Leib Christi« macht als auch mit Christus zum »Christus totus«, der nicht einfach mit dem Gottmenschen identisch ist, sondern über diesen hinaus die Fortsetzung seiner Begnadung in das Menschengeschlecht hinein darstellt. Die klassische Bezeichnung des Hl. Geistes als »Seele« der Kirche erklärt sich so ebenfalls aus der Analogie der Kirche zur Menschheit Christi: So wie der Hl. Geist das übernatürliche Lebensprinzip der Menschheit Christi nach ihrer Vereinigung mit der Gottheit darstellte, so wird durch die — ebenfalls geistgewirkte — Verbindung der Kirche mit dieser Menschheit derselbe Hl. Geist auch zum Lebensprinzip der Kirche. Die Verbindung Christi zur Kirche, die für die Kirche konstitutiv ist, hängt deswegen wesentlich vom Hl. Geist ab, der seinerseits aber als kirchliches Lebensprinzip immer mit der Menschheit Christi verbunden bleibt. Deswegen ist das Pfingstereignis nicht zufällig als der Ort der Geburt der Kirche angesehen worden, denn gerade hier sind die drei Elemente des instrumentalen Wirkens der Menschheit Christi, der Begnadung durch den Hl. Geist und der »communio« leibgeistiger Personen das erste Mal in direkten Zusammenhang gebracht worden. Jedes der drei Elemente für sich genommen kann bereits einen kirchenbildenden Faktor bedeuten, aber erst alle drei zusammen bilden die Konstituenten für das »neue Volk Gottes« in der Vollverwirklichung seiner Beziehung zu Christus, so wie sie seit dem Pfingstereignis in der einen Kirche Jesu Christi vorhanden ist.

Die pneumatologische Dimension dieser Beziehung zu Christus vervollständigt die Sicht der Kirche als »neues Volk Gottes« in Hinsicht auf jene Komponenten, die wir in unserer Untersuchung der geistesgeschichtlichen Hintergründe des ekklesiologischen Aufbruchs nach 1918 erarbeitet haben und die bis heute zum Allgemeingut einer dogmatischen Auffassung vom Geheimnis der Kirche gehören. So wie die Menschheit Christi das objektive Fundament für das Zustandekommen des »neuen Volkes Gottes« bildet, stellt der Hl. Geist einen solchen dauernden dynamischen Kontakt zu dieser Menschheit her, daß in der Kirche dasselbe göttliche Leben als Begnadung im Hl. Geist wirken kann, wie in der Menschheit Christi selbst. Dadurch aber wird die »communio« der leib-geistigen Personen, also der vollmenschlichen Zweitursachen, erst zu jenem »Leib Christi«, der in abge-

---

[67] Vgl. R.M. SCHMITZ, *Christus als Träger der Kirche*, bes. 179–183.

stufter, strukturierter Begnadung um Christus zentriert ist, zu diesem hinführt und so dessen Fülle bildet. Objektivität, Leben und Gemeinschaft werden damit zu Größen, die nicht mehr aus einem einseitigen Inkarnationismus heraus in Richtung einer Mystifizierung überbeansprucht werden, sondern die durch ihre doppelte Verankerung in der vollen Menschlichkeit Christi und in der vollen Menschlichkeit der Kirche durch die Vermittlung des Hl. Geistes gerade soweit an der Übernatur teilhaben, daß die Basis der Analogie in der menschlichen Wirklichkeit nicht zugunsten einer im Grunde monistischen Verklärungstheologie, die schließlich in einen Naturalismus umschlagen musste, aufgelöst wird. Besonders der Hl. Geist ist es, der hier als Bindeglied zwischen Natur und Gnade das Gleichgewicht zwischen beiden solange bewahren hilft, als sie in ihrer je eigenen Ursächlichkeit bestehen bleiben, sich aber dennoch gegenseitig durchdringen. Die Menschheit Christi bleibt in ihrer aus der hypostatischen Union sich erklärenden erlösenden Ursächlichkeit in dieser ekklesiologischen Sicht ebenso bestehen, wie die Gemeinschaft der Kirche in der Wirksamkeit ihrer menschlichen Seinsformen. Das Band, das beide vereint und so die Menschlichkeit der Kirche an der sakramentalen Kraft der Menschheit Christi teilhaben läßt, ist aber der Hl. Geist. Der letzte Sinn dieser Beziehung wird in dem Band des Hl. Geistes selbst aber bereits deutlich: Es ist die Mitteilung trinitarischen Lebens, die Teilhabe an der göttlichen Natur, die Einwohnung der ungeschaffenen Gnade in den Erlösten, die aber ohne die in der »communio« der Kirche stattfindende Vermittlung der Menschheit Christi in der konkreten Heilsgeschichte unmöglich geworden ist[68].

Wenn wir mit AUGUSTINUS die Kirche als »una quaedam persona« auffassen, so liegt der Angelpunkt dieser gemeinsamen Personalität wiederum in der Begnadung Christi und der Kirche. Es ist nicht die göttliche Person, die die Kirche mit Christus gemeinsam hat, obwohl diese natürlich das letzte — trinitarisch verankerte — Fundament ihrer Begnadung durch die Menschheit des Herrn bildet. Ebensowenig besitzt Christus die Personalität der einzelnen Glieder der Kirche. Die Person Christi und die Personen des »Leibes Christi« bleiben voneinander unterschieden und in sich stehend, wie das gerade auch bei der Kirche als »Braut Christi« erscheint, aber sie treten doch in einen persönlichen Zusammenhang der Begnadung, die von Christi Menschheit durch den Hl. Geist auf die Kirche übergeht. Man kann die Person Christi und die Gliedpersonen der Kirche so als Ausgangs- respektive Endpunkt der Begnadung ansehen und ihre Verbindung in der Kir-

---

[68] Vgl. zur ekklesialen Dimension auch der Geisttaufe: F.A. SULLIVAN, *Baptism in the Holy Spirit. A Catholic Interpretation of the Pentecostal Experience*: Greg 55 (1974) 49–68.

che als den personhaften Heilsdialog im Hl. Geist begreifen. Kirchliche »communio« ist also immer personhafte »communio«, die die göttliche Person Christi und die menschlichen Personen in der Analogie von begnadeter Menschheit Christi und begnadeter Menschlichkeit der Kirche zur Begnadung des Menschengeschlechtes vereint.

B. Volk Gottes, Leib und Braut Christi, Tempel des Geistes

Mitteilung des trinitarischen Lebens als Ziel der Kirche in der Heilsgeschichte: Dieser Grund-Satz der dogmatischen Ekklesiologie wird durch die Analogie der Kirche zur Menschheit Christi überdeutlich in den Mittelpunkt jeder Behandlung des Geheimnisses der Kirche gerückt. Es ist genau hier, wo der Christozentrismus auch der Ekklesiologie des II. Vatikanischen Konzils in einen letzten Theozentrismus übergeht[69], der das trinitarische Leben als Ganzes als Prinzip der Einheit der Kirche versteht, die schließlich auf der in ihr waltenden und durch das Wirken der Trinität hervorgerufenen Einheit von Natur und Gnade aufruht[70]. Es ist dieser trinitarische Theozentrismus, der, wenn er vom Christusgeheimnis in der Kirche aus verstanden wird, die verschiedenen Kirchenbilder zusammenschließt zu einer ekklesiologischen Vision, die die sakramentale Verfasstheit der Kirche als heilsmächtiger Einheit von Natur und Gnade in ihrer ganzen Tiefe wenigstens anfanghaft zu erfassen imstande sein könnte.

a) Volk Gottes und Leib Christi

Schon in der von uns untersuchten Periode hat es Versuche gegeben, die Einheit des »neuen Volkes Gottes« mit dem »Leib Christi« aufzuzeigen. Wie M. D. KOSTER den Begriff des »Volkes Gottes« schon als Korrektiv zu einem inkarnationistischen Kirchenbild des »*mystischen* Leibes Christi« wieder mehr heilsgeschichtlich im Sinne eines vom trinitarischen Leben er-

[69] Vgl. CH. VON SCHÖNBORN, *Il mistero della Chiesa. Venti anni dalla Lumen Gentium*, 101–103.

[70] Vgl. bes. UR 2 (247): »Hoc est unitatis Ecclesiae sacrum mysterium, in Christo et per Christum, Spiritu Sancto munerum varietatem operante. Huius mysterii supremum exemplar et principium est in Trinitate Personarum unitas unius Dei Patris et Filii in Spiritu Sancto.«; auch LG 4(96) u. GS 40(737).

füllten ›Ordnungsganzen aus Menschen‹ fassen wollte[71], so scheint auch heute, besonders nach den Präzisierungen der Enzyklika »Mystici corporis«, sich aus einer anderen Perspektive wieder das Bild des »Volkes Gottes« als heilsgeschichtliche Alternative zu einer scheinbar zu statisch-hierarchisch festgelegten Sicht der Kirche als »Leib Christi« anzubieten. Von einer gerade als Gegensatz zu einer juridisch-individualistischen »societas perfecta«-Ekklesiologie konzipierten Sicht des »Leibes Christi« als objektiv-lebendiger Christusgemeinschaft hatte sich als Reaktion auf den darin nicht selten festzustellenden Zug zur unpräzisen Spiritualisierung des Kirchenverständnisses ein auch lehramtlich gestütztes Bild vom »mystischen Leib« herauskristallisiert, das wieder mehr an der Vorstellung einer gegliederten Körperschaft orientiert schien und dementsprechend auch die Identität des »mystischen Leibes« mit der Kirche und die Rolle der Ämter in ihr betonte[72]. Die auch schon parallel dazu entwickelte Volk-Gottes-Ekklesiologie schien demgegenüber ökumenisch offener[73] und unterstrich mehr die fundamentale Gleichheit der Würde aller Getauften[74]. Es ist aber immer wieder und zu Recht darauf hingewiesen worden, daß die Alternative zwischen »Leib Christi« und »Volk Gottes« die kirchliche Wirklichkeit nicht trifft und daß sich beide Auffassungen vom »Wesen« der Kirche viel eher ergänzen und vervollständigen, wie es im übrigen auch der Ekklesiologie des II. Vatikanischen Konzils entspricht[75]. Ja, man könnte sagen, daß die Anstösse, die der ekklesiologische Aufbruch zwischen 1918 und 1943 der Lehre von der Kirche gegeben haben, gerade dann in vollem Maße fruchtbar gemacht werden, wenn die beiden genannten Kirchenbilder in einer einheitlichen Schau zusammengefaßt werden. Denn die heute so in den Vordergrund gerückte Verfassung der Kirche als »communio« ist doch mit dem Gemeinschaftsgedanken der Leib-Christi-Ekklesiologie eng verbunden[76],

---

[71] Vgl. M.D. KOSTER, *Ekklesiologie im Werden*, 265–269.

[72] Vgl. J. BEUMER, *Die Identität des Mystischen Leibes Christi und der katholischen Kirche*: ThGl 44 (1954) 321–338; J. AUER, *Corpus Christi Mysticum. Das »Leib-Modell« in seiner Bedeutung für das Verständnis der Kirche und ihrer Ämter*, in: Die Kirche und ihre Ämter und Stände. Festgabe J. Kard. Frings, hrsg. v. W. Corsten, A. Frotz u. P. Linden, Köln 1960, 1–23.

[73] Vgl. J. RATZINGER, *Die Ekklesiologie des Zweiten Vatikanums*, 49: »So kann man sagen, daß der Begriff ›Volk Gottes‹ vom Konzil vor allem als ökumenische Brücke eingeführt worden ist.«

[74] Vgl. zum Ganzen A. ANTON, *Il Misterio de la Iglesia II*, 676–759.

[75] Vgl. z.B. J. BEUMER, *Die Kirche, Leib Christi oder Volk Gottes?*: ThGl 53 (1963) 255–268, bes. 267: »Die entsprechende Kurzformel ist hier unmittelbar gegeben: ›Volk Gottes im Leibe Christi‹ oder ›Volk Gottes in der Einheit des Leibes Christi‹.«; J. RATZINGER, *Artikel »Kirche«*, in: LThK VI, 176: »Insofern könnte man definierend sagen, K. sei das Volk, das vom Leib Christi lebt u. in der Eucharistiefeier selbst Leib Christi wird.«; auch S. 299, Anm. 15.

[76] Vgl. H. DE LUBAC, *Katholizismus als Gemeinschaft*, bes. 44–73.

wie auch die Durchdrungenheit der Kirche von übernatürlichem Leben und die gerade jetzt von neuem erfolgende Entdeckung ihres »inneren Wesens« statt ihrer »soziologischen Strukturen« ihre Basis in dieser Ekklesiologie wiederzufinden scheint[77]. Jede Mystifizierung dieser lebendig-objektiven Christusgemeinschaft zu einem transmundanen Verklärungsleib wird aber durch jene realistische Sicht des Verhältnisses von Natur und Gnade im Leibe Christi vermieden, die eben diesen Leib als das heilsgeschichtlich unvollendete Volk Gottes auf Erden wandern sieht. Dadurch wird ebenfalls auf Einheit und Unterscheidung des »Leibes Christi« als wachsender Christusgemeinschaft hierarchisch begnadeter Glieder hier auf Erden und jenes Leibes hingewiesen, der durch die eschatologisch vollendete »communio sanctorum« gebildet wird[78]. Eine Zusammenschau von »Leib Christi« und »Volk Gottes« bietet so die Möglichkeit, in der Erforschung der Kirche als »Heilssakrament« nicht nur die die göttliche »res« (das übernatürliche Leben in Christus) noch auch nur das menschliche »sacramentum tantum« (die soziologischen Strukturen) der Kirche zu beachten oder gar voneinander zu trennen, sondern zu begreifen, daß das Heilssakrament als heilsgeschichtliches Sakrament hier und jetzt eine unlösbare vollbegnadete und gleichzeitig vollmenschliche Einheit von »res et sacramentum« bildet, die ebenso in der Geschichte wie im ewigen göttlichen Heilsplan verwurzelt ist. Wiederum scheint uns gerade dieser Aspekt durch die Analogie von Kirche und Menschheit Christi passend beleuchtet zu werden, denn hier wie dort sind heilsgeschichtliche Vorläufigkeit und eschatologischer Vorgriff zu einer — wenn auch graduell verschiedenen, eben analogen — heilsmächtigen Wirklichkeit zusammengefaßt, die als Basis gnadenhafter Gemeinschaft mit den Menschen und der Menschen untereinander die Gemeinschaft von Natur und Gnade im Ur- bzw. Heilssakrament von Christus und Kirche voraussetzt.

b) Leib Christi und Braut Christi

Schon M. D. KOSTER hat darauf aufmerksam gemacht, daß die Begriffe »Volk Gottes« und »Braut Christi« bezüglich der Kirche in bestimmter Weise das Gleiche ausdrücken konnten, dann nämlich, wenn es um ihr Sein

---

[77] Vgl. J. RATZINGER, *Die Ekklesiologie des Zweiten Vatikanums*, 41–43.

[78] Vgl. H. DE LUBAC, *Katholizismus als Gemeinschaft*, 65: »Ohne in jeder Hinsicht dem mystischen Leib koextensiv zu sein, ist die Kirche doch nicht adäquat von ihm unterschieden.«

als nicht mit Christus bzw. Gott identischer Heilstat geht[79]. Wenn wir aber den »Leib Christi«-Begriff mit dem Volk Gottes verbinden, so wird diese relative relationale Selbstständigkeit der Kirche zu Christus nochmals besonders deutlich, denn die Funktion der Kirche als Heilssakrament kommt dann besonders klar zum Ausdruck. Wenn aber der Leib Christi in Form der Gottesvolkes dieses Heilssakrament am besten darstellt, scheint es uns durchaus möglich, gerade hier eine Verbindung zur Kirche als »Braut Christi« zu finden, die über die Betonung der Selbstständigkeit der Kirche von Christus hinausgeht. Die Begnadung Christi lebt heilsgeschichtlich in der Kirche als Volk Gottes fort, weil der Vater diesem Volk die Gemeinschaft mit seinem Sohn geschenkt hat, der es im Gehorsam gegen diesen Willen des Vaters zu seinem Leib machte. Dieser Leib ist aber als um Christus gegliederter, nicht mit ihm identischer begnadet, und zwar in voller Anerkennung der ihm eigenen menschlichen Ursächlichkeit. Er »dient« dementsprechend dem Herrn als Instrument der Erlösung, als Heilsakrament in der Geschichte. Diese instrumental-begnadete Einheit findet aber ihren Ausdruck in dem Geheimnis, das schon Paulus mit dem »Leib Christi« verbunden als *das* »Mysterion« (Vulgata und Neovulgata übersetzen »sacramentum«) des Heils gesehen hat: in der bräutlichen Gemeinschaft der Kirche mit Christus[80]. Es ist nicht erstaunlich, daß Koster, der den heilsgeschichtlichen Aspekt des Geheimnisses der Kirche seinerzeit gegen jede übergeschichtliche Verklärung der Kirche verteidigen wollte, gerade in dieser »Relativität« der »Braut Christi« zu ihrem Herrn eine wertvolle Ergänzung der Leib-Christi-Ekklesiologie in Richtung auf ein Ernstnehmen der totalen Abhängigkeit von Christus mit einer gleichzeitigen völligen Unterordnung unter Beibehaltung ihrer vollmenschlichen relational-instrumentalen Selbstständigkeit sehen konnte[81]. Weil durch die Sendung des Sohnes nach dem

---

[79] Vgl. M.D. KOSTER, *Ekklesiologie im Werden,* 269: »Sie ist schlechthin seine Heilstat, wie auch die »Volk-Gottes-Werdung« Israels die erste Heilstat Jahwes an Israel war, und wie dieses Gottes-Volk des Alten Testamentes ›Braut Jahwes‹, und zwar gerade als ›Volk Gottes‹ war.«

[80] Vgl. Eph 5,29–32: »Keiner hat je seinen eigenen Leib gehaßt, sondern er nährt und pflegt ihn, wie auch Christus die Kirche. Denn wir sind Glieder seines Leibes. Darum wird der Mann Vater und Mutter verlassen und sich an seine Frau binden, und die zwei werden ein Fleisch sein. Dies ist ein tiefes Geheimnis; ich beziehe es auf Christus und die Kirche.«; dazu A. ANTON, *La Iglesia de Cristo,* 608.

[81] Vgl. M.D. KOSTER, *Ekklesiologie im Werden,* 268–269: »›Braut Christi‹ bringt also die *personale* Geschiedenheit von Christus und der Kirche und ihre Verbundenheit, die jedoch bei diesem Unterschied nur Relationseinheit sein kann, zum Ausdruck. Ferner ihr Dienstverhältnis zu ihm, ihre Unterordnung unter ihn, ihre Ausstattung zu diesem Dienst, ihre Morgengabe, ihr ganz bestimmtes Vorgezogensein und ihr Bedachtsein mit besonderer Liebe und Sorge Christi. Sie erscheint als ›Braut Christi‹ in besonderer Weise als freierwähltes, personenhaftes, messia-

Willen des Vaters das »Volk Gottes« in der Heilsgeschichte als »Leib Christi« gegliedert wirksam werden sollte, konnte dieser Leib, der mit Christus nicht einfach identisch ist, also nicht mit einem biologischen Leib gleichgesetzt werden darf, gerade in seiner Bedeutung als »Heilssakrament« »Braut Christi« genannt werden, um am Beispiel der Vereinigung der Brautleute einerseits die Vereinigung mit Christus, andererseits aber auch die Art dieser Vereinigung anzudeuten, die nichts anderes ist als eine Begnadung der menschlichen Zweitursachen unter Beibehaltung ihrer relativen Eigenständigkeit. In einer solchen Auffassung von der Kirche als Braut Christi sind zwar die Anstösse von O. CASEL, der mit dem Zusammenhang zum »Leib Christi«[82] vor allem die Einheit zwischen Braut und Bräutigam betont[83], und M. SCHMAUS, für den das Brautbild — immer in Verbindung mit der Leib-Christi Vorstellung[84] — vor allem die jeweilige Personalität Christi und der Kirche unterstreicht[85], beide mitaufgenommen, aber es kommt eben noch die der Kirche eigene Geschichtlichkeit besonders ins Bild. Die Einheit mit Christus ist nicht eine übergeschichtliche, die Personalität der Kirche nicht eine bereits verklärte, sondern die der Braut eigene Verbindung mit Christus ist eben die eines um Christus als Zentrum gegliederten leibhaften Gottesvolkes, das den »totus Christus« erst noch als »Heilssakrament« in der durch Gottes Wille Heilsgeschichte gewordenen Geschichte der Menschheit wirken muß[86].

---

nisch-priesterlich beschenktes körperschaftliches Werkzeug im Dienst des Heilswirkens Christi.«

82 Vgl. O. CASEL, *Die Kirche als Braut Christi nach Schrift, Väterlehre und Liturgie*, in: DERS., Mysterium der Ekklesia, 59–87, bes. 65: »So ist die Ekklesia Braut Gottes durch den Menschen Jesus Christus, und zwar zunächst durch seinen Leib. Sie ist von seinem Leibe ausgegangen und deshalb ein Stück von ihm; so ist sie auch sein Weib. Es besteht ein tiefer Zusammenhang zwischen der Idee vom Leibe Christi und der anderen Idee von der Ekklesia als dem Weibe Christi.«

83 Ebd., 62: »Die Braut und Gattin lebt nicht in sich, sondern ganz in dem geliebten Bräutigam und Gatten, nach dessen Namen sie sich nennt und in dessen Wesen sie aufgeht.«

84 Vgl. M. SCHMAUS, *Katholische Dogmatik III/1. Kirche und Göttliches Leben im Menschen*, 75: »Zwischen der Bezeichnung der Kirche als Braut Christi und jener als Leib Christi besteht ein lebendiger Zusammenhang. Die Braut wird dadurch zum Leibe Christi, daß sie sein Leben in sich aufnimmt.«

85 Ebd., 71: »In dem Bilde vom Leibe und vom Haupte wird die Einheit von Christus und der Kirche in der anschaulichsten Weise dargestellt. Nicht mit der gleichen Deutlichkeit wird darin die Personalität und gegenseitige Hingabe der beiden zur Einheit Verbundenen zum Ausdruck gebracht. Das geschieht, ohne daß hierbei die Einheit vergessen würde, mit größter Klarheit in einem anderen Begriffspaar: Christus ist der Bräutigam, die Kirche ist die Braut.«

86 Vgl. zum Ganzen: L. BOUYER, *L'Eglise de Dieu. Corps du Christ et temple de l'Esprit*, Paris 1970, 601–654.

c) Braut Christi und Tempel des Hl. Geistes

Aus dieser Beschreibung der Kirche als der »Braut Christi« wird klar, warum das II. Vatikanische Konzil gerade in Bezug auf die bräutliche Beziehung der Kirche zu Christus von ihr als dem Tempel des Heiligen Geistes sprechen konnte, wobei die besondere Gliederung der Begnadung durch den Geist wie auch die Gestalt der Braut Christi als in der Trinität geeintes Volk mit in diese Gesamtvision einbezogen wird[87]. Es ist eben der Geist, der die Begnadung der Kirche in Christus ermöglicht, durch die die bräutliche Kirche als gegliederter Christusleib zum Heilsakrament werden kann[88]. Gerade die pneumatische Durchwirktheit steht sowohl am Anfang der werkzeuglichen Unterordnung der Kirche durch Christus als auch ihrer Eigenperson, die als spezielle Gnade durch den Geist geschenkt ist. Da dieser Geist aber auch die Einheit der Kirche schlechthin schafft, umfasst seine Bedeutung für ein Gesamtbild der Ekklesiologie alle drei bisher genannten fundamentalen Kirchenbegriffe: Der Hl. Geist eint das Volk Gottes aus dem Willen des Vaters in Christus, er gliedert es zum heilsmächtigen »Leib Christi« und er verleiht ihm als solchem eine instrumental-relationale Eigenständigkeit als »Braut Christi« in der Geschichte. Einmal mehr scheint auch diese pneumatologische Fundierung der Ekklesiologie mit der Analogie der Kirche zur Menschheit Christi übereinzustimmen: So wie durch das Wirken des Hl. Geistes die Menschheit Christi nach dem Willen des Vaters der Gottheit vereint war, war es auch der Geist der dieser Menschheit ihre Wirkmächtigkeit als »organon Divinitatis« verliehen hat und der sie schließlich in ihrer relativen Eigenständigkeit in Bezug auf die Gottheit begnadet und erhalten hat. Vereinigung der Menschheit mit der Gottheit, heilsmächtige Begnadung der Menschheit und vollmenschlich-geschichtliche begnadete Eigenständigkeit sind die drei Aspekte einer Wirklichkeit, die wir in der Menschheit Christi und in Analogie dazu auch aus abgeleiteter Begnadung in der Kirche wiederfinden. Der diese analogen Effekte bewirkende Geist ist numerisch in Christus und der Kirche derselbe, aber es

---

[87] Vgl. LG 4 (96): »Spiritus in Ecclesia et in cordibus fidelium tamquam in templo habitat (cf. I Cor. 3,16; 6,19), in eisque orat et testimonium adoptionis filiorum reddit (cf. Gal. 4,6; Rom. 8,15–16 et 26). Ecclesiam, quam in omnem veritatem inducit (cf. Io. 16,13) et in communione et ministratione unificat, diversis donis hierarchicis et charismaticis instruit ac dirigit, et fructibus suis adornat (cf. Eph. 4,11–12; I Cor. 12,4: Gal. 5,22). Virtute Evangelii iuvenescere facit Ecclesiam eamque perpetuo renovat et ad consummatam cum Sponso suo unionem perducit. Nam Spiritus et Sponsa ad Dominum Iesum dicunt: Veni! (cf. Apoc. 22,17). Sic apparet universa Ecclesia sicuti ›de unitate Patris et Filii et Spiritus Sancti plebs adunata‹.«

[88] Zur dieser Einheit von pneumatologischer und christologischer Ekklesiologie vgl. L. BOUYER, *L'Eglise de Dieu*, bes. 373–382.

ist die Begnadung der Menschheit Christi, also eben die »gratia capitis«, von der aus der Hl. Geist auf die Kirche übergeht und sie zu dem »Heilssakrament« macht, das die »gratia Christi« dem ganzen Menschengeschlecht mitteilen soll.

d) Ecclesia ex Trinitate adunata: Ein Ausblick

In dem schon zitierten Passus der dogmatischen Konstitution »Lumen gentium« heißt es mit einem Väterzitat: »Sic apparet universa Ecclesia sicuti ›de unitate Patris et Filii et Spiritus Sancti plebs adunata‹«[89]. Diese trinitarische Konzeption der Ekklesiologie findet sich in dem bisher Dargestellten ebenfalls wieder, insofern deutlich geworden sein sollte, daß es sich bei dem Heilssakrament des Volkes Gottes um das »neue Volk des dreifaltigen Gottes« handelt: aus dem Willen des Vaters, durch die Menschwerdung des Sohnes, in der Kraft des Hl. Geistes. Ebenso wie »Volk Gottes«, »Leib und Braut Christi«, »Tempel des Hl. Geistes« nicht verschiedene Ekklesiologien, sondern Elemente eines einzigen Kirchenbildes darstellen, sind Anteil und Wirkung der trinitarischen Personen in der Kirche nicht getrennt zu verstehen. Aus dem innertrinitarischen Seinsdialog heraus erwächst im gemeinsamen Heilswirken der Trinität nach außen auch die richtige Auffassung des Heilssakramentes Kirche. Und so, wie dieses gemeinsame Heilswirken nach außen seine höchste Vollendung im Gottmenschen Christus gefunden hat, hilft uns die Analogie zu seiner Menschheit als der der Verfasstheit der Kirche am nächsten stehenden Heilswirklichkeit, dieses Wirken der Trinität an der Kirche durch eine analoge Erfassung besser zu begreifen. Die Menschheit Christi ist durch ihre Vereinigung mit der Gottheit mit dem Sohn unvermischt vereinigt und dadurch in der Einheit des Hl. Geistes in den trinitarischen Dialog von Vater und Sohn hineingenommen. Die Kirche ist analog dazu durch ihre geistgewirkte Vereinigung mit der Menschheit Christi mit dem Sohn in eine Einheit getreten, die ihr den Weg zum Vater eröffnet hat. Jeder Christomonismus ist damit ausgeschlossen: Christozentrische und pneumatologische Dimension der Kirche ergänzen sich hier zu einem Theozentrismus, der den eigentlichen Weg der Erlösung anzeigt: Von der Trinität über das trinitarische Heilssakrament der Kirche zur Trinität. Daß die Trinität damit in die Geschichte eingetreten ist und die Geschichte zur Heilsgeschichte gemacht hat, macht das Geheimnis der Kirche umso größer, denn gerade sie erscheint damit als der Punkt, wo Trinität

---

[89] Vgl. LG 4(96); vgl. S. CYPRIAN, *De Orat.Dom.* 23 (PL 4,553); S. AUGUSTINUS, *Serm.* 71,20,33 (PL 38,463–464); S. IOANNES DAMASCENUS, *Adv.Iconocl.* 12 (PG 96,1358 D).

und Geschichte sich so treffen, daß menschliche Geschichte zur Trägerin göttlichen Wirkens zum Heil der Menschen werden kann. In der Kirche finden anfanghaft und bruchstückhaft Natur und Gnade so jene Harmonie, die durch das Kreuz hindurch die Endgültigkeit trinitarischen Lebens in der eschatologischen Erlösung hier schon sichtbar macht.

Ein solches Gesamtbild der Kirche ist u. E. durch die in dieser Arbeit behandelten Einsichten zum Geheimnis der »Ekklesia« wesentlich bereicht und sogar zusammen mit den darin mitverwendeten Elementen aus Schrift und Tradition durch dieses ekklesiologische Ringen erst von neuem möglich geworden. Die Erforschung der ekklesiologischen Epoche von 1918 bis 1943 aber steht ebenso erst am Anfang wie die Auswertung ihrer Ergebnisse, ja vielleicht wie der Wiederaufbruch zum »Geheimnis der Kirche Jesu Christi« in unserer Zeit. In diesem Aufbruch, der eigentlich nie abgeschlossen sein dürfte, sollte der Zentralgedanke dieser Arbeit, der sie bei genauerem hinsehen wie ein roter Faden durchzieht, wiederaufgenommen werden, weil er sich als die Grundstruktur jeder Ekklesiologie erwiesen hat. So wie zwischen Zeitgeschichte und Theologie, zwischen Philosophie und Theologie und zwischen Glaubenspraxis und Glaubenstheorie ein stetes Gleichgewicht gesucht werden muß, weil es sich letztlich dabei (ebenso einzeln genommen wie als Verhältnis) auf je verschiedene Weise wieder um ein Spiegelbild der Beziehung von Gott und Geschöpf handelt, so geht es auch in dem Zusammenwirken von Christus und der Kirche und in dem dahinterliegenden von Natur und Gnade nur wieder um dieselbe Relation der drei ungeschaffenen göttlichen Personen in ihrer Einheit zu den geschaffenen menschlichen Personen in ihrer Vielheit. Der letzte Teil unserer Arbeit hat deswegen versucht, diese personale Relation mit Hilfe der Analogie von der Begnadung durch denselben Geist sichtbar und für die Ekklesiologie fruchtbar zu machen. Wir haben dabei gesehen, daß die Kirche durch ihren Herrn im Hl. Geist als der bevorzugte heilsgeschichtliche Ort dieser Relation angesprochen werden kann, weshalb das Ringen um die ekklesiologische Formulierung der Relation zwischen Gott und Geschöpf, das wir in einem wichtigen Ausschnitt dargestellt haben, zum Indikator theologischer Grundfiguren werden konnte und werden kann. Die Verbindung der Glaubensgeheimnisse untereinander und mit Gott als dem letzten Ziel des Geschöpfes wird so in der Kirche wie in einem Brennpunkt zusammengefaßt, wodurch sie nun auf theologisch besonders bedeutsame Weise zum »Sakrament« des »Heiles«, zum Zeichen des Handeln Gottes mit dem Menschen wird.

Sollte unsere Arbeit durch eine theologiegeschichtlich-systematische Offenlegung dieses ekklesiologischen Grundgedankens dazu beigetragen haben, über das Interesse an der damaligen ekklesiologischen Forschung hinaus auch die Freude am »Geheimnis der Kirche Jesu Christi« neu wecken zu helfen, so wäre der Autor für manches notwendig Fragmentarische und nur Skizzenhafte seines Versuches mehr als reichlich entschädigt.

ZUSAMMENFASSUNG

1. Angesichts einer gewissen Parallele der geistesgeschichtlichen und ekklesiologischen Situation vor und nach dem zweiten Weltkrieg wird versucht, die Ergebnisse des »Aufbruchs zum Geheimnis der Kirche Jesu Christi« zwischen 1918 und 1943 im Hinblick auf die Beziehung Christi zu seiner Kirche für die jetzige Ekklesiologie fruchtbar zu machen, wobei sowohl die Aufforderung der außerordentlichen Bischofssynode von 1985 zur Wiederentdeckung des Christusgeheimnisses in der Kirche als auch das II. Vatikanische Konzil berücksicht werden.

2. Auf dem Hintergrund des manchmal unterbewerteten Christozentrismus des II. Vatikanischen Konzils, der im Grunde die Bilder vom »Volk Gottes« und »Leib Christi« als heilgeschichtliche Einheit versteht, erscheint die Analogie der Kirche zur begnadeten Menschheit Christi als eine Möglichkeit, die Beziehung der Kirche zu Christus mit ihrer konkreten Geschichtlichkeit als vollmenschliche Gemeinschaft zu verbinden. Gerade nicht die Analogie zum Faktum der hypostatischen Union als solchem, sondern zur Inkarnation in ihrer (nicht zeitlichen) Folge der Begnadung (Salbung) der Menschheit Christi ist es, die helfen kann, einerseits den ontologischen Horizont und anderseits das geschichtliche Wesen der Kirche als begnadete Menschlichkeit zu erhellen. Die Beziehung der Kirche zu Christus erscheint so in doppelter Hinsicht als »Fortsetzung der Begnadung Christi«, in der der Hl. Geist als numerisch in Christus und der Kirche derselbe bestimmend bleibt.

3. Durch diese besondere Analogie wird gleichzeitig deutlich, daß die »communio« der Kirche als Ganze wirklichen Anteil an dieser Begnadung hat. Kirchliche »communio« ist deswegen nicht unabhängig zu denken von den sie aufbauenden Strukturen, die als Bestandteil jenes Gnadengesamts

fungieren, ohne das göttliches Leben in der konkreten Heilsgeschichte unkommunizierbar bliebe. Gerade wenn die Begnadung der Kirche in Analogie zu der begnadeten Menschheit Christi verstanden wird, können alle Formen interekklesialer »communio« eine im weitesten Sinne sakramentale Dimension erhalten, die sie zu verschieden heilsmächtiger Vermittlung der Gnade Christi fähig werden läßt. Aus dieser die Menschlichkeit der Kirche als Zweitursache erfassenden Begnadung kann auch plausibel werden, warum die Heiligkeit der Kirche immer gekreuzigte Heiligkeit sein wird und weshalb Gliedschaft am »Leib Christi« ohne Hinordnung auf die konkret begnadete Menschlichkeit der »communio« der Kirche unerklärbar bleiben müßte. Die Vermittlung von Begnadung und Menschlichkeit in ihrer analogen Seinsweise bei Christus und der Kirche, die im letzten auch die Beziehung Christi zur Kirche in je verschiedener Dichte bewirkt, geschieht durch den Hl. Geist, der trotz der bleibenden Verschiedenheit der göttlichen Person Christi und der menschlichen Gliedpersonen der Kirche den persönlichen Kontakt zwischen beiden herstellt, indem er Menschheit Christi und Menschlichkeit der Kirche am trinitarisch-personalen Dialog des göttlichen Lebens teilhaben läßt.

4. Aus dieser geistvermittelten Weitergabe trinitarischen Lebens von der Menschheit Christi an die Menschlichkeit der Kirche erklärt sich die Einheit der Kirchenbilder von »Volk Gottes«, »Leib und Braut Christi« und »Tempel des Hl. Geistes«, denn so wie der Vater in Christus sich ein »neues Volk« erwählt, wird dieses durch das Heilswirken Christi zum »Leib« und erhält in der von ihm ausgehenden Begnadung eine geistgewirkte Persönlichkeit im Hl. Geist als Braut Christi. Die Kirche ist damit der Punkt, an dem sich der Eintritt der Trinität in die Geschichte so verdichten kann, daß in ihr bei aller Spannung die eschatologische Harmonie von Natur und Gnade immer von neuem aufscheint. Damit ist sie in von Christus abgeleiteter Begnadung das Heilssakrament, durch das die Geschichte tatsächlich zur Heilsgeschichte wird.

5. Damit schließt sich der Kreis dieser Arbeit, der uns von den verschiedenen zeit- und geistesgeschichtlichen Impulsen im ekklesiologischen »Aufbruch zum Geheimnis der Kirche Jesu Christi« über theologiegeschichtliche Einflüsse zu verschiedenen Grundfiguren des Verhältnisses zwischen Christus und seiner Kirche und deren Fundament in der theologischen Anthropologie geführt hat, um schließlich auf dem Hintergrund der unleugbaren Grenzen und unübersehbaren Vorzüge dieses ekklesiologischen Aufbruchs einige Anstösse zu einem ganzheitlichen Kirchenbild zu

geben. Als der bestimmende Gedanke hat sich dabei aus dem im ersten Teil dargestellten Zusammenwirken von Philosophie und Theologie, Theorie und Praxis, aus dem im zweiten Teil namhaft gemachten Ringen um das rechte Verhältnis von Christus und seiner Kirche, von Gnade und Natur und letztendlich aus der im dritten Teil als Versuch dargestellten Analogie der Begnadung von Menschheit Christi und Menschlichkeit der Kirche jenes Urgeheimnis unseres Glaubens erwiesen, das die Theologie bestimmt: Der trinitarische Gott und sein Handeln mit dem als sein Abbild existierenden Geschöpf.

A M D G

Personenregister